Josef Amstutz

Weitersagen,
wo es Brot gibt

Josef Amstutz

Weitersagen, wo es Brot gibt

Spirituelle Texte zu kirchlichen Festen
und ein Essay zum missionarischen Auftrag

Einführung von Giancarlo Collet
Herausgeber: Ernstpeter Heiniger, RomeroHaus Luzern

Mission im Dialog
Band 3

rex verlag luzern
www.rex-verlag.ch

Impressum

Bibliografische Information der Deutschen Bibliothek.
Die Deutsche Bibliothek verzeichnet diese Publikation in der deutschen Nationalbibliografie; detaillierte bibliografische Angaben sind im Internet über http://dnb.ddb.de abrufbar.

© 2015 beim Herausgeber und rex verlag luzern
Alle Rechte vorbehalten

Herausgeber:	Verein zur Förderung der Missionswissenschaft, www.forummission.ch
Texte:	Josef Amstutz SMB (1927–1999), Immensee (CH)
Redaktion:	Ernstpeter Heiniger SMB, RomeroHaus Luzern
Bild Titelseite:	Paul Meier SMB, Immensee
Umbruch und Koordination Herstellung:	Brunner AG, Druck und Medien, Kriens (CH), www.bag.ch

ISBN 978-3-7252-0978-1   www.rex-verlag.ch

Josef Amstutz (1927–1999), Generaloberer (1967–1981)

Inhaltsverzeichnis

Vorwort   10

Einführung   10

Beginn einer neuen Epoche der katholischen Missionen?   14
    I. Der entscheidende Ansatzpunkt:
       Kirchliche Gemeinschaft im Frühchristentum   14
    II. Mission im Zeitalter der Kolonien   18
    III. Das Zeitalter der «ausländischen Missionen» geht zu Ende   21

Spirituelle Texte zum missionarischen Auftrag   26
1. Erlösende Fröhlichkeit des Herzens   27
2. Im Advent – ein Wort der Ermutigung   29
3. Das uns geschenkte Kind, ein «ursprünglich Ergebnis»   31
4. Das Geheimnis der Einfachheit   33
5. Gedanken zur Menschwerdung Gottes   34
6. Weihnachtsereignis – Gottesbegegnung in der Mitmenschlichkeit   36
7. Das geistliche Verlangen in der Missionsgesellschaft Bethlehem   38
8. a. Weihnachten, das Fest der Gnade Gottes mitten unter uns   40
8. b. Meditation:
    Der Weihnachtsbericht im Evangelium
    nach Lukas ist ein Glaubenszeugnis   41
9. Ein «glücklicher Augenblick» in den kommenden Festtagen   43
10. Das älteste Christuslied   46
11. Zum Jahresende – Erfahrung unserer Ohnmacht   48
12. Zum kommenden Jahr des Herrn   50
13. Glaubwürdigkeit der Kirche in Bedrängnis   51
14. Gefährdetes Gespräch   53
15. Jahr der Versöhnung   56
16. Wider die Entmutigung   57
17. Gott, der die Toten erweckt   59
18. In der Passionszeit – Anteil am Kreuzigungsschicksal Jesu   61
19. Das Kreuz Jesu   63
20. Zum Oster-Geheimnis   65
21. Osterbrief aus Hongkong   66

22	Die Missionsgesellschaft Bethlehem verstehen am Urbild Jesu und seiner Jüngerschar	70
23	Die Leidenserfahrung der Missionare	73
24	Pfingstbrief an die Missionare in Gwelo (Driefontein)	76
25	Grund zur Hoffnung	79
26	Zum 50-jährigen Bestehen der Missionsgesellschaft Bethlehem	82
27	Ein apostolisches Modell	92
28	Dienst an der ganzheitlichen Befreiung aller Menschen	96
29	Wir versammeln uns als Jüngergemeinde	99

Fundstellennachweis 102

Vorwort

Mit Berufung auf ein dem indischen Theologen Daniel Thambiraja Niles zugeschriebenes Wort «Christen sind Bettler, die weitersagen, wo es Brot gibt» pflegte Josef Amstutz die Missionare als Bettler zu bezeichnen, die weitersagen, wo es Brot gibt, und zwar umsonst. Ähnlich Bettlern, die Menschen an den gesellschaftlichen Rändern auf Lebensangebote aufmerksam machen, engagiert sich die Missionsgesellschaft Bethlehem (SMB) für Menschen, denen geglücktes Leben versagt blieb. Dieselbe Nähe zeigt sie zu Kooperationspartnern, mit denen sie partnerschaftlich an Voraussetzungen für Glaube und Gerechtigkeit, Dialog und Frieden, Bildung und Entwicklung schafft.

Josef Amstutz, von 1967 bis 1981 Generaloberer der Missionsgesellschaft Bethlehem, sah sich vor einer herausfordernden Aufgabe: Die Anstösse des Zweiten Vatikanischen Konzils waren in das missionarische Selbstverständnis aufzunehmen und in die Strukturen der Missionsgesellschaft Bethlehem umzusetzen. In keinem Fall durfte das vom Zweiten Vatikanischen Konzil geforderte *Aggiornamento* dem Belieben und dem Zufall überlassen werden.

Josef Amstutz nahm die Herausforderung an: Gelebtes Zeugnis und prophetisches Wort sollten die SMB-Gemeinschaft wie auch ihr nahestehende Mitarbeitende geschwisterlich zusammenführen. Welche spirituelle Ausrichtung und Haltung die Einlösung dieses Auftrages voraussetzt, lassen die von Josef Amstutz verfassten geistlichen Impulse spüren. Alle Texte gehen von dem einen missionarischen Auftrag der Kirche aus und kreisen um die darin grundgelegte missionarische Berufung der Missionsgesellschaft und ihrer Mitarbeitenden.

Giancarlo Collet, langjähriger enger Mitarbeiter und Fachkollege im RomeroHaus Luzern und gleichfalls beim Aufbau eines missiologischen Institutes in Mexico City, hebt in seiner Einführung hervor, wie Josef Amstutz die konziliaren Einsichten und Beschlüsse für die Missionsgesellschaft Bethlehem fruchtbar machte und institutionell verankerte. Mit dem Selbstverständnis von Kirche als Volk Gottes wurde das bisherige Bild einer hierarchisch-institutionell konzipierten Kirche umgekehrt und das missionarische Engagement als Grundauftrag des Volkes Gottes gesehen. Mit der Hervorhebung dieses Weltauftrages der Kirche tritt die gleichzeitige Verantwortung der Bischöfe für ihre Ortskirche wie für die Weltkirche zutage.

Das Profil von Josef Amstutz als verantwortlichem Leiter der SMB-Gemeinschaft und in gleicher Weise engagiertem Mitarbeiter in verschiedenen Gremien der Kirche Schweiz (Synode 72, Schweizerischer Katholischer Missionsrat, Stiftungsrat des Fastenopfers) lässt ein Artikel erkennen, in dem er – noch vor seiner Wahl als Generaloberer – seine Vision einer missionarischen Kirche skizziert: «Beginn einer neuen Epoche der katholischen Mission?» Ausgangspunkt seiner Überlegungen ist das altchristliche Selbstverständnis der Kirche als Communio. Eine Umsetzung dieser Ergebnisse in ein zeitgemässes missionarisches Konzept führe notwendigerweise zu Einfachheit als missionarischer Grundhaltung. Einfachheit – verstanden als Freiheit von sich selbst – ermöglicht schliesslich einen Dienst an Menschen und Kirchen in Freiheit.

Um die eigenen Mitbrüder in rasch sich ändernden Situationen und in Herausforderungen, die oft ihre Kräfte überstiegen, als Generaloberer zu begleiten, verband er offizielle Besuche in den Einsatzgebieten mit Angeboten zu Exerzitien und Vorträgen zur missionarischen Spiritualität. Es war ihm ein persönliches Anliegen, die Dokumente des Konzils und anderer kirchlicher Versammlungen aufzuarbeiten und für die Arbeit mit Menschen fruchtbar zu machen. Hören auf die Stimme des Anderen und Bereitschaft zur eigenen Umkehr bildeten für Josef Amstutz Grundpfeiler missionarischen Dienstes.

Demselben Anliegen verpflichtet wussten sich geistliche Impulse, welche im gesellschaftseigenen Mitteilungsblatt «Officiosa SMB» in loser Folge veröffentlicht wurden. Sie sollen zugänglich gemacht werden, denn in den zentralen Geheimnissen christlichen Glaubens lassen sie die missionarische Dimension aufscheinen. Daher erstaunt es nicht, dass mehrere Texte Ostern als Fest der Befreiung deuten. Die Menschwerdung Gottes wird als Mitte des Glaubens und der missionarischen Berufung dargestellt. Überlegungen, die Josef Amstutz anlässlich eines Generalkapitels verfasste, verbinden mit dem Hören des Wortes die notwendige Bereitschaft, sich für den gemeinsamen Dienst zur Verfügung zu stellen. Spirituelle Grundlage aller missionarischen Impulse ist eine Ermutigung, die sich aus der Verheissung ergibt: *Gott ist mit uns.*

Geradezu Perlen bezüglich missionarischer Berufung und Rechenschaftsablage sind die Predigten anlässlich der Generalkapitel 1974 und 1981 sowie die Rede zum 50-jährigen Bestehen der Missionsgesellschaft Bethlehem (1971). Als zentrale Aussage steht, dass es vorrangige Aufgabe einer missionarischen Gemeinschaft ist, Zeugnis von dem zu geben, was Gott in Jesus gewirkt hat. Eine Einlösung dieses Auftrags ist möglich, wo und sofern sich Menschen zusammenschliessen. Wie dies geschehen soll, ist nicht festgelegt. Aber es gilt, dass die Einlösung des missionarischen Auftrags den Vorrang vor jeglicher Institutionalisierung hat. Damit wird die Mitverantwortung aller ins Zentrum gerückt.

Die Botschaft der spirituellen Texte ist nicht nur für die Zeit von 1967 bis 1981, in der Josef Amstutz die Aufgabe eines Generaloberen der Missionsgesellschaft Bethlehem wahrnahm, sondern bis heute von bleibender Aktualität. Das Evangelium als gute Nachricht setzt Offenheit für notwendige Veränderungen voraus und erweist seine Nähe zu den Menschen darin, dass selber gekostetes Brot weitergereicht wird.

Ernstpeter Heiniger

Einführung

Als Josef Amstutz (1927–1999) 1967 zum Generaloberen der Missionsgesellschaft Bethlehem (SMB) gewählt wurde, stand er als Professor inmitten einer umfangreichen theologischen Arbeit, in der Suche nach einem ihm eigenen Profil. Vor allem war Amstutz damals mit der Ausarbeitung der fundamentaltheologischen Vorlesungen voll beschäftigt. Als persönlicher Berater seines Mitbruders Aloysius Haene, der als Bischof am Zweiten Vatikanischen Konzil (1962–1965) teilnahm und der seinem theologischen Sachverstand vertraute, waren aber seiner Aufgabe, sich ganz der Fundamentaltheologie zu widmen, zunächst Grenzen gesetzt, die selbst nach dem Ende des Konzils nicht aufgehoben wurden. Denn Amstutz war auch in den Vorbereitungen des bevorstehenden Generalkapitels (gesetzgebende Generalversammlung) als «Konzilsexperte» engagiert, ging es doch vor allem darum, die konziliaren Einsichten und Beschlüsse für die eigene Missionsgesellschaft fruchtbar zu machen und diese institutionell und kirchenrechtlich zu verankern. An Aufgaben mangelte es nicht, im Gegenteil, und es galt, diese in einer Zeit gesellschaftspolitischer und kirchlicher Auf- und Umbrüche anzupacken.

Zu erinnern sind die bewegten sechziger Jahre, die einen rasanten und tiefgreifenden Wandel mit sich brachten. Der Krieg in Vietnam und die damit zusammenhängenden weltweiten Proteste gegen die amerikanische Intervention, die Bürgerrechtsbewegung in den Vereinigten Staaten von Amerika sowie die Studentenbewegungen in Frankreich und Deutschland bewirkten Veränderungen langfristiger Natur, die sowohl den persönlichen Lebensstil prägten als auch die Sozialsysteme betrafen. Nicht zuletzt standen die grossen Kirchen im Zentrum solcher Veränderungen, denn durch eine zunehmende Entkirchlichung der Gesellschaften und Infragestellung ihrer bisherigen dominierenden Meinungsführerschaft – vor allem in moralischen Fragen – zeigten sich ernsthafte Erosionserscheinungen; die Kirchenbindung begann zu sinken. Es waren nicht mehr Kirchen, welche primär Leitwerte individueller und kollektiver Identitätsfindung vorgaben, sondern diese wurden weitgehend gesellschaftlich bezogen; von dogmatischen Inhalten und kirchlichen Verhaltensvorgaben begann man sich äusserlich und innerlich zu distanzieren. Es zeichnete sich deutlich – wie es später Religionssoziologen beschrieben – der Trend zu einer Pluralisierung, Individualisierung und Privatisierung der Lebensentwürfe ab. Solche Entwicklungen liessen die Missionsgesellschaft nicht unberührt. Sie machten sich beispielsweise früh in der Abnahme des für einen missionarischen Dienst sich interessierenden Bewerberkreises bemerkbar, was wiederum der Leitung der Gesellschaft zunehmend Sorgen bereitete: Wie konnten die Zukunft der Missionsgesellschaft und das, wofür sie stand, sichergestellt werden?

Für die katholische Kirche gilt das Zweite Vatikanische Konzil, das genau in die sechziger Jahre fiel und einschneidende Veränderungen mit sich brachte, als das «Jahrhundertereignis». Unter dem Begriff des *Aggiornamento* suchte das Konzil den Anschluss an die moderne Welt; die bisherige Abschottung von der

Welt galt es durch die Begegnung mit der Welt von heute zu überwinden. Mit dem Selbstverständnis von Kirche als Volk Gottes wurde das einseitige Bild einer vorwiegend hierarchisch-institutionell verstandenen Kirche korrigiert und die Bedeutung der Laien gestärkt. Es hat zugleich Mission «vom Rand der Kirche in ihre Mitte zurückgeholt», als sie diese als ihrem Wesen nach missionarisch definierte (AG 2). Eine logische Konsequenz war, das missionarische Handeln als Sache des gesamten Gottesvolkes zu sehen, wofür in den einzelnen Ortskirchen die Bischöfe in Kollegialität sowohl für ihre eigene Ortskirche als auch für die Weltkirche Verantwortung tragen. Welchen Stellenwert hatten dann aber die Missionsinstitute in den verschiedenen Ortskirchen und wie sollten sich die Missionare selbst verstehen? Mit solchen Fragen war die vom Generalkapitel gewählte neue Leitung der Missionsgesellschaft beschäftigt, und dies in einem nachkonziliaren Klima, das auch bei ihren Mitgliedern aus einer Mischung von gedämpfter Aufbruchsstimmung, zurückhaltender Skepsis, aber auch stiller Enttäuschung und Resignation bestand. Aus unterschiedlichen Gründen verliessen damals einige aus der jüngeren und mittleren Generation die Gesellschaft, was ihre Leitung als «schmerzhaften Aderlass» zur Kenntnis nehmen musste. Die Zukunft des Missionswerkes und die Sicherstellung der eingegangenen Verpflichtungen beschäftigten Kopf und Herz der Gesellschaftsmitglieder, deren Meinungen einer «Bewältigungsstrategie» der damit zusammenhängenden Probleme unterschiedlich waren und kontrovers diskutiert wurden.

Schon recht bald ergriff der Generalrat die Neuorganisation der Missionsgesellschaft, indem er verschiedene Ressorts mit entsprechenden Zuständigkeiten und Kompetenzen einrichtete, und Amstutz war massgeblich daran beteiligt, dass im Herbst 1968 der Beschluss zur Bildung einer missionarischen Prospektivgruppe durch den Schweizerischen Missionsrat gefasst werden konnte. Während einiger Jahre wurden in verschiedenen «Expertenteams» missionsrelevante Trends erarbeitet, wobei der anfänglich nur missionarische Ansatzpunkt sich immer mehr weitete. Die «Welt 2000», nach deren Bedingungen und Problemen sich Mission und Kirche zu richten haben, stand nun im Mittelpunkt. Die engagierte und kritische Mitarbeit an diesem Projekt war Amstutz für die Verortung und Planung seiner eigenen Arbeit wichtig und gleichzeitig bot sie ihm eine privilegierte Möglichkeit von interdisziplinärem Austausch, wo er als Theologe seine «Vision einer missionarischen Kirche» mit seinen Kompetenzen einbringen konnte. Als Generaloberer, der zusammen mit vier weiteren Mitbrüdern die Verantwortung für die Leitung der Missionsgesellschaft zu tragen hatte, konnte er sich allerdings nicht mehr in dem von ihm gewünschten Mass der Theologie widmen, weil ihn das «Tagesgeschäft» voll in Anspruch nahm. Dennoch arbeitete Amstutz, dessen Führungsqualitäten sich sehr bald zeigten, weiterhin theologisch – «seine Theologie» bekam Konturen, insofern sie sich den «Zeichen der Zeit» zu stellen hatte – und er suchte insbesondere fundamental- und missionstheologische Entwicklungen genau zu verfolgen.

Von seiner eigenen theologischen Ausbildung hat Amstutz kaum gesprochen, ausser von seinem «römischen Lehrer», dem Patrologen und Religionshistoriker Erik Peterson (1890–1960), der 1930 von der evangelischen zur katholischen Kirche konvertierte und ab 1937 in Rom am päpstlichen Institut für christliche Archäologie lehrte. Ihm war er auch menschlich verbunden; seine theologische Dissertation «ἁπλότης», über die Einfachheit, ist seinem Lehrer gewidmet. Darin beschäftigt sich Amstutz mit dem Kernstück der Spiritualität der Missionsgesellschaft, mit der *simplicitas*. Philologisches Arbeiten und die historisch-kritische Methode beherrschte Amstutz. Als ein vor allem in Patrologie und neutestamentlicher Exegese geschulter Theologe, mit einem feinen Gespür für Sprache, hatte er dieses «Handwerk» – wie er es selbst nannte – gründlich erlernt. Nur zwei Jahre nach seiner Promotion in Theologie ging Amstutz nach England und promovierte dort zum Dr. phil. mit einer Arbeit, die das biblische Thema der Einheit behandelt: *«One God. One Christ. One Church. The Theme of unity in St. Paul and its Background»*. Die Interpretation zunächst von biblischen, später dann auch von lehramtlichen Texten bildete ein wichtiges Arbeitsfeld in seinem wissenschaftlichen Leben.

Die (tägliche) Beschäftigung mit dem Buch der Bücher und darin besonders mit Jesus und Paulus prägte sein fundamentaltheologisches Schaffen, bei dem immer die Gestalt Jesu im Zentrum stand, zurückhaltend gegenüber dogmatischer Bekenntnissprache. In unermüdlichem Suchen nach dessen «ursprünglichem Wort» wollte Amstutz die Botschaft Jesu und sein Gottesbild zum Ausdruck bringen, in der vertrauenden Gewissheit, dass sie bei den Menschen «ankommen». Dieses Anliegen verfolgte er auch in seinen Predigten. Günter Bornkamm: Jesus von Nazareth (1956/[14]1988) und Joachim Jeremias: Die Gleichnisse Jesu (1947/[10]1984) gehörten damals zur Pflichtlektüre seiner Studenten. Eine Auseinandersetzung mit zeitgenössischen Philosophen – welcher Provenienz auch immer –, so wie dies einem fundamentaltheologischen und systematischen Selbstverständnis entspricht, war nicht seine Sache. Das bedeutet freilich nicht, dass Amstutz dafür kein Interesse gezeigt hätte, doch berührte und betraf ihn das nicht vorrangig. Vielmehr war er mit einer biblisch orientierten Theologie beschäftigt, deren Verschriftlichungen auch sein charakteristisches Profil – bis in die ihm eigene Sprache – zu zeigen vermag.

Während seiner Tätigkeit als Professor für Fundamentaltheologie beschäftigte er sich jedoch noch mit einem weiteren Konvertiten, nämlich mit dem englischen Kardinal John Henry Newman (1801–1890), der während des Konzils zu den meist zitierten Theologen der Vergangenheit gehören sollte. Die Liebe zu ihm hatte Amstutz schon während seines Studiums in Oxford entdeckt und dessen bedeutende theologische Werke eingehend studiert. Vor allem Newmans *An Essay in Aid of a Grammar of Assent* (Entwurf einer Zustimmungslehre), in der er das Problem des Glaubens und seiner Begründung thematisiert, war für Amstutz wichtig. Die darin entwickelte «Konvergenzmethode», nach der nicht einzelne, sondern verschieden zusammengenommene, konvergierende Gründe Beweiskraft für den Glauben besitzen, gewann in seinem eigenen Denken hohen Stellenwert. Das von Newman selbst gewählte Bild von der Tragfähigkeit eines Kabels mit vielen einzelnen, kleinen Drähten im Unterschied zur Tragfähigkeit einer Eisenstange, griff Amstutz, wenn ihn Glaubenszweifel überkamen, ironisch auf und sprach vom «Strick, mit dem man sich ein Ende setzen kann». Newmans Motto – *cor ad cor loquitur* (Das Herz spricht zum Herzen) – hat er sich zu eigen gemacht, wie eine kleine Tafel mit eben diesem Wappenspruch auf seinem Schreibtisch erkennen liess.

Von seinem persönlichen Glauben hat Amstutz kaum erzählt – Zeichen scheuer Religiosität? –, doch theologische Gespräche mit seinen Studenten und Mitbrüdern liessen bald erkennen, wo das Herz dieses Theologen schlug. Seine durch intensives Studium der Bibel erarbeitete und persönlich verinnerlichte, theozentrisch geprägte Spiritualität ist nicht zuletzt von seinem «Ortsheiligen», von Nikolaus von Flüe (1417–1487), geprägt worden. Dessen Gebet «Mein Herr und mein Gott …» dürfte auch die im Geheimnis Gottes ruhende «einfache» Frömmigkeit von Josef Amstutz zum Ausdruck bringen.

Giancarlo Collet

Beginn einer neuen Epoche der katholischen Missionen?

Essay von Josef Amstutz

Eines der wichtigsten Ereignisse der zweiten Sitzung des Konzils war zweifellos die lange und bewegte Debatte um die *Kollegialität des Episkopats*. In dieser Debatte ist nicht nur ein altchristliches ekklesiologisches Thema wieder aktuell geworden; es zeigt sich in ihr auch ein Aspekt am Selbstverständnis der Kirche, der für die Theologie der Mission von Bedeutung sein wird.[1]

Von diesen zwei Komponenten der Konzilsdiskussion soll hier einiges ausgeführt werden. Zunächst vom altchristlichen Verständnis der Kirche als communio und zweitens von der Auswirkung dieser Idee auf das Verständnis des gegenwärtigen Missionswerkes der Kirche.

I. Der entscheidende Ansatzpunkt: Kirchliche Gemeinschaft im Frühchristentum

Die Kollegialität des Episkopats (wie immer sie rechtlich zu fassen sein mag) gehört in den grösseren Kontext der patristischen Ekklesiologie, welche die Kirche von der Idee der koinonia, communio her begriff. Diese Idee ist freilich sehr vielschichtig. Sie begreift eine Fülle unreflektierter Erfahrung kirchlicher Wirklichkeit in sich. Sie ist auch noch kaum eingehend historisch erforscht. Im Folgenden wird aus der komplexen Anschauung nur eine Perspektive herausgehoben: die communio im öffentlichen Leben der ecclesia. Doch kann auch diese nur dürftig skizziert werden.[2]

Um zu begreifen, was die communio für die alte Kirche bedeutete, kann von einer Beobachtung an den Paulusbriefen ausgegangen werden. Paulus gebraucht für die Gesamtkirche, die über die Ökumene hin zerstreut ist, denselben theologischen Ehrentitel ekklesia wie für die lokale Einzelgemeinde. Das heisst aber, für ihn ist die universale Kirche repräsentiert in der lokalen Gemeinde. Die Gesamtkirche ergibt sich nicht aus der Summierung von Einzelgemeinden, sondern jede Einzelgemeinde stellt die Gesamtkirche an ihrem Orte dar; umgekehrt ist die Gemeinschaft dieser Einzelgemeinden die eine, ungeteilte Gesamtkirche. Beides spricht sich, wenngleich unreflektiert, im Begriff der communio aus.

---

[1] Erstveröffentlichung in: Civitas 109 (1965) 200–212.
[2] Eine begriffliche Richtigstellung: Trotz mancher gegenteiliger Behauptung heisst weder koinonia noch dessen lateinisches Äquivalent communio «Genossenschaft», «Verein» oder, in ekklesiologischer Verwendung, «Gemeinde». Die Begriffe bezeichnen nicht «eine bestimmte Gemeinschaft», sondern sie beschreiben «ein Gemeinschaft-haben», das aus gegenseitigem Anteilgeben bzw. Anteilnehmen entstanden ist und darin fortbesteht. Wird demnach die ecclesia als communio charakterisiert, wird damit von ihr gesagt, sie gebe Anteil (scil. am Heil Christi – sie tradiere dieses Heil), und umgekehrt, sie empfange Anteil (scil. an der Heilsverwirklichung derer, die in sie eingegangen sind – derer, die das Heil Christi rezipieren), und so entstehe eine Gemeinde, in der jeder mit dem andern Gemeinschaft habe.

Diese zunächst bei Paulus implizierte Auffassung hat sich in den ersten Jahrhunderten nicht verloren. Sie hat sich vielmehr im Zusammenhang mit der Ausbildung des monarchistischen Episkopats konsolidiert. Für die gesamte Frühzeit und darüber hinaus war und blieb die unmittelbar erfahrene kirchliche Wirklichkeit die lokale Einzelkirche, die *eine* Gemeinde der Stadt, die eine Gemeinde eines Siedlungsbezirkes. Communio in der ecclesia verwirklichte sich allererst hier.

Wie sah die Gemeinschaft der Lokalkirche aus?
Die Mitte der kirchlichen communio war die liturgische Feier der Eucharistie. Die das Herrenmahl Feiernden (die amtierenden Liturgen – der Bischof und sein Presbyterium – und die liturgische Gemeinde) werden nicht einfachhin durch ihr Zusammentreten und Zusammenhandeln zur ecclesia, sondern erst eigentlich durch das tradierende Anteilgeben beziehungsweise gemeinsam rezipierende Anteilnehmen am liturgischen Heilsgeschehen: Darin entsteht die sakramentale communio. Diese Gemeinschaft um den Tisch des Herrn ist aber die jeweilige Zeit-räumliche Aktualisierung und Realisierung der schon bestehenden Kirchengemeinschaft.

Die Kirchengemeinschaft (=kirchliche communio) ist schon vorher da, wird aber in der Eucharistiegemeinschaft (=sakramentale communio) aktualisiert, sofern «die Kirche als Ereignis am ... intensivsten dort gegeben ist, wo durch das in Vollmacht verkündete Wort ... Christus in seiner Gemeinde selbst ... gegenwärtig ist ... Die Feier der Eucharistie ist ... das intensivste Ereignis von Kirche.»[3] Die eucharistische communio setzt also die kirchliche communio voraus.

Dies zeigt sich konkret und eindeutig daran, dass die gottesdienstliche ecclesia nicht eine offene ist, solcherart also, dass jedermann in sie eintreten könnte und dürfte. Sie ist streng begrenzt auf die rechtsfähigen Teilnehmer, das heisst auf solche, die in kirchlicher communio stehen: auf Getaufte, Gläubige und Geheiligte. Die Taufe ist als Rechtsakt nicht nur institutio in gratiam, sie ist zugleich initiatio in ecclesiam sanctorum. Sie ist Eintritt in die Gemeinde, die eins ist im gläubigen Bekenntnis, die eins ist in der damit ergriffenen Berufung zur Heiligung. Die im Glauben verwirklichte Einheit des Bekenntnisses und die im Lebenswandel verwirklichte Einheit der Berufung sind nur Ausführung und Vollzug der Taufverpflichtung. Taufe, Glaube, Heiligung sind kumulativ die einzelnen Elemente der kirchlichen communio. – Wer aus ihr heraustritt, nimmt sich damit auch das Recht und die Möglichkeit zur eucharistischen communio. Entsprechend gilt: Zur Eucharistie unfähig sind die Nichtgetauften (noch nicht erfasste Heiden und Juden) – sind die Häretiker (aus der Einheit im Glaubens-Bekenntnis Herausgetretene) –, sind die Kapitalsünder (aus dem Kreis der Heiligen Ausgeschiedene). Sie alle sind ex-kommuniziert. Sie sind Eucharistie-unfähig, weil sie nicht in der kirchlichen communio stehen – oder umgekehrt: Wer ausserhalb der kirchlichen communio ist, hat kein Recht (Recht im strengen Sinne) auf die eucharistische communio.

---

[3] Rahner, Karl – Ratzinger, Joseph: Episkopat und Primat. Freiburg 1961, 26.

Diese Rechtsverhältnisse haben freilich eine sehr verwickelte Geschichte. Was gesagt worden ist, wäre vielfach zu präzisieren, zum Beispiel müsste die Unterscheidung zwischen excommunicatio maior und minor eingeführt werden und so fort. Dies würde das Bild gewiss nuancieren; doch gibt das Gesagte die ursprüngliche Grundauffassung wieder, die weiterhin, wenn auch nicht erreichbar, als Ideal vorgeschwebt hat.

Feier der Eucharistie – Mittelpunkt der Kirche
Deutlich ist jedenfalls, dass die kirchliche Gemeinschaft, und ausschliesslich sie, die Ermöglichung der eucharistischen Gemeinschaft war. Letztere hatte aber auch eine reale Rückwirkung auf erstere. Grundsätzlich einfach dadurch, dass die Eucharistie die höchstmögliche Aktualisierung der Kirche ist, ist sie nach dieser alten Theologie der Ort der traditio und der receptio des Offenbarungs-Wortes Gottes, der Ort gemeinsamen Hörens und Bekennens, der Ort der Heiligung und Vereinigung durch und in der Heilsgabe und so der Ort erneuter Verpflichtung auf die Verwirklichung des Heils im «profanen Leben». – Darüber hinaus war die eucharistische Feier immer auch der Ort gegenseitigen Dienens. In den Gaben, die beim Opfergang herangetragen wurden, sprachen sich der Wille und die Bereitschaft zum Dienst an der Gemeinde aus. Der Empfang aber der Heilsgabe verpflichtete umgekehrt zu echtem «Anteilgeben von den Gütern der Erde» und zu wirklichem Anteilnehmen an der Not und Sorge der Gemeinde. So wurde die eucharistische Gemeinschaft zur Verpflichtung auf kirchliche Diakonie – Mitverpflichtetsein auf das Werk der Gemeinde, etwa auf deren Sorge für die Armen, oder auf deren Unterhalt des Klerus, oder auf deren Missionsauftrag …

Die eucharistische communio ist also die Mitte der kirchlichen communio. Sie setzt die kirchliche Gemeinschaft voraus und verpflichtet zu ihr. Dies galt zweifellos, solange die Eucharistie ein wirkliches Gemeinde-Ereignis war, das in Wirklichkeit setzt, was es anzeigt.

Gesamtkirche – blosse Konföderation von Einzelkirchen?
Ein bloss oberflächlicher Blick auf die alte Kirchen-Geschichte könnte zur Annahme verleiten, die Einzelgemeinde um den monarchischen Bischof und der in ihm als dem Liturgen repräsentierten Einheit sei autonom, die Gesamtkirche aber sei weiter nichts als eine Konföderation dieser Einzelkirchen gewesen. Diese Deutung ist oft genug vertreten worden, hat sich aber als Irrtum erwiesen, denn eine Fülle von Einzeldaten belegt eindeutig, dass die communio in der Einzelkirche ihre Entsprechung in der communio der Gesamtkirche hatte.

Zunächst hat die Einzelgemeinde ihren Ursprung nicht aus sich, sondern aus der communio der schon bestehenden Gesamtkirche. Die Einzelgemeinde ist legitimerweise ecclesia nur auf Grund der bei ihr angekommenen Überlieferung des Heiles Christi – in Wort, Sakrament und Recht –, die sie als Einzelgemeinde zugleich konstituiert und in die communio der Gesamtkirche integriert. Die Fülle dieser Überlieferung aber rezipiert die Einzelgemeinde nur aus der

Gesamtkirche, denn nur sie ist letztlich deren adäquater und kompetenter Träger, die Einzelgemeinde aber ist es in dem Masse, als sie in communio mit ihr steht.

Dies zeigt sich konkret an der Stiftung der Einzelgemeinde durch die Ordination ihres ersten Bischofs. Solche Stiftung erfolgte nicht dadurch, dass das Christentum sich wie Flugsand ausgebreitet und da und dort sich angesammelt hat. Gewiss hat es sich verbreitet durch das Zeugnis einfacher Christen; aber ebenso gewiss ist es, dass es ein kirchenloses Christentum niemals gab – ein Christentum, das sich dann aus sich selbst zu Gemeinden versammelt hätte. Die Gemeinden, auch solche, die durch das urchristliche Laienapostolat begründet wurden, etablierten sich zur ecclesia (zur Einzelkirche also, die gültig die Gesamtkirche repräsentiert) nur auf Grund der in ihr gegenwärtigen successio apostolica – einem integralen Element der öffentlichen Überlieferung der Gesamtkirche also. Der Episkopat, von dem die Konstitution einer Gemeinde abhängig ist, erzeugt sich nicht selbst, noch bringt ihn die Gemeinde aus sich hervor. Keine Einzelkirche kann sich selber stiften. Vielmehr wird der Bischof in Vollmacht und Amt instituiert durch die communio der Bischöfe der Gesamtkirche. Diese sind vertreten durch drei Ordinatoren, die ihrerseits in communio mit den übrigen Bischöfen der ökumenischen Kirche stehen. Dies ist die Voraussetzung für die Legitimität der Konsekration. Die Ordination ist also traditio ex communione ad communionem. Dieser erste Ordinationsakt, der die Gemeinde zur Einzelkirche konstituiert, integriert sie zugleich auch in die ihr vorgegebene communio der Gesamtkirche.

Im Akt dieser Stiftung empfängt die Einzelkirche umfassend und wirksam Anteil am Heile Christi, das der Gesamtkirche hinterlegt ist; sie erhält aber auch Anteil an der Verantwortung der Gesamtkirche für die unversehrte Überlieferung dieses Heils. Umgekehrt erhält die Gesamtkirche Anteil an der geistlichen Verwirklichung des Heils in dieser Einzelkirche sowie an der Verantwortung für das Heil in dieser Einzelkirche. In dieser Weise wird nicht nur die Einzelkirche in ihren voll-mächtigen Eigenstand und ihre besondere Eigenart entlassen, sie ist zugleich unlösbar miteingefügt in die communio der Gesamtkirche.

Einzelkirche und Gesamtkirche in Zeiten der Krise

Dies zeigt sich eindeutig am Verhalten der Kirchen in Krisen, die sowohl die Einzelkirche wie die Gesamtkirche bedrohen. Es mögen dies Krisen gewesen sein, die die Einheit des Bekenntnisses (also Häresie) oder die Einheit der kirchlichen Zucht (also die Einheit des Verständnisses und der Verwirklichung des Gebotes Christi), oder Krisen, die den Fortbestand einer Gemeinde gefährdeten. Immer gilt, dass die Gesamtkirche beziehungsweise der Episkopat der Gesamtkirche für die betroffenen Einzelkirchen und umgekehrt die Einzelkirche (beziehungsweise ihr Bischof) für die Gesamtkirche sich mitverantwortlich wussten. Daher die folgenden Rechtsgepflogenheiten: Wer in einer Kirche exkommuniziert war (aus welchem legitimen Grunde immer), war damit aus der communio der Gesamtkirche ausgeschlossen. – Wer in einer Gemeinde communio hat, war damit in der Gemeinschaft der Gesamtkirche. – Einzelkirchen führten Listen über die wichtigsten Kirchen des Erdkreises, mit denen sie in communio waren. – In Krisenzeiten, besonders bei Schismen und Häresien, schickte man sich gegenseitig ausführliche Listen rechtmässiger Bischöfe, mit denen man communio hatte. – Wer auf der Liste einer der Hauptkirchen – vorab Rom, dem Zentrum der gesamtkirchlichen communio – stand, «kommuniziert» dadurch mit allen übrigen Kirchen, mit der Gesamtkirche also.

Geriet aber eine Einzelkirche (oder die Kirchen einer Provinz) in Gefahr, durch Schisma (zufolge von Amtsusurpation etwa), Häresie oder durch Veruntreuung kirchlicher Zucht (Buss-Streitigkeiten) beziehungsweise Brauchtum (Osterstreit) aus der Einheit herauszutreten, dann lag es an der Gesamtkirche, Recht zu sprechen und zum Recht zu sehen. Verwaiste aber ein Bischofssitz, so war wiederum die Gesamtkirche zum Dienst verpflichtet. Ebenso durfte eine Einzelkirche, wenn sie in Not (welcher Art immer) geriet, die Hilfe der Gesamtkirche beanspruchen.

Aus diesem Kontext versteht sich nun auch die konziliare Tätigkeit der ersten Jahrhunderte. Im Konzil, in dem die Einzelkirchen zur ecclesia zusammentraten, stellte die eine Gesamtkirche ihr gemeinsames Bekenntnis und ihr gemeinsames Recht fest. Seine Voraussetzung ist zweifach; einmal das Faktum, dass die Einzelkirche die Gesamtkirche gültig repräsentiert, zum andern, dass nur die ecclesia der Gesamtkirche alle Einzelkirchen gültig verpflichten kann. Beides aber setzt die schon bestehende communio voraus.

Dies mag als Skizzierung der altkirchlichen communio genügen. Von diesem Hintergrund her begreift sich erst die Debatte um die Kollegialität des Episkopats – wobei Kollegialität der moderne Begriff für das mit der altchristlichen «communio» Gemeinte ist. Die *Wiederentdeckung der communio der Einzelkirchen*, beziehungsweise der Bischöfe der Einzelgemeinden, *ist einer der wichtigsten innerkirchlichen Gründe für ein erneutes Überdenken der Theologie der Mission.*

II. Mission im Zeitalter der Kolonien

Die theologischen Journalisten haben, um die Bedeutung des Konzils prägnant zu formulieren, unter anderem auch festgestellt, mit dem Konzil gehe «*die koloniale Missionierung*» zu Ende. Bei aller Fragwürdigkeit solcher Sentenzen trifft diese Sentenz doch eine mit Händen zu greifende Wirklichkeit.

Neuzeitliche Kolonisatoren und missionarische Pioniere hatten und haben manches gemeinsam. Das lässt sich konkretisieren anhand von zwei simplen Überlegungen. Einmal stammen sie beide aus demselben Mutterland, dem Europa des neunzehnten Jahrhunderts. Mag nun der Horizont des Missionars von jenem des Kolonisators toto coelo verschieden sein, für beide ist es das Europa der Neuzeit, das mit dialektischer Notwendigkeit auch die Kirche dieser Epoche geprägt hat. Von ihr wiederum ist unmittelbar der Missionar geprägt. Aus ihr hat er gelebt, gedacht und gehandelt. Diese kirchliche Wirklichkeit hat auch seine Missionsarbeit bestimmt. Es wäre nun tollkühn, diese kirchliche Wirklichkeit mit ihrem Horizont in kurzen Worten darstellen zu wollen. Nichtsdestoweniger ist, mit den nötigen Vorbehalten, eine kurze Charakterisierung nicht zu umgehen. Drei Gesichtspunkte geben sich die Hand:

Konturen der aussendenden Heimatkirche
Erstens: Die *hierarchische Struktur der Kirche*. Das in dieser Hinsicht zweifellos bedeutsamste Ereignis ist die Definition des päpstlichen Primates durch das Erste Vatikanum. Damit kommt eine lange und wirre Geschichte zum Abschluss. Die Definition lässt sich nicht aus dieser Geschichte isolieren. Soviel scheint aber sicher zu sein: Die Definition hat die Zentralisierung nach Rom (ob sie dies beabsichtigte, steht hier nicht zur Diskussion) de facto bestätigt und sie für die Zukunft dogmatisch begründet. Der Papst ist, im Bewusstsein der Kirche der Zeit, wirklich der episcopus universalis; der Ortsbischof aber ist, ebenfalls im allgemeinen Bewusstsein der Zeit, in Gefahr, zu seinem stellvertretenden Beamten zu werden. Die Universalkirche sieht sich (um es pointiert zu sagen) wie das in verschiedene Administrationsdistrikte untergeteilte römische Bistum an. Die Lokalkirche ist in Gefahr, ihre Eigenbedeutung wie Eigenart zu verlieren ...

Zweitens: Die *Theologie*. Was deren philosophische Voraussetzungen und ihre methodische wie materielle Eigenart betrifft – beides ist ausgesprochen im Titel «Neuscholastik». Sie hat freilich ein ungeschichtliches Verhältnis zum mittelalterlichen Denken und ist zugleich in eine Abwehrstellung gegen das säkularisierte Denken der Neuzeit gedrängt. Aus dieser Doppelstellung ergibt sich die Fragwürdigkeit ihres Erfolges. Gewiss ist jedenfalls eines: Diese Theologie, die Scholastik der Neuzeit, ist eindeutig der westlichen, der lateinischen Tradition verpflichtet; einer Überlieferung, die sie mit christlichem Denken überhaupt – unreflektiert – identifiziert. Das zu kodifizierende Recht ist ebenso eindeutig dieser selben Überlieferung verpflichtet. Kurz: Kirchliches Denken ist abendländisch, römisch-lateinischer Herkunft.

Drittens: Die *Liturgie*. In dieser Zeit kommt die Romanisierungs- und Vereinheitlichungstendenz zum Abschluss. Was nach der Mitte des Jahrhunderts noch an Lokaltradition übrigbleibt, ist nicht der Rede wert. Der Rubrizist aber übernimmt die führende Stelle in liturgicis. Unter seinen Händen verkümmert die Liturgie. Das Volk aber (einmal war es das rechtlich liturgiefähige heilige Volk Gottes!) wird zur frommen Menge von Individuen. Ihre Frömmigkeit sucht sich andere Wege. Sie sind für die Hirten zu «rettende Seelen» ...

Dies ist (in recht groben Zügen) die kirchliche Wirklichkeit – die Wirklichkeit der aussendenden Heimatkirche, so wie sie der ausgesandte Missionar erfahren hat. Sie ist ihm (und das ist echt neunzehntes Jahrhundert!) unreflektierte (durch keine geschichtliche Reflexion «relativierte») normative Verwirklichung des Christentums schlechthin.

«Kirchliche Kolonie»

Dieser Missionar des 19. Jahrhunderts hat seine Sendung (gewiss, auf den Wegen der Jurisdiktionsübermittlung) vom Papst. Denn er, der Vicarius Christi, hat vor allen den Missionsauftrag erhalten. Er ist für das Missionswerk verantwortlich. Für den Missionar aber ist die päpstliche Kongregation der Propaganda so etwas wie das Colonial Office für den Kolonisten. Ihr ist er unmittelbar unterstellt. Von ihr empfängt er Weisung und gegebenenfalls Unterstützung. Denn die «päpstlichen Werke» haben eifrig für ihn gesammelt; die Propaganda übermittelt ihm die Spende der europäischen Heimatkirche. Er ist (wenngleich nur wenige rechtlich diesen Titel hatten) «Propagandist», das heisst ein Mann der päpstlichen Propaganda-Kongregation. Indem er missioniert, also Seelen rettet und bekehrt, entsteht ein neuer Distrikt der römisch-katholischen Kirche. Dieser Distrikt ist unmittelbar Rom unterstellt: Der Papst ist juridisch repräsentiert durch den Vicarius Apostolicus. Was da im überseeischen Gebiete entsteht, ist eine «Mission» – eine *kirchliche Kolonie*.

Wie sollte dies anders sein? Die kirchliche Verwirklichung im Heidenland ist, trotz immer neuen und redlichen Ansätzen zu Akkommodation, dünner, brüchiger als in der grossen Kirche des Abendlandes. Die Lehre des neuscholastisch gebildeten Missionars geht schwer ein. Die theologischen Begriffe, geprägt in jahrhundertelanger Denkarbeit, sind unübersetzbar. Das Recht, wiederum mit einer langen abendländischen Geschichte, setzt völlig anderes Brauchtum und Denken voraus; es ist oftmals unanwendbar. Die liturgischen Riten, verstümmelt wie sie sind, sind vielfach unverständlich. Die Volksfrömmigkeit vom Schwarzwald oder aus der Bretagne kommt nicht zum Leben in diesem Volke ... Status missionis, kirchlich ärmer, zurückgebliebenes Christentum, kirchliche Kolonie.

Pioniere und Kolonisatoren

Der neuzeitliche Missionar hat ein Zweites mit dem Kolonisten gemeinsam. Wie sie beide geprägt sind vom Europa (kirchlicher oder nationalstaatlicher Art) des neunzehnten Jahrhunderts, so sind beide auch von ihrer Arbeit in überseeischen Ländern markiert. Die missionarische Lebensweise ist bloss eine Abart der kolonialen. Der Missionar ist Pionier wie der Kolonisator. Wie hätte der Missionar mit denen sich nicht solidarisch wissen sollen, die gleich ihm die bittere Erfahrung eines von der europäischen Existenz so verschiedenen Lebens und Wirkens machten? Alle diese Männer (ob Kaufmann, Soldat, Administrator oder Missionar), die Europa verlassen hatten, um in der zivilisatorischen Einöde Afrikas oder Asiens «neue Welt zu entdecken» und in ihre eigene, alterfahrene und bedeutsamere «Welt Europas heimzuholen», waren von besonderer Prägung: Pioniere.

Der Missionar aber hatte eine ungleich intimere Beziehung zum «Eingeborenen». Er nahm ihn ganz anders ernst. Er wollte seine Seele retten und musste sein Gehör und seine Willigkeit gewinnen. Aber seine Arbeit stiess auf unvorhergesehene, nur ihm vorbehaltene Schwierigkeiten. Es ist demnach auch von daher nur begreiflich, dass er seine Heimatkirche idealisierte. Wichtiger aber ist, dass unter seinen Händen ein Werk entsteht, die Kapelle oder Kirche, die Schule, die Gärten, kurz: die Missionsstation. Und sie ist bevölkert, bevölkert sich jeden Sonntag, von seinen Christen. Wie der Kolonisator hat er ein Werk, eine Leistung, eine Schöpfung aus seinem Wagemut und seinem Einsatz entstanden, vorzuweisen. *Sie hat ihren Grund und Bestand nicht in seinen Christen, sondern in ihm.* Er ist auch der Vater seiner Christen. Versagt er, seine Intelligenz oder seine Kraft, versagen die Christen, zerfällt sein Werk. Daher die Gefahr für den Missionar, die Gefahr jedes erfolgreichen Pioniers, sein Werk in Besitz zu nehmen, es gütig und väterlich zu betreuen – und darüber zu verfügen, Paternalismus – kirchliche Kolonie.

Vielleicht ist das skizzierte Bild überblendet. Es ging um Grundtendenzen. Die sehr gewichtigen Gegeninstanzen müssten gewiss auch zur Sprache kommen – würden aber wohl kaum das Gesamtbild wesentlich modifizieren. Es geht bei alledem nicht darum, die grosse und providentielle (sic!) Pionier-Leistung der neuzeitlichen Missionierung polemisch zu disqualifizieren; sondern es geht darum, sie zu verstehen, um den Weg in die neue Epoche zu finden.

III. Das Zeitalter der «ausländischen Missionen» geht zu Ende

Mit der kolonialen Epoche geht auch das Zeitalter der «ausländischen Missionen» zu Ende. Das hat verschiedene Gründe.

In der Heimat des Missionars sind jedenfalls drei zu nennen. Einmal die Erfahrung, dass es auch auf der Landkarte Europas (der westlichen Welt überhaupt) heidnische Gebiete gibt (Länder oder Klassen). Das Abendland ist säkularisiert und profaniert. *Es gibt das christliche Abendland nicht mehr*, schon gar nicht das katholische. Heidentum also auch hier. Das Zweite ist die «Relativierung» der abendländischen Überlieferung zu einer möglichen, wichtigen und gewiss hochbedeutsamen («Ferment einer neuen Weltkultur»), aber doch nur einer, neben der andere, Ebenbürtige, gleiches Recht fordern können. Damit ist unmittelbar gegeben auch die Relativierung der abendländischen Theologie, ihrer philosophischen Voraussetzung, ihres Rechts. Die abendländische Verwirklichung des Christentums ist bloss eine unter vielen möglichen (und kommenden) Verwirklichungen echten Christentums, echten theologischen Denkens, echten kirchlichen Rechtes. *Pluralismus auch in der Kirche.* – Damit geht ein Drittes zusammen: die Wiederentdeckung der liturgischen Dimension der Kirche – und damit die *Wiederentdeckung der Lokalkirche.* Hieran knüpft letztlich doch wohl die Selbstbesinnung des Episkopats auf seine kollegiale Struktur, mit anderen Worten: Es geht um das Wiederaufleben der altkirchlichen communio. Diesen Vorgängen, die zunächst ihren Grund eigentlich in der Kirche des Westens haben, geht parallel ein *Umbruch in den früheren kolonialen Missionsländern.* Die Kolonisationszeit ist zu Ende, das heisst Kolonie um Kolonie ist selbständig geworden, jedenfalls politisch, komplett mit Parolen und Programmen. Die Revolution der Freiheit hat die farbige Welt in Bewegung gesetzt. Sie ist nicht aufzuhalten. Der weisse Kolonisator und seine Leistung werden gehasst und bewundert zugleich. – Der weisse Mann aber ist damit seiner Kolonien durchaus nicht ledig; er ist sie keineswegs losgeworden. Denn die Umwälzungen in den farbigen Völkern haben weltwirtschaftliche Implikationen. Die *Einheit der Welt,* welche die Kolonisation grundgelegt hatte, ist nicht rückgängig zu machen. So wird die Kolonisierung von der Entwicklungshilfe abgelöst. – Doch, soll diese (vom ehemaligen Kolonisator aus gesehen) nicht ins bodenlose Fass des protzigen und prestigehungrigen Politikers verschwinden, und soll sie (vom Farbigen her gesehen) nicht zu einer billigen Waffe der Erpressung werden (im Kräftespiel zwischen der sogenannten freien und der kommunistischen Welt), dann bedarf es eines Neuen, eines völlig Unpolitischen: der *gegenseitigen Verantwortung.*

Damit dürfte die neue, da und dort sich schon inselhaft zeigende und vielleicht bald um sich greifende Situation für die Kirche überhaupt, der früheren Heimatkirche wie der Missionskirche, angedeutet sein. In solcher Situation, in der *nach-kolonialen Situation* also, «dürfte» es die «ausländischen Missionen» nicht mehr geben. Gewiss, es wird weiterhin Länder geben, die den Pionier-Missionar fordern. Doch dürfte die Epoche der klassischen Missionszeit, wie sie oben umrissen wurde, zu Ende sein.

New frontier in der Mission: Eine nette Epoche hebt an
Die Kirche selber hat den Anfang des Endes damit eingeleitet, dass sie den lange gehegten Plan der Errichtung der Hierarchie in Ausführung nahm. Damit ist, soll es sich nicht um eine blosse Formalität handeln (– und wer würde, seit der Wiederentdeckung der Lokalkirche, die im Bischof hierarchisch gestiftet ist, wer würde es wagen, den Vorgang so zu vernichten –), das Missions-Statut im Prinzip aufgehoben. Doch ist dies nur ein Anfang. Die früheren Missionskirchen sind wohl durch die Hierarchie gültig und gleichberechtigt in die Kirche integriert. Sie sind und bleiben aber noch für lange *Kirchen im Notstand:* Kirchen also, die sich noch nicht selber gefunden haben (sie haben weder ihre eigene Sprache noch ihre Denkform); Kirchen, die nicht aus sich zu bestehen und sich in die Zukunft fort-zu-setzen vermögen (sie ermangeln der Finanzen sowohl wie des Personals). Kurzum: Sie haben weder ihre wirkliche Eigenart noch ihren wirklichen Eigenstand. Sie bedürfen also der Hilfe.

Hier nun ist der Ansatz für die altchristliche Idee der communio. Diese kann nicht einfachhin repristiniert werden. Sie kann nur weitergedacht in der neuen Situation zu neuer Verwirklichung kommen. Es mögen hier drei Gesichtspunkte erwogen werden:

1. Das frühchristliche Vorbild
Die unmittelbar erfahrene kirchliche Wirklichkeit ist nach altchristlichem Denken die Lokalkirche. Sie repräsentiert die Gesamtkirche, mit der sie in communio ist. Hier in der Ortsgemeinde ist Kirche; zunächst, Kirche schlechthin und nicht bloss ein Ableger der abendländischen Mutterkirche. Diese als «Heimatkirche» zu denken, verbietet sich dem, der die Kategorie «ausländische Mission» nicht mehr zu gebrauchen vermag. Damit ist aber eine wichtige Konsequenz gegeben: Die Lokalkirche muss das zu überliefernde Heil (Wort, Sakrament, Gebot) wirklich – zwar ohne Substanzverlust (!) – in ihre Gegenwart übersetzen,

übersetzen also in ihre afrikanische oder japanische Gegenwart. Sie muss das ihr anvertraute Heilsgut (das sie gewiss von der abendländischen Kirche überkommen hat) in Verantwortung empfangen und neu, aus ihrer lokalen Eigenart, erdenken, erfahren und verwirklichen.

Dies ist freilich ein Wagnis und setzt sehr weitreichende Kenntnis sowohl der «historischen Vergangenheit» des Heilsgutes wie der eigenen Situation voraus. Doch ohne dieses Wagnis ist die kirchliche Gegenwart und Wirksamkeit der Lokalkirche zwar gültig, aber doch «anachronistisch und deplatziert». Das Wagnis muss der Ortskirche von der communio der Kirchen (und nicht nur von den übrigen «früheren Missionskirchen», sondern auch von der abendländischen, vorab aber vom Zentrum der communio, von Rom) zugestanden werden. Es muss sogar, sofern und weil die ökumenische communio der Kirche die Mitverantwortung für die universale und plurale Repräsentation des Christentums hat, geradezu von ihr erhofft, erwartet und (nötigenfalls) verlangt werden. Umgekehrt hat die Lokalkirche Anspruch auf Hilfe, und die communio der Kirche ist, sofern und weil sie mitverantwortlich ist, zu dieser Hilfe verpflichtet.

2. Rechtes Geben und Nehmen will gelernt sein

Dies bedingt aber eine gegenseitige Verantwortung, ein Mit-einander-Tragen der Verantwortung für das eine und einzige von Christus gestiftete Heil in pluraler Repräsentation. Es bedingt universales Denken und Sich-verpflichtet-Wissen in den lokalen Kirchen sowohl Europas wie Afrikas. Die Kirchen in Not (zunächst noch die früheren Missionskirchen) sind die empfangenden. Gewiss sind die Gebenden, die der Hilfe Fähigen, zum Geben verpflichtet. Aber gerade ihre Gabe verpflichtet den Empfänger. Dies gilt für die finanzielle Hilfe. Es verstösst daher gegen die Verantwortung gegenüber der communio, wenn die von Kirchen Europas gesammelten Gelder den Weg der Entwicklungshilfe gehen … Dasselbe gilt aber auch für die zur Verfügung gestellte personelle Hilfe. Wenn auch dieser neue Typus «Missionar» mehr denn je zuvor in dienender Einfachheit und demütigem Selbstvergessen zur Verfügung zu stehen hat, ist doch die empfangende Kirche, wenn sie zum Beispiel einen katechetischen Experten erbeten hat, für seinen sachgerechten Einsatz (seiner Befähigung gemässen Einsatz) der ihn stellenden Kirche gegenüber verantwortlich …

Umgekehrt gilt auch für die Kirche, die des Gebens fähig ist, dass Geben gekonnt sein muss und kirchliches Helfen, denkend (sic!) und betend, gelernt und verantwortet werden muss. Das Gemeinte kann wiederum deutlich genug am politisch-wirtschaftlichen Gegenstück abgelesen werden: Kirchliches, inner- und zwischenkirchliches Helfen darf nicht zum Dollar-Regen und Expertenhagel oder zu subtiler Machtnahme entarten …

Es steht zu vermuten, dass beides, kirchliches Geben und Empfangen, erst in langer und bitterer Lehr- und Lernzeit, die auch nicht die raffinierteste Organisation abzukürzen vermöchte, zu wirklichem Können sich vollendet. Es ist etwas völlig Neues, weil sich nun (wenn nicht alles täuscht) zum ersten Male seit der Antike gleichberechtigte Lokalkirchen in der communio der Universalkirche gegenüberstehen in helfender und empfangender Partnerschaft. Aber sowohl im

Geben wie im Nehmen liegt hoher Gewinn – einmal die *communio*, die *communicatio, unitas* und *caritas* ist, zum andern die Tatsache, dass die Einzelkirchen denkend und handelnd die Gesamtkirche wirklich repräsentieren.

Es braucht nicht angemerkt zu werden, dass damit nicht etwa die schützenden Mauern Roms geschleift werden sollen. Gewiss, manches dürfte sich ändern. Doch wird auch dann Rom seine Stellung als Zentrum der communio nicht einbüssen, die legitime und notwendige Stellung, die der Primat wirklich bedeutet. Es geht hier auch nicht um Vorschläge organisatorischer Art; auch nicht, was die Funktion der Missionsgesellschaften betrifft. Es geht einzig um den Versuch einer theologischen Deutung der neuen «Missions-Situation». Diese aber dürfte am Leitfaden der altkirchlichen Konzeption zwischenkirchlicher communio zu gewinnen sein.

3. Gestalt der «neuen Missionen»

Abschliessend sei eine Bemerkung über die vom «neuen Missionar» (ob nun, um die alten Kategorien zu gebrauchen, Missionspriester, Missionsbruder, Laienhelfer) verlangte Haltung gewagt. Auch auf die Gefahr hin, es sei eine apologia pro domo, kann die Grundhaltung unter dem Stichwort «*simplicitas*» zusammengefasst werden.[4] Es sei freilich hinzugefügt, dass (ähnlich wie die communio aus den altchristlichen Ansätzen) auch diese neu überdacht werden müsste.

Vielleicht kann sie so umschrieben werden: Einfach ist, wer völlig von sich absehen kann; wer fähig ist, spontan und ohne reflexe Anstrengung sich an sein Werk zu verlieren, ohne sich davon Prestige zu versprechen. Einfachheit wäre so etwas wie Freiheit von sich selbst. Damit wäre der Einfache frei für den Menschen und die Situation der jeweiligen Ortskirche, an denen und für die er in Dienst genommen worden ist. Er würde sich nicht selbst den Blick verstellen (ohne den europäischen Balken, das heisst Vorurteil im Auge); er hätte die nötige Geduld, zu verstehen zu suchen und damit immer neu anzufangen (ungefähr siebenmal siebzigmal); er hätte den Mut, sich ausnützen zu lassen (er würde damit seiner Würde nichts vergeben); er würde «zur Verfügung sein», jedem und allem, was ihn um Hilfe angeht und allen, die es nicht wagen; im Übrigen würde er von seiner menschlichen Nichtigkeit (Sünder sind wir alle und Versager) und Bedeutungslosigkeit (und unnütze Knechte darüber hinaus) überzeugt, Gott im Geheimen danken, dass er an denen (den Einzelnen und der Kirche), für die er sich selbst vergessen hat, leidet und dass Gott wenigstens diesen Erfolg ihm beschert hat.

Freilich vermöchte er dies alles nicht (sicher nicht aus sich selbst), es sei denn, es wäre ihm beschieden, Gott über alles wichtig und einzig bedeutsam erfahren zu haben – oder umgekehrt –, indem er dies alles vermöchte, würde ihm gegeben sein, Gott zu lieben mit seinem ganzen Herzen …

---

[4] Dieser Essay war zunächst Exz. A. Haene, Gwelo (S. Rhodesien) zum Silbernen Priesterjubiläum gewidmet, in dessen bischöflichen Wappen der Wahlspruch «simplicitas» steht.

Wie immer es mit diesen Überlegungen im Einzelnen bestellt sein mag, *die missio dürfte in Zukunft von der communio her zu begreifen und in simplicitate cordis zu verwirklichen sein.*

Vaticanum II, Constitutio dogmatica «De Ecclesia» (nr 13)
Inter diversas Ecclesiae partes vincula intimae communionis quo ad divitias spirituales, operarios apostolicos et temporalia subsidia. Ad communicandum enim bona vocantur membra populi Dei, et de Singulis etiam Ecclesiis valent verba Apostoli 1 Pt 4,10.

Zwischen den verschiedenen Einzelkirchen besteht innige communio, was den geistlichen Reichtum, «die apostolischen Arbeiter» und die weltlichen Mittel betrifft. Die Glieder des Volkes Gottes sind aufgerufen zur communicatio der Güter; auch von den Einzelkirchen gilt das Wort des Apostels:

Dienet einander, ein jeder mit der Gnadengabe, wie er sie empfangen hat, als treffliche Verwalter der vielgestaltigen Gnade Gottes (1 Pt 4,10).

Spirituelle Texte zum missionarischen Auftrag

Hinweise
Die geistlichen Impulse sind thematisch nach dem Kirchenjahr geordnet.
Die Redaktion des offiziellen Informationsorgans «Officiosa SMB» hat über die Texte eine Überschrift gesetzt. In der vorliegenden Textsammlung werden Überschriften gewählt, die den Inhalt zum Ausdruck bringen.
Die in den folgenden Texten von Josef Amstutz zitierten Literaturangaben werden ohne nochmalige Überprüfung beibehalten.
Die Anmerkungen des Herausgebers sind mit dem Kürzel eph bezeichnet.

Abkürzungen
AG   Ad gentes. Dekret über die Missionstätigkeit der Kirche vom 7. Dezember 1965.
GS   Gaudium et spes. Pastorale Konstitution über die Kirche in der Welt von heute vom 7. Dezember 1965.
NA   Nostra aetate. Erklärung über das Verhältnis der Kirche zu den nichtchristlichen Religionen vom 28. Oktober 1965.
AAS   Acta Apostolicae Sedis 1 (Rom 1909 ff.).
SKZ   Schweizerische Kirchenzeitung 1 (Luzern 1832 ff.).

Abgekürzte Schreibweise bei öfters zitierten Publikationen
Missionsgesellschaft Bethlehem: Dekrete=
Missionsgesellschaft Bethlehem: Dekrete. Generalkapitel 1967. Immensee 1967.
Missionsgesellschaft Bethlehem: Konstitutionen=
Missionsgesellschaft Bethlehem: Konstitutionen. Generalkapitel 1967. Immensee 1967.

Offizielle SMB-Mitteilungen/Officiosa SMB
Um einem mehrfach geäusserten Wunsch zu entsprechen, offizielle Mitteilungen der Gesellschaft möchten den Mitbrüdern rascher bekannt gegeben werden, gab das Generalsekretariat ab Januar 1968 das Informationsblatt *Offizielle SMB-Mitteilungen* in loser Folge heraus. Ab Januar 1970 übernahmen die regelmässiger erscheinenden *Officiosa SMB* diese Funktion.
Sie werden wie folgt zitiert: Officiosa SMB, Jahrzahl, Seitenzahl.

1 Erlösende Fröhlichkeit des Herzens

Weihnachtsprophetie des Jesaja

> *Das Volk, das in Finsternis wandelt, sieht ein grosses Licht,*
> *die im Lande des Dunkels wohnen, über ihnen strahlt auf ein Licht.*
> *Du machst des Jubels viel, machst gross die Freude,*
> *sie freuen sich vor dir, wie man sich freut bei der Ernte.*
> *Denn ein Kind ist uns geboren, ein Sohn ist uns gegeben,*
> *und die Herrschaft kommt auf seine Schultern,*
> *und er wird genannt: Friedensfürst,*
> *gross wird seine Herrschaft sein, und des Friedens kein Ende.*
> *(aus Jes 9,2–7)*

Meine lieben Mitbrüder

Das kommende Fest der Gesellschaft ist mir Anlass, Ihnen etwas von der erlösenden Fröhlichkeit des Herzens zu wünschen, wie sie aus der Weihnachtsprophetie des Jesaja spricht. Zu jeder Zeit bedürfen wir jener Erfahrung der Gnade Gottes, die uns Unbeschwertheit, Befreiung von unserem Ernst und angestrengter Bemühung – oder ganz schlicht: Freude – gewährt. Das Christfest aber soll für uns das «hochgemachte Tor» sein, der «weite Einlass» für das gläubige Innewerden der gnädig mächtigen Sorge Gottes um seine Sache und um uns.

Ich meine, das gelte vor allem in der gegenwärtigen Lage der Gesellschaft. Die Zukunft unserer Gemeinschaft ist vielen Mitbrüdern zu einer offenen Frage geworden. Das Denken an die Zukunft, sagt man, nehme dem Menschen einen Teil seiner selbstverständlichen Lebensfreude. Die Zukunft als Verantwortung erkannt zu haben, bedeute den Verlust der Unbeschwertheit. Um fröhlich zu sein, müsse man Abstand nehmen von der Bedrängnis des Morgen …[5] Umgekehrt hat, nach der Meinung anderer Mitbrüder, die auf das Kapitel hin angelaufene «kritische Reflexion» eine fatale Verachtung der Vergangenheit hervorgebracht, eine Entfremdung vom Erprobten und Bewährten der früheren Generationen … Nun ist sowohl die Sorge um die Zukunft wie die Besinnung auf die Vergangenheit für ein verantwortliches Handeln der Gesellschaft unerlässlich. Es bleibt aber wie bei allem Menschenwerk die Gefahr, dass sie unter uns den Geist der Schwere und Angestrengtheit, der bitter ernsten Bemühung und des humorlosen Prozessierens verbreiten. Was uns in solcher Stunde also nottut, ist die Festlichkeit, deren Licht Gott durch unser Fest in die Welt bringt: Das Aufbrechen der verborgenen Quellen der Zuversicht in die letzte Güte des Lebens, ins endgültige Gelingen der Dinge, ins schliessliche Zurechtkommen der Welt – weil alles in Seiner Sorge beschlossen ist. Solche Erfahrung würde uns die «relative Absurdität» unserer Bemühung offenbaren, ohne deren Engagement zu zerstören.

---

[5] Auslassungspunkte verweisen nicht notwendigerweise immer auf Textauslassungen. Josef Amstutz setzt vielfach Auslassungspunkte, um Raum zu persönlichem Nachdenken zu schaffen (eph).

Wenn die Liturgie das Bekenntnis ablegt, im Festgeheimnis sei erschienen die «Gnade Gottes», dann bedeutet dies zugleich eine Aufforderung zur Unbeschwertheit des Herzens, die sich allem mühsamen Bekümmern entschlägt. So hat Jesus selbst die Gnade Gottes begriffen:

Achtet auf die Krähen, sie säen nicht und sie ernten nicht ... und Gott nährt sie; wie viel mehr seid ihr ... Achtet auf die Lilien (Gras auf dem Feld), sie spinnen nicht und sie weben nicht ... und Gott kleidet sie (kostbar sogar); wie viel mehr ihr ... (Lk 12,24 ff.).

Verkauft man nicht Spatzen bei der Hand voll um ein As? Und Gott lässt nicht einen vom Dache fallen; wie viel mehr ihr ... (Lk 12,6).
Er lässt seine Sonne aufgehen über Gute und Böse und lässt Regen kommen über Gerechte und Ungerechte (Mt 5,45).
Bemüht euch also nicht für morgen; der morgige Tag wird sich um sich selbst bemühen; der heutige Tag hat genug an seiner eigenen Plage (Mt 6,34).

Durch die gnädige Sorge Gottes wird unsere Sorge zur Freiheit, erlernt unsere Anstrengung die Unbeschwertheit. In seinem Walten verlieren Gegenwart und Zukunft ihre bedrängende Not.

Ich kann mir auf das kommende Fest hin für die Gesellschaft keine bessere Gabe denken als eben die Erlösung zu solcher Sorglosigkeit. Ich wünsche sie Ihnen und mir für unseren gemeinsamen Dienst an der Sache Gottes. Ich wünsche sie jedem einzelnen Mitbruder auf seinen Weg. Werfen wir alle unser Sorgen auf den Herrn, damit Er unserer Sache sich anzunehmen vermöge (Phil 4,6 f.; 1 Petr 5,7). Mit diesem Wunsche zur Weihnacht und zum neuen Jahr verbleibe ich Ihr herzlich ergebener

Immensee, Advent 1973   Josef Amstutz, Generaloberer

2 Im Advent – ein Wort der Ermutigung

Liebe Mitbrüder, liebe Mitarbeiterinnen und Mitarbeiter
Wir stehen in diesen Tagen mitten in den Verhandlungen, der grossen Konsultation zwischen den Kapiteln, und tragen unsere Erfahrungen mit dem Auftrag Gottes in vier Erdteilen zusammen.[6] Wir haben uns gegenseitig viel zu berichten über die Freude, die wir am aufkeimenden Glauben und der Hoffnung in unsern Gemeinden haben, über das Erstarken der gemeinsamen Verantwortung; aber auch von Sorgen ist unter uns die Rede, Sorge um bitterböse Verhältnisse, die von uns Mut zum Bekenntnis und Bereitschaft, das Leben zu lassen, verlangen können; hinter allem die beängstigende Frage nach der Zukunft unseres Werkes.

In unseren Berichten erzählen wir uns gegenseitig auch von Ihnen: Sie sind mit Ihrer Freude und Sorge unter uns. Das Wort aber, das uns Ermutigung ist, das uns frohgemut und letztlich heiteren Herzens weiter im Acker Gottes ausharren lässt, gilt auch Ihnen; es ist das Bekenntnis zur Treue Gottes:

> *Getreu ist Gott –*
> *Christus Jesus*
> *ist nicht als Ja und Nein zugleich gekommen,*
> *nur das Ja ist in ihm verwirklicht:*
> *Er ist das Ja zu allem, was Gott verheissen hat.*
> *So rufen wir durch ihn*
> *zu Gottes Lobpreis auch das Amen (2 Kor 1,19 f.).*

Gott hat in uns sein Werk begonnen, er hat uns Berufung und Geist gegeben; das ist Anfang und Verheissung zugleich. Er wird seine Zusage erfüllen und sein

---

[6] Das Generalkapitel 1974 beurteilte eine Konferenz zwischen zwei Generalkapiteln als «ein gutes Mittel, den Kontakt zwischen Zentrale und Regionen zu fördern» (Missionsgesellschaft Bethlehem: Dokumente des Generalkapitels 1974, 121). Umfragen und Abklärungen in den Regionen begünstigten eine Konsultation im Sinne der vom Generalkapitel 1974 angeregten Superiorenkonferenz. – Vom 10. November bis 9. Dezember 1978 fand in Immensee die erste Konsultation statt, die mehrere Phasen durchlief: Den Anfang bildete eine im Seminarstil konzipierte Orientierungskonferenz über die Akzeptanz der Beschlüsse des Kapitels 1974 in den Regionen und zur Lage der Gesellschaft. Damit wurden einmal die noch nicht ausgeführten Kapitelsaufträge in der Heimat und in den Regionen erfasst. Sodann liess sich abschätzen, mit welchen Schwierigkeiten dabei zu rechnen sei (das war der Ansatzpunkt für das Projekt «Reformen 78/81», in dem die von den Kapiteln 1967 und 1974 beschlossenen, aber noch nicht ausgeführten Aufträge gesichtet wurden, um sie in die Themenliste des kommenden Generalkapitels 1981 einzufügen). – Als gutes Arbeitsinstrument der Konsultation erwiesen sich weiter die Klausuren des Generalrates mit den Regionaloberen. Zu den zentralen Themen gehörten die Rhodesienkrise, die «Alternativ-Mission» und die personelle Zusammensetzung der Gesellschaft. Damit war der Sachverhalt angesprochen, dass die traditionellen missionarischen Berufe im Schwinden begriffen waren und Fragen wie Mitarbeit und Integration neuer missionarischer Berufungen einer Klärung bedurften. – Als Tage eigentlicher Schwerarbeit galten die Arbeitseinheiten, die als Seminare konzipiert wurden und in welchen die Regionaloberen die spezifischen Anliegen ihrer Regionen einbringen konnten. Damit war Raum gegeben, um wichtige Fragen wie Leitbild, Missionspersonal, Führung und Finanzpolitik zu thematisieren.
Die Konsultation war eine Art Umschlagplatz, auf dem die Regionaloberen sich mit jenen Bausteinen eindeckten, die sie für die Erfüllung ihres regionsspezifischen Auftrages als nötig erachteten. Gleichzeitig ergab sich aus dem Austausch mit der Gesellschaftsleitung eine Liste jener Aufgaben, deren Umsetzung noch immer ausstand bzw. die sich in der Folgezeit als neue Anträge an das Generalkapitel 1981 konkretisierten (vgl. Heim, Walter: Die «Konsultation 78» im Rückspiegel, in: Officiosa SMB, 1978, 139–144 – eph).

Tun zu Ende bringen. Gottes dürfen wir gewiss sein; er hat sich mit uns unverbrüchlich und endgültig eingelassen; wenn alles sonst trügerisch wäre und doppeldeutig – Gott ist es, auf den man sich verlassen kann; vielmehr: das, worauf man unbedingt bauen kann, ist Gott! So bekennt es der urchristliche Glaube wieder und wieder:

Gott wird euch festigen bis ans Ende; (denn) treu ist Gott, durch den ihr berufen worden seid (1 Kor 1,9).

Gott ist treu, (so) wird er nicht zulassen, dass ihr über eure Kraft hinaus geprüft werdet (1 Kor 10,13).

Gott, der euch beruft, ist treu [er wird euch ohne Tadel erhalten für die Ankunft unseres Herrn Jesus] (1 Thess 5,24).

Treu ist der Herr, er wird euch stärken und vor allem Bösen bewahren (2 Thess 3,3).

Wenn wir untreu sind, so bleibt er doch treu, denn er kann sich nicht verleugnen (2 Tim 2,13).

Lasst uns (also an der) Hoffnung festhalten, denn der uns die Verheissung gegeben hat, ist treu (Hebr 10,23).

Der letzte Beweis der Treue Gottes aber ist sein Kommen in Jesus, das wir im weihnachtlichen Feste feiern, dem wir entgegengehen. Da ist sein Ja zu uns untrüglich und eindeutig. Den Weg zu dieser Vergewisserung schildert die «weihnachtliche Urerfahrung», die im Kinde die in das Ungemach der Welt hineingeborene Kreatur sieht: «Das Kind erwacht – aus schwerem Traum? – und findet sich allein, von nächtlicher Dunkelheit umgeben, namenloser Angst ausgeliefert. Die vertrauten Umrisse der Wirklichkeit sind verwischt. Chaos droht hereinzubrechen ... Das Kind schreit nach der Mutter. Dieser Ruf nach der Mutter ist der Ruf nach der Sicherstellung der Ordnung. Denn die Mutter – und nur sie – hat die Macht, das Chaos zu bannen und die Ordnung und Beständigkeit der Welt wiederherzustellen ... Die Mutter nimmt das Kind in den Arm und wiegt es in jener zeitlosen Geste der Bergung. Sie zündet ein Licht an, und warmer, Sicherheit verheissender Schein umgibt sie und ihr Kind. Sie spricht ihrem Kinde zu; sie singt ihm ein Schlummerlied: «Keine Angst, alles ist in Ordnung, alles ist wieder gut.» Das Kind gibt sich zufrieden. Sein Vertrauen in die Wirklichkeit ist zurückgewonnen, es kann wieder einschlafen ... Der Trost, den die Mutter dem Kinde gegeben, enthält eine Aussage über die Wirklichkeit als solche, dass sie «sichergestellt» ist auf ihrem einen letzten Grunde – der Treue Gottes» (nach Peter L. Berger). Wer dies zur Weihnacht erfährt, der vermag in den Lobpreis der festlichen Liturgie einzustimmen und es im Amen zu bestätigen: So ist es!

Ich wünsche Euch allen von Herzen, dass Ihr zur Weihnacht diese ermutigende Erfahrung machen dürft, eine Erfahrung, die über alle Widrigkeit und Prüfung, die unsere Berufung uns einbringen mag, die Zuversicht nicht aufgibt, dass letztlich Gott alles in Händen hat und dass er seine Verheissung, die in uns ist, wahr macht – denn: Getreu ist Gott, das hat sich in Jesu erwiesen.

In herzlicher Ergebenheit

Im Advent 1978　　　　　　　　　　　　　　　Josef Amstutz, Generaloberer

3   Das uns geschenkte Kind, ein «ursprünglich Ergebnis»
Im vorweihnachtlichen Shopping-Gedränge von London

Liebe Mitbrüder und liebe Mitarbeiter
Von Amerika herkommend[7] – immer noch die Bitterkeit der Armut, welche das Leben der Völker im Süden beschädigt, in Gedanken und im Herzen –, lande ich über Nacht ins vorweihnachtliche Shopping-Gedränge von London – geschäftstüchtige Vermarktung des Christfestes in der Oxford Street; Weihnacht, sage ich mir, Fest des Geschenkes? Gewiss, manche Gabe, rasch und gedankenlos erstanden, stammt aus Überfluss und will nichts als Verpflichtungen abgelten; andere, mit Berechnung ausgesucht, zählen auf Rückvergütung … Aber doch auch echtes Schenken, liebevoll ausgewähltes Zeichen der Zuwendung, grosszügig und von Herzen kommendes Geben, das Freude machen möchte! In solchen Überlegungen ergibt sich mir fast unvermerkt der Gedankengang Jesu:

Wenn schon ihr Menschen, die ihr selbstsüchtigen Herzens seid, es versteht, Geschenke als Erweise selbstloser Güte zu machen, wieviel mehr Gott, euer Vater, von dem jede gute Gabe kommt (Lk 11,5–8.11–13; Jak 1,17).

So könnte selbst das moderne Weihnachtsgeschäft, falls man ihm nachdenkend auf den Grund geht, zum Sinn des Christfestes führen:

Sie schenkte einem Kind, dem Erstgeborenen, das Leben … (Lk 2,7).

Das Leben dieses einen Kindes, das Leben überhaupt, ist zuerst und damit immerdar Geschenk! Es ist nicht zuerst aus Bemühung erwachsende Leistung, es ist nicht zunächst Anstrengung von Absicht und Handeln – es ist «ursprünglich Ergebnis». Geschenke – sind umsonst; sie entstammen der ungeschuldeten Freigebigkeit: «… als ich dich in der Tiefe der Erde aus dem Nichts erschuf …» Sie haben ihren Grund in der Erinnerung: «ich habe deinen Namen mir in die Hand geschrieben, auf dass ich immer an dich denke»; ihre Wurzel ist die Zuwendung der Liebe: «ich behüte dich wie den Stern meiner Augen»; «mein Antlitz leuchtet über dir …»; «geschöpfliches Leben», sagt einmal Karl Barth, «hat unveräusserlich den Charakter der göttlichen Freude, des göttlichen Ansehens, der göttlichen Bejahung. Was Gott geschaffen, das ist und bleibt wohlgetan. Dieser Satz ist kein unverantwortliches Wagnis; er ist nicht nur erlaubt – er ist vielmehr geboten; denn göttliches Schaffen ist nicht anders denn als Wohltun zu verstehen» – Geschenk!

Nun spricht vielerlei aus der Erfahrung mit unserem eigenen Leben und mehr noch aus der mit der Welt, in deren Dienst wir als Missionare stehen, wider diesen «Geschenkcharakter des Lebens»: Sprödigkeit und Zerfall unseres Daseins. Ungerechtigkeit widriger Verhältnisse, Zerstörung von Menschenwürde, Irrweg, Ungenügen und Sünde … Wir kennen die Klage des Menschenherzens über das Unglück des Lebens, und jeder macht damit seine eigene Erfahrung. Wir alle

---
[7] Josef Amstutz nimmt Bezug auf die Visitationen in Kolumbien und Denver (8. August – 25. November 1979). In Kolumbien war mit dem Besuch des Generaloberen die Feier der 25 Jahre seit der Ankunft der ersten SMB-Missionare in Popayán verbunden (eph).

können so in Gefahr geraten, darob das alles im Leben Begründende, das sich von Gott Geschenkt-Sein aus dem Sinn zu verlieren. Jahr für Jahr erinnert uns darum Weihnacht daran, widerspricht der darin sich äussernde Glaube der Erfahrung mit dem Leben:

Sie schenkte einem Kind, ihrem Erstgeborenen, das Leben …

Weihnacht will uns, so möchte ich das Gemeinte umkehren, das Danken lehren. Danken setzt voraus, dass das Geschenk zu Herzen gegangen ist, dass die ungeschuldete Freiheit des Gebers erfahren wird. Danken ist Freude über das Beschenktsein, ist In-Empfang-Nehmen der Gabe, Staunen über das Wunder der Zuwendung, ist Preisung von Gabe und Geber. Im Dank kommt die Gabe erst eigentlich «zur Gegebenheit». Weihnacht will uns zuletzt lehren, dass wir uns selbst Gott verdanken, dass wir uns selbst aus seiner Hand als Geschenk empfangen, dass wir uns selbst weitergeben an den Nächsten, das Geschöpf Gottes, das sich nicht selbst zu geben vermag, wessen es am allermeisten bedarf. Solches Danken erlöst uns von der Sorge um uns selbst. Im Empfangen werden wir zu Schenkenden:

Wem viel gegeben – gibt selber viel (Lk 7,47).
Sie schenkte einem Kind, ihrem Erstgeborenen, das Leben …

Indem ich Ihnen von Herzen dieses Geschenk zur Weihnacht wünsche, verbleibe ich Ihr sehr ergebener

Advent 1979   Josef Amstutz, Generaloberer

4 Das Geheimnis der Einfachheit

Weihnachtswünsche des Generalobern zur Feier jenes Geheimnisses, das uns Geist und Weg des Missionars zu erkennen gibt, das Geheimnis der «Einfachheit»

Liebe Mitbrüder

In wenigen Tagen werden wir jenes «Geheimnis» festlich begehen, «das uns Geist und Weg des Missionars zu erkennen gibt» – das Geheimnis der «Einfachheit» Gottes.[8]

Einfach sein bedeutet darnach, ohne Berechnung für andere sich herzugeben (Jak 1,5); dabei frei zu sein von Rücksicht auf sich selbst (Lk 9,62).

Nicht auf Hoheit bedacht noch auf Würde göttlichen Wesens,
gab er Würde und Hoheit preis … (Phil 2,6 f.).

Einfach sein meint weiter den Mut, sich ausnützen zu lassen (Lk 6,29 f.); dem andern zur Verfügung zu sein, selbst wenn man peinlicherweise sich blossstellt (1 Kor 4,9–13):

Er entäusserte sich selbst, nahm Knechtsgestalt an und wurde gehorsam bis zur Erniedrigung des Todes … (Phil 2,7 f.).

Einfach sein besagt letztlich, Gott über alles wichtig nehmen (Mk 12,29–30) und als allein bedeutsam erfahren zu haben (Mt 13,44–46):

So machte Er Weisheit und Macht der Welt zuschanden, damit jede Zunge bezeuge die Ehre Gottes des Vaters (1 Kor 1,27–29; Phil 2,11).

Gott gebe uns allen zur Weihnacht seine Einfachheit.

Zum Abschluss des Jahres möchten wir allen Mitbrüdern – ob sie nun in der Arbeit des Alltags stehen oder die Last des Alters oder der Krankheit tragen – danken für das Mittragen der Sorge um unser gemeinsames Werk. Die Einsicht in das uns anvertraute Geheimnis Gottes gebe uns die Zuversicht, weiterhin in «der Geduld der Hoffnung» zu beten und zu wirken.

In herzlicher Verbundenheit grüsst zusammen mit dem Rat der Gesellschaft

Immensee, 13. Dezember 1968　　　　　　　　　　　Josef Amstutz, Generaloberer

---

[8] Der Weihnachtswunsch resümiert das Ergebnis der begriffsgeschichtlichen Studie zu ἁπλότης (vgl. Amstutz, Joseph: Haplótēs). Eine begriffsgeschichtliche Studie zum jüdisch-christlichen Gebrauch (= Theophaneia. Beiträge zur Religions- und Kirchengeschichte des Altertums, Bd. 19). Bonn 1968, 155 ff. (eph).

5   Gedanken zur Menschwerdung Gottes

Liebe Mitbrüder

Wenn wir in diesen Tagen das Weihnachtsgeschehen betend überdenken, dann führt uns solches Meditieren in die Mitte unseres christlichen Glaubens und unserer missionarischen Berufung: die Menschwerdung Gottes.

Gott ist Mensch geworden, er hat sich vorbehaltlos mit dem Menschen identifiziert, er hat sich unwiderruflich auf den Menschen verpflichtet – er hat sich dem Menschen als Liebe erwiesen. Das bedeutet ein Dreifaches:

1. Gott hat mit dem Menschsein dieselben Erfahrungen gemacht wie wir und es so einmal und für immer angenommen: Er hat als Mensch begonnen in derselben Wehrlosigkeit und Gefährdung wie wir alle; er hat unsere Freude geteilt und unser Elend; er steckt im menschlichen Kerker des Nichtverstandenseins, in einer Umgebung, die borniert und untolerant ist; er erfährt echte Mitmenschlichkeit – kurzum: Er geht unsern Schicksalsweg von der Unsicherheit des Anfangs über das Umsonst seiner Misserfolge in den sicheren Tod. Dem so erfahrenen Menschen hat Gott sich zugesagt für immer.

2. Indem Gott in dieser Weise Mensch geworden ist, hat er das Menschsein von Grund auf neu gemacht: Er ist uns Menschen näher gekommen, als wir uns nahe sind; er sorgt sich um uns Menschen tiefgründiger, als wir es von uns erdenken könnten; er hat zu uns sein nicht (weder von uns noch irgendjemand sonst) hinterfragbares Ja gesagt; er hat uns, wie R. Guardini irgendwo schreibt – nicht nur als für ihn selbst von Wichtigkeit geschaffen: er hat uns in einer nicht begreifbaren Weise sich selbst zum Schicksal werden lassen.

3. Wie sich die Liebe Gottes, die im Weihnachtsgeschehen offenbar wird, auf unseren missionarischen Alltag mit seinen Nöten auswirkt, hat Paulus eindringlich dargetan:

Was soll nun unser letztes Wort sein? (Dies:) Wenn Gott für uns ist, wer könnte dann gegen uns sein? Wenn er seines eigenen Sohnes nicht geschont, sondern für uns alle ihn dahingegeben hat, wie sollte er uns mit ihm nicht zugleich alles Übrige schenken? Wer wird Anklage erheben gegen die, welche Gott auserwählt hat? Gott ist da und spricht Recht; wer wird uns noch verurteilen? Christus ist da, der (für uns) gestorben, darüber hinaus aber auferweckt ist, er sitzt zur Rechten Gottes und tritt für uns ein – (wer wird noch wider uns auftreten?). Wer (schliesslich) wird uns trennen können von der Liebe Christi? Etwa Bedrängnis oder Angst oder Verfolgung oder Entbehrung oder Gefahr? Nein, all das überwinden wir (in der Kraft) dessen, der uns seine Liebe erwiesen hat. Ich bin überzeugt, weder Tod noch Leben, weder Engel noch Gewalten, weder Gegenwärtiges noch Zukünftiges, weder Höhe noch Tiefe, noch überhaupt irgendetwas hat die Macht, uns zu trennen von der Liebe Gottes, die da ist in Christus Jesus, unserm Herrn (Röm 8,31–39).

Bei aller Verunsicherung und Infragestellung, die unser Anteil am Los des heutigen Menschen sind – der Glaube an die Liebe Gottes ist und bleibt der uns unerschütterlich tragende Grund. Dieser Glaube aber – Urvertrauen, Geduld und Ergebenheit in einem – vermag selbst im Winter Brot zum Wachsen zu bringen.

Das Weihnachtsgeschehen – Offenbarung der Liebe Gottes – entnimmt uns in gleicher Weise der Furcht wie dem Hochmut; es setzt uns frei, für die andern da zu sein. Wir brauchen uns nicht mehr um uns zu sorgen; da ist auch kein Grund mehr zum Rühmen; wir sind frei für den Dienst am Menschen, der zwischen Jericho und Jerusalem unter die Räuber gefallen ist – frei auch für den Mitbruder, der am selben Dienst mitbeteiligt ist.

Paulus beschreibt auch diese Gnade der Liebe in ihrer Alltäglichkeit:
Die Liebe ist langmütig, gütig; sie ereifert sich nicht. Die Liebe prahlt nicht, bläht sich nicht auf; sie verletzt die Ehre nicht, sucht nicht ihren Vorteil. Sie wird nicht bitter durch schlechte Erfahrungen, sie rechnet das Böse nicht an. Sie freut sich nicht am Unrecht, freut sich aber mit an der Wahrheit. Sie trägt alles, glaubt alles, hofft alles, erduldet alles (1 Kor 13,4–7).

Das ist das ganze Gesetz. Einzig aus diesem Gesetz können neue Verhältnisse hervorgehen – und der von sich selbst und für die andern befreite Mensch. Der Christ nämlich ist befreit nicht für sich selbst, sondern damit er – Anwalt des Nächsten – alles, was um ihn her geknechtet ist, befreien helfe (Gal 5,13–14).

Gestatten Sie mir zum Schluss dieser Überlegungen ein persönliches Wort. Ich habe während meiner Krankheit die Hilfe sehr vieler Mitbrüder erfahren dürfen.[9] Man hat meiner inständig im Gebet gedacht, man hat mir brüderliche Anteilnahme in vielfältiger Weise erwiesen. Ich spreche allen Mitbrüdern dafür meinen herzlichen Dank aus – zugleich die Hoffnung, dass auch meine Erkrankung zum Wohle der Gemeinschaft mit beitrage.

Indem ich allen Mitbrüdern den Segen der Liebe Gottes zur Weihnacht wünsche, verbleibe ich in herzlicher Ergebenheit

Immensee, Advent 1971   Josef Amstutz, Generaloberer

---

[9] Ende Juni 1971 ordnete der Hausarzt wegen eines leichten Herzinfarktes eine Hospitalisierung in der Klinik St. Anna in Luzern an. An den Klinikaufenthalt schloss sich eine längere Erholung im Seminar Schöneck ob Beckenried und im Tessin an. Im Verlauf des Monats Oktober kehrte Josef Amstutz nach Immensee zurück. Ein volles Arbeitspensum war erst ab Neujahr 1972 wieder möglich (vgl. Officiosa SMB, 1971, 87 und 98 – eph).

6 Weihnachtsereignis – Gottesbegegnung in der Mitmenschlichkeit

Liebe Mitbrüder
In diesen Tagen richtet sich die Aufmerksamkeit unseres Herzens eindringlicher als sonst auf das «grosse Geheimnis unseres Glaubens» (1 Tim 3,16); fast selbstverständlich kommt uns dabei die Frage: Was bedeutet es uns in unseren Verhältnissen? Wie es viele Fragesteller gibt, so gibt es viele Antworten; das Geheimnis ist unerschöpflich. Es will mir freilich scheinen, eine Deutung gehe uns in dieser Zeit besonders nahe, dass nämlich im Weihnachtsereignis Gott uns in der «Mitmenschlichkeit» begegne (Tit 3,4). Auch das letzte Kapitel hat darauf hingewiesen.[10] So möchte ich mit Ihnen zusammen auf unser Fest hin diesen Hinweis auf die Solidarität überdenken.

Solidarität ist zunächst die Erfahrung des Zusammengehörens und des aufeinander Angewiesenseins: Wir teilen dasselbe Geschick, wir teilen das Interesse an derselben Sache; die anderen hängen von mir ab, sie brauchen mich, sie gehen mich an, sie werden mir zum Schicksal und umgekehrt. – Solidarität ist dann aber eigentlich verantwortliche Anteilnahme an der Sache der anderen: Ich mache sie mir zu eigen, ich wende mich ihnen zu, nehme ihre Lebensumstände, Fähigkeiten und Überzeugungen ernst (so wie ich mich ernst nehme), ich bin da für sie – und umgekehrt.

In vergangenen Zeiten ist der Bereich der mitmenschlichen Solidarität verhältnismässig begrenzt gewesen, die Nachbarschaft des Dorfes, einer Gegend. Heute sagt man, die ganze Welt sei unser Dorf, unsere Nachbarschaft; die Welt und ihre Zukunft sei eins und unteilbar geworden. Demgemäss ist nun Solidarität schlicht Mitmenschlichkeit: Alle Menschen sind meine Nächsten, sie alle sind mir zum Schicksal geworden. – Für die Mitmenschen «bis an die Grenzen der Erde» da zu sein, das ganze Leben darauf auszurichten, die Verpflichtung darauf als Berufung von Gott zu erfahren, das heisst Missionar sein. Solche Art Mitmenschlichkeit hat ihren Grund letztlich im Mitunssein Gottes, darin, dass er sich mit uns identifiziert hat und unser aller Leben verändert hat.

Gelegentlich komme ich den Gedanken, Gott wolle uns Missionare durch den Gang der Dinge zu dieser Mitmenschlichkeit bringen, nicht mehr los. Auf der einen Seite betrifft die Kirchenkrise auch uns. Man hat, wohl nicht zu Unrecht, gesagt, das Merkmal der gegenwärtigen Stunde sei die Verdemütigung der Kirche – ihr eigentlicher «Erfolg», dass sie die Verdemütigung annehme und daher, gewiss stiller, aber mündiger und weniger der Gefährdung der Selbstsicherheit ausgesetzt, ohne alle Überheblichkeit ihren Dienst auszurichten lerne. Auf der anderen Seite ist unserer Zeit gerade die Mission der Kirche, wie man wieder und wieder hört, „zum Problem geworden". Man redet dann von kirchlicher Kolonie, vom missionarischen Proselytismus, von europäischem Paternalismus.

---

[10] Vgl. Missionsgesellschaft Bethlehem: Dekrete, 30.

Solche Kritik, wie sie gelegentlich auch innerhalb der Kirche sich artikuliert, kann uns als eigentliche Bedrohung und Infragestellung treffen. Der missionarische Beruf ist in mancherlei Hinsicht in eine Krise geraten. Ich frage mich aber, ob nicht deren Sinn, ähnlich wie jener der Kirchenkrise, das Erlernen der demütigen Mitmenschlichkeit sei – dass wir in allem Menschlichen dem Menschen gleich werden (1 Kor 9,22; vgl. Hebr 2,17 f.), dass wir mit ihnen die Erfahrung der Ohnmacht teilen (2 Kor 1,8–10), die Beschwerde des Glaubens (2 Thess 3,2), das letzte Verwiesensein auf Hoffnung (Röm 4,18). Aus dieser Erfahrung könnte die Erneuerung unserer missionarischen Solidarität folgen. Ob das zu kühn gedacht ist (Röm 15,14 ff.)?

Indem ich Ihnen allen die Gnade der Mitmenschlichkeit Gottes wünsche, verbleibe ich in der Vorfreude des Festes.

Ihnen herzlich ergeben

Immensee, Advent 1972   Josef Amstutz, Generaloberer

7 Das geistliche Verlangen in der Missionsgesellschaft Bethlehem

Weihnachtsbrief

Lieber Mitbruder

In einer Sache sind wir uns alle einig; zwar bringen wir es auf verschiedene Weise zum Ausdruck – das ändert nichts daran: Wir sind einhellig der Überzeugung, dass die Dinge unter uns zum Besseren verändert werden müssen – nämlich (sagen die einen), dass wir uns im ursprünglichen Geiste erneuern sollen; dass (meinen die anderen) unsere spirituelle Qualität zu verbessern sei; dass wir (fordern Dritte) das Charisma unserer Berufung zur Auswirkung bringen; dass wir (heisst es schliesslich) uns in unserem Verhalten bekehren müssen …

Ich nehme den Weihnachtsbrief zum Anlass, diesem geistlichen Verlangen in der Gesellschaft, das vor und während dem Kapitel auf vielfältige Weise, aber doch in Eindeutigkeit zu Wort gekommen ist, dankbaren Herzens Anerkennung zu geben. Die Ereignisse dieses Jahres haben es zu Tage gebracht: Wir alle leiden daran, dass wir hinter der Anforderung unserer Berufung zurückbleiben. Selbst in unserer Uneinigkeit darüber, worauf unsere Mängel zurückzuführen seien, steckt dieser Schmerz. Wir strecken uns aus nach einem Leben, das die gegenwärtigen Verhältnisse hinter sich lässt, das ernsthafter und schlichter aufgeht im Gehorsam gegen Gottes steten Anruf. Dafür aber, dass dieses Verlangen in uns wach ist, dass es uns nicht in Ruhe lässt, dass es uns zum Aufbruch mahnt – dafür haben wir Gott zu danken. Denn darin ist er mit seiner Gnade am Werk.

Es liegt an uns, ob diese Weihnacht ein Fest wird, wie deren schon viele über die Bühne gegangen sind, oder ob mit ihm etwas Besonderes geschieht – dass der Anfang, den Gott mit uns gemacht, sich durchsetze, dass das Verlangen, das er unter uns erweckt, um sich greife und wachse und die erwartete Veränderung auch bewirke. So gewiss es dabei bleibt, dass die Erneuerung im Geiste zuletzt nicht machbar ist, so sicher ist sie von allem Anfang an auch das Werk unserer Freiheit. Es ist unserem Entscheid anheimgestellt, das geistliche Verlangen unter uns zur Erfüllung zu bringen.

Wir haben uns dieses Jahr im Kapitel getroffen. Es war eine Zeit der nüchternen Arbeit, des gesellschaftspolitischen Geschäftes. Es war aber auch eine geistliche Erfahrung. Wir sind im Kapitel unserer Not – auch und vorab der geistlichen Not – gewahr geworden, und wir haben uns dem Aufgebot der Gnade unserer Berufung neu zu stellen versucht. Das alles bringen, soweit das in unserem Vermögen stand, die Kapitelsdokumente, zu denen auch die kleine Schrift über die Spiritualität gehört, zur Sprache.[11] Inzwischen haben Sie die Dokumente in Händen. Sie ermöglichen Ihnen, Anteil zu nehmen am Ereignis des Kapitels. In einem sehr genauen Sinne gilt nunmehr: Es liegt an Ihnen, ob sich das

---

[11] Die Handreichung «Spiritualität heute» ist integrierender Bestandteil der Dokumente des Generalkapitels 1974 und wurde von der Vollversammlung am 27. August 1974 in dritter Lesung verabschiedet (vgl. Missionsgesellschaft Bethlehem: Spiritualität heute. Immensee 1974, 2 – eph).

Kapitel als umsonst erweist oder ob es erfolgreich wird – in eben der Hinsicht, die alles andere bedingt –, ob es dem geistlichen Verlangen, das Gott in uns wachhält, Wegmarken setzt und Raum schafft.

Die kommende Weihnachtszeit gibt uns Gelegenheit, Abstand zu nehmen von der Agenda unseres Alltages, zu Stille und Sammlung im Geiste zu kommen. Sie stellt zugleich die Einladung des Herrn dar, seinem Anruf, dem geistlichen Suchen in uns, Gehör zu geben, ihm nachzusinnen, einen neuen Anfang zu machen und ihm Gefolgschaft zu leisten. Geschieht dies in unseren Reihen, in Übersee und in der Heimat, bei den Jungen und den Älteren, unter den Tätigen und den Kranken, dann vollendet sich damit auch einer der wesentlichen Entschlüsse des Kapitels.

Indem ich vor Gott für Sie diese Geistes-Gegenwart, Geduld und Freude unter dem Wort der Berufung erbitte, verbleibe ich Ihnen herzlich ergeben

Immensee, im Advent 1974　　　　　　　　　　Josef Amstutz, Generaloberer

8a. Weihnachten, das Fest der Gnade Gottes mitten unter uns

Lieber Mitbruder

Weihnachten steht bevor: das Fest der Gnade Gottes mitten unter uns, das Fest des Friedens zwischen den Menschen. Ich nehme das zum Anlass, Ihnen im Namen unserer Gemeinschaft den Segen und die Freude, die uns das Weihnachtsfest verheisst, anzuwünschen.

Uns allen, jedem Einzelnen in seiner ihm allein eigenen Stunde – meine sie das Joch der alltäglichen Arbeit, die Sorge um die Gemeinden von Gläubigen, die Prüfung durch Krankheit oder Alter, oder was immer Ihre Not sein mag –, jedem und allen hat sich Gott, seine unverbrüchliche Güte, sein herzliches Wohl-Wollen zugesagt. Davon zeugt Weihnacht; das ist die Freudenbotschaft des Festes. Dass auch Sie diese Freude in diesen Tagen neu erfahren dürfen, ist mein Wunsch und meine Bitte *vor* Gott.

Wir bedürfen dieser Freude, um sie auch – nach einem (etwas abgewandelten) Worte des Apostels Paulus – als Heilsgabe an unsere Nächsten weitergeben zu können:

Gott – der Vater unseres Herrn Jesus Christus, der Vater allen Erbarmens – gewährt uns Freude in unserer Not der Unerlöstheit, damit wir die Kraft haben, allen Freude zu gewähren, die in eben solcher Not leben, durch die Freude, mit der auch wir von Gott erfreut werden (nach 2 Kor 1,3 f.).

Gebe Gott Ihnen diese Freude, damit auch Sie sie weiterzuvermitteln vermögen und sich so der Segenswunsch der Engel über der Weihnacht erfülle: Freude und «Friede allen, die Er sich erwählt hat» (Lk 2,14).

Vielleicht hilft Ihnen die beigeheftete Meditation über das Weihnachtsevangelium, den Weg ins Festgeheimnis und so zu dessen Glanz und Freude zu finden.

Indem ich Ihnen dies nochmals von Herzen wünsche und damit die Kraft zu einem neuen Jahr im Dienste des Herrn, verbleibe ich Ihr dankbar ergebener

Immensee, im Advent 1975   Josef Amstutz

8b. Meditation:
Der Weihnachtsbericht im Evangelium nach Lukas ist ein Glaubenszeugnis

Der Weihnachtsbericht im Evangelium nach Lukas ist ein Glaubenszeugnis, das zwar gewiss geschichtliche Tatsachen darstellt, das aber darüber hinaus eigentlich deren geistliche Bedeutung offenbar machen will. Das Berichtete wirklich zu verstehen vermag daher nur das vom Glauben erleuchtete Herz; wenn es «das Gesagte erwägt» (Lk 2,19), wird es das Auge zum Sehen und das Ohr zum Hören befähigen, und dann werden wir «Gott rühmen und loben» (Lk 2,20).

Im ersten Teil des Berichtes erzählt der Evangelist wie ein alter Chronist nüchtern und knapp:

In jenen Tagen erliess Kaiser Augustus den Befehl, alle Bewohner des Reiches in Steuerlisten einzutragen. Diese Eintragung war die erste und geschah, als Quirinius Statthalter von Syrien war. Da begab sich jeder in seine Stadt, um sich eintragen zu lassen. So ging auch Josef von der Stadt Nazaret in Galiläa hinauf nach Judäa in die Stadt Davids, die Bethlehem heisst, weil er aus dem Haus und dem Geschlecht Davids war, um sich mit Maria, seiner Vermählten, die ein Kind erwartete, eintragen zu lassen. Als sie dort waren, kam für sie die Zeit der Niederkunft, und sie gebar ihren Sohn, den Erstgeborenen, wickelte ihn in Windeln und legte ihn in eine Krippe, weil in der Herberge kein Platz für sie war (Lk 2,1–7).

Da, in dieser Menschenbewegung, in diesem Auf und Ab der Karawanen, im Gedränge des Volkes, das Häuser und Herbergen überfüllt mit Lasttieren und Gepäck und Menschen, da im Lärm und Getue – da erfüllt sich ein Menschenschicksal: Eine junge Frau schenkt ihrem erstgeborenen Kind das Leben. Daran ist nichts Aussergewöhnliches, weder besondere Armut noch gar Verlassenheit; vielmehr, das ist unter den gegebenen Umständen weder etwas Erstaunliches noch etwas Ausserordentliches; so geht es eben zu im Orient, so ereigneten sich die Dinge damals und dort. Niemand – weder die angereisten Fremden noch die Ansässigen in Bethlehem – wäre denn auch auf den Gedanken gekommen, aufzumerken und hinzuschauen auf dieses Kind als den erwarteten «Gott-mit-uns». Dazu müssten ihnen das Herz zum «Brennen» gebracht und die Augen «aufgemacht» (Lk 24,23) werden. Das ist dann in der Tat geschehen.

Das ist das Zweite, wovon der Bericht Zeugnis gibt: Über diesem Alltäglichen – im Rahmen orientalischen Lebens Gewohnten, einem Kind in der Futterkrippe – bricht völlig unerwartet die Lichtherrlichkeit des Himmels auf und wird laut die Stimme des Boten Gottes:

In dieser Gegend lagerten Hirten auf freiem Feld und hielten Nachtwache bei ihrer Herde. Da trat der Engel des Herrn zu ihnen, und der Glanz des Herrn umstrahlte sie; und es befiel sie grosse Furcht. Der Engel aber sprach zu ihnen: Fürchtet euch nicht, denn ich verkünde euch grosse Freude, die dem ganzen Volk zuteilwerden soll: Heute ist euch der Retter geboren in der Stadt Davids; er ist der Christus, der Herr. Und dies soll euch als Zeichen dienen: Ihr werdet ein Kind finden, das in Windeln gewickelt in einer Krippe liegt. Und plötzlich war bei dem Engel eine grosse himmlische Schar. Sie lobte Gott und sprach: Verherrlicht ist Gott in der Höhe, und Friede ist auf der Erde bei den Menschen, die er liebt (Lk 2,8–13).

Der dritte Abschnitt des Evangeliums erzählt, wie die Hirten, zum Glauben gekommen, aufbrechen. Im Glauben begreifen sie, dass ihnen Gott mitten im Alltäglichen ihres Lebens begegnet. Da tritt ihnen die Erfüllung all ihrer Hoffnung entgegen: das, was das Auge nicht zu schauen, das Ohr nicht zu hören vermag (1 Kor 2,9), worauf aber das Herz immerzu gewartet – da hat sich all diese Hoffnung erfüllt, da ist gegenwärtig geworden, wonach sie zeitlebens auf dem Wege waren:

Als die Engel von ihnen fort in den Himmel zurückgekehrt waren, sagten die Hirten zueinander: Kommt, wir gehen nach Bethlehem, um dieses Ereignis zu sehen, das uns der Herr kundgetan hat. So eilten sie hin und fanden Maria und Josef und das Kind, das in einer Krippe lag. Als sie es sahen, berichteten sie, was ihnen über dieses Kind gesagt worden war. Und alle, die es hörten, staunten über die Worte der Hirten. Maria aber bewahrte diese Geschehnisse in ihrem Gedächtnis und dachte darüber nach. Die Hirten kehrten zurück, rühmten und lobten Gott für alles, was sie gehört und gesehen hatten, so wie es ihnen gesagt worden war (Lk 2,15–20).

Dies aber sollen auch wir uns gesagt sein lassen: Wie Gottes Ankunft mitnichten aus dem Rahmen eines orientalischen Menschenschicksals gefallen ist, so auch nicht seine Ankunft in unserem Leben. Es mag reich oder arm sein, bitter oder beehrt, belastend oder erfreulich – gleichgültig: in allem kommt uns Gottes Liebe entgegen. Das Leben mag uns mit Sorge und Not bedrücken oder uns Erfolg bescheren; in allem – in Mitmenschen und Ereignissen – begegnet uns Gott, der uns dieses Leben – seine Freude, das Lachen und die Träne –, der uns das alles als köstliche Gabe gewährt. Da begegnet uns Gott. Wenn unsere Augen dafür sehend und unsere Ohren dafür hörend werden, setzt uns diese Erfahrung frei von der Sorge um uns, frei für den Dienst am Nächsten und vor Ihm, dem Gott-mitten-unter-uns (Lk 17,21), und wir werden aufbrechen wie die Hirten und Ihn rühmen und loben: *Herrlichkeit ist Gott in der Höhe, Frieden den Menschen auf Erden (Lk 2,12).*

9   Ein «glücklicher Augenblick» in den kommenden Festtagen
Weihnachtsbrief

Liebe Mitbrüder
Zwei Dinge haben mich zum Thema dieses Weihnachtsbriefes geführt. Einmal die in diesen Tagen immer häufiger zu hörenden Redewendungen vom «glücklichen Fest» oder vom «glückseligen Neujahr». Dann die adventliche Begegnung mit Maria, Urbild des Glaubens, das Gott «am besten geglückte» – und «glücklichste Wesen». Indem ich mich auf das damit angezeigte Thema eingelassen habe, bin ich auf die nachfolgenden Gedanken gekommen. In der Hoffnung, sie vermöchten Ihnen zu einem «glücklichen Augenblick» in den kommenden Festtagen verhelfen, teile ich sie Ihnen mit.

In einem Kommentar zur Festliturgie vom heutigen Tage steht (annähernd) zu lesen: Maria sei das Gott am besten geglückte Geschöpf. – Wie ich diese Aussage las, stach mich die Frage: War denn auch das Leben Marias ein entsprechend glückliches? Müsste nämlich, wenn sie als Geschöpf Gottes geglückt war, nicht auch ihr Leben ein glückliches gewesen sein? Gewiss, das Thema vom glücklichen Leben gehörte einmal zum Geschäft der Philosophen; jetzt aber ist es entweder in den Bereich der Märchenerzähler oder der Schlagersänger abgewandert.

Wie ich so mit mir stritt, stiess ich fast gleichzeitig auf folgende zwei Aussagen:

1. Das Bekenntnis eines Katechisten der Campesinos im Altiplano Perus: «Die Armut äussert sich bei uns in vielen Formen; sie zeigt sich dort, wo Ausbeutung besteht; sie zeigt sich in der Uneinigkeit, in den Lastern und in der Krankheit – und es gibt keine Hilfe. Man hintergeht uns mit Betrügereien. Mit den hohen Lebenskosten geht es uns noch schlechter … Wir hoffen also, dass es bald zu einer Solidarisierung und zu einer Reorganisation der Bauern Perus kommt. Wir hoffen auf eine friedliche und untereinander verantwortliche Gemeinschaft … Wir wären wahrscheinlich schon zufrieden, wenn wir von den Unterdrückern in den Dörfern gerettet würden … Aber eigentlich glücklich werden wir erst sein, wenn es uneingeschränkte Solidarität und damit vollständige Befreiung gibt. Solange das nicht der Fall ist, gibt es auch kein Glück.»
2. Der Wunsch eines Journalisten in der Schweizer Presse: «Gelegentlich, mitunter, und mit zunehmendem Alter immer häufiger und heftiger, wird mir von dem permanenten Katastrophenfilm, der sich ‹Tagesschau› nennt, sterbenselend … So sehne ich mich denn nach einer ‹Tagesschau› mit lauter guten und erfreulichen und frohen Nachrichten … Nicht immer, aber gelegentlich, so vielleicht einmal im Monat, möchte ich aus der Tagesschau erfahren, dass es auf der Welt ausser Kriegen, Bränden, Attentaten, Streit, Kummer, Blut, Schweiss und Tränen auch noch etwas anderes gibt, nämlich Güte und Freundlichkeit und Liebe und ein paar Menschen, die sich mögen, und Hoffnung und das Wunder des Lebens und eine trotz allem liebenswerte Erde – trotz allem also Glück.»

Beide Aussagen lassen darüber keinen Zweifel: Die Rede vom «glücklichen Leben» betrifft nicht die beliebigen Zutaten zum Leben; sie betrifft das Eigentliche des Lebens, das Wesentliche, das, was zuletzt den Lebenssinn und das Gelingen des Lebens ausmacht.

Ich bin davon ausgegangen, dass Maria das Gott am besten geglückte Geschöpf sei, und habe daran die Frage geknüpft, ob denn auch das Leben Marias ein entsprechend glückliches gewesen sei. Ein glückliches Leben – das Leben Marias ein glückliches Leben? Einer solchen Annahme scheint zunächst alles zu widersprechen. War nicht ihr Leben vom selben grossen Unglück betroffen wie das unsere – vom grossen Unglück, das sich in vielerlei Unglücksfällen wiederholt: etwa in der «Kränkung des Lebens» – durch Schmerz, Armut, Krankheit, Hinschwinden in Vergänglichkeit – oder im «Schaden am Wesen» – durch die Ohnmacht des Guten, Brutalität des bösen Triebes, der dem andern ans Leben geht und so zu Ausbeutung und Unterdrückung wird, Krieg und Ungerechtigkeit – schliesslich in der «Nichtigkeit des Werkes» – durch Zweideutigkeit allen Erfolges, die Zerbrechlichkeit der Freude und der Liebe, die Fraglichkeit des Sinnes – dies und Ähnliches sind die vielen Unglücksfälle, die das eine grosse Unglück des Lebens ausmachen ... Daran hatte Maria Anteil wie jeder Mensch; dieser Anteil gehört zur Menschlichkeit ihres Lebens. Das braucht nicht ins Einzelne argumentiert zu werden – ein Hinweis genügt: Die Mitte ihres Lebens macht der Unglücksfall mit ihrem Sohne Jesus aus. Er geht seinen Weg, den niemand begreift; er ist sein eigenes Gesetz, das man nur im Glauben anerkennen kann – das gilt auch für seine Mutter. Er geht einen Weg, der in der Verfemung vor der Stadt am öffentlichen Schandpfahl endet – Skandal des Kreuzes, der auch seine Mutter betrifft. Wie jedes Menschenleben ist auch ihres vom Unglück betroffen.

Trotzdem war ihr Leben ein glückliches. Dass sie nämlich das Gott am besten geglückte Geschöpf war, beinhaltet in der Tat auch, dass ihr Leben glücklich war. Glück erringt man bei aller Anstrengung nicht selber. Glück fällt unverdient zu – Glück ist die Gewissheit der Gnade – «Erfahrung des Glückens», der unverbrüchlichen Sinnhaftigkeit und letzten Aufgehobenheit des Lebens trotz der vielfältigen Unglücksfälle.

So aber stammelt, wer diese Erfahrung des Glückes im Unglück des Lebens gemacht hat:

Wenn Gott für uns ist, wer kann dann gegen uns sein? Er hat nicht einmal seinen eigenen Sohn (sein Liebstes!) verschont, sondern ihn für uns alle dahingegeben. Wie sollte er uns mit ihm nicht alles andere hinzuschenken? Wer kann gegen (uns) Gottes Auserwählte Anklage erheben? Etwa Gott, der gerecht sprach? Wer will (uns) verdammen? Etwa Christus Jesus, unser Fürsprecher? Wer sollte uns trennen von der Liebe Christi? Etwa Bedrängnis oder Angst oder Verfolgung oder Hunger oder Blösse oder Gefahr oder Schwert? Gewiss, täglich werden wir in den Tod gegeben; dennoch: all das überwinden wir in der Kraft dessen, der uns geliebt hat. So bin ich völlig gewiss: Weder Tod noch Leben, weder Mächte noch Herrschaften, weder Höhe noch Tiefe noch sonst irgendwas vermögen uns zu scheiden von der Liebe Gottes in Christus Jesus (Röm 8,31–39).

Dies also ist das Glück im Unglück: die Gewissheit trotz allem, dass ich von Gott gutgeheissen und angenommen bin; die Verheissung schliesslich, von aller Kränkung, allem Schaden und aller Nichtigkeit befreit zu werden; die Erfahrung, ein Antlitz über mir zu haben, mir in Güte und Verstehen zugewendet; das Urvertrauen, aller Anfechtung, Sinnlosigkeit und Verzweiflung zuletzt zu entgehen, weil mein Name eingeschrieben ist in die Hand der Gnade. Das ist das Glück, das ich mir nicht erringe, das mir aber zugesagt ist, unverbrüchlich und bedingungslos – ich muss es mir nur geben lassen im Glauben. Wenig scheint dies ... Doch, hat man gesagt, «nur wenig müsste sich ändern, und alles wäre anders». Das Wenige, das alles verändert, ist das im Glauben gegebene Glück; es ist der Anfang der Neuen Welt: das stecknadelgrosse Senfkorn, das Stückchen Sauerteig. Wem dieses Wunder geschehen ist, geht ans Neuschaffen der Welt. Der Katechist in Peru wird eine Prozession organisieren, die zugleich ein Protestmarsch gegen das Unrecht ist – und der Journalist der Wohlstandsgesellschaft wird, wenn es ihm mit seiner Klage ernst war, sich hinter die Schreibmaschine setzen und eine Bürger-Aktion auslösen. Beiden ist das grosse Unglück überwindbar geworden kraft des im Glauben erfahrenen Glückes der Gnade. So kommen die Kräfte der künftigen Welt ans Werk: im Glauben.

Maria: das Urbild der Gläubigen, die Gott am besten geglückte, glückliche Kreatur – so sagt es nicht irgendein Kommentator der Liturgie, so sagt es das Wort Gottes:

Begnadete,
glücklich bist du,
denn du hast geglaubt (Lk 1,28.45).

Darauf aufzumerken, ist der Anfang des Glückes, auch für uns, die wir es Maria im Glauben nachzumachen versuchen.

Es bleibt mir, liebe Mitbrüder, Ihnen zu unserem kommenden Feste, da Gott, der Vater, uns seine Gnade in der Geburt Jesu, des Sohnes, zugesagt hat, eben dieses Glück zu wünschen. Er begleite Sie im Geist Seiner Freude durchs neue Jahr.

Ihnen herzlich ergeben

Immensee, 8. Dezember 1977   Josef Amstutz, Generaloberer

10 Das älteste Christuslied

Vom Weg des Sohnes in die Entäusserung und
von Jesu Erhöhung zur Rechten des Vaters

Liebe Mitbrüder, liebe Mitarbeiter
Eigentlich müsste man in einer Erzählung berichten können, was das Weihnachtsereignis uns sagen will – nicht sollte man davon in mühsam gedachten Worten reden müssen. Was aber, wenn einem das Erzählen nicht gegeben ist? – Aus dieser Verlegenheit hat mir das wohl älteste Christuslied geholfen, das sich die Menschwerdung zum Thema macht und das, obwohl (oder weil) es ein Stück «prophetische Poesie» darstellt, die Zeugniskraft der Geschichte bewahrt – ich meine den Hymnus im zweiten Kapitel des Philipperbriefes. Das Lied sagt nichts anderes aus, als was das Evangelium erzählt; es berichtet vom Weg des Sohnes in die Entäusserung und von Jesu Erhöhung zur Rechten des Vaters. Eine Besinnung auf die Aussage dieses Liedes mag uns vielleicht zu echter Erfahrung werden, von der wir dann andern erzählen können.

> *(Jesus Christus)*
> *der von Haus aus bei Gott war,*
> *es aber nicht für sich festhielt,*
> *Gott gleich zu sein,*
>
> *sondern sich selbst entäusserte,*
> *ein Knechtsdasein auf sich nahm*
> *und ganz so wie ein Mensch wurde.*
>
> *Seiner Erscheinung nach nicht anders als ein Mensch erfunden,*
> *erniedrigte er sich selbst*
> *im Gehorsam bis zum Tode – zum Tode am Kreuz.*
>
> *Deshalb hat ihn Gott über alle Massen erhöht*
> *und ihm einen Namen gegeben,*
> *der über alle Namen ist,*
>
> *damit im Namen Jesu*
> *sich jedes Knie beuge*
> *der himmlischen, irdischen und unterirdischen Mächte,*
>
> *und jede Zunge bekenne:*
> *Herr ist Jesus Christus,*
> *zur Ehre Gottes des Vaters (Phil 2,6–11).*

Der Weg Jesu beginnt als Erniedrigung dessen, der im Seinsbereiche Gottes an dessen Seinsweise – Ansehen und Seligkeit – teilhabend ursprüngliche Heimat hatte; die Erniedrigung aber führt in Knechtschaft und Entfremdung des menschlichen Daseins, zu dessen Vernichtigung im Misslingen und tödlichen Scheitern; ein Weg, den er in der Freiheit des Gehorsams beschreitet und zu Ende geht ... Gott aber wendet diesen Weg, indem er, die Initiative ergreifend, Jesus den Herren-Namen – und damit Macht und Herrschaft – über alle Mächte des Daseins gibt; diese unterwerfen sich ihm im Kniefall, seine Hoheit anerkennend und auf ihre Ansprüche auf die Welt verzichtend; die Erhöhung als Wende und Aufhebung des Weges Jesu ist Gottes Antwort auf dessen Gehorsam.

Der Weg Jesu, wie ihn das Lied zeichnet, bedingt für den, der ihm darauf nachfolgen will, einmal, dass er im Glauben an Gott sich selber wagt; zum andern, dass er sich den Nächsten zum Schicksal werden lässt ...

Die erste Bedingung formuliert ein Jesus-Wort bei den Synoptikern:
Wer sein Leben retten will, wird es verlieren;
wer sein Leben verliert, wird es retten (Mk 8,35).

Wer sich um sich selbst Sorge macht, wer nicht in getroster Selbstvergessenheit von sich, wer nicht sich Gott ergebend von seiner Sicherheit absehen kann, wird seiner selbst verlustig gehen, wird sein Wesen verfehlen ... Sich selber aber zu wagen vermag, wer auf Gott sich verlässt, das Gelingen seines Lebens ihm anvertraut ... Dies ist ein Markstein am Weg unseres Lebens, der in dessen «mystischen» Bereich einweist.

Die zweite Bedingung ist einem Herren-Wort bei Johannes zu entnehmen:
Wenn das Weizenkorn nicht stirbt, bleibt es ein einziges;
wenn das Weizenkorn stirbt, bringt es viele Frucht (Joh 12,24).

Auch die Fruchtbarkeit eines Menschen, dass in seinem Acker Brot wächst, dass viele daraus Leben haben, hängt an der Hingabe seiner selbst ... Wer auf sich selbst bedacht sich gegen Bedrohung und Beschädigung sichernd, vom Untergang sich bewahrt, dessen Leben ist umsonst, es bringt dem Nächsten nichts ein ... Wem aber der Andere so zum Schicksal wird, dass ihn dessen Leiden im Ernst angeht – und er ihm daher alles nur Mögliche zugutetut, dessen Hände füllen sich mit Segen für die Welt ... Dieses Zeichen am Weg deutet auf die «politische» Aufgabe unseres Lebens.

Solcher Art ist der Weg zur Menschwerdung, den Jesus dem Menschen weist. Er führt in die Tiefe des «mystischen» Sich-Verlierens an Gott und die Weite des «politischen» Sich-Einlassens auf den Dienst am Menschen. Eines darf nicht ohne das Andere sein. Von uns aus wären wir schwerlich auf diesen Weg gekommen, und schwerlich würden wir ihn von uns aus unter die Füsse nehmen. Jesus hat ihn uns eröffnet und ihn als den einzig richtigen erwiesen; in seiner Nachfolge finden wir uns damit zurecht und werden wir ermutigt, ihn zu gehen. Das ist die Botschaft des alten Christusliedes.

Zur Weihnacht wünsche ich Ihnen von Herzen den Mut zu diesem Wege und verbleibe Ihr

Im Advent 1980   Josef Amstutz, Generaloberer

11 Zum Jahresende – Erfahrung unserer Ohnmacht

Lieber Mitbruder

Wiederum geht ein Jahr dem Ende entgegen. Gedanken der Besinnlichkeit stellen sich ein. Wir blicken uns um, uns zu vergewissern, was es uns eingebracht habe. Wir haben unsere Erfahrungen gemacht, gute und andere; mit uns selber, mit unsern Mitmenschen – und mit Gott.

Jeder macht seine eigenen Erfahrungen; wie Herz und Gesicht der Menschen verschieden sind, so die Erfahrungen. Trotzdem gibt es Erfahrungen, die allen gemeinsam – und unausweichlich sind. Sie gehören zum Weg des Menschen – zur «conditio humana». Eine davon ist die Erfahrung unserer Ohnmacht.

Erfahrung unserer Ohnmacht ... Beachtliche Anteile der Mühe und Anstrengungen in unserem Leben «gehen daneben» – unter die Dornen, auf den Pfad, in die Steine (Mk 4,3–8). Die Pflugschar unserer Unternehmungen klemmt sich ein. Manche Dinge bringen und bringen wir nicht hin; Sachzwänge verhindern jedes weitere Vorwärtsgehen: «festgefahren», vergebliche Mühe loszukommen; wir stossen nicht auf den Schatz im Acker (Mt 13,44). Die Wetterverhältnisse – sie zu ändern ist nicht in unsere Hand gegeben – sind widrig: verschlimmertes Klima, «gottlose Zeiten», sagen einige; wenn unsere Saat Wurzeln macht, werden andere die Frucht unserer Mühe ernten (Joh 4,37 f.; Hebr 6,7 f.). Die Furcht, unsere Arbeit nicht richtig – oder nur halb – gemacht zu haben, das Wissen um unsere Kümmerlichkeit im Dienste, der Vorwurf, Stunde und Möglichkeit vertan zu haben, die Erinnerung an die gefassten, aber nicht vollbrachten Entschlüsse – diese Not nimmt uns den Schlaf (Mk 4,26–29; 2 Kor 9,6) ... Erfahrung unserer Ohnmacht.

Das aber ist nicht das letzte Wort; dieses ist bei Gott – und es ist das Wort von der weihnachtlichen Gnade und Hoffnung:

> *Ihm eignete göttliches Dasein,*
> *betrachtete es aber nicht als unaufgebbaren Besitz,*
> *sondern er entäusserte sich dessen,*
> *um ein Sklavendasein anzunehmen,*
> *so wie es die Menschen leben, ihnen gleich;*
> *er fand sich unter den Bedingungen menschlichen Lebens,*
> *erniedrigt,*
> *gehorsam bis zum Tod.*
> *Gott aber hat ihn über alle erhöht*
> *und ihm einen Namen gegeben,*
> *der über alle Namen Macht hat ... (Phil 2,6–9).*

> *Wer sein jetziges Leben dran gibt*
> *der Sache Gottes unter den Menschen willen,*
> *der wird es drüben*
> *neu geschaffen wieder erhalten ... (Mk 8,35).*

*Das Weizenkorn,
das in den Ackerboden fällt
und stirbt,
bleibt nicht allein,
sondern vermehrt sich zu reicher Frucht (Joh 12,14).*

Das Wort der Gnade befreit uns nicht vom Schicksal der Ohnmacht; es führt uns vielmehr zu dessen Annahme im Anerkennen geschöpflicher Nichtigkeit und im Glauben an Gott, der sich für seine schöpferische Macht aussucht das, was nichts ist, um zu vernichten, was etwas ist (1 Kor 1,28). Solcher Glaube wirkt Ausdauer und Gelassenheit, bringt Gelöstheit und Geduld. In der Annahme unserer Ohnmacht und im Glauben an Gottes Gegenwart geschieht das Wunder: die Auferweckung des Weizenkorns in dreissigfacher, vielleicht hundertfältiger Frucht.

Es ist mein herzlicher Wunsch, dass Gott durch das Weihnachtsfest Sie und unsere ganze Gemeinschaft in dieser Haltung bestärke. Daraus möge uns die Kraft erwachsen, ihm ein neues Jahr als Boten seiner Gnade zu Dienst zu sein.

Ihr dankbar ergebener

Immensee, Advent 1976   Josef Amstutz, Generaloberer

12 Zum kommenden Jahr des Herrn

«Du, der über uns ist,
Du, der einer von uns ist,
Du, der *ist* –
auch in uns;
mögen alle Dich sehen – auch in uns;
mögen wir den Weg bereiten für Dich;
mögen wir danken für alles, was uns widerfährt;
mögen wir dabei anderer Not nicht vergessen.
Bewahre uns in Deiner Liebe,
so wie Du willst, dass alle in der unsern bleiben.
Möge alles in unserm Wesen sich wenden zu Deiner Ehre,
und mögen wir nie verzweifeln.
Denn wir sind in deiner Hand,
und in Dir ist alle Kraft und Güte.»
(Dag Hammarskjöld)[12]

Auf dass der «Gott mit *uns*»
durch unser Zeugnis und Wirken werde
zum «Gott mit *allen*»
wünscht allen Mitbrüdern in Mission und Heimat zusammen mit dem Rat

Immensee, 25. Dezember 1969   Josef Amstutz, Generaloberer

---

[12] Hammarskjöld, Dag: Zeichen am Weg. München 1965, 90 f. – Von der fünften Zeile an wechselt Josef Amstutz, da es sich um einen Neujahrswunsch an die Gemeinschaft handelt, von der Einzahl in die Mehrzahl, z.B. «mögen alle Dich sehen – auch in mir» wird zu «mögen alle Dich sehen – auch in uns».

13 Glaubwürdigkeit der Kirche in Bedrängnis

Die Kirche ist in Bedrängnis. Darüber scheint Einigkeit zu bestehen. Sobald es freilich darum geht, diese Bedrängnis zu umschreiben und zu begründen, treten die Meinungen scharf auseinander. Die einen führen sie auf einen Substanzverlust im Glauben, auf den Zerfall der Autorität, auf verfehlte Toleranz zurück: man bringt die Symptome des Zerfalls vor. Die andern verweisen auf den ängstlichen Widerstand gegen neue Erfahrungen, auf uneinsichtige Verzögerung der Konzentration aufs Wesentliche, auf das selbstherrliche Halten erreichter Positionen: man meint die Krise der Erneuerung. Dieser Streit um die Bedrängnis der Kirche wird von beiden Seiten angeheizt mit zelotischen Redensarten und durch militantes Gebaren in der Auseinandersetzung – und die Bedrängnis der Kirche wächst …

Weder von den einen noch von den andern aber kann ernsthaft bestritten werden, dass die heute infrage gestellte Glaubwürdigkeit der Kirche ein gewichtiges Element ihrer Bedrängnis ist. Denn schon jetzt und vermehrt noch in Zukunft hat die Kirche ihren Auftrag auszurichten in einer Öffentlichkeit, der es keineswegs mehr selbstverständlich ist, dass es der Kirche überhaupt noch bedarf, einer Öffentlichkeit zudem, deren Denkmodelle und Leitbilder der Kirche entfremdet sind, einer Öffentlichkeit schliesslich, der jedwedes Verständnis für die Zerstrittenheit von progressiver und integristischer Kirche abgeht. Damit ist die Kirche in ihrer Überzeugungsfähigkeit, in ihrer Glaubwürdigkeit getroffen. Diese aber bildet die Voraussetzung dafür, dass sie ihren Auftrag am Menschen auszuführen imstande ist.

Glaubwürdigkeit ist weder durch Public Relations noch durch Propaganda produzierbar. Glaubwürdigkeit ergibt sich für die Kirche aus ihrem öffentlichen Verhalten. Aufgrund ihres Verhaltens ist sie im Urteil der Öffentlichkeit, der sie gegenübertritt, glaubwürdig – oder nicht. Nun ist gewiss die Öffentlichkeit – das Neue Testament nennt sie auch «Welt» – gemeinhin unberechenbar, ihr Urteil über die Kirche weithin verzerrt. Trotzdem erfahren breite Schichten der Öffentlichkeit – das Konzil bezeichnet sie als «Menschen guten Willens» – die «Erfordernisse der Zeit», wie wiederum das Konzil (GS 4 und 11) sagt, als «Forderungen des Willens Gottes». Wenn demnach diese Öffentlichkeit der Kirche eine Vernachlässigung der «Erfordernisse der Zeit» anlastet und ihr entsprechend die Glaubwürdigkeit abspricht, dann könnte dieses Urteil durchaus «im Sinne Gottes» sein. Die Kirche wird sich also der Frage stellen müssen, ob nicht doch der Geist Gottes – der weht, wo er will – sie aus den ihr vorgehaltenen Erfordernissen der Zeit anspreche. Sie wird dies zu entscheiden haben an der einzig zuständigen Instanz – am Worte Gottes.

Wenn nun nicht alles trügt, wird die Kirche, um dem Worte Gottes gehorsam und im Urteil der Öffentlichkeit glaubwürdig zu sein, folgende grundsätzliche Umkehr in ihrem Verhalten anzustreben haben: Sie wird sich der Befassung mit sich selbst – sei sie in progressiver oder integristischer Absicht – begeben müssen, um für andere – den Menschen im Unheil, im Unrecht und in Knechtschaft – da zu sein. Sie wird schlicht zur Mission Gottes unter den Menschen werden müssen. Eine solche Umkehr verlangt von der Kirche eine Bewusstseinsänderung, eine neue Gewichtung ihres Handelns und Verhaltens. Folgende drei Verhaltensweisen wird sie, will sie zur Mission Gottes unter den Menschen werden, neu erlernen müssen:

1. Die Geduld des Hörens
Die Kirche muss warten lernen, wie Gottes Liebe auf den Menschen zu warten vermag, sie muss urteilen lernen, ohne zu verurteilen; den Anruf Gottes begreifen lernen, wann und wie er ergehen mag, ohne zurückschauend sich zu vergewissern (Lk 9,59–62). Sie wird in geduldiger Langmut nicht das ihre, sondern die Gerechtigkeit Gottes für den Menschen suchen (1 Kor 13,4–7).

2. Die Einheit von Beten und Handeln
Beten und Handeln werden nicht sich ausschliessende Alternativen sein dürfen. Aus dem Gebet, dem glaubenden und bekennenden Abba-Sagen, wird die Kirche die befreiende Kraft, Herausforderung und Zuversicht gewinnen, in Selbstlosigkeit da zu sein für «den Geringsten der Brüder» (Mt 25,34–45). In solchem Handeln befreit sich ihr Gebet vom Verdacht, es könnte Ausflucht aus den Verpflichtungen des mühsamen Alltags sein, vom Vorwurf, es werde der Gottesname angerufen, zur Beschwichtigung des Menschen, sein Schicksal ergeben hinzunehmen. Engagiertes Handeln dispensiert nicht vom Gebet, Gebet ersetzt nicht Disziplin in der Arbeit. Beten und Handeln sind eine sich gegenseitig bedingende Einheit, wie die Gottes- und Nächstenliebe «nicht zwei Aufgaben sind, die sich den Platz im Leben streitig machen, sondern der eine ‹göttliche Bereich› des Willens Gottes» (J. Sudbrack).

3. Die Einfachheit des Herzens
Es wird auch für die Kirche nicht damit sein Bewenden haben, unter dem Auftrag Gottes im Dienst des Menschen zu stehen. Darauf kommt es an, nur unter ihm zu stehen. Jede Zersplitterung öffnet die Türe für Prestigeträume, Ergattern von Positionen, das Sichumtun in eigenem überlieferten Reichtum. «Wer sich (so) Gottes Hand überlassen hat, der steht dem Menschen frei gegenüber.»[13]

Macht die Kirche mit diesen Verhaltensweisen ernst, dann «vergibt» sie sich an ihren Auftrag und gewinnt überzeugende Glaubwürdigkeit. So wird auch ihr Wort Gehör haben, ihr versammelnder Ruf Gläubige durch Taufe und Eucharistie im Bekenntnis des Einen Gottes Jesu Christi vereinen.

Was hier von der Kirche ausgeführt worden ist, hat seine Geltung auch für unsere Gemeinschaft. Auch von uns ist die ständige Umkehr – zur Geduld des Hörens, zur Einheit von Beten und Handeln und zur Einfachheit[14] – verlangt. An ihr hängt auch unsere Glaubwürdigkeit.

Dass Gott uns im neuen Jahre auf diesem Wege weiterführe, wünscht allen Mitbrüdern zusammen mit dem Rat

Weihnacht 1970   Josef Amstutz, Generaloberer

---

[13] Hammarskjöld, Dag: Zeichen am Weg. München 1965, 84 (eph).
[14] Vgl. Missionsgesellschaft Bethlehem: Konstitutionen, Art. 33 und 69.

14   Gefährdetes Gespräch

Zu Anfang des Jahres sind jeweils in den Zeitungen Leitartikel zur Lage der Wirtschaft, der Politik oder der Kirche zu lesen. Vielleicht ist es der Mühe wert, einmal unsere Überlegungen mit Analysen des politischen Klimas zu beginnen.

Da ist die Rede von Krise und Polarisation: *Auf der einen Seite das Infrage-Stellen des Bestehenden schlechthin oder auf weite Strecken und, mehr als das, seine rabiate Ablehnung; auf der andern Seite die Irritation über diese radikale Verneinung und eine Abwehrhaltung, die sich schützend vor alles Bestehende stellt und nicht nach seiner Fortentwicklung fragt. Das eine liebt sich «progressiv» zu nennen: Radikaler und überheblicher denn je werden die politischen Verhältnisse einer Pauschalkritik unterzogen. Man setzt an zur Zerstörung der als überkompliziert, ungerecht und unmenschlich empfundenen Ordnung. Die andere, entgegenstehende Haltung – ihrem Ursprung und Wesen nach nicht so sehr konservativ als «reaktionär» – ereifert sich für die vollständige Erhaltung des Bestehenden. Verständlicherweise irritiert durch die lautstarken Forderungen revolutionärer Umwandlung, durch die bösartige und respektlose Herabsetzung der Überlieferung, beginnen manche ihren Widerstand gegen jede Veränderung zu versteifen, sich aufs Beharren um jeden Preis und gegen alles «Neue» zu verlegen, sich ein romantisches Bild von den guten alten Zeiten zurecht zu machen mit dem Willen, es zu konservieren, komme, was kommen mag. Dabei wirkt die nicht mehr erfüllte und eben deshalb wache Sehnsucht nach Sicherheit und Abschirmung vor den Anfechtungen der Zeit mit, nach Schutz vor den unkontrollierbaren Mächten. So stehen also den «progressiven», umstürzlerischen Neuerern, welche die Komplexität der Verhältnisse mit einem einzigen Kahlschlag bereinigen wollen, die «reaktionären» Bewahrer der eigensinnig interpretierten Traditionen entgegen; ihre Pauschallösung: «Halt dem Ganzen!» gründet im Glauben an ein Zurück.*

An dieser Frontenbildung ist bedenklich die zunehmende Verhärtung der Positionen, die sich in der verwilderten Methode der Auseinandersetzung zeigt. Diese besteht darin, dass eine differenzierende, unterscheidende Diskussion – die Denken voraussetzt – dem blossen Formulieren von Emotionen weicht; dass jede Seite beansprucht, die einzige zu sein, die denkt – die anders denkt, denken nach ihrer Meinung nicht; die Vorstösse, sehr komplizierte Sachverhalte in «terribles simplifications» von einem einzigen Punkte aus zu kurieren. Damit ist das Gespräch, das der Sache gilt und auf Verständigung abzielt, in Gefahr: Man hält sich nicht mehr bereit zu notwendigen Preisgaben – zu Verlust am Eigenen um des Gewinnes am Eigentlichen willen (Lk 9,24).

Dies ist – in Auszügen zusammengefügt – eine journalistische Darstellung der politischen Lage in der Schweiz; es wäre ein Leichtes, ihr solche aus andern Ländern des Westens an die Seite zu stellen.[15] Doch geht es hier nicht um Politik,

---

[15] Die politische Analyse ist zusammengestellt aus in der Neuen Zürcher Zeitung (NZZ) erschienenen Artikeln; Ausgaben vom 1.1.1972; 31.1.1971; 1.8.1971; 8.8.1971; 11.1.1970; 9.8.1970; 20.9.1970.

sondern um die Frage, ob der in der Politik sich ereignende Umbruch, seine Darstellung als Krise und ihre Auswirkung in Konflikten – ob nicht dies alles (gewiss in einer sorgfältig zu erwägenden Abwandlung) auch von der Kirche ausgesagt werden müsste. Die Frage ist demnach, ob nicht der gegenwärtige Umbruch die Kirche in eine Krise stürze, welche sie ähnlich zu bewältigen suche wie die Politik – mit einer «Eskalation der Gesprächslosigkeit». Es wäre weiter zu fragen, wie weit wir als Gesellschaft innerhalb und mit der Kirche unter demselben Gesetze stehen. Die Lage der Kirche wie der Gesellschaft ist nüchtern und im gemeinsamen Gespräch daraufhin zu prüfen. Sollte es nämlich zutreffen, dass die Kirche auf ihre Weise in kritischem Konflikt steht und einer ähnlichen Polarisation wie die Politik entgegentreibt, dann hülfe – abgesehen vom jederzeit notwendenden Gebete – nur eines: Dass man nicht sprachlos, enttäuscht oder aufgebracht oder gleichgültig, weiterhin aneinander vorbei lebt, sondern ernsthaft ins Gespräch miteinander kommt.

Gespräch, soll es nicht blosse Sprechübung oder das Zerreden der Dinge sein, setzt zunächst «selbstkritische Offenheit» voraus. So gewiss es ist, dass sich heute während der Lebenszeit einer Generation Wandlungen vollziehen, deren Ingangbringen und Zurmachtkommen früher Jahrhunderte in Anspruch nahmen, so gewiss verlangt diese allgemeine Lage auch und gerade vom Gläubigen jene selbstkritische Offenheit, weiter und erneut zu «lernen»; die Fähigkeit auch, im Wandel zu leben – ohne Ängste und Unsicherheit – weil die letzte Sicherheit, die im Glauben, bleibt; verlangt ist schliesslich die Bescheidenheit, seine eigene Beschränkung durch die Erfahrung des andern zu überholen.

Gespräch erfordert zum andern auch «mitmenschliche Toleranz», dass man bei aller Entschiedenheit in den Anschauungen sich immer der Relativität dieser Anschauung bewusst bleibt und seine Aufgabe mit darin sieht, die Freiheit des andern zu schützen; dass man den andern gerade in seinem Andersdenken ernst nimmt, dass man sich des Splitters im eigenen Auge gewahr wird, ehe man auf den Balken im Auge des Nachbarn schielt. In solchem Gespräch bestünde die Chance, den Dingen in ihrer Vielschichtigkeit gerechter zu werden.

Nun scheinen dies rein «humanistische Anweisungen» zur Konfliktbewältigung in der Kirche – und in der Gesellschaft – zu sein. Was damit aber zuletzt an konkreter Haltung gemeint ist, lässt sich mit einigen wenigen Sätzen aus der Schrift sagen:

Werdet nicht dem Weltsystem konform (vgl. oben zur Polarisation in der Politik), *vielmehr wandelt euch um durch Erneuerung eures Geistes, dass ihr zu beurteilen vermögt, was Gottes Wille ist ... Seid Menschen, die das Böse hassen und dem Guten anhängen – in herzlicher Bruderliebe einander zugetan, in Anerkennung einander gegenseitig übertreffend* (vgl. 1 Kor 10,24 f. Keiner suche das Seine, sondern das des andern). *Trachtet nicht hoch hinaus; führt euch nicht auf als Leute, die sich in ihrer Klugheit selber genügen. Den Mutlosen sprecht Mut zu; die Schwachen ertraget; allen begegnet mit Geduld. Setzt alles daran, dass ihr einander – und allen überhaupt – im Guten behilflich seid ... Prüfet alles, das Rechte behaltet* (Röm 12,2 f.,9; 1 Thess 5,14 f.,21).

Dass Gott uns die Gabe des Hörens und den Geist des Wortes (1 Kor 12,8 f.) gebe, wünscht allen Mitbrüdern

Neujahr 1972   Josef Amstutz, Generaloberer

15 Jahr der Versöhnung

Wenn jemand in Christus ist, so ist er eine Neuschöpfung; das Alte ist vergangen – siehe: Neues ist geworden. Dies alles aber ist von Gott her geschehen: Er hat uns durch Christus mit sich versöhnt und uns den Dienst gegeben, die Versöhnung zu predigen. Denn Gott ist es, der in Christus die Welt mit sich versöhnt hat, den Menschen ihre Übertretungen nicht zurechnete und unter uns das Wort der Versöhnung aufrichtete. So wirken wir als Gesandte an Christi Statt; Gott lässt durch uns seinen mahnenden Ruf ergehen. Wir bitten an Christi Statt: Lasst euch versöhnen mit Gott (2 Kor 5,17–20).[16]

Wir leben in einer geteilten Welt. Eine Teilung folgt auf die andere, je mehr die Welt zu einer Welt zusammenwächst. Der Zweite Weltkrieg hinterliess den Ost-West-Konflikt. Er führte zur Aufteilung der Welt in die Einflusssphären der Grossmächte. Seit zwei Jahrzehnten tritt immer deutlicher der Nord-Süd-Konflikt, die Spannung zwischen den reichen und den armen Völkern in den Vordergrund. Die Entwicklungsdifferenzen werden grösser. Wo immer aber heute Rassenkonflikte, Religionsstreite, ideologische Kämpfe und soziale Spannungen auftreten, wird der Friede nicht durch Versöhnung, sondern durch Trennung und Teilung, durch Apartheid und Ghettos herbeigeführt ... Die Schemata der «geteilten Welt» sind tief im menschlichen Denken und Fühlen eingegraben. Es sind im Grunde Abwehrmechanismen der Angst, die ständig in Hass umschlagen. Es ist das Freund-Feind-Denken. Die Liebe aber, in der Gott sich die Welt versöhnt hat, vermag Angst zu überwinden. Denn sie schliesst in ihr Denken und Handeln den Gegner mit ein. Ihr gelingt die Anerkennung des Andern; sie verbindet das Ungleichartige. Sie hat ein kritisches Vertrauen in die Wandelbarkeit des Gegners und ein permanentes Misstrauen gegenüber der eigenen Position. So wird sie zur Macht der Versöhnung (J. Moltmann).

Im Herrn Jesus sind die, welche einst «fern» waren, «nahe» gekommen. Denn er ist unser Friede, der da beide zu einem machte und die Scheidewand niederriss, versöhnend die beiden in einem Leibe Gottes durch das Kreuz. Er kam und «verkündete Frieden den Fernen und Frieden den Nahen». Durch ihn haben beide in einem Geiste Zugang zum Vater (Eph 2,14–18).

Immensee, Neujahr 1974   Josef Amstutz, Generaloberer

---

[16] Der Neujahrsbrief an die Mitglieder der Missionsgesellschaft Bethlehem scheint Bezug zu nehmen auf die im Mai 1973 erfolgte Ankündigung von Papst Paul VI., 1974/75 ein Heiliges Jahr auszurufen. Jedenfalls hebt das apostolische Schreiben zur Eröffnung des Heiligen Jahres »Paterna cum benevolentia« Erneuerung und Versöhnung in der Kirche als thematische Schwerpunkte des Heiligen Jahres hervor (AAS 67 [1975] 5–23). – Ein ähnliches Anliegen verfolgen von J. Amstutz vorgelegte Marginalien zum eidgenössischen Bettag mit dem Titel «Gott schafft Versöhnung» (in: SKZ 142 [1974] 597f.). Hervorgehoben wird das Engagement der Kirche für weltweite Versöhnung; die Verkündigung der Versöhnungsbotschaft ist Bestandteil des missionarischen Auftrags der Kirche (eph).

16 Wider die Entmutigung

Meine lieben Mitbrüder

In schwieriger Zeit –

da früher fest geglaubte Grundlagen brüchig werden, Bewährtes ausser Geltung und Ansehen kommt und man Unsicherheit als tägliches Brot verabreicht erhält – da den Umständen und der Zeit Rechnung tragende Anpassung verdächtig, da die von einstmals überbuchten Hypotheken unerträglich, und gelungene neue Anfänge in den «zugleich aufgehenden Dornen» ersticken (Mk 4,7), da man vor lauter Auseinandersetzung mit Altem und Neuem seiner selbst ungewiss wird und Überforderung mit Misserfolg und Kritik zusammengehen,

in solcher Zeit –

denke ich, bestehe die Gefahr, den Mut zu verlieren, und es sei daher durchaus angebracht, darauf hinzuweisen dass die Gabe des zu Ostern erhöhten Herrn der Heilige Geist ist. Der Geist, heisst das:

- der in uns die Erfahrung des Herrn, der uns seine Erinnerung wachhält (Joh 16,13 f.),
- der als Anwalt Gottes dessen Sache in der Welt durchsetzt (Joh 16,7–11),
- der Zurüstung zum Dienst (Eph 4,8–13) und Kraft und Ermutigung zum Zeugnis bis an die Grenzen der Welt ist (Apg 1,5.8).

Dieser Geist wird immer bei uns sein, so hat der Herr verheissen (Joh 14,16 f.).

Vom Heiligen Geist ist gesagt worden, er gebe dem Glauben Verstehen und Mut. «Er bricht dem Glauben Bahn, indem er die Widerstände überwindet, die sich gegen den Glauben erheben. Beides hindert den Glauben: das Nichtverstehen und das Nichtwagen … Man kann sich fragen, welches das stärkere Hindernis zum Glauben ist: der Mangel an Verstehen oder der Mangel an Mut, und wozu es des Heiligen Geistes in stärkerem Masse bedarf: zur Erleuchtung, damit wir verständig, oder zur Ermutigung, damit wir willig zum Glauben seien … Da nun das Nichtverstehen Ursache des Nichtwollens sein kann, wie auch das Nichtwollen Ursache des Nichtverstehens, kommt wohl letztlich beides aus einer und derselben Wurzel. Damit könnte auch das Werk des Heiligen Geistes erst dann richtig erfasst sein, wenn beides, dass er unsere Blindheit in Verstehen und unsern Unwillen in Mut verwandelt, gar nicht als Zweierlei, sondern als letztlich ein und dasselbe verstanden wird» (G. Ebeling).

Nun ist aber dieser Geist Gottes, der in der Mitte unseres Herzens erneuernd aufbricht, zugleich die Mitte aller Dinge. Es entspricht alter Glaubensgewissheit, dass der Geist Gottes als der schöpferische Urgrund aller Wirklichkeit gegenwärtig ist und die Eucharistie der Kirche bekennt: «Du erfüllst das All mit Leben und Gnade in der Kraft des Heiligen Geistes.» Eine ähnliche Gewissheit wird neuerdings von einem Nichtchristen folgendermassen zur Sprache gebracht: Die uns umfassende Wirklichkeit «geht in allen Bereichen und in allen Richtungen vom Begreiflichen ins Unbegreifliche über; sie hat eine uns zugewandte Seite, die wir erleben und erkennen können, und sie hat eine uns abgewandte Seite, von der wir nicht viel mehr wissen als eben dies: dass sie vorhanden ist … Das «grosse Geheimnis jenseits unserer Erfahrung» ist ein untrennbarer

Bestandteil aller Erscheinungen unserer Wirklichkeit. Der Stein, über den wir stolpern, die Menschen, die uns begegnen, die Dinge, die uns zustossen – dies alles ist Wirklichkeit … Wir existieren in der ganzen Wirklichkeit und in der Wahrheit nur dann, wenn wir in unsern Lebensvollzug jene unbekannte Dimension miteinbeziehen …, wenn wir das Unbeschreibbare als Vorhandenes mitdenken» (G. Szczesny). Worauf es aber uns Christen im Letzten und Eigentlichen ankommt, ist, dass wir des Geheimnisses – sagen wir es nun mit den Worten unseres Glaubens – des Geistes Gottes in der uns angehenden Wirklichkeit gewahr werden. Eben dazu ist uns die österliche Gabe des Heiligen Geistes verheissen. Der Geist in uns lässt uns das Geschehen um uns durchschauen, er ist Erleuchtung, und bringt uns den verborgenen Geist Gottes, Ratschluss und Weg des Herrn (Röm 11,33–36) in Erfahrung.

Die Gabe des Heiligen Geistes behebt also nicht kurzweg unsere eingangs genannten Schwierigkeiten. Sie bleiben bestehen. Der Geist vergewissert uns aber dessen, dass er am Werke ist in uns und um uns, dass er weder uns selbst unserm dummen Herzen noch die Kirche ihren Versuchungen und dem Niedergang überlassen hat – dass hinter dem Wirrwarr und den Schwierigkeiten unserer Zeit der Sinn des Herrn verborgen ist, dass uns dafür «die Augen aufgehen und wir Ihn jetzt, unterwegs, schon erkennen» (Lk 24,16.31 f.).

Ich wünsche der ganzen Gesellschaft, den verschiedenen Gemeinschaften, jedem einzelnen Mitbruder diese Ostergabe: dass uns allen gemeinsam für unsere gegenwärtige Situation, dass jedem für sich in seiner Lage diese Ermutigung des Geistes widerfahre, ist mein Gebet und meine Hoffnung.

Ihnen herzlich ergeben

Immensee, in der Fastenzeit 1973　　　　　　　　　　Josef Amstutz, Generaloberer

17 Gott, der die Toten erweckt

Der nachfolgende Psalm stammt von Hilde Domin. Er bringt einen Aspekt der Unheils-Erfahrung des Menschen vor Gott zur Sprache:[17]

> Abel steh auf
> es muss neu gespielt werden
> täglich muss es neu gespielt werden
> täglich muss die Antwort noch vor uns sein
> die Antwort muss ja sein können
> wenn du nicht aufstehst Abel
> wie soll die Antwort
> diese einzig wichtige Antwort
> sich je verändern
> wir können alle Kirchen schliessen
> und alle Gesetzbücher abschaffen
> in allen Sprachen der Erde
> wenn du nur aufstehst
> und es rückgängig machst
> die erste falsche Antwort
> auf die einzige Frage
> auf die es ankommt
> steh auf
> damit Kain sagt
> damit er es sagen kann
> Ich bin dein Hüter
> Bruder
> wie sollte ich nicht dein Hüter sein
> Täglich steh auf
> damit wir es vor uns haben
> dies Ja ich bin hier
> ich
> dein Bruder
> Damit die Kinder Abels
> sich nicht mehr fürchten
> weil Kain nicht Kain wird

---

[17] Hilde Domin, Abel steh auf. Aus: dies., Sämtliche Gedichte. © S. Fischer Verlag GmbH, Frankfurt am Main 2009 – Josef Amstutz liess die letzten fünf Zeilen des Gedichtes weg. Sie lauten:
Die Feuer die brennen
das Feuer das brennt auf der Erde
soll das Feuer von Babel sein

Und am Schwanz der Raketen
sollen die Feuer von Abel sein
Der fünfzeilige Abschluss entstand nach der Mondlandung von Neil Armstrong und Edwin Aldrin (20./21.7.1969). Die ausgelassenen Zeilen gehen auf den Schrecken ein, den die Mondlandung bei der Autorin auslöste, da der Brudermord in der kosmischen Kriegsführung eine weitere Facette erhalten habe (eph).

Ich schreibe dies
ich ein Kind Abels
und fürchte mich täglich
vor der Antwort
die Luft in meiner Lunge wird weniger
wie ich auf die Antwort warte

Abel steh auf
damit es anders anfängt
zwischen uns allen

Abel liegt – tot, umgebracht von seinem Bruder Kain; Abel soll aufstehen – zum Leben. Damit Gott die Frage «Wo ist dein Bruder?» nochmals stellen und die Antwort Kains lauten kann: «Ich weiss um ihn!» Die Geschichte muss also rückgängig gemacht werden bis auf die Antwort: «Ich weiss, wo er ist»; weil es mir an ihm gelegen ist, weil ich der Hüter meines Bruders bin; «wie sollte ich nicht um ihn wissen, bin ich doch sein Bruder?» Diese Antwort, die einzige Antwort von Belang, macht alles auf dieser Welt, Kirche und Gesetz, sinnvoll. – Die damals durch den Brudermord bedingte falsche Antwort bringt sich seither immer neu hervor. Die Furcht darüber sitzt dem Menschen in der beengten Lunge. Täglich muss also Abel aufstehen, die Tat an ihm rückgängig gemacht und die Antwort: «Ich bin dein Bruder»; «ich weiss um dich», ermöglicht werden.

Das ist der Ruf, in dem das Heilsverlangen des heutigen Menschen zu Wort kommt. Dahinter verbirgt sich die Furcht vor der Bedrohung des Menschen durch den Mitmenschen – die Furcht vor Schaden und Kränkung vor dem hilflosen Ausgesetztsein. Diese Furcht speist sich aus der alltäglichen Erfahrung im Bereiche des Lebens des Einzelnen und aus vielfältigen Vorgängen in der Öffentlichkeit der Welt. Niemals schien der Mensch dem Menschen bedrohlicher – niemals konnte der Mensch den Menschen gründlicher gefährden – und nur dies eine müsste sich offenbar ändern, und alles wäre anders. Solches scheint sich in der «Beschwörung Abels» auszusprechen.

Gott hat diesen Ruf vernommen. Seine Antwort darauf ist die Auferweckung Jesu von den Toten. Im Schicksal Jesu, dem Einen Menschen (2 Tim 2,5 f.), hat Gott die Geschichte aller Menschen rückgängig gemacht. Nicht die Bedrohung des Menschen durch den Menschen, durch Hölle und Mächte, durch Schicksal und Zukünfte ist das Letzte (Röm 8,31–39) – das Letzte ist Gott, sein schöpferisches Wort, Gott, der die Toten, die Umgekommenen und die Umgebrachten zum Leben bringt (Röm 4,17; 2 Kor 1,8–10), Gott, der den Menschen von seiner Angst um sich selbst befreit, damals in Jesus und seither täglich, und ihn zum Worte ermächtigt: «Ich weiss um Abel, meinen Bruder, ich bin sein Hüter!»

Diese österliche Heilsbotschaft ist in einer Situation, welche der von Gal 5,13–15 angesprochenen nicht unähnlich sein dürfte, Grund zur Hoffnung.

Immensee, am fünften Fastensonntag 1974   Josef Amstutz, Generaloberer

18 In der Passionszeit – Anteil am Kreuzigungsschicksal Jesu

Liebe Mitbrüder,
Liebe Mitarbeiterinnen und Mitarbeiter

Die Tage der Passionszeit sammeln unsern Blick auf den am Schandpfahl gekreuzigten Jesus (Apg 10,39; Gal 3,1), der, verflucht, ausgestossen und verfemt (Gal 3,13; Hebr 13,12 f.), durch die Abgründe des Leidens und der Gottverlassenheit (Mk 15,34) in den Tod stürzt. Wir bekommen damit nicht nur vor Augen die Hand Gottes, die uns so von den Mächten dieser Welt befreit, sondern zugleich das Urbild des Jüngerschicksals. Die ersten, die bereit waren, den Kreuzbalken zu schultern und hinter Jesus hergingen (Mk 8,34), haben dies deutlich in Erfahrung gebracht: «Mit ihm bin ich gekreuzigt», sagt einer von ihnen (Gal 2,19); «sein Todesleiden trage ich an meinem Leibe» (2 Kor 4,10); «seine Stigmata» (Gal 6,17); «ihm bin ich gleich im Sterben» (Phil 3,10).

Wenn ich mir die Lage unserer Gesellschaft – ich habe eben meinen Bericht darüber fertig gestellt[18] – und die Lage vieler Einzelner in der Gesellschaft vergegenwärtige, komme ich den Gedanken nicht los, dass auch wir – als Jünger Jesu, auf unsere Weise, in diesen Tagen – Anteil haben am Kreuzigungsschicksal. Ich denke an Gwelo – das Chaos, das die Gemeinden verwüstet; den Terror, der Glauben und Freiheit niedertritt; die stete Gefährdung durch Mord …; oder die bedrohliche Unsicherheit, die durch den Heimfall ans Festland über die Kirche von Taiwan am Horizont aufsteigt – Zukunft möglicherweise im Untergrund: die Lampe des Glaubens in Katakomben …; das Unvermögen, weiter, himmelschreiende («Abels Blut, das Kain vergossen, schrie zum Himmel») Not wirksam zu beheben …; Verhältnisse zu schaffen, die dem Volk der Campesinos Freiheit gewährleisten; oder die schlichte Unmöglichkeit, mehr als gelegentliche und vereinzelte Frucht zu bringen, bei aller Mühe des Pflügens (Japan) … In alledem das Schicksal des Einzelnen – «durch viele Welten wandernd, ohne schliesslich zur Ganzheit zu finden», von der eigenen Ohnmacht und Beschränkung und jener der Umgebung zermürbt, durch ein beschädigtes, bruchstückhaftes Leben gekränkt … All dies – und andere im Verborgenen schwärende Verwundungen: unser Anteil am Leidens- und Sterbens-Schicksal Jesu! In einer bittern Stunde fasst einer der frühen Missionare seine Erfahrung damit zusammen: «Gott hat uns den geringsten Platz angewiesen, als todverfallene Kämpfer im Ring, ein Schauspiel für Welt, Engel und Menschen. Ohne Rast und Ruhe mühen wir uns ab. Zu Prügelnaben aller Welt sind wir geworden, zum Auswurf der Menschheit» (1 Kor 4,9.11.13).

Mit solcher Erfahrung wird nur der Glaube fertig, der Glaube an Gott,

der aus dem Nichtseienden die Schöpfung ruft und aus dem Tode ins Leben (vgl. Röm 4,17; 2 Kor 1,9);

der Glaube an Gott, der den «von einem Satansboten mit Gebresten Geohrfeigten» mit dem Worte aufrichtet:

---

[18] «Zur Lage der Gesellschaft. Der Jahresbericht des Generalobern zum Jahre 1978» findet sich in: Officiosa SMB, 1979, 45–93 (eph).

Meine Gnade genügt! Meine Kraft kommt zum Austragen in deiner Schwachheit (2 Kor 12, 7–10);
ein Glaube, der nichts anderes ist als das Wunder von Ostern in uns.

«Der Glaube» – sagt ein Paulusinterpret – «wagt es, gegen alle menschliche Erfahrung, der göttlichen Zusage zu trauen und sich auf den zu verlassen, der von den Toten erweckt – aus der verlorenen und nichtigen Welt. Er hält es dort aus, wo Schöpfung aus dem Nichts und die Menschwerdung des Menschen nochmals unter den Händen Gottes beginnen muss, dort, wo die Gnade allein hinreicht und das erste und letzte Wort hat. Hier ist immer Auferweckung aus dem Totenfeld.»

Auf dieses Wunder kann man nur betend warten; indem das Warten sich ins Beten wandelt, beginnt der Glaube … Versuchen wir es damit, ein jeder in seiner besonderen – und ihm eigenen – Bedürftigkeit und Ohnmacht!

Ihnen allen darin herzlich verbunden,

In der Passionszeit 1979　　　　　　　　　　　　　Josef Amstutz, Generaloberer

19 Das Kreuz Jesu

Osterbrief 1981 des Generalobern

Liebe Mitbrüder, liebe Mitarbeiter

Die kommenden festa paschalia wollen die Aufmerksamkeit und Andacht unseres Herzens erneut auf das Kreuz Jesu sammeln; dem könnte förderlich sein, das Wort des Apostels Paulus vom Kreuz zu bedenken. In diesem Wort nämlich schlägt sein Herz, dieses Wort könnte uns so erneut einweisen in die Kreuzesnachfolge.

Für Paulus ist die Kreuzigung Jesu das eine Heilsereignis, in dem Gott die Neuschöpfung der Welt insgesamt und die Befreiung des ganzen Menschen vollbringt. Paulus verkündet Jesus – den Gekreuzigten (1 Kor 1,23); wenn er predigt, dann stellt er seinen Zuhörern vor Augen Jesus – den Gekreuzigten (1 Kor 2,23); seine Verkündigung gibt sich als Rede – vom Kreuz (1 Kor 1,17 f.); für seinen Gegner wird des Apostels Predigt zum Skandal – des Kreuzes (Gal 5,11); sie sind für ihn Feinde – des Kreuzes (Phil 3,18), während sein Ruhm ist – das Kreuz (Gal 6,14). In der Kreuzigung sammelt sich für Paulus die Geschichte Gottes mit Jesus im Ganzen, wird ihm erfahrbar die eigentliche Mitte der Stiftung des Heils.

Die Kreuzigung bedeutet für Jesus eine Tortur, die ihn in Agonie stürzt und in den Abgrund des Todes: Es ist ein Sterben in Bedrängnis und Verwundung, Blut und Schmerzen (2 Kor 1,5; Phil 3,10; Kol 1,24; Gal 6,17); es ist der Frevel eines Mordes, in dem ein Unschuldiger als Verbrecher hingerichtet wird (2 Kor 4,10; 1 Thess 2,15); es ist ein Ende in Schande und Ächtung, Verwerfung und Fluch (Gal 3,13; vgl. Hebr 6,6, 12,2, 13,12) – und Gottverlassenheit (vgl. Mk 15,34; Hebr 2,9). Dies alles hat Paulus vor Augen, wenn er das Wort vom Kreuze verkündet.

Wie ist aber in diesem Sterben Jesu dem Bösen des Menschen ein Ende gesetzt und Heil für ihn gestiftet worden? Paulus hat in seine Kreuzesverkündigung frühere Deutungen aufgenommen; danach ist im Kreuze Jesu Heil – weil Jesus aus Liebe zum Menschen sich ihm zu Gunsten in den Tod gegeben (Gal 2,20; Röm 4,25; 8,37), weil Jesus im Gehorsam gegenüber seinem Vater den Tod auf sich genommen hat (Röm 5,19; Phil 2,8). Eine zusätzliche Deutung lässt sich aus der apostolischen Ermahnung des Paulus gewinnen, sie mag uns vielleicht mehr zu Herzen gehen, als sie nicht durch ihre Üblichkeit verbraucht ist; die Ermahnung lautet:

Vergeltet niemandem Böses mit Bösem, seid allen Menschen gegenüber auf das Gute bedacht; lasst euch nicht vom Bösen besiegen, sondern überwindet das Böse durch das Gute (Röm 12,17.21; vgl. 1 Thess 5,15; Lk 6,27 f.).

In der Kreuzigung haben die sündigen Menschen Jesus Böses angetan, das Böseste, was Menschen sich antun können: frevelhafte Schändung, blutige Folter, Ermordung. Darin wirkte sich aus die Sünde des Menschen, im Bösen, das sie Jesus angetan haben. Jesus aber hat sich von seinem Willen, diesem Menschen das Gute zu tun, nicht abbringen lassen, sein Wille, ihm gut zu sein, hat sich nicht brechen lassen; er hat, trotz fürchterlicher Agonie ans Gute glaubend, dem Menschen die Treue gehalten. An der Geduld Jesu, am Durchhalten seiner

Gutgesinntheit, an der Unerschütterlichkeit seines Glaubens an das Gute hat die sündige Bosheit des Menschen ihr Ende gefunden und sein Heil den Anfang genommen. Unter bösen, von der Bosheit der Menschen feindlichen Verhältnissen hat Jesus an Sinn, Würde und Zukunft des Guten geglaubt; im Angesicht gegenteiliger, böser Erfahrung hat er die Hoffnung, dass das Gute endgültiger sei, nicht aufgegeben. So ist mitten in der Welt der Bosheit neu und vorweg das Gute im Herzen Jesu gestiftet und das Böse überwunden worden. Jesus hat das Gute so ernst genommen, dass er das eigene Leben gering geachtet; er hat in der Nacht der Gottverlassenheit an Gott glaubend festgehalten, an Gott, dessen Liebe zum Menschen dem Guten endgültig zum Siege verhilft. So ist in der Finsternis dieser bösen Welt das Licht der neuen und guten Schöpfung Gottes auf dem Angesicht des Gekreuzigten erschienen (vgl. 2 Kor 4,6).

Erst freilich, wenn wir uns auf die Jüngerschaft Jesu wirklich einlassen, erschliesst sich uns das paulinische Wort vom Kreuze; Paulus jedenfalls ist es so ergangen: Die Nachfolge Jesu – «das Schultern des Kreuzes und Hinter-ihm-Hergehen» (Mk 8,31) – hat ihm die Augen aufgemacht für das mysterium crucis Jesu. Dies ist folgendem Bekenntnis zu entnehmen:

In allem sind wir bedrängt – aber wir geben nicht auf; wir wissen nicht ein und aus – aber wir kommen nicht vom Wege ab; wir werden verfolgt – aber wir sind nicht im Stich gelassen; wir stürzen zu Boden – aber wir werden nicht zunichte gemacht … Ständig werden wir, solange wir leben, um Jesu willen dem Tode ausgeliefert – damit sich an uns das Leben Jesu offenbare; denn der Jesus auferweckt hat, wird auch uns zusammen mit ihm auferwecken (2 Kor 4,8–14).

Angesichts des Bösen, das Menschen Menschen zufügen, inmitten des Verrates am Guten, angesichts der so dem Menschen vom Menschen angetanen Schändung, kämpft der Jünger Jesu «für das dem Menschen Unmögliche»: das Gelingen des Guten. Er mag im Eintreten für das Gute wie Jesus umgebracht werden; wer aber wie Jesus das Gute durchhält, stirbt zwar am Kreuz, aber in der Hoffnung auf die Auferweckung – den endgültigen Sieg des Guten über das Böse. Wer das Böse durch das Gute überwindet, erhält vorweg Anteil an seiner zukünftigen Auferweckung.

Dass sich unsere Nachfolge Jesu so im österlichen Wunder des Kreuzes erfülle, das wünscht Ihnen
in herzlicher Verbundenheit

Fastenzeit 1981   Josef Amstutz, Generaloberer

20 Zum Oster-Geheimnis

Das älteste und daher neueste Osterbekenntnis der Kirche lautet: Jesus, der im Kreuzestode geendet, ist von Gott auferweckt worden. Er ist der Erstgeborene der Neuen Schöpfung.[19] Damit begegnet uns Gott «unter dem Titel» der Auferstehung vom Tod; in der Auferweckung Jesu begegnet uns Gott selbst; er erschliesst sich uns «als die Dimension der Auferstehung». Denn Gott stiftet damit nicht nur Heil; in der Auferstehung ist er unser Heil. Die Auferstehung führt ins ewige Leben, in die Gemeinschaft mit Gott. Indem wir also bekennen, dass Gott sich uns «als die Dimension der Auferstehung» erschliesse, bekennen wir, dass damit unser gesamtes Dasein interpretiert werde.

In der Vorläufigkeit dieses Lebens bleibt sich zwar jeder Mensch eine dunkel verspürte ungelöste Frage. Niemand entgeht ihr gänzlich. Das Rätsel seiner Situation bewegt die Tiefe des Menschen Herzens: Was ist der Mensch? Was ist der Sinn seines Lebens? Welche Bedeutung hat das Leiden? Was ist mit dem Tod, dem Gericht? Was ist des Menschen Vollendung? Was ist jenes letzte und unsagbare Geheimnis unseres Daseins, aus dem wir kommen, in das wir gehen? Auf diese Fragen ist nur Gott selbst eine zureichende und sichere Antwort. Er, der den Menschen auch zu solchem Nachdenken und Suchen aufruft.

Im Geheimnis des auferweckten Sohnes klärt sich das Geheimnis des Menschen wahrhaft und endgültig auf. Gewiss bedrängt den Menschen weiterhin die Notwendigkeit, sich durch manche Anfechtung zu bemühen. Doch dem österlichen Geheimnis verbunden, dem Tode Christi gleichgestaltet, geht er der Hoffnung der Auferstehung entgegen.

Das gilt nicht nur für die Christgläubigen, sondern für alle Menschen guten Willens, in deren Herzen die Gnade Gottes unsichtbar wirkt. Der Heilige Geist bietet allen die Möglichkeit an, dem Geheimnis der Auferweckung Jesu in einer nur Gott bekannten Weise verbunden zu werden. Durch die missionarische Tätigkeit der Kirche aber offenbart Gott dem Menschen die ursprüngliche Wahrheit dessen, was es um ihn ist.[20] Diese Offenbarung des Rätsels des Menschen ist das Aufleuchten des Oster-Geheimnisses.

Immensee, Ostern 1972   Josef Amstutz, Generaloberer

---

[19] Vgl. Apg 2,22 ff.; Kol 1,18; 2 Kor 5,14 ff.
[20] Vgl. GS 22; NA 1; AG 8.

21 Osterbrief aus Hongkong

Der Generalobere auf dem Flug von Taipei nach Tokyo

Liebe Mitbrüder
Ich benütze diesen Zwischenhalt hier in Hongkong – auf meinem Flug von Taipei nach Tokyo – Ihnen ein Wort zum Osterfest zukommen zu lassen.[21] Ich möchte mit Ihnen einige Gedanken teilen, die mir in diesen Tagen nicht aus Kopf und Herz gehen wollen; vielleicht eröffnen sie Ihnen einen Zugang zum Geheimnis von Ostern.

Ostern ist das Fest der Befreiung.
Das alte Israel feierte das Pascha der Errettung «aus dem Sklavenhaus Ägypten in das Land der Verheissung»; das neue Volk Gottes die Erlösung «von den Mächten der Sünde und des Todes» in die Neue Schöpfung unter der Herrschaft des Einen Gottes.

Als Boten der Freiheit haben die Missionare zu allen Zeiten ihre besondere Erfahrung mit den Mächten der Knechtschaft gemacht. Das ist mit uns nicht anders, obwohl sich diese Mächte heute unter vielfach veränderter Gestalt zeigen. Meine Reise nach Asien hat mir das wieder bestätigt: Das alte Heidentum ist aufgehoben in den Götzen der modernen Gottlosigkeit ... Bangkok und Hongkong – ersteres nennt man die Stadt der Tausend Tempel, im anderen finden sich ungezählte Banken mit den Tabernakeln des Mammon reihenweise – und in beiden ein offener Markt für die Begehrlichkeit des Fleisches ... Taiwan unter dem Joch der Ideologie des modernen Fortschritts (ein Missionar sagte: «In der Öffentlichkeit herrscht die Ideologie von Wissenschaft und Technik und des damit zu machenden Fortschrittes. Darin besteht das Heil. Die Schule hat eine totalitäre Tendenz, vereinnahmt den Studenten, indoktriniert ihn und hindert ihn am Denken. Sie ist, wie die Partei, atheistisch; Religion ist nicht modern») ... Von Japan – ich bin auf dem Weg dorthin – heisst es, der vordringlichste Wert (früher hätte man gesagt «das höchste Gut») der Nation sei die international anerkannte Leistung ihrer Wirtschaft; Vergnügungssucht und Gesundheit, beide von hohem Stellenwert, seien diesem untergeordnet; das Gute und Schöne, die ihre besondere Rolle behielten, würden vom Ökonomischen in Schranken gehalten. Religion liege einstweilen im Argen. Herrschende Mächte in Asien ...

---

[21] Hongkong war die Zwischenstation einer Dienstreise nach Taiwan und Japan. Vom 2.–15. März 1977 hielt sich Josef Amstutz in Taiwan auf. Anlass für den Aufenthalt in Taiwan waren Exerzitienvorträge für die deutschsprachigen MissionarInnen zum Thema «Die Botschaft Jesu im Gleichnis» (Vergebung, Warnung, Weisung, Ermutigung, Verheissung). Überlegungen zum «Beten Jesu» gehörten zum nachmittäglichen Angebot der Exerzitienwoche. Am Abend informierte der Generalobere über die Situation in Rhodesien, Kolumbien und Morioka. Die beiden Tage in Hongkong (16. und 17. März 1977) waren für den Entwurf eines Osterbriefes an die SMB-Mitglieder reserviert, den er jedoch erst in Japan fertigstellte. Im Zentrum des Aufenthaltes in Japan standen die Visitation der Mitbrüder und in Morioka Gespräche mit dem Architekten Niklaus Oberholzer zum Bau des missionarischen Zentrums Yotsuya. Neben mehreren offiziellen Besuchen ist der Rekollektionsvortrag für die SMB-Mitglieder zu «Ostern als Fest der Befreiung» zu erwähnen (eph).

Auf meiner Reise verfolgt mich unablässig die Sorge um unsere Mitbrüder und Mitarbeiter in Lateinamerika und Süd-Afrika. Lateinamerika wird – wenn man die Dinge auf einen letzten Nenner bringt – beherrscht von reichen und mächtigen Minderheiten. In ihren Händen ist das Recht, oftmals gebeugt, sind Gewalt und Waffen und der Reichtum des Landes. Sie leben auf Kosten der Masse des Volkes, das ohne Hoffnung auf Ausweg aus Not und auf Veränderung der Dinge «im Dunkeln sitzt». Ihnen ist vorenthalten, was ihre geringen, schon fast in Vergessenheit geratenen Bedürfnisse decken könnte und der Schrei nach menschenwürdigem Dasein. Menschenwürde, jener späte Abglanz der einmaligen Würde des in Gnade geadelten Geschöpfes Gottes; wo ist der lebendige Glaube an diese Würde, welcher sklavische Verhältnisse nicht hinnimmt, sondern sie zu ändern trachtet, von innen her, aus dem zum Einen Gott bekehrten Herzen?

Die Sorge schliesslich um die Mitbrüder in Rhodesien/Zimbabwe. Der vom Gesetze Gottes nicht in Zucht gehaltene Lebensanspruch der einen hat zur politischen Unterdrückung und diese zum bewaffneten Aufstand der andern geführt. Gegenseitige Brutalität scheint zu eskalieren; es droht eine Situation, da einer des andern Kain wird, da man sich gegenseitig in den Schrecken tödlicher Angst versetzt, da man Böses mit Bösem zu überwinden sucht ... Aber Rache zeugt Rache und bringt schliesslich alle unter die Sklaverei des Todes. Herrschende Mächte der Sünde und des Todes also auch in Lateinamerika und Süd-Afrika.

Solcherart ist unsere missionarische Erfahrung mit den Göttern dieser Zeit. Vielgestaltig sind die Masken, unter denen sie gehen, und schreckhaft. Sie alle geben Versteck und Gestalt zugleich einem Einzigen – dem Bösen im Herzen des Menschen: dem Herzen, das – Gott-vergessen – in abgründiger Angst auf Sicherheit, Vermögen und Geborgenheit aus ist; dem Herzen, das – Gott-widrig – sich selbst behauptet und, dem «bösen Triebe folgend», dem Nächsten nach dem Leben trachtet; dem Herzen, das – Gott-los – dem Lebensdurst verfällt, Zwangsvorstellungen der Begehrlichkeit erliegt, Wunschträumen nachhängt und im Elend der Entfremdung endet. Vielgestaltig sind die Götterbilder, aber alle zuletzt aus einem Holze gemacht, der Gottlosigkeit des Menschenherzens.

Angesichts dieser unserer missionarischen Situation haben wir uns das Bekenntnis der ersten Christengemeinde in der heidnischen Grossstadt Korinth als Umschreibung unseres Auftrages zu eigen zu machen:

Es gibt keine Götzen in der Welt
und keinen Gott – ausser dem Einen.
Wenn es (für andere) im Himmel oder auf Erden
sogenannte Götter gibt
– und solche Götter und Herren gibt es tatsächlich –
so haben wir doch nur einen Gott,
den Vater.

Von ihm stammt alles,
und auf ihn hin leben wir;
und Einer ist der Herr:
Jesus Christus.
Durch ihn ist alles
und wir sind durch ihn (1 Kor 8,4 ff.).

Das ist unsere Berufung, dass wir Einem gehören und niemandem sonst, und dass wir von ihm Zeugnis geben vor den modernen Tempeln, die nicht seinen Namen tragen. Wir begegnen unablässig vielen, den Göttern dieser Welt – also nochmals: dem, worauf unser Herz in seiner Bedürftigkeit aus ist; worum es in seinen Nöten bangt; worin es in seiner Ohnmacht Hilfe sucht. Diese Götter aber sind in Wirklichkeit immer unsere gestaltgewordenen Sehnsüchte und Ängste, Lüste und Übermut. Nachdem sie aber Gestalt angenommen und sich ihre Masken übergezogen haben, bringen sie unser Herz unter ihre Knechtschaft, in Abhängigkeit und Gewalt; ihre Herrschaft ist Vergewaltigung, Zwang und Unterdrückung. Wenn wir uns aber von dem Einen Gott unbedingt in Anspruch nehmen lassen, ihm fraglos Glauben schenken, seinem Namen in uns Achtung und seinem Willen ausschliesslich Geltung verschaffen, kommen wir von innen zur Freiheit, werden wir die Sorge um uns los, werden unsere Ängste, selbst die vor dem Tode, gebannt, bekommen wir Abstand von der Bedrohung und Begehrlichkeit der Welt. Unsere Menschwerdung – das Erscheinen unserer wahren Freiheit – beginnt erst, wenn wir den Göttern, welches Aussehen immer sie haben, unbefangen begegnen können, weil sie uns nichts mehr angehen. Alles Tun und Leiden des Christen ist darum letztlich eines: die andern Götter nicht mehr fürchten und lieben, weil man dem Einen Gott mit ganzem Herzen, allem Mut und dem Geiste insgesamt ergeben ist. Das ist die Mitte der Freiheit, die uns zu Ostern offenbar geworden ist und die auszurufen unsere Berufung ist.

Wenn so von innen her Freiheit aufkommt, ist der Anfang auch für die Befreiung aus der Sklaverei der Verhältnisse gesetzt. Dann entsteht nämlich der Mut, die Ringmauern von Eigentum und Vermögen zu schleifen, die Waffen der Gewalttätigkeit niederzulegen; entsteht die Hoffnung, entbehrte Würde gewährt zu erhalten, die Möglichkeit, zur Versöhnung zu kommen, Tapferkeit, in tödlicher Bedrohung durchzuhalten – Befreiung also von aller Vergewaltigung der Mächte, die da walten, ins ganz andere, Unerwartete und doch Ersehnte, der verheissenen Gottesherrschaft.

Ostern ist das Fest der Befreiung.
Möge diese Freiheit, aus dem Glauben an den Einen, den Gott und Vater Jesu, der sich im Geheimnis des Pascha geoffenbart hat, Ihnen – unter welchen Mächten dieser Welt Sie auch zu leiden haben, ob sie in diesen Zeilen genannt sind oder nicht – gewährt werden! Möge sie Ihnen wie den Jüngern auf dem Wege nach Emmaus das Herz erwärmen. Mögen Ihnen die Augen aufgehen für den Einen Herrn, in dem der Vater aller ist. Mögen Sie den Mut haben, aufzubrechen und weiterzuerzählen, was Sie in Erfahrung gebracht haben!

Das wünsche ich Ihnen von Herzen.

Hongkong, 17. März 1977   Josef Amstutz, Generaloberer

22 Die Missionsgesellschaft Bethlehem verstehen am Urbild Jesu und seiner Jüngerschar

Osterbrief des Generalobern

Liebe Mitbrüder

In diesen Tagen sind hier die Jahresberichte aus den Regionen eingetroffen. Die missionarische Lage, von der sie erzählen, die Schwierigkeiten, auf die sie aufmerksam machen, die Freude an der Berufung, die sie bezeugen, haben mich auf die nachfolgenden Ostergedanken gebracht. In der Hoffnung, sie vermöchten auch Ihnen eine Ermutigung zu sein, schreibe ich sie nieder.

Das Kapitel von 1967 hat uns die Gesellschaft am Urbild Jesu und seiner Jüngerschar verstehen gelehrt. Diese Auffassung findet sich an verschiedenen Stellen des Dekretes:

- «Die Schar seiner Jünger, seiner Mitarbeiter in der Verkündigung der Gottesherrschaft, ist uns Urbild eines Lebens in ungeteiltem Dienst am Evangelium. Tun wir diesen Dienst aus ganzem Herzen, schenkt uns Gott die innere Einheit unseres Lebens, Fruchtbarkeit für uns und für viele und führt uns zur Vollendung.»[22]
- «Unser Herr hat Mitarbeiter um sich gesammelt, um die Freudenbotschaft vom Anbruch der Gottesherrschaft auszurufen. Mit der Schar seiner Jünger ist er unser Urbild ... Ihm soll die Gemeinschaft und jeder Einzelne nach dem Mass seiner Gnade innerhalb der Gesellschaft in Freiheit nachstreben.»[23]
- «Kein christliches Leben, geschweige denn ein missionarisches, kann der Orientierung am Evangelium entraten. Urbild ist uns (dabei) der Herr mit den Jüngern, die er als Mitverkünder um sich scharte. Schauen wir in diesen Spiegel, ... finden wir unser Urbild.»[24]

Dieses Selbstverständnis hat durch die inzwischen veränderten Verhältnisse nicht etwa seine Gültigkeit verloren, vielmehr, meine ich, die gegenwärtig sich abzeichnende Lage fordere von uns den damit angesprochenen Entscheidungs-Ernst der Jüngerschaft. Gewiss, wir sind und bleiben die Freudenboten mit der Guten Nachricht von der befreienden Zuwendung Gottes, die Schar seiner beauftragten Jünger, welche aus den Völkern die Gemeinde zur grossen Danksagung versammelt (vgl. Lk 14,15–24; Röm 15,16). Dabei bleibt es, sage ich, und damit bei der Fröhlichkeit und Wohlgemutheit trotz all unserem Versagen dieser Berufung gegenüber; und doch, das ist nur die eine Seite. Denn die Botschaft, die wir in die Welt tragen, ist nicht «lauter Freude», sie ist eine Herausforderung: Das Wort fällt auf den steinigen Grund der Gleichgültigkeit, unter die Dornen der Sorgen und des Begehrens (Mk 4,15–19). Das Wort erntet Widerspruch, nicht bloss aus Missverständnis, oder weil seine Forderung schwierig

---
[22] Missionsgesellschaft Bethlehem: Dekrete, 29.
[23] Ebd. 28.
[24] Ebd. 56.

wäre, hart zu begreifen und härter durchzusetzen dem eigenen Herzen und den gesellschaftlichen Zwängen gegenüber, sondern weil es dem sündigen Menschen und seiner Welt das Gericht ansagt und weil es als Gericht öffentlich zur Geltung gebracht werden will: als Einspruch Gottes gegen eine öffentliche Ordnung, welche der inneren Unordnung des Menschen entspricht (Joh 3,19; 9,39.41). Als Kunde vom Herrschaftsanspruch des einzigen Herrn macht sie den öffentlichen und verborgenen «Mächten und Gewalten» ihre Machtausübung strittig, offenbart sie deren Gewalttätigkeit, Unterdrückung und Entwürdigung des Menschen; die Botschaft wird zum Gericht über die Welt, die im Bösen liegt, und der Bote wird zum Zeugen im Prozess, den ihr Gott in seinem Worte macht. Die Welt aber setzt sich dagegen zur Wehr und droht dem Boten des Wortes mit Verfolgung. Er hat sich so zu entscheiden, die Welt zu «verleugnen» und zum einen Herrn, zu seiner Herrschaft und zu seinem Wort sich zu bekennen.

Zu jeder Zeit hatte der Missionar mit dieser Möglichkeit zu rechnen; und doch meine ich, verschärfe sich die missionarische Lage da und dort über «widrige Umstände» (in Japan etwa), zu «Ablehnung und Verfemung» (auf Taiwan), zu «Verfolgung» (in Teilen Lateinamerikas, in Rhodesien). Das Wort vom «Ernstfall» geht um. So ist es denn angebracht, sich jener Worte aus der Jüngerunterweisung Jesu zu erinnern, die in eben diese Situation gesprochen worden sind:

Wer nicht zum Kreuztod bereit ist und hinter mir hergeht, kann mein Jünger nicht sein (Lk 14,27).

Wer sich vor den Menschen zu mir bekennt, zu dem wird sich der Menschensohn vor den Engeln Gottes bekennen;
wer mich vor den Menschen verleugnet, den wird er vor den Engeln Gottes verleugnen (Lk 12,8 f.).
Fürchtet euch nicht vor denen, die euch zwar töten, euch aber darüber hinaus keinen Schaden antun können; fürchtet euch vielmehr vor dem, der euch nach dem Töten auch noch in die Gehenna zu werfen vermag (Lk 12,4 f.).
Selig ihr, wenn euch die Menschen schmähen und euern Namen um des Menschensohnes willen ächten;
freut euch und jubelt darob,
denn euer Lohn wird gross sein im Himmel (Lk 6,22 f.).
Wer sein Leben zu erhalten trachtet, der wird es verlieren;
wer sein Leben dranzugeben bereit ist, der wird es finden (Lk 17,33).

Die Worte sind ernst; sie stellen eine unerbittliche Forderung, die wir aus uns nicht zu erbringen imstande sind. (Das Martyrium nimmt man sich nicht willkürlich heraus; es ist eine Gabe – ein Charisma nannte es die Alte Kirche –, die Gott gewährt.) Die Worte sind aber zuletzt eine Ermutigung. Indem sie Hoffnung auf ein Letztes und Unüberbietbares machen, geben sie dem Jünger die Kraft, in Tapferkeit und Geduld in schwieriger Lage auszuharren, der Zaghaftigkeit und Angst zu widerstehen, in Freimut das Wort weiterzusagen, standzuhalten in der Prüfung, in Bedrängnis und Gefährdung auszuharren. «Die Leiden dieser Zeit bedeuten nichts im Vergleich zu der Herrlichkeit, die an uns öffentlich werden wird» – sagt einer, der damit Erfahrung hatte (Röm 8,18).

Die Osterbotschaft aber besagt, dass dem Jünger die Kraft zu solchem Zeugnis zugesagt ist, wenn seine Stunde kommt: «Ich bin bei euch alle Tage bis ans Ende der Welt», lautet das letzte Wort des auferstandenen Herrn (Mt 28,20). Allerdings muss man sich dieser Zusage Jesu vergewissern, indem man als Jünger seinerseits «bei ihm» ist, ohne Unterlass – im Gebet (1 Thess 5,17). Das damit Gemeinte kann auch, um ein Wort von J. Pieper anzuwenden, folgendermassen gesagt werden: Die «kämpferische» Tapferkeit, die sich gegen die äusseren Widerstände für die Verkündigung der Guten Nachricht und für das Verwirklichen der Gerechtigkeit einsetzt, ist durchaus verschieden von der «sich geduldenden» Tapferkeit, kraft deren der Mensch sich um der Vereinigung mit Gottes Willen in den Schmerz der Abtötung und Andacht hineinwagt; aber die letzte Kraft der Tapferkeit, die Kampfes-Mut ist, stammt aus der verborgenen, sich «entsichernden» Selbsthingabe an Gott, wie sie in der Tapferkeit des «Sichgeduldens» gewagt wird. Oder sind dies vielleicht zwei Seiten des einen Ostergeheimnisses Jesu, das Gott an dessen Jünger nachvollzieht (2 Kor 4,8–18)?

Indem ich Ihnen die verherrlichende Gnade (Röm 8,17) des Ostergeschehens von Herzen wünsche, verbleibe ich

Ihr sehr ergebener

1. März 1978   Josef Amstutz, Generaloberer

23 Die Leidenserfahrung der Missionare
Osterbrief des Generalobern

Liebe Mitbrüder und liebe Mitarbeiter

Dieser Tage ist mir der Jahresbericht der Region Gwelo aufs Pult gelegt worden – und welche Chronik des Leidens stellt er dar![25] Dabei fehlen ihm noch die beiden letzten Seiten: die erschütternden Berichte der Ermordung von Fr. R. Machikicho und seines Gefährten sowie jene unseres Mitbruders K. Hüsser.[26] Leiden, frage ich, eine unverzichtbare Dimension der missionarischen Existenz …? Dieser Gedanke bringt mir in lebhafte Erinnerung zurück die Leidenserfahrung der Missionare – Mitbrüder und Mitarbeiter – in Lateinamerika: ihre Unmöglichkeit, der unabsehbaren Not des Volkes wirksam zu begegnen; zerbrochene Hoffnungen auf fruchtbare Integration mancher neuer Mitarbeiter … Da ich mich zurzeit auf die Visitationsreise nach Asien vorbereite, taucht auch neu die Leidensgeschichte dort auf – das Altwerden der Missionare im unbefristeten Einsatz ohne Aussicht auf Ablösung, und der Acker immer steiniger … All dies, und was ich aus unserer entsprechenden Erfahrung in diesen Jahren hier nicht zu nennen vermag, all dies ist nicht bestreitbarer Beweis dafür: Leiden ist eine unverzichtbare Dimension auch unserer missionarischen Existenz! … Wie aber, überlege ich, gehen wir damit um? Vergeuden wir die dahinter verborgene Gnade? Bringen wir sie in Geduld zur Wirksamkeit? Verstehen wir uns gläubig darauf, damit zu leben, zu sterben und auf Gott zu hoffen? Diese Fragen haben mich begleitet, wie ich nochmals die Abschnitte in den Paulusbriefen überdachte, vor allem jene im zweiten an die Korinther, die sich mit dem missionarischen Leiden befassen. Dabei haben sich mir drei Hauptgedanken ergeben, die das missionarische Leiden begreifbar – «begreifbar» in einem letzten Sinne! – machen können.

Ein erster Gedanke lässt sich dahin zusammenfassen: Der Missionar hat als Knecht seines Herrn Anteil an der Schwachheit, am Kreuz Jesu, damit Gottes Kraft, die Tote erweckt, allein zur Ehre komme. So sagt Paulus zu seiner Gemeinde:

Wir sollen euch nicht über die Bedrängnisse, die uns in Asia widerfahren sind, in Unkenntnis lassen: so übermächtig, so unerträglich drückte uns die

---

[25] «Zur Lage der Gesellschaft. Jahresbericht des Generalobern zum Jahre 1979» geht auf die schwierige Situation und die gewandelten Verhältnisse in Rhodesien ein. Äusseres Merkmal dieses Wandels ist die Feier der Unabhängigkeit, am 18. April 1980. Die Bischofskonferenz sicherte dem neuen Staat ihre volle Zusammenarbeit und Unterstützung in einer schwierigen, aber lohnenden Aufgabe des nationalen Aufbaus zu. In einer Konsultation vom 22.–23. April 1980 legte sie über ihre zukünftigen Pläne Rechenschaft ab. Dabei wurde als Prinzip festgehalten, dass die Mitarbeit am Wiederaufbau und beispielsweise die Wiedereröffnung geschlossener Institutionen in enger Beratung und Zusammenarbeit mit der lokalen Bevölkerung zu erfolgen habe und als Teil eines Wiederaufbauprogramms zu verstehen sei (vgl. Officiosa SMB, 1980, 80–87 – eph).

[26] R. Machikicho wurde mit seinem Begleiter bei einem Besuch einer Gemeinschaft im Zimutu Reservat zu Tode geprügelt. – Kilian Hüsser wurde am 19. Februar 1980 während der nächtlichen Besetzung der Missionsstation Berejena durch Soldaten der rhodesischen Armee angeschossen und mit Bajonettstichen lebensgefährlich verletzt. Da erst am folgenden Tag ärztliche Hilfe angefordert werden konnte, starb er in den Morgenstunden. Nach übereinstimmenden Zeugenaussagen gaben sich rhodesische Soldaten als Helfer von Robert Mugabe aus. Nicht von der Hand zu weisen ist die Interpretation, wonach die Missionare für ihre solidarische Haltung mit der Bevölkerung während des Befreiungskriegs bestraft werden sollten (vgl. Berichte in: Officiosa SMB, 1980, 32.33–39.40–41.43.60.70 – eph).

Last nieder, dass wir sogar am Leben verzweifelten; wir hatten uns in Gedanken bereits das Todesurteil gesprochen – so sollten wir unser Vertrauen nicht in uns setzen, sondern auf Gott, der die Toten erweckt! Er hat uns dann aus solchen Todesnöten errettet und wird uns weiterhin erretten; auf ihn haben wir unsere Hoffnung gesetzt: er wird uns auch in Zukunft retten (2 Kor 1,8–10).

Nochmals in grundsätzlichen Erwägungen dieselbe Glaubenseinsicht:

Als Diener Christi (habe ich zu ertragen) Mühsale, Gefangenschaften, Schläge und Todesnöte ...: vielfach auf (meinen) Wanderungen in Gefahren ... unter Mühsal und Beschwernis ... dazu der tägliche Andrang zu mir, die Sorge um alle Gemeinden... Und ein Dorn ist mir ins Fleisch gesetzt, ein Engel Satans, der mich mit Fäusten schlägt; dreimal habe ich den Herrn angerufen, dass er von mir ablassen möge – doch er hat zu mir gesagt: es genügt dir meine Kraft, denn diese kommt zur Vollendung in deiner Schwachheit! ... Darum denn sage ich Ja zu meinen Schwachheiten, Misshandlungen, Notlagen, Verfolgungen und Bedrängnissen – um Christi willen: denn wenn ich schwach bin, dann bin ich stark (2 Kor 11,23–28; 12,7–10).

Die Schwachheit – jene Schwachheit, die schon Jesus am Kreuz umkommen liess (2 Kor 13,4; Phil 3,10 f.) – stellt einerseits eine Dimension unserer missionarischen Existenz insgesamt dar, sie begleitet unseren beruflichen Weg, seine Arbeit und Mühe, begleitet aber auch unser persönliches Schicksal; Krankheit, Versagen und Unvermögen; diese Schwachheit gewährleistet andererseits, dass wir uns nicht Erfolge aneignen, sondern die missionarische Wirksamkeit dem zuerkennen, der sie letztlich im Wunder wirkt – Gott, der aus dem Nichts schafft (vgl. 1 Kor 1,26–31; 2 Kor 3,5 f.; 4,7).

Eine zweite Erfahrung des Apostels mit seinem Leiden besagt, es kommt der Gemeinde, für die man als Missionar da ist, zugute – Gott vollendet in unserem Leiden das Sterben Jesu für den Menschen (Kol 1,24). Dieser Gedanke wird deutlich vor allem in folgenden zwei Abschnitten:

Wie die Leiden Christi in Fülle auf uns gekommen sind, so wird uns durch Christus auch in Fülle Trost zuteil; werden wir bedrängt, so geschieht das zu eurem ... Heil; werden wir getröstet, so ebenfalls zu eurem Trost, der seine Kraft darin erweist, dass ihr dieselben Leiden, die auch wir erdulden, durchstehen könnt (2 Kor 1,5 f.).

Nochmals und umfassender:

Immer tragen wir den Tod Jesu an unserem Leibe umher, damit auch das Leben Jesu an unserem Leibe offenbar werde. Beständig werden wir, solange wir leben, um Jesu willen, dem Tode ausgeliefert, damit auch das Leben Jesu an unserem sterblichen Leib offenbar werde. So hat der Tod seine Wirkung in uns – das Leben in euch. Wir haben aber jene Art des Glaubens, von dem es in der Schrift heisst: «Ich habe geglaubt, darum rede ich»; so glauben auch wir, darum reden auch wir wissend: der Jesus auferweckt hat, wird uns zusammen mit Jesus auferwecken und zusammen mit euch (vor Gottes Thron) stellen; dies aber um euretwillen, damit die Gnade, je mehr Menschen in den Dank gegen Gott einstimmen, nur immer grösser werde zu Gottes Verherrlichung (2 Kor 4,10–15).

Das Leiden ist nicht eine private Angelegenheit des Missionars, in der Nachfolge des Leidens Jesu soll es vielmehr denen zugutekommen – ihrer Ermutigung und Stärkung – zu deren Dienst er bestellt ist; Leiden ist Teil des Heilsdienstes am Menschen, der unserer Sorge anvertraut ist; unser Umgang mit dem Leiden – Geduld, «Ergebenheit an Gott», Gelassenheit – hat seine Auswirkung in ihrem Glauben.

Die dritte Einsicht der paulinischen Reflexion des Leidens besagt, dass die Mühsal in dieser Lebenszeit bloss eine Episode ist, die aufgehoben wird im ewigen Leben:

Wenn auch unser äusserer Mensch (im Leiden) zunichte wird, so wird doch unser innerer Mensch von Tag zu Tag erneuert. Denn das augenblickliche Leiden wiegt leicht und bringt uns doch ein was gewichtig ist: ewige Herrlichkeit in überschwänglichem Ausmass ... Das Sichtbare hat seine Zeit und geht vorüber, das Unsichtbare aber währt ewig (2 Kor 4,16–18).

So gilt:

Die Leiden der gegenwärtigen Weltzeit bedeuten nichts gegenüber der Herrlichkeit, die künftig an uns offenbar wird: Die Schöpfung selbst ist zwar der Nichtigkeit unterworfen, aber in der Hoffnung, dass sie erlöst werde zu Freiheit und Herrlichkeit; an die Hoffnung ist auch unsere Rettung gebunden – Hoffnung aber, die man bereits erfüllt sieht, ist keine Hoffnung; hoffen wir aber auf das, was man nicht sieht, dann harren wir aus und warten in Geduld (Röm 8,18–21.24 f.).

Das letzte Wort in der missionarischen Leidenserfahrung hat die Hoffnung; gewiss, die Erfahrung ist unausweichlich: Leiden gehört zum Geschick der gefallenen Schöpfung; ebenso gewiss – dafür bürgt die österliche Machttat Gottes am gekreuzigten Jesus – ist die Verheissung von Erlösung. Wer in der Hoffnung aufs Ganze des Lebens – auch seine im Verborgenen bereits gegenwärtige Zukunft – ausgreift, hat die Zuversicht, die Untergänge zu überstehen.

Die paulinischen Überlegungen zum missionarischen Leiden führen uns in die Mitte des christlichen Glaubens, an den Gott Jesu, der zuletzt die Freude und Freiheit seiner Kreatur will; dem dient schliesslich auch unser Leiden! Das ist das Paradox unseres Glaubens, den wir bekennen und im Zeugnis als Missionare weitersagen. Es kann nicht eigentlich argumentiert werden. Es eröffnet sich nur der Einsicht des Glaubens selbst; ihr ist es Weisheit – sonst aber Torheit (1 Kor 1,21–25).

Das kommende Osterfest, welches das Geheimnis des Sterbens und der Auferstehung feiert, kann uns Anlass sein, den Umgang mit unserem missionarischen Leiden in seiner Gefolgschaft neu zu erlernen. Ich hoffe, die voranstehenden Überlegungen aus den paulinischen Briefen seien Ihnen dafür eine Wegweisung.

Indem ich Sie meines herzlichen Gedenkens versichere, verbleibe ich
Ihr sehr ergebener

März 1980 Josef Amstutz, Generaloberer

24 Pfingstbrief an die Missionare in Gwelo (Driefontein)

Liebe Mitbrüder

Der Monat, den ich bei Ihnen verbrachte, war eine Zeit von grosser Intensität.[27] Selten in meinem Leben habe ich so viel mit so vielen in so kurzer Zeit in Erfahrung gebracht. Den meisten von Ihnen konnte ich in den drei Kursen der geistlichen Erneuerung – in den Exerzitien – begegnen. Mit manchen konnte ich ein kurzes persönliches Gespräch führen. Mit anderen zusammen nahm ich am Seminar über «Die Kirche in der neuen politischen Ordnung» teil. Wir alle erhielten Anteil an der missionarischen Erfahrung jener, die in den Kampfgebieten leben; das machte mich persönlich sehr klein und zugleich stolz auf Sie. Es war ein Monat der Besinnung und Meditation, des Gebets und der Gemeinschaft.

In den Exerzitien hörten wir auf Jesu Wort in seinen Parabeln und seinem Gebet. Wir taten dies in Stille und Gemeinsamkeit und spürten, wie der Geist Jesu unter uns wirkte. Viele Aspekte des Wortes Jesu wurden ein Teil unserer gegenwärtigen Lage, und dies mit einer Unmittelbarkeit und Bedeutung, die wir nicht erwartet hätten. Es schien, als ob sein Wort direkt an uns gerichtet wäre. Wir suchten auf vielen und verschiedenen Wegen, unsere derzeitige Lage – mit ihren politischen, kirchlichen und persönlichen Dimensionen – zu ergründen. Wir suchten zu deren Mitte vorzustossen, schälten Vorurteile weg, um die Wahrheit darunter zu entdecken, und suchten sowohl Gefahr wie Verheissung zu begreifen, die uns durch die aktuelle Situation unseres Landes gegeben sind. In der Konfrontation mit dieser Herausforderung und im Hören auf das Wort Jesu versuchten wir den Anruf Gottes zu vernehmen, der uns in die Zukunft führt.

Einige von Ihnen haben bereits gelernt, mit den Anfängen dieser Zukunft in den Kampfgebieten zu leben, und für viele bringt dies grosse Sorge, ja Angst,

---

[27] Der Aufenthalt von J. Amstutz in Rhodesien (28. April – 1. Juni 1977) hatte drei Schwerpunkte:
- Teilnahme an der Weihe und Einsetzung von T. Chiginya als Nachfolger von Bischof Aloysius Haene SMB im Sportstadium von Mkoba/Gwelo.
- Im SMB-Regionalhaus in Driefontein machte Josef Amstutz drei Exerzitienangebote: Die ersten beiden richteten sich an Priester (1.–7. und 8.–14. Mai 1977) und ein drittes war konzipiert für Brüder verschiedener religiöser Gemeinschaften (22.–28. Mai 1977).
- In jahrelanger Beobachtung analysierte die Kirche die Unrechtsstrukturen, die von der aktuellen Regierung geschaffen und aufrechterhalten wurden. Mit der Option für eine Veränderung des bestehenden Unrechtssystems signalisierte die Kirchenleitung eine klare Richtung. Veränderung des politischen Systems war gleichfalls das Ziel der Befreiungsbewegungen, die mit ihren politischen Aktivitäten – anfänglich innerhalb des Rahmens der Legalität – nach und nach scheiterten. Trotz des Misserfolgs mehrerer politischer Initiativen und der Brutalisierung des bewaffneten Konflikts, die auch unter den Missionaren Opfer kostete, identifizierte sich die Kirche grundsätzlich mit dem Ziel der Befreiung aus der Unterdrückung. Dabei vertrat sie den Standpunkt, dass Gewaltanwendung doppeldeutig und kontrovers sein kann. Aus diesen Gründen könnten weder die strukturelle Gewalt des herrschenden Systems bagatellisiert noch die Gewalttaten der Befreiungsbewegung glorifiziert werden. Wer zur Gewalt greift, ist in die Verantwortung gefordert in derselben Art wie Schweigen, wo Reden geboten ist, zum Komplizen macht. Der einzige Weg besteht darin, bei allen in den Konflikt verstrickten Parteien auf eine Humanisierung der Gewalt hinzuarbeiten und Schritte Richtung Frieden und Versöhnung zu machen. Mit Fragen der Gewalt und Gewaltanwendung und der Aufgabe, Frieden und Versöhnung für ein künftiges Zimbabwe vorzubereiten, befasste sich ein Symposium über «Die Kirche in der neuen politischen Ordnung», an dem J. Amstutz teilnahm bzw. als Referent mitarbeitete (17.–19. Mai 1977 – eph).

die bisherige Sicherheiten unterhöhlt. In solcher Lage ist es von erster Wichtigkeit, nicht auf die Verwirrung der «Sprachen» zu hören, welche die Lage zu interpretieren versuchen, die Furcht schüren und von kurzlebigen Erwartungen leben, sondern vielmehr mit Geist und Herz auf den Anruf Gottes hinzuhören, der aus der Herausforderung der Lage und im darauf antwortenden Wort Jesu auf uns zukommt. Um diesen Anruf zu hören, müssen wir – wie wir es diesen Monat getan haben – sorgfältig und ernsthaft auf die Stimme der Mitbrüder achten, die durch ihre Erfahrung oder Zuständigkeit «Boten unserer Zukunft» sind und so Modelle für die kommenden Zeiten schaffen. Wir müssen uns als Gemeinschaft vor Gott versammeln – im Gebet, im eifrigen Suchen und Aufeinander-Eingehen. Wir müssen uns bereit machen, von alten Wegen missionarischen Gehabens und Lebensstiles abzukommen und uns mit einer Kirche in Armut zu identifizieren, ohne die Annehmlichkeiten und das Gewicht von grossen Institutionen mit öffentlicher Anerkennung. Wir müssen anfangen, auf das Volk zu hören und zu vertrauen, auf das «Volk Gottes von Gwelo», das uns zum Dienst herbeiruft, uns Sicherheit gibt und schliesslich der einzige Grund für unsere Präsenz in diesem Lande ist. Auf diesem Weg werden wir den Anruf Gottes vernehmen können, der uns jetzt in die Zukunft führt.

Es ist mir klar, dass das Ergründen und Befolgen dieses Anrufs in seinem innersten und persönlichen Sinn schmerzliche Entscheidungen mit sich bringt. Diesbezüglich muss ich wiederholen, was ich im vergangenen Monat verschiedentlich gesagt habe:

Wir als Gemeinschaft werden im Dienst der Kirche von Gwelo bleiben. Ich glaube, dass Gott uns gerufen hat, uns mit der Kirche von Gwelo zu identifizieren und, sofern nötig, mit ihr auch die Zeiten der Wirrnisse solidarisch durchzustehen bis zu der Stunde, die Gerechtigkeit und Frieden bringt, wie wir alle mit ganzem Herzen hoffen.

Dieser Beschluss für die Gemeinschaft insgesamt schliesst freilich nicht aus, dass der Anruf Gottes einzelne Mitglieder einen anderen Weg führen kann. Über diesen individuellen Anruf muss ich mich vergewissern, und zwar in Gemeinschaft mit der Ortskirche (in ecclesia), durch Beratung mit meinen Orts-Gemeinschaften, meinen Mitbrüdern und mit jenen, die vor Gott für mich Verantwortung tragen. Der Entscheid ist zu fällen aufgrund eines echt informierten Gewissens (ex informata conscientia), d. h. nach Erwägung aller Aspekte meiner derzeitigen Situation und der dafür massgeblichen Richtlinien. Als Gemeinschaft müssen wir miteinander um die Gabe der Unterscheidung der Geister (1 Kor 12,10) beten. Den ganz persönlichen Entscheid, in dem sich der Anruf Gottes zur Sprache bringt, können wir für den Einzelnen nicht treffen; ist er einmal gefällt, werden wir ihn sicherlich respektieren.

Diese Zeit, die gegenwärtige Stunde und die kommenden Tage, ist vielleicht eine Zeit der Wirrnisse, in der sich eine bislang missionarische Situation in eine Situation des Martyriums wandelt. Vielleicht müssen wir Erfahrungen machen, die jenen gleichen, von denen Paulus zu verschiedenen Malen berichtet:

Diesen Schatz (der Gottesherrschaft) tragen wir freilich in irdenen Gefässen, so dass die Kraft von Gott und nicht von uns kommt. Allenthalben be-

drängt, sind wir doch nicht erdrückt; ratlos, sind wir doch nicht mutlos; verfolgt, doch nicht verlassen (2 Kor 4,7 ff.; vgl. 6,4 ff.).

Mir kommt es vor, Gott habe uns Apostel auf den letzten Platz gewiesen wie Todgeweihte: ein Schauspiel sind wir geworden für die Welt (1 Kor 4,9 ff.).

Doch sind wir befähigt, unserer Berufung Folge zu leisten und dabeizubleiben, denn auch zu uns spricht der Herr:

Fürchte dich nicht, sondern rede, und schweige nicht! Ich bin bei dir; meine Gnade genügt dir; meine Kraft kommt in deiner Schwachheit zur Vollendung – niemand wird dir schaden. Ich habe viele Menschen in diesem Land; ihr Wohlergehen hängt ab von deiner Gegenwart (Apg 18,9 f.; 26,16 f.; 2 Kor 12,9; vgl. Jer 29,7).

Ermutigt und gestärkt durch die Gegenwart des Herrn, gehen wir wie der Bauer im Winter hinaus, den Samen der Hoffnung und des Friedens zu säen. Wenngleich die Witterung bedrohlich ist, bleibt doch der Glaube an die kommende Ernte unerschüttert in uns, bis die Garben mit Jauchzen eingebracht werden (vgl. Psalm 126).

Die Leiden dieser Zeit sind nicht zu vergleichen mit der Herrlichkeit, die sich an uns offenbaren wird (Röm 8,18).

Wir haben in diesen Tagen miteinander die Erfahrung unserer gegenwärtigen und zukünftigen Aufgabe geteilt, aber auch der Verheissung des Herrn, seiner Kraft und Ermutigung. Wenn ich nun verreise, versichere ich Ihnen, dass ich Sie in mein Gebet und mein Herz einschliesse. Ich werde allen Mitbrüdern der Gesellschaft weitersagen, was Gott mit Ihnen in der Region Gwelo gewirkt hat (Apg 14,27), damit sie sich um Sie scharen in Danksagung und Fürbitte für Sie.

In Jesus, dem Herrn, Ihr

Regionalhaus Driefontein, Pfingsten 1977   Josef Amstutz, Generaloberer

25 Grund zur Hoffnung

Die auf den folgenden Seiten ausführlich dargestellte und vorsichtig gedeutete Personalstatistik unserer Gesellschaft scheint der Hoffnung auf unsere Zukunft die Begründung zu entziehen.[28] Sie weist hin auf die Gefahr einer rasch zunehmenden Überalterung und auf die drohende Überforderung der zurückgehenden Nachwuchskräfte. Beides aber stellt sowohl den langfristigen Fortbestand der Gesellschaft als solcher wie die Einlösung ihrer Verpflichtungen gegenüber den Kirchen auf vier Kontinenten infrage. Bei allem Vorbehalt Statistiken gegenüber wäre es vermessen, würden wir uns dieser Aussicht nicht in nüchterner Erwägung stellen. Eine solche Erwägung könnte uns befreien nicht nur von den Kleinlichkeiten alltäglicher Sorgen, sie könnte uns im Mut bestärken, an die Bewältigung der Aufgaben zu gehen, die unsere Zukunft ausmachen – und beides tut not.

Zunächst ist es von Wichtigkeit, zur Kenntnis zu nehmen, dass die Personalstatistiken des europäischen Weltklerus wie auch anderer Missionsgesellschaften ähnliche, oftmals auch steilere Ausfallsquoten ausweisen. Dies ist keineswegs als billiger Trost gemeint, sondern als Hinweis darauf, dass unsere Probleme die Probleme anderer Gesellschaften – mehr: die Probleme der Kirche überhaupt – sind. Sehen wir unsere Personalstatistik in diesem Kontext, werden wir der Gefahr enthoben, uns gegenseitig unter Anklage zu stellen. Weder wird man für unsere Lage das Versagen einzelner Stellen in unsern Werken noch den Abfall der Gesellschaft von ihren Idealen verantwortlich machen. Worum es letztlich geht, ist vielmehr, dass wir als kirchliche Gemeinschaft Anteil haben an der Not, der Prüfung – der Kreuzigung[29] – der Kirche in dieser Zeit. Diese Schicksalsgemeinschaft aber ist zugleich das Zeichen unseres Anteils an der dieser Kirche verheissenen Zukunft. Damit ist der eigentliche und nicht zu erschüttern-

---

[28] Die «Vereinigung der Höhern Ordensobern der Schweiz» (VOS) beauftragte im Jahr 1969 ihre Pastoralkommission, die Integration der Ordensgemeinschaften in die Gesamtseelsorge zu überprüfen und ein Konzept zu erarbeiten. Die Erarbeitung eines Konzeptes setzte neben theologischen Überlegungen eine soziologische Grundlagenerhebung voraus. Das Schweizerische Pastoralsoziologische Institut (SPI) in St. Gallen klärte die konkreten Möglichkeiten einer statistischen, demographischen und soziologischen Exploration der religiösen Gemeinschaften ab. In die Erhebung einbezogen wurden sämtliche Mitglieder der in der VOS vertretenen Ordensgemeinschaften: Priester, Kleriker, Brüder, Studenten, Novizen und Kandidaten. Im Dezember 1972 erschien die lineare Auszählung der Antworten der SMB-Mitglieder (Befragte Missionare. Arbeitsbericht Nr. 23, SPI St. Gallen 1972). Eine Zusammenfassung der wichtigsten Ergebnisse wurde im offiziellen Mitteilungsblatt publiziert: (Officiosa SMB, 1973, 45ff.). Aufschluss über die ersten Ergebnisse gab der von Hugo Kramer herausgegebene Tabellenband: «Missionare antworten. Ergebnisse der Schweizer Ordensmännerbefragung von 1971: Die Antworten der Immenseer Missionare in Korrelationen». Tabellenband. Immensee 1972. In Übereinstimmung zum Tenor der Befragung wurden Selbstverständnis, Reformbewusstheit und -bereitschaft der Mitglieder näher beleuchtet. Die kommentierten Ergebnisse wurden zugänglich gemacht in drei von Hugo Kramer in Absprache mit der Gesellschaftsleitung herausgegebenen Faszikeln: «Herkunft und Bestand der SMB-Mitglieder». Zur personellen Entwicklung der Gesellschaft (1), «Missionar – ein Beruf mit Konflikten». Zur Zufriedenheit und Unzufriedenheit der SMB-Mitglieder (2) und «Reformbewusstheit und Reformbereitschaft» (3). Da Umfragen in der Regel zu Verunsicherungen führen, fordert der Brief «Grund zur Hoffnung» auf, das gesamte vorhandene geistige und geistliche Potenzial für eine Sicherstellung der Zukunft der Gemeinschaft sowie die Bewältigung anstehender Probleme zu wecken (eph).

[29] Vgl. Kol 1,4; Gal 6,17; 2 Kor 4,10; Phil 3,10.

de Grund zur Hoffnung – zur Hoffnung im Widerspruch zur Statistik – genannt, dass nämlich die Gesellschaft bei aller Fraglichkeit, die ihr immer angehaftet hat und immer anhaften wird, als «Kirche» die Sache Gottes unter den Menschen vertritt. Solange sie diese Sache in Einfachheit zu vertreten wagt,[30] wird sie mit der Kirche Anteil auch an der Verheissung auf Zukunft haben. Dies ist der Grund unserer Hoffnung wider alle Hoffnung.

Dieser Verlass auf die Verheissung Gottes ist nun zugleich eine Ermutigung und Herausforderung dazu, dass in dieser ihr gegebenen Zeit die Gesellschaft geschlossen und einmütig ihr gerade jetzt beträchtliches geistiges und geistliches Potenzial zum Einsatz bringt. Dies bedeutet einmal, dass sich alle Einzelinitiativen auf das eine und alle angehende Ziel ausrichten – dass wir also unsere Kräfte nicht vertun an lokale und individuelle Sonderinteressen –, zum andern meint es, dass jeder seine Gaben – sein ihm von Gott hier und jetzt in Verantwortung gegebenes Talent[31] – zum Dienst am Ganzen einbringt. Die Gaben sind verschieden, dem einen ist beruflich-fachliches Können gegeben, andern die Last des Alters oder der Krankheit. Beides sind Gaben des Herrn und dazu gegeben, dass wir sie einfachen Herzens für die gemeinsame Berufung aufwenden.[32] In der Weise vermag ausnahmslos jeder in der Gesellschaft das Seine zur Sicherstellung ihrer Zukunft beizutragen.

Unerlässlich ist freilich auch, dass die Gesellschaft den Mut aufbringt, neue Wege zur Einlösung ihrer Verpflichtungen gegenüber der Kirche zu versuchen. Dabei gilt für sie, was vom «Experiment zur Reform der Kirche» gesagt werden muss. «Jeder, der eine Erneuerung der Kirche erhofft, (muss) sich darauf einstellen, dass (dazu) … Versuche gemacht werden, von denen nur ein Teil gelingt, ein anderer Teil sich schnell verbraucht und ein dritter sich als Missgriff herausstellen kann, und dass die davon betroffenen Menschen immer entweder von ihnen angezogen oder durch sie befremdet sein werden oder kühl abwartend auf sie reagieren … Darum muss jeder, der (eine Erneuerung der Kirche) für notwendig hält, sich innerlich einverstanden erklären mit einem Miteinander solcher, die sich auf neuen Wegen vortasten, und anderer, die in den alten Geleisen bleiben … Das wird auf eine ziemlich mühsame Koexistenz hinauskommen, die man sich nur ganz selten ausgewogen vorstellen darf … Damit dieses Beisammen von alt und neu gelingt, ist unabdingbar: einerseits der Verzicht auf Bilderstürmerei durch die Neuerer und andererseits, dass die Liebhaber des Hergebrachten die Ketzerhüte für die andern im Schrank lassen. Die innere Voraussetzung für solche koexistenzwillige Behutsamkeit kann nur die gemeinsame Betroffenheit von der Macht des Namens Jesu sein und zugleich die gemeinsame Betroffenheit von den wirklichen Nöten der Menschen, gegen die und für die dieser Name uns aufbietet.»[33]

---

[30] Vgl. Missionsgesellschaft Bethlehem: Konstitutionen, Art. 69; Offizielle SMB-Mitteilungen 1968, 110.
[31] Vgl. Mt 25,14–30; 1 Kor 12,4–7.
[32] Vgl. Missionsgesellschaft Bethlehem: Konstitutionen, Art. 33 Abs. 1; Art. 42 Abs. 2; Art.103; Officiosa SMB, 1970, 33.
[33] Jetter, Werner: Was wird aus der Kirche? Beobachtungen, Fragen, Vorschläge. Stuttgart 1968, 112.

Schliesslich ist zu bedenken, dass unsere Bemühungen um die Gesellschaft – zu denen uns Gott durch die «Zeichen der Zeit» aufgeboten hat – nicht auf deren Fortbestand um ihrer selbst willen abzielen dürfen. Es geht in ihnen um die Sicherstellung ihrer missionarischen Dienstleistung an der Kirche. Es handelt sich dabei – um ein ekklesiologisches Begriffspaar aufzunehmen – nicht einfach um die «Sammlung der Gesellschaft», sondern letztlich um ihre «Sendung». Das Generalkapitel hat sie eindeutig auf diesen Weg gewiesen.[34] Was aber diesbezüglich von der Kirche gefordert wird, betrifft auch die Gesellschaft. «Wenn ... ‹Sammlung und Sendung› nicht in ihrer Verflochtenheit gesehen und in ihrem grundsätzlichen Gefälle erfasst werden, dann führen sie die Lehre von der Kirche und das Verhalten der Kirche in die Irre. Denn es geht hier nicht um zwei gleichrangige Klassen von Tätigkeiten ... Es geht vielmehr um ein eindeutiges, unumkehrbares Gefälle. Die Sammlung der Kirche geschieht um ihrer Sendung willen und in deren Verlauf; aber die Kirche kommt ihrer Sendung nicht nach um ihrer Sammlung willen, sondern um dem heilbringenden Kommen ... Gottes zu dienen. Die Sendung meint ihre wesentliche, die Sammlung ihre werkzeugliche Funktion ... Die Kirche muss (daher) um ihrer Zukunft und der Zukunft ihres Dienstes willen in allen ihren Lebens- und Arbeitsformen die missionarische Orientierung zur vorrangigen Kontur machen.»[35] Dies ist auch das Daseinsgesetz der Gesellschaft, wie es das Kapitel formuliert hat.

Geht die Gesellschaft in dieser Haltung mit ihrem gesamten geistigen und geistlichen Potenzial an die Bewältigung der ihr jetzt auferlegten Probleme, dann wird sie Anteil behalten an der unverbrüchlichen Zukunft der Kirche Gottes.

Zusammen mit dem Rat

Immensee, den 28./29. Mai 1970   Josef Amstutz, Generaloberer

---

[34] Vgl. Missionsgesellschaft Bethlehem: Dekrete, 27 f. Abs. 3 und 4; 55 Abs. 1 und 2; 65 Abs. 2.
[35] Jetter, Werner: a.a.O. 67 und 69.

26 Zum 50-jährigen Bestehen der Missionsgesellschaft Bethlehem

Rede des Generalobern

Wir begehen das 50-jährige Bestehen unserer Gesellschaft in verschiedenen Veranstaltungen.[36] Die allermeisten wenden sich an die Öffentlichkeit der Schweizer Kirche, in deren Verantwortung wir als Gesellschaft stehen. Wir geben ihr in diesen Veranstaltungen Rechenschaft und Dank und möchten uns Ihres weiteren Verständnisses und Auftrages versichern. Wenn wir uns heute als Gesellschaftsmitglieder unter uns versammeln, dann steht diese Zusammenkunft unter einem andern Zeichen: Wir stellen uns unserer eigenen Vergangenheit und Zukunft im Angesichte dessen, der letztlich unser Auftraggeber ist, von dessen Für- und Mit-uns-Sein der Sinn unseres Werkes insgesamt abhängt. Das gibt dieser Stunde ihren nüchternen Ernst.

In den folgenden Überlegungen wollen wir uns gemeinsam mit dem befassen, was wir als Gesellschaft als das Wichtigste in unserem Auftrag begreifen: unsern Dienst an den Kirchen in Aufbau und Not. Wir stellen uns dabei Fragen wie: In welchem Masse haben wir die Verpflichtungen erfüllt, die wir den Kirchen von Gwelo, Sendai, Hualien, Popayán und Pasto gegenüber eingegangen sind? Welches ist die konkrete Lage dieser Kirchen und die daraus folgenden an sie und an uns gerichteten Anforderungen? Vermögen wir ihnen zu entsprechen, oder müssen die Kirchen, denen wir uns verpflichtet haben, schliesslich ohne uns oder mit reduzierter Beteiligung unsererseits in die von ihnen verlangte Eigenständigkeit finden? Es wird uns keineswegs möglich sein, hier die aufgeworfenen Fragen erschöpfend zu behandeln; einige – vielleicht verallgemeinernde – Hinweise müssen genügen. Es ist freilich festzuhalten, dass wir in den nächsten Jahren mit diesen Fragen zu leben und zusammen mit den Kirchen eine Antwort zu finden haben.

Unsere Überlegungen können mit der Feststellung beginnen, dass die eigentliche äussere Aufbauarbeit in den uns – wie man zu sagen pflegte – «übertragenen Gebieten» zu einem gewissen Abschluss gekommen ist: Aus den Missionsgebieten sind einheimische Partnerkirchen geworden.

---

[36] Eine Planungskommission wurde mit der Gestaltung der Jubiläumsanlässe beauftragt. Diese sah Feiern sowohl in Immensee (31. Mai 1971) wie an der Theologischen Fakultät in Luzern (8. Juni 1971) vor. – Den Auftakt zur Feier in Immensee, an der 160 SMB-Mitglieder teilnahmen, bildete eine Eucharistiefeier mit einer Predigt von Jakob Crottogini (Text in: Officiosa SMB, 1971, 60–65). Anschliessend an den Gottesdienst informierte Josef Amstutz mit der vorliegenden Rede präzis und detailliert über das Missionswerk der Gesellschaft: Situation und Probleme.
Als wertvollste publizistische Frucht des Jubiläumsjahres bezeichnete Walter Heim die von Jakob Baumgartner herausgegebene Festschrift «Vermittlung zwischenkirchlicher Gemeinschaft. 50 Jahre Missionsgesellschaft Bethlehem Immensee» (= Supplementa der Neuen Zeitschrift für Missionswissenschaft, Bd. XVIII). Schöneck/Beckenried 1971. – Die Rezensionen von Ivo Auf der Maur (vgl. SKZ 139 [1971] 743 f., 746) und Hans-Werner Gensichen (vgl. Evangelische Missions-Zeitschrift 30 [1973] 216–218) scheinen zu den wenigen publizistischen Echos auf das Jubiläumsjahr zu gehören (eph).

Rhodesien ab 1938

Im Jahre 1938 hat sich die Gesellschaft in *Rhodesien* engagiert. Man begann 1940 mit der Übernahme der Missionsstationen Gokomere und Silveira; 1947 wurden die Präfektur Fort Victoria errichtet und die Stationen Driefontein, St. Joseph und Holy Cross übernommen – zusammen mit der Aufgabe, einen Viertel Rhodesiens zu missionieren ... Sechs Jahre später wurden die Grenzen neu gezogen: Die Distrikte Gwelo, Que Que und Selukwe kamen an die Präfektur Fort Victoria, während Melsetter an Umtali abgegeben wurde. Im Jahre 1955 errichtete Rom die Hierarchie in Rhodesien; der Präfekt von Fort Victoria wurde zum Bischof von Gwelo.

Übergeht man die weiteren 15 Jahre der Arbeit und fragt man nach deren Ergebnis, dann steht man einer weithin aufgebauten diözesanen Kirche gegenüber. 32 Pfarreien bzw. Stationen, die in fünf Dekanate zusammengefasst sind, überziehen das diözesane Gebiet. Sowohl die städtischen Agglomerationen wie die Landbevölkerung werden von diesem System lokaler Präsenz – das gewiss noch empfindliche Leerstellen aufweist – erfasst. Darüber hinaus sind die diözesanen Stabsstellen entwickelt worden: die Finanzverwaltung, das Schulsekretariat, die Ressorts für Sozial- und Laienarbeit, für Katechetik und die Weiterbildung des Stabes. Mit den missions-pastorellen Fragen befassen sich die Dekanatsversammlungen und der Priesterrat zuhanden des Bischofs und seines Rates.

Die Mission hat einerseits tatkräftig mitgeholfen, die Volksschule in ihrem Gebiete aufzubauen; andererseits ist sie der Träger verschiedener Sekundarschulen. Dazu kommt der Aufbau des medizinischen Dienstes mit sieben Spitälern, verschiedenen Kliniken und zahlreichen dispensaries; die Plätze sind seit 1968 untereinander durch einen Flugdienst verbunden. Die Mambo-Press in Gwelo ist die Zentrale für den Pressedienst, der weit über die Diözese hinauswirkt mit Zeitung und Büchern. Die Afrikanisierung der Liturgie und Kirchenmusik hatte in ihr eine verlässliche Grundlage. Für die handwerkliche Ausbildung steht eine gute Zahl von Werkstätten, denen Fachleute aus der Gesellschaft vorstehen, zur Verfügung. Die zwei grossen Farmen Gokomere und Driefontein helfen mit, die sozialen Werke der Kirche zu tragen.

Hinsichtlich des kirchlichen Nachwuchses ist zu sagen: Im Dienste der Diözese stehen acht junge afrikanische Priester; die diözesane Schwesterngemeinschaft – derzeitiger Bestand 85 Schwestern – ist weitgehend im diakonischen Einsatz. Im Kleinen Seminar Chikwingwizha-Gwelo absolvieren 89 Studenten ihre Mittelschulausbildung. Das Grosse Seminar wird von den rhodesischen Diözesen in Chishawasha-Salisbury gemeinsam geführt. Dort bereiten sich 19 Theologen der Diözese für den kirchlichen Dienst vor. Die Ausbildung der Katechisten – dringend nach der Abgabe der Schulen an den Staat – betreut die Diözese Wankie.

Morioka ab 1950

Anfang 1950 übernahm die Gesellschaft ihren Dienst im Dekanat *Morioka* der Diözese Sendai. Beim Arbeitsantritt bestanden zwei alte Missionsstationen:

Yotsuya in Morioka und Ichinoseki. In rascher Folge wurden in den grösseren Bevölkerungszentren Bauplätze erworben und Stationen erbaut. 1950 wurde das Regionalhaus erbaut; Morioka erhielt 1963 seine dritte Pfarrei.

Das Iwate-Dekanat erfasst alle wichtigen Bevölkerungszentren: Das Kitakamital, in dem etwa 60 % der Bevölkerung leben, ist erschlossen durch die drei Pfarreien in der Hauptstadt Morioka und vier weitere Stationen in der südlichen Längsachse, während Kitafukuoka den spärlich besiedelten Nord-Ken erfasst. Die Hauptzentren des Küstenstreifens besitzen vier Stationen. Im Gebiet zwischen Kitakamital und Küstenstreifen haben wir zwei Stationen.

Im Dekanat sind Schwestern mit einer grossen Töchterschule tätig; eine Gruppe von Dominikanerinnen pflegt in Morioka das beschauliche Leben. Die allermeisten Missionsstationen wirken über ihre Kindergärten in die Bevölkerung. Der Kontaktnahme dienen auch die Professorenstellen in Morioka beziehungsweise in Tokyo. Ein Zeichen der christlichen Caritas stellen das vom Dekanat begründete und von Schwestern geführte Heim für milieugeschädigte Kinder sowie das Arbeitshilfswerk dar, beide in Ichinoseki.

Taitung ab 1953

Der Anfang unserer Arbeit im Dekanat *Taitung* – Teil der jetzigen Diözese Hualien – reicht ins Jahr 1953 zurück. Die ersten zwei Missionare fanden 48 Getaufte vor. Die Strategie der Anfangsjahre ging dahin, das übernommene Gebiet möglichst rasch mit Stationen zu besetzen. Entsprechend erfolgte Gründung auf Gründung. Heute kann rückblickend festgestellt werden: Das Dekanat ist in knapp 18 Jahren fast vollständig ausgebaut worden. Vom Delta aus, in dem die Distriktshauptstadt Taitung liegt, zieht sich eine Reihe von Missionsstationen südlich und nördlich der Küste entlang. Das durch das «kleine Gebirge» von der Küste abgetrennte Binnental ist entlang der dort verlaufenden Bahnlinie durch Hauptstationen besetzt. Damit sind die grösseren Bevölkerungszentren des Distrikts erfasst.

Auch was die missionarischen Werke betrifft, ist der Aufbau rasch vorangetrieben worden. Die Mission – die Werke der Schwestern (Ingenbohl, Medical Missionaries) mitgezählt – unterhält vier Haushaltungsschulen, 17 Kindergärten, ein Jugendzentrum, sieben Schülerheime/Studentenheime, eine Handwerkerschule, ein Lehrlingswerk, zwei Spitäler und zwei Armenapotheken; eine Katechistenschule sorgt für den Nachwuchs an einheimischen Katechisten; im Grossen Seminar bereiten sich acht und im Kleinen Seminar über 30 Studenten auf das Priestertum vor.

Regionale Dienststellen – Beauftragter für die Weiterbildung des Stabes, Ressorts für sozial- und missionspastorelle Fragen – sind errichtet und laufen sich ein. Ein Missionsrat, der die verschiedenen Mitarbeiter zusammenfasst, wird zurzeit konstituiert.

Kolumbien ab 1953

Die ersten drei Missionare in den südlichen Kordilleren *Kolumbiens* nahmen ihre Arbeit im Jahre 1953 auf. Sie übernahmen die Betreuung des Dekanats El

Rosario, das inzwischen geteilt worden ist, sodass die Missionare in zwei Diözesen – Popayán und Pasto – wirken. Neben Posten an Kollegien betreuen sie Argelia, La Mesa, Leiva, El Palmar, El Rosario, Policarpa und Patía. Aus verschiedenen Gründen war bis zum Kapitel 1967 der Nachschub nach Kolumbien eher zurückhaltend; es wurde auch keine eigentliche Missionsstrategie entfaltet. Seitdem sind neue Einsätze energisch vorangetrieben worden: In Bogotá ist die Pfarrei St. Michael als Kontakt- und Koordinationsstelle übernommen worden, eine missionarische Equipe steht für den Einsatz in den Gemeinden in den Kordilleren bereit; eine weitere Equipe für einen barrio (slum) von Bogotá steht vor der Abreise; das Regionalhaus in Popayán ist im Bau. Sind diese – und die sich in Planung befindenden – Einsätze realisiert, darf auch die äussere Aufbauarbeit in Kolumbien als abgeschlossen gelten.

Die aus der Aufbauarbeit entstandenen Partnerkirchen, in deren Dienst die Gesellschaft weiterhin steht, haben zurzeit Fragen zu klären, die ihre Glaubwürdigkeit auf harte Probe stellen.

Afrikanisierung in Rhodesien
Die *rhodesische* Situation ist dadurch charakterisiert, dass zwei Völker auf das eine Land Besitzanspruch erheben: das erste, die Bantu-Stämme, die es «von altersher» bewohnt und bebaut haben; das zweite Volk, die Europäer, die es seit Ende des letzten Jahrhunderts «erschlossen» und «entwickelt» haben. Die Kolonisation Rhodesiens ist vom Typ der Landnahme durch Besiedlung gewesen. Ein Grossteil des Landes, vorwiegend das europäische Siedlungsgebiet, ist durch Hebung der Bodenschätze, durch die Anlage von Grossfarm-Betrieben und industrialisierten Plantagen, durch den Aufbau von Industriezentren entwickelt worden. Grundlage dieser Entwicklung sind grosszügige Bewässerungsanlagen sowie ein ganzes System von Kommunikationswegen. Die Europäer haben – durch den Beizug der Arbeitskraft des afrikanischen Volkes – das Land entwickelt und modernisiert. Das Bantu-Volk ist in diese Gesamtentwicklung freilich nicht eigentlich einbezogen; man hat es «apart» gehalten – Apartheid.

Die Kirche ist im Zusammenhang mit der Kolonisation ins Land gekommen. Sie war mitbeteiligt an dessen Modernisierung, an dessen Pazifizierung (Behebung der Stammesfehden), Alphabetisierung (Aufbau des Schulsystems) und am Aufbau des medizinischen Dienstes. Die missionarischen Pioniere dieser Kirche, geprägt durch die europäische Mentalität und geprägt durch die kolonialistische Situation, haben im Bereiche ihrer eigentlichen Arbeit – wie hätte es anders sein können – so etwas wie eine Kopie der europäischen Kirche aufgebaut. Ihre Institutionen sind weitgehend nach europäischem Muster konzipiert gewesen, ihr Apparat setzt vielfach europäische Mentalität voraus, ihr Stab ist noch heute grossenteils europäischer Herkunft. Damit ist ein erstes grundlegendes Problem der rhodesischen Kirche formuliert: die Afrikanisierung.

Die weissen Europäer reklamieren Rhodesien als ihre Heimat. Sie stehen damit im Gegensatz zum Anspruch der Afrikaner auf das Land, ein Anspruch, der sich seit den 50er-Jahren schärfer artikuliert. Die Politik der rhodesischen Siedler, umgekehrt, hat sich in den letzten Jahren in Theorie und Praxis weitgehend der südafrikanischen Apartheid und Rassendiskriminierung angeglichen. Davon zeugen die neue Verfassung von 1970 sowie der Landverteilungsakt. Letzterer weist jeder Rasse ihr eigenes Landgebiet zu – knapp die Hälfte des Landes den 230 000 Weissen, die andere Hälfte (ein geringer Teil wurde als Nationalland erklärt) den 4 800 000 Schwarzen. Der Landanteil der Weissen umfasst in der Hauptsache die modernisierten Gebiete; den Schwarzen bleibt der oft minderwertige, unterentwickelte Rest. Die Verfassung enthebt den Afrikaner faktisch der politischen Selbstbestimmung. Durch diese Entwicklung der Dinge steht die rhodesische Kirche vor einem zweiten Problem: Sie ist herausgefordert, als Anwalt des schwarzen Menschen für dessen Menschenwürde gegen die Vertreter «terroristischer Strukturen» anzutreten. Die Kirchenleitung hat die Herausforderung angenommen. Durch ihre Weigerung, «verfassungsgemäss» zu handeln, ist die Kirche in einem sehr präzisen Sinne «rechtlos» geworden. Bestimmte aus dem Landverteilungsakt sich ergebende Vorschriften können «willkürlich» gegen sie zur Anwendung gebracht werden. Sie hat nun einerseits die Last der Solidarität mit dem entrechteten Afrikaner gegen die politisch ausschlaggebende Minorität durchzutragen, andererseits diese Solidarität in ihren eigenen Reihen zu verwirklichen, damit sie selbst ein lebendiges Zeichen der Hoffnung bleibt. Dies dürfte zugleich die eigentliche Grundlegung der Afrikanisierung der Kirche sein.

Japan
Das missionarische Klima von *Japan* gehört zum schwierigsten in der Welt. Die Kirche bearbeitet dort einen sehr harten Boden. Diese Verhältnisse legen die Frage nahe, ob sich die Kirche nicht gerade in Japan in neue Verhaltensweisen gegenüber einer modernen, säkularisierten Industriekultur einüben könne und müsse.

Seit der Tokugawa-Zeit (1603–1867) vollzieht sich in Japan ein ständig fortschreitender Säkularisierungsprozess, der zuerst von einem rationalistischen Konfuzianismus, später von der europäischen Aufklärung getragen wurde. Dadurch setzte sich vorab bei den Gebildeten eine negative Haltung gegen jede Religion durch, vor allem im Sinne eines Bekenntnisses. Das will aber durchaus nicht heissen, dass den Japanern ein religiöses Grundgefühl, das eine gewisse Ansprechbarkeit für die Transzendenz einschliesst, völlig abgehen würde (Erfahrung der Vergänglichkeit z. B.). Durch die Ideen der Aufklärung, die als säkularisiertes Christentum zu verstehen ist, breiteten sich christliche Ideen und Werte in weiten Volkskreisen aus. Die neue Verfassung beruht auf christlichen Anschauungen von Menschenwürde und Persönlichkeitswert. Mit dem spektakulären Aufstieg Japans in die ersten Ränge der industrialisierten Wirtschaftsmächte ist die Säkularisierung fortgeschritten. Auf der einen Seite hat damit die Mentalität einer modernen – westlichen – Rationalität um sich gegriffen; auf der andern Seite haben sich christliche sozialethische Lösungen gerade im Bereiche der durch die Industrialisierung geschaffenen Probleme durchgesetzt. Dazu kommt, dass die – durch den Zusammenbruch des Staatsshintoismus in der Niederlage des Weltkrieges ausgelöste – Suche nach dem Bild des «idealen Menschen» verhüllt oder deutlich Überlieferungen christlicher Pädagogik und Philosophie, sogar neutestamentliche Züge einbürgert. Aus alledem ist ein statistisch schwer erfassbares, schätzungsweise aber beachtliches Potenzial an strukturellem/anonymem Christentum entstanden.

Umgekehrt ist freilich das existenzielle/konfessionelle Christentum – die Kirche – eine verschwindend kleine Minorität. Japan ist sozial, kulturell und ökonomisch «self-sufficient» und gewährt also dem Missionar nicht leicht und nur gelegentlich Breschen im Gefüge seiner Strukturen, in die er helfend einspringen kann. Der Missionar ist letztlich auf seine geistliche Zeugniskraft allein zurückgeworfen. Der Japaner aber, der durch sie angesprochen wird, löst sich nur schwer aus seiner geschlossenen Gesellschaftsstruktur. Durch den Eintritt in die Christengemeinschaft – Fremdgruppe – wird die Bedeutung der Eigengruppe – Familie, Arbeitsgemeinschaft, Interessengruppen – relativiert: Der Konvertit sondert sich in eine nicht-japanische Gemeinschaft ab; er geht einen einsamen Weg. Die Christen, die sich so zusammenfinden, stehen in Gefahr, sich in ein sie schützendes Ghetto einzuschliessen. Die damit angesprochene Fremdheit der Kirche rührt nicht zunächst vom ausländischen Missionar her, sondern von der westlichen Art der Kirche. Dies denn – die geringfügige Japanisierung des Christentums und der oft ghettohafte Charakter der Christengemeinden – bringt es wohl mit sich, dass zurzeit die direkte Missionierung zu stagnieren scheint. Das Problem, das sich damit der japanischen Kirche stellt, darf füglich folgendermassen gefasst werden: Wie gelingt es der Kirche, die Entfremdung zwischen ihr selbst – dem existenziellen/konfessionellen Christentum – und der im strukturellen/anonymen Christentum engagierten Öffentlichkeit zu überholen, sodass die Kirche einerseits eine effektive Zeugniskraft in dieser Öffentlichkeit hat, diese umgekehrt die Kirche als ursprüngliche Garantie ihres Engagements zu erkennen und sich mit ihr zu identifizieren vermag? Entsprechende Anstrengungen der Kirche weisen denn auch in diese Richtung.

Taiwan

Das Gesicht der Kirche von *Taiwan* reflektiert das sozialpolitische Problem der drei auf der Insel zusammenlebenden Bevölkerungsgruppen. Die erste Bevölkerungsschicht, die der Ureinwohner, ist malaiischen Ursprungs; sie zählen insgesamt etwa 230 000, sind also eine Minderheit. Danach haben die aus dem südchinesischen Festland stammenden Hakka und Hoklo sich der Insel bemächtigt; sie stellen die grosse Mehrheit der etwa 14 500 000 zählenden Bevölkerung Taiwans dar. Schliesslich sind als letzte Gruppe zu nennen die Festlandchinesen, die unter Chiang Kai Check das Land genommen haben; damals haben sich etwa 1 500 000 Festländer – zuallermeist führende Leute – niedergelassen.

Die Kirche, ihre Missionare und Hierarchie, ist – in der Öffentlichkeit sichtbar – erst im Gefolge dieser letzten Besiedlung nach Taiwan gekommen. Im Masse nun die Taiwanesen (Hakka und Hoklo), die überwältigende Mehrheit der Bevölkerung, die Festlandchinesen als Eindringlinge oder gar als Unterdrücker empfinden, ist zu befürchten, dass eine entsprechend abträgliche Haltung sich auf die Kirche überträgt. Dieser Haltung könnte zudem die demographische Struktur der katholischen Kirche Vorschub leisten. In groben Zahlen: Das Verhältnis von Festland- zu Taiwanesen-Christen ist drei zu eins; bevölkerungsmässig trifft es einen Festländer auf acht Taiwanesen. Dazu kommt, dass der einheimische Klerus zu mehr als 90% Festländer sind und die Hierarchie – mit Ausnahme von zwei Bischöfen – aus eben diesem Klerus genommen ist. Entsprechend begreift es sich, dass in den Augen der Taiwanesen die Kirche als nicht-taiwanesisch empfunden wird. Der festländische Charakter der Kirche wird ihnen schliesslich durch die bestehende Koalition von Staat und Kirche bestätigt. Die Doktrin der Staatspartei reflektiert sich in mehr oder weniger gebrochener Abwandlung in der Kirchenpolitik der Hierarchie. Im eigentlichen Sinne wird diese Identifizierung «mit dem Festlandchinesischen» für die Glaubwürdigkeit der Kirche in der taiwanesischen Öffentlichkeit aber gefährlich, wenn der Staat mit Ungerechtigkeit im wirtschafts- und sozialpolitischen Bereiche behaftet wird – wenn also etwa die Anklage erhoben wird, das Staatsbudget wende 85% für militärische Zwecke auf, ein Aufwand, der besser in die Volkswirtschaft investiert würde; oder wenn auf die inadäquate Verteilung der Steuerlasten verwiesen wird; wenn die Anklage auf Polizeistaat erhoben wird; oder wenn die 85% Hoklo, Hakka und Ureinwohner mit einer 3%-Vertretung im politischen System zufriedengestellt werden. Im Masse, als solche Anklagen unter den Taiwanesen umgehen, dürfte ihnen die Koalition von Staat und Kirche den Weg in die Kirche erschweren.

Diese Situation legt die Frage nahe, ob es nicht eine dringende Aufgabe der Kirche in Taiwan wäre, im Namen Jesu zum Anwalt der Gerechtigkeit zu werden. Dabei ist wohl nicht zunächst an eine gesellschaftspolitische Stellungnahme zu denken – obwohl auch eine solche angesichts der derzeitigen Koalition zwischen Staat und Kirche erforderlich werden könnte –, als vielmehr an eine geduldige «grass-root»-Aktion zugunsten der sozial Benachteiligten.

Die voranstehenden Überlegungen betreffen die Situation von Taiwan insgesamt. Die Lage im Dekanat Taitung ist insofern verschieden, als die Ureinwohner (28% der Bevölkerung) mit 88%, die Taiwanesen (61%) und die Festländer (11%) zu je 6% die Gläubigen ausmachen. Ungefähr 8,8% der Bevölkerung sind katholisch. Die Kirche rekrutiert sich in der überwiegenden Mehrheit aus den Ureinwohnern; demgegenüber ist die Repräsentation des überwiegenden Bevölkerungsteiles – der Taiwanesen – in der Kirche eine verschwindende Minderheit. Damit erhält die Evangelisation der Taiwanesen prioritäre Dringlichkeit. Das bereits grundgelegte soziale Engagement des Dekanats dürfte zu deren Glaubwürdigkeit beitragen. Dies alles ist zudem unter dem Aspekt zu sehen, dass die Entwicklung der politischen Verhältnisse auf Taiwan möglicherweise der Arbeit ausländischer Missionare eine Frist setzt.

Kolumbianische Kordilleren
Die Missionssituation sowohl in den *kolumbianischen* Kordilleren – in den Berggemeinden von Cauca und Nariño – wie auch in den Vorstädten von Bogotá ist dadurch bestimmt, dass es sich beide Male um Marginalgebiete handelt. Die Bevölkerung ist sozial und ökonomisch gesehen «unterentwickelt». Im länd-

lichen Marginalgebiet lebt sie vom Raubbau, auf Subsistenzebene, im Analphabetismus, mit rudimentären Traditionen. Die marginale Stadtbevölkerung hat keinen Anschluss an die sich entwickelnde Stadt, leidet unter extremer Bevölkerungsdichte in schmerzender Verelendung, ohne sanitäre Dienste. Marginalität bedeutet beide Male auch soziale Desintegration und Zerfall der menschlichen Initiative.

Demgemäss charakterisiert sich die Christenheit dieser Marginalzonen. Einerseits überwuchernde, z. T. individualistische Frömmigkeitsformen, andererseits oft bloss sozial bedingter Sakramentalismus, schliesslich die Dissoziation von überliefertem (und geschrumpftem) Glauben und christlichem Ethos in Familie und Gemeinschaft. Der empfindlichste Mangel dabei ist die bis auf geringe Reste geschwundene gemeinschaftliche Verantwortung – ein Mangel, der sich sowohl im wirtschaftlichen und bürgerlichen wie im kirchlichen Leben verheerend auswirkt.

Es drängt sich also unweigerlich die Folgerung auf, diese Marginalsiedlungen seien, menschlich gesehen, «entwicklungsgehemmte» Zonen und, kirchlich gesehen, eigentliche Missionsgebiete. Dazu kommt die weitere Folgerung, der Marginalität sei nur beizukommen in einer Arbeitsweise, die entwicklungspolitische und missionarische Aspekte vereine: Gemeinwesenarbeit – im Rahmen der kolumbianischen Entwicklungspolitik – müsse mit missionarischem Gemeindeaufbau integriert werden. Dieser Einsicht entsprechen die neuesten Projekte für die missionarische Equipe in den Bergen wie jene für den Einsatz in den «barrios» von Bogotá.

Diese Überlegungen machen deutlich, dass die Präsenz der Gesellschaft in Kolumbien nicht einfachhin als Hilfe an «priesterarme Gegenden» verstanden werden darf. Wäre sie bloss dies, könnte ihr der Vorwurf gemacht werden, sie sei eine Stützung des kirchlichen Status quo – der der Reform bedarf. Vielmehr muss unsere Präsenz dort verstanden werden als Beitrag der universalen Kirche an die missionarische Erweckung der Ortskirche.

Wir haben gegenübergestellt auf der einen Seite die sehr beachtliche Aufbauarbeit, welche die Missionare der Gesellschaft in Kirchen auf drei Kontinenten geleistet haben; auf der anderen Seite die grossen Aufgaben, die diese Kirchen vor sich haben dürften.

Die missionarische Arbeit
Der Blick in die Vergangenheit erfüllt uns – trotz aller hypothekarischen Belastung, die diese auch für uns bedeutet – mit Dank, Dank an unsere Missionare und an unsere Mitglieder an der Basis – ich möchte ihnen an dieser Stelle diesen Dank von Herzen ausrichten –, Dank aber zuerst und zuletzt an den Einen, der all unserem Wirken Anfang und Vollendung gibt. In der nun folgenden Eucharistie werden wir dessen gedenken. Der Blick in die Zukunft mag uns mit Bedenklichkeit und Sorge erfüllen. Dies aus zwei Gründen: Einmal, die geleistete Arbeit könnte sich vor Gott als nichtig erweisen, sollte es den Kirchen nicht gelingen, je an ihrem Orte dem ihnen sich konfrontierenden Menschen die Antwort zu sein, die Gott ihnen durch die Kirche geben will. Es ist dabei unerheb-

lich, ob wir in unseren heutigen Überlegungen diese Frage richtiggestellt haben; erheblich ist aber, dass die Kirchen und wir die Zeichen der Zeit – Gottes Herausforderung – richtig zu lesen lernen, dass wir uns darum ernsthaft und unablässig – auch wenn es uns in Frage stellt – bemühen und eine Antwort zu stammeln versuchen. Bei alledem geht es also nicht darum, wer recht hat; es geht einzig darum, dass wir gemeinsam das im Angesichte Gottes Rechte erfassen und es tun. Der zweite Grund zur Besorgnis könnte daher kommen, dass wir unter der Voraussetzung gleichbleibender Bedingungen in den nächsten Jahren den Kirchen, denen wir verpflichtet sind, nicht mehr in gleicher Weise und nicht mehr im bisherigen Ausmasse zu Diensten zu sein vermögen. Dies betrifft möglicherweise die Finanzen, sicher aber den Personalnachschub. So könnte es also scheinen, dass wir – wenn ich damit recht sehe – den Kirchen gerade in einem für sie kritischen Zeitpunkt unsern Dienst versagen müssen. Gewiss werden wir versuchen, weiterhin Missionare für einen Lebenseinsatz den Kirchen zur Verfügung zu stellen, und gewiss werden wir aus dem missionarischen Potenzial der Kirche hier Missionare auf Zeit engagieren. Beides aber, der Rückgang der Missionare aufs Leben und der Einsatz von Missionaren auf Zeit, haben unweigerlich ihre Folgen für die Kirchen, denen wir verpflichtet sind. Wenn wir diese Veränderung als Strukturwandel der missionarischen Berufung bezeichnen dürfen, dann hat diese Veränderung unabdingbar auch einen Strukturwandel der Kirchen, in deren Dienst sie steht, zur Folge. So erhebt sich die Frage, ob die Kirchen, durch ihre verschiedene kritische Situation geprüft, auch noch diesen Wandel zu leisten vermögen. Sind sie mit alledem nicht überfordert?

Darauf glaube ich mit entschiedener Zuversicht Nein sagen zu müssen. Zunächst ist daran zu erinnern, dass die Kirche insgesamt, nicht nur die Kirchen da und dort, vor derselben Herausforderung – die sich nicht von irgendwoher ableitet, die vielmehr der Herr an sie richtet – steht. Im Glauben an diesen Herrn aber sind wir gewiss, dass er die Kirche nicht über das Mass seiner Gnade hinaus prüft ... Dann ist doch wohl nicht daran zu zweifeln, dass Gott in die Kirchen ein Potenzial an Glauben und Liebe eingesenkt hat, das noch keineswegs zum Zuge gekommen ist. Es spricht einiges dafür, dass diese Kirchen durch die Verringerung der europäischen Zusammenarbeit zu mündiger Eigenständigkeit geführt werden sollen. Es spricht auch einiges dafür, dass sie gerade durch diese Selbstfindung dem Menschen jene Antwort sein werden, die Gott ihm zugedacht hat. Es ist freilich zu erwarten, dass dieser Strukturwandel mit vielerlei Schwierigkeiten verbunden sein wird. Sicher ist auch, dass diese Kirchen nicht im Alleingang ihren jeweiligen Weg finden werden; sie bedürfen weiterhin der Sorge – der kritischen und konstruktiven Sorge – der Gemeinschaft aller Kirchen. Es wird unsere Aufgabe sein, ohne Rechthaberei sie in Demut namens der einen Kirche Gottes – mit dem wenigen, das wir haben und sind – auf dem Weg zu begleiten. In dieser Weise werden wir wohl lernen müssen, als Partner dem einen Werk Gottes unter den Völkern zu dienen.

Mandschurei

Von einer Kirche, in der sich die Gesellschaft engagiert hat, ist bisher überhaupt nicht die Rede gewesen – von der Kirche in der Mandschurei. Auch dort ist in knapp 30 Jahren Arbeit zwischen 1923 und 1953 durch rund 45 Missionare der äussere Aufbau einer Kirche zu einem gewissen Abschluss gebracht worden. Diese Kirche ist untergegangen! Ist sie das aber wirklich? Wissen wir denn, was Gott an Glauben, was auch an Liebe immer noch durchhält? Wären nur wenige übrig geblieben – «eine kleine Herde» –, die gemeinsam im Namen Jesu geduldig die Last ihres Daseins tragen, so dass andere sich fragten, was denn ihr Geheimnis sei, dann hätte es sich – ganz abgesehen von dem, was an Hoffnung in jenen 30 Jahren aufgegangen ist –, dann hätte es sich gelohnt. Wir glauben, dass es diese kleine Herde noch heute in der Mandschurei gibt. Das mag uns ein Zeichen dafür sein, wie es um unsern missionarischen Dienst insgesamt bestellt ist. Wir Missionare denken, versuchen die Zeichen der Zeit zu deuten, wir planen, tragen die Last des Alltags, wir machen vieles recht und manches falsch, bangen um das Werk unserer Hände, wir versagen gelegentlich, dann und wann sind wir grossmütig … Zuletzt aber bleibt uns nur eines: der Glaube, dass Gott diesen vielfach fehl fallenden Samen da und dort in 30-fältige Frucht aufgehen lasse – Brot für Menschen (Mk 4,3–8; 26–29). Das ist die Fröhlichkeit derer, die in den Mittag hinein säen (Ps 126).

27 Ein apostolisches Modell

Homilie des Generalobern Josef Amstutz beim Schlussgottesdienst des Generalkapitels 1974

Theo van Asten hat uns zu Beginn unserer Besinnungstage als Leitfaden für die Deutung des Kapitelgeschehens das Apostelkonzil von Jerusalem vorgeschlagen.[37] Obwohl wir jetzt vor Freude, die Sache hinter uns zu haben, in Aufbruchsstimmung sind, glaube ich an diesen Anfang anknüpfen zu dürfen und anhand dieses Interpretationsmodells einige Bemerkungen machen zu müssen über das, was sich unter uns in diesen Monaten zugetragen hat.[38]

Da scheint mir ein Erstes zu beachten zu sein. Am sogenannten Apostelkonzil hat man Missionare an die Zentrale nach Jerusalem hinaufgesandt, um von dem zu berichten, was durch ihr Wirken geschehen war. Auf ihrem Zug durch die Gemeinden haben sie berichtet und erzählt. Sie haben zunächst das Wunder bezeugt, das Gott durch ihre Hände gewirkt, und dann haben sie auch die Auseinandersetzung zur Sprache gebracht, den eigentlichen Anlass ihrer Entsendung. Sie haben die Streitsache vorgetragen; und diese war bitter ernst, denn es ging um die Freiheit; die Freiheit, zu der der Geist Jesu anstiftet … So heisst es im Bericht der Apostelgeschichte im 15. Kapitel:

(Paulus und Barnabas) durchzogen Phönizien und Samaria und erzählten von der Bekehrung der Heiden und riefen bei allen Brüdern grosse Freude

---

[37] Die Einladung des Holländers Theo van Asten, Generaloberer der Afrikamissionare von 1967 bis 1974, die Besinnungstage des Generalkapitels zu gestalten, war insofern von einer gewissen Brisanz, als sich bei den Weissen Vätern in der Frage der Aufnahme von Mitgliedern aus den Einsatzgebieten eine gegenteilige Entwicklung abzeichnete. Eine repräsentative Gruppe räumte rassisch gemischten Gemeinschaften einen hohen Stellenwert ein. Im Unterschied zu den Weissen Vätern hat sich die Missionsgesellschaft Bethlehem seit ihrer Gründung als eine Weltpriestergemeinschaft verstanden, die aus den Ortskirchen der Heimat hervorgeht. Die Zurückhaltung der Missionsgesellschaft Bethlehem gegen jegliches Abwerben von Berufungen ist so grundgelegt in ihrem Selbstverständnis und im Ziel ihrer missionarischen Arbeit: Aufbau einer eigenständigen einheimischen Kirche. – Seinen Exerzitienvorträgen legte Theo van Asten Überlegungen zugrunde, die ihm für die Erneuerung der missionarischen Tätigkeit unerlässlich schienen: Mission im Übergang oder Mission zwischen gestern und heute verlangt, dass in den wirtschaftlichen, sozialen und kulturellen Gegebenheiten die Zeichen der Zeit erkannt und als missionarische Herausforderung angenommen werden. Damit ist nicht nur die Frage nach der Rolle der Missionsinstitute in den gewandelten Verhältnissen, sondern auch die Frage nach ihrer Organisationsstruktur gestellt. Welche organisatorischen und strukturellen Formen befähigen Gemeinschaften, auf grundlegende Fragen eine adäquate Antwort zu geben? Parallel zum sich verändernden missionarischen Auftrag ergibt sich gleichfalls ein Wandel bei den missionarischen Charismen. Die Frage nach den tragenden Elementen einer missionarischen Spiritualität ruft nach einer Antwort (eph).

[38] Bereits eine summarische Präsentation der Ergebnisse des Generalkapitels (15. Juli – 29. August 1974) lässt erkennen, dass die Immenseer Missionare ihre vorrangige missionarische Aufgabe darin sahen, auf die Eigenständigkeit der einheimischen Partnerkirchen und auf ihre eigene Ablösung durch lokale Kräfte hinzuarbeiten. Verkündigung des Evangeliums und soziale Diakonie gelten als die beiden Seiten des einen missionarischen Auftrags. Von nicht geringerer Bedeutung scheint dem Kapitel die missionarische Aktivierung der Heimatkirche, die in enger Zusammenarbeit mit den kirchlichen Institutionen zu erfolgen hat.
Die Missionsgesellschaft versteht sich als mitverantwortlicher Partner sowohl der Heimatdiözesen wie der Ortskirchen in den Einsatzgebieten, als Institution der «zwischenkirchlichen Vermittlung». Kurzfristige und gezielte Projekteinsätze sollen auch ausserhalb der traditionellen Einsatzgebiete möglich sein, sofern die Lage der Kirche und des Nachwuchses dies nahelegen. Neue Formen der Mitgliedschaft sollen für Missionare auf Zeit und unverheiratete männliche Laien angeboten werden. Verschiedene auf Entfaltung hindrängende missionarische Charismen geben der Reflexion über missionarische Grundhaltung und Spiritualität eine klare Stossrichtung (eph).

hervor (Apg 15,3). In Jerusalem angekommen, berichteten sie, was Gott alles gewirkt hatte, indem er bei ihnen war (Vers 4) ... Petrus sagte: Gott hat dadurch für die (gläubigen) Heiden Zeugnis abgelegt, dass er ihnen den Heiligen Geist gab (Apg 15,8) ... Die ganze Versammlung hörte Barnabas und Paulus zu, die erzählten, welche Zeichen und Wunder Gott unter den Heiden durch sie gewirkt hatte (Apg 15,12).

Das ist, meine ich, das Erste, worum es dem Kapitel gegangen ist: das missionarische Wirken unserer auf die Weltkontinente zerstreuten Gemeinschaften sich gegenseitig zu erzählen, schlicht und einfach zu erzählen und schlicht und einfach zuzuhören – und zu staunen darüber, was da «im Grunde» geschieht: Gottes Werk der Befreiung unter den Menschen. Das aber «rief auch bei uns grosse Freude hervor».

Das Zweite denn ist: Über den Fortgang und die Folgen des erzählten missionarischen Wirkens ist es zwischen den urchristlichen Autoritäten zur Auseinandersetzung gekommen. In guter Treue sind gegensätzliche Überzeugungen entstanden; die sind zur Sprache gebracht worden; man ist in Streit geraten. Aber in diesem Widereinander von Auffassungen ging es allen am Konflikt Beteiligten gleichermassen um eines: die Stimme Gottes zu hören, seinen Willen zu tun. Wie aber vernimmt man die Stimme Gottes anders, denn dass man sein Wort, das man in der Schrift hat, an die Ereignisse anlegt und die Ereignisse am Worte Gottes misst? Entsprechend heisst es in der Apostelgeschichte:

Jakobus ergriff das Wort und sagte: Mit dem, was Simeon erzählt hat, stimmen die Worte des Propheten überein, wie geschrieben steht (Apg 15,13 f.).

Ist es uns nicht wiederholt geschehen, dass sich, indem das Wort Gottes unter uns genannt worden ist, die Dinge geklärt haben, dass wir von unserer Meinung befreit und zu besserer Einsicht geführt worden sind? Umgekehrt, dass missionarische Erfahrung, die zur Verhandlung stand, uns das Ohr geöffnet hat für Worte Gottes, an denen wir bisher vorbeigehört hatten. So ist die Stimme Gottes schöpferisch geworden.

Drittens. Wir haben Entscheide getroffen. Das bedeutet Ja sagen, und zugleich heisst das Nein sagen. Entscheide fallen aber nicht nur für und gegen Sachen; sie betreffen immer zugleich Überzeugungen. Wer Entscheide trifft, nimmt notgedrungen auch Stellung für und gegen Menschen. Für und gegen Mitbrüder, denen man verpflichtet ist. Ich meine von unsern Kapitelsbeschlüssen – bei allem unvermeidlichen Für und Wider, das allem Entscheiden innewohnt – sagen zu dürfen, dass sie zu vermitteln suchen. Auf der einen Seite hat uns die Freiheit, auf der anderen die Umsicht bestimmt. Die Umsicht nämlich, dass wir nicht unsere Gemeinschaften überfordern. Das hat dazu geführt, dass wir die Dinge sorgsam erwogen haben. Zugleich aber ging es darum, in mutiger Redlichkeit der Freiheit, zu der der Geist Jesu verpflichtet, Zeugnis zu geben. – Vom Apostelkonzil heisst es: Petrus lehnt es ab, den Jüngern «ein Joch auf den Nacken zu legen, das weder unsere Väter noch wir zu tragen vermochten» (Apg 15,10). Auch Jakobus gibt sein Urteil dahin ab, dass man den bekehrten Heiden keine unerträglichen Lasten auferlege (Apg 15,19). Aufgrund dieser Wortmeldungen ist es zum Beschluss gekommen: Wir legen euch keine Last auf ausser das Notwendige (Apg 15,28). – Ich hoffe, man werde es unserm Kapitel nachsagen können, es habe der Freiheit im Heiligen Geiste, der sich auch als die Umsicht der Liebe für die Brüder erweist, den Weg offen gehalten.

Auf ein Viertes ist am apostolischen Modell unseres Kapitels hinzuweisen. Unsere Entscheide sind in oft langwierigen Beratungen gewachsen. Sie haben sich nicht von selbst, ohne unser ernsthaftes Denken und Gespräch ergeben; sie sind errungen worden. Ich meine sagen zu dürfen, dass wir – Einzelne und Gruppen – weder als Sieger noch als Besiegte aus dem Kapitel hervorgehen, dass wir alle – welche Richtung man uns auch nachsagen mochte – «eines Besseren belehrt» worden sind; dass wir also als Bekehrte aus dem Kapitel hervorgehen. Wenn das zutrifft, dann ist nicht wenig erreicht worden. Unsere Entscheide sind denn auch im Allgemeinen bis auf einige wenige, ich möchte beinahe sagen, belanglose Ausnahmen in grosser Einmütigkeit getroffen worden. Nach einem solchen Entstehen unseres Einvernehmens ist es nicht vermessen, dass wir bekennen, die daraus erwachsenen Beschlüsse seien «im Heiligen Geiste» gefällt worden. Wir haben versucht, einander Gehör zu geben – vielmehr: dem Geiste Gottes im andern. Wir haben in Umsicht die Zumutbarkeit erwogen; wir haben danach getrachtet, den Ruf der Freiheit Jesu zu vernehmen. Wenn wir nun sagen, wir seien darin ins Einvernehmen gekommen und hätten in Einmütigkeit Beschlüsse gefasst, dass es darüber hinaus «dem Heiligen Geist und uns gefallen habe, die Entscheide zu treffen …», dann meinen wir, dass die Entscheide Gültigkeit haben. Dass sie nicht absetzbar und hintergehbar sind – weder durch uns selbst noch durch andere; sie sind der Beliebigkeit enthoben, und wir sind unter ihrer Verpflichtung, auch wenn sie uns in Schwierigkeit bringen.

Damit bin ich beim Letzten. Wir sind im Begriffe, auseinanderzugehen. Das Kapitel löst sich auf. Nicht etwa, weil der Auftrag, zu dem es zusammengetreten war, erledigt wäre, vielmehr: um diesen Auftrag nun, nachdem die Beschlüsse gefasst sind, zurückzuvermitteln. – In der Apostelgeschichte heisst es:

Sie beschlossen, aus ihrer Mitte Männer auszuwählen und mit Paulus und Barnabas zu entsenden; diesen gaben sie ein Schreiben mit (Apg 15,22 f., 27).

Die Männer, die sie abgesandt, «sollen auch mündlich das Gleiche mitteilen» (Apg 15,27). Von der Ausführung des Auftrages ist gesagt:

In Antiochia versammelten sie die ganze Gemeinde und übergaben das Schreiben, und [die Abgesandten] Judas und Silas, die Propheten waren, ermutigten und stärkten die Brüder mit vielen Worten (Apg 15,30 ff.).

Sie als Kapitulare werden nun vom Kapitel selbst zurückentsandt; wir geben Ihnen fürwahr auch ein Schreiben mit. Aber an Ihnen wird es sein, Worte zu finden, zu bezeugen, was unter uns geschehen ist. Unser gemeinsames Gebet über Sie in dieser Stunde der Beauftragung und Entsendung ist, dass Ihnen der Geist das rechte Wort eingebe. Auf diesen selben Geist aber sind auch wir angewiesen, wir, die zurückbleiben, um von hier aus, was wir gemeinsam beschlossen haben, zur Durchführung zu bringen.

Wir haben die Dinge auf den Geist hin geprüft. Wir haben versucht, die Stimme des Geistes wahrzunehmen, und wir haben versucht, in Umsicht Beschlüsse zu fassen, die der Freiheit des Geistes verpflichtet sind. Nun bitten wir, bevor wir auseinandergehen, in dieser Eucharistie um eben diesen Geist, dass er uns zur vor uns liegenden Aufgabe erleuchte und stärke. So wird dann, was sich unter uns zugetragen, zur Ermutigung unserer Gemeinschaft in ihrem Berufe. Wir bitten um den Geist, dass er bei uns bleibe, wenn wir das in ihm richtig Erkannte zu bezeugen und zu vollbringen haben, wenn wir zu Ende führen das Werk, zu dem wir uns an diesem Kapitel neu entschlossen haben. Amen.

28 Dienst an der ganzheitlichen Befreiung aller Menschen
Vorbereitung auf das Generalkapitel 1981

Lieber Mitbruder, liebe Mitarbeiter
In den kommenden Monaten wird in den Regionen die Vorbereitung auf das Kapitel 1981 beginnen. Mit deren Durchführung sind die Regionaloberen und ihre Räte beauftragt. Daher wird ihre Gestaltung von Region zu Region verschieden sein. Trotzdem möchte ich mich an Sie alle unmittelbar wenden, Ihnen den vorgesehenen Ablauf der bevorstehenden Kapitelsvorbereitung zu erläutern und Sie um Ihre Mitarbeit zu bitten.

Die Vorbereitung des Kapitels 1981 hat, wie Sie bei früheren Gelegenheiten informiert worden sind, mit den sogenannten Reform-Seminarien im Rahmen der Zentrale der Gesellschaft – im Frühjahr 1978 begonnen und ist in der Konsultation 78 – zusammen mit den Regionaloberen – fortgeführt worden. Inzwischen sind nun die dabei erarbeiteten Gesprächsunterlagen fertiggestellt und vom Generalrat verabschiedet worden: sie liegen ab 15. September bei Ihrem Regionaloberen; Sie können sie von ihm beziehen. Sie sollen zunächst die Grundlage unserer gemeinsamen Überlegungen und Besprechungen sein, um schliesslich – zusammen mit den Ergebnissen unserer Gespräche – als Vorlagen-Entwürfe in die eigentliche Kapitelsarbeit einzugehen.[39]

Diese Vorlagen – so meinen wir – greifen die wesentlichen Fragen auf, mit denen sich das kommende Kapitel um der Zukunft der Gesellschaft willen wird befassen müssen. Diesen Fragen haben wir uns alle – Mitglieder und Mitarbeiter in den Regionen – zuvor zu stellen, über sie nachzudenken, sie im Gebet vor Gott zu erwägen, sie in Gemeinschaft zu besprechen, um so unsern Beitrag zu deren Bewältigung beizutragen. Jeder vermag in der einen oder andern genannten Art einen Beitrag zu leisten; und jeder soll seinen Beitrag erbringen – denn die Sache der Gesellschaft ist auch die seine. Die Vorlagen gehen, habe ich bereits gesagt, die wichtigsten unserer Zukunftsfragen an; das mag ein kurzer Hinweis auf deren Thema und Gehalt begründen.[40]

Das Leitbild
umschreibt, die Aussagen der Kapitel 1967 und 1974 zusammenfassend, zunächst den bleibenden Auftrag der Gesellschaft als «Dienst an der ganzheitlichen Befreiung aller Menschen»; von diesem Auftrag her wird dann Gestalt und Wirken der Gesellschaft in ihren verschiedenen Aspekten bestimmt.

Mission
Die Richtlinien über die «Mission» legen fest, welches Vorgehen die Gesellschaft zur Verwirklichung ihres Auftrages für erforderlich und welche Verhaltensgrundsätze sie für verpflichtend hält. Dabei ist u. a. die Rede vom Verhältnis der

---

[39] Zum Umfeld dieses Briefes, der zur persönlichen Mitarbeit bei der Vorbereitung des Generalkapitels 1981 einlädt, vgl. Heim, Walter: Die «Konsultation 78» im Rückspiegel, in: Officiosa SMB, 1978, 139–144 (eph).
[40] Vgl. Officiosa SMB, 1978, 152.

Mission in den Regionen zu den sogenannten Missionarischen Einsätzen, von zwischenkirchlicher Partnerschaft und vom Dienst an der Verwirklichung der Menschenrechte …

Kommunikation
Die Gesprächs-Unterlage «Kommunikation» befasst sich mit der «Mission» in der Schweiz, d. h. mit der missionarischen Öffentlichkeitsarbeit, Bewusstseinsbildung und Werbung und den entsprechenden Trägern (Zeitschriften, Informationsdienst usw.) sowie dem Kommunikationsressort.

Personal
Hinter diesem schlichten Titel verbirgt sich eines unserer Grundprobleme: die Umschichtung in der Personalstruktur der Gesellschaft (Abnahme von Mitgliedern, Zunahme von Mitarbeitern/-innen) und den damit gegebenen Aufgaben (wie «Integration») und Folgerungen für die Zukunft.

Finanzen
Die missionarische Uneigennützigkeit ist eine ständige Herausforderung, ihr muss sich der Einzelne und die Gemeinschaft stellen; dazu leitet ein weiterer Vorlagen-Entwurf an. Er bietet zugleich Richtlinien zum entsprechenden Umgang mit unsern Finanzen.

Führung
Schliesslich werden Gedanken vorgetragen, wie die Führung der Gesellschaft vor sich zu gehen habe: in gemeinsamem und wiederholtem Suchen im Angesicht Gottes. Das sind freilich Richtlinien, die in jeder Art geistlicher Führung, z. B. auch der Gemeindeleitung, zur Anwendung kommen sollen.

Dieser Überblick dürfte deutlich machen, dass die Gesprächs-Unterlagen tatsächlich die wichtigen Fragen der Zukunft der Gesellschaft ansprechen. Die spirituellen Aspekte werden bewusst nicht gesondert «in einem eigenen Papier» aufgegriffen, sondern in deren Anwendungsbereich – dem missionarischen Alltag – behandelt; die entsprechenden Ausführungen des letzten Kapitels werden so verdeutlicht … Diese Unterlagen sollen unsere Überlegungen und Gespräche zur Vorbereitung des Kapitels leiten. Die in ihnen vorgetragenen Gedanken sind zu überlegen, weiterzuführen, ergänzend zu berichten; in deren gemeinsamen Besprechung sollen die Verhandlungen des Kapitels gewissermassen beginnen; deren Ergebnisse sollen ins Kapitel selbst eingehen. Es bleibt allerdings niemandem benommen, seine Bemerkungen zu den Unterlagen direkt an mein Sekretariat zu schicken; sie werden von dort an die Bearbeitergruppe gehen.

Ich möchte nochmals betonen, die Gesprächs-Unterlagen sind letztlich aus den Verhandlungen der Konsultation herausgewachsen; sie wollen unsere Aufmerksamkeit auf uns alle angehenden Fragen lenken und sie wollen die Besprechungen dieser Fragen anregen – sie liefern nicht fertige Ergebnisse. Erst das Kapitel wird zu Ergebnissen kommen; dies aber setzt voraus, dass möglichst viele ihren Beitrag zur Bearbeitung der Fragen bringen … Zum andern halte ich fest, dass die Planung dieser Vorbereitungsarbeit in der Region Sache des Regionalobern und seines Rates ist. Sie werden die Vorlagen auflegen und ausgeben. Sie werden die Besprechungen – gruppenweise und bei Versammlungen – veranstalten; sie werden auch dafür besorgt sein, dass die Ergebnisse der Gespräche an uns, an die Zentrale zurückgeleitet werden. Wir werden hier zu gegebener Zeit eine kleine Gruppe von Sachbearbeitern zusammenbringen, welche die Ergebnisse der Gespräche in die Vorlagen einarbeitet bzw. ihnen gemäss die Vorlagen überarbeitet. So bitte ich Sie schliesslich, der kommenden Einladung ihres Regionalobern Folge zu leisten und den Ihnen möglichen Beitrag in der Kapitelsvorbereitung zu erbringen.

Für die Mitbrüder und Mitarbeiter in Missionarischen Einsätzen wird die Vorbereitung des Kapitels in die Wege geleitet anlässlich der kommenden Besuche und Visitationen. Sie können allerdings die Vorlagen bereits jetzt bei meinem Sekretariat anfordern.

Kapitel – wie für die Kirche Konzilien – werden mit einer gemeinsamen Eucharistie, dem gemeinsamen Hören des Wortes und der Vergegenwärtigung des Gehorsams Jesu eröffnet. Die Kirche folgt damit einem Grundgesetz, dem auch wir in der Kapitelsvorbereitung Folge leisten wollen: Wir wollen unsere Überlegungen und Gespräche eröffnen im Angesicht Gottes, sie begleiten mit betender Andacht an ihn, sie seiner Führung anheimgeben, auftauchende Gedanken als möglicherweise von ihm kommende Anstösse prüfen – selbst und gerade wenn sie unserm Denken eine Prüfung bedeuten –, die gute Vollendung des Begonnenen von ihm erwarten: Der Beginn der Kapitelsvorbereitung in den Regionen der Gesellschaft muss für jeden Einzelnen von uns eine Herausforderung zur Besinnung und Umkehr, zum In-sich-Gehen und inständigeren Beten sein. Für die Gemeinschaft werden die zuständigen Vorgesetzten gemeinsame Gottesdienste und Besinnungsstunden ansetzen. Wenn irgendwann, dann gilt von einer Gemeinschaft, die sich zu einem Kapitel zu besammeln beginnt, dass solche Besammlung vor Gott zu geschehen hat, und dass diese allein die Fruchtbarkeit der Beratung gewährleistet. Diesen Beitrag zur Kapitelsvorbereitung vermag jedermann in der Gesellschaft zu erbringen; ich bitte alle Mitbrüder und Mitarbeiter sehr ernsthaft, das Ihre auch diesbezüglich beizutragen.

Das kommende Kapitel kann sich für die Zukunft der Gesellschaft von weittragender Bedeutung erweisen. Umso wichtiger wird es sein, dass wir uns Zeit nehmen, vor Gott unsern Auftrag, dessen Gnade und dessen Anspruch zu bedenken; seiner Führung uns anzuvertrauen und auf seine Macht bauend ihm Folge zu leisten – wohin immer er uns führen mag. Seine Verheissung, bei uns zu bleiben, ist uns Ermutigung.

Ihnen herzlich ergeben

Juli 1979   Josef Amstutz, Generaloberer

Wenn dies die Perspektiven unserer Versammlung als Kapitel sind, dann ist die Eucharistie, die wir jetzt begehen, kaum ein beliebig ihm vorangestelltes frommes Vorspiel, vielmehr ist sie dessen eigentliche Konstituierung: In ihr versammeln wir uns untereinander als Jüngergemeinde, um aufeinander zu hören, um in gegenseitigem Vertrauen an der Zukunft der Gesellschaft zusammenzuarbeiten; in ihr werden wir von Gott gerufen, bestellt, hören wir sein Wort, um im Gehorsam ihm gegenüber entscheiden zu können und so seinen Menschen zu Dienst zu sein.

In einem urchristlichen Eucharistie-Gebet heisst es:
«Wie dieses gebrochene [Brot] ausgestreut war über die Berge hin und, zusammengebracht, Eines geworden ist, also werde zusammengebracht Deine Kirche von den Enden der Erde in Dein Reich.»

Zerstreut waren wir über die Berge der Welt hin; mit vielfacher Erfahrung, guter und böser, Leiden und Freuden, sind wir hier versammelt. Sollen wir aber unter die Herrschaft Gottes, seine Führung, versammelt werden, dann müssen wir gebrochen, in Stücke gebrochen werden – dann müssen wir in der Nachfolge Jesu unser Leben wagen. Das ist der Sinn der Eucharistie, mit der wir das Kapitel eröffnen.

Fundstellennachweis

1. Erlösende Fröhlichkeit des Herzens. Weihnachtsprophetie des Jesaja. – In: Officiosa SMB, 1973, 85–86.
2. Im Advent – ein Wort der Ermutigung. – In: Officiosa SMB, 1978, 133–134.
3. Das uns geschenkte Kind, ein «ursprünglich Ergebnis». Im vorweihnachtlichen Shopping-Gedränge von London. – In: Officiosa SMB, 1979, 153–154.
4. Das Geheimnis der Einfachheit. Weihnachtswünsche des Generalobern zur Feier jenes Geheimnisses, das uns Geist und Weg des Missionars zu erkennen gibt, das Geheimnis der «Einfachheit». – In: Offizielle SMB-Mitteilungen, 1968, Nr. 16, 110.
5. Gedanken zur Menschwerdung Gottes. – In: Officiosa SMB, 1971, 100–102.
6. Weihnachtsereignis – Gottesbegegnung in der Mitmenschlichkeit. – In: Officiosa SMB, 1972, 123–124.
7. Das geistliche Verlangen in der Missionsgesellschaft Bethlehem. Weihnachtsbrief. – In: Officiosa SMB, 1974, 113–114.
8. a. Weihnachten, das Fest der Gnade Gottes mitten unter uns. – In: Officiosa SMB, 1975, 143.
   b. Meditation: Der Weihnachtsbericht im Evangelium nach Lukas ist ein Glaubenszeugnis. – In: Officiosa SMB, 1975, 144–146.
9. Ein «glücklicher Augenblick» in den kommenden Festtagen. Weihnachtsbrief.– In: Officiosa SMB, 1977, 121–124.
10. Das älteste Christuslied. Vom Weg des Sohnes in die Entäusserung und von Jesu Erhöhung zur Rechten des Vaters. – In: Officiosa SMB, 1980, 179–180.
11. Zum Jahresende – Erfahrung unserer Ohnmacht. – In: Officiosa SMB, 1976, 227–228.
12. Zum kommenden Jahr des Herrn. – In: Officiosa SMB, 1970, 1.
13. Glaubwürdigkeit der Kirche in Bedrängnis. – In: Officiosa SMB, 1971, 1–3.
14. Gefährdetes Gespräch. – In: Officiosa SMB, 1972, 1–3.
15. Jahr der Versöhnung. – In: Officiosa SMB, 1974, 1.
16. Wider die Entmutigung. – In: Officiosa SMB, 1973, 9–10.
17. Gott, der die Toten erweckt. – In: Officiosa SMB, 1974, 5–6.
18. In der Passionszeit – Anteil am Kreuzigungsschicksal Jesu. – In: Officiosa SMB, 1979, 23–24.
19. Das Kreuz Jesu. Osterbrief 1981 des Generalobern. – In: Officiosa SMB, 1981, 49–51.
20. Zum Oster-Geheimnis. – Officiosa SMB, 1972, 29–30.
21. Osterbrief aus Hongkong. Der Generalobere auf dem Flug von Taipei nach Tokyo. – In: Officiosa SMB, 1977, 21–24.

22 Die Missionsgesellschaft Bethlehem verstehen am Urbild Jesu und seiner Jüngerschar. Osterbrief des Generalobern. –
In: Officiosa SMB, 1978, 15–18.
23 Die Leidenserfahrung der Missionare. Osterbrief des Generalobern. –
In: Officiosa SMB, 1980, 45–48.
24 Pfingstbrief an die Missionare in Gwelo (Driefontein). –
In: Officiosa SMB, 1977, 45–48.
25 Grund zur Hoffnung. – In: Officiosa SMB, 1970, 55–57.
26 Zum 50-jährigen Bestehen der Missionsgesellschaft Bethlehem. Rede des Generalobern. – In: Officiosa SMB, 1971, 48–59.
27 Ein apostolisches Modell. Homilie des Generalobern Josef Amstutz beim Schlussgottesdienst des Generalkapitels 1974. –
In: Officiosa SMB, 1974, 95–99.
28 Dienst an der ganzheitlichen Befreiung aller Menschen. Vorbereitung auf das Generalkapitel 1981. –
In: Officiosa SMB, 1981, 1979, 123–125.
29 Wir versammeln uns als Jüngergemeinde. Homilie des Generalobern beim Eröffnungsgottesdienst des Generalkapitels 1981. –
In: Officiosa SMB, 1981, 93–95.

Paul H. Frampton
Gauge Field Theories

Related Titles

Reiser, M.

Theory and Design of Charged Particle Beams

634 pages with 107 figures

1994. Hardcover
ISBN: 978-0-471-30616-0

Edwards, D. A., Syphers, M. J.

An Introduction to the Physics of High Energy Accelerators

304 pages with 103 figures

1993. Hardcover
ISBN: 978-0-471-55163-8

Griffiths, D.

Introduction to Elementary Particles

450 pages with 150 figures

2008. Softcover
ISBN: 978-3-527-40601-2

Paul H. Frampton

Gauge Field Theories

3rd, Enlarged and Improved Edition

WILEY-VCH Verlag GmbH & Co. KGaA

The Author

Prof. Paul H. Frampton
University of North Carolina
Dept. of Physics and Astronomy
Chapel Hill, USA
frampton@physics.unc.edu

Cover Picture
Plot of the function $V(x, y) = -a(x^2 + y^2) + b(x^2 + y^2)^2$ (created with MATHEMATICA 6 by R. Tiebel)

All books published by **Wiley-VCH** are carefully produced. Nevertheless, authors, editors, and publisher do not warrant the information contained in these books, including this book, to be free of errors. Readers are advised to keep in mind that statements, data, illustrations, procedural details or other items may inadvertently be inaccurate.

Library of Congress Card No.:
applied for

British Library Cataloguing-in-Publication Data
A catalogue record for this book is available from the British Library.

Bibliographic information published by the Deutsche Nationalbibliothek
The Deutsche Nationalbibliothek lists this publication in the Deutsche Nationalbibliografie; detailed bibliographic data are available in the Internet at <http://dnb.d-nb.de>.

© 2008 WILEY-VCH Verlag GmbH & Co. KGaA, Weinheim

All rights reserved (including those of translation into other languages). No part of this book may be reproduced in any form – by photoprinting, microfilm, or any other means – nor transmitted or translated into a machine language without written permission from the publishers. Registered names, trademarks, etc. used in this book, even when not specifically marked as such, are not to be considered unprotected by law.

Typesetting   VTEX, Litauen

Printing   Strauss GmbH, Mörlenbach

Binding   Litges & Dopf buchbinderei GmbH, Heppenheim

Printed in the Federal Republic of Germany
Printed on acid-free paper

ISBN   978-3-527-40835-1

Contents

Preface to the Third Edition *IX*
**Preface to the Second Edition* *XI*

1 Gauge Invariance *1*
1.1 Introduction *1*
1.2 Symmetries and Conservation Laws *1*
1.3 Local Gauge Invariance *7*
1.4 Nambu–Goldstone Conjecture *17*
1.5 Higgs Mechanism *30*
1.6 Summary *34*

2 Quantization *37*
2.1 Introduction *37*
2.2 Path Integrals *37*
2.3 Faddeev–Popov Ansatz *59*
2.4 Feynman Rules *72*
2.5 Effects of Loop Corrections *77*
2.6 Summary *96*

3 Renormalization *99*
3.1 Introduction *99*
3.2 Dimensional Regularization *99*
3.3 Triangle Anomalies *125*
3.4 Becchi–Rouet–Stora–Tyutin Transformation *137*
3.5 Proof of Renormalizability *141*
3.6 'T Hooft Gauges *154*
3.7 Summary *162*

4 Electroweak Forces *165*
4.1 Introduction *165*

Gauge Field Theories. Paul H. Frampton
Copyright © 2008 WILEY-VCH Verlag GmbH & Co. KGaA, Weinheim
ISBN: 978-3-527-40835-1

4.2	Lepton and Quark Masses 165
4.3	Weak Interactions of Quarks and Leptons 172
4.4	Charm 181
4.5	Bottom and Top Quarks 187
4.6	Precision Electroweak Data 188
4.7	Higgs Boson 190
4.8	Quark Flavor Mixing and CP Violation 191
4.9	Summary 194

5	**Renormalization Group** 199
5.1	Introduction 199
5.2	Renormalization Group Equations 200
5.3	QCD Asymptotic Freedom 204
5.4	Grand Unification 216
5.5	Scaling Violations 219
5.6	Background Field Method 238
5.7	Summary 245

6	**Quantum Chromodynamics** 249
6.1	Introduction 249
6.2	Renormalization Schemes 249
6.3	Jets in Electron–Positron Annihilation 259
6.4	Instantons 265
6.5	$1/N$ Expansion 274
6.6	Lattice Gauge Theories 281
6.7	Summary 293

7	**Model Building** 297
7.1	Introduction 297
7.2	Puzzles of the Standard Model 297
7.3	Left–Right Model 299
7.4	Chiral Color 302
7.5	Three Families and the 331 Model 305
7.6	Conformality Constraints 307
7.7	Summary 311

8	**Conformality** 313
8.1	Introduction 313
8.2	Quiver Gauge Theories 315
8.3	Conformality Phenomenology 319
8.4	Tabulation of the Simplest Abelian Quivers 321

8.5 Chiral Fermions *322*
8.6 Model Building *324*
8.7 Summary *327*

Index *331*

Preface to the Third Edition

The first edition of *Gauge Field Theories* was published in 1986, the second in 2000. In summer and fall of 2007, Christoph von Friedeburg from Wiley-VCH decided to persuade me to prepare this third edition anticipating the commissioning of the Large Hadron Collider (LHC) at CERN, near Geneva in Switzerland.

Whatever the LHC finds, essentially all the material on the standard model in the first six chapters of *Gauge Field Theories* will remain valid. The only exception is that, if the Higgs boson is found, the newly modified Section 4.7 in Chapter 4 could then be turned into an entire book.

Unlike in 1986, there are now many other excellent texts on the same subject. Therefore it seemed allowed to make the completely revised 25% at the end cover different ground. The last Chapters 7 and 8 of *Gauge Field Theories* are now concerned with the topic of model building. At most one, and more likely none, of the specific models discussed there will be of permanent value. In the final chapter of GFT I discuss the relevance to model building of four dimensional conformal invariance which other books sometimes omit.

It is pleasing that *Gauge Field Theories* continues to sell although, as mentioned in the preface to the second edition, the biggest reward for the effort involved in writing GFT is when someone tells me he or she received inspiration from reading it.

Finally, I wish to thank Christoph von Friedeburg and Ulrike Werner at Wiley for their encouragement to prepare a third edition.

Chapel Hill, February 2008 *Paul H. Frampton*

Preface to the Second Edition

The writing of the first edition of *Gauge Field Theories* was spread over ten years. The first chapter was written in 1976 in connection with some lectures at UCLA, but the book was completed only a decade later in Chapel Hill.

It has been gratifying to learn that the book has been used as a basis for graduate courses in universities and other institutions of higher learning in several different countries. But it was even more rewarding when just one physicist would tell me that he or she had learned gauge theory from it. Luckily, there has been more than one such experience since the first edition appeared.

In late 1998 an editor from Wiley convinced me to undertake this second edition. In preparing it, I have updated every chapter. The material on gauge invariance, quantization, and renormalization in Chapters 1 to 3 has been rearranged in a more logical order. Most of Chapter 4 on electroweak interactions has been rewritten entirely to accommodate the latest precision data and the discovery of the top quark. Chapters 5 and 6 cover the renormalization group and quantum chromodynamics. In Chapter 7, which is entirely new, model building is discussed.

My hope is that at least one student aspiring to do research in theoretical physics will tell me that he or she learned field theory from the second edition of the book.

Chapel Hill, November 1999 *P.H. Frampton*

1
Gauge Invariance

1.1
Introduction

Gauge field theories have revolutionized our understanding of elementary particle interactions during the second half of the twentieth century. There is now in place a satisfactory theory of strong and electroweak interactions of quarks and leptons at energies accessible to particle accelerators at least prior to LHC.

All research in particle phenomenology must build on this framework. The purpose of this book is to help any aspiring physicist acquire the knowledge necessary to explore extensions of the standard model and make predictions motivated by shortcomings of the theory, such as the large number of arbitrary parameters, and testable by future experiments.

Here we introduce some of the basic ideas of gauge field theories, as a starting point for later discussions. After outlining the relationship between symmetries of the Lagrangian and conservation laws, we first introduce global gauge symmetries and then local gauge symmetries. In particular, the general method of extending global to local gauge invariance is explained.

For global gauge invariance, spontaneous symmetry breaking gives rise to massless scalar Nambu–Goldstone bosons. With local gauge invariance, these unwanted particles are avoided, and some or all of the gauge particles acquire mass. The simplest way of inducing spontaneous breakdown is to introduce scalar Higgs fields by hand into the Lagrangian.

1.2
Symmetries and Conservation Laws

A quantum field theory is conveniently expressed in a Lagrangian formulation. The Lagrangian, unlike the Hamiltonian, is a Lorentz scalar. Further, important conservation laws follow easily from the symmetries of the Lagrangian density, through the use of Noether's theorem, which is our first topic. (An account of Noether's theorem can be found in textbooks on quantum field theory, e.g., Refs. [1] and [2].)

Gauge Field Theories. Paul H. Frampton
Copyright © 2008 WILEY-VCH Verlag GmbH & Co. KGaA, Weinheim
ISBN: 978-3-527-40835-1

1 Gauge Invariance

Later we shall become aware of certain subtleties concerning the straightforward treatment given here. We begin with a Lagrangian density

$$\mathscr{L}\big(\phi_k(x), \partial_\mu \phi_k(x)\big) \tag{1.1}$$

where $\phi_k(x)$ represents genetically all the local fields in the theory that may be of arbitrary spin. The Lagrangian $L(t)$ and the action S are given, respectively, by

$$L(t) = \int d^3x\, \mathscr{L}\big(\phi_k(x), \partial_k \phi_k(x)\big) \tag{1.2}$$

and

$$S \int_{t_1}^{t_2} dt\, L(t) \tag{1.3}$$

The equations of motion follow from the Hamiltonian principle of stationary action,

$$\delta S = \delta \int_{t_1}^{t_2} dt\, d^3x\, \mathscr{L}\big(\phi_k(x), \partial_\mu \phi_k(x)\big) \tag{1.4}$$

$$= 0 \tag{1.5}$$

where the field variations vanish at times t_1 and t_2 which may themselves be chosen arbitrarily.

It follows that (with repeated indices summed)

$$0 = \int_{t_1}^{t_2} dt\, d^3x \left[\frac{\partial \mathscr{L}}{\partial \phi_k} \delta\phi_k + \frac{\partial \mathscr{L}}{\partial(\partial_\mu \phi_k)} \delta(\partial_\mu \phi_k) \right] \tag{1.6}$$

$$= \int_{t_1}^{t_2} dt\, d^3x \left[\frac{\partial \mathscr{L}}{\partial \phi_k} - \partial_\mu \frac{\partial \mathscr{L}}{\partial(\partial_\mu \phi_k)} \right] \delta\phi_k + \left[\frac{\partial \mathscr{L}}{\partial(\partial_\mu \phi_k)} \delta\phi_k \right]_{t=t_1}^{t=t_2} \tag{1.7}$$

and hence

$$\frac{\partial \mathscr{L}}{\partial \phi_k} = \partial_\mu \frac{\partial \mathscr{L}}{\partial(\partial_\mu \phi_k)} \tag{1.8}$$

which are the Euler–Lagrange equations of motion. These equations are Lorentz invariant if and only if the Lagrangian density $\mathscr{L}$ is a Lorentz scalar.

The statement of Noether's theorem is that to every continuous symmetry of the Lagrangian there corresponds a conservation law. Before discussing internal symmetries we recall the treatment of symmetry under translations and rotations.

Since $\mathscr{L}$ has no explicit dependence on the space–time coordinate [only an implicit dependence through $\phi_k(x)$], it follows that there is invariance under the translation

$$x_\mu \to x'_\mu = x_\mu + a_\mu \tag{1.9}$$

where a_μ is a four-vector. The corresponding variations in $\mathscr{L}$ and $\phi_k(x)$ are

$$\delta\mathscr{L} = a_\mu \partial_\mu \mathscr{L} \tag{1.10}$$

$$\delta\phi_k(x) = a_\mu \partial_\mu \phi_k(x) \tag{1.11}$$

Using the equations of motion, one finds that

$$a_\mu \partial_\mu \mathscr{L} = \frac{\partial \mathscr{L}}{\partial \phi_k} \delta\phi_k + \frac{\partial \mathscr{L}}{\partial(\partial_\mu \phi_k)} \delta(\partial_\mu \phi_k) \tag{1.12}$$

$$= \partial_\mu \left[\frac{\partial \mathscr{L}}{\partial(\partial_\mu \phi_k)} \delta\phi_k \right] \tag{1.13}$$

$$= a_\nu \partial_\mu \left[\frac{\partial \mathscr{L}}{\partial(\partial_\mu \phi_k)} \partial_\nu \phi_k \right] \tag{1.14}$$

If we define the tensor

$$T_{\mu\nu} = -g_{\mu\nu}\mathscr{L} + \frac{\partial \mathscr{L}}{\partial(\partial_\mu \phi_k)} \partial_\nu \phi_k \tag{1.15}$$

it follows that

$$\partial_\mu T_{\mu\nu} = 0 \tag{1.16}$$

This enables us to identify the four-momentum density as

$$\mathscr{P}_\mu = T_{0\mu} \tag{1.17}$$

The integrated quantity is given by

$$P_\mu = \int d^3x \, \mathscr{P}_\mu \tag{1.18}$$

$$= \int d^3x (-g_{0\mu}\mathscr{L} + \pi_k \partial_\mu \phi_k) \tag{1.19}$$

where $\pi_k = \partial\mathscr{L}/\partial\dot\phi_k$ is the momentum conjugate to ϕ_k. Notice that the time component is

$$\mathscr{P}_0 = \pi_k \partial_0 \phi_k - \mathscr{L} \tag{1.20}$$

$$= \mathscr{H} \tag{1.21}$$

where $\mathcal{H}$ is the Hamiltonian density. Conservation of linear momentum follows since

$$\frac{\partial}{\partial t} P_\mu = 0 \tag{1.22}$$

This follows from $P_i = J_{0i}$ and $\frac{\partial}{\partial t} J_{0i}$ becomes a divergence that vanishes after integration $\int d^3 x$.

Next we consider an infinitesimal Lorentz transformation

$$x_\mu \to x'_\mu = x_\mu + \epsilon_{\mu\nu} x_\nu \tag{1.23}$$

where $\epsilon_{\mu\nu} = -\epsilon_{\nu\mu}$. Under this transformation the fields that may have nonzero spin will transform as

$$\phi_k(x) \to \left(\delta_{kl} - \frac{1}{2}\epsilon_{\mu\nu} \Sigma^{\mu\nu}_{kl}\right) \phi_l(x') \tag{1.24}$$

Here $\Sigma^{\mu\nu}_{kl}$ is the spin transformation matrix, which is zero for a scalar field. The factor $\frac{1}{2}$ simplifies the final form of the spin angular momentum density.

The variation in $\mathcal{L}$ is, for this case,

$$\delta \mathcal{L} = \epsilon_{\mu\nu} x_\nu \partial_\mu \mathcal{L} \tag{1.25}$$

$$= \partial_\mu (\epsilon_{\mu\nu} x_\nu \mathcal{L}) \tag{1.26}$$

since $\epsilon_{\mu\nu} \partial_\mu x_\nu = \epsilon_{\mu\nu} \delta_{\mu\nu} = 0$ by antisymmetry.

We know, however, from an earlier result that

$$\delta \mathcal{L} = \partial_\mu \left[\frac{\partial \mathcal{L}}{\partial(\partial_\mu \phi_k)} \delta \phi_k\right] \tag{1.27}$$

$$= \partial_\mu \left[\frac{\partial \mathcal{L}}{\partial(\partial_\mu \phi_k)} \left(\epsilon_{\lambda\nu} x_\nu \partial_\lambda \phi_k - \frac{1}{2} \Sigma^{\lambda\nu}_{kl} \epsilon_{\lambda\nu} \phi_l\right)\right] \tag{1.28}$$

It follows by subtracting the two expressions for $\delta \mathcal{L}$ that if we define

$$\mathcal{M}^{\lambda\mu\nu} = (x^\nu g^{\lambda\mu} - x^\mu g^{\lambda\nu}) \mathcal{L} + \frac{\partial}{\partial(\partial_\lambda \phi_k)} [(x^\mu \partial_\nu - x^\nu \partial_\mu) \phi_k + \Sigma^{\mu\nu}_{kl} \phi_l] \tag{1.29}$$

$$= x^\mu T^{\lambda\nu} - x^\nu T^{\lambda\mu} + \frac{\partial \mathcal{L}}{\partial(\partial_\lambda \pi_k)} \Sigma^{\mu\nu}_{kl} \phi_l \tag{1.30}$$

then

$$\partial_\lambda \mathcal{M}^{\lambda\mu\nu} = 0 \tag{1.31}$$

1.2 Symmetries and Conservation Laws

The Lorentz generator densities may be identified as

$$\mathcal{M}^{\mu\nu} = \mathcal{M}^{0\mu\nu} \tag{1.32}$$

Their space integrals are

$$M^{\mu\nu} = \int d^3x \, \mathcal{M}^{\mu\nu} \tag{1.33}$$

$$= \int d^3x \left(x^\mu \mathcal{P}^\nu - x^\nu \mathcal{P}^\mu + \pi_k \Sigma_{kl}^{\mu\nu} \phi_l \right) \tag{1.34}$$

and satisfy

$$\frac{\partial}{\partial t} M^{\mu\nu} = 0 \tag{1.35}$$

The components M^{ij} ($i, j = 1, 2, 3$) are the generators of rotations and yield conservation of angular momentum. It can be seen from the expression above that the contribution from orbital angular momentum adds to a spin angular momentum part involving $\Sigma_{kl}^{\mu\nu}$.

The components M^{0i} generate boosts, and the associated conservation law [3] tells us that for a field confined within a finite region of space, the "average" or center of mass coordinate moves with the uniform velocity appropriate to the result of the boost transformation (see, in particular, Hill [4]). This then completes the construction of the 10 Poincaré group generators from the Lagrangian density by use of Noether's theorem.

Now we may consider internal symmetries, that is, symmetries that are not related to space–time transformations. The first topic is global gauge invariance; in Section 1.3 we consider the generalization to local gauge invariance.

The simplest example is perhaps provided by electric charge conservation. Let the finite gauge transformation be

$$\phi_k(x) \to \phi'_k(x) = e^{-iq_k} \phi_k(x) \tag{1.36}$$

where q_k is the electric charge associated with the field $\phi_k(x)$. Then every term in the Lagrangian density will contain a certain number m of terms

$$\phi_{k_1}(x)\phi_{k_2}(x)\cdots\phi_{k_m}(x) \tag{1.37}$$

which is such that

$$\sum_{i=1}^{m} q_{k_i} = 0 \tag{1.38}$$

and hence is invariant under the gauge transformation. Thus the invariance implies that the Lagrangian is electrically neutral and all interactions conserve electric charge. The symmetry group is that of unitary transformations in one dimension, U(1). Quantum electrodynamics possesses this invariance: The uncharged photon has $q_k = 0$, while the electron field and its conjugate transform, respectively, according to

$$\psi \rightarrow e^{-iq\theta}\psi \tag{1.39}$$

$$\bar{\psi} \rightarrow e^{+iq\theta}\bar{\psi} \tag{1.40}$$

where q is the electronic charge.

The infinitesimal form of a global gauge transformation is

$$\phi_k(x) \rightarrow \phi_k(x) - i\epsilon^i \lambda^i_{kl}\phi_l(x) \tag{1.41}$$

where we have allowed a nontrivial matrix group generated by λ^i_{kl}. Applying Noether's theorem, one then observes that

$$\delta\mathcal{L} = \partial_\mu \left[\frac{\partial \mathcal{L}}{\partial(\partial_\mu \phi_k)} \delta\phi_k \right] \tag{1.42}$$

$$= -i\epsilon^i \partial_\mu \left[\frac{\partial \mathcal{L}}{\partial(\partial_\mu \phi_k)} \lambda^i_{kl}\phi_l \right] \tag{1.43}$$

The currents conserved are therefore

$$J^i_\mu = -i \frac{\partial \mathcal{L}}{\partial(\partial_\mu \phi_k)} \lambda^i_{kl}\phi_l \tag{1.44}$$

and the charges conserved are

$$Q^i = \int d^3x j^i_0 \tag{1.45}$$

$$= -i \int d^3x \pi_k \lambda^i_{kl}\phi_l \tag{1.46}$$

satisfying

$$\frac{\partial}{\partial t} Q^i = 0 \tag{1.47}$$

The global gauge group has infinitesimal generators Q_i; in the simplest case, as in quantum electrodynamics, where the gauge group is U(1), there is only one such generator Q of which the electric charges q_k are the eigenvalues.

1.3
Local Gauge Invariance

In common usage, the term *gauge field theory* refers to a field theory that possesses a local gauge invariance. The simplest example is provided by quantum electrodynamics, where the Lagrangian is

$$\mathscr{L} = \bar{\psi}(i\displaystyle{\not}\partial - e\displaystyle{\not}A - m)\psi - \frac{1}{4}F_{\mu\nu}F_{\mu\nu} \tag{1.48}$$

$$F_{\mu\nu} = \partial_\mu A_\nu - \partial_\nu A_\nu \tag{1.49}$$

Here the slash notation denotes contraction with a Dirac gamma matrix: $\displaystyle{\not}A \equiv \gamma_\mu A_\mu$. The Lagrangian may also be written

$$\mathscr{L} = \bar{\psi}(i\displaystyle{\not}D - m)\psi - \frac{1}{4}F_{\mu\nu}F_{\mu\nu} \tag{1.50}$$

where $D_\mu \psi$ is the covariant derivative (this terminology will be explained shortly)

$$D_\mu \psi = \partial_\mu \psi + ieA_\mu \psi \tag{1.51}$$

The global gauge invariance of quantum electrodynamics follows from the fact that $\mathscr{L}$ is invariant under the replacement

$$\psi \to \psi' = e^{i\theta}\psi \tag{1.52}$$

$$\bar{\psi} \to \bar{\psi}' = e^{-i\theta}\bar{\psi} \tag{1.53}$$

where θ is a constant; this implies electric charge conservation. Note that the photon field, being electrically neutral, remains unchanged here.

The crucial point is that the Lagrangian $\mathscr{L}$ is invariant under a much larger group of local gauge transformations, given by

$$\psi \to \psi' = e^{i\theta(x)}\psi \tag{1.54}$$

$$\bar{\psi} \to \bar{\psi}' = e^{-i\theta(x)}\bar{\psi} \tag{1.55}$$

$$A_\mu \to A'_\mu = A_\mu - \frac{1}{e}\partial_\mu \theta(x) \tag{1.56}$$

Here the gauge function $\theta(x)$ is an arbitrary function of x. Under the transformation, $F_{\mu\nu}$ is invariant, and it is easy to check that

$$\bar{\psi}'(i\displaystyle{\not}\partial - e\displaystyle{\not}A')\psi' = \bar{\psi}(i\displaystyle{\not}\partial - e\displaystyle{\not}A)\psi \tag{1.57}$$

so that $\bar{\psi}\slashed{D}\psi$ is invariant also. Note that the presence of the photon field is essential since the derivative is invariant only because of the compensating transformation of A_μ. By contrast, in global transformations where θ is constant, the derivative terms are not problematic.

Note that the introduction of a photon mass term $-m^2 A_\mu A_\mu$ into the Lagrangian would lead to a violation of local gauge invariance; in this sense we may say that physically the local gauge invariance corresponds to the fact that the photon is precisely massless.

It is important to realize, however, that the requirement of local gauge invariance does not imply the existence of the spin-1 photon, since we may equally well introduce a derivative

$$A_\mu = \partial_\mu \Lambda \tag{1.58}$$

where the scalar Λ transforms according to

$$\Lambda \to \Lambda' = \Lambda - \frac{1}{e}\theta \tag{1.59}$$

Thus to arrive at the correct $\mathcal{L}$ for quantum electrodynamics, an additional assumption, such as renormalizability, is necessary.

The local gauge group in quantum electrodynamics is a trivial Abelian U(1) group. In a classic paper, Yang and Mills [5] demonstrated how to construct a field theory locally invariant under a non-Abelian gauge group, and that is our next topic.

Let the transformation of the fields $\phi_k(x)$ be given by

$$\delta\phi_k(x) = -i\theta^i(x)\lambda^i_{kl}\phi_l(x) \tag{1.60}$$

so that

$$\phi_k(x) \to \phi'_k(x) = \Omega_{kl}\phi_l \tag{1.61}$$

with

$$\Omega_{kl} = \delta_{kl} - i\theta^i(x)\lambda^i_{kl} \tag{1.62}$$

where the constant matrices λ^i_{kl} satisfy a Lie algebra ($i, j, k = 1, 2, \ldots, n$)

$$[\lambda^i, \lambda^j] = ic_{ijk}\lambda^k \tag{1.63}$$

and where the $\theta^i(x)$ are arbitrary functions of x.

Since Ω depends on x, a derivative transforms as

$$\partial_\mu \phi_k \to \Omega_{kl}(\partial_\mu \phi_l) + (\partial_\mu \Omega_{kl})\phi_l \tag{1.64}$$

We now wish to construct a *covariant* derivative $D_\mu \phi_k$ that transforms according to

$$D_\mu \phi_k \to \Omega_{kl}(D_\mu \phi_l) \tag{1.65}$$

1.3 Local Gauge Invariance

To this end we introduce n gauge fields A^i_μ and write

$$D_\mu \phi_k = (\partial_\mu - ig A_\mu)\phi_k \tag{1.66}$$

where

$$A_\mu = A^i_\mu \lambda^i \tag{1.67}$$

The required transformation property follows provided that

$$(\partial_\mu \Omega)\phi - ig A'_\mu \Omega \phi = -ig(\Omega A_\mu)\phi \tag{1.68}$$

Thus the gauge field must transform according to

$$A_\mu \to A'_\mu = \Omega A_\mu \Omega^{-1} - \frac{i}{g}(\partial_\mu \Omega)\Omega^{-1} \tag{1.69}$$

Before discussing the kinetic term for A^i_μ it is useful to find explicitly the infinitesimal transformation. Using

$$\Omega_{kl} = \delta_{kl} - i\lambda^i_{kl}\theta^i \tag{1.70}$$

$$\Omega^{-1}_{kl} = \delta_{kl} + i\lambda^i_{kl}\theta^i \tag{1.71}$$

one finds that

$$\lambda^i_{kl} A'^i_\mu = \Omega_{km} \lambda^i_{mn} A^i_\mu (\Omega^{-1}) - \frac{i}{g}(\partial_\mu \Omega_{km})(\Omega^{-1})_{ml} \tag{1.72}$$

so that (for small θ^i)

$$\lambda^i_{kl} \delta A^i_\mu = i\theta^j [\lambda^i, \lambda^j]_{kl} A^i_\mu - \frac{1}{g}\lambda^i_{kl} \partial_\mu \theta^i \tag{1.73}$$

$$= -\frac{1}{g}\lambda^i_{kl} \partial_\mu \theta^i - c_{ijm}\theta^j A^i_\mu \lambda^m_{kl} \tag{1.74}$$

This implies that

$$\delta A^i_\mu = -\frac{1}{g}\partial_\mu \theta^i + c_{ijk}\theta^j A^k_\mu \tag{1.75}$$

For the kinetic term in A^i_μ it is inappropriate to take simply the four-dimensional curl since

$$\delta(\partial_\mu A^i_\nu - \partial_\nu A^i_\mu) = c_{ijk}\theta^i(\partial_\mu A^k_\nu - \partial_\nu A^k_\mu)$$

$$+ c_{ijk}[(\partial_\mu \theta^j)A^k_\nu - (\partial_\nu \theta^j)A^k_\mu] \tag{1.76}$$

whereas the transformation property required is

$$\delta F^i_{\mu\nu} = c_{ijk}\theta^j F^k_{\mu\nu} \tag{1.77}$$

Thus $F^i_{\mu\nu}$ must contain an additional piece and the appropriate choice turns out to be

$$F^i_{\mu\nu} = \partial_\mu A^i_\nu - \partial_\nu A^i_\mu + g c_{ijk} A^j_\mu A^k_\nu \tag{1.78}$$

To confirm this choice, one needs to evaluate

$$g c_{ijk}\delta(A^j_\mu A^k_\nu) = -c_{ijk}\left[(\partial_\mu\theta^j)A^k_\nu - (\partial_\nu\theta^j)A^k_\mu\right]$$
$$+ g\left(c_{ijk}c_{jlm}\theta^l A^m_\mu A^k_\nu + c_{ijk}A^j_\mu c_{klm}\theta^l A^m_\nu\right) \tag{1.79}$$

The term in parentheses on the right-hand side may be simplified by noting that an $n \times n$ matrix representation of the gauge algebra is provided, in terms of the structure constants, by

$$(\lambda^i)_{jk} = -i c_{ijk} \tag{1.80}$$

Using this, we may rewrite the last term as

$$g A^m_\mu A^n_\nu \theta^j (c_{ipn}c_{pjm} + c_{imp}c_{pjn}) = g A^m_\mu A^n_\nu \theta^j [\lambda^i, \lambda^j]_{mn} \tag{1.81}$$
$$= i g A^m_\mu A^n_\nu \theta^j c_{ijk}\lambda^k_{mn} \tag{1.82}$$
$$= g A^m_\mu A^n_\nu \theta^j c_{ijk} c_{kmn} \tag{1.83}$$

Collecting these results, we deduce that

$$\delta F^i_{\mu\nu} = \delta\left(\partial_\mu A^i_\nu - \partial_\nu A^i_\mu + g c_{ijk} A^j_\mu A^k_\nu\right) \tag{1.84}$$
$$= c_{ijk}\theta^j\left(\partial_\mu A^k_\nu - \partial_\nu A^k_\mu + g c_{klm} A^l_\mu A^m_\nu\right) \tag{1.85}$$
$$= c_{ijk}\theta^j F^k_{\mu\nu} \tag{1.86}$$

as required. From this it follows that

$$\delta(F^i_{\mu\nu} F^i_{\mu\nu}) = 2 c_{ijk} F^i_{\mu\nu}\theta^j F^k_{\mu\nu} \tag{1.87}$$
$$= 0 \tag{1.88}$$

so we may use $-\frac{1}{4}F^i_{\mu\nu} F^i_{\mu\nu}$ as the kinetic term.

1.3 Local Gauge Invariance

To summarize these results for construction of a Yang–Mills Lagrangian: Start with a globally gauge-invariant Lagrangian

$$\mathscr{L}(\phi_k, \partial_\mu \phi_k) \tag{1.89}$$

then introduce A^i_μ ($i = 1, \ldots, n$, where the gauge group has n generators). Define

$$D_\mu \phi_k = \left(\partial_\mu - ig A^i_\mu \lambda^i\right)\phi_k \tag{1.90}$$

$$F^i_{\mu\nu} = \partial_\mu A^i_\nu - \partial_\nu A^i_\mu + g c_{ijk} A^j_\mu A^k_\nu \tag{1.91}$$

The transformation properties are ($A_\mu = A^i_\mu \lambda^i$)

$$\phi' = \Omega \phi \tag{1.92}$$

$$A'_\mu = \Omega A_\mu \Omega^{-1} - \frac{i}{g}(\partial_\mu \Omega)\Omega^{-1} \tag{1.93}$$

The required Lagrangian is

$$\mathscr{L}(\phi_k, D_\mu \phi_k) - \frac{1}{4} F^i_{\mu\nu} F^i_{\mu\nu} \tag{1.94}$$

When the gauge group is a direct product of two or more subgroups, a different coupling constant g may be associated with each subgroup. For example, in the simplest renormalizable model for weak interactions, the Weinberg–Salam model, the gauge group is $SU(2) \times U(1)$ and there are two independent coupling constants, as discussed later.

Before proceeding further, we give a more systematic derivation of the locally gauge invariant $\mathscr{L}$, following the analysis of Utiyama [6] (see also Glashow and Gell-Mann [7]). In what follows we shall, first, deduce the forms of $D_\mu \phi_k$ and $F^i_{\mu\nu}$ (merely written down above), and second, establish a formalism that could be extended beyond quantum electrodynamics and Yang–Mills theory to general relativity.

The questions to consider are, given a Lagrangian

$$\mathscr{L}(\phi_k, \partial_\mu \phi_k) \tag{1.95}$$

invariant globally under a group G with n independent constant parameters θ^i, then, to extend the invariance to a group G' dependent on local parameters $\theta^i(x)$:

1. What new (gauge) fields $A^p(x)$ must be introduced?
2. How does $A^p(x)$ transform under G'?
3. What is the form of the interaction?
4. What is the new Lagrangian?

1 Gauge Invariance

We are given the global invariance under

$$\delta\phi_k = -iT^i_{kl}\theta^i\phi_l \tag{1.96}$$

with $i = 1, 2, \ldots, n$ and T^i satisfying

$$[T^i, T^j] = ic_{ijk}T^k \tag{1.97}$$

where

$$c_{ijk} = -c_{jik} \tag{1.98}$$

and

$$c_{ijl}c_{lkm} + c_{jkl}c_{lim} + c_{kil}c_{ljm} = 0 \tag{1.99}$$

Using Noether's theorem, one finds the n conserved currents

$$J^i_\mu = \frac{\partial \mathcal{L}}{\partial \phi_k} T^i_{kl} \partial_\mu \phi_l \tag{1.100}$$

$$\partial_\mu J^i_\mu = 0 \tag{1.101}$$

These conservation laws provide a necessary and sufficient condition for the invariance of $\mathcal{L}$.

Now consider

$$\delta\phi_k = -iT^i_{kl}\theta^i(x)\phi_l(x) \tag{1.102}$$

This local transformation does not leave $< J$ invariant:

$$\delta\mathcal{L} = -i\frac{\partial \mathcal{L}}{\partial(\partial_\mu \phi_k)} T^i_{kl} \phi_l \partial_\mu \partial_i \tag{1.103}$$

$$\neq 0 \tag{1.104}$$

Hence it is necessary to add new fields A'^p ($p = 1, \ldots, M$) in the Lagrangian, which we write as

$$\mathcal{L}(\phi_k, \partial_\mu\phi_k) \to \mathcal{L}'(\phi_k, \partial_\mu\phi_k, A'^p) \tag{1.105}$$

Let the transformation of A'^p be

$$\delta A'^p = U^i_{pq}\theta^i A'^q + \frac{1}{g}C^{jp}_\mu \partial_\mu \phi^j \tag{1.106}$$

Then the requirement is

1.3 Local Gauge Invariance

$$\delta \mathscr{L} = \left[-i \frac{\partial \mathscr{L}'}{\partial \phi_k} T^j_{kl} \phi_l - i \frac{\partial \mathscr{L}}{\partial(\partial_\mu \phi_k)} T^j_{kl} \partial_\mu \phi_l + \frac{\partial \mathscr{L}'}{\partial A'^p} U^j_{pq} A'^p \right] \theta^j$$

$$+ \left[-i \frac{\partial \mathscr{L}'}{\partial(\partial_\mu \phi_k)} T^j_{kl} \phi_l + \frac{1}{g} \frac{\partial \mathscr{L}'}{\partial A'^p} C^{pj}_\mu \right] \partial_\mu \theta^j \quad (1.107)$$

$$= 0 \quad (1.108)$$

Since θ^j and $\partial_\mu \theta^j$ are independent, the coefficients must vanish separately. For the coefficient of $\partial_\mu \theta^i$, this gives $4n$ equations involving A'^p and hence to determine the A' dependence uniquely, one needs $4n$ components. Further, the matrix C^{pj}_μ must be nonsingular and possess an inverse

$$C^{jp}_\mu C^{-1jq}_\mu = \delta_{pq} \quad (1.109)$$

$$C^{jp}_\mu C^{-1j'p}_\mu = g_{\mu\nu} \delta_{jj'} \quad (1.110)$$

Now we define

$$A^j_\mu = -g C^{-1jp}_\mu A'^p \quad (1.111)$$

Then

$$i \frac{\partial \mathscr{L}'}{\partial(\partial_\mu \phi_k)} T^i_{kl} \phi_l + \frac{\partial \mathscr{L}'}{\partial A^i_\mu} = 0 \quad (1.112)$$

so only the combination

$$D_\mu \phi_k = \partial_\mu \phi_k - i T^i_{kl} \phi_l A^i_\mu \quad (1.113)$$

occurs in the Lagrangian

$$\mathscr{L}'(\phi_k, \partial_\mu \phi_k, A'^p) = \mathscr{L}''(\phi_k, D_\mu \phi_k) \quad (1.114)$$

It follows from this equality of $\mathscr{L}'$ and $\mathscr{L}''$ that

$$\left. \frac{\partial \mathscr{L}''}{\partial \phi_k} \right|_{D_\mu \phi} - i \left. \frac{\partial \mathscr{L}''}{\partial(D_\mu \phi_l)} \right|_\phi T^i_{kl} A^i_\mu = \frac{\partial \mathscr{L}'}{\partial \phi_k} \quad (1.115)$$

$$\left. \frac{\partial \mathscr{L}''}{\partial(D_\mu \phi_k)} \right|_\phi = \frac{\partial \mathscr{L}'}{\partial(D_\mu \phi_k)} \quad (1.116)$$

$$ig \left. \frac{\partial \mathscr{L}''}{\partial(D_\mu \phi_k)} \right|_\phi T^a_{kl} \phi_l C^{-1ap}_\mu = \frac{\partial \mathscr{L}'}{\partial A'^p} \quad (1.117)$$

These relations may be substituted into the vanishing coefficient of θ^j occurring in $\delta \mathscr{L}'$ (above). The result is

1 Gauge Invariance

$$0 = -i\left[\frac{\partial \mathscr{L}''}{\partial \phi_k}\bigg|_{D_\mu\phi} T^i_{kl}\phi_l + \frac{\partial \mathscr{L}''}{\partial (D_\mu\phi_k)}\bigg|_\phi T^i_{kl}D_\mu\phi_l\right]$$

$$+ i\frac{\partial \mathscr{L}''}{\partial \phi_k}\bigg|_\phi \left(\phi_l A^a_\nu\{i[T^a, T^i]_{kl}\lambda_{\mu\nu} + S^{ba,j}_{\mu\nu}\}\right) = 0 \tag{1.118}$$

where

$$S^{ba,j}_{\mu\nu} = C^{-1ap}_\mu U^j_{pq} C^{bq}_\nu \tag{1.119}$$

is defined such that

$$\delta A^a_\mu = g\delta\left(-C^{-1ap}_\mu A'^p\right) \tag{1.120}$$

$$= S^{ba,j}_{\mu\nu} A^b_\nu \theta^j - \frac{1}{g}\partial_\mu \theta^a \tag{1.121}$$

Now the term in the first set of brackets in Eq. (1.118) vanishes if we make the identification

$$\mathscr{L}''(\phi_k, D_\mu\phi_k) = \mathscr{L}(\phi_k, D_\mu\phi_k) \tag{1.122}$$

The vanishing of the final term in parentheses in Eq. (1.118) then enables us to identify

$$S^{ba,j}_{\mu\nu} = -c_{ajb}g_{\mu\nu} \tag{1.123}$$

It follows that

$$\delta A^a_\mu = c_{abc}\theta^b A^c_\mu - \frac{1}{g}\partial_\mu \theta^a \tag{1.124}$$

From the transformations δA^A_μ and $\delta\phi_k$, one can show that

$$\delta(D_\mu \phi_k) = \delta\left(\partial_\mu \phi_k - iT^a_{kl} A^a_\mu \phi_l\right) \tag{1.125}$$

$$= -iT^i_{kl}\theta^i (D_\mu\phi_l) \tag{1.126}$$

This shows that $D_\mu\phi_k$ transforms covariantly.

Let the Lagrangian density for the free A^a_μ field be

$$\mathscr{L}_0(A^a_\mu, \partial_\nu A^a_\mu) \tag{1.127}$$

Using

$$\delta A^a_\mu = c_{abc}\theta^b A^c_\mu - \frac{1}{g}\partial_\mu \theta^a \tag{1.128}$$

one finds (from $\delta \mathcal{L} = 0$)

$$\frac{\partial \mathcal{L}_0}{\partial A_\mu^a} c_{abc} A_\mu^c + \frac{\partial \mathcal{L}_0}{\partial (\partial_\nu A_\mu^a)} c_{abc} \partial_\nu A_\mu^c = 0 \tag{1.129}$$

$$-\frac{\partial \mathcal{L}_0}{\partial A_\mu^a} + \frac{\partial \mathcal{L}_0}{\partial (\partial_\mu A_\nu^b)} c_{abc} A_\nu^c = 0 \tag{1.130}$$

$$\frac{\partial \mathcal{L}_0}{\partial (\partial_\nu A_\mu^a)} + \frac{\partial \mathcal{L}_0}{\partial (\partial_\mu A_\mu^a)} + \frac{\partial \mathcal{L}_0}{\partial (\partial_\mu A_\nu^a)} = 0 \tag{1.131}$$

From the last of these three it follows that $\partial_\mu A_\mu^a$ occurs only in the antisymmetric combination

$$A_{\mu\nu}^a = \partial_\mu A_\nu^a - \partial_\nu A_\mu^a \tag{1.132}$$

Using the preceding equation then gives

$$\frac{\partial \mathcal{L}_0}{\partial A_\mu^a} = \frac{\partial \mathcal{L}_0}{\partial A_{\mu\nu}^b} c_{abc} A_\nu^c \tag{1.133}$$

so the only combination occurring is

$$F_{\mu\nu}^a = \partial_\mu A_\nu^a - \partial_\nu A_\mu^a + g c_{abc} A_\mu^b A_\nu^c \tag{1.134}$$

Thus, we may put

$$\mathcal{L}_0(A_\mu^a, \partial_\nu A_\mu^a) = \mathcal{L}_0'(A_\mu^a, F_{\mu\nu}^a) \tag{1.135}$$

Then

$$\left.\frac{\partial \mathcal{L}_0}{\partial (\partial_\nu A_\mu^a)}\right|_A = \left.\frac{\partial \mathcal{L}_0'}{\partial F_{\mu\nu}^a}\right|_A \tag{1.136}$$

$$\left.\frac{\partial \mathcal{L}_0}{\partial A_\mu^a}\right|_{\partial_\mu A} = \left.\frac{\partial \mathcal{L}_0'}{\partial A_\mu^a}\right|_F + \left.\frac{\partial \mathcal{L}_0'}{\partial (\partial F_{\mu\nu}^b)}\right|_A c_{abc} A_\nu^c \tag{1.137}$$

But one already knows that

$$\left.\frac{\partial \mathcal{L}_0}{\partial A_\mu^a}\right|_{\partial_\mu A} = \frac{\partial \mathcal{L}_0'}{\partial F_{\mu\nu}^b} c_{abc} A_\nu^c \tag{1.138}$$

and it follows that $\mathcal{L}_0'$ does not depend explicitly on A_μ^a.

$$\mathcal{L}_0(A_\mu, \partial_\nu A_\mu) = \mathcal{L}_0''(F_{\mu\nu}^a) \tag{1.139}$$

Bearing in mind both the analogy with quantum electrodynamics and renormalizability we write

$$\mathcal{L}_0''(F_{\mu\nu}^a) = -\frac{1}{4} F_{\mu\nu}^a F_{\mu\nu}^a \tag{1.140}$$

When all structure constants vanish, this then reduces to the usual Abelian case. The final Lagrangian is therefore

$$\mathcal{L}(\phi_k, D_\mu \phi_k) - \frac{1}{4} F_{\mu\nu}^a F_{\mu\nu}^a \tag{1.141}$$

Defining matrices M^i in the adjoint representation by

$$M_{ab}^i = -i c_{iab} \tag{1.142}$$

the transformation properties are

$$\delta \phi_k = -i T_{kl}^i \theta^i \phi_l \tag{1.143}$$

$$\delta A_\mu^a = -i M_{ab}^i \theta^i A_\mu^b - \frac{1}{g} \partial_\mu \theta^a \tag{1.144}$$

$$\delta(D_\mu \phi_k) = -i T_{kl} \theta^i (D_\mu \phi_l) \tag{1.145}$$

$$\delta F_{\mu\nu}^a = -M_{ab}^i \theta^i F_{\mu\nu}^b \tag{1.146}$$

Clearly, the Yang–Mills theory is most elegant when the matter fields are in the adjoint representation like the gauge fields because then the transformation properties of ϕ_k, $D_\mu \phi_k$ and $F_{\mu\nu}^a$ all coincide. But in theories of physical interest for strong and weak interactions, the matter fields will often, instead, be put into the fundamental representation of the gauge group.

Let us give briefly three examples, the first Abelian and the next two non-Abelian.

Example 1 (Quantum Electrodynamics). For free fermions

$$\mathcal{L} \bar{\psi}(i\slashed{\partial} - m)\psi \tag{1.147}$$

the covariant derivative is

$$D_\mu \psi = \partial_\mu \psi + i e A_\mu \psi \tag{1.148}$$

This leads to

$$\mathcal{L}(\psi, D_\mu \psi) - \frac{1}{4} F_{\mu\nu} F_{\mu\nu} = \bar{\psi}(i\slashed{\partial} - e\slashed{A} - m)\psi - \frac{1}{4} F_{\mu\nu} F_{\mu\nu} \tag{1.149}$$

Example 2 (Scalar ϕ^4 Theory with ϕ^a in Adjoint Representation). The globally invariant Lagrangian is

$$\mathcal{L} = \frac{1}{2} \partial_\mu \phi^a \partial - \mu \phi^a - \frac{1}{2} \mu^2 \phi^a \phi^a - \frac{1}{4} \lambda (\phi^a \phi^a)^2 \tag{1.150}$$

One introduces

$$D_\mu \phi^a = \partial_\mu \phi^a - g c_{abc} A^b \mu \phi^c \qquad (1.151)$$

$$F^a_{\mu\nu} = \partial_\mu A^a_\nu - \partial_\nu A^a_\mu + g c_{ac} A^b_\mu A^c_\nu \qquad (1.152)$$

and the appropriate Yang–Mills Lagrangian is then

$$\mathcal{L} = \frac{1}{2}(D_\mu \phi^a)(D_\mu \phi^a) - \frac{1}{4} F^a_{\mu\nu} F^a_{\mu\nu} - \frac{1}{2}\mu^a \phi^a \phi^a - \frac{1}{4}(\phi^a \phi^a)^2 \qquad (1.153)$$

Example 3 (Quantum Chromodynamics). Here the quarks ψ_k are in the fundamental (three-dimensional) representation of SU(3). The Lagrangian for free quarks is

$$\mathcal{L} \bar{\psi}_k (i\slashed{\partial} - m) \psi_k \qquad (1.154)$$

We now introduce

$$D_\mu \psi_k = \partial_\mu \psi_k - \frac{1}{2} g \lambda^i_{kl} A^i_\mu \psi_l \qquad (1.155)$$

$$F^a_{\mu\nu} = \partial_\mu A^a_\nu - \partial_\nu A^a_\mu + g f_{abc} A^b_\mu A^c_\nu \qquad (1.156)$$

and the appropriate Yang–Mills Lagrangian is

$$\mathcal{L} \bar{\psi} (i\slashed{\partial} - m) \psi - \frac{1}{4} F^a_{\mu\nu} F^a \mu\nu \qquad (1.157)$$

If a flavor group (which is *not* gauged) is introduced, the quarks carry an additional label ψ^a_k, and the mass term becomes a diagonal matrix $m \to -M_a \delta_{ab}$.

The advantage of this Utiyama procedure is that it may be generalized to include general relativity (see Utiyama [6], Kibble [8], and more recent works [9–12]).

Finally, note that any mass term of the form $+m_i^2 A^i_\mu A^i_\mu$ will violate the local gauge invariance of the Lagrangian density $\mathcal{L}$. From what we have stated so far, the theory must contain n massless vector particles, where n is the number of generators of the gauge group; at least, this is true as long as the local gauge symmetry is unbroken.

1.4
Nambu–Goldstone Conjecture

We have seen that the imposition of a non-Abelian local gauge invariance appears to require the existence of a number of massless gauge vector bosons equal to the number of generators of the gauge group; this follows from the fact that a mass term $+\frac{1}{2}\mu^2 A^i_\mu A^i_\mu$ in $\mathcal{L}$ breaks the local invariance. Since in nature only one massless spin-1 particle—the photon—is known, it follows that if we are to exploit a local gauge group less trivial than U(1), the symmetry must be broken.

Let us therefore recall two distinct ways in which a symmetry may be broken. If there is exact symmetry, this means that under the transformations of the group the Lagrangian is invariant:

$$\delta \mathcal{L} = 0 \tag{1.158}$$

Further, the vacuum is left invariant under the action of the group generators (charges) Q_i:

$$Q_i |0\rangle = 0 \tag{1.159}$$

From this, it follows that all the Q_i commute with the Hamiltonian

$$[Q^i, H] = 0 \tag{1.160}$$

and that the particle multiplets must be mass degenerate.

The first mechanism to be considered is explicit symmetry breaking, where one adds to the symmetric Lagrangian ($\mathcal{L}_0$) a piece ($\mathcal{L}_1$) that is noninvariant under the full symmetry group G, although $\mathcal{L}_1$ may be invariant under some subgroup G' of G. Then

$$\mathcal{L} = \mathcal{L}_0 = c\mathcal{L}_1 \tag{1.161}$$

and under the group transformation,

$$\delta \mathcal{L}_0 = 0 \tag{1.162}$$

$$\delta \mathcal{L}_1 \neq 0 \tag{1.163}$$

while

$$Q_i |0\rangle \to 0 \quad \text{as } c \to 0 \tag{1.164}$$

The explicit breaking is used traditionally for the breaking of flavor groups SU(3) and SU(4) in hadron physics.

The second mechanism is spontaneous symmetry breaking (perhaps more appropriately called *hidden symmetry*). In this case the Lagrangian is symmetric,

$$\delta \mathcal{L} = 0 \tag{1.165}$$

but the vacuum is not:

$$Q_i |0\rangle \neq 0 \tag{1.166}$$

This is because as a consequence of the dynamics the vacuum state is degenerate, and the choice of one as the physical vacuum breaks the symmetry. This leads to nondegenerate particle multiplets.

1.4 Nambu–Goldstone Conjecture

It is possible that both explicit and spontaneous symmetry breaking be present. One then has

$$\mathscr{L} = \mathscr{L}_0 + c\mathscr{L}_1 \tag{1.167}$$

$$\delta L = 0 \tag{1.168}$$

$$\delta L_1 \neq 0 \tag{1.169}$$

but

$$Q^i|0\rangle \neq 0 \quad \text{as } c \to 0 \tag{1.170}$$

An example that illustrates all of these possibilities is the infinite ferromagnet, where the symmetry in question is rotational invariance. In the paramagnetic phase at temperature $T > T_c$ there is exact symmetry; in the ferromagnetic phase, $T < T_c$, there is spontaneous symmetry breaking. When an external magnetic field is applied, this gives explicit symmetry breaking for both $T > T_c$ and $T < T_c$.

Here we are concerned with Nambu and Goldstone's well-known conjecture [13–15] that when there is spontaneous breaking of a continuous symmetry in a quantum field theory, there must exist massless spin-0 particles. If this conjecture were always correct, the situation would be hopeless. Fortunately, although the Nambu–Goldstone conjecture applies to global symmetries as considered here, the conjecture fails for local gauge theories because of the Higgs mechanism described in Section 1.5.

It is worth remarking that in the presence of spontaneous breakdown of symmetry the usual argument of Noether's theorem that leads to a conserved charge breaks down. Suppose that the global symmetry is

$$\phi_k \to \phi_k - i T^i_{kl} \phi_l \theta^i \tag{1.171}$$

Then

$$\partial_\mu j^i_\mu = 0 \tag{1.172}$$

$$J^i_\mu = -i \left[\frac{\partial \mathscr{L}}{\partial (\partial_\mu \phi_k)} T^i_{kl} \phi_l \right] \tag{1.173}$$

but the corresponding *charge*,

$$Q^i = \int d^3x\, j^i_0 \tag{1.174}$$

will not exist because the current does not fall off sufficiently fast with distance to make the integral convergent.

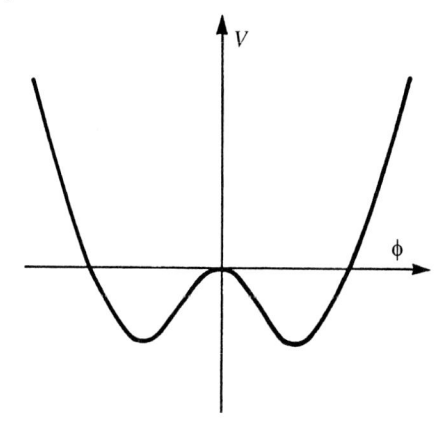

Figure 1.1 Potential function $V(\phi)$.

The simplest model field theory [14] to exhibit spontaneous symmetry breaking is the one with Lagrangian

$$\mathscr{L} = \frac{1}{2}(\partial_\mu \phi \partial_\mu \phi - m_0^2 \phi^2) - \frac{\lambda_0}{24}\phi^4 \tag{1.175}$$

For $m_0^2 > 0$, one can apply the usual quantization procedures, but for $m_0^2 < 0$, the potential function

$$V(\phi) = \frac{1}{2}m_0^2 \phi^2 + \frac{\lambda_0}{24}\phi^4 \tag{1.176}$$

has the shape depicted in Fig. 1.1. The ground state occurs where $V'(\phi_a) = 0$, corresponding to

$$\phi_0 = \pm \chi = \pm\sqrt{\frac{-6m_0^2}{\lambda_0}} \tag{1.177}$$

Taking the positive root, it is necessary to define a shifted field ϕ' by

$$\phi = \phi' + \chi \tag{1.178}$$

Inserting this into the Lagrangian $\mathscr{L}$ leads to

$$\mathscr{L} = \frac{1}{2}(\partial_\mu \phi' \partial_\mu \phi' + 2m_0^2 \phi'^2) - \frac{1}{6}\lambda_0 \chi \phi'^3 - \frac{\lambda_0}{24}\phi'^4 + \frac{3m_0^4}{\lambda_0} \tag{1.179}$$

The (mass)^2 of the ϕ' field is seen to be $-2m_0^2 < 0$, and this Lagrangian may now be treated by canonical methods. The symmetry $\phi \to -\phi$ of the original Lagrangian has disappeared. We may choose either of the vacuum states $\phi = \pm \chi$ as the physical vacuum without affecting the theory, but once a choice of vacuum is made, the reflection symmetry is lost. Note that the Fock spaces built on the two possi-

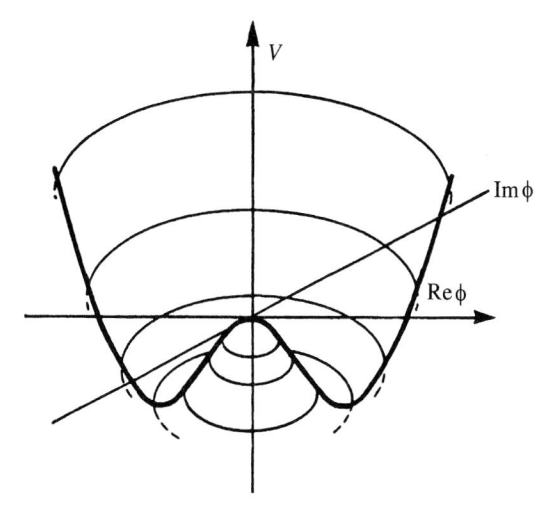

Figure 1.2 Potential function $V(\phi, \phi^*)$.

ble vacua are mutually orthogonal so that the artificial restoration of the original symmetry by superimposing the different vacua is not meaningful.

More interesting is the generalization to a continuous U(1) symmetry in the Lagrangian [14]

$$\mathcal{L} = \partial_\mu \phi^* \partial_\mu \phi - m_0^2 \phi^* \phi - \frac{\lambda_0}{6}(\phi^* \phi)^2 \tag{1.180}$$

where

$$\phi = \frac{\phi_1 + i\phi_2}{\sqrt{2}} \tag{1.181}$$

The Lagrangian is invariant under the global symmetry

$$\phi \to e^{i\theta} \phi \tag{1.182}$$

The potential function

$$V(\phi, \phi^*) = m_0^2 \phi^* \phi + \frac{\lambda_0}{6}(\phi^* \phi)^2 \tag{1.183}$$

has the characteristic shape indicated in Fig. 1.2. The origin is an unstable point and there are an infinite number of degenerate vacua where $V' = 0$, corresponding to

$$|\phi|^2 = -\frac{3m_0^2}{\lambda_0} = |\chi|^2 \tag{1.184}$$

Let us choose the phase of χ to be real and shift fields according to

$$\phi_1 = \phi_1' + \sqrt{2}\chi \tag{1.185}$$

$$\phi_2 = \phi_2' \tag{1.186}$$

Then, in terms of ϕ', the Lagrangian becomes

$$\mathscr{L} = \frac{1}{2}\left(\partial_\mu \phi_1' \partial_\mu \phi_1' + 2m_0^2 \phi_1'^2\right) + \frac{1}{2}\partial_\mu \phi_2' \partial_\mu \phi_2'$$

$$- \sqrt{2}\frac{\lambda_0 \chi}{6}\phi_1'\left(\phi_1'^2 + \phi_2'^2\right) - \frac{\lambda_0}{24}\left(\phi_1'^2 + \phi_2'^2\right)^2 + \frac{3}{2}\frac{m_0^4}{\lambda_0} \tag{1.187}$$

so that the field ϕ_1 has (mass)$^2 = -2m_0^2 > 0$ and the field ϕ_2' has zero mass. This is an example of a Nambu–Goldstone boson associated with spontaneous breaking of a continuous symmetry.

Intuitively, one can understand the situation as follows. In the vacuum all the state vectors are lined up with the same phase and magnitude $|\phi| = \chi$. Oscillations are then of two types: One is in magnitude, giving rise to the massive quanta of type ϕ_1'; one is in phase. When all the $\phi(x)$ rotate by a common phase, however, there is no change in energy; this is precisely the origin of the Goldstone mode represented in this example by ϕ_2'.

Before going to the general case, let us consider the more complicated example of O(n) symmetry for the Lagrangian

$$\mathscr{L} \frac{1}{2}\partial_\mu \phi_k \partial_\mu \phi_k - \frac{1}{2}\mu^2 \phi_k \phi_k - \frac{\lambda}{4}(\phi_k \phi_k)^2 \tag{1.188}$$

with $k = 1, 2, \ldots, n$ and ϕ_k real. The corresponding potential function

$$V(\phi) = \frac{1}{2}\mu^2 \phi_k \phi_k + \frac{\lambda}{4}(\phi_k \phi_k)^2 \tag{1.189}$$

has a ring of minima where

$$\phi^2 = v^2 = -\frac{\mu^2}{\lambda} \tag{1.190}$$

Let us *choose* the physical vacuum such that

$$\langle 0|\phi_k|0\rangle = \begin{pmatrix} 0 \\ 0 \\ \vdots \\ 0 \\ v \end{pmatrix} \tag{1.191}$$

Now the little group of this vector is clearly O(n − 1). Let us write the $\frac{1}{2}n(n-1)$ generators of 0(n) as

$$(L_{ij})_{kl} = -i(\delta_{ik}\delta_{jl} - \delta_{il}\delta_{jk}) \tag{1.192}$$

satisfying
$$[L_{ij}, L_{kl}] = (\delta_{ik}L_{jl} + \delta_{jl}L_{ik} - \delta_{jk}L_{il} - \delta_{il}L_{jk}) \tag{1.193}$$

Of these there are $(n-1)$ given by
$$k_i L_{in} \tag{1.194}$$

which do *not* leave $\langle\phi\rangle$ invariant. We then reparametrize the n-component field ϕ_k as
$$\phi = \exp\left(i\sum_{i=1}^{n-1} \xi_i \frac{k_i}{v}\right) \begin{pmatrix} 0 \\ \vdots \\ 0 \\ v+\eta \end{pmatrix} \tag{1.195}$$

in terms of the $(n-1)$ fields ξ_i, and the field η. The action of k_i on the vector $v_i = v\delta_{in}$ is given by
$$(k_i v)_j = v(L_{in})_{jl}\delta_{in} \tag{1.196}$$
$$= -iv\delta_{ij} \tag{1.197}$$

Thus to lowest order, one has
$$\phi = \begin{pmatrix} \xi_1 \\ \xi_2 \\ \vdots \\ \xi_{n-1} \\ v+\eta \end{pmatrix} \tag{1.198}$$

Inserting this into the Lagrangian, one finds that
$$\mathscr{L} = \frac{1}{2}(\partial_\mu\eta\partial_\mu\eta + \partial_\mu\xi_i\partial_\mu\xi_i) - \frac{1}{2}\mu^2(v+\eta)^2$$
$$- \frac{1}{4}\lambda(v+\eta)^4 + \text{higher-order terms} \tag{1.199}$$

Thus the η has (mass)^2 given by
$$\mu^2 + 3v^2\lambda = -2\mu^2 > 0 \tag{1.200}$$

and the $(n-1)$ fields ξ_i are massless Goldstone bosons. Note that the number of Nambu–Goldstone bosons is equal to the difference in the number of generators of the original symmetry $O(n)$ and the final symmetry $O(n-1)$:
$$\frac{1}{2}n(n-1) - \frac{1}{2}(n-1)(n-2) = (n-1) \tag{1.201}$$

This is an example of a general theorem that we now prove.

1 Gauge Invariance

Consider the general Lagrangian

$$\mathcal{L}(\phi_k, \partial_\mu \phi_k) = \frac{1}{2} \partial_\mu \phi_k \partial_\mu \phi_k - V(\phi_k) \tag{1.202}$$

and let the global invariance be under the transformations

$$\delta \phi_k = -i T^i_{kl} \theta^i \phi_l \tag{1.203}$$

$$\delta \mathcal{L} = 0 \tag{1.204}$$

Given that the potential is separately invariant, then

$$0 = \delta V \tag{1.205}$$

$$= \frac{\partial V}{\partial \phi_k} \delta \phi_k \tag{1.206}$$

$$= -i \frac{\partial V}{\partial \phi_k} T^i_{kl} \theta^i \phi_l \tag{1.207}$$

$$\frac{\partial V}{\partial \phi_k} T^i_{kl} \phi_l = 0 \tag{1.208}$$

Differentiation gives

$$\frac{\partial^2 V}{\partial \phi_k \partial \phi_m} T^i_{kl} \phi_l + \frac{\partial V}{\partial \phi_k} T^i_{km} = 0 \tag{1.209}$$

At a minimum of V, suppose that $\phi_k = v_k$; then

$$\left. \frac{\partial^2 V}{\partial \phi_k \partial \phi_m} \right|_{\phi_k = v_k} T^i_{kl} v_l = 0 \tag{1.210}$$

Expanding around the minimum

$$V(\phi_k) = V(v_k) + \frac{1}{2} \frac{\partial^2 V}{\partial \phi_l \partial \phi_m} (\phi_l - v_l)(\phi_m - v_m)$$

$$+ \text{higher-order terms} \tag{1.211}$$

Thus the mass matrix is

$$M^2_{mk} = M^2_{km} = \frac{\partial^2 V}{\partial \phi_k \partial \phi_m} \tag{1.212}$$

Therefore,

$$(M^2)_{mk} T^i_{kl} v_l = 0 \quad \text{all } i \tag{1.213}$$

Now suppose that there exists a subgroup G' of G with n' generators, leaving the vacuum invariant

$$T^i_{kl} v_l = 0, \quad i = 1, 2, \ldots, n' \tag{1.214}$$

For the remaining $(n - n')$ generators of G,

$$T^i_{kl} v_l \neq 0 \tag{1.215}$$

Choosing the v_l to be linearly independent, it follows that M^2 has $(n - n')$ Nambu–Goldstone bosons. Thus, in general, the number of Nambu–Goldstone bosons is equal to the number of broken generators.

If one restricts one's attention to tree diagrams, there may be exceptions to the counting rule above. These occur if the potential has a higher symmetry than the Lagrangian and can be illustrated by an elementary example. Let the Lagrangian be

$$\mathcal{L} = \frac{1}{2} \partial_\mu \phi_k \partial_\mu \phi_k - \frac{1}{2} m_0^2 \phi_k \phi_k - \frac{\lambda_0}{8} (\phi_k \phi_k)^2$$

$$+ \bar{\psi}_a (i \slashed{\partial} - m) \psi_a + g \epsilon_{abc} \phi^a \bar{\psi}_b \psi_c \tag{1.216}$$

where $k = 1, 2, \ldots, 8$ and $a, b, c = 1, 2, 3$. The invariance is clearly $O(3) \times O(5)$. The potential function

$$V(\phi) = \frac{1}{2} m_0^2 \phi_k \phi_k + \frac{\lambda_0}{8} (\phi_k \phi_k)^2 \tag{1.217}$$

has a minimum at

$$\langle \phi \rangle = \sqrt{-\frac{2 m_0^2}{\lambda_0}} \tag{1.218}$$

Putting $\phi_k = \delta_{k8} \langle \phi \rangle$, we define

$$\sigma = \phi_8 - \langle \phi \rangle \tag{1.219}$$

$$\pi^k = \phi^k, \quad k = 1, 2, \ldots, 7 \tag{1.220}$$

Then

$$V = \frac{\lambda_0}{8} \left(\pi^k \pi^k + \sigma^2 + 2\sigma \langle \phi \rangle \right)^2 - \frac{m_0^4}{2\lambda_0} \tag{1.221}$$

Hence there are seven massless fields π^k despite the fact that the number of broken generators in breaking $O(3) \times O(5)$ to $O(3) \times O(4)$ is only four. When loop corrections are made, the three fields π_1, π_2 and π_3 will develop a mass, and the general theorem stated earlier will become valid. The fields π_1, π_2, and π_3, which are "accidentally" massless in the tree approximation, are called *pseudo-Nambu–Goldstone* bosons.

So far we have simply given numerous examples of the Nambu–Goldstone phenomenon. Now we give two general proofs that have been constructed; these are instructive because when we turn to gauge theories, one will be able to identify precisely which assumptions involved in these proofs are violated. The first proof is due to Gilbert [16] (this work was a rebuttal to an earlier "dis-proof" by Klein and Lee [17]).

Let the generator of an internal symmetry be

$$Q = \int d^3x \, j_0 \tag{1.222}$$

and let this transform one scalar $\phi(x)$ into another $\phi_2(x)$, both being formed from the field operators of the theory. Thus

$$i \int d^3x \left[j_0(x), \phi_1(x) \right] = \phi_2(y) \tag{1.223}$$

Suppose that the symmetry is spontaneously broken because

$$_0\langle \phi_2(x) \rangle_0 = \text{constant} \neq 0 \tag{1.224}$$

Thus

$$i \int d^3x_0 \, _0\langle [j_0(x), \phi_1(0)] \rangle_0 \neq 0 \tag{1.225}$$

Now Lorentz invariance dictates that the most general representation of the related Fourier transform is

$$i \int d^3x \, e^{ik \cdot x} \langle [j_\mu(x), \phi_1(0)] \rangle_0 = \epsilon(k_0) k_\mu \rho_1(k^2) + k_\mu \rho_2(k^2) \tag{1.226}$$

Here k_μ represents the four-momentum of intermediate states inserted into the commutator. Using current conservation then leads to

$$\left[\epsilon(k_0) \rho_1(k^2) + \rho_2(k^2) \right] k^2 = 0 \quad \text{for all } k_\mu \tag{1.227}$$

It follows that ρ_1 and ρ_2 vanish for all $k^2 \neq 0$ and the most general solution is

$$\rho_1 = C_1 \delta(k^2) \tag{1.228}$$

$$\rho_2 = C_2 \delta(k^2) \tag{1.229}$$

Now integrate over k_0 on both sides and use

$$\delta(k_0^2 - \mathbf{k}^2) = \frac{1}{2|\mathbf{k}|} \left[\delta(k_0 - |\mathbf{k}|) + \delta(k_0 + |\mathbf{k}|) \right] \tag{1.230}$$

Letting $\mathbf{k} \to 0$, one obtains

$$2\pi \langle \phi_2 \rangle = \frac{1}{2}[(C_1 + C_2) - (-C_1 + C_2)] \tag{1.231}$$

$$= C_1 \tag{1.232}$$

so that

$$C_1 \neq 0 \tag{1.233}$$

and hence there must exist massless spin-0 intermediate state. Note that manifest Lorentz invariance is a crucial assumption in this proof.

A second proof, due to Jona-Lasinio [18], uses a quite different approach. Take a general Lagrangian

$$\mathcal{L}_0(\phi_k, \partial_\mu \phi_k) \tag{1.234}$$

and add to it a coupling to external sources:

$$\mathcal{L}_1 = J_k \phi_k \tag{1.235}$$

Now construct the generating functional of all Green's functions of the theory:

$$W[J_k] = \left\langle T\left(\exp\left\{i \int d^4x [\mathcal{L}_0 + \mathcal{L}_1]\right\}\right)\right\rangle_0 \tag{1.236}$$

The connected Green's functions are generated by

$$Z[J_k] = -i \ln W[J_k] \tag{1.237}$$

The Legendre transform of $Z[J_k]$ is

$$\Gamma[\phi_k] = Z[J_k] - \int d^4x \, J_k \phi_k \tag{1.238}$$

and generates one-particle-irreducible (1PI) graphs. In particular, the inverse proper two-particle Green's function is given by

$$\Delta^{-1}_{mn}(x-y) = \frac{\delta^2 \Gamma}{\delta \phi_m(x) \delta \phi_n(y)} \tag{1.239}$$

This is easily demonstrated as follows:

$$\frac{\delta Z}{\delta J_k(x)} = \langle \Phi_k(x) \rangle = \phi_k(x) \tag{1.240}$$

$$\frac{\delta^2 Z}{\delta J_k(x) \delta \phi_l(y)} = \delta_{kl} \delta(x-y) \tag{1.241}$$

$$= \int d^4\xi \frac{\delta^2 Z}{\delta J_k(x)\delta J_m(\xi)} \frac{\delta J_m(\xi)}{\delta \phi_l(y)} \tag{1.242}$$

$$= \int d^4\xi \, \Delta_{km}(x-\xi) \frac{\delta^2 \Gamma}{\delta \phi_m(\xi)\delta \phi_l(y)} \tag{1.243}$$

where we used

$$J_m(\xi) = \frac{\delta \Gamma}{\delta \phi_m(\xi)} \tag{1.244}$$

The result for $\Delta_{mn}^{-1}(x-y)$ follows, as required.

Let there be (global) symmetry under the transformations

$$\phi_k \to \phi_k - i T_{kl}^i \theta^i \phi_l \tag{1.245}$$

Then

$$\delta J_k(x) = \int d^4\xi \frac{\delta J_k(x)}{\delta \phi_l(\xi)} \delta \phi_l(\xi) \tag{1.246}$$

$$= -i\theta^i \int d^4\xi \frac{\delta^2 \Gamma}{\delta \phi_k(\xi)\delta \phi_l(\xi)} T_{lm}^i \phi_m(\xi) \tag{1.247}$$

Now for a stationary point, $\delta J_k = 0$ and hence

$$\Delta_{kl}^{-1} T_{lm}^i \phi_m = 0 \quad \text{all } i \tag{1.248}$$

Thus for all i for which $T_{kl}^i \phi_m \neq 0$ there is a zero eigenvalue of Δ_{kl}^{-1} and hence a massless particle. This gives, as before, a number of Nambu–Goldstone bosons equal to the number of broken generators. (For more axiomatic proofs, see Refs. [19] and [20].)

As we shall discuss shortly, the Nambu–Goldstone conjecture is invalid in the case of gauge theories. Since there are no massless spin-0 states known, the exact application of the conjecture is physically irrelevant. But the pion has abnormally low mass and can be regarded as an approximate Nambu–Goldstone boson, as first emphasized by Nambu [13]. Although it is not a gauge theory, it is worth briefly mentioning the linear sigma model that illustrates this view of the pion and the related idea of partially conserved axial current (PCAC) [14, 21]. (Further details of the PCAC hypothesis and its consequences are provided by Refs. [22] and [23].)

The linear sigma model (Gell-Mann and Levy [21]) has Lagrangian

$$\mathcal{L} = \frac{1}{2}\partial_\mu \phi_k \partial_\mu \phi_k - \frac{1}{2}m_0^2 \phi_k \phi_k - \frac{1}{4}\lambda_0(\phi_k \phi_k)^2 + c\sigma \tag{1.249}$$

where $k = 1, 2, 3, 4$ and $\sigma = \phi_4$. For $c \to 0$, $\mathcal{L}$ is O(4) invariant. For $c \neq 0$ there is explicit symmetry breaking and a corresponding partially conserved current.

$$\delta \mathscr{L} = c\delta\sigma \tag{1.250}$$

$$= -ic\theta^i T^i_{4l}\phi_l \tag{1.251}$$

$$= \partial_\mu \left[\frac{\partial \mathscr{L}}{\partial(\partial_\mu \phi_k)} \delta\phi_k \right] \tag{1.252}$$

so that

$$\partial_\mu \left[(\partial_\mu \phi_k) T^i_{km} \phi_m \right] = cT^i_{4l}\phi_l \tag{1.253}$$

Putting $l = 1, 2, 3$ and writing $(\phi^1, \phi^2, \phi^3) = \boldsymbol{\pi}$, one finds that

$$\partial_\mu \boldsymbol{\pi}^5_\mu = c\boldsymbol{\pi} \tag{1.254}$$

where

$$\mathbf{j}^5_\mu = \boldsymbol{\pi}(\partial_\mu \sigma) - \sigma(\partial_\mu \boldsymbol{\pi}) \tag{1.255}$$

is the axial-vector current. To deduce this result, it is easiest to use the explicit form for the o(N) generators T^i_{km} somewhat earlier as

$$(T^{ij})_{kl} = -i(\delta_{ik}\delta_{jl} - \delta_{il}\delta_{jk}) \tag{1.256}$$

The potential function is

$$V = \frac{1}{2}m_0^2(\phi_k\phi_k) + \frac{1}{4}(\phi_k\phi_k)^2 - c\sigma \tag{1.257}$$

This has a stationary value for

$$\boldsymbol{\pi} = 0 \tag{1.258}$$

$$\sigma = u \tag{1.259}$$

where

$$(m_0^2 + \lambda_0 u^2)u = c \tag{1.260}$$

Shifting fields from σ to s, where

$$\sigma = u + s \tag{1.261}$$

we find that

$$\mathscr{L} = \frac{1}{2}(\partial_\mu s \partial_\mu s + \partial_\mu \boldsymbol{\pi} \partial_\mu \boldsymbol{\pi}) - \frac{1}{2}m_\sigma^2 s^2 - \frac{1}{2}m_\pi^2 \boldsymbol{\pi}^2 - \frac{1}{4}\lambda_0 us(\boldsymbol{\pi}^2 + s^2)$$

$$+ \left(\frac{1}{2}m_0^2 u^2 + \frac{3}{4}\lambda_0 u^4\right) - \frac{1}{4}\lambda(\boldsymbol{\pi}^2 + s^2)^2 \tag{1.262}$$

where

$$m_\sigma^2 = m_0^2 + 3\lambda_0 u^2 \tag{1.263}$$

$$m_\pi^2 = m_0^2 + \lambda_0 u^2 \tag{1.264}$$

In the limit $c \to 0$, *either*

$$u = 0 \tag{1.265}$$

$$m_\sigma^2 = m_\pi^2 = m_0^2 > 0 \tag{1.266}$$

or

$$u \neq 0 \tag{1.267}$$

$$m_\pi^2 = m_0^2 + \lambda_0 u^2 = 0 \tag{1.268}$$

$$m_\sigma^2 = 2\lambda_0 u^2 > 0 \quad \text{for } \lambda_0 > 0 \tag{1.269}$$

When $c \neq 0$ in the second (spontaneous breaking) case,

$$m_\pi^2 = \frac{c}{u} \tag{1.270}$$

$$c = m_\pi^2 \langle \sigma \rangle \tag{1.271}$$

so that the pion is an approximate Nambu–Goldstone boson, and the axial current is partially conserved according to

$$\partial_\mu j_\mu^5 = \langle \sigma \rangle m_\pi^2 \boldsymbol{\pi} \tag{1.272}$$

1.5
Higgs Mechanism

If the Nambu–Goldstone conjecture were applicable to local gauge theories, the situation would be hopeless since the choice would be between unwanted massless vectors (exact symmetry) and unwanted massless scalars (spontaneous breaking).

Fortunately, gauge theories circumvent the difficulty. The suspicion that this might happen was already present from nonrelativistic examples. Although several nonrelativistic cases where the Nambu–Goldstone modes occur are well known— phonons in crystals and in liquid helium [24], and magnons in a ferromagnet [25]— it turns out that in the Bardeen–Cooper–Schrieffer (BCS) theory [26] of superconductivity, the massless excitations are absent. Because of the long-range Coulomb forces between Cooper pairs, however, there is an energy gap and no massless phonons, only massive plasmalike excitations. This phenomenon led Anderson [27] to speculate that a similar escape from Nambu–Goldstone bosons might exist for gauge theories.

The first simple model to illustrate how gauge theories evade the Nambu–Goldstone conjecture was written by Higgs [29–31]. The Goldstone model has Lagrangian ($m_0^2 < 0$)

$$\mathcal{L}(\phi, \partial_\mu \phi) = \partial_\mu \phi^* \partial_\mu \phi - m_0^2 \phi^* \phi - \frac{\lambda_0}{6}(\phi^* \phi)^2 \tag{1.273}$$

Using the results given earlier, we can make a locally gauge-invariant generalization as

$$\mathcal{L}(\phi_k, D_\mu \phi_k) - \frac{1}{4} F_{\mu\nu} F_{\mu\nu} \tag{1.274}$$

$$D_\mu \phi = \partial_\mu \phi + ieA_\mu \phi \tag{1.275}$$

$$F_{\mu\nu} = \partial_\mu A_\nu - \partial_\nu A_\mu \tag{1.276}$$

This is the Higgs model. It is invariant under

$$\phi' = e^{i\theta(x)} \phi \tag{1.277}$$

$$A'_\mu = A_\mu - \frac{1}{e} \partial_\mu \theta(x) \tag{1.278}$$

As derived earlier, the minimum of the potential occurs at

$$|\phi|^2 = -\frac{3m_0^2}{\lambda_0} = \frac{1}{2} v^2 \tag{1.279}$$

We can reparametrize ϕ according to

$$\phi = \exp\left(\frac{i\xi}{v}\right) \frac{v+\eta}{\sqrt{2}} \tag{1.280}$$

$$= \frac{1}{\sqrt{2}}(v + \eta + i\xi + \text{higher orders}) \tag{1.281}$$

Substituting this into the Lagrangian gives

$$\mathcal{L} = -\frac{1}{4} F_{\mu\nu} F_{\mu\nu} + \frac{1}{2} \partial_\mu \eta \partial_\mu \eta$$

$$+ \frac{1}{2} \partial_\mu \xi \partial_\mu \xi + m_0^2 \eta^2 + \frac{1}{2} e^2 v^2 A_\mu A_\mu + ev A_\mu \partial_\mu \xi$$

$$+ \text{higher orders} \tag{1.282}$$

1 Gauge Invariance

The particle spectrum can now be made obvious by the gauge transformation with gauge function $\theta(x) = -\xi/v$:

$$A'_\mu = A_\mu + \frac{1}{ev}\partial_\mu \xi \tag{1.283}$$

$$\phi' = \frac{v+\eta}{\sqrt{2}} \tag{1.284}$$

giving

$$\mathcal{L} = -\frac{1}{4}F_{\mu\nu}F_{\mu\nu} + \frac{1}{2}(\partial_\mu \eta \partial_\mu \eta + 2m_0^2 \eta^2)$$

$$+ \frac{1}{2}e^2 v^2 A'_\mu A'_\mu - \frac{1}{6}\lambda_0 v \eta^3 - \frac{1}{24}\lambda_0 \eta^4$$

$$+ \frac{1}{2}e^2 A'^2_\mu \eta(2v+\eta) - \frac{1}{4}v^2 m_0^2 \tag{1.285}$$

There are no massless particles! The vector field has (mass)$^2 = e^2 v^2$ and the η field has (mass)$^2 = -2m0^2 > 0$. The ξ, field, known as a *would-be Nambu–Goldstone boson*, has been gauged away to become the longitudinal mode of the massive vector A'_μ. Thus the number of degrees of freedom is conserved.

Concerning the proofs of the Nambu–Goldstone conjecture given in Section 1.4, the gauge freedom means that one cannot formulate a local gauge theory so that there are manifest Lorentz invariance *and* positivity of norms (both are assumed in the proofs above).

Now we turn to a non-Abelian example where the gauge group is SU(2). The Lagrangian is

$$\mathcal{L} = \frac{1}{2}(\partial_\mu \phi_k + g\epsilon^{klm} A^l_\mu \phi_m)(\partial_\mu \phi_k + g\epsilon_{klm} A^l_\mu \phi_m)$$

$$- V(\phi_k \phi_k) - \frac{1}{4}F^k_{\mu\nu} F^k_{\mu\nu} \tag{1.286}$$

where $k, l, m = 1, 2, 3$. Let the vacuum expectation value (VEV) of the field be

$$\phi_k = \delta_{k3} v \tag{1.287}$$

so that T_1 and T_2 are broken generators of SU(2) and T_3 is still good. In the absence of gauge invariance we would therefore expect two Nambu–Goldstone bosons; in the present case these become two would-be Nambu–Goldstone modes designated ξ_1 and ξ_2. The field may be reparametrized as

$$\phi = \exp\left[\frac{i}{v}(\xi_1 T_1 + \xi_2 T_2)\right]\begin{pmatrix} 0 \\ 0 \\ v+\eta \end{pmatrix} \tag{1.288}$$

To go to the U-gauge (the unitary gauge, where the particle spectrum, and unitarity, are manifest), one makes a gauge transformation with

$$\theta(x) = -\frac{i}{v}[T_1\xi_1(x) + T_2\xi_2(x)] \tag{1.289}$$

so that

$$\phi' = \begin{pmatrix} 0 \\ 0 \\ v+\eta \end{pmatrix} \tag{1.290}$$

In the Lagrangian, the term quadratic in A'^i_μ in the U-gauge is therefore given by

$$+\frac{g^2}{2}\epsilon^{kl3}A'^l_\mu \epsilon^{kl'3}A'^{l'}_\mu(v+\eta)^2 \tag{1.291}$$

which may be rewritten as

$$\frac{1}{2}M^2\left(A'^1_\mu A'^1_\mu + A'^2_\mu A'^2_\mu\right) \tag{1.292}$$

with $M = gv$. Thus there are two massive vectors and one massless vector (A'^3_μ), together with one massive scalar (η). Again the would-be Nambu–Goldstone bosons ξ_1 and ξ_2 have been gauged away, and the number of degrees of freedom has been conserved.

For a general non-Abelian gauge group G there are initially n massless gauge vectors, before symmetry breaking, where n is the number of generators for G. Suppose that the residual group G' has n' generators; this general case was analyzed by Kibble [31].

The symmetric Lagrangian is

$$\mathcal{L} = -\frac{1}{4}F^a_{\mu\nu}F^a_{\mu\nu} + \frac{1}{2}(\partial-\mu - igT^i A^i_\mu)\phi_k(\partial_\mu + igT^i A^i_\mu)\phi_k V(\phi) \tag{1.293}$$

Suppose that $V(\phi)$ is minimized by $\phi_k = v_k$. Without the gauge bosons we would expect $(n-n')$ Nambu–Goldstone particles. In the gauge invariant case we reparametrize by

$$\phi_k = \exp\left(\frac{i\sum_i \xi^i T^i}{v}\right)(v+\eta) \tag{1.294}$$

where the sum is over the $(n-n')$ broken generators T^i and η is an n'-dimensional vector taken orthogonal to the $(n-n')$ independent of v_l, satisfying

$$T^i_{kl}v_l \neq 0 \quad \text{all } i \tag{1.295}$$

After a gauge transformation with gauge function $\theta(x) = -i \sum_i \xi^i(x) T^i / v$, the quadratic term in A'^i_μ is of the form

$$-\frac{1}{2} g^2 (T^i v, T^j v) A'^i_\mu A'^j_\mu \tag{1.296}$$

After diagonalization, this leads to $(n - n')$ massive vector states. The remaining n' vectors remain massless.

To summarize the Kibble counting [31], the number of would-be Nambu–Goldstone bosons is equal to the number of broken generators; these modes are absorbed to make an equal number of massive vectors. The other gauge bosons remain massless.

1.6
Summary

The use of Higgs scalars to induce spontaneous symmetry breaking of gauge theories has the merit that one can use perturbation theory for small couplings, and since the theories are renormalizable, one can compute systematically to arbitrary accuracy, at least in principle.

But the introduction of Higgs scalars is somewhat arbitrary and unaesthetic, especially as there is no experimental support for their existence. They may be avoided by dynamical symmetry breaking where a scalar bound state develops a nonvanishing vacuum expectation value; in this case usual perturbation theory is inapplicable and new techniques are needed.

Thus there are two optimistic possibilities:

1. Higgs scalars will be discovered experimentally; they may have so far escaped detection because they are very massive.
2. It may be shown that the Higgs scalars provide a reparametrization of the dynamical breaking mechanism. In either case, the use of the fundamental scalar fields will be vindicated.

On the other hand, in case neither of these developments occurs, it is crucial to perfect satisfactory nonperturbative methods.

References

1. N.N. Bogoliubov and D.V. Shirkov, *Introduction to the Theory of Quantized Fields*, Wiley–Interscience, New York, 1959, p. 19.
2. J.D. Bjorken and S.D. Drell, *Relativistic Quantum Fields*, McGraw–Hill, New York, 1965, p. 17.
3. M.H.L. Pryce, *Proc. R. Soc.* A195, 62 (1948).
4. E.L. Hill, *Rev. Mod. Phys.* 23, 253 (1951).
5. C.N. Yang and R.L. Mills, *Phys. Rev.* 96, 191 (1954).
6. R. Utiyama, *Phys. Rev.* 101, 1597 (1956).
7. S.L. Glashow and M. Gell-Mann, *Ann. Phys.* 15, 437 (1961).
8. T.W.B. Kibble, *J. Math. Phys.* 2, 212 (1961).
9. C.N. Yang, *Phys. Rev. Lett.* 33, 445 (1974).

10 W.T. Ni, *Phys. Rev. Lett.* 35, 319 (1975).
11 A.H. Thompson, *Phys. Rev. Lett.* 35, 320 (1975).
12 F. Mansouri and L.N. Chang, *Phys. Rev.* D13, 3192 (1976).
13 Y. Nambu, *Phys. Rev. Lett.* 4, 380 (1960).
14 J. Goldstone, *Nuovo Cimento* 19, 15 (1961).
15 J. Goldstone, A. Salam, and S. Weinberg, *Phys. Rev.* 127, 965 (1962).
16 W. Gilbert, *Phys. Rev. Lett.* 12, 713 (1964).
17 A. Klein and B.W. Lee, *Phys. Rev. Lett.* 12, 266 (1964).
18 G. Jona-Lasinio, *Nuovo Cimento* 34, 1790 (1964).
19 R.F. Streater, *Proc. R. Soc.* A287, 510 (1965).
20 D. Kastler, D.W. Robinson, and A. Swieca, *Commun. Math. Phys.* 2, 108 (1966).
21 M. Gell-Mann and M. Levy, *Nuovo Cimento* 16, 705 (1960).
22 B. Renner, *Current Algebras*, Pergamon Press, Elmsford, New York, 1968.
23 S.L. Adler and R. Dahsen, *Current Algebras*, W.A. Benjamin, New York, 1969.
24 N.N. Bogoliubov, *J. Phys. (U.S.S.R.)* 11, 23 (1947).
25 W. Heisenberg, *Z. Phys.* 49, 619 (1928).
26 J. Bardeen, L. Cooper, and J. Schrieffer, *Phys. Rev.* 106, 162 (1957).
27 P.W. Anderson, *Phys. Rev.* 130, 439 (1963).
28 P.W. Higgs, *Phys. Lett.* 12, 132 (1964).
29 P.W. Higgs, *Phys. Rev. Lett.* 13, 508 (1964).
30 P.W. Higgs, *Phys. Rev.* 145, 1156 (1966).
31 T.W.B. Kibble, *Phys. Rev.* 155, 1554 (1967).

2
Quantization

2.1
Introduction

Here we study the question of quantizing Yang–Mills field theories. It turns out that the path integral technique is the most convenient method for doing this.

Historically, it was Feynman in 1962 who pointed out that the most naive guess for the Feynman rules conflicted with perturbative unitarity even at the one-loop level; he also suggested the use of fictitious ghost particles to remedy this in the one loop. The general prescription was justified by the elegant work of Faddeev and Popov in 1967.

We first give a detailed treatment of path integrals for nonrelativistic quantum mechanics, showing that they are equivalent to the use of the Schrödinger equation, and deriving the Rutherford cross-section formula as an example. The technique is then extended to the vacuum–vacuum amplitude of a field theory, where the number of degrees of freedom becomes infinite.

For Yang–Mills theory, we first give a canonical treatment in the Coulomb gauge. The Faddeev–Popov approach is then described, applicable to any gauge choice. This culminates in the required Feynman rules for a set of covariant gauges, including the Landau gauge and the Feynman gauge.

We then study one-loop corrections to the effective potential.

2.2
Path Integrals

Path integrals provide a method of quantizing a classical system; the approach was pioneered by Dirac [1] and particularly by Feynman [2, 3]. (References [1] and [2] are reprinted in Ref. [4].) It provides an alternative to conventional quantization methods and is more suitable for certain problems; in particular, of course, the reason for describing it here is that it is well suited for quantization of gauge field theories.

Gauge Field Theories. Paul H. Frampton
Copyright © 2008 WILEY-VCH Verlag GmbH & Co. KGaA, Weinheim
ISBN: 978-3-527-40835-1

In the conventional approach to quantization, one begins with the classical action S, which is an integral over a Lagrangian density $\mathcal{L}$. By the Hamiltonian variational principle, one then derives the Lagrange equations of motion. One sets up the Hamiltonian H and then proceeds with canonical quantization. In the path integral method, the time evolution of a quantum mechanical state is written directly in terms of the classical action S.

We first describe the technique in nonrelativistic quantum mechanics, where it is alternative, and equivalent, to the Schrödinger wave equation. The path integral method is useful particularly for finding scattering amplitudes but is, in general, ill suited for bound-state problems such as the hydrogen atom. As an illustrative example (for which path integrals work easily) we shall derive the Rutherford cross-section formula [5].[1] Only once we have become comfortable with path integrals in this way will we proceed to relativistic quantum mechanics.

The one-dimensional Schrödinger equation for a particle of mass m moving in a potential $V(x)$ is

$$\left[-\frac{1}{2m}\frac{\partial^2}{\partial x^2} + V(x)\right]\psi(x,t) = i\frac{\partial}{\partial t}\psi(x,t) \tag{2.1}$$

Let the wavefunction be given at initial time $t = t_i$ by

$$\psi(x, t_i) = f(x) \tag{2.2}$$

Then we would like to find the appropriate evolution operator such that

$$\psi(x_f, t_f) = \int dx\, K(x_f, t_f; x, t_i) f(x) \tag{2.3}$$

Now it is obvious that

$$K(x_f, t_i; x, t_i) = \delta(x_f - x) \tag{2.4}$$

but what about general t_f?

We divide the time interval $(t_f - t_i)$ into $(n+1)$ small elements such that

$$t_0 = t_i \tag{2.5}$$

$$t_1 = t_i + \epsilon \tag{2.6}$$

$$\vdots$$

$$t_n = t_i + n\epsilon \tag{2.7}$$

$$t_f = t_i + (n+1)\epsilon \tag{2.8}$$

---

1) Our treatment follows that of M. Veltman, lectures given at International School of Elementary Particle Physics, Basko-Polje, September 1974.

The Lagrangian is

$$L = T - V \tag{2.9}$$

$$= \frac{1}{2}m\dot{x}^2 - V(x) \tag{2.10}$$

We can thus put the action into the discrete form

$$S = \int_{t_i}^{t_f} dt\, L \tag{2.11}$$

$$= \sum_{k=1}^{n+1} \epsilon \left[\frac{m\dot{x}_k^2}{2} - V(x_k) \right] \tag{2.12}$$

$$= \sum_{k=1}^{n+1} \epsilon \left[\frac{m}{2\epsilon^2}(x_k - x_{k-1})^2 - V(x_k) \right] \tag{2.13}$$

Hence given the $x_k(t_k)$, we may compute S; a typical path is indicated on an x–t plot in Fig. 2.1.

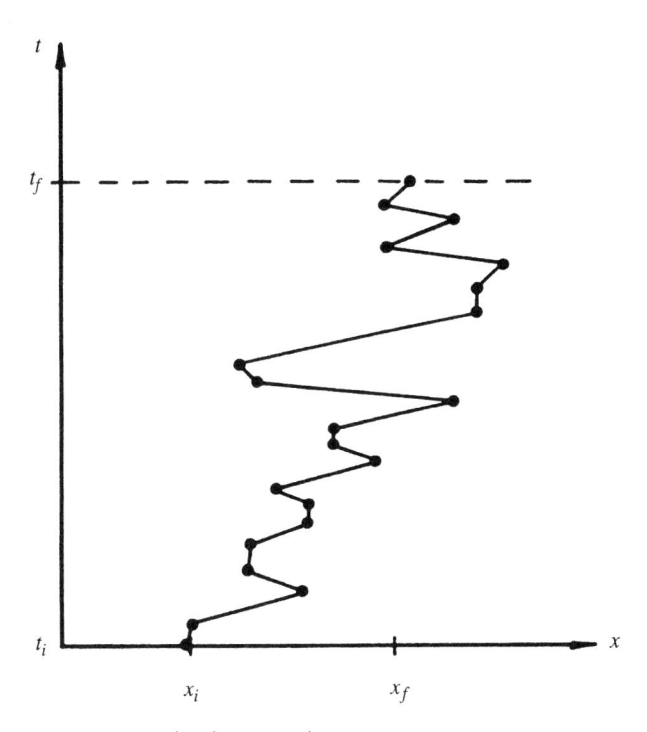

Figure 2.1 Typical path on x–t plot.

Consider now the sum over all possible paths:

$$\int_{-\infty}^{\infty} dx_1 \cdots dx_n \, e^{iS} \tag{2.14}$$

This object holds the key to the required quantum mechanical evolution operator. In the limit $\epsilon \to 0$ it will vanish in general, so it is necessary to take out a normalization factor; we thus define

$$K(x_f, t_f; x_i, t_i) = \begin{cases} \lim_{n \to \infty} \left[\frac{1}{(N(\epsilon))}\right]^{n+1} \int dx_1 \cdots dx_n \, e^{iS} & t_f > t_i \quad (2.15) \\ 0 & t_f < t_i \quad (2.16) \end{cases}$$

The appropriate value for the normalization factor, to be justified below, is

$$N(\epsilon) = \left(\frac{2\pi i \epsilon}{m}\right)^{1/2} \tag{2.17}$$

With this factor included, a convenient shorthand is

$$K(x_f, t_f; x_i, t_i) = \int Dx \, e^{iS} \quad t_f > t_i \tag{2.18}$$

To find the equation satisfied by K, consider the time $t = t_f + \epsilon$, when the position is x_{n+2}. Then

$$K(x_{n+2}, t_f + \epsilon; x_i, t_i)$$

$$= \frac{1}{N(\epsilon)} \int dx_{n+1} \exp\left\{i\epsilon\left[\frac{m}{2\epsilon^2}(x_{n+2} - x_{n+1})^2 - V(x_{n+2})\right]\right\}$$

$$\cdot K(x_{n+1}, t_f; x_i, t_i) \tag{2.19}$$

$$= \frac{1}{N(\epsilon)} \int_{-\infty}^{\infty} d\eta \exp\left[\frac{im}{2\epsilon}\eta^2 - i\epsilon V(x_{n+2})\right]$$

$$\cdot K(x_{n+2} + \eta, t_f; x_i, t_i) \tag{2.20}$$

where $x_{n+2} = x_{n+1} - \eta$. Expanding K in a Taylor series (putting $x_{n+2} = x$ and temporarily suppressing the arguments $t_f; x_i, t_i$) yields

$$K(x + \eta) = K(x) + \eta \frac{\partial K}{\partial x}(x) + \frac{1}{2}\eta^2 \frac{\partial^2 K}{\partial x^2}(x) + \cdots \tag{2.21}$$

Using the Gaussian integrals

$$\int_{-\infty}^{\infty} d\eta \, e^{(ia/\epsilon)\eta^2} = \sqrt{\frac{i\pi\epsilon}{a}} \tag{2.22}$$

$$\int_{-\infty}^{\infty} d\eta\, \eta e^{(ia/\epsilon)\eta^2} = 0 \qquad (2.23)$$

$$\int_{-\infty}^{\infty} d\eta\, \eta^2 e^{(ia/\epsilon)\eta^2} = \frac{i\epsilon}{2a}\sqrt{\frac{i\pi\epsilon}{a}} \qquad (2.24)$$

(here $a = m/2$) and expanding

$$e^{-i\epsilon V(k)} = 1 - i\epsilon V(k) + O(\epsilon^2) \qquad (2.25)$$

one finds that

$$K(x, t_f + \epsilon; x_i, t_i)$$

$$= \frac{1}{N(\epsilon)}[1 - i\epsilon V(x)]$$

$$\cdot \sqrt{\frac{2i\pi\epsilon}{m}} \left[K(x, t_f; x_i, t_i) + \frac{i\epsilon}{2m}\frac{\partial^2 K}{\partial x^2}(x, t_f; x_i, t_i) \right] + O(\epsilon^2) \qquad (2.26)$$

$$= K(x, t_f; x_i, t_i) + \epsilon \frac{\partial}{\partial t_f} K(x, t_f; x_i, t_i) x + O(\epsilon^2) \qquad (2.27)$$

It follows that K satisfies the equation

$$i\frac{\partial}{\partial t_f} K(x, t_f; x_i, t_i) = \left[-\frac{1}{2m}\frac{\partial^2}{\partial x^2} + V(x) \right] K(x, t_f; x_i, t_i) \qquad (2.28)$$

This has justified our choice of normalization $N(\epsilon)$ in Eq. (2.17). It also proves that if $\psi(x_i, t_i)$ satisfies the Schrödinger equation (2.1), so does

$$\psi(x_f, t_f) = \int dx\, K(x_f, t_f; x, t_i) \psi(x, t_i) \qquad (2.29)$$

as required. Thus K is the Green's function for the Schrödinger operator satisfying the equation

$$\left(i\frac{\partial}{\partial t_f} - V + \frac{1}{2m}\frac{\partial^2}{\partial x_f^2} \right) K(x_f, t_f; x_i, t_i) = \delta(t_f - t_i)\delta(x_f - x_i) \qquad (2.30)$$

In a scattering problem, the initial wavefunction is a plane wave. In a bound-state problem, the initial wavefunction is unknown, so one has an eigenvalue problem (solving $\psi_f = \psi_i$), which is very difficult, in general.

In a problem where the potential term is small, it is most convenient to calculate K in perturbation theory. One starts, in zeroth order, with the action

$$S_0 = \int_{t_i}^{t_f} dt\, \frac{1}{2}m\dot{x}^2 \qquad (2.31)$$

whereupon

$$K_0(x_f, t_f; x_i, t_i)$$

$$= \int Dx e^{iS_0} \tag{2.32}$$

$$= \lim_{n\to\infty} \left(\frac{m}{2i\pi\epsilon}\right)^{(n+1)/2} \int dx_1 \cdots dx_n \cdot \exp\left[\frac{im}{2\epsilon}\sum_{k=1}^{n+1}(x_k - x_{k-1})^2\right] \tag{2.33}$$

$$= \lim_{n\to\infty} \sqrt{\frac{m}{2i\pi\epsilon(n+1)}} \exp\left[\frac{im}{2\epsilon(n+1)}x\right]^2 \tag{2.34}$$

$$= \sqrt{\frac{m}{2i\pi t}} \exp\left(\frac{im}{2t}x^2\right) \tag{2.35}$$

where $t = (n+1)\epsilon = t_f - t_i$.

In reaching Eq. (2.34) we have used the integral

$$I_n = \int_{-\infty}^{+\infty} dx_1 \cdots dx_n \exp\{i\lambda[(x_1 - x_i)^2 + \cdots + (x_f - x_n)^2]\} \tag{2.36}$$

$$= \sqrt{\frac{i^n \pi^n}{(n+1)\lambda^n}} \exp\left[\frac{i\lambda}{(n+1)}(x_f - x_i)^2\right] \tag{2.37}$$

This is easily verified for $n = 1$ and is proved in general by induction: Assume it to be correct for n; then

$$I_{n+1} = \sqrt{\frac{i^n \pi^n}{(n+1)\lambda^n}} \int_{-\infty}^{+\infty} dx_{n+1} \exp\left[\frac{i\lambda}{n+1}(x_{n+1} - x_i)^2 + i\lambda(x_f - x_{n+1})^2\right] \tag{2.38}$$

$$= \sqrt{\frac{i^n \pi^n}{(n+1)\lambda^n}} \int_{-\infty}^{+\infty} dx_{n+1}$$

$$\cdot \exp\left\{i\lambda\left[\frac{n+2}{n+1}y^2 - 2y(x_f - x_i) + (x_f - x_i)^2\right]\right\} \tag{2.39}$$

$$= \sqrt{\frac{i^n \pi^n}{(n+1)\lambda^n}} \exp\left[\frac{i\lambda}{n+2}(x_f - x_i)^2\right] \int_{-\infty}^{\infty} dx \exp\left(i\lambda\frac{n+2}{n+1}z^2\right) \tag{2.40}$$

$$= \sqrt{\frac{i^{n+1}\pi^{n+1}}{(n+2)\lambda^{n+1}}} \exp\left[i\frac{\lambda}{n+2}(x_f - x_i)^2\right] \tag{2.41}$$

as required. Here we used the substitutions

$$y = x_{n+1} - x_i \tag{2.42}$$

$$z = y - \frac{n+1}{n+2}(x_f - x_i) \tag{2.43}$$

respectively.

Going into momentum space and using the formulas

$$\sqrt{\frac{\alpha}{\pi i}} \int_{-\infty}^{\infty} dp\, e^{ipx+i\alpha p^2} = e^{-ix^2/4\alpha} \tag{2.44}$$

$$\theta(t) = \frac{1}{2\pi i} \int_{-\infty}^{\infty} d\tau\, \frac{e^{i\tau t}}{\tau - i\epsilon} \tag{2.45}$$

we may rewrite (with $t = t_f - t_i$, $x = x_f - x_i$)

$$K_0(x_f t_f, x_i t_i) = \frac{1}{2\pi}\theta(t) \int_{-\infty}^{\infty} dp\, e^{ipx - i(p^2/2m)t} \tag{2.46}$$

$$= \frac{1}{(2\pi)^2 i} \int_{-\infty}^{\infty} dp\, d\tau\, \frac{e^{ipx - i(p^2/2m)t + i\tau t}}{\tau - i\epsilon} \tag{2.47}$$

$$= \frac{1}{(2\pi)^2 i} \int_{-\infty}^{\infty} dp\, dE\, \frac{e^{i(px - Et)}}{-E + p^2/2m - i\epsilon} \tag{2.48}$$

where $E = p^2/2m - \tau$.

Expression (2.48) represents the time development or propagation of the free wavefunction; it is thus the nonrelativistic propagator.

For the first-order correction, one includes the term linear in V,

$$K_1(x_f t_f; x_i t_i)$$

$$= -i \int_{t_i}^{t_f} dt \int Dx\, e^{iS_0} V(x,t) \tag{2.49}$$

$$= -i \left[\frac{1}{N(\epsilon)}\right]^{n+1} \sum_{l=1}^{n+1} \epsilon \int dx_1 \cdots dx_n$$

$$\cdot \exp\left[i \sum_{k=1}^{n+1} \frac{m}{2\epsilon}(x_k - x_{k-1})^2\right] V(x_l, t_l) \tag{2.50}$$

$$= -i \sum_{l=1}^{n+1} \epsilon \int dx_l \left[\frac{1}{N(\epsilon)}\right]^{n-l+1} \int dx_{l+1} \cdots dx_n$$

$$\cdot \exp\left[i \sum_{k=l+1}^{n+1} \frac{m}{2\epsilon}(x_k - x_{k-1})^2\right] V(x_l \cdot t_l) \left[\frac{1}{N(\epsilon)}\right]^l \int dx_1 \cdots dx_{l-1}$$

$$\cdot \exp\left[i \sum_{k=1}^{l} \frac{m}{2\epsilon}(x_k - x_{k-1})^2\right] \tag{2.51}$$

$$= -i \int_{-\infty}^{\infty} dt \int_{-\infty}^{\infty} dx \, K_0(x_f, t_f; x, t) V(x, t) \cdot K_0(x, t; x_i, t_i) \tag{2.52}$$

The time integration can safely be extended to the full range $(-\infty, +\infty)$ because of the property that $K_0 \sim \theta(t)$.

The second and higher orders are similar; for example,

$$K_2 = (-i)^2 \int dt_1 \, dt_2 \, dx_1 \, dx_2 \, K_0(x_f, t_f; x_1, t_1) V(x_1, t_1)$$

$$\cdot K_0(x_1, t_1; x_2, t_2) V(x_2, t_2) K_0(x_2, t_2; x_i, t_i) \tag{2.53}$$

In general, the $(n!)^{-1}$ of the exponential expansion is canceled by the existence of the $n!$ different time orderings. The full series reads

$$K(x_f, t_f; x_i, t_i) = K_0(x_f, t_f; x_i, t_i)$$

$$- i \sum_{n=0}^{\infty} \int dt \, dx \, K_n(x_f, t_f; x, t) V(x, t) K_0(x, t; x_i, t_i) \tag{2.54}$$

We may equivalently write a Bethe–Salpeter equation in the form

$$K(x_f, t_f; x_i, t_i) = K_0(x_f, t_f; x_i, t_i)$$

$$- i \int dt \, dx \, K(x_f, t_f; x, t) V(x, t) K_0(x, t; x_i, t_i) \tag{2.55}$$

The Feynman rules for this nonrelativistic single-particle case are indicated in Fig. 2.2 for configuration space. Figure 2.3 shows the diagrammatic representation of the Bethe–Salpeter equation, (2.55).

In momentum space, we define the Fourier transform of the potential as

$$V(x, t) = \int dp \, dE \, e^{ipx - iEt} \mathcal{V}(p, E) \tag{2.56}$$

whereupon the Feynman rules are as indicated in Fig. 2.4. Of course, the Feynman diagrams are trivial for this nonrelativistic single-particle case, but they will become very useful and nontrivial in quantum field theory.

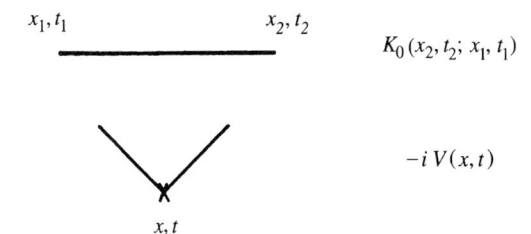

Figure 2.2 Feynman rules for nonrelativistic particle in configuration space.

Figure 2.3 Bethe–Salpeter equation.

Figure 2.4 Feynman rules for nonrelativistic particle in momentum space.

Now we may consider the calculation of an S-matrix element. Here, the initial and final states are plane waves that extend over all space. The S-matrix element is given by the overlap integral

$$\int dx_j \psi_{\text{out}}^*(x_f, t_f) \psi_{\text{in}}(x_f, t_f)$$

$$= \int dx_f \, dx_i \, \psi_{\text{out}}^*(x_f, t_f) K(x_f, t_f; x_i, t_i) \psi_{\text{in}}(x_i, t_i) \qquad (2.57)$$

The in and out states may be normalized such that there is precisely one particle in all of space:

$$\int \psi_{\text{in}}^* \psi_{\text{in}} \, d^3x = \int \psi_{\text{out}}^* \psi_{\text{out}} \, d^3x = 1 \qquad (2.58)$$

or, in a box of volume V cm^3, the plane-wave function is

$$\psi(x, t) = \frac{1}{\sqrt{V}} e^{i k \cdot x - i E t} \qquad (2.59)$$

for three-momentum $\mathbf{k}$ and energy $E = k^2/2m$. The incident velocity is k/m and since the density is V^{-1} particles/cm^3, the incident flux is given by

$$\frac{k}{Vm} \text{particles/cm}^2 \cdot \text{s} \tag{2.60}$$

Let the final momentum be $\mathbf{p}$ and the S-matrix be $A(p, k, t)$, where T is the time for which the potential is switched on so that the transition probability per second is

$$\frac{|A(p, k, T)|^2}{T} \tag{2.61}$$

The total cross section is obtained by integrating over the final-state momenta

$$\sigma_{\text{tot}} = \int d^3 p \, \frac{V}{(2\pi)^3} \frac{Vm}{k} \frac{|A(p, k, T)|^2}{T} \tag{2.62}$$

Here the factor $V/(2\pi)^3$ is the density of plane waves in the box per unit three-momentum interval. Note that since the in and out states are plane waves, they extend over all space so that the potential must be switched on and off—very slowly to minimize energy absorption.

Thus to find, as an illustrative example, the Rutherford cross section, we use the Coulomb potential

$$V(\mathbf{x}, t) = \frac{\alpha}{r} e^{-4t^2/T^2} \tag{2.63}$$

where the fine-structure constant is $\alpha = e^2/4\pi = (137.036)^{-1}$. To find the probability per unit time we will need to divide by

$$\int_{-\infty}^{\infty} dt \, e^{-8t^2/T^2} = \sqrt{\frac{T^2 \pi}{8}} \tag{2.64}$$

We will compute only the Born approximation (i.e., the first-order level, which uses the kernel K_1). The amplitude is

$$A(\mathbf{p}, \mathbf{k}, T) = \int d^3 x_f \, d^3 x \, dt \, d^3 x_i \, \psi^*_{\text{out}}(x_f, t_f) K_0(x_f, t_f; \mathbf{x}, t)$$

$$\cdot (-i) V(\mathbf{x}, t) K_0(\mathbf{x}, t; x_i, t_i) \psi_{\text{in}}(x_i, t_i) \tag{2.65}$$

Provided that $t_f \gg T$ and $t_i \ll -T$, we can drop the $\theta(t)$ and use

$$K_0 = \frac{1}{(2\pi)^3} \int d^3 q \exp\left[i\mathbf{q} \cdot (x_f - x) - i \frac{q^2}{2m}(t_f - t)\right] \tag{2.66}$$

We find that

2.2 Path Integrals

$$A(\mathbf{p}, \mathbf{k}, T) = -i \int d^3x_f \, d^3x_i \, d^3x \, dt \, d^3q \, d^3q' \frac{1}{V} \frac{1}{(2\pi)^6} V(\mathbf{x}, t)$$

$$\cdot \exp\left[-i\mathbf{p} \cdot \mathbf{x}_f + i\frac{p^2}{2m}t_f + i\mathbf{q} \cdot (\mathbf{x}_f - \mathbf{x}) - i\frac{q^2}{2m}(t_f - t)\right.$$

$$\left. + i\mathbf{q}' \cdot (\mathbf{x} - \mathbf{x}_i) - i\frac{q'^2}{2m}(t - t_i) + i\mathbf{k} \cdot \mathbf{x}_i - i\frac{k^2}{2m}t_i\right] \quad (2.67)$$

$$= -\frac{i}{V} \int d^3x \, dt \, \exp\left(-i\mathbf{p} \cdot \mathbf{x} + i\frac{p^2}{2m}t + i\mathbf{k} \cdot \mathbf{x} - i\frac{k^2}{2m}t\right)$$

$$\cdot \frac{\alpha}{r} e^{-4t^2/T^2} \quad (2.68)$$

We need the integrals

$$\int_{-\infty}^{\infty} dt \, e^{iat - 4t^2/T^2} = e^{-a^2T^2/16} \int_{-\infty}^{\infty} d\tau \, e^{-4\tau^2/T^2} \quad (2.69)$$

$$= \sqrt{\frac{\pi T^2}{4}} e^{-a^2T^2/16} \quad (2.70)$$

with $a = (\mathbf{p}^2 - \mathbf{k}^2)/2m$ and (using a temporary cutoff at $r = M^{-1}$)

$$\int d^3x \, \frac{e^{i\mathbf{q}\cdot\mathbf{x}}}{r} e^{-Mr} = 2\pi \int_0^\infty r \, dr \, e^{-Mr} \int_{-1}^{+1} dz \, e^{iqrz} \quad (2.71)$$

$$= \frac{4\pi}{q^2 + M^2} \quad (2.72)$$

In Eq. (2.71) we chose the z-axis along $\mathbf{q} = (\mathbf{k} - \mathbf{p})$. With these integrals it follows that

$$A(\mathbf{p}, \mathbf{k}, T) = -\frac{4\pi i}{V} \frac{\alpha}{q^2 + M^2} \sqrt{\frac{\pi T^2}{4}} e^{-a^2T^2/16} \quad (2.73)$$

and hence

$$\frac{\text{probability}}{\text{time}} = |A|^2 \sqrt{\frac{8}{T^2\pi}} \quad (2.74)$$

$$= \frac{16\pi^2}{V^2} \frac{\alpha^2}{(q^2 + M^2)^2} \frac{\pi T^2}{4} e^{-a^2T^2/8} \sqrt{\frac{8}{T^2\pi}} \quad (2.75)$$

As T increases we find eventually that

$$\delta(a) = \lim_{T\to\infty} \frac{1}{2\pi} \int_{-\infty}^{\infty} d\tau e^{ia\tau - 2\tau^2/T^2} \tag{2.76}$$

$$= \lim_{T\to\infty} \left(\frac{1}{2\pi} e^{-a^2 T^2/8} \sqrt{\frac{\pi T^2}{2}} \right) \tag{2.77}$$

so then

$$\frac{\text{probability}}{\text{time}} = \frac{16\pi^2}{V^2} \frac{\alpha^2}{(q^2 + M^2)^2} 2\pi \delta\left(\frac{k^2}{2m} - \frac{p^2}{2m} \right) \tag{2.78}$$

Finally, we compute the total cross section, using Eq. (2.62):

$$\sigma_{\text{tot}} = \int d^3 p \frac{V}{(2\pi)^3} \frac{mV}{k} \alpha^2 \frac{32\pi^3}{V^2} \frac{1}{(q^2 + M^2)^2}$$

$$\cdot \delta\left(\frac{p^2}{2m} - \frac{k^2}{2m} \right) \tag{2.79}$$

Now, for $E = \mathbf{p}^2/2m$,

$$\int d^3 p = m \int d\Omega \int \sqrt{2mE}\, dE \tag{2.80}$$

Also,

$$q^2 = 4k^2 \sin^2 \frac{\theta}{2} \tag{2.81}$$

where θ is the scattering angle. Putting all this together, we arrive at

$$\frac{d\sigma}{d\Omega} = \frac{\alpha^2 m^2}{4k^4 \sin^4(\theta/2)} \tag{2.82}$$

which is the celebrated Rutherford formula [5].

To proceed to relativistic field theory, the number of degrees of freedom must be increased from one to an infinite number. We first treat a field theory with defining Lagrangian $L(\phi)$, containing no derivatives and with no local gauge invariance, and show that we regain the same Feynman rules as from the usual canonical procedure. Gauge theories are the subject of Section 2.3.

For a single degree of freedom, we had (let us put $m = 1$; it can be restored if desired)

$$K(x_f, t_f; x_i, t_i) = \lim_{n\to\infty} \left(\frac{1}{2i\pi\epsilon} \right)^{(n+1)/2} \int_{-\infty}^{\infty} dq_1 \cdots dq_n e^{iS} \tag{2.83}$$

$$S = \sum_{k=1}^{n+1} \epsilon \left[\frac{1}{2\epsilon^2}(q_k - q_{k-1})^2 - V(q_k) \right] \tag{2.84}$$

$$= \sum_{k=1}^{n+1} \epsilon \left[\frac{1}{2}\dot{q}_k^2 - V(q_k) \right] \tag{2.85}$$

We may now use

$$\frac{1}{\sqrt{2i\pi\epsilon}} \exp\left(\frac{1}{2}\epsilon\dot{q}_k^2\right) = \int \frac{dp_k}{2\pi} \exp\left[i\epsilon\left(p_k\dot{q}_k - \frac{1}{2}p_k^2\right)\right] \tag{2.86}$$

to rewrite

$$K = \int \frac{Dp\,Dq}{2\pi} \exp\left\{ i \int_{-\infty}^{\infty} \left[p\dot{q} - \left(\frac{1}{2}p^2 + V\right) \right] dt \right\} \tag{2.87}$$

$$= \lim_{n\to\infty} \int \prod_{i=1}^{n} dq_i \prod_{j=1}^{n+1} \frac{dp_j}{2\pi}$$

$$\cdot \exp\left\{ i \sum_{j=1}^{n+1} \left[p_j(q_j - q_{j-1}) - H\left(p_j, \frac{1}{2}(q_j + q_{j-1})\right)(t_j - t_{j-1}) \right] \right\} \tag{2.88}$$

where

$$H(p,q) = \frac{1}{2}p^2 + V(q) \tag{2.89}$$

is the Hamiltonian. Thus the following are equivalent formulas for the one-degree-of-freedom case:

$$K(x_f, t_f; x_i, t_i) = \int \frac{Dq\,Dp}{2\pi} e^{i \int (p\dot{q} - H) dt} \tag{2.90}$$

$$= \int Dq\, e^{i \int L(q,\dot{q}) dt} \tag{2.91}$$

$$= \int Dq\, e^{iS} \tag{2.92}$$

The generalization of Eq. (2.88) to any finite number N of degrees of freedom is immediate: namely,

$$K(q_{1f} \cdots q_{Nf}, t_f; q_{1f} \cdots q_{Ni}, t_i)$$

$$= \int \prod_{\alpha=1}^{N} \frac{Dp_\alpha Dq_\alpha}{2\pi} \exp\left\{ i \int_{t_i}^{t_f} \left[\sum_{\alpha=1}^{N} p_\alpha \dot{q}_\alpha - H(p,q) \right] dt \right\} \quad (2.93)$$

$$= \lim_{n\to\infty} \int \prod_{\alpha=1}^{N} \prod_{i=1}^{n} dq_\alpha(t_i) \prod_{i=1}^{n+1} \frac{dp_\alpha}{2\pi}(t_i)$$

$$\cdot \exp\left(i \sum_{j=1}^{n} \left\{ \sum_{\alpha=1}^{N} p_\alpha(t_j)[q_\alpha(t_j) - q_\alpha(t_{j-1})] \right. \right.$$

$$\left. \left. - \epsilon H\left(p(t_j), \frac{q(t_j) + q(t_{j-1})}{2}\right) \right\} \right) \quad (2.94)$$

This is the appropriate transformation matrix (or time evolution matrix) for many degrees of freedom.

Consider now a scalar field $\phi(x)$. We subdivide space into cubes of side ϵ and volume ϵ^3, labeled by the index α (which runs over an infinite number of values). Then define

$$\phi_\alpha = \frac{1}{\epsilon^3} \int_{V_\alpha} d^3 x\, \phi(\mathbf{x}, t) \quad (2.95)$$

The Lagrangian becomes

$$L' = \int d^3 x\, L \quad (2.96)$$

$$= \sum_\alpha \epsilon^3 L_\alpha\big(\dot{\phi}_\alpha(t), \phi_\alpha(t), \phi_{\alpha\pm\epsilon}(t)\big) \quad (2.97)$$

The momentum conjugate to ϕ_α is

$$p_\alpha(t) = \frac{\partial L'}{\partial \dot{\phi}_\alpha(t)} = \epsilon^3 \frac{\partial L_\alpha}{\partial \dot{\phi}_\alpha(t)} = \epsilon^3 \pi_\alpha(t) \quad (2.98)$$

and the Hamilton becomes:

$$H' = \sum_\alpha p_\alpha \dot{\phi}_\alpha - L' \quad (2.99)$$

$$= \sum_\alpha \epsilon^3 H_\alpha \quad (2.100)$$

$$H_\alpha = \pi_\alpha \dot{\phi}_\alpha - L_\alpha \quad (2.101)$$

The transformation matrix for the field theory may now be written

$$\lim_{\substack{n\to\infty\\ \epsilon\to 0}} \int \prod_\alpha \prod_{i=1}^n d\phi_\alpha(t_i) \prod_{i=1}^{n+1} \frac{\epsilon^3}{2\pi} d\pi_\alpha(t_i)$$

$$\cdot \exp\left\{i \sum_{j=1}^{n+1} \epsilon \sum_\alpha \epsilon^3 \left[\pi_\alpha(t_j) \frac{\phi_\alpha(t_j) - \phi_\alpha(t_{j-1})}{\epsilon}\right.\right.$$

$$\left.\left. - H_\alpha\big(\pi_\alpha(t_j), \phi_\alpha(t_j), \phi_{\alpha\pm\epsilon}(t_j)\big)\right]\right\}$$

$$= \int D\phi\, D\left(\pi \frac{\epsilon^3}{2\pi}\right) \exp\left[\int_{t_i}^{t_f} d\tau\, d^3x \left(\pi \frac{\partial \phi}{\partial \tau} - H\right)\right] \tag{2.102}$$

where in the final form we have changed the variable t to $\tau = it$ to go into Euclidean space. These functional integrals are better defined in Euclidean space than in Minkowski space. It is then postulated that the Minkowski Green's functions are obtained by analytic continuation in τ of the Euclidean ones.

The generating functional may be written, with an external source J, as

$$W[J] = \int D\phi\, D\left(\frac{\pi \epsilon^3}{2\pi}\right)$$

$$\cdot \exp\left\{i \int d^4x \left[\pi(x)\dot\phi(x) - H(x) + J(x)\phi(x)\right]\right\} \tag{2.103}$$

Then the complete Green's functions (including the disconnected contributions) are given by

$$\left.\frac{\delta^n W[J]}{\delta J(x_1)\cdots \delta J(x_n)}\right|_{J=0} = i^n \langle 0|T\big(\phi(x_1)\cdots\phi(x_n)\big)|0\rangle \tag{2.104}$$

$$= i^n G(x_1\cdots x_n) \tag{2.105}$$

The connected Green's functions are given by

$$G_c(x_1\cdots x_n) = (-i)^{n-1} \left.\frac{\delta^n Z[J]}{\delta J(x_1)\cdots \delta J(x_n)}\right|_{J=0} \tag{2.106}$$

where

$$W[J] = \exp\big(iZ[J]\big) \tag{2.107}$$

Let us prove that $Z[J]$ generates the connected graphs only. Graphically, the general n-point Green's function $i^n G(x_1, \ldots, x_n)$ is composed of many connected subgraphs. Of these, let p_i be i-point connected graphs, such that $\sum i p_i = n$. A graphical expansion is thus given by

$$i^n G(x_1, x_2, \ldots, x_n)$$

$$= \sum_{\substack{\text{partitions } \{p_1 \cdots p_k\} \\ \sum i p_i = n}} \sum_{\substack{\text{permutations} \\ \{x_1 \cdots x_n\}}} i^{p_1} G_c(x_1) \cdots G_c(x_{p_1})$$

$$\cdots i^{p_k} G_c(x_{\sum_{i=1}^{k-1} i p_i} \cdots x_n) W[0] \tag{2.108}$$

where the G_c are connected Green's functions and the factor $W[0]$ is the sum of the amplitudes of all vacuum–vacuum graphs. But from our definitions,

$$i^n G(x_1 \cdots x_n) = \frac{\delta^n}{\delta J(x_1) \cdots \delta J(x_n)} W[J] \bigg|_{J=0} \tag{2.109}$$

$$= \frac{\delta^n}{\delta J(x_1) \cdots \delta J(x_n)} e^{iZ[J]} \bigg|_{J=0} \tag{2.110}$$

This may be rewritten as

$$i^n G(x_1 \cdots x_n) = \sum_{\substack{\{p_1 \cdots p_k\} \\ \sum i p_i = n}} \sum_{\{x_1 \cdots x_n\}} \frac{\delta(iZ)}{\delta J(x_1)} \bigg|_{J=0} \cdots \frac{\delta(iZ)}{\delta J(x_{p_1})} \bigg|_{J=0}$$

$$\cdots \frac{\delta^{p_k}(iZ)}{\delta J(x_{k-1}) \cdots \delta J(x_n)} \bigg|_{J=0} e^{iZ[J]} \bigg|_{J=0} \tag{2.111}$$

The identification

$$i^n G_c(x_1 \cdots x_n) = \frac{\delta^n}{\delta J(x_1) \cdots \delta J(x_n)} i Z[J] \bigg|_{J=0} \tag{2.112}$$

follows by induction on n, from Eqs. (2.108) and (2.111). Therefore,

$$G_c(x_1 \cdots x_n) = (-i)^{n-1} \frac{\delta^n}{\delta J(x_1) \cdots \delta J(x_n)} Z[J] \bigg|_{J=0} \tag{2.113}$$

Let us now suppose that the Hamiltonian is in the form

$$H(x) = \frac{1}{2}\pi^2(x) + f(\phi, \nabla\phi) \tag{2.114}$$

Then we may perform the π functional integral by recalling that

$$\int_{-\infty}^{\infty} \frac{dp}{2\pi} \exp\left[i\epsilon\left(p\dot{q} - \frac{1}{2}p^2\right)\right] = \frac{1}{\sqrt{2\pi i \epsilon}} e^{(1/2)i\epsilon \dot{q}^2} \tag{2.115}$$

and hence

$$\int D\left(\frac{\pi\epsilon^3}{2\pi}\right)\exp\left[i\int d^4x\left(\pi\dot\phi - \frac{\pi^2}{2}\right)\right] \sim \exp\left\{i\left[\int d^4x\left(\frac{1}{2}\dot\phi^2\right)\right]\right\} \qquad (2.116)$$

Thus

$$W[J] = \int D\phi\, D\left(\frac{\pi\epsilon^3}{2\pi}\right)\exp\left[i\int d^4x(x\dot\phi - H + J\phi)\right] \qquad (2.117)$$

$$\sim \int D\phi \exp\left[i\int d^4x(L + J\phi)\right] \qquad (2.118)$$

Writing

$$L = L_0 + L_I \qquad (2.119)$$

$$L_0 = \frac{1}{2}[(\partial_\mu\phi)^2 - \mu^2\phi^2] \qquad (2.120)$$

$$L_I = L_I(\phi) \qquad (2.121)$$

in Euclidean space, we have the convergent integral

$$W_E[J] = \int D\phi \exp\left[-\int d^3x\, d\tau\left[\frac{1}{2}\left(\frac{\partial\phi}{\partial\tau}\right)^2 \right.\right.$$
$$\left.\left. + \frac{1}{2}(\nabla\phi)^2 + \mu^2\phi^2 - L_I(\phi) - J\phi\right]\right] \qquad (2.122)$$

To obtain the right boundary conditions, we need to add a term $\sim i\epsilon$ which ensures that positive (but not negative) frequencies are propagating forward in time. The appropriate replacement is

$$L_0 \to \frac{1}{2}[(\partial_\mu\phi)^2 - \mu^2\phi^2 + i\epsilon\phi^2] \qquad (2.123)$$

which also provides a convergence factor $\exp(-\epsilon\phi^2)$ in Minkowski space.

In zeroth order, for the free-field case, we therefore have

$$W_0[J]$$

$$= \int D\phi \exp\left\{i\int d^4x\left[\frac{1}{2}(\partial_\mu\phi)^2 - \frac{1}{2}\mu^2\phi^2 + \frac{1}{2}i\epsilon\phi^2 + J\phi\right]\right\} \qquad (2.124)$$

$$= \lim_{\epsilon\to 0}\int\prod_\alpha d\phi_\alpha \exp\left(i\sum_\alpha \epsilon^4 \sum_\beta \epsilon^4 \frac{1}{2}\phi_\alpha K_{\alpha\beta}\phi_\beta + \sum_\alpha \epsilon^4 J_\alpha\phi_\alpha\right) \qquad (2.125)$$

where we have written a matrix form which is such that

$$\left.\begin{array}{c}\alpha \to x \\ \beta \to y\end{array}\right\} \quad \text{as } \epsilon \to 0 \tag{2.126}$$

and

$$\lim_{\epsilon \to 0} K_{\alpha\beta} = \left(-\partial^2 - \mu^2 + i\epsilon\right)\delta^4(x-y) \tag{2.127}$$

We can perform the integral exactly in this discretized form, to obtain

$$W_0[J] = \lim_{\epsilon \to 0} \frac{1}{\sqrt{\det K_{\alpha\beta}}} \prod_\alpha \frac{2\pi i}{\epsilon^4}$$

$$\cdot \exp\left[-\frac{1}{2}i \sum_\alpha \epsilon^4 \sum_\beta \epsilon^4 J_\alpha \frac{1}{\epsilon^8}\left(K^{-1}\right)_{\alpha\beta} J_\beta\right] \tag{2.128}$$

with

$$\left(K^{-1}\right)_{\alpha\beta}(K)_{\beta\gamma} = \delta_{\alpha\gamma} \tag{2.129}$$

Taking the continuum limit, which implies that

$$\frac{1}{\epsilon^4}\delta_{\alpha\beta} \to \delta(x-y) \tag{2.130}$$

$$\sum_\alpha \epsilon^4 \to \int d^4x \tag{2.131}$$

we define as the propagator

$$\frac{1}{\epsilon^8}\left(K^{-1}\right)_{\alpha\beta} \to \Delta_F(x-y) \tag{2.132}$$

Then

$$W_0[J] = \exp\left[-\frac{1}{2}i \int d^4x\, d^4y\, J(x)\Delta_F(x-y)J(y)\right] \tag{2.133}$$

where Δ_F satisfies

$$\left(-\partial^2 - \mu^2 + i\epsilon\right)\Delta_F(x-y) = \delta(x-y) \tag{2.134}$$

The solution of this is

$$\Delta_F(x-y) = \int \frac{d^4k}{(2\pi)^4} \frac{e^{-ik\cdot(x-y)}}{k^2 - \mu^2 + i\epsilon} \tag{2.135}$$

This is the Feynman propagator.

For the interacting case, we have

$$W[J] = \int D\phi \exp\left[i \int d^4x(L_0 + L_I + J\phi)\right] \quad (2.136)$$

$$= \exp\left[i \int d^4x L_I\left(-i\frac{\delta}{\delta J(x)}\right)\right]$$

$$\cdot \int \mathscr{D}\phi \exp\left[i \int d^4x(L_0 + J\phi)\right] \quad (2.137)$$

$$\sim \sum_{p=0}^{\infty} \frac{(i)^p}{p!}\left[\int d^4x L_I\left(-i\frac{\delta}{\delta J}\right)\right]^p$$

$$\cdot \exp\left[-\frac{i}{2}\int d^4x\, d^4y\, J(x)\Delta_F(x-y)J(y)\right] \quad (2.138)$$

The usual Wick's theorem now follows by repeated use of

$$\frac{\delta}{\delta J(x)} J(y) = \delta^4(x-y) \quad (2.139)$$

For a given number (n) of space-time points and given number (p) of vertices (i.e., pth order of perturbation theory), we can represent the result of computing Eq. (2.138) diagramatically. There are both connected and disconnected diagrams; examples for $n = 4$ and $p = 2$ are shown in Fig. 2.5, where the interaction is taken as $L_I = -\lambda\phi^4$. For this case, each interaction vertex involves a 4! factor because of the 4! ways the $(\delta/\delta J)^4$ can be applied. Apart from this, every possible graph occurs once in the expression. Thus, each vertex gives

$$-4!i\lambda \int d^4x \quad (2.140)$$

and each propagator gives

$$i\Delta_F(x-y) \quad (2.141)$$

Note that the $\frac{1}{2}$ factor in the $W_0[J]$ exponent goes out because of the two J factors. The external lines carry propagators; to find an S-matrix element, we put the external lines on a mass shell, canceling the external propagators by Klein–Gordon operators.

The general rules are now clear. We write down n points $x_1 \cdots x_n$, and p points $x, y, z, w, v, u, \ldots$ and arrive at an expression

$$(-i\lambda)^p (4!)^p \int d^4x \cdots d^4u \sum_{\substack{\text{all}\\\text{diagrams}}} \left[(i)^{(4p+n)/2} \text{ then } \frac{n+4p}{2} \text{ propagators}\right]$$

$$(2.142)$$

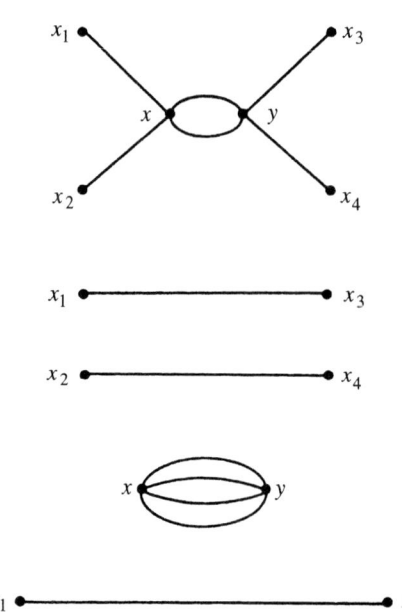

Figure 2.5 Second-order Feynman diagrams for $\lambda\phi^4$ field theory.

The rules can be reexpressed in momentum space, but we leave that to the reader. Let us now reproduce the same Feynman rules from the canonical formalism.[2] The starting Lagrangian was

$$L = \frac{1}{2}[(\partial_\mu \phi)^2 - \mu^2 \phi^2] - \lambda \phi^4 \tag{2.143}$$

The canonically conjugate momentum is

$$\pi = \frac{\partial L}{\partial \dot\phi} = \dot\phi \tag{2.144}$$

and hence the Hamiltonian is

$$H = \pi\dot\phi - L \tag{2.145}$$

$$= \pi^2 - \frac{1}{2}\pi^2 + \frac{1}{2}(\nabla\phi)^2 + \frac{1}{2}\mu^2\phi^2 + \lambda\phi^4 \tag{2.146}$$

---

2) The reader familiar with canonical quantization may skip the remainder of this section.

$$= \left[\frac{1}{2}\pi^2 + \frac{1}{2}(\nabla\phi)^2 + \frac{1}{2}\mu^2\phi^2\right] + \lambda\phi^4 \tag{2.147}$$

$$= H_0 + H_I(\phi) \tag{2.148}$$

The Heisenberg equations of motion are

$$\frac{\partial\phi}{\partial t} = i[H', \phi] \tag{2.149}$$

$$\frac{\partial\pi}{\partial t} = i[H', \pi] \tag{2.150}$$

$$H' = \int d^3x\, H \tag{2.151}$$

The canonical quantization of the fields proceeds by requiring that

$$[\phi(\mathbf{x}, t), \pi(\mathbf{x}', t)] = i\delta^3(x - x') \tag{2.152}$$

$$[\phi(\mathbf{x}, t), \phi(\mathbf{x}, t)] = 0 \tag{2.153}$$

$$[\pi(\mathbf{x}, t), \pi(\mathbf{x}', t)] = 0 \tag{2.154}$$

Next we introduce a unitary time-evolution operator relating the in state to the interacting state:

$$\phi(x) = U^{-1}(t)\phi_{\text{in}}(x)U(t) \tag{2.155}$$

$$\pi(x) = U^{-1}(t)\pi_{\text{in}}(x)U(t) \tag{2.156}$$

Starting from

$$\phi_{\text{in}} = U\phi U^{-1} \tag{2.157}$$

and differentiating with respect to time, using $U^{-1}U = 1$ and the equations of motion, one easily finds that

$$\frac{\partial\phi_{\text{in}}}{\partial t} = [\dot{U}U^{-1}, \phi_{\text{in}}] + i[H(\phi_{\text{in}}), \phi_{\text{in}}] \tag{2.158}$$

But, by definition,

$$\frac{\partial\phi_{\text{in}}}{\partial t} = i[H_0(\phi_{\text{in}}), \phi_{\text{in}}] \tag{2.159}$$

Therefore,

$$i\dot{U}U^{-1} = H_I(t) \tag{2.160}$$

$$i\frac{\partial \dot{U}(t,t')}{\partial t} = H_I(t)U(t,t') \tag{2.161}$$

The well-known solution is [here $U(t_1,t_2) = U(t_1)U^{-1}(t_2)$]

$$U(t,t') = 1 - i\int_{t'}^{t} dt_1\, H_I(t_1)U(t_1,t') \tag{2.162}$$

$$= \sum_{n=0}^{\infty}(-i)^n \int_{t'}^{t} dt_1 \int_{t'}^{t_1} dt_2 \cdots \int_{t'}^{t_{n-1}} dt_n\, H_I(t_1)\cdots H_I(t_n) \tag{2.163}$$

$$= \sum_{n=0}^{\infty}\frac{(-i)^n}{n!} \int_{t'}^{t} dt_1 \cdots \int_{t'}^{t_{n-1}} dt_n\, T\bigl(H_I(t_1)\cdots H_I(t_n)\bigr) \tag{2.164}$$

$$= T \exp\left[-i\int d^4x\, H_I(\phi(x))\right] \tag{2.165}$$

$$= T \exp\left[+i\int d^4x\, L_I(\phi(x))\right] \tag{2.166}$$

To calculate the required Green's functions, we write

$$G(x_1 \cdots x_n)$$

$$= \langle 0|T(\phi(x_1)\cdots\phi(x_n))|0\rangle \tag{2.167}$$

$$= \langle 0|T\bigl(U^{-1}(t_1)\phi_{\text{in}}(x_1)U(t_1,t_2)\phi_{\text{in}}(x_2)\cdots\phi_{\text{in}}(x_n)U(t_n)\bigr)|0\rangle \tag{2.168}$$

Using Eq. (2.166) leads us to

$$G(x_1\cdots x_n)$$

$$= \left\langle 0\left|T\bigl(\Phi_{\text{in}}(x_1)\cdots\Phi_{\text{in}}(x_n)\bigr)\cdot\exp\left[i\int_{t_n}^{t_1} d^4x\, L_I(\Phi_{\text{in}})\right]\right|0\right\rangle \tag{2.169}$$

$$= \sum_{p=0}^{\infty}\frac{(i)^p}{p!}\int d^4x\, d^4u\ (p\ \text{integrations})$$

$$\cdot \langle 0|T\bigl(\Phi_{\text{in}}(x_1)\cdots\phi_{\text{in}}(x_n)L_I(\phi_{\text{in}}(x))\cdots L_I(\phi_{\text{in}}(u))\bigr)|0\rangle \tag{2.170}$$

Now, we use Wick's algebraic theorem [6] for time-ordered products:

$$T\bigl(\phi_{\text{in}}(x_1)\cdots\phi_{\text{in}}(x_n)\bigr) =: \phi_{\text{in}}(x_1)\cdots\phi_{\text{in}}(x_n):$$

$$+ \langle 0|T\bigl(\phi_{\text{in}}(x_1)\phi_{\text{in}}(x_2)\bigr)|0\rangle :\phi(x_3)\cdots\phi(x_n):$$

$$+ \text{permutations}$$

$$+ \cdots$$

$$+ \langle 0|T(\phi_{\text{in}}(x_1)\phi_{\text{in}}(x_2))|0\rangle \langle 0|T(\phi_{\text{in}}(x_3)\phi_{\text{in}}(x_4))|0\rangle$$

$$\cdots \langle 0|T(\phi_{\text{in}}(x_{n-1})\phi_{\text{in}}(x_n))|0\rangle$$

$$+ \text{permutations} \tag{2.171}$$

Finally, exploiting the fact that

$$\langle 0|T(\phi_{\text{in}}(x_1)\phi_{\text{in}}(x_2))|0\rangle = i\Delta_F(x_1 - x_2) \tag{2.172}$$

$$= i \int \frac{d^4k}{(2\pi)^4} \frac{e^{-ik\cdot(x_1-x_2)}}{k^2 - \mu^2 + i\epsilon} \tag{2.173}$$

we again obtain Feynman rules: For the contribution of order p in L_I to the n-point function, we draw $(n + p)$ dots, make all possible diagrams, and arrive at an expression (for $L_I = -\lambda\phi^4$)

$$(-i\lambda)^p (4!)^p \int d^4x \cdots d^4u \sum_{\substack{\text{all} \\ \text{diagrams}}} \left[(i)^{(4p+n)/2} \text{ then } \frac{n+4p}{2} \text{ propagators} \right] \tag{2.174}$$

agreeing precisely with Eq. (2.142), which was obtained from a path integral.

Thus not only have we illustrated the attractive use of the path integrals in non-relativistic scattering problems, but we have also proved that one obtains precisely coincident results for quantizing a field theory using path integrals as one does using the conventional canonical quantization procedure.

2.3
Faddeev–Popov Ansatz

To obtain the correct Feynman rules and study renormalization of non-Abelian gauge field theories, it is simpler to quantize using path integrals [7–13]. The canonical quantization procedure becomes particularly awkward in this case.

Let us consider an SU(2) Yang–Mills theory [14] in the Coulomb gauge [15]. In the first-order formalism where A_μ^a and $F_{\mu\nu}^a$ are independent, the Lagrangian is

$$L = \frac{1}{4}\mathbf{F}_{\mu\nu} \cdot \mathbf{F}_{\mu\nu} - \frac{1}{2}\mathbf{F}_{\mu\nu} \cdot (\partial_\mu \mathbf{A}_\nu - \partial_\nu \mathbf{A}_\mu + g\mathbf{A}_\mu {\wedge} \mathbf{A}_\nu) \tag{2.175}$$

with $\mathbf{a} \cdot \mathbf{b} = a^a b^a$ and $(\mathbf{a}{\wedge}\mathbf{b})^a = \epsilon^{abc} a^b b^c$. L is invariant under the local gauge transformations

$$\mathbf{A}_\mu(x) \to \mathbf{A}_\mu(x) + \mathbf{U}(x)^\wedge \mathbf{A}_\mu(x) - \frac{1}{g}\partial_\mu \mathbf{U}(x) \tag{2.176}$$

$$\mathbf{F}_{\mu\nu}(x) \to \mathbf{F}_{\mu\nu}(x) + \mathbf{U}(x)^\wedge \mathbf{F}_{\mu\nu} \tag{2.177}$$

where

$$\mathbf{U}(x) = 1 - \frac{i}{2}\boldsymbol{\tau} \cdot \boldsymbol{\theta}(x) \tag{2.178}$$

The Euler–Lagrange equations of motion are

$$\frac{\partial L}{\partial \mathbf{F}_{\mu\nu}} = 0 \tag{2.179}$$

$$\frac{\partial L}{\partial \mathbf{A}_\mu} = \partial_\nu \frac{\partial L}{\partial(\partial_\nu \mathbf{A}_\mu)} \tag{2.180}$$

which give, respectively,

$$\mathbf{F}_{\mu\nu} = \partial_\mu \mathbf{A}_\nu - \partial_\nu \mathbf{A}_\mu + g\mathbf{A}_\mu{}^\wedge \mathbf{A}_\nu \tag{2.181}$$

$$\partial_\mu \mathbf{F}_{\mu\nu} + g\mathbf{A}_\mu{}^\wedge \mathbf{F}_{\mu\nu} = 0 \tag{2.182}$$

The question now is: What are really the independent fields? These equations impose constraints and lead to possible inconsistencies (e.g., absence of conjugate momenta). It would be inconsistent to impose canonical commutators on all field components, including the dependent ones, because this would contradict the constraints, in general, at the quantum level.

Consider first the fact that

$$\frac{\partial L}{\partial(\partial_0 \mathbf{A}_\mu)} = -\mathbf{F}_{0\mu} \tag{2.183}$$

Thus, for $\mathbf{A}_i$, $\mathbf{F}_{0i}$ is the canonically conjugate momentum.

On the other hand, L is independent of $\partial_0 \mathbf{A}_0$, so that $\mathbf{A}_0$ is not independent. We can immediately express $\mathbf{F}_{ij}$ from Eq. (2.181) as

$$\mathbf{F}_{ij} = \partial_i \mathbf{A}_j - \partial_j \mathbf{A}_i + g\mathbf{A}_i{}^\wedge \mathbf{A}_j \tag{2.184}$$

but there is also the relation, from Eq. (2.182),

$$(\nabla_k + g\mathbf{A}_k{}^\wedge)\mathbf{F}_{k0} = 0 \tag{2.185}$$

This implies that not all $\mathbf{F}_{k0}$, and hence not all $\mathbf{A}_k$, are independent. We may exploit local gauge invariance and impose the Coulomb gauge condition

$$\nabla_i \mathbf{A}_i = 0 \tag{2.186}$$

We separate $\mathbf{F}_{0i}$ into transverse and longitudinal parts,

$$\mathbf{F}_{0i} = \mathbf{F}_{0i}^T + \mathbf{F}_{0i}^T \tag{2.187}$$

such that $\nabla_i \mathbf{F}_{0i}^T = 0$ and

$$\nabla_i \mathbf{F}_{0i} = \nabla_i \mathbf{F}_{0i}^L \tag{2.188}$$

$$\epsilon_{ijk} \nabla_j \mathbf{F}_{0k}^L = 0 \tag{2.189}$$

Now we wish to write $\mathbf{A}_0$ and $\mathbf{F}_{0i}^L$ in terms of independent variables and hence construct the Hamiltonian as a function only of $\mathbf{F}_{0i}^T$ and $\mathbf{A}_i$.

Because of Eq. (2.189) we may write (defining **f**)

$$\mathbf{F}_{0k}^L = -\nabla_k \mathbf{f} \tag{2.190}$$

Also, we define the generalized electric field

$$\mathbf{E}_i = \mathbf{F}_{0i}^T \tag{2.191}$$

Now, from Eq. (2.185) we may write

$$(\nabla_k + g\mathbf{A}_k{}^\wedge)\mathbf{F}_{k0} = D_k \mathbf{F}_{k0} \tag{2.192}$$

$$= 0 \tag{2.193}$$

Therefore,

$$D_k \nabla_k \mathbf{f} = g \mathbf{A}_i{}^\wedge \mathbf{E}_i \tag{2.194}$$

Now let us formally assume that the operator

$$O^{ab}(\mathbf{A}_i(x)) = D_k^{ab} \nabla_k \tag{2.195}$$

$$= \left[\delta^{ab} \partial_k - g \epsilon^{abc} A_k^c(x)\right] \nabla_k \tag{2.196}$$

possesses an inverse, denoted by the Green's function, satisfying

$$O^{ab}(A_i(x)) G^{bc}(x, y, A) = \delta(x-y) \delta^{ac} \tag{2.197}$$

(*Important note*: This assumption is not strictly correct, since the operator O^{ab} is singular [16, 17]; however, our conclusions will be valid in perturbation theory.)

Then the solution is written

$$f^a(x, t) = g \int d^3 y\, G^{ab}(x, y, A) \epsilon^{bcd} A_k^c(y, t) E_k^d(y, t) \tag{2.198}$$

or, symbolically,

$$\mathbf{f} = g G \mathbf{A}_k {}^{\wedge} \mathbf{E}_k \tag{2.199}$$

where G denotes the integral operator.

Similarly, we may find an equation for $\mathbf{A}$:

$$\partial_0 \mathbf{A}_i = \mathbf{F}_{0i} + (\nabla_i + g \mathbf{A}_i {}^{\wedge}) \mathbf{A}_0 \tag{2.200}$$

Taking the divergence, and using the Coulomb gauge condition, Eq. (2.186), results in

$$O^{ab}(\mathbf{A}_i(x)) A_0^b(x) = \nabla^2 f^a \tag{2.201}$$

so that

$$\mathbf{A}_0 = G \nabla^2 \mathbf{f} \tag{2.202}$$

Since $\mathbf{A}_i$ and $\mathbf{E}_i$ are conjugate variables, the Hamiltonian density is

$$H = \mathbf{E}_i \cdot \dot{\mathbf{A}}_i - L \tag{2.203}$$

Using Eq. (2.200), we have

$$\dot{\mathbf{A}}_i = \mathbf{E}_i - \nabla_i \mathbf{f} + (\nabla_i + g \mathbf{A}_i {}^{\wedge}) G \nabla^2 \mathbf{f} \tag{2.204}$$

and hence

$$\int d^3 x \, \mathbf{E}_i \cdot \dot{\mathbf{A}}_i = \int d^3 x \left[\mathbf{E}_i^2 - \mathbf{f} \cdot \nabla^2 \mathbf{f} \right] \tag{2.205}$$

$$= \int d^3 x \left[\mathbf{E}_i^2 + (\nabla_i \mathbf{f})^2 \right] \tag{2.206}$$

But

$$L = \frac{1}{4} \mathbf{F}_{\mu\nu} \cdot \mathbf{F}_{\mu\nu} - \frac{1}{2} \mathbf{F}_{\mu\nu} \cdot (\partial_\mu \mathbf{A}_\nu - \partial_\nu \mathbf{A}_\mu + g \mathbf{A}_\mu {}^{\wedge} \mathbf{A}_\nu) \tag{2.207}$$

$$= \frac{1}{2} (\mathbf{F}_{0k})^2 - \frac{1}{2} (\mathbf{B}_i)^2 \tag{2.208}$$

$$= \frac{1}{2} (\mathbf{E}_K - \nabla_k \mathbf{f})^2 - \frac{1}{2} (\mathbf{B}_i)^2 \tag{2.209}$$

so that, after partial integration, one obtains

$$\int d^3 x L = \int d^3 x \left[\frac{1}{2} (\mathbf{E}_i^2 - \mathbf{B}_i^2) + \frac{1}{2} (\nabla_k \mathbf{f})^2 \right] \tag{2.210}$$

so the Hamiltonian may be written

$$H = \frac{1}{2}\int d^3x\left[\mathbf{E}_i^2 + \mathbf{B}_i^2 + (\nabla_i f)^2\right] \tag{2.211}$$

Here $B_i^a = \frac{1}{2}\epsilon_{ijk}F_{jk}^a$ is the generalized magnetic field, and we have used $\int d^3x(\mathbf{E}_k \cdot \nabla_k \mathbf{f}) = 0$.

The generating functional in the Coulomb gauge is thus

$$W_c[J] = \int D\mathbf{E}_i^T D\mathbf{A}_i^T$$
$$\cdot \exp\left\{i\int d^4x\left[\mathbf{E}_k \cdot \dot{\mathbf{A}}_k - \frac{1}{2}\mathbf{E}_k^2 - \frac{1}{2}\mathbf{B}_k^2 - \frac{1}{2}(\nabla_k \mathbf{f})^2 - \mathbf{A}_k \mathbf{J}_k\right]\right\} \tag{2.212}$$

To extend the path integral to all components of $\mathbf{E}_i$ and $\mathbf{A}_i$, we make the decomposition

$$\mathbf{E}_i = \left(\delta_{ij} - \nabla_i \frac{1}{\nabla^2}\nabla_j\right)\mathbf{E}_j + \nabla_i \frac{1}{\nabla^2}\mathbf{E}^L \tag{2.213}$$

so that

$$\mathbf{E}^L = \nabla_i \mathbf{E}_i \tag{2.214}$$

The Jacobian to pass from $\mathbf{E}_i$ to $\mathbf{E}_i^L$ and $\mathbf{E}_i^T$ is independent of the fields and is hence only an irrelevant multiplicative constant in the generating functional. Treating $\mathbf{A}_i$ similarly, one arrives at

$$W_c[J] = \int D\mathbf{E}_i D\mathbf{A}_i \prod_x \delta(\nabla_k \mathbf{E}_k)\delta(\nabla_k \mathbf{A}_k)$$
$$\cdot \exp\left\{i\int d^4x\left[\mathbf{E}_k \cdot \dot{\mathbf{A}}_k - \frac{1}{2}\mathbf{E}_k^2 - \frac{1}{2}\mathbf{B}_k^2 - \frac{1}{2}(\nabla_k \mathbf{f})^2 - \mathbf{A}_k \cdot \mathbf{J}_k\right]\right\} \tag{2.215}$$

The Feynman rules found in this way are noncovariant, and awkward for calculations, but with a little more effort we may arrive at a covariant form, involving path integrals over the Lorentz vector and tensor $\mathbf{A}_\mu$ and $F_{\mu\nu}$ together with extra delta functions and a very important determinant (Jacobian).

Starting from Eq. (2.199) enables us to insert an integral

$$\int D\mathbf{f}\delta(\mathbf{f} - g\mathbf{A}_k{}^\wedge \mathbf{E}_k) \tag{2.216}$$

We may also write this, using Eq. (2.194), as

$$\int D\mathbf{f}(\det M_c)\delta(\nabla_i D_i \mathbf{f} - g\mathbf{A}_k{}^\wedge \mathbf{E}_k) \tag{2.217}$$

where M_c (the subscript denoting Coulomb gauge) is the matrix, dropping an irrelevant overall factor $(1/g)$,

$$M_c^{ab}(x,y) = \nabla^2\left[\delta^{ab}\delta^3(x-y) + g\epsilon^{abc}G_0(x,y)A_i^c(y)\nabla_i\right]\delta(x_0-y_0) \quad (2.218)$$

with $G_0(x,y)$ the Abelian Coulomb Green's function satisfying

$$\nabla^2 G_0(x,y) = \delta^3(x-y) \quad (2.219)$$

We now change variables to

$$\mathbf{F}_{0i} = \mathbf{E}_i - \nabla_i \mathbf{f} \quad (2.220)$$

and write

$$D\mathbf{E}_i\, D\mathbf{f} \prod_x \delta(\nabla_i \mathbf{E}_i)\delta(\nabla_i D_i\mathbf{f} - g\mathbf{A}_k{}^\wedge \mathbf{E}_k)$$

$$= D\mathbf{F}_{0i}\, D\mathbf{f} \prod_x \delta(\nabla_i \mathbf{F}_{0i} + \nabla^2 \mathbf{f})\delta(\nabla^2 \mathbf{f} - a\mathbf{A}_i{}^\wedge \mathbf{F}_{0i}) \quad (2.221)$$

$$= D\mathbf{F}_{0i}\, D\mathbf{f} \prod_x \delta(\nabla_i \mathbf{F}_{0i} + g\mathbf{A}_i{}^\wedge \mathbf{F}_{0i})\delta(\nabla^2 \mathbf{f} - g\mathbf{A}_i \hat{\mathbf{F}}_{0i}) \quad (2.222)$$

The path integral over $\mathbf{f}$ may now be performed, using the second delta function, with Jacobian $\det(\nabla^2)$ providing only a field-independent (infinite) multiplicative constant.

Proceeding further, we rewrite

$$\prod_x \delta(\nabla_i \mathbf{F}_{0i} + g\mathbf{A}_i{}^\wedge \mathbf{F}_{0i})$$

$$= \prod_x \int \frac{d\mathbf{A}_0}{2\pi} \exp\left[i\mathbf{A}_0 \cdot (\nabla_i \mathbf{F}_{0i} + g\mathbf{A}_i{}^\wedge \mathbf{F}_{0i})\right] \quad (2.223)$$

$$\propto \int D\mathbf{A}_0 \exp\left[i\int d^4x \mathbf{F}_{0i}(g\mathbf{A}_0{}^\wedge \mathbf{A}_i - \nabla_i \mathbf{A}_0)\right] \quad (2.224)$$

Also,

$$\int D\mathbf{F}_{ij} \exp\left\{i\int d^4x\left[\frac{1}{4}\mathbf{F}_{ij}\cdot\mathbf{F}_{ij} - \frac{1}{2}\mathbf{F}_{ij}\cdot(\nabla_i\mathbf{A}_j - \nabla_j\mathbf{A}_i + g\mathbf{A}_i{}^\wedge \mathbf{A}_j)\right]\right\}$$

$$\propto \exp\left[-\frac{1}{4}i\int d^4x(\nabla_i\mathbf{A}_j - \nabla_j\mathbf{A}_i + g\mathbf{A}_i{}^\wedge \mathbf{A}_j)^2\right] \quad (2.225)$$

Collecting results then gives the required covariant form for the generating functional, namely

$$W_c[\mathbf{J}] = \int D\mathbf{A}_\mu \, D\mathbf{F}_{\mu\nu} (\det M_c) \prod_x \delta(\nabla_i A_i)$$

$$\cdot \exp\left[i \int d^4x (L + \mathbf{J}_\mu \cdot \mathbf{A}_\mu)\right] \tag{2.226}$$

Here we set the time component of the external source to zero $J_0 = 0$, by definition.

Recall that

$$M_c^{ab}(x, y) = \nabla^2 \left[\delta^{ab} \delta^3(x - y) + g\epsilon^{abc} G_0(x, y) A_i^c(y) \nabla_i\right] \delta(x_0 - y_0) \tag{2.227}$$

so that

$$\det M_c = \det \nabla^2 \det(1 + L) \tag{2.228}$$

$$1^{ab} = \delta^{ab} \delta^4(x - y) \tag{2.229}$$

$$L^{ab} = g\epsilon^{abc} G_0(x, y) A_i^c(y) \nabla_i \delta(x_0 - y_0) \tag{2.230}$$

We may then evaluate

$$\det(1 + L) = \exp\left[\text{Tr} \log(1 + L)\right] \tag{2.231}$$

$$= \exp \sum_{n=1}^{\infty} \frac{(-1)^{n-1}}{n}$$

$$\cdot \int d^4x_1 \cdots d^4x_n \, \text{Tr}\bigl(L(x_1, x_2) L(x_2, x_3) \cdots L(x_n, x_1)\bigr) \tag{2.232}$$

This term modifies the Feynman rules at each order and has appearance of a closed-loop expression. We shall see below, in a more general treatment, how this modification is incorporated correctly.

At this point it is interesting to note that the correct Feynman rules can be extracted from Eqs. (2.226), (2.228), and (2.232) and it is a little surprising that no one did such an analysis between the invention of Yang–Mills theory in 1954 and the works of Faddeev and Popov [18–20] in 1967 and, specific to the Coulomb gauge, the work of Khriplovich [15] in 1970.

Before proceeding to the general treatment (for any gauge) of Faddeev and Popov, there is one subtlety to tidy up in the analysis above, as noted following Eq. (2.197). The point is that the operator

$$O^{ab}(\mathbf{A}_i(x)) = D_k^{ab} \nabla_k \tag{2.233}$$

is singular (i.e., has zero determinant), and hence no Green's function satisfying Eq. (2.197) exists [16, 17].

The way to proceed in this situation is to enumerate the nonzero eigenvalues and the zero modes according to (M and N may be infinite)

$$O^{ab}(x)\psi^{b(n)}(x) = \lambda^{(n)}\psi^{a(n)}(x) \quad n = 1, 2, \ldots, N, \quad \lambda^{(n)} \neq 0 \tag{2.234}$$

$$O^{ab}(x)h^{b(m)}(x) = 0 \quad m = 1, 2, \ldots, M \tag{2.235}$$

The completeness relation now reads

$$\sum_{n=1}^{N}\psi_a^{(n)}(x)\psi_b^{(n)*}(y) \sum_{m=1}^{M} h_a^{(m)}(x)h_b^{(m)*}(y) = \delta_{ab}\delta(x-y) \tag{2.236}$$

We may conveniently divide the vector space F spanned by the eigenvectors of $O^{ab}(x)$ into two orthogonal subspaces: the spurious subspace S spanned by the zero modes $h_a^{(m)}(x)$ and the physical subspace P spanned by the $\psi_a^{(n)}(x)$. Projecting on the subspace P then allows us to define a unique inverse $\mathscr{G}$ acting on P of $O^{ab}(x)$ satisfying

$$O^{ab}\big(A_i(x)\big)\mathscr{G}^{bc}(x, y, A) = \delta^{ac}\delta(x-y) - \sum_{m=1}^{M} h_a^{(m)}(x)h_c^{(m)*}(y) \tag{2.237}$$

Let us define

$$\bar{O}^{ab}(x) = -g\epsilon^{abc} A_i^c(x)\nabla_x^i \tag{2.238}$$

so that

$$O^{ab}(x) = \delta^{ab}\nabla_x^2 + \bar{O}^{ab}(x) \tag{2.239}$$

Equation (2.237) may now be recast in the integral form

$$\mathscr{G}_{ab}(x, y, A) = \delta_{ab} G_0(x, y) - \int d^3z\, G_0(x, z) \sum_m h_a^{(m)}(z) h_b^{(m)*}(y)$$

$$- \int d^3z\, G_0(x, z)\bar{O}^{ac}(z)\mathscr{G}_{cb}(z, y, A) \tag{2.240}$$

where $G_0(x, y)$ is the Abelian Coulomb Green's function, which satisfies Eq. (2.219).

To confirm Eq. (2.240) is immediate. Suppressing all internal symmetry labels, and integrations, one has

$$\mathscr{G} = G_0(\nabla^2 + \bar{O})\mathscr{G} - G_0\bar{O}\mathscr{G} \tag{2.241}$$

$$= G_0 O \mathscr{G} - G_0 \bar{O}\mathscr{G} \tag{2.242}$$

$$= G_0\left(1 - \sum hh^*\right) - G_0 \overline{O} \mathcal{G} \tag{2.243}$$

$$= G_0 - G_0 \sum hh^* - G \overline{O} \mathcal{G} \tag{2.244}$$

as required.

Now, the Green's function (2.240) differs from that of the less careful earlier analysis only by the presence of the extra term containing zero modes. But the density $\nabla^2 \mathbf{f}$ of Eq. (2.197) lies[3] in the physical subspace P and hence is orthogonal to all vectors in S, that is,

$$(\nabla^2 \mathbf{f} \cdot \mathbf{h}^{(m)}) = 0 \quad \text{for all } m \tag{2.245}$$

and hence

$$\mathcal{G} \nabla^2 \mathbf{f} = G \nabla^2 \mathbf{f} \tag{2.246}$$

This has the consequence that when we use the correct Green's function, Eq. (2.240), in perturbation theory, then since $\mathcal{G}$ acts always on vectors in the physical subspace P, the zero-mode term gives no new contribution and the results are unchanged from those derived earlier.

It should be noted, however, that although the zero modes do not contribute terms analytic at $g = 0$, they may provide important nonperturbative effects of order $1/g$ or $\exp(a/g)$. These may be dominant in, for example, quantum chromodynamics [21–23], where the expected spectrum of bound-state hadrons is not visible at any order of the perturbation expansion in g.

The canonical quantization above has been restricted to the Coulomb gauge, and we have arrived at the generating functional,

$$W_c[J] = \int D\mathbf{A}_\mu \, D\mathbf{F}_{\mu\nu} \det M_c \prod_x \delta(\nabla_i A_i)$$
$$\cdot \exp\left[i \int d^4 x (L + \mathbf{J}_\mu \cdot \mathbf{A}_\mu)\right] \tag{2.247}$$

We cannot do the $\mathbf{F}_{\mu\nu}$ path integral to arrive at the second-order form

$$W_C[J]$$
$$= \int D\mathbf{A}_\mu \left[\det M_c \prod_x \delta(\nabla_i A_i)\right]$$
$$\cdot \exp\left\{i \int d^4 x \left[-\frac{1}{4}(\partial_\mu \mathbf{A}_\nu - \partial_\nu \mathbf{A}_\mu + g\mathbf{A}_\mu \wedge \mathbf{A}_\nu)^2 + \mathbf{J}_\mu \cdot \mathbf{A}_\mu\right]\right\} \tag{2.248}$$

---

3) This statement [and Eq. (2.245)] is really a physical assumption and we do not claim mathematical rigor here.

Except for the term in the first set of bracket, on the right side, this is the standard form in Section 2.2. So why is the standard form not applicable when there is local gauge invariance? Following Faddeev and Popov [18–20] (see also Fradkin and Tyutin [24, 25]), we may express the reason in at least two equivalent forms:

1. The propagator is the inverse of the matrix in the quadratic piece of the Lagrangian. This is unique for a nongauge theory, but in a gauge theory, the matrix is singular. From Eq. (2.248) the quadratic term is

$$\frac{1}{2} A_\mu(x) K^{\mu,\nu}(x, y) A_\nu(y) \tag{2.249}$$

with

$$K^{\mu\nu}(x, y) = -\left(\nabla^2 g^{\mu\nu} - \partial_\mu \partial_\nu\right) \delta^4(x - y) \tag{2.250}$$

This has zero eigenvalues ($K \cdot A^L = 0$), and hence the propagator is not defined. Because of local gauge invariance, the longitudinal part A_i^L in the path integral is completely undamped.

2. An even more useful viewpoint is to observe that within the manifold of all fields $A_\mu(x)$ encountered in the domain of the path integral, the action S is constant on orbits of the gauge group because of local gauge invariance. What is required is evaluation of the functional only for *distinct* orbits, and it seems reasonable [18] to divide out the infinite orbit volume.

In this spirit we define a hypersurface within the manifold of all fields by the gauge-fixing condition

$$F_a(\mathbf{A}_\mu) = 0 \quad a = 1, 2, \ldots, N \tag{2.251}$$

where N is the number of generators of the gauge group. Let us denote a gauge function by g; then (with $A_\mu = A_\mu^a T^a$)

$$A_\mu^g = U(g) A_\mu U^{-1}(g) - \frac{i}{g} \left(\partial_\mu U(g)\right) U^{-1}(g) \tag{2.252}$$

The equation

$$F_a(\mathbf{A}_\mu^g) = 0 \tag{2.253}$$

is assumed to have one unique solution g so that any orbit intersects this hypersurface precisely once. This is always true locally within the group space, although gauge-fixing degeneracy [16] leads globally to multiple intersections [26, 27], which are handled later.

Let the unitary gauge transformation operator be $U(g)$ as in Eq. (2.252); that is,

$$U(g) = \exp[i\mathbf{T} \cdot \mathbf{g}(x)] \tag{2.254}$$

Then
$$U(g)U(g') = U(gg') \tag{2.255}$$

and
$$d(g') = d(gg') \tag{2.256}$$

follow from the group properties.

Writing
$$U(g) \simeq 1 + i\mathbf{g} \cdot \mathbf{T} + O(g^2) \tag{2.257}$$

we may express
$$dg \equiv \prod_a dg_a(x) \tag{2.258}$$

for infinitesimal transformations $g \simeq 1$.

The argument of Faddeev and Popov [18] proceeds as follows. We begin with the naive expression for the vacuum-to-vacuum amplitude
$$W[0] = \int D\mathbf{A}_\mu \exp\left(i\int d^4x\, L\right) \tag{2.259}$$

Now define $\Delta_F[\mathbf{A}_\mu]$ such that
$$\Delta_F[\mathbf{A}_\mu] \int \prod_x dg(x) \prod_{x,a} \delta\bigl(F^a\bigl(\mathbf{A}_\mu^g(x)\bigr)\bigr) = 1 \tag{2.260}$$

The quantity $\Delta_F[\mathbf{A}_\mu]$ is easily shown to be gauge invariant using

$$\Delta_F^{-1}[\mathbf{A}_\mu] = \int \prod_x dg'(x) \prod_{x,a} \delta\bigl(F^a\bigl(A_\mu^{g'g}(x)\bigr)\bigr) \tag{2.261}$$

$$= \int \prod_x d(g(x)g'(x)) \prod_{x,a} \delta\bigl(F^a\bigl(A_\mu^{g'g}(x)\bigr)\bigr) \tag{2.262}$$

$$= \int \prod_x dg''(x) \prod_{x,a} \delta\bigl(F^a\bigl(A_\mu^{g''}(x)\bigr)\bigr) \tag{2.263}$$

$$= \Delta_F^{-1}[\mathbf{A}_\mu] \tag{2.264}$$

We may insert the resolution of the identity (2.260) into the naive expression (2.259) to arrive at

$$W[0] = \int \prod_x dg(x) \int DA_\mu \Delta_F[A_\mu] \prod_{x,a} \delta(F^a(\mathbf{A}^g_\mu))$$
$$\cdot \exp\left[i \int d^4x L(x)\right] \tag{2.265}$$

Using the gauge invariance of Δ_F and L, the functional integral may be considered as an integral over A^g_μ, and we may drop the infinite factor

$$\int \prod_x dg(x) \tag{2.266}$$

and define

$$W[J] = \int DA_\mu \Delta_F[A_\mu] \prod_{x,a} \delta(F^a(\mathbf{A}_\mu(x)))$$
$$\cdot \exp\left\{i \int d^4x [L(x) + \mathbf{A}_\mu J_\mu]\right\} \tag{2.267}$$

Our next task is the computation of Δ_F. Let us define the matrix M_F by

$$F^a(\mathbf{A}^g_\mu(x)) = F^a(\mathbf{A}_\mu(x)) + \frac{1}{g}\int d^4y \sum_b M_F(x,y)_{ab} g_b(y) + O(g^2) \tag{2.268}$$

Then the Faddeev–Popov determinant is

$$\Delta_F^{-1}[A_\mu] = \int \prod_{x,a} dg_a(x) \delta(F^a(\mathbf{A}^g_\mu(x))) \tag{2.269}$$

$$= \int \prod_{x,a} \left[dg_a(x) \delta\left(\frac{1}{g} M_F g\right) \right] \tag{2.270}$$

so that, within the constant of proportionality $(1/g)$,

$$\Delta_F[\mathbf{A}_\mu] = \det(M_F) \tag{2.271}$$

$$= \exp(\mathrm{Tr} \ln M_F) \tag{2.272}$$

Let us compute this in certain examples:

Example 1. Coulomb gauge

$$F^a(\mathbf{A}_\mu) = \nabla_k A^a_k \tag{2.273}$$

Note that

$$U(g) = 1 + i\mathbf{g}\cdot\mathbf{T} \tag{2.274}$$

$$\mathbf{A}_\mu^g \cdot \mathbf{T} = U(g)\left[\mathbf{A}_\mu \cdot \mathbf{T} + \frac{1}{ig}U^{-1}(g)\partial_\mu U(g)\right]U^{-1}(g) \quad \bigl[\text{cf. Eq. (1.71)}\bigr] \tag{2.275}$$

$$= (1 + ig_a T_a)\left[A_\mu^b T^b + \frac{1}{ig}(1 - ig^c T^c)iT^d \partial_\mu g^d\right](1 - ig^e T^e) \tag{2.276}$$

$$= A_\mu^a T_a + ig_a[T^a, T^b]A_\mu^b + \frac{1}{ig}(iT^d \partial_\mu g^d) \tag{2.277}$$

$$= A_\mu^a T^a + \frac{1}{g}T^a \partial_\mu g^a - \epsilon^{abc} A_\mu^b g_b T^a + O(g^2) \tag{2.278}$$

This is for any gauge; specializing to the Coulomb gauge yields

$$\nabla_i A_i^g = \nabla_i A_i + \frac{1}{g}(\nabla^2 \delta^{ab} - g\epsilon^{abc} A_i^c \nabla_i) g_b \tag{2.279}$$

and hence the required determinant is of the matrix

$$M_C^{ab}(x, y) = (\nabla^2 \delta^{ab} - g\epsilon^{abc} A_i^c \nabla_i)\delta^4(x - y) \tag{2.280}$$

This agrees precisely with the result of canonical quantization given earlier, in Eq. (2.227).

Example 2. Lorenz gauge (also called the Landau gauge)

$$F^a(\mathbf{A}_\mu) = \partial_\mu A_\mu^a \tag{2.281}$$

From Eq. (2.278) we find that

$$\partial_\mu (A_\mu^g)^a = \partial_\mu A_\mu^a + \frac{1}{g}(\partial^2 \delta^{ab} - g\epsilon^{abc} A_\mu^c \partial_\mu) g_b + O(g^2) \tag{2.282}$$

and consequently,

$$M_L^{ab}(x, y) = (\partial^2 \delta^{ab} - g\epsilon^{abc} A_\mu^c \partial_\mu)\delta^4(x - y) \tag{2.283}$$

for Landau gauge.

Example 3. Axial gauge

$$F^a(\mathbf{A}_\mu) = n_\mu A_\mu^a \tag{2.284}$$

$$n_\mu (A_\mu^g)^a = n_\mu A_\mu^a + \frac{1}{g}(n_\mu \partial_\mu \delta^{ab} - g\epsilon^{abc} n_\mu A_\mu^c) + O(g^2) \tag{2.285}$$

Restricting $\mathbf{A}_\mu$ to those respecting $n_\mu \mathbf{A}_\mu = 0$, we see that for the axial gauge the Faddeev–Popov determinant is independent of the gauge field $\mathbf{A}_\mu$ and hence can be omitted as an irrelevant overall factor. This means that for the axial gauge $n_\mu \mathbf{A}_\mu = 0$, no ghost loops (see below) occur. This remark includes the special cases of the lightlike gauge ($n^2 = n_\mu n_\mu = 0$) and the Arnowitt–Fickler [28] gauge ($n_\mu = \delta_{\mu 3}$). The awkwardness of axial gauge is that the Feynman rules involve n_μ explicitly and is thus not explicitly Lorentz invariant.

2.4
Feynman Rules

The Feynman rules for non-Abelian theories are gauge dependent. We shall focus on the covariant gauge $\partial_\mu \mathbf{A}_\mu = 0$, since in a general gauge, manifest Lorentz invariance is lost. For the Lorentz gauge we have arrived at

$$W_L[J] = \int D\mathbf{A}_\mu \prod_x \delta(\partial_\mu \mathbf{A}_\mu(x)) \det(M_L) \exp\left[i \int d^4x (L + \mathbf{J}_\mu \cdot \mathbf{A}_\mu)\right] \tag{2.286}$$

To find the perturbation theory rules, we need to promote the delta function and determinant factors into the exponential to arrive at

$$W_L[0] \simeq \int D\mathbf{A}_\mu \exp[i(S + S_{\mathrm{GF}} + S_{\mathrm{FPG}})] \tag{2.287}$$

where the subscripts refer to gauge-fixing and Faddeev–Popov ghost terms.

For the delta function we use the formula

$$\prod_x \delta(\partial_\mu \mathbf{A}_\mu(x)) = \lim_{\alpha \to 0} \exp\left[-\frac{1}{2\alpha} \int d^4x (\partial_\mu A_\mu)^2\right] \tag{2.288}$$

The determinant factor gives rise to ghost loops and is handled as follows. We have

$$\det(M_L) = \exp(\mathrm{Tr}\ln M_L) \tag{2.289}$$

$$M_L = (\partial^2 + g \partial^\mu \mathbf{A}_\mu{}^\wedge) \tag{2.290}$$

Now introduce

$$S_{\mathrm{FPG}} = \int d^4x \left(\partial_\mu \mathbf{c}^+ \cdot \partial_\mu \mathbf{c} + g \partial_\mu \mathbf{c}^+ \cdot \mathbf{A}_\mu{}^\wedge \mathbf{c}\right) \tag{2.291}$$

$$= \int d^4x\, d^4y \sum_{a,b} c_a^+(x) M_L^{ab}(x, y) c_b(y) \tag{2.292}$$

where **c** is a complex adjoint representation of scalar fields.

2.4 Feynman Rules

With normal commutation relations for **c**, one would have

$$\int D\mathbf{c}\, D\mathbf{c}^+ e^{iS_{\text{FPG}}} \sim \left[\det(M_L)\right]^{-1} \quad (2.293)$$

To obtain the determinant in the numerator as required, rather than the denominator, it is necessary that the **c** fields satisfy anticommutation relations, because then

$$\int D\mathbf{c}\, D\mathbf{c}^+ e^{iS_{\text{FPG}}} \sim \det(M_L) \quad (2.294)$$

The reason for this can be understood simply if we write [cf. Eq. (2.283)]

$$M_L = \nabla^2(1 + L) \quad (2.295)$$

whereupon (for commutation relations)

$$\left[\det(M_L)\right]^{-1} \sim \exp\left[-\operatorname{Tr} \ln(1 + L)\right] \quad (2.296)$$

$$= \exp\left[\sum_n \frac{(-1)^n}{n} \operatorname{Tr} L^n\right] \quad (2.297)$$

For anticommutation relations, each trace switches sign, as in a closed loop, and one has instead

$$\exp\left[\sum_n \frac{(-1)^{n+1}}{n} \operatorname{Tr} L^n\right] = \det(M_L) \quad (2.298)$$

To summarize, we now have

$$W_L[J] = \int DA_\mu\, D\mathbf{c}\, D\mathbf{c}^+ \exp\left[i(S + S_{\text{GF}} + S_{\text{FPG}}) + i\int d^4x J_\mu \cdot A_\mu\right] \quad (2.299)$$

where

$$S = \int d^4x\, L(x) \quad (2.300)$$

$$S_{\text{GF}} = -\frac{1}{2\alpha}\int d^4x\, (\partial_\mu A_\mu)^2 \quad (2.301)$$

$$S_{\text{FPG}} = +\int d^4x\, \left(\partial_\mu c_a^+ \partial_\mu c_a + g\epsilon_{abc}\partial_\mu c_a^+ A_\mu^b c_c\right) \quad (2.302)$$

so the effective Lagrangian is

$$L_{\text{eff}} = -\frac{1}{4}F_{\mu\nu}^a F_{\mu\nu}^a - \frac{1}{2\alpha}(\partial_\mu A_\mu)^2 + \left(\partial_\mu c_a^+ \partial_\mu c_a + g\epsilon_{abc}\partial_\mu c_a^+ A_\mu^b c_c\right) \quad (2.303)$$

with the limit $\alpha \to 0$ understood.

To find the propagator we set $g = 0$, whereupon

$$W_L^0[J]$$

$$= \lim_{\alpha \to 0} \int DA_\mu \exp\left\{i\left[\int d^4x A_\mu^a(x)\right.\right.$$

$$\left.\left.\cdot\left[-\partial^2 g_{\mu\nu} + \partial_\mu\partial_\nu\left(1 - \frac{1}{\alpha}\right)\right]A_\nu^a(x) + \int d^4x J_\mu^a(x)A_\mu^a(x)\right]\right\} \quad (2.304)$$

$$= \lim_{\alpha \to 0} \exp\left[-\frac{1}{2}\int d^4x\, d^4y\, J_\mu^a(x) D_{\mu\nu}^{ab}(x-y) J_\nu^b\right] \quad (2.305)$$

with

$$D_{\mu\nu}^{ab}(x-y) = \delta^{ab} \int \frac{d^4p}{(2\pi)^4} \frac{e^{-ip(x-y)}}{p^2 + i\epsilon}\left[-g_{\mu\nu} + (1-\alpha)\frac{p_\mu p_\nu}{p^2}\right] \quad (2.306)$$

So far, we have proved that this propagator is valid only for $\alpha = 0$ (the Landau gauge). It is, however, straightforward to prove that it is true for any value of α, as follows.

We adopt the slightly more general gauge

$$\partial_\mu A_\mu(x) = \mathbf{f}(x) \quad (2.307)$$

where $\mathbf{f}(x)$ is an arbitrary function. Then since the path integral is independent of $\mathbf{f}(x)$, we may include an arbitrary functional, $G[F]$, to rewrite Eq. (2.286) as

$$W[J] = \int D\mathbf{f}\, DA_\mu \prod_x \delta(\partial_\mu A_\mu(x) - \mathbf{f}(x))\, \det(M_L)$$

$$\cdot \exp\left[i\int d^4x (L + J_\mu \cdot A_\mu)\right] G(\mathbf{f}) \quad (2.308)$$

By making the choice

$$G(\mathbf{f}) = \exp\left(-\frac{i}{2\alpha}\int d^4x \mathbf{f}^2\right) \quad (2.309)$$

we find that

$$W[J] = \int DA_\mu \det(M_L) \exp\left\{i\int d^4x\left[L - \frac{1}{2\alpha}(\partial_\mu A_\mu)^2 + J_\mu A_\mu\right]\right\} \quad (2.310)$$

and this leads to the propagator, Eq. (2.306), for general α. With $\alpha = 1$ it is the Feynman gauge that is valuable for diagrams with internal vector propagators since the number of terms is reduced.

2.4 Feynman Rules

$$-i\delta^{ab}[g_{\mu\nu} - (1-\alpha)p_\mu p_\nu/p^2]/p^2$$

$$-\epsilon^{abc}[(p-q)_\nu g_{\lambda\mu} + (q-r)_\lambda g_{\mu\nu} + (r-p)_\mu g_{\lambda\nu}]$$

$$-i\epsilon^{abf}\epsilon^{cdf}(g_{\lambda\nu}g_{\mu\zeta} - g_{\lambda\zeta}g_{\mu\nu})$$
$$-i\epsilon^{acf}\epsilon^{bdf}(g_{\lambda\mu}g_{\nu\zeta} - g_{\lambda\zeta}g_{\mu\nu})$$
$$-i\epsilon^{adf}\epsilon^{cbf}(g_{\lambda\nu}g_{\mu\zeta} - g_{\lambda\mu}g_{\zeta\nu})$$

$$i\delta^{ab}/p^2$$

$$\epsilon^{abc}p_\lambda$$

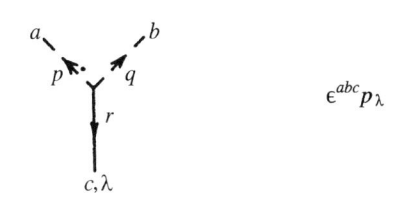

Figure 2.6 Feynman rules (all momenta outgoing) for pure Yang–Mills theory in Landau gauge ($\alpha = 0$) and Feynman gauge ($\alpha = 1$). As shown in the text, these covariant rules are valid for any value of the parameter α.

The ghost propagator is similarly evaluated, and the rules for vertices follow by turning on the coupling strength $g \neq 0$. The final results for the SU(2) Feynman rules in the covariant gauges are collected together in Fig. 2.6.

The scalar particles represented by the fields **c** and **c**$^+$ are purely fictitious and do not occur as asymptotic states (they would violate the necessary spin-statistics theorem) nor as poles of the physical S-matrix. Similar closed-loop ghosts can be shown to be necessary in general relativity; one difference is that there the ghosts carry spin 1.

Concerning the rules tabulated in Fig. 2.6, note that the ghost-vector vertex is dashed on the ghost line, which is differentiated; a consistent rule is then that a given ghost propagator must never be dashed at both ends. Also note that because of its fermionic nature, a closed scalar loop gives a sign change (-1).

The Feynman rules (Fig. 2.6) will be used in our later discussions of perturbative renormalizability and of asymptotic freedom. Some preliminary remarks on renormalizability are in order here. Because the vertices are all of dimension 4, and more especially because the vector propagator, for any value of α, has high-energy behavior no worse than a scalar propagator, the symmetric Yang–Mills theory is renormalizable by the usual power-counting arguments [29–31]. (Reference [29] is reprinted in Ref. [4].) For suppose that a diagram contains

n_3 Three-vector vertices
n_4 Four-vector vertices
n_g Ghost-vector vertices
E External vectors
I_v Internal vector propagators
I_g Internal ghost propagators

then the superficial degree of divergence is

$$D = n_3 + n_g + 2I_v + 2I_g - 4(n_3 + n_4 + n_g) + 4 \tag{2.311}$$

Now use the identities

$$2I_g = 2n_g \tag{2.312}$$

$$2I_v + E = 3n_3 + 4n_4 + n_g \tag{2.313}$$

to find

$$D = 4 - E \tag{2.314}$$

so that the number of renormalizable parts is finite, being limited to $E \leq 4$. Of course, this does not prove renormalizability, which requires a careful regularization procedure that respects gauge invariance and the generalized Ward identities; this was first carried through by 't Hooft [32].

This is for the symmetric case. When there is spontaneous breaking with a Higgs mechanism, the vector propagator would normally acquire a $p_\mu p_\nu/M^2$ term, which would lead to the replacement $2I_v$ by $4I_v$ in Eq. (2.311) and hence failure of the power-counting argument. It was shown by 't Hooft [33] that there exists a judicious choice of gauge where the mischievous term $(p_\mu p_\nu/M^2)$ is absent in the Feynman rules; 't Hooft [33] was then also able to demonstrate renormalizability for the spontaneously broken case. More details of these statements about perturbative renormalizability are provided in Chapter 3.

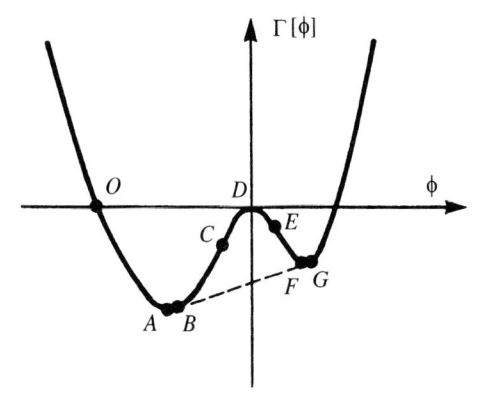

Figure 2.7 $\Gamma-\phi$ plot.

Note that these remarks apply to renormalization of the ultraviolet infinities. Handling of the infrared divergences, arising from the presence of massless particles, is a completely separate question.

2.5
Effects of Loop Corrections

So far we have considered the potential function $V(\phi)$ only in the tree approximation. It turns out that in several important cases the one-loop contribution[4] to the potential can be evaluated and can significantly alter the conclusions concerning the presence or absence of spontaneous symmetry breaking.

It will be important in the specific examples to be discussed—scalar electrodynamics, an $O(N)$ model, and the Glashow–Salam–Weinberg model—that the true ground state is a global minimum of the effective potential; a local nonglobal minimum is a candidate only for a metastable ground state. Unstable vacua are themselves interesting and important and are discussed at the end of this section.

Suppose that the functional $\Gamma[\phi]$ has two unequal minima, as indicated in Fig. 2.7. Since

$$\frac{\partial \Gamma}{\partial \phi} = -J \qquad (2.315)$$

the $J-\phi$ plot appears as indicated in Fig. 2.8. Assume that this $\Gamma[\phi]$ is the result of evaluating the effective potential (at zero external momenta) at the tree approximation, or possibly including the contributions from loop diagrams up to some finite number of loops.

---

4) It is interesting to bear in mind here that the loop expansion corresponds to the semiclassical expansion in h (see Refs. [34] and [35]).

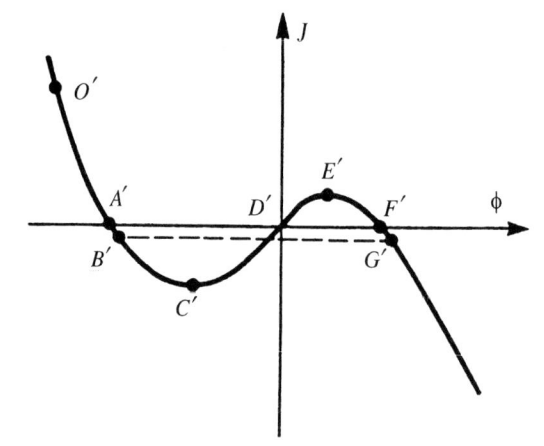

Figure 2.8 J–ϕ plot.

The exact $\Gamma[\phi]$, computed from the full theory, must satisfy a convexity property as follows. The inverse [one-particle-irreducible (1PI) propagator is given by

$$\frac{\delta^2 \Gamma}{\delta \phi^2} = \Delta^{-1} = m^2 \geqslant 0 \tag{2.316}$$

and must be positive definite if there are no tachyons. Thus, the exact $\Gamma[\phi]$ must be convex downward and cannot have the form indicated in Fig. 2.7. The segment in the vicinity of the unstable local maximum (CDE in Fig. 2.7 violates this condition and thus must deviate from the exact $\Gamma[\phi]$. The corresponding segment in a J–ϕ plot, of course, violates the corresponding condition,

$$\frac{\delta J}{\delta \phi} \geqslant 0 \tag{2.317}$$

There are segments between the minima (AC, EF) which respect the convexity property but which do not always correspond to accessible, completely stable situations.

It is fruitful to regard the two minima A and F as corresponding to two possible phases of the theory. Although, in the approximation to $\Gamma[\phi]$ considered, J vanishes at both phases, only one of them—the global minimum—is accessible when we take the limit $J \to 0$ appropriately, either from positive or negative values of J.

While varying the external source J, we require that the energy density always be minimal. Taking as a reference $\Gamma[\phi_0] = 0$ as indicated in Fig. 2.7 the free energy is given by

$$-\int_{\phi_0}^{\phi} J \, d\phi = -\int_{\phi_0}^{\phi} \frac{\delta \Gamma}{\delta \phi} \delta \phi \tag{2.318}$$

$$= \Gamma[\phi] \tag{2.319}$$

2.5 Effects of Loop Corrections

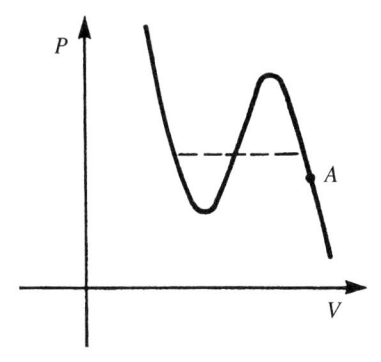

Figure 2.9 $P-V$ isotherm.

We are considering continuous variations of the external source J, and therefore $\delta\Gamma/\delta\phi$ must be continuous in ϕ. For some value of J, however, the system will make (at constant J) a first-order transition between the two phases.

To represent this situation in terms of the calculated $\Gamma[\phi]$, the only possibility is to draw the tangent line BG indicated in Fig. 2.7. For this line

$$\Gamma[\phi_G] - \Gamma[\phi_B] = -\int_{\phi_B}^{\phi_G} J \, d\phi \tag{2.320}$$

$$= J_B(\phi_B - \phi_G) \tag{2.321}$$

and hence corresponds to a rule of equal areas on the $J-\phi$ plot—the areas above and below the line are equal.

As J is varied continuously, therefore, one reaches the point ϕ_G on the original curve; then there is a transition at constant J to the point ϕ_B. Further increasing J, one reaches ϕ_A for vanishing J. Thus only the global minimum A corresponds to a stable ground state of the theory; the nonglobal minimum F is never reached, since it does not correspond to lowest energy.

For more than two minima, it is straightforward to extend these arguments, including the equal-area rule; again, only a global minimum corresponds to a completely stable ground state.

The situation in quantum field theory has an analogy in statistical mechanics if we identify J and ϕ with appropriate thermodynamic coordinates. In a liquid–gas transition, the identification would be with pressure and volume, respectively, and the approximate form of $\Gamma[\phi]$ then corresponds to an approximation to the Helmholtz free energy H. For example, the van der Waals equation of state gives rise to a typical isotherm as indicated in Fig. 2.9; this violates the convexity property

$$\frac{\partial P}{\partial V} \leq 0 \tag{2.322}$$

which must hold for the exact solution. By the Maxwell construction, which minimizes H while P is varied, one obtains a solution that respects the required convexity. Note that the global minimum in the earlier discussion would correspond here to a point A on the isotherm (Fig. 2.9).

In the examples we are about to consider, the fundamental assumption is that provided that the coupling constants are sufficiently small, the calculation of $\Gamma[\phi]$ from tree diagrams and one-loop corrections gives an accurate estimate except for the region of the phase transition. In particular, the assertion is that the location of the global minimum (A) is accurately given; it should be emphasized, however, that this assertion, although plausible, has not been vigorously justified. For the transition region, of course, the approximation cannot reproduce the exact nonanalytic behavior and gives instead some analytic continuation of the exact $\Gamma[\phi]$.

Example 1. In this example of one-loop corrections, we consider the Lagrangian density L given by

$$L = -\frac{1}{4}F_{\mu\nu}F_{\mu\nu} + D_\mu\phi^* D_\mu\phi - m_0^2\phi^*\phi - \frac{\lambda}{6}(\phi^*\phi)^2 \tag{2.323}$$

where

$$D_\mu\phi = (\partial_\mu + ieA_\mu)\phi \tag{2.324}$$

Putting $\phi = (\phi_1 + i\phi_2)/\sqrt{2}$, this becomes

$$L = \frac{1}{2}(\partial_\mu\phi_1 - eA_\mu\phi_2)^2 + \frac{1}{2}(\partial_\mu\phi_2 + eA_\mu\phi_1)^2$$
$$- \frac{1}{2}m_0^2(\phi_1^2 + \phi_2^2) - \frac{\lambda}{4!}(\phi_1^2 + \phi_2^2)^2 - \frac{1}{4}F_{\mu\nu}F_{\mu\nu} \tag{2.325}$$

When $m_0^2 > 0$, this is scalar electrodynamics and the normal perturbative solution holds for small couplings. When $m_0^2 < 0$, there is spontaneous breakdown and the Higgs mechanism occurs. When $m_0^2 = 0$, which vacuum does the theory pick?

To answer this question, we compute the one-loop contribution to the effective potential [36]. Since V is a function only of $(\phi_1^2 + \phi_2^2)$, we need consider only ϕ_1 as external legs. The relevant graphs are indicated in Fig. 2.10. First consider Fig. 2.10a, where ϕ_1 is circulating in the loop and the relevant coupling is $-\lambda\phi_1^4/4!$. These contributions to V are given by the sum (recall that external momenta are set equal to zero in evaluating V):

$$V = i\int \frac{d^4k}{(2\pi)^4} \sum_{n=1}^{\infty} \frac{1}{2n} \frac{(1/2\lambda\phi_1^2)^n}{(k^2 + i\epsilon)^n} \tag{2.326}$$

Some explanation of this will be helpful:

1. The Feynman rules are $-i\lambda$ at each vertex and $i/(k^2 + i\epsilon)$ for each propagator, so the i factors combine to give $(-i^2)^n = 1$.
2. The overall i is from the definition $V \sim iS$, where S is the S-matrix.
3. The $1/2^n$ is from Bose symmetrization of the two external ϕ_1 legs at each vertex.
4. The $1/2n$ allows for the fact that cyclic and anticyclic permutations of the vertices do not alter the diagram.

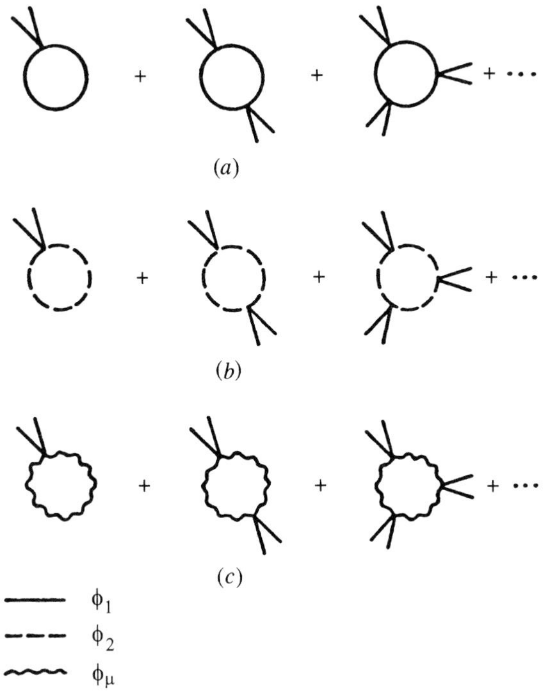

Figure 2.10 One loop graphs for scalar electrodynamics: (a) ϕ_1 loop; (b) ϕ_2 loop; (c) A_μ loop.

Rotating to Euclidean space, using $i\,dk_0 \to -dk_4$ and $k^2 \to -k^2$, gives

$$V = \frac{1}{2} \int \frac{d^4 k}{(2\pi)^4} \ln\left(1 + \frac{\lambda \phi_1^2}{2k^2}\right) \qquad (2.327)$$

Cutting off the (divergent) integral at $k^2 = \Lambda^2$ and changing the variable to $y = \lambda \phi_1^2 / 2k^2$, one obtains

$$V = \frac{\lambda^2 \phi_1^4}{128 \pi^2} \int_{\lambda \phi_1^2 / 2\Lambda^2}^{\infty} \frac{dy}{y^3} \ln(1 + y) \qquad (2.328)$$

where we used

$$\int d^4 k = 2\pi^2 \int k^3 \, dk = \pi^2 \int k^2 \, d(k)^2 \qquad (2.329)$$

Now use the definite integral

$$\int_{y_0}^{\infty} \frac{dy}{y^3} \ln(1+y) = \frac{\ln(1+y_0)}{2 y_0^2} + \frac{1}{2 y_0} - \frac{1}{2} \ln\left(1 + \frac{1}{y_0}\right) \qquad (2.330)$$

to find

$$V = \frac{\lambda^2 \phi_1^4}{128\pi^2} \left[\frac{2\Lambda^4}{\lambda^2 \phi_1^4} \ln\left(1 + \frac{\lambda \phi_1^2}{2\Lambda^2}\right) + \frac{\Lambda^2}{\lambda \phi_1^2} - \frac{1}{2} \ln\left(1 + \frac{2\Lambda^2}{\lambda \phi_1^2}\right) \right] \quad (2.331)$$

Expanding the logarithms and dropping terms that vanish for large cutoff gives

$$V = \frac{\lambda \Lambda^2 \phi_1^2}{64\pi^2} + \frac{\lambda^2 \phi_1^4}{256\phi^2} \left(\ln \frac{\lambda \phi^2}{2\Lambda^2} - \frac{1}{2} \right) \quad (2.332)$$

For Fig. 2.10b with ϕ_2 circulating in the loop, the coupling changes as follows:

$$-\frac{\lambda}{4!} \phi_1^4 \rightarrow -\frac{2\lambda}{4!} \phi_1^2 \phi_2^2 \quad (2.333)$$

and as a consequence, the factor $\lambda/2$ in V is replaced by

$$\frac{\lambda}{2} \rightarrow \frac{\lambda}{6} \quad (2.334)$$

since the 4! factor is only partially compensated by a combinatoric $(2!)^2$ factor. For Fig. 2.10c with the gauge vector in the loop, the coupling is

$$\frac{e^2}{2} \phi_1^2 A_\mu^2 \quad (2.335)$$

and hence, compared to the ϕ_1^4 expression, one replaces λ by $2e^2$ and adds an extra overall factor 3 for the contraction of the propagator numerator.

Adding in the necessary counterterms, we thus arrive at the following expression, including zero-loop and one-loop contributions ($\phi^2 = \phi_1^2 + \phi_2^2$):

$$V = \frac{\lambda}{4!} \phi^4 + A\phi^2 + \frac{1}{4!} B\phi^4 + \left(\frac{4\lambda}{3} + 2e^2 \right) \frac{\Lambda^2}{64\pi^2} \phi^2$$

$$\frac{\lambda^2 \phi^4}{256\pi^2} \left(\ln \frac{\lambda \phi^2}{2\Lambda^2} - \frac{1}{2} \right) + \frac{\lambda^2 \phi^4}{230\pi^2} \left(\ln \frac{\lambda \phi^2}{6\Lambda^2} - \frac{1}{2} \right)$$

$$+ \frac{3e^4 \phi^4}{64\pi^2} \left(\ln \frac{e^2 \phi^2}{\Lambda^2} - \frac{1}{2} \right) \quad (2.336)$$

We now impose that the renormalized mass be zero:

$$\left. \frac{\partial^2 V}{\partial \phi^2} \right|_{\phi=0} = 0 \quad (2.337)$$

so that A is chosen to cancel the quadratic terms precisely. The coupling is renormalized at $\phi = M$, some arbitrary mass, such that

$$\left. \frac{\partial^4 V}{\partial \phi^4} \right|_{\phi=M} = \lambda \quad (2.338)$$

2.5 Effects of Loop Corrections

Using the identity

$$\frac{d^4}{dx^4}(x^4 \ln ax^4) = 24 \ln ax^2 + 100 \tag{2.339}$$

one finds that

$$B = \frac{3}{64\pi^2}\left(\frac{10}{9}\lambda^2 + 12e^4\right) - \frac{\lambda^2}{256\pi^2}\phi^2\left(24 \ln \frac{\lambda M^2}{2\Lambda^2} + 100\right)$$
$$- \frac{\lambda^2}{2304\pi^2}\left(24 \ln \frac{\lambda M^2}{6\Lambda^2} + 100\right) - \frac{3e^4}{64\pi^2}\left(24 \ln \frac{e^2 M^2}{\Lambda^2} + 100\right) \tag{2.340}$$

Substituting into V, one arrives at the final form:

$$v = \frac{\lambda}{4!}\phi^4 + \left(\frac{5}{1152}\frac{\lambda^2}{\pi^2} + \frac{3e^4}{64\pi^2}\right)\phi^4\left(\ln \frac{\phi^2}{M^2} - \frac{25}{6}\right) \tag{2.341}$$

In order that two or more loops be insignificant, we take $\lambda, e \ll 1$. Also, we assume that $\lambda \sim e^4$, so that $\lambda^2 \ll e^4$ and the λ^2 term may be dropped. Choosing for convenience the renormalization mass to be $M = \langle\phi\rangle$, we have

$$V(\phi) = \frac{\lambda}{24}\phi^4 + \frac{3e^4}{64\pi^2}\phi^4\left(\ln \frac{\phi^2}{\langle\phi\rangle^2} - \frac{25}{6}\right) \tag{2.342}$$

Note that $V(0) = 0$. The derivative gives

$$V'(\langle\phi\rangle) = \left(\frac{\lambda}{6} - \frac{11}{16}\frac{e^4}{\pi^2}\right)\langle\phi\rangle^3 \tag{2.343}$$

so that if $\langle\phi\rangle \neq 0$, then for $V'(\langle\phi\rangle) = 0$,

$$\lambda = \frac{33}{8}\frac{e^4}{\pi^2} \tag{2.344}$$

With this constraint one finds that

$$V(\langle\phi\rangle) = -\frac{3}{128}\frac{e^4}{\pi^2}\langle\phi\rangle^4 \tag{2.345}$$

so that the minimum occurs for $\langle\phi\rangle \neq 0$, and there is spontaneous symmetry breaking.

To compute the scalar mass, note that

$$V(\phi) = \frac{3e^4\phi^4}{64\pi^2}\left(\ln \frac{\phi^2}{\langle\phi\rangle^2} - \frac{1}{2}\right) \tag{2.346}$$

$$\frac{\partial V}{\partial \phi} = \frac{3e^4\phi^3}{64\pi^2}\ln \frac{\phi^2}{\langle\phi\rangle^2} \tag{2.347}$$

$$\left.\frac{\partial^2 V}{\partial \phi^2}\right|_{\phi=\langle\phi\rangle} = \frac{3e^4}{8\pi^2}\langle\phi\rangle^2 = M_s^2 \tag{2.348}$$

The vector mass arising from the Higgs mechanism is given by

$$M_V^2 = e^2 \langle\phi\rangle^2 \tag{2.349}$$

so that

$$\frac{M_s^2}{M_V^2} = \frac{3}{2\pi}\frac{e^2}{4\pi} \tag{2.350}$$

Thus the one-loop contributions reveal that the theory with massless scalars in the symmetric Lagrangian resembles more closely the $M_0^2 < 0$ case (Higgs) than the $M_0^2 > 0$ case (scalar electrodynamics).

Note, in particular, that one of the two dimensionless parameters e and λ has been replaced by a dimensional one, $\langle\phi\rangle$. This phenomenon, where spontaneous breakdown of theory with scale-invariant Lagrangian gives rise to masses, is called *dimensional transmutation*.

Example 2. In this example we discuss an $O(N)$ scalar (nongauge) model [37, 38], where N is taken to be very large. This model is one where the tree approximation indicates spontaneous breakdown, and it is only when the one-loop graphs are included that it is discovered that the ground state is, in fact, symmetric; roughly speaking, the situation here is thus the reverse of that for massless scalar electrodynamics. The Lagrangian is ($a = 1, 2, \ldots, N$)

$$L = \frac{1}{2}\partial_\mu \phi^a \partial_\mu \phi^a - \frac{1}{2}M_0^2 \phi^a \phi^a - \frac{\lambda_0}{8N}\left(\phi^a \phi^a\right)^2 \tag{2.351}$$

In the tree approximation the potential is

$$V = \frac{1}{2}M_0^2 \phi^a \phi^a + \frac{\lambda_0}{8N}\left(\phi^a \phi^a\right)^2 \tag{2.352}$$

We take $\lambda_0 > 0$; otherwise, the spectrum is unbounded below. For $M_0^2 > 0$ the ground state has $\phi^a = 0$. For $M_0^2 < 0$ this potential has a minimum for

$$\langle\phi\rangle^2 = \frac{-2M_0^2 N}{\lambda_0} > 0 \tag{2.353}$$

Putting $\phi^a = \delta_{an}\langle\phi\rangle$ and defining

$$\sigma = \phi_N - \langle\phi\rangle \tag{2.354}$$

$$\pi^a = \phi^a \quad a = 1, 2, 3, \ldots, (N-1) \tag{2.355}$$

one finds that

$$V = \frac{\lambda_0}{8N}\left(\pi^a\pi^a + \sigma^2 + 2\sigma\langle\phi\rangle^2\right) - \frac{M_0^4 N}{2\lambda_0} \tag{2.356}$$

and

$$L = \frac{1}{2}\partial_\mu\pi^a\partial_\mu\pi^a + \frac{1}{2}\partial_\mu\sigma\partial_\mu\sigma - V \tag{2.357}$$

Thus in this approximation the spontaneous breaking of $O(N)$ to a residual $O(N-1)$ results in $(N-1)$ Goldstone bosons π^a. As will become apparent shortly, this approximation is not a good one.

To compute the one-loop corrections, we use a combinatoric trick [37] by adding a term to L as follows:

$$\begin{aligned}L &= \frac{1}{2}\partial_\mu\phi^a\partial_\mu\phi^a - \frac{1}{2}M_0^2\phi^a\phi^a - \frac{\lambda_0}{8N}(\phi^a\phi^a)^2 \\ &\quad + \frac{N}{2\lambda_0}\left(x - \frac{1}{2}\frac{\lambda_0}{N}\phi^a\phi^a - M_0^2\right)\end{aligned} \tag{2.358}$$

The new field x is not a dynamical degree of freedom since its equation of motion is simply

$$\frac{\partial L}{\partial x} = 0 \tag{2.359}$$

$$x = \frac{1}{2}\frac{\lambda_0}{N}\phi^a\phi^a + M_0^2 \tag{2.360}$$

The Lagrangian now becomes

$$L = \frac{1}{2}\partial_\mu\phi^a\partial_\mu\phi^a + \frac{N}{2\lambda_0}x^2 - \frac{1}{2}x\phi^a\phi^a - \frac{NM_0^2}{\lambda_0}x - \frac{NM_0^4}{2\lambda_0} \tag{2.361}$$

The only interaction is $-\frac{1}{2}x\phi^a\phi^a$ and the Feynman rules now give $1/N$ factors only for the x propagator. To leading order in $1/N$, therefore, one needs to sum the graphs indicated in Fig. 2.11. This sum gives (in Euclidean space)

$$V(\text{one loop}) = -N\int\frac{d^4k}{(2\pi)^4}\sum\frac{1}{2n}\frac{(x)^n}{(-k^2)^n} \tag{2.362}$$

$$= \frac{N}{2}\int\frac{d^4k}{(2\pi)^4}\ln\left(1 + \frac{x}{k^2}\right) \tag{2.363}$$

$$= \frac{N}{2}\int\frac{d^4k}{(2\pi)^4}\ln(k^2 + x) \tag{2.364}$$

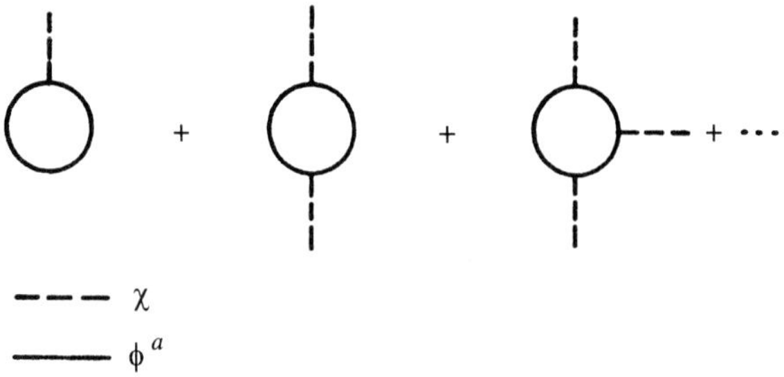

Figure 2.11 One-loop graphs for $O(N)$ model.

where in the last form we dropped an irrelevant (infinite) constant. The full potential, including the tree diagrams, is

$$V = -\frac{N}{2\lambda_0}x^2 + \frac{1}{2}x\phi^a\phi^a + \frac{NM_0^2}{\lambda_0} + \frac{N}{2}\int \frac{d^4k}{(2\pi)^4}\ln(k^2 + x) \tag{2.365}$$

Now we renormalize M_0 and λ_0 by defining

$$\frac{M_0^2}{\lambda_0} = \frac{M^2}{\lambda} - \frac{1}{2}\int \frac{d^4k}{(2\pi)^4}\frac{1}{k^2} \tag{2.366}$$

$$\frac{1}{\lambda_0} = \frac{1}{\lambda} - \frac{1}{2}\int \frac{d^4k}{(2\pi)^4}\frac{1}{k^2}\frac{1}{k^2 + M^2} \tag{2.367}$$

To express V in terms of these renormalized quantities, we need the integral

$$\int \frac{d^4k}{(2\pi)^4}\left[\ln(k^2 + x) - \frac{x}{k^2} \frac{x}{2k^2(k^2 + M^2)}\right]$$

$$= \frac{1}{16\pi^2}\int_0^\infty dx\, x\left[\ln(x + x) - \frac{x}{x} + \frac{x}{2x(x + M^2)}\right] \tag{2.368}$$

$$= \frac{1}{16\pi^2}\left[\frac{x^2 - x^2}{2}\ln(x + x) - \frac{1}{2}x\left(x + \frac{1}{2}x\right) + \frac{x^2}{2}\ln(x + M^2)\right]_0^\infty \tag{2.369}$$

$$= \frac{1}{16\pi^2}\left(-\frac{x^2}{4} + \frac{x^2}{2}\ln\frac{x}{M^2}\right) \tag{2.370}$$

where we set $x = k^2$. Using this result, one finds that

$$V = -\frac{N}{2\lambda}x^2 + \frac{1}{2}x\phi^a\phi^a + \frac{Nm^2}{\lambda_0}x + \frac{Nx^2}{128\pi^2}\left(2\ln\frac{x}{M^2} - 1\right) \tag{2.371}$$

At a minimum of V,

$$\frac{\partial V}{\partial \chi} = 0 \tag{2.372}$$

and

$$\frac{\partial V}{\partial \phi^a} = 0 \tag{2.373}$$

$$= 2\phi^a \frac{\partial^2 V}{\partial \phi^2} \tag{2.374}$$

so that

$$\phi^a \chi = 0 \tag{2.375}$$

If $\phi^a \neq 0$ at the minimum, $\chi = 0$ and it follows that $V = 0$.

Now we must evaluate V when $\phi^2 = 0$ to check whether the symmetric situation has lower energy. With $\phi^2 = 0$, $\partial V/\partial \chi = 0$ implies that $\chi = \chi_0$, where

$$\chi_0 - M^2 - \frac{\lambda \chi_0}{32\pi^2} \ln \frac{\chi_0}{M^2} = 0 \tag{2.376}$$

We are interested in the case $m^2 < 0$ and it follows that since χ_0 is real

$$\chi_0 > 0 \tag{2.377}$$

For the potential, we now find that

$$V(\phi^2 = 0, \chi = \chi_0) = -\frac{N}{2\lambda}\chi_0^2 + \frac{Nm^2}{\lambda}\chi_0 + \frac{N\chi_0^2}{128\pi^2}\left(2\ln\frac{\chi_0}{M^2} - 1\right) \tag{2.378}$$

$$= \frac{N\chi_0^2}{128\pi^2}\left(\frac{2m^2}{\chi_0^2 - m^2}\ln\frac{\chi_0}{M^2} - 1\right) \tag{2.379}$$

Now

$$\chi_0^2 - m^2 > 0 \tag{2.380}$$

$$m^2 < 0 \tag{2.381}$$

and hence

$$V(\phi^2 = 0) < 0 \tag{2.382}$$

Thus the ground state occurs for $\phi^a = 0$ and the $O(N)$ symmetry is not spontaneously broken [38]. In this theory, the one-loop corrections play a crucial role, since in the tree approximation it appeared that there is spontaneous breaking of $O(N)$ down to $O(N-1)$.

Example 3. In this example of loop corrections we consider the Glashow–Salam–Weinberg model [39–41]. This model, which we will return to in more detail later, provides the simplest theory that unifies weak and electromagnetic interactions and is renormalizable. The gauge group is SU(2) × U(1), corresponding to weak isospin and weak hypercharge. There are therefore fore gauge vectors A_μ^A ($a = 1, 2, 3$) and B_μ. The left- and right-handed helicity electrons are denoted

$$e_L = \frac{1}{2}(1 - \gamma_5)e \tag{2.383}$$

$$e_R = \frac{1}{2}(1 + \gamma_5)e \tag{2.384}$$

The left-handed component is put together with the neutrino ν_L in an SU(2) doublet,

$$L = \begin{pmatrix} \nu_L \\ e_L \end{pmatrix} \tag{2.385}$$

with weak hypercharge $y = -1$. The component $R = e_R$ is an SU(2) singlet with $y = -2$. This ensures that the electric charge is always given by

$$Q = t_L^3 + \frac{1}{2}y \tag{2.386}$$

To break the symmetry spontaneously, a complex doublet of Higgs scalars in introduced:

$$\phi = \begin{pmatrix} \phi^+ \\ \phi^0 \end{pmatrix} \tag{2.387}$$

with $y = +1$, and transforming like the left-handed doublet under weak isospin.

The Lagrangian may be written

$$\mathcal{L} = \mathcal{L}_g + \mathcal{L}_l + \mathcal{L}_s + \mathcal{L}_i \tag{2.388}$$

with

$$\mathcal{L}_g = -\frac{1}{4} F_{\mu\nu}^1 F_{\mu\nu}^1 - \frac{1}{4} G_{\mu\nu} G_{\mu\nu} \tag{2.389}$$

$$F_{\mu\nu}^i = \partial_\mu A_\nu^i - \partial_\nu A_\mu^i + g\epsilon^{ijk} A_\mu^j A_\nu^k \tag{2.390}$$

$$G_{\mu\nu} = \partial_\mu B_\nu - \partial_\nu B_\mu \tag{2.391}$$

2.5 Effects of Loop Corrections

$$\mathscr{L}_l = \bar{R} i \gamma_\mu (\partial_\mu + i g' B_\mu) R + \bar{L} i \gamma_\mu \left(\partial_\mu + \frac{i}{2} g' B_\mu - i g \frac{\tau^i}{2} A^i_\mu \right) L \quad (2.392)$$

$$\mathscr{L}_s = \left(\partial_\mu \phi^\dagger + i \frac{g'}{2} B_\mu \phi^\dagger + i \frac{g}{2} \tau^i A^i_\mu \phi^\dagger \right)$$

$$\cdot \left(\partial_\mu \phi - i \frac{g'}{2} B_\mu \phi - i \frac{g}{2} \tau^i A^i_\mu \phi \right) - \mu^2 \phi^\dagger \phi - \lambda (\phi^\dagger \phi)^2 \quad (2.393)$$

$$\mathscr{L}_i = G_e (\bar{R} \phi^\dagger L + \bar{L} \phi R) \quad (2.394)$$

For the reader unfamiliar with this theory, we first discuss briefly the tree approximation of the Weinberg–Salam model, then proceed to the one-loop corrections, which are our main concern at present.

We may reparametrize the Higgs doublet by

$$\phi = U^{-1}(\xi) \frac{v + \eta}{\sqrt{2}} \quad (2.395)$$

$$U(\xi) = \exp \frac{(-i \boldsymbol{\xi} \cdot \boldsymbol{\tau})}{2v} \quad (2.396)$$

where $v/\sqrt{2}$ is the vacuum value of ϕ and the four components of ϕ are replaced by $\boldsymbol{\xi}$ and $\boldsymbol{\tau}$. Now we go to the unitary gauge by making the SU(2) gauge transformation specified by $U(\xi)$. That is,

$$\phi' = U \phi \quad (2.397)$$

$$L' = U L \quad (2.398)$$

$$A'_\mu = U A_\mu U^{-1} - \frac{i}{g} (\partial_\mu U) U^{-1} \quad (2.399)$$

where

$$A_\mu \equiv \mathbf{A}_\mu \cdot \boldsymbol{\tau} \quad (2.400)$$

The fields B_μ and R remain unchanged. After making this transformation, one finds an electron mass term from

$$\mathscr{L}_i = -G_e (\bar{R} \phi^\dagger L + \bar{L} \phi R) \quad (2.401)$$

$$= -\frac{G_e v}{\sqrt{2}} (\bar{e}_R e_L + \bar{e}_L e_R) + \cdots \quad (2.402)$$

$$= -\frac{G_e v}{\sqrt{2}} \bar{e} e + \cdots \quad (2.403)$$

so that

$$G_e = \frac{\sqrt{2} M_e}{v} \tag{2.404}$$

and the neutrino remains massless since it has no right-handed counterpart.

The mass of the Higgs scalar η is found by using

$$v^2 = \frac{-\mu^2}{\lambda} \tag{2.405}$$

and isolating the quadratic term in $\mathscr{L}_s$, which turns out to be

$$\mathscr{L}_s = \frac{1}{2} \partial_\mu \eta \partial_\mu \eta + \mu^2 \eta^2 + \cdots \tag{2.406}$$

so that

$$m_\eta^2 = -2\mu^2 \tag{2.407}$$

Since v depends only on the ratio $-\mu^2/\lambda$, it appears in the tree approximation that the Higgs mass m_η^2 can be made arbitrarily large (large λ). By studying the one-loop contributions, however, we shall arrive at restrictions on this mass.

The masses of the charged intermediate vector bosons $W_\mu^\pm$ defined by

$$W_\mu^\pm = \frac{A_\mu^1 \pm i A_\mu^2}{\sqrt{2}} \tag{2.408}$$

can be found from the quadratic terms in $\mathscr{L}_s$, which are

$$\frac{g^2 v^2}{8} \left[(A_\mu^1)^2 + (A_\mu^2)^2 \right] = \frac{g^2 v^2}{8} \left(W_\mu^{+*} W_\mu^+ + W_\mu^{-*} W_\mu^- \right) \tag{2.409}$$

so that

$$m_W = \frac{1}{2} g v \tag{2.410}$$

The charged current couplings to the leptons are given by

$$g \bar{L} \gamma \frac{\tau_i}{\mu^2} A_{i\mu} L \quad (i = 1, 2)$$

$$= \frac{g}{\sqrt{2}} \left(\bar{v}_L \gamma_\mu e_L W_\mu^+ + \bar{e}_L \gamma_\mu v_L W_\mu^- \right) \tag{2.411}$$

$$= \frac{g}{2\sqrt{2}} \left[\bar{v} \gamma_\mu (1 - \gamma_5) e W_\mu^+ + \text{h.c.} \right] \tag{2.412}$$

so that in terms of Fermi's constant G we have

$$\frac{g^2}{8m_W^2} = \frac{G}{\sqrt{2}} \tag{2.413}$$

and hence (using $m_W = \frac{1}{2}gv$)

$$v = 2^{-1/4} G^{-1/2} \tag{2.414}$$

Using the value from μ decay, $G = 1.01 \times 10^{-5} m_p^{-2}$, one finds that

$$v = 248 \text{ GeV} \tag{2.415}$$

This implies that the dimensionless coupling G_e has the value

$$G_e = \frac{\sqrt{2} M_e}{v} \tag{2.416}$$

$$\simeq 2 \times 10^{-6} \tag{2.417}$$

Next we turn to the two neutral gauge fields A_μ^3 and B_μ. The photon A_μ and neutral intermediate vector boson Z_μ are defined according to

$$B_\mu = \cos\theta_W A_\mu + \sin\theta_W Z_\mu \tag{2.418}$$

$$A_\mu^3 = -\sin\theta_W A_\mu + \cos\theta_W Z_\mu \tag{2.419}$$

where θ_W is the weak mixing angle, which, as we shall see, satisfies

$$\sin\theta_W = \frac{g'}{\sqrt{g^2 + g'^2}} \tag{2.420}$$

$$\cos\theta_W = \frac{g}{\sqrt{g^2 + g'^2}} \tag{2.421}$$

Picking out the photon couplings from $\mathcal{L}_l$ gives

$$-g'\cos\theta_W \bar{e}_R \gamma_\mu A_\mu e_R - \frac{g'}{2}\cos\theta_W (\bar{\nu}_L \gamma_\mu \nu_L + \bar{e}_L \gamma_\mu e_L) A_\mu$$

$$+ \frac{g}{2}\sin\theta_W (\bar{\nu}_L \gamma_\mu \nu_L - \bar{e}_L \gamma_\mu e_L) A_\mu$$

$$= -g'\cos\theta_W A_\mu (\bar{e}_R \gamma_\mu e_R + \bar{e}_L \gamma_\mu e_L) \tag{2.422}$$

$$= -\frac{gg'}{\sqrt{g^2 + g'^2}} A_\mu \bar{e} \gamma_\mu e \tag{2.423}$$

so that

$$e = g \sin \theta_W \tag{2.424}$$

$$= g' \cos \theta_W \tag{2.425}$$

The mass of the neutral intermediate vector boson Z_μ is provided by the piece of $\mathcal{L}_s$ (the photon is, of course, massless)

$$\frac{v^2}{8}(g' B_\mu - g A_\mu^3)^2 = \frac{g^2 v^2}{8 \cos^2 \theta_W} Z_\mu Z_\mu \tag{2.426}$$

Substituting for g and v one finds that for the vector masses

$$m_W = \frac{38 \text{ GeV}}{\sin \theta_W} \tag{2.427}$$

$$m_Z = \frac{m_W}{\cos \theta_W} \tag{2.428}$$

$$= \frac{76 \text{ GeV}}{\sin 2\theta_W} \tag{2.429}$$

For example, with the value

$$\theta = 28° \left(\sin^2 \theta_W = 0.22\right) \tag{2.430}$$

favored by neutrino scattering experiments, $m_W = 80$ GeV and $m_Z = 91$ GeV. Discovery of charged and neutral vector bosons with these masses at CERN in 1983 provided striking confirmation of the theory.

Finally, the couplings to leptons of the neutral weak current can be read off from $\mathcal{L}_l$. It is found to be

$$-\frac{Z_\mu}{2\sqrt{g^2 + g'^2}}$$

$$\cdot \left[g'^2(2\bar{e}_R \gamma_\mu e_R + \bar{e}_L \gamma_\mu e_L + \bar{v}_L \gamma_\mu v_L) - g^2(\bar{e}_L \gamma_\mu e_L - \bar{v}_L \gamma_\mu v_L)\right] \tag{2.431}$$

To summarize the tree approximation, the electromagnetic and weak couplings e and G are not mutually determined but are related through the parameter θ_W, which may be determined empirically. Also there is the arbitrary parameter m_η^2 for the Higgs scalar.

The one-loop corrections to the effective potential stem from the three types of couplings in

$$-\lambda(\phi^+ \phi)^2 + \left(\frac{g'}{2} B_\mu + \frac{g}{2} \tau_i A_{i\mu}\right)^2 \phi^\dagger \phi - G_e(\bar{R}\phi^\dagger L + \bar{L}\phi R) \tag{2.432}$$

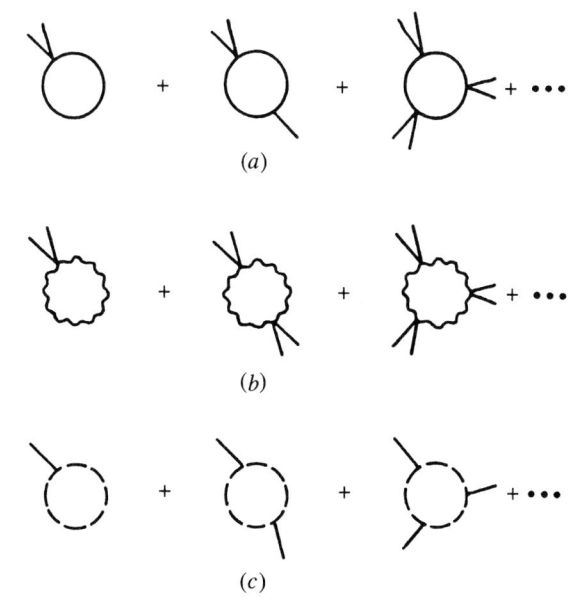

Figure 2.12 One-loop graphs for Glashow–Salam–Weinberg model: (a) scalar loop; (b) gauge vector loop; (c) fermion loop.

Examples of the corresponding one-loop graphs to be summed are indicated in Fig. 2.12 for (a) a scalar loop, (b) a gauge-vector loop, and (c) a fermion loop. When λ is so small that $\lambda \sim e^4$, the relative magnitudes of these three possibilities are $\lambda^2 \sim e^8$, e^4, and G_e^4, respectively. Since $G_e^4 \sim 16 \times 10^{-24}$, the lepton loop is negligible (even if we replace the electron by a moderately heavy lepton of about 2 GeV). Also, the gauge-vector loop dominates over the scalar loop, so we need compute only the former.

This computation was first performed by Weinberg [42, 43] and is quite similar to our earlier calculation for scalar electrodynamics. There we obtained for the potential

$$V(\phi) = \frac{\lambda}{24}\phi^4 + \frac{3e^4}{64\pi^2}\phi^4\left(\ln\frac{\phi^2}{M^2} - \frac{25}{6}\right) \tag{2.433}$$

which may be rewritten as

$$V(\phi) = \frac{3e^4}{64\pi^2}\phi^4 \ln\frac{\phi^2}{M_f^2} \tag{2.434}$$

where we defined the mass M_f^2 by

$$\ln M_f^2 = \ln M^2 + \frac{25}{6} - \frac{8\pi^2\lambda}{9e^4} \tag{2.435}$$

It turns out (see Weinberg, [44] for details) that in the present case of four gauge bosons, one replaces $e^4 = m_v^4/v^4$ by

$$e^4 \to \frac{\sum_v m_v^4}{v^4} \tag{2.436}$$

where v is the vacuum value of the Higgs scalar and $\sum_v m_v^4$ is the trace of the fourth power of the vector mass matrix.

Thus, defining

$$B = \frac{3\sum_v m_v^4}{64\pi^2 v^4} \tag{2.437}$$

one may write

$$V(\phi) = -\frac{1}{2}\mu_R^2 \phi^2 + B\phi^4 \ln \frac{\phi^2}{M_f^2} \tag{2.438}$$

where μ_R is the renormalized scalar mass.

At a stationary point

$$\left.\frac{dV}{d\phi}\right|_{\phi=\langle\phi\rangle} = \mu_R^2 \langle\phi\rangle + 4B\langle\phi\rangle^3 \left(\ln \frac{\langle\phi\rangle^2}{M_f^2} + \frac{1}{2}\right) \tag{2.439}$$

$$= 0 \tag{2.440}$$

so that either

$$\langle\phi\rangle = 0 \tag{2.441}$$

or

$$\frac{\mu_R^2}{4B} = \langle\phi\rangle^2 \left(\ln \frac{\langle\phi\rangle^2}{M_f^2} + \frac{1}{2}\right) \tag{2.442}$$

Differentiating again, one finds (for $\langle\phi\rangle \neq 0$) that

$$\left.\frac{d^2V}{d\phi^2}\right|_{\phi=\langle\phi\rangle} = -4B\langle\phi\rangle^2 \left(\ln \frac{\langle\phi\rangle^2}{M_f^2} + \frac{1}{2}\right) + 12B\langle\phi\rangle^2 \left(\ln \frac{\langle\phi\rangle^2}{M_f^2} + \frac{7}{6}\right) \tag{2.443}$$

Now, for $\langle\phi\rangle \neq 0$,

$$V(\langle\phi\rangle) = -B\langle\phi\rangle^4 \left(\ln \frac{\langle\phi\rangle^2}{M_f^2} + 1\right) \tag{2.444}$$

to be compared with

$$V(0) = 0 \tag{2.445}$$

Thus, in order that the symmetry-breaking vacuum be absolutely stable, one requires that

$$V(\langle\phi\rangle) < V(0) \tag{2.446}$$

so that

$$\ln\frac{\langle\phi\rangle^2}{M_f^2} > -1 \tag{2.447}$$

Hence the Higgs scalar mass m_η^2 satisfies

$$m_\eta^2 = \frac{d^2V}{d\phi^2}\bigg|_{\phi=\langle\phi\rangle} \tag{2.448}$$

$$> 4B\langle\phi\rangle^2 \tag{2.449}$$

$$= \frac{3}{16\pi^2 v^2}\left(2m_W^4 + m_Z^4\right) \tag{2.450}$$

Inserting the expressions for m_W, m_Z, and V from the tree approximation, one finds that ($\alpha = e^2/4\pi$)

$$v^4 = \left(2G^2\right)^{-1} \tag{2.451}$$

$$m_W^4 = \frac{\pi^2\alpha^2}{2G^2\sin^4\theta_W} \tag{2.452}$$

$$m_Z^4 = \frac{m_W^4}{\cos^4\theta_W} \tag{2.453}$$

and therefore

$$m_\eta^2 > \frac{3\alpha^2}{16\sqrt{2}\,G}\frac{2+\sec^4\theta_W}{\sin^4\theta_W} \tag{2.454}$$

This expression has a minimum for $\theta_W \approx 49.4°$; with this value for θ_W, one finds that

$$m_\eta > 3.75 \text{ GeV} \tag{2.455}$$

For the empirical value $\theta_W = 28°$, one finds that

$$m_\eta > 6.80 \text{ GeV} \tag{2.456}$$

This mass is sufficiently large that Higgs scalars, if they exist, could have escaped detection. (For an early phenomenology of Higgs scalars, see Ref. [45].) To summarize this example, in the tree approximation the Higgs scalar mass may be made arbitrarily small by reducing the self-interaction λ. But when λ is so small that $\lambda \sim e^4$, the gauge vector loop competes with the $\lambda \phi^4$ term and the Higgs mechanism fails unless the Higgs mass exceeds a substantial lower limit.

The discussion so far has made the assumption that the vacuum of the universe is absolutely stable. In 1976 it was shown [46, 47] how to compute the lifetime of a metastable vacuum in quantum field theory and obtain a unique finite answer. The analysis is a four-dimensional extension of the theory of how a three-dimensional bubble forms in a superheated liquid [48–51]. In the latter case a bubble of steam in superheated water has a negative volume energy because steam is the lower energy phase above boiling point but a positive surface energy because of surface tension, and hence there is a critical minimum radius to be reached before boiling is precipitated. For a four-dimensional hypersphere the relevant bubble action is

$$A = -\frac{1}{2}\pi^2 R^4 \epsilon + 2\pi^2 R^3 S_1 \tag{2.457}$$

where ϵ and S_1 are the volume and surface energy densities, respectively. The stationary value of this action is given by

$$A_m = \frac{27}{2} \frac{\pi^2 S_1^4}{\epsilon^3} \tag{2.458}$$

corresponding to a critical radius $R_m = 3S_1/\epsilon$. The energy density ϵ is just the difference between the effective potential evaluated for the two vacua. The action per unit hypersurface S_1 is given by the action for tunneling through the potential barrier $V(\phi)$. In imaginary time this is the classical action for motion in a potential $-V(\phi)$; by considering an infinitesimal change in R it is easy to see that S_1 is also the hypersurface energy per unit hyperarea.

The number of such bubbles to form in the past can be estimated as

$$N = \left(V_u \Delta^4\right) \exp(-A_m) \tag{2.459}$$

where V_u is the space-time volume of the backward light cone ($V_u \sim 10^{112}$ cm^4) and Δ is the scale characterizing the bubble; we may take $\Delta \sim R_m^{-1}$.

In this way, one may require that $N \ll 1$ be a condition for a nonglobal minimum of $V(\phi)$ to be a candidate for the vacuum. This then has numerous consequences. For example, in the early universe this idea plays a role in inflation [52] (see also Refs. [53] and [54]). For the electroweak theory, it allows in principle a lower value for the Higgs mass than given in Refs. [42] and [43].

2.6
Summary

We have arrived at the Feynman rules for pure Yang–Mills theory in the covariant gauges, using the path integral method and making the ansatz that the volume of the gauge group orbits in the manifold of gauge fields could be divided out as a field-independent multiplicative factor. For the case of the Coulomb gauge, this recipe could be compared successfully to the canonical approach.

The result may be summarized by an effective Lagrangian containing two new terms: One is the gauge-fixing term and the other is the ghost term. The ghosts are fictitious scalars satisfying anticommutation relations and appearing only in closed loops wherever a closed vector loop also occurs.

Adding one-loop corrections, including in the standard model, can alter the nature of the spontaneous symmetry breaking.

References

1. P.A.M. Dirac, *Phys. Z. Soviet Union* 3, 64 (1933).
2. R.P. Feynman, *Rev. Mod. Phys.* 20, 37 (1948).
3. R.P. Feynman, A.R. Hibbs, *Quantum Mechanics and Path Integrals*, McGraw–Hill, New York, 1965.
4. I. Schwinger, ed., *Selected Papers in Quantum Electrodynamics*, Dover, New York, 1958.
5. E. Rutherford, *Philos. Mag.* 21, 669 (1911).
6. G.C. Wick, *Phys. Rev.* 80, 268 (1950).
7. R.P. Feynman, *Acta Phys. Pol.* 24, 697 (1963).
8. B.S. DeWitt, *Phys. Rev.* 160, 1113 (1967).
9. B.S. DeWitt, *Phys. Rev.* 162, 1195 (1967).
10. B.S. DeWitt, *Phys. Rev.* 162, 1239 (1967).
11. S. Mandelstam, *Ann. Phys.* 19, 1, 25 (1962).
12. S. Mandelstam, *Phys. Rev.* 175, 1580 (1968).
13. S. Mandelstam, *Phys. Rev.* 175, 1604 (1968).
14. C.N. Yang, R.L. Mills, *Phys. Rev.* 96, 191 (1954).
15. I.B. Khriplovich, *Sov. J. Nucl. Phys.* 10, 235 (1970).
16. V.N. Gribov, *Nucl. Phys.* B139, 1 (1978).
17. R.D. Peccei, *Phys. Rev. D* 17, 1097 (1978).
18. L.D. Faddeev and V.N. Popov, *Phys. Lett.* B25, 29 (1967).
19. L.D. Faddeev, *Theor. Math. Phys.* 1, 3 (1969).
20. L.D. Faddeev, in: *Methods in Field Theory*, R. Balian and J. Zinn-Justin, eds., North–Holland, Amsterdam, 1976, p. 1.
21. H. Fritzsch, M. Gell-Mann, and H. Leutwyler, *Phys. Lett.* B47, 365 (1973).
22. D.J. Gross and F. Wilczek, *Phys. Rev.* D8, 3497 (1973).
23. S. Weinberg, *Phys. Rev. Lett.* 31, 494 (1973).
24. E.S. Fradkin and I.V. Tyutin, *Phys. Lett.* B30, 562 (1969).
25. E.S. Fradkin and I.V. Tyutin, *Phys. Rev.* D2, 2841 (1970).
26. C.M. Bender, T. Eguchi, and H. Pagels, *Phys. Rev.* D17, 1086 (1978).
27. M.B. Halpern and J. Koplik, *Nucl. Phys.* B132, 239 (1978).
28. R.L. Arnowitt and S.I. Fickler, *Phys. Rev.* 127, 1821 (1962).
29. F.J. Dyson, *Phys. Rev.* 75, 1736 (1949).
30. N.N. Bogoliubov and D.V. Shirkov, *Theory of Quantized Fields*, Wiley–Interscience, New York, 1959, Chap. 4.
31. S.S. Schweber, (1961) *Relativistic Quantum Field Theory*, Harper & Row, New York, Chap. 16.
32. G. 't Hooft, *Nucl. Phys.* B33, 173 (1971).
33. G. 't Hooft, *Nucl. Phys.* B35, 167 (1971).
34. Y. Nambu, *Phys. Lett.* B26, 626 (1968).
35. S. Coleman, J. Wess, and B. Zumino, *Phys. Rev.* 177, 2239 (1969).
36. S. Coleman and E. Weinberg, *Phys. Rev.* D7, 1888 (1973).
37. S. Coleman, R. Jackiw, and H.D. Politzer, *Phys. Rev.*, D10, 2491 (1974).
38. R.W. Haymaker, *Phys. Rev.* D13, 968 (1976).
39. S.L. Glashow, *Nucl. Phys.* 22, 579 (1961).
40. S. Weinberg, *Phys. Rev. Lett.* 19, 1264 (1967).
41. A. Salam, in: *Elementary Particle Theory*, N. Svartholm, ed., Almqvist & Wiksell, Stockholm, 1968.

42 S. Weinberg, *Phys. Rev. Lett.* 36, 294 (1976).
43 A.D. Linde, *JETP Lett.* 23, 73 (1976).
44 S. Weinberg, *Phys. Rev.* D7, 2887 (1973).
45 J. Ellis, M.K. Gaillard, and D.V. Nanopoulos, *Nucl. Phys.* B106, 292 (1976).
46 P.H. Frampton, *Phys. Rev. Lett.* 37, 1378 (1976).
47 P.H. Frampton, *Phys. Rev.* D15, 2922 (1977).
48 N.G. Van Kampen, *Phys. Rev.* 135, A362 (1964).
49 J.S. Langer, *Ann. Phys.* 41, 108 (1967).
50 T.D. Lee and G.C. Wick, *Phys. Rev.* D9, 2291 (1974).
51 V.B. Voloshin, L.Yu. Kobzarev, and L.B. Okun, *Sov. J. Nucl. Phys.* 20, 644 (1975).
52 A.H. Guth, *Phys. Rev.* D23, 347 (1981).
53 D. Kazanas, *Ap. J.* 241, L59 (1980).
54 K. Sato, *Monogr. Nat. R. Astron. Soc.* 195, 467 (1981).

3
Renormalization

3.1
Introduction

Here we discuss the renormalization of non-Abelian gauge theories with both exact symmetry and spontaneous symmetry breaking. First, the method of dimensional regularization is described and applied to several explicit examples. The existence of a regularization technique that maintains gauge invariance is crucial in what follows. The presence of triangle anomalies can destroy gauge invariance and hence renormalizability. This is explained together with the general method to cancel the anomalies in an SU(2) × U(1) theory.

The introduction of the Becchi–Rouet–Stora (BRS) form of the local gauge transformation greatly facilitates the study of Green's functions, and this use of anticommuting c-numbers and of the Faddeev–Popov ghost field as the gauge function is explained. Using this, the iterative proof of renormalizability is given to all orders, first for pure Yang–Mills, then with fermion and scalar matter fields. The treatment is not totally rigorous (in particular, the details of handling subdivergences are omitted), but all the principal steps are given. Finally, for massive vectors arising from spontaneous breaking, the demonstration of renormalizability is given using the 't Hooft gauges.

3.2
Dimensional Regularization

When we make perturbative calculations in a gauge field theory, there are loop diagrams that involve ultraviolet divergent momentum integrals. The renormalization program separates out these divergent parts and reinterprets them as multiplicative renormalizations of the fields, couplings, and masses in the original (bare) Lagrangian. The bare Lagrangian is written as a sum of the renormalized Lagrangian plus counterterms

$$\mathscr{L}_B(\phi_B) = \mathscr{L}_R(\phi_R) + \text{counterterms} \qquad (3.1)$$

Gauge Field Theories. Paul H. Frampton
Copyright © 2008 WILEY-VCH Verlag GmbH & Co. KGaA, Weinheim
ISBN: 978-3-527-40835-1

The renormalized Lagrangian is of the same functional form as the bare Lagrangian, with the bare couplings and masses replaced by renormalized ones:

$$\mathcal{L}_R(\phi_R, g_R, M_R) = \mathcal{L}_B(\phi_B, g_B, M_B) \tag{3.2}$$

Thus the number of types of divergence that occur must not exceed the (finite) number of terms in the Lagrangian.

The calculational procedure will now be to use only the renormalized Lagrangian $\mathcal{L}_R$, with canonical vertices and propagators, and to omit the divergent parts, which are already accounted for in the renormalization stage.

A very important point specific to a gauge theory is that $\mathcal{L}_R$ should itself be invariant under a set of local gauge transformations isomorphic to those that leave $\mathcal{L}_B$ invariant. This is because we insist on gauge invariance order by order in the loop expansion, and the renormalization involves an infinite reordering of this expansion.

While separating out the divergent parts, it is necessary to modify the integrals so that they are finite and can be manipulated in equations. This modification or *regularization* of the integrals will eventually be removed, in conjunction with the renormalization process, before comparison with experiment. The regularization must violate some physical laws; otherwise, the regularized theory would be satisfactory and finite without renormalization. In practice, one likes to maintain Lorentz invariance (except on the lattice) and, for the reason given in the previous paragraph, gauge invariance. For quantum electrodynamics, the Pauli–Villars method [1] (see also Refs. [2–5]) is adequate. Where there is a non-Abelian gauge group, however, the Pauli–Villars technique proves, in general, inadequate to maintain gauge invariance. Instead, a better method is that of dimensional regularization where the space-time dimensionality is continued analytically from the real physical value, four, to a complex generic value, n. With real n sufficiently small, the ultraviolet behavior is convergent; eventually, the limit $n \to 4$ is taken, with the poles in $(n-4)^{-1}$ defining the counterterms. The Ward identities implied by gauge invariance are maintained for general n. (We assume that closed fermion loops involving γ_5 are absent; this special problem will be mentioned again later.) The dimensional regularization procedure was introduced by several people independently [6–14] (see also related earlier work [15, 16]).

Before applying dimensional regularization, one uses the Feynman parameter formulas [17] to rewrite the propagators in a more convenient representation. The simplest such formula is

$$\frac{1}{ab} = \int_0^1 \frac{dx}{[ax + b(1-x)]^2} \tag{3.3}$$

This is verified at once by rewriting the right-hand side as

$$\int_1^\infty \frac{dy}{[a+b(y-1)]^2} = \int_0^\infty \frac{dz}{(a+bz)^2} \tag{3.4}$$

$$= \frac{-1}{b(a+bz)}\bigg|_0^\infty \tag{3.5}$$

$$= \frac{1}{ab} \tag{3.6}$$

where $y = 1/x$ and $z = y - 1$.

Taking the derivative of Eq. (3.3) with respect to a gives

$$\frac{1}{a^2 b} = 2 \int_0^1 \frac{x\, dx}{[ax + b(1-x)]^3} \tag{3.7}$$

More generally, we may take the derivative

$$\frac{d^{\alpha-1}}{da^{\alpha-1}} \frac{d^{\beta-1}}{db^{\beta-1}} \tag{3.8}$$

acting on Eq. (3.3) to find

$$\frac{(\alpha-1)!(\beta-1)!}{a^\alpha b^\beta} = (\alpha+\beta-1)!$$

$$\cdot \int_0^1 dx\, \frac{x^{\alpha-1}(1-x)^{\beta-1}}{[ax+b(1-x)]^{\alpha+\beta}} \tag{3.9}$$

or, equivalently,

$$\frac{1}{a^\alpha b^\beta} = \frac{\Gamma(\alpha+\beta)}{\Gamma(\alpha)\Gamma(\beta)} \int_0^1 dx\, \frac{x^{\alpha-1}(1-x)^{\beta-1}}{[ax+b(1-x)]^{\alpha+\beta}} \tag{3.10}$$

Following similar steps, we may arrive at the following generalizations of Eqs. (3.3) and (3.10):

$$\frac{1}{abc} = 2 \int_0^1 dx \int_0^{1-x} dy\, \frac{1}{[a(1-x-y)+bx+cy]^3} \tag{3.11}$$

and

$$\frac{1}{a^\alpha b^\beta c^\gamma} = \frac{\Gamma(\alpha+\beta+\gamma)}{\Gamma(\alpha)\Gamma(\beta)\Gamma(\gamma)}$$

$$\cdot \int_0^1 dx \int_0^{1-x} dy\, \frac{(1-x-y)^{\alpha-1} x^{\beta-1} y^{\gamma-1}}{[a(1-x-y)+bx+cy]^{\alpha+\beta+\gamma}} \tag{3.12}$$

respectively.

As the most general case of the Feynman parameter formulas we may similarly derive

$$\frac{1}{a_1^{\alpha_1} a_2^{\alpha_2} \cdots a_n^{\alpha_n}} = \frac{\Gamma(\alpha_1 + \alpha_2 + \cdots + \alpha_n)}{\Gamma(\alpha_1)\Gamma(\alpha_2) \cdots \Gamma(\alpha_n)}$$

$$\cdot \int_0^1 dx_1 \int_0^{1-x_1} dx_2 \cdots \int_0^{1-x_1-x_2\cdots-x_{n-1}} dx_{n-1}$$

$$\cdot \frac{(1 - x_1 - x_2 - \cdots - x_{n-1})^{\alpha_1 - 1} x_1^{\alpha_2 - 1} \cdots x_{n-1}^{\alpha_n - 1}}{[a_1(1 - x_1 - \cdots - x_{n-1}) + a_2 x_1 + \cdots + a_n x_{n-1}]^{\Sigma \alpha_i}}$$

(3.13)

We are ready now to consider our first integral in a generic dimension. The following formula is important to establish

$$\int \frac{d^n k}{(k^2 + 2k \cdot Q - M^2)^\alpha} = \frac{i\pi^{n/2} \Gamma(\alpha - n/2)}{\Gamma(\alpha)(-Q^2 - M^2)^{\alpha - n/2}} \tag{3.14}$$

The n dimensions comprise one time and $(n-1)$ space dimensions, so let us write the n-vector $k_\mu = (k_0, \mathbf{w})$, whereupon

$$\int d^n k \equiv \int_{-\infty}^{\infty} dk_0 \int_0^{\infty} w^{n-2} dw \int_0^{2\pi} d\theta_1 \int_0^{\pi} d\theta_2 \sin \theta_2 \int_0^{\pi} d\theta_3 \sin^2 \theta_3$$

$$\cdots \int_0^{\pi} d\theta_{n-2} \sin^{n-3} \theta_{n-2} \tag{3.15}$$

Let us evaluate the integral in the rest frame $Q_\mu = (\mu, \mathbf{0})$. Then use

$$\int \sin^m \theta \, d\theta = \frac{\sqrt{\pi} \Gamma(\frac{m}{2} + \frac{1}{2})}{\Gamma(\frac{m}{2} + 1)} \tag{3.16}$$

to arrive at

$$I_n(Q) = \int \frac{d^n k}{(k^2 + 2k \cdot Q - M^2)^\alpha} \tag{3.17}$$

$$= \frac{2\pi^{(n-1)/2}}{\Gamma(\frac{n-1}{2})} \int_{-\infty}^{\infty} dk_0 \int_0^{\infty} \frac{w^{n-2} dw}{(k_0^2 - w^2 + 2\mu k_0 - M^2)^\alpha} \tag{3.18}$$

Here we used $\Gamma(\frac{1}{2}) = \sqrt{\pi}$ and hence

$$2(\sqrt{\pi})^{n-2} \frac{\Gamma(\frac{1}{2}) \Gamma(1)}{\Gamma(1) \Gamma(\frac{3}{2})} \cdots \frac{\Gamma(\frac{n-3}{2} + \frac{1}{2})}{\Gamma(\frac{n-3}{2} + 1)} = \frac{2\pi^{(n-1)/2}}{\Gamma(\frac{n-1}{2})} \tag{3.19}$$

Now change the variable to $k_\mu = (k + Q)_\mu$, giving

$$I_n(Q) = \frac{2\pi^{(n-1)/2}}{\Gamma(\frac{n-1}{2})} \int_{-\infty}^{\infty} dk_0 \int_0^{\infty} \frac{w^{n-2} dw}{[k_0^2 - w^2 + (Q^2 + M^2)]^\alpha} \tag{3.20}$$

It is useful to recall a representation for the Euler B function (see, e.g., Ref. [18]):

$$B(x, y) = \frac{\Gamma(x)\Gamma(y)}{\Gamma(x + y)} \tag{3.21}$$

$$= 2\int_0^\infty t^{2x-1}(1+t^2)^{-x-y}\,dx \tag{3.22}$$

with the substitutions

$$x = \frac{1}{2}(1+\beta) \tag{3.23}$$

$$y = \alpha - \frac{1}{2}(1+\beta) \tag{3.24}$$

$$t = \frac{\xi}{M} \tag{3.25}$$

one has

$$\int_0^\infty d\xi \frac{\xi^\beta}{(\xi^2 + M^2)^\alpha} = \frac{1}{2}\frac{\Gamma(\frac{1+\beta}{2})\Gamma(\alpha - \frac{1+\beta}{2})}{\Gamma(\alpha)(M^2)^{\alpha-(1/2)(1+\beta)}} \tag{3.26}$$

Employing Eq. (3.26) in Eq. (3.20), one arrives at

$$I_n(Q) = \frac{2(-1)^{-\alpha}\pi^{(n-1)/2}\Gamma(\alpha - \frac{1}{2}(n-1))}{\Gamma(\alpha)}$$

$$\cdot \int_0^\infty dk_0 \frac{1}{[Q^2 + M^2 - k_0^2]^{\alpha-(1/2)(n-1)}} \tag{3.27}$$

The k_0 integration can easily be done, using Eq. (3.26) again, to obtain, finally,

$$I_n(Q) = \frac{i\pi^{n/2}}{\Gamma(\alpha)(-Q^2 - M^2)^{\alpha-(n/2)}}\left[\Gamma\left(\alpha - \frac{n}{2}\right)\right] \tag{3.28}$$

which is the required result. This formula can equivalently be written

$$I_n(Q) = \frac{i(-1)^{-\alpha}(-\pi)^{n/2}}{\Gamma(\alpha)(Q^2 + M^2)^{\alpha-(n/2)}}\left[\Gamma\left(\alpha - \frac{n}{2}\right)\right] \tag{3.29}$$

In this alternative form, the term in brackets [for the derivative formulas (3.30) through (3.40)] would be rewritten in terms of $(Q^2 + M^2)$ rather than $(-Q^2 - M^2)$; we mention this alternative because both forms appear in the literature.

By differentiating the result (3.28), we obtain successively a number of valuable identities:

$$\int \frac{d^n k\, k_\mu}{(k^2 + 2k \cdot Q - M^2)^\alpha} = \frac{i\pi^{n/2}}{\Gamma(\alpha)(-Q^2 - M^2)^{\alpha - n/2}} \left[-Q_\mu \Gamma\left(\alpha - \frac{n}{2}\right) \right] \tag{3.30}$$

$$\int \frac{d^n k\, k_\mu k_\nu}{(k^2 + 2k \cdot Q - M^2)^\alpha} = \frac{i\pi^{n/2}}{\Gamma(\alpha)(-Q^2 - M^2)^{\alpha - n/2}} \left[Q_\mu Q_\nu \Gamma\left(\alpha - \frac{n}{2}\right) \right.$$
$$\left. + \frac{1}{2} g_{\mu\nu}(-Q^2 - M^2) \Gamma\left(\alpha - 1 - \frac{n}{2}\right) \right] \tag{3.31}$$

$$\int \frac{d^n k\, k_\mu k_\nu k_\kappa}{(k^2 + 2k \cdot Q - M^2)^\alpha} = \frac{i\pi^{n/2}}{\Gamma(\alpha)(-Q^2 - M^2)^{\alpha - n/2}} \left[Q_\mu Q_\nu Q_\kappa \Gamma\left(\alpha - \frac{n}{2}\right) \right.$$
$$- \frac{1}{2}(g_{\mu\nu}Q_\kappa + g_{\nu\kappa}Q_\mu + g_{\kappa\mu}Q_\nu)(-Q^2 - M^2)$$
$$\left. \cdot \Gamma\left(\alpha - 1 - \frac{n}{2}\right) \right] \tag{3.32}$$

$$\int \frac{d^n k\, k_\mu k_\nu k_\kappa k_\lambda}{(k^2 + 2k \cdot Q - M^2)^\alpha} = \frac{i\pi^{n/2}}{\Gamma(\alpha)(Q^2 - M^2)^{\alpha - n/2}} \left[Q_\mu Q_\nu Q_\kappa Q_\lambda \Gamma\left(\alpha - \frac{n}{2}\right) \right.$$
$$+ \frac{1}{2}(Q_\mu Q_\nu g_{\kappa\lambda} + \text{permutations})(-Q^2 - M^2)$$
$$\cdot \Gamma\left(\alpha - 1 - \frac{n}{2}\right)$$
$$+ \frac{1}{4}(g_{\mu\nu}g_{\kappa\lambda} + \text{permutations})(-Q^2 - M^2)^2$$
$$\left. \cdot \Gamma\left(\alpha - 2 - \frac{n}{2}\right) \right] \tag{3.33}$$

One can, of course, take contractions of the last three formulas to find (recall that $g_{\mu\nu} g^{\mu\nu} = \delta^\mu_\mu = n$)

$$\int d^n k \frac{k^2}{(k^2 + 2k \cdot Q - M^2)^\alpha} = \frac{i\pi^{n/2}}{\Gamma(\alpha)(-Q^2 - M^2)^{\alpha - n/2}} \left[Q^2 \Gamma\left(\alpha - \frac{n}{2}\right) \right.$$
$$\left. + \frac{n}{2}(-Q^2 - M^2) \Gamma\left(\alpha - 1 - \frac{n}{2}\right) \right] \tag{3.34}$$

$$\int d^n k \frac{k^2 k_\mu}{(k^2 + 2k \cdot Q - M^2)^\alpha} = \frac{i\pi^{n/2}}{\Gamma(\alpha)(-Q^2 - M^2)^{\alpha-n/2}}$$
$$\cdot \left[-Q^2 Q_\mu \Gamma\left(\alpha - \frac{n}{2}\right) \right.$$
$$+ \frac{1}{2}(n+2) Q_\mu (-Q^2 - M^2)$$
$$\left. \cdot \Gamma\left(\alpha - 1 - \frac{n}{2}\right) \right] \quad (3.35)$$

$$\int d^n k \frac{k^2 k_\mu k_\nu}{(k^2 + 2k \cdot Q - M^2)^\alpha} = \frac{i\pi^{n/2}}{\Gamma(\alpha)(-Q^2 - M^2)^{\alpha-n/2}}$$
$$\cdot \left[Q^2 Q_\mu Q_\nu \Gamma\left(\alpha - \frac{n}{2}\right) \right.$$
$$+ \frac{1}{2}\left(Q^2 g_{\mu\nu} + (n+4) Q_\mu Q_\nu\right)(-Q^2 - M^2)$$
$$\cdot \Gamma\left(\alpha - 1 - \frac{n}{2}\right)$$
$$+ \frac{1}{4}(n+2)\left(-Q^2 - M^2\right)^2 g_{\mu\nu}$$
$$\left. \cdot \Gamma\left(\alpha - 2 - \frac{n}{2}\right) \right] \quad (3.36)$$

$$\int d^n k \frac{k^4}{(k^2 + 2k \cdot Q - M^2)^\alpha} = \frac{i\pi^{n/2}}{\Gamma(\alpha)(-Q^2 - M^2)^{\alpha-n/2}}$$
$$\cdot \left[-Q^4 \Gamma\left(\alpha - \frac{n}{2}\right) \right.$$
$$+ (n+2) Q^2 \left(-Q^2 - M^2\right) \Gamma\left(\alpha - 1 - \frac{n}{2}\right)$$
$$+ \frac{1}{4} n(n+2)\left(-Q^2 - M^2\right)^2$$
$$\left. \cdot \Gamma\left(\alpha - 2 - \frac{n}{2}\right) \right] \quad (3.37)$$

A general formula is not difficult to obtain, and we quote the result below. For general p one has

$$\int d^n k \frac{k_{\mu_1} k_{\mu_2} \cdots k_{\mu_p}}{(k^2 + 2k \cdot Q - M^2)^{\alpha-n/2}} = \frac{i\pi^{n/2}}{\Gamma(\alpha)(-Q^2 - M^2)^\alpha} T^{(p)}_{\mu_1\mu_2\cdots\mu_p} \quad (3.38)$$

where the tensor $T^{(p)}$ is given by

$$T^{(p)}_{\mu_1\mu_2\cdots\mu_p} = (-1)^p \Bigg[Q_{\mu_1} Q_{\mu_2} \cdots Q_{\mu_p} \Gamma\left(\alpha - \frac{n}{2}\right)$$
$$+ \frac{1}{2} \sum_{\substack{\text{permutations} \\ \{\mu_i\}}} (g_{\mu_1\mu_2} Q_{\mu_3} \cdots Q_{\mu_p})(-Q^2 - M^2)$$
$$\cdot \Gamma\left(\alpha - 1 - \frac{n}{2}\right)$$
$$+ \frac{1}{4} \sum_{\substack{\text{permutations} \\ \{\mu_i\}}} (g_{\mu_1\mu_2} g_{\mu_3\mu_4} Q_{\mu_5} \cdots Q_{\mu_p})(-Q^2 - M^2)^2$$
$$\cdot \Gamma\left(\alpha - 2 - \frac{n}{2}\right)$$
$$+ \cdots + \left(\frac{1}{2}\right)^{p/2} \sum_{\substack{\text{permutations} \\ \{\mu_i\}}} (g_{\mu_1\mu_2} g_{\mu_3\mu_4} \cdots g_{\mu_{p-1}\mu_p})$$
$$\cdot (-Q^2 - M^2)^{p/2} \Gamma\left(\alpha - \frac{p}{2} - \frac{n}{2}\right) \Bigg] \qquad (3.39)$$

Equation (3.39) has been written for p even; the only change for p odd is that the last term in brackets should be written

$$+ \frac{1^{[p/2]}}{2} \sum_{\substack{\text{permutations} \\ \{\mu_i\}}} (g_{\mu_1\mu_2} \cdots g_{\mu_{p-2}\mu_{p-1}} Q_{\mu_p})(-Q^2 - M^2)^{[p/2]}$$
$$\cdot \Gamma\left(\alpha - \left[\frac{p}{2}\right] - \frac{n}{2}\right) \qquad (3.40)$$

where $[x]$ means the largest integer not greater than x.

Equation (3.38) can be derived by induction on p.

This completes the principal artillery we need to address the computation of Feynman diagrams in gauge theory, Eq. (3.13), and the regularization formula (3.38). The Feynman rules for pure Yang–Mills theory were provided in Chapter 2; with matter fields, the propagators are given by Bjorken and Drell [19, App. B], whose conventions we use, and the vertices are deduced simply from the Lagrangian.

To illustrate how dimensional regularization is used, we shall work through four examples in some detail. The first three are lowest (fourth)-order divergences in quantum electrodynamics and are treated using Pauli–Villars regularization in the classic text of Bjorken and Drell [19, Chap. 8]. The reader should become convinced that the dimensional method is superior and that Chapter 8 of Ref. [19] could have been shorter had the authors known of dimensional regularization, which was invented about eight years after Ref. [19] was published.

3.2 Dimensional Regularization

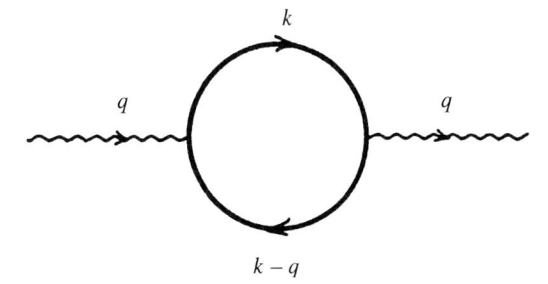

Figure 3.1 Vacuum polarization in QED.

Example 1. The most severe divergence of QED is the quadratic one associated with the vacuum polarization diagram of Fig. 3.1. This diagram modifies the bare photon propagator according to

$$\frac{-ig_{\mu\nu}}{q^2+i\epsilon} \to \frac{-i}{q^2-i\epsilon} I_{\mu\nu}(q) \frac{-i}{q^2+i\epsilon} \tag{3.41}$$

where

$$I_{\mu\nu}(q) = (-1)\int \frac{d^4k}{(2\pi)^2} \text{Tr}\left[(-ie\gamma_\mu)\frac{i}{\not{k}-m+i\epsilon}\right.$$

$$\left.\cdot(-ie\gamma_\nu)\frac{i}{(\not{k}-\not{q})-m+i\epsilon}\right] \tag{3.42}$$

$$= \frac{-e^2}{(2\pi)^2}\int \frac{d^4k \,\text{Tr}[\gamma_\mu(\not{k}+m)\gamma_\nu(\not{k}-\not{q}+m)]}{(k^2-m^2+i\epsilon)[(k-q)^2-m^2+i\epsilon]} \tag{3.43}$$

We will calculate $I_{\mu\nu}(q)$, including the finite q^2 dependent Uehling term [20], by two methods. The first uses Pauli–Villars regularization (following Ref. [19]); the second employs dimensional regularization.

The integral in Eq. (3.43) diverges as $\int^\infty (dk\,k)$ (i.e., quadratically). We first evaluate the Dirac trace

$$4T_{\mu\nu} = \text{Tr}\left[\gamma_\mu(\not{k}+m)\gamma_\nu(\not{k}-\not{q}+m)\right] \tag{3.44}$$

$$T_{\mu\nu} = k_\mu(k-q)_\nu + k_\nu(k-q)_\mu - g_{\mu\nu}(k^2-k\cdot q-m^2) \tag{3.45}$$

Next we use

$$\frac{1}{k^2-m^2+i\epsilon} = -i\int_0^\infty dz\,\exp\left[iz(k^2-m^2+i\epsilon)\right] \tag{3.46}$$

3 Renormalization

to arrive at

$$I_{\mu\nu}(q) = 4e^2 \int_0^\infty dz_1\, dz_2 \int \frac{d^4k}{(2\pi)^4} T_{\mu\nu}(k,q)$$
$$\cdot \exp[iz_1(k^2 - m^2 + i\epsilon) + iz_2((k-q)^2 - m^2 + i\epsilon)] \tag{3.47}$$

Now complete the square in the exponent by changing the variable to

$$l_\mu = k_\mu - \frac{z_2 q_\mu}{z_1 + z_2} \tag{3.48}$$

so that $d^4k = d^4l$ and

$$I_{\mu\nu}(q) = 4e^2 \int_0^\infty dz_1\, dz_2 \int \frac{d^4k}{(2\pi)^4} T_{\mu\nu}(l,q) e^{i(z_1+z_2)l^2}$$
$$\cdot \exp\left\{i\left[\frac{q^2 z_1 z_2}{z_1 + z_2} - (m^2 - i\epsilon)(z_1 + z_2)\right]\right\} \tag{3.49}$$

with

$$T_{\mu\nu}(l,q) = 2l_\mu l_\nu + \frac{z_2 - z_1}{z_2 + z_1}(q_\mu l_\nu + q_\nu l_\mu) - \frac{2z_1 z_2}{(z_1 + z_2)^2} q_\mu q_\nu$$
$$- g_{\mu\nu}\left[l^2 + \frac{z_2 - z_1}{z_2 + z_1} l \cdot q - \frac{z_1 z_2}{(z_1 + z_2)^2} q^2 - m^2\right] \tag{3.50}$$

Now do the l integration using

$$\int \frac{d^4l}{(2\pi)^4} [1, l_\mu, l_\mu l_\nu] e^{il^2(z_1+z_2)} = \frac{1}{16\pi^2 i(z_1 + z_2)^2}\left[1, 0, \frac{ig_{\mu\nu}}{2(z_1 + z_2)}\right] \tag{3.51}$$

to arrive at ($\alpha = e^2/4\pi$)

$$I_{\mu\nu}(q,m) = -\frac{i\alpha}{\pi} \int_0^\infty \frac{dz_1\, dz_2}{(z_1 + z_2)}$$
$$\cdot \exp\left\{i\left[\frac{q^2 z_1 z_2}{z_1 + z_2} - (m^2 - i\epsilon)(z_1 + z_2)\right]\right\}$$
$$\cdot \left\{2(g_{\mu\nu} q^2 - q_\mu q_\nu) \frac{z_1 z_2}{(z_1 + z_2)^2}\right.$$
$$\left. + g_{\mu\nu}\left[\frac{-i}{z_1 + z_2} - \frac{q^2 z_1 z_2}{(z_1 + z_2)^2} + m^2\right]\right\} \tag{3.52}$$

This integral is (of course) still divergent, so we now use the Pauli–Villars method, which is to introduce fictitious heavy electrons of masses M_i ($i = 2, 3, \ldots$; here $M_1 = m_e$). We then consider

$$\bar{I}_{\mu\nu}(q) = \sum_i c_i I_{\mu\nu}(q, M_i) \qquad (3.53)$$

The coefficients C_i are chosen such that the integral converges, and the fictitious regulator masses will eventually be allowed to become arbitrarily large.

The first task is to show that the non-gauge-invariant term in Eq. (3.52) vanishes. The coefficient of $g_{\mu\nu}$ is

$$\sum_i c_i \int \frac{dz_1\, dz_2}{(z_1 + z_2)^2} \exp\left\{i\left[\frac{q^2 z_1 z_2}{z_1 + z_2} - (M_i^2 - i\epsilon)(z_1 + z_2)\right]\right\}$$
$$\cdot \left[M_i^2 - \frac{i}{z_1 + z_2} - \frac{q^2 z_1 z_2}{(z_1 + z_2)^2}\right] \qquad (3.54)$$

We change variables $z_i \to \lambda z_i$ to rewrite Eq. (3.54) as

$$\sum_i c_i \int_0^\infty \frac{dz_1\, dz_2}{(z_1 + z_2)^2} \left[M_i^2 - \frac{i}{\lambda(z_1 + z_2)} - \frac{q^2 z_1 z_2}{(z_1 + z_2)^2}\right]$$
$$\cdot \exp\left\{i\lambda\left[\frac{q^2 z_1 z_2}{z_1 + z_2} - (M_i^2 - i\epsilon)(z_1 + z_2)\right]\right\} \qquad (3.55)$$

$$= i\lambda \frac{\partial}{\partial \lambda} \int_0^\infty \frac{dz_1\, dz_2}{\lambda(z_1 + z_2)^3}$$
$$\cdot \sum_i c_i \exp\left\{i\lambda\left[\frac{q^2 z_1 z_2}{z_1 + z_2} - (M_i^2 - i\epsilon)(z_1 + z_2)\right]\right\} \qquad (3.56)$$

Finally, rescale $\lambda z_i \to z_i$ again to find that the integral is λ independent, and hence this term vanishes.

For the remaining (gauge-invariant) term in Eq. (3.52), we insert the expression

$$1 = \int_0^\infty \frac{d\lambda}{\lambda} \delta\left(1 - \frac{z_1 + z_2}{\lambda}\right) \qquad (3.57)$$

which greatly simplifies the formula to (after putting $z_i \to \lambda z_i$)

$$\bar{I}_{\mu\nu}(q) = \frac{2i\alpha}{\pi}(q_\mu q_\nu - g_{\mu\nu} q^2) \int_0^\infty dz_1\, dz_2\, z_1 z_2 \delta(1 - z_1 - z_2)$$
$$\cdot \int_0^\infty \frac{d\lambda}{\lambda} \sum_i c_i \exp[i\lambda(q^2 z_1 z_2 - M_i^2 + i\epsilon)] \qquad (3.58)$$

We need only one regulator mass and put $c_1 = -c_2 = +1$, $c_n = O\ (n \geqslant 3)$, $M_2 = M$, and $M_n = O\ (n \geqslant 3)$. Then

$$\bar{I}_{\mu\nu}(q) = I_{\mu\nu}(q, m^2) - I_{\mu\nu}(q, M^2) \qquad (3.59)$$

$$= \frac{2i\alpha}{\pi}(q_\mu q_\nu - g_{\mu\nu}q^2)\int_0^1 dz\, z(1-z)$$

$$\cdot \int_0^\infty \frac{d\lambda}{\lambda} e^{i\lambda q^2 z_1 z_2}\left[e^{-\lambda(m^2-i\epsilon)} - e^{-i\lambda(M^2-i\epsilon)}\right] \quad (3.60)$$

Now use (consider d/da, d/dA, etc.)

$$\int_0^\infty \frac{d\lambda}{\lambda}\left[e^{-i\lambda(a-i\epsilon)} - e^{-i\lambda(A-i\epsilon)}\right] = \ln\frac{A}{a} \quad (3.61)$$

to arrive at

$$I_{\mu\nu}(q) = \frac{2i\alpha}{\pi}(q_\mu q_\lambda - q^2 g_{\mu\nu})\int_0^1 dz\, z(1-z)\ln\frac{M^2 - q^2 z(1-z)}{m^2 - q^2 z(1-z)} \quad (3.62)$$

$$= \frac{2i\alpha}{\pi}(q_\mu q_\lambda - q^2 g_{\mu\nu})\int_0^1 dz\, z(1-z)$$

$$\cdot \left[\ln\frac{M^2}{m^2} + \frac{q^2}{m^2}z(1-z) + \text{higher order in } q^2\right] \quad (3.63)$$

$$= \frac{i\alpha}{3\pi}(q_\mu q_\lambda - q^2 g_{\mu\nu})\left(\ln\frac{M^2}{m^2} + \frac{q^2}{5m^2} + \cdots\right) \quad (3.64)$$

Thus gauge invariance ensures absence of the quadratic divergence, but the logarithmic divergence remains. Before interpreting the results, let us see how much easier it is to obtain Eq. (3.64), by dimensional regularization.

Starting again at Eq. (3.43), we use a Feynman parameter formula to obtain

$$I_{\mu\nu}(q) = -\frac{4e^2}{(2\pi)^4}\int_0^1 dx \int \frac{d^n k}{(k^2 + 2k\cdot Q - M^2)^2} T_{\mu\nu}(k,q) \quad (3.65)$$

where

$$Q_\mu = -xq_\mu \quad (3.66)$$

$$M^2 = m^2 - xq^2 \quad (3.67)$$

Using Eq. (3.45) for the Dirac trace, the dimensional regularization formulas give

$$I_{\mu\nu}(q) = -\frac{4e^2}{(2\pi)^4}\int_0^1 \frac{dx}{(Q^2 + M^2)^{2-n/2}}$$

$$\cdot \left\{g_{\mu\nu}(Q^2 + M^2)\left(\frac{n}{2} - 1\right)\Gamma\left(1 - \frac{n}{2}\right) + \Gamma\left(2 - \frac{n}{2}\right)\right.$$

$$\left.\cdot \left[2Q_\mu Q_\nu + (q_\mu Q_\nu + q_\nu Q_\mu) + g_{\mu\nu}(-Q^2 - q\cdot Q + m^2)\right]\right\} \quad (3.68)$$

Now because of the identity

$$\left(\frac{n}{2} - 1\right)\Gamma\left(1 - \frac{n}{2}\right) = -\Gamma\left(2 - \frac{n}{2}\right) \tag{3.69}$$

we see immediately that the quadratic divergence (pole at $n = 2$) vanishes! Inserting Eqs. (3.66) and (3.67) into Eq. (3.68) now gives

$$I_{\mu\nu} = \frac{2i\alpha}{\pi}(q_\mu q_\nu - g_{\mu\nu}q^2)\Gamma\left(2 - \frac{n}{2}\right)$$

$$\cdot \int dx \frac{x(1-x)}{[m^2 - q^2 x(1-x)]^{2-(n/2)}} \tag{3.70}$$

$$= \frac{i\alpha}{3\pi}(q_\mu q_\nu - g_{\mu\nu}q^2)\left[\frac{2}{4-n} + \frac{1}{5}\frac{q^2}{m^2} + O(q^4)\right] \tag{3.71}$$

That this agrees with Eq. (3.64) is evident when we identify the residue of the pole $(4-n)^{-1}$ with the coefficient of $\ln M$ in the Pauli–Villars cutoff method. The derivation is, however, obviously simpler.

For the reader unfamiliar with QED renormalization, we add some remarks about the result. The photon propagator is modified to

$$-\frac{ig_{\mu\nu}}{q^2 + i\epsilon}\left[1 - \frac{\alpha}{3\pi}\frac{2}{4-n} - \frac{\alpha}{15\pi}\frac{q^2}{m^2} + O(q^4, \alpha^2)\right] \tag{3.72}$$

The q^2-independent part is absorbed into the renormalization constant

$$Z_3 = 1 - \frac{\alpha}{3\pi}\frac{2}{4-n} + O(\alpha^2) \tag{3.73}$$

The renormalized charge is given by

$$\alpha_R = z_3 \alpha_B \tag{3.74}$$

(we are here anticipating the identity $Z_1 = Z_2$ derived below). The renormalized value $\alpha_R = (137.036)^{-1}$ is the measured fine-structure constant, while the bare value α_B is not observable. We also have the field renormalization for the photon

$$A_\mu = \sqrt{Z_3} A_{\mu R} \tag{3.75}$$

The q^2-dependent Uehling term is also very interesting. For low q^2 the propagator in momentum space is modified to

$$\frac{1}{q^2}\left[1 - \frac{\alpha_R}{15\pi}\frac{q^2}{m^2} + O(\alpha_R^2, q^4)\right] \tag{3.76}$$

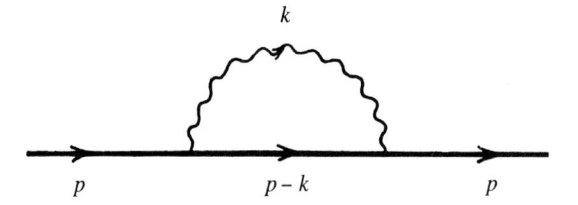

Figure 3.2 Electron self-mass.

In coordinate space, this modifies the Coulomb potential to

$$\frac{e_R^2}{4\pi r} + \frac{4\alpha_R^2}{15m^2}\delta^3(\mathbf{x}) \tag{3.77}$$

The extra term affects the energy levels of the hydrogen atom, and in particular gives a substantial contribution to the Lamb shift [21]. The levels $2S_{1/2}$ and $2P_{1/2}$ are degenerate except for field quantization effects, which lift the $2S_{1/2}$ level by 1057.9 MHz (megahertz; 10^6 cycles/second) relative to $2P_{1/2}$. The second term in Eq. (3.77) contributes an amount (-27.1 MHz) to this, and since the agreement [22] between theory and experiment is better than 0.1 MHz for the Lamb shift, the value for the vacuum polarization graph is well checked. The successful prediction of the Lamb shift is one of the triumphs of QED (although not the most accurate check, as will be seen in Example 3).

Example 2. Consider the electron self-mass diagram, Fig. 3.2. We shall again compare Pauli–Villars with dimensional regularization (for the last time; future example will be done only dimensionally). The electron propagator is replaced according to

$$\frac{i}{\not{p}-m} \to \frac{i}{\not{p}-m}[-\Sigma(p)]\frac{i}{\not{p}-m} \tag{3.78}$$

$$\Sigma(p) = \frac{-ie^2}{(2\pi)^4}\int d^4k \frac{1}{k^2-\lambda^2+i\epsilon}\gamma_\nu \frac{\not{p}-\not{k}+m}{(p-k)^2-m^2+i\epsilon}\gamma_\nu \tag{3.79}$$

where λ is a (small) photon mass to accommodate infrared divergences.

Now use Eq. (3.46), the change of variable (3.48), and the integrals (3.51) to arrive at

$$\Sigma(p) = \frac{\alpha}{2\pi}\int_0^\infty \frac{dz_1\,dz_2}{(z_1+z_2)^2}\left(2m - \frac{\not{p}z_1}{z_1+z_2}\right)$$

$$\cdot \exp\left[i\left(\frac{p^2 z_1 z_2}{z_1+z_2} - m^2 z_2 - \lambda^2 z_1\right)\right] \tag{3.80}$$

To make the integral converge, we introduce, a la Pauli–Villars, a heavy photon of mass Λ and define

$$\bar{\Sigma}(p) = \Sigma(p, m, \lambda) - \Sigma(p, m, \Lambda) \qquad (3.81)$$

Using the same scaling trick as in Example 1, we rescale $z_i \to \gamma z_i$ and insert

$$1 = \int_0^\infty \frac{d\gamma}{\gamma} \delta\left(1 - \frac{z_1 + z_2}{\gamma}\right) \qquad (3.82)$$

to find

$$\bar{\Sigma}(p) = \frac{\alpha}{2\pi} \int_0^1 dz [2m - \slashed{p}(1-z)]$$
$$\cdot \int_0^\infty \frac{d\gamma}{\gamma} [\exp\{i\gamma[p^2 z(1-z) - m^2 z - \lambda^2(1-z) + i\epsilon]\}$$
$$- (\lambda \leftrightarrow \Lambda)] \qquad (3.83)$$

Using Eq. (3.61) gives

$$\bar{\Sigma}(p) = \frac{\alpha}{2\pi} \int_0^1 dz [2m - \slashed{p}(1-z)] \ln \frac{\Lambda^2(1-z)}{\lambda^2(1-z) + m^2 z - p^2 z(1-z)} \qquad (3.84)$$

Ensuring that the finite part vanish on mass shell $p^2 = m^2$ then requires us to write this as

$$\bar{\Sigma}(p) = \frac{\alpha}{2\pi} \int_0^1 dz [2m - \slashed{p}(1-z)] \left[\ln \frac{\Lambda^2}{m^2} + \ln \frac{m^2 z}{m^2 - p^2(1-z)}\right] \qquad (3.85)$$

Here we have assumed that $\lambda^2 < (p^2 - m^2)$ and have subtracted $\ln[(1-z)/z^2]$ from the logarithm in Eq. (3.84) to fix the finite part uniquely.

We now need integrals (putting $p^2/m^2 = t$), namely,

$$\int dz \ln \frac{z}{1 - t + tz} = z \ln z - \frac{1 - t + tz}{t} \ln(1 - t + tz) \qquad (3.86)$$

$$\int dz (1-z) \ln \frac{z}{1 - t + tz} = \left(z - \frac{1}{2}z^2\right) \ln \frac{z}{1 - t + tz}$$
$$+ \frac{1-t}{2t} \left[z - \frac{1+t}{t} \ln(1 - t + tz)\right] \qquad (3.87)$$

Using these results in Eq. (3.85) gives

$$\bar{\Sigma}(p) = \frac{3\alpha m}{4\pi} \ln \frac{\Lambda^2}{m^2} - \frac{\alpha}{2\pi}(\slashed{p} - m) \ln \frac{\Lambda^2}{m^2}$$
$$+ \frac{\alpha m}{\pi} \frac{m^2 - p^2}{p^2} \ln \frac{m^2 - p^2}{m^2}$$
$$- \frac{\alpha \slashed{p}}{4\pi} \frac{m^2 - p^2}{p^2} \left(1 + \frac{m^2 + p^2}{p^2} \ln \frac{m^2 - p^2}{m^2}\right) \qquad (3.88)$$

Next to a free-particle spinor $\not{p} = m$ by the Dirac equation and with $p^2 \simeq m^2$,

$$\bar{\Sigma}(p) \rightarrow \frac{3\alpha m}{4\pi} \ln \frac{\Lambda^2}{m^2} - \frac{\alpha}{4\pi}(\not{p} - m)\left(\ln \frac{\Lambda^2}{m^2} + 4\ln \frac{m^2 - p^2}{m^2}\right) \tag{3.89}$$

We absorb the divergences into the multiplicative renormalization constant

$$Z_2 = 1 - \frac{\alpha}{4\pi} \ln \frac{\Lambda^2}{m^2} + O(\alpha^2) \tag{3.90}$$

and an additive mass renormalization

$$\delta m = \frac{3\alpha m}{4\pi} \ln \frac{\Lambda^2}{m^2} + O(\alpha^2) \tag{3.91}$$

To this order the propagator may now be written

$$\frac{i}{\not{p} - m} + \frac{i}{\not{p} - m}[-i\Sigma(p)]\frac{i}{\not{p} - m} = \frac{i}{\not{p} - m - \Sigma(p)} + O(\alpha^2) \tag{3.92}$$

$$= \frac{iZ_2}{\not{p} - m - \delta m} + O(\alpha^2) \tag{3.93}$$

The physical electron mass is $(m + \delta m)$, m itself being unobservable. The electron field is renormalized according to

$$\psi = \sqrt{Z_2}\psi_R \tag{3.94}$$

As promised, we now present a simpler derivation of $\Sigma(p)$ using dimensional methods. From Eq. (3.79), using $\gamma_\nu \not{p} \gamma_\nu = -2\not{p}$ and Feynman parameters, we have

$$\Sigma(p) = \frac{-2ie^2}{(2\pi)^4} \int_0^1 dx \int d_k^n \frac{-\not{p} + \not{k} + 2m}{(k^2 + 2k \cdot Q - M^2)^2} \tag{3.95}$$

with

$$Q_\mu = -xp_\mu \tag{3.96}$$

$$M^2 = (m^2 - r^2)x \tag{3.97}$$

Dimensional regularization now gives

$$\Sigma(p) = \frac{-2ie^2}{(2\pi)^4} \frac{i\pi^2}{\Gamma(2)} \Gamma\left(2 - \frac{n}{2}\right) \int_0^1 \frac{dx(2m - \not{p} - \not{Q})}{(Q^2 + M^2)^{2-n/2}} \tag{3.98}$$

Expanding the denominator as

$$(Q^2 + M^2)^{-2+n/2} = 1 + \left(\frac{n}{2} - 2\right)$$
$$\cdot \ln[m^2 x - p^2 x(1-x)] + O(n-4)^2 \quad (3.99)$$

then gives

$$\Sigma(p) = \frac{3\alpha m}{4\pi} \frac{2}{4-n} - \frac{\alpha}{4\pi}(\slashed{p} - m)\frac{2}{4-n}$$
$$+ \frac{\alpha}{2\pi} \int_0^1 dx \left[2m - \slashed{p}(1-x)\right] \ln \frac{m^2 x^2}{m^2 x - p^2 x(1-x)} \quad (3.100)$$

where we have decreed, as before, that the nonpole (finite) part vanish at the renormalization point, $p^2 = m^2$. This formula agrees precisely with Eqs. (3.85) and (3.89).

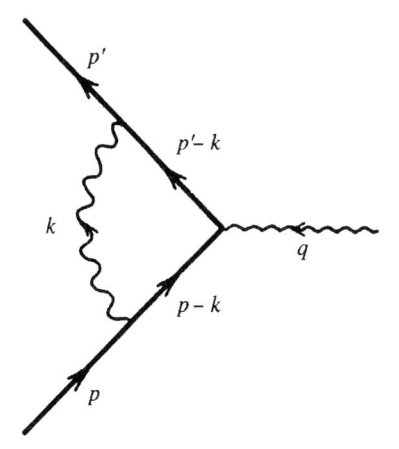

Example 3. Consider the QED vertex correction of Fig. 3.3. The corresponding amplitude is

$$\Lambda_\mu(p', p) = (-ie)^2 \int \frac{d^4k}{(2\pi)^4} \left(\frac{-i}{k^2 - \lambda^2 + i\epsilon} \gamma_\nu \frac{i}{\slashed{p}' - \slashed{k} - m + i\epsilon} \right.$$
$$\left. \cdot \gamma_\mu \frac{i}{\slashed{p} - \slashed{k} - m + i\epsilon} \gamma_\nu \right) \quad (3.101)$$

This is understood to be sandwiched between spinors $\bar{u}(p') \cdots u(p)$, so that $\slashed{p}'$ on the left and $\slashed{p}$ on the right may be replaced by m according to the Dirac equation.

Writing the Dirac factor as

$$t_\mu = \gamma_\nu(\slashed{p}' - \slashed{k} + m)\gamma_\mu(\slashed{p} - \slashed{k} + m)\gamma_\nu \quad (3.102)$$

we have, using Feynman parameters,

$$\Lambda_\mu(p', p) = \frac{-2ie^2}{(2\pi)^4} \int_0^1 dx \int_0^{1-x} d^4k \frac{t_\mu}{(k^2 + 2k \cdot Q - M^2)^3} \quad (3.103)$$

with

$$Q_\mu = -xp'_\mu - yp_\mu \quad (3.104)$$

$$M^2 = \lambda^2(1 - x - y) \quad (3.105)$$

$$Q^2 + M^2 = m^2(x + y)^2 + \lambda^2(1 - x - y) - q^2 xy \quad (3.106)$$

Applying dimensional regularization corresponds to the recipe

$$k_\alpha k_\beta \to Q_\alpha Q_\beta \quad \text{(aside from divergent piece)} \quad (3.107)$$

$$k_\alpha \to -Q_\alpha \quad (3.108)$$

$$1 \to 1 \quad (3.109)$$

Then it is straightforward but tedious to find that (putting $p' = m$ on left, $p = m$ on right)

$$E_\mu = \gamma_\nu(p' + Q + m)\gamma_\mu(p + Q + m)\gamma_\nu \quad (3.110)$$

$$= A\gamma_\mu m^2 + B\gamma_\mu q^2 + Cmp_\mu + DMp'_\mu \quad (3.111)$$

with

$$A = 4 - 8(x + y) + 2(x + y)^2 \quad (3.112)$$

$$B = -2(1 - x)(1 - y) \quad (3.113)$$

$$C = -4xy + 4x - 4y^2 \quad (3.114)$$

$$D = -4xy + 4y - 4x^2 \quad (3.115)$$

Thus $\Lambda_\mu(p', p)$ contains the purely finite part (here we may put $n = 4$ immediately),

$$\Lambda_\mu^{(1)}(p', p) = \frac{-2ie^2}{(2\pi)^4} \frac{-i\pi^2}{\Gamma(3)} \int \frac{dx\, dy\, E_\mu}{Q^2 + M^2} \quad (3.116)$$

There is also the log divergent part of $k_\alpha k_\beta$ giving

$$\Lambda_\mu = \Lambda_\mu^{(1)} + \Lambda_\mu^{(2)} \quad (3.117)$$

with

$$\Lambda_\mu^{(2)}(p', p) = \frac{-2ie^2}{(2\pi)^4} \frac{-i\pi^2}{\Gamma(3)} \int \frac{dx\,dy}{(Q^2 + M^2)^{2-n/2}} \left(-\frac{1}{2}\right) \Gamma\left(2\frac{n}{2}\right) (\gamma_\nu \gamma_\alpha \gamma_\mu \gamma_\alpha \gamma_\nu)$$
(3.118)

Let us look at the divergent term only first, since it is relevant to the Ward identity. Using

$$\gamma_\nu \gamma_\alpha \gamma_\mu \gamma_\alpha \gamma_\nu = 4\gamma_\mu$$
(3.119)

we have ($\alpha = e^2/4\pi$)

$$\Lambda_\mu^{(2)}(p', p) \sim \frac{\alpha}{4\pi} \gamma_\mu \frac{2}{4-n}$$
(3.120)

We define a renormalization constant Z_1 by

$$\bar{u}(p) \Lambda_\mu(p, p) u(p) = \left(\frac{1}{Z_1} - 1\right) \bar{u}(p) \gamma_\mu u(p)$$
(3.121)

Thus

$$Z_1 = 1 - \frac{\alpha}{4\pi} \frac{2}{4-n} + O(\alpha^2)$$
(3.122)

The reader will notice that this coincides precisely with the expression for Z_2 given in Eq. (3.90). This is no accident and is the Ward–Takahashi identity [23–25] for QED. It holds to all orders in perturbation theory, namely,

$$Z_1 = Z_2$$
(3.123)

At order α it is easily derived by noticing that

$$\frac{\partial}{\partial p_\mu} \frac{1}{\not{p} - \not{k} - m + i\epsilon} = \frac{-1}{\not{p} - \not{k} - m + i\epsilon} \gamma_\mu \frac{1}{\not{p} - \not{k} - m + i\epsilon}$$
(3.124)

Thus comparing Eq. (3.79) for $\Sigma(p)$ with Eq. (3.101) for $\Lambda(p', p)$, we see immediately that

$$\frac{d}{dp_\mu} \Sigma(p) = -\Lambda_\mu(p, p)$$
(3.125)

Since we showed in Example 2 that the divergent part of $\Sigma(p)$ is given by

$$\Sigma(p) \sim \frac{\alpha}{4\pi} (\not{p} - m) \frac{2}{4-n} + \frac{3\alpha m}{4\pi} \frac{2}{4-n}$$
(3.126)

$$= (\not{p} - m) \left(\frac{1}{Z_2} - 1\right) + \delta m$$
(3.127)

we see that

$$\Lambda_\mu(p, p) = -\frac{\partial}{\partial p_\mu} \Sigma(p) \tag{3.128}$$

$$\approx \gamma_\mu \left(\frac{1}{Z_2} - 1\right) \tag{3.129}$$

$$= \gamma_\mu \left(\frac{1}{Z_1} - 1\right) \tag{3.130}$$

Hence the identity (3.123) follows.

Thus there are only three independent renormalization constants in QED: Z_3 for the photon field, Z_2 for the electron field, and δm for the electron mass. The multiplicative renormalization of the charge depends only on Z_3, as indicated without proof in Example 2. We can now verify this at order α by considering all the diagrams that contribute. They are depicted in Fig. 3.4; these diagrams are self-explanatory except Fig. 3.4e and f, which are depictions of the counterterms $(-\delta m)$ associated with Fig. 3.4c and d, respectively. In the limit $p'_\mu = p_\mu$, the seven contributions are listed below [there is a common factor $(-ie)$].

(a) γ_μ

(b) $\gamma_\mu(Z_3 - 1)$

(c) + (e) $-\left(\frac{1}{Z_2} - 1\right)\gamma_\mu$

(d) + (f) $-\left(\frac{1}{Z_2} - 1\right)\gamma_\mu$

(g) $\gamma_\mu\left(\frac{1}{Z_2} - 1\right)$

The external lines require field renormalization factors $[(\sqrt{Z_2})^2 \sqrt{Z_3}]^{-1}$.

The resultant sum is thus given by

$$\frac{\gamma_\mu}{Z_2\sqrt{Z_3}}\left[1 + (Z_3 - 1) - 2\left(\frac{1}{Z_2} - 1\right) + \left(\frac{1}{Z_1} - 1\right)\right]$$

$$= \frac{\gamma_\mu}{Z_2\sqrt{Z_3}}\left(1 + Z_3 - \frac{1}{Z_2}\right) \tag{3.131}$$

$$= \frac{\gamma_\mu}{Z_2\sqrt{Z_3}} \frac{1 + (Z_3 - 1)}{1 + [(1/Z_2) - 1]} + O(\alpha^2) \tag{3.132}$$

$$= \sqrt{Z_3}\gamma_\mu + O(\alpha^2) \tag{3.133}$$

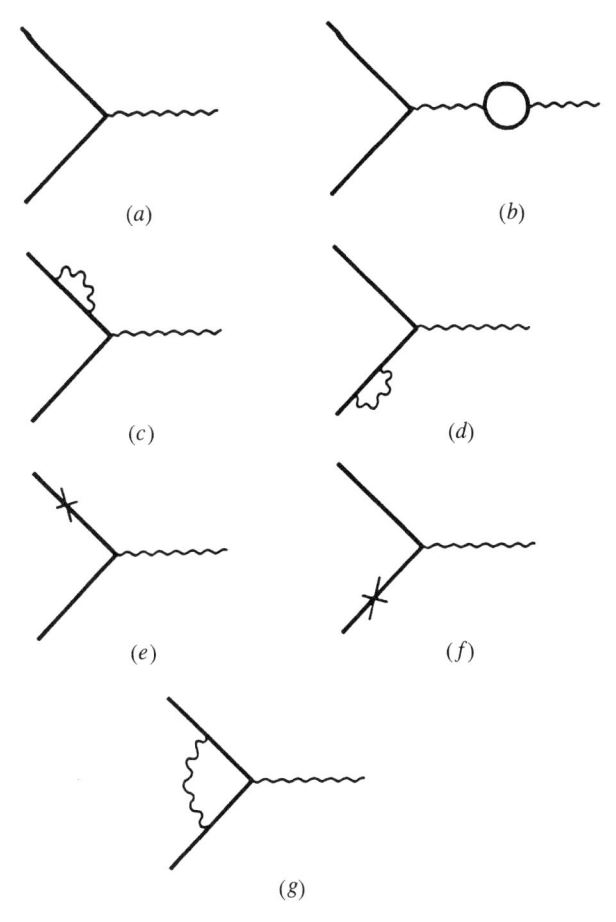

Figure 3.4 Order α contributions to charge renormalization.

This shows that the renormalization constant $Z_1 = Z_2$ cancels out and justifies Eq. (3.74).

So far we have studied only the divergent part of $\Lambda_\mu(p', p)$. There is a finite part proportional to γ_μ coming from $\Lambda_\mu^{(2)}$ in Eq. (3.118) and from the terms A and B of Eq. (3.111) substituted into $\Lambda_\mu^{(1)}$ of Eq. (3.116); this term will not be worked through, since it is not of special interest.

Of very great interest, for checking QED, are the remaining finite terms, which are provided by C and D in Eq. (3.111) substituted into $\Lambda_\mu^{(1)}$ of Eq. (3.116). The dimensional regularization again simplifies the calculation. We have a contribution to $\Lambda_\mu(p', p)$ of

$$-\frac{2ie^2}{(2\pi)^4}\frac{-i\pi^2}{\Gamma(3)}\int \frac{dx\,dy}{m^2(x+y)^2}m\bigl[-\bigl(4xy+4x-4y^2\bigr)p_\mu$$

$$+ \bigl(-4xy+4y-4x^2\bigr)p'_\mu\bigr]$$

$$= -\frac{e^2}{4\pi^2 m} \int \frac{dx\,dy}{(x+y)^2} \left[\left(-xy + x - y^2\right) p_\mu + \left(-xy + y - x^2\right) p'_\mu \right]$$

$$+ O(q^2) \tag{3.134}$$

$$= -\frac{\alpha}{4\pi m}(p+p')_\mu + O(q^2) \tag{3.135}$$

where we used the integrals

$$\int_0^1 dx \int_0^{1-x} dy \frac{1}{(x+y)^2}\{x, y, x^2, y^2, xy\} = \left\{\frac{1}{2}, \frac{1}{2}, \frac{1}{6}, \frac{1}{6}, \frac{1}{12}\right\} \tag{3.136}$$

Sandwiched between spinors, we have the identity

$$\bar{u}(p')\frac{(p+p')_\mu}{2m}u(p) \equiv \bar{u}(p')\left(\gamma_\mu - \frac{i\sigma_{\mu\nu}q_\nu}{2m}\right)u(p) \tag{3.137}$$

where

$$\sigma_{\mu\nu} = \frac{1}{2}[\gamma_\nu, \gamma_\nu] \tag{3.138}$$

Thus the contribution (3.135) to $\Lambda_\mu(p', p)$ may be rewritten

$$-\frac{\alpha}{2\pi}\gamma_\mu + \frac{i\alpha}{4\pi m}\sigma_{\mu\nu}q_\nu \tag{3.139}$$

The first term cancels against the other contributions proportional to γ_μ and of order α (recall that only the $q^2 \to 0$ limit is needed). Combined with the Born term, we therefore have the static limit

$$\bar{u}(p')\left(\gamma_\mu + \frac{i\alpha}{4\pi m}\sigma_{\mu\nu}q_\nu\right)u(p)$$

$$= \bar{u}(p')\left[\frac{(p+p')_\mu}{2m} + \left(1 + \frac{\alpha}{2\pi}\right)\frac{i\sigma_{\mu\nu}q_\nu}{2m}\right]u(p) \tag{3.140}$$

The $\alpha/2\pi$ coefficient provides the lowest-order correction to the magnetic moment of the electron whose gyromagnetic ratio g is thus given by [19, Chap. 1]

$$\frac{1}{2}g = 1 + \frac{\alpha}{2\pi} + O(\alpha^2) \tag{3.141}$$

This correction was first calculated by Schwinger [26] in 1948 and found to agree with the experimental value of the anomalous moment determined in 1947 by Kusch and Foley [27, 28]. Since then the theoretical value has been computed to order α^4 giving (the numbers quoted below are from Refs. [29, 30])

$$a_e^{th} = \frac{1}{2}(g_e - 2) \tag{3.142}$$

$$= 0.5\left(\frac{\alpha}{\pi}\right) - 0.32848\left(\frac{\alpha}{\pi}\right)^2 + 1.49\left(\frac{\alpha}{\pi}\right)^3 \tag{3.143}$$

$$= 0.001\,159\,652\,188\,3(7) \tag{3.144}$$

The experimental value is

$$a_e^{expt} = 0.001\,159\,657 \tag{3.145}$$

agreeing within errors to about 1 in 10^{10} for $a = \frac{1}{2}(g - 2)$ and to 1 in 10^{13} for g itself.

Example 4. As a final example of dimensional regularization technique,[1] and as a bridge to Section 3.3, we calculate the process $S \to \gamma\gamma$, where S is a scalar and both photons may be off-mass shell. The interaction is taken as

$$L = ig\bar{\psi}\psi\phi - e\bar{\psi}\gamma_\mu\psi A_\mu \tag{3.146}$$

and the two diagrams are depicted in Fig. 3.5.

Taking the amplitude for Fig. 3.5a as $T_{\mu\nu}(p_1, p_2)$, the sum of the two diagrams will be

$$I_{\mu\nu}(p_1, p_2, m) = T_{\mu\nu}(p_1, p_2) + T_{\mu\nu}(p_2, p_1) \tag{3.147}$$

It will turn out that $T_{\mu\nu}$ alone satisfies Bose symmetry, so that adding the crossed diagram, as in Eq. (3.147), merely multiplies $T_{\mu\nu}$ by a factor of 2 (this is an accident for the present special case and should not be expected in general).

The Feynman rules give

$$T_{\mu\nu} = -(i)^3 g(-ie)^2 \int \frac{d^4k}{(2\pi)^4} \frac{1}{k^2 - m^2 + i\epsilon}$$

$$\cdot \frac{1}{(k-p_1)^2 - m^2 + i\epsilon} \frac{1}{(k+p_2)^2 - m^2 + i\epsilon} 4t_{\mu\nu} \tag{3.148}$$

with the Dirac trace $t_{\mu\nu}$ given by

$$4t_{\mu\nu} = \text{Tr}\left[(\slashed{k} + m)\gamma_\mu(\slashed{k} - \slashed{p}_1 + m)(\slashed{k} + \slashed{p}_2 + m)\gamma_\nu\right] \tag{3.149}$$

This is easily evaluated as

$$t_{\mu\nu} = m\big[4k_\mu k_\nu + 2(k_\mu p_{2\nu} - p_{1\mu}k_\nu)$$
$$- (p_{1\mu}p_{2\nu} - p_{2\mu}p_{1\nu}) + g_{\mu\nu}(m^2 - k^2 - p_1 \cdot p_2)\big] \tag{3.150}$$

---

1) Here the technique is applied, with great convenience, to a finite amplitude.

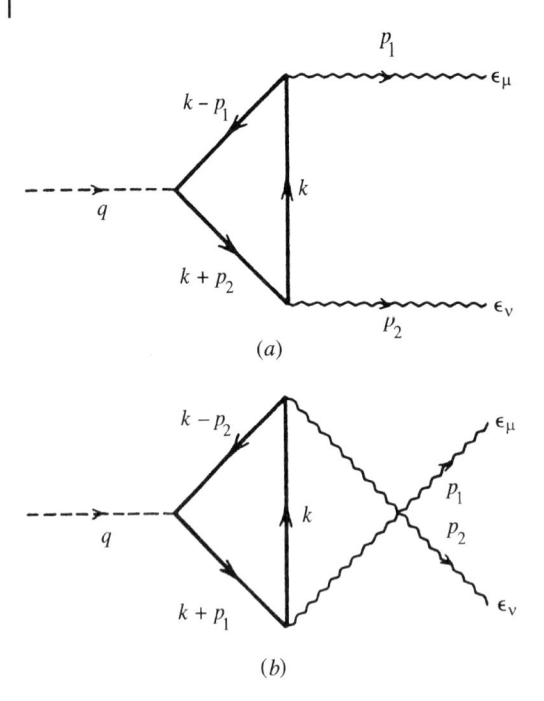

Figure 3.5 Diagrams for $S \to \gamma\gamma$.

Introduce Feynman parameters to obtain

$$T_{\mu\nu} = \frac{8ige^2}{(2\pi)^4} \int_0^1 dx \int_0^{1-x} dy \int \frac{d^n k}{(k^2 + 2k \cdot Q - M^2)^3} t_{\mu\nu} \tag{3.151}$$

where

$$Q_\mu = -xp_{1\mu} + yp_{2\mu} \tag{3.152}$$

$$M^2 = -xp_1^2 - yp_2^2 + m^2 \tag{3.153}$$

Dimensional regularization now gives

$$T_{\mu\nu} = \frac{8ige^2}{(2\pi)^4} \frac{i\pi^2}{\Gamma(3)} \int_0^1 dx \int_0^{1-x} dy \int \frac{1}{(-Q^2 - M^2)^{3-n/2}}$$

$$\cdot \Big\{ [4Q_\mu Q_\nu - 2Q_\mu p_{2\nu} + 2p_{1\mu} Q_\nu - p_{1\mu} p_{2\nu} + p_{2\mu} p_{1\nu}$$

$$+ g_{\mu\nu}(m^2 - p_1 \cdot p_2 - Q^2)]\Gamma\left(3 - \frac{n}{2}\right)$$

$$+ g_{\mu\nu}(-Q^2 - M^2)\left(2 - \frac{1}{2}n\right)\Gamma\left(2 - \frac{1}{2}n\right)\Big\} \tag{3.154}$$

Since, in the final term of the braces, one has

$$\left(2 - \frac{1}{2}n\right)\Gamma\left(2 - \frac{1}{2}n\right) = \Gamma\left(3 - \frac{1}{2}n\right) \tag{3.155}$$

we see that the amplitude is finite. Substituting Eqs. (3.152) and (3.153) into Eq. (3.154) and using Eq. (3.155) now gives

$$T_{\mu\nu} = \frac{ge^2 m}{4\pi^2} \int_0^1 dx$$
$$\cdot \int_0^{1-x} dy \frac{1}{p_1^2 x(1-x) + p_2^2 y(1-y) + 2p_1 \cdot p_2 xy - m^2}$$
$$\cdot \left[p_{1\mu} p_{1\nu} (4x^2 - 2x) + p_{2\mu} p_{2\nu} (4y^2 - 2y) \right.$$
$$+ p_{1\mu} p_{2\nu} (-4xy + 2x + 2y - 1)$$
$$+ p_{2\mu} p_{1\nu} (1 - 4xy) + g_{\mu\nu} \left(p_1^2 x + p_2^2 y - 2p_1^2 x^2 - 2p_1^2 y^2 \right.$$
$$\left. \left. + 4p_1 \cdot p_2 xy - p_1^2 p_2^2 \right) \right] \tag{3.156}$$

This is seen to satisfy

$$T_{\mu\nu}(p_1, p_2) = T_{\nu\mu}(p_2, p_1) \tag{3.157}$$

as anticipated above.

Let us adopt the shorthand (for the rest of this section *only*)

$$\iint \equiv \frac{ge^2 m}{2\pi^2} \int_0^1 dx$$
$$\cdot \int_0^{1-x} dy \frac{1}{p_1^2 x(1-x) + p_2^2 y(1-y) + 2p_1 \cdot p_2 xy - m^2} \tag{3.158}$$

Then we define the amplitudes

$$A = \iint (1 - 4xy) \tag{3.159}$$

$$B_1 = \frac{1}{p_2^2} \iint 2x(1 - 2x) \tag{3.160}$$

$$B_2 = \frac{1}{p_1^2} \iint 2y(1 - 2y) \tag{3.161}$$

$$B_3 = -\frac{1}{p_1 \cdot p_2} \iint (1 - 2x)(1 - 2y) \tag{3.162}$$

Then from Eq. (3.156) we find that

$$I_{\mu\nu} = A(p_{2\mu}p_{1\nu} - p_1 \cdot p_2 g_{\mu\nu}) + \frac{1}{2}(B_1 + B_2)p_1^2 p_2^2 g_{\mu\nu} - B_1 p_2^2 p_{1\mu}p_{1\nu}$$
$$- B_2 p_1^2 p_{1\mu}p_{1\nu} + B_3 p_1 \cdot p_2 p_{1\mu}p_{2\nu} \qquad (3.163)$$

We can now show that $B_1 = B_2 = B_3 (= B$, say), as follows. Consider

$$p_2^2 p_1 \cdot p_2 (B_1 - B_3)$$

$$\propto \int_0^1 dx \int_0^{1-x} dy \frac{(1-2x)[2xp_1 \cdot p_2 + (1-2y)p_2^2]}{p_1^2 x(1-x) + p_2^2 y(1-y) + 2p_1 \cdot p_2 xy - m^2} \qquad (3.164)$$

$$= -\int_0^\infty dz \int_0^1 dx(1-2x) \int_0^{1-x} dy$$

$$\cdot \frac{\partial}{\partial y}\{\exp[-z(p_1^2 x(1-x) + p_2^2 y(1-y) + 2p_1 \cdot p_2 xy - m^2)]\}$$

$$(3.165)$$

Introducing $x' = x - \frac{1}{2}$, this expression is

$$p_2^2 p_1 \cdot p_2(B_1 - B_3) \sim -\int_0^\infty dz\, e^{-M^2 z} \int_{-1/2}^{+1/2} dx'(-2x')$$

$$\cdot \left\{\exp\left[-z(p_1 + p_2)^2\left(\frac{1}{4} - x'^2\right)\right]\right.$$

$$\left. - \exp\left[-zp_1^2\left(\frac{1}{4} - x'^2\right)\right]\right\} \qquad (3.166)$$

$$= 0 \qquad (3.167)$$

The integral vanishes since it is odd x'. Similarly, we may show that $B_2 - B_3$. Thus, we have finally, from Eq. (3.163),

$$I_{\mu\nu} = A(p_{2\mu}p_{1\nu} - p_1 \cdot p_2 g_{\mu\nu})$$
$$+ B(p_{1\mu}p_{2\nu}p_1 \cdot p_2 - p_1^2 p_{2\mu}p_{2\nu} - p_2^2 p_{1\mu}p_{1\nu} + p_1^2 p_2^2 g_{\nu\mu}) \qquad (3.168)$$

This satisfies gauge invariance since

$$p_{1\mu}I_{\mu\nu} = p_{2\nu}I_{\mu\nu} = 0 \qquad (3.169)$$

Of course, this property was guaranteed from the beginning, since the integral was convergent, but the explicit evaluation would be considerably more difficult using Pauli–Villars regularization.

3.3 Triangle Anomalies

We now turn to a curiously profound property of gauge theories with chiral fermions, which necessarily involve γ_5 in their gauge couplings. This is the case for example, the standard Glashow–Salam–Weinberg electroweak theory.

Recall the Dirac algebra

$$\{\gamma_\mu, \gamma_\nu\}_+ = 2g_{\mu\nu} \tag{3.170}$$

and the definition

$$\gamma_5 = i\gamma_0\gamma_1\gamma_2\gamma_3 \tag{3.171}$$

$$= \frac{1}{24}\epsilon_{\alpha\beta\gamma\delta}\gamma_\alpha\gamma_\beta\gamma_\gamma\gamma_\delta \tag{3.172}$$

so that

$$\{\gamma_5, \gamma_\mu\}_+ = 0 \tag{3.173}$$

One representation is the 4 × 4 matrices

$$\gamma_0 = \begin{pmatrix} 1 & 0 \\ 0 & -1 \end{pmatrix} \tag{3.174}$$

$$\gamma = \begin{pmatrix} 0 & \sigma \\ -\sigma & 0 \end{pmatrix} \tag{3.175}$$

$$\gamma_5 = \begin{pmatrix} 0 & 1 \\ 1 & 0 \end{pmatrix} \tag{3.176}$$

Dimensional regularization is not straightforwardly applicable to expressions involving γ_5 because the definition (3.172), in particular the tensor $\epsilon_{\alpha\beta\gamma\delta}$, is defined only in four dimensions (see, however, Refs. [31–36]).

As already emphasized, the renormalization procedure must be such that the renormalized quantities respect local gauge invariance. For Green's functions, this requirement is expressed by the Ward identities. In the Abelian case of quantum electrodynamics, these are the Ward–Takahashi identities [23–25] discussed above; in a non-Abelian theory, gauge invariance for Green's functions is most succinctly expressed by the Becchi–Rouet–Stora–Tyutin (BRST) identities [37], which summarize the earlier forms found by Taylor [38] and Slavnov [39]. The BRST transfor-

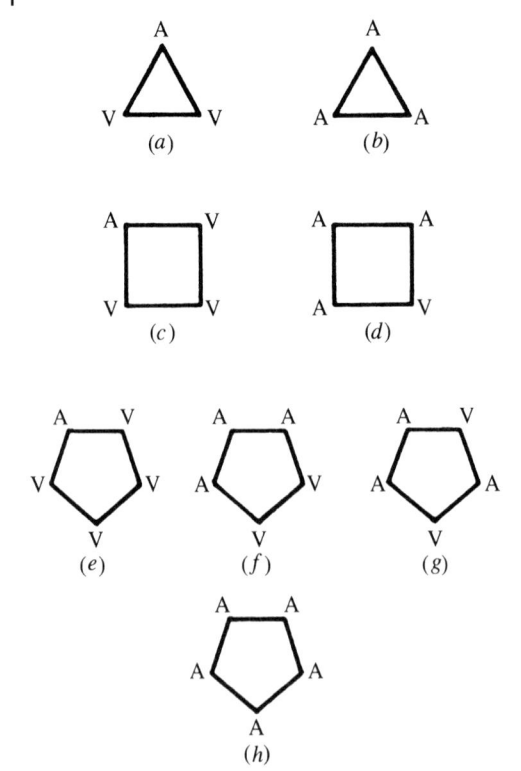

Figure 3.6 Triangle, square, and pentagon diagrams for anomaly considerations. V, vector coupling; A, axial-vector coupling.

mation is discussed later; for present purposes we merely state the relevant Ward identities for the amplitudes considered.

In the presence of γ_5 couplings to the gauge field, there are axial vector Ward identities as well as vector identities. The problem of anomalies is that one finds triangular Feynman diagrams is one-loop order of perturbation theory that violate the axial Ward identities. Such anomalies must be canceled in order that the theory has a chance to be renormalizable.

The triangle anomaly has a long history, going back to work, by Steinberger [40] and Schwinger [41]. Considerably later, the anomaly was emphasized by others [42–45].

After proof of renormalizability of Yang–Mills theory in 1971, the relevance of anomaly cancellation to renormalizability was discussed by several authors [46–48] (on anomalies, see also Refs. [11], and [49–57]; for reviews, see Refs. [58] and [59]).

The Feynman graph giving rise to an anomaly is a triangular fermion loop with three gauge fields and with overall abnormal parity (i.e., one or three γ_5 couplings) as in Fig. 3.6a and b. The square and pentagon configuration indicated in Fig. 3.6c through h must be considered also [49]. One of two useful theorems [49] (see also Ref. [57]) is that once the AW triangle anomaly is canceled, so are all the others. The second useful theorem, due to Adler and Bardeen [52] (see also Ref. [58]) is

3.3 Triangle Anomalies

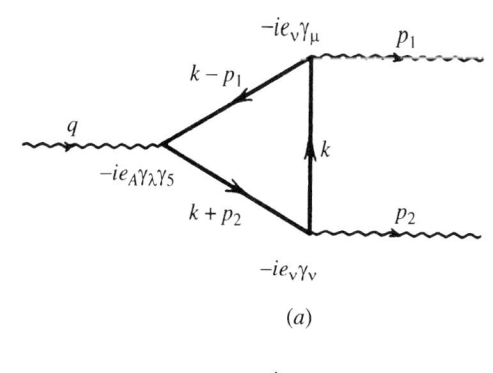

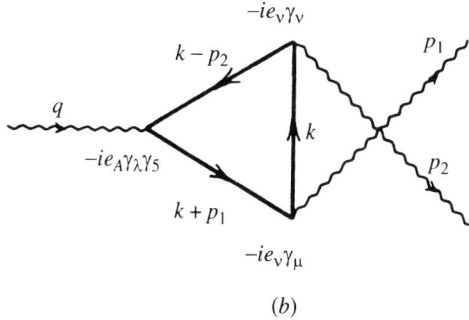

Figure 3.7 (a) Triangle graph; (b) crossed graph.

that radiative corrections do not renormalize the anomaly. Thus we need consider only the simplest AVV graph.

The interaction Lagrangian will be taken as

$$L = -e_A \bar{\psi}\gamma_\mu\gamma_5\psi Z_\mu^A - e_V \bar{\psi}\gamma_\mu\psi A_\mu \qquad (3.177)$$

and, at first, we allow only one fermion species to propagate in the graph of Fig. 3.7a. The full amplitude requires adding the crossed graph of Fig. 3.7b according to

$$I_{\mu\nu\lambda}(p_1, p_2, m) = T_{\nu\mu\lambda}(p_1, p_2, m) + T_{\mu\nu\lambda}(p_2, p_1, m) \qquad (3.178)$$

Feynman rules now give

$$T_{\mu\nu\lambda} = (i)^3(-ie_A)(-ie_V)^2 \int \frac{d^4k}{(2\pi)^4} \frac{1}{k^2 - m^2 + i\epsilon}$$
$$\cdot \frac{1}{(k-p_1)^2 + m^2 + i\epsilon} \frac{1}{(k+p_2)^2 - m^2 + i\epsilon} 4t_{\mu\nu\lambda} \qquad (3.179)$$

where the Dirac trace is

$$4t_{\mu\nu\lambda} = \text{Tr}\left[(\slashed{k}+m)\gamma_\mu(\slashed{k}-\slashed{p}_1+m)\gamma_\lambda\gamma_5(\slashed{k}+\slashed{p}_2+m)\gamma_\nu\right] \qquad (3.180)$$

The crucial point is that the integral in Eq. (3.179) is superficially *linearly* divergent, and therefore shifting the integration variable alters $T_{\mu\nu\lambda}$ by a finite amount. Such a shift is necessary to establish the Ward identities expected, namely

$$(p_1 + p_2)_\lambda I_{\mu\nu\lambda} = 0 \tag{3.181}$$

$$P_{1\mu} I_{\mu\nu\lambda} = 0 \tag{3.182}$$

$$P_{2\nu} I_{\mu\nu\lambda} = 0 \tag{3.183}$$

We will now show that if we impose the vector identities (3.182) and (3.183) (as is essential in quantum electrodynamics for charge conservation), then we do not maintain, in general, the axial-vector Ward identity, Eq. (3.181), unless extra conditions are met.

The linear divergence is independent of the fermion mass m, which we therefore set to zero, giving

$$T_{\mu\nu\lambda} = -e_A e_V^2 \int \frac{d^4k}{(2\pi)^4} \frac{\text{Tr}[\slashed{k}\gamma_\mu(\slashed{k}-\slashed{p}_1)\gamma_\lambda\gamma_5(\slashed{k}+\slashed{p}_2)\gamma_\nu]}{k^2(k-p_1)^2(k+p_2)^2} \tag{3.184}$$

Computation of $T_{\mu\nu\lambda}$ reveals that it is Bose symmetric under the interchange $\{p_1, \mu\} \leftrightarrow \{p_2, \nu\}$, so that addition of the crossed term in Eq. (3.178) merely gives a factor 2. Thus identities (3.181) through (3.183) may be applied directly to $T_{\mu\nu\lambda}$.

Consider first

$$(p_1 + p_2)_\lambda T_{\mu\nu\lambda}$$

$$= -e_A e_V^2 \int \frac{d^4k}{(2\pi)^4} \frac{\text{Tr}[\slashed{k}\gamma_\mu(\slashed{k}-\slashed{p}_1)(\slashed{p}_1+\slashed{p}_2)\gamma_5(\slashed{k}+\slashed{p}_2)\gamma_\nu]}{k^2(k-p_1)^2(k+p_2)^2} \tag{3.185}$$

Now rewrite

$$(\slashed{p}_1 + \slashed{p}_2)\gamma_5 \equiv -(\slashed{k}-\slashed{p}_1)\gamma_5 - \gamma_5(\slashed{k}+\slashed{p}_2) \tag{3.186}$$

to find that

$$(p_1+p_2)_\gamma T_{\mu\nu\lambda} = \frac{e_A e_V^2}{(2\pi)^4} \left\{ \int d^4k \frac{\text{Tr}[\slashed{k}\gamma_\mu\gamma_5(\slashed{k}+\slashed{p}_2)\gamma_\nu]}{k^2(k+p_2)^2} \right.$$

$$\left. + \int d^4k \frac{\text{Tr}[\slashed{k}\gamma_\mu(\slashed{k}-\slashed{p}_1)\gamma_5\gamma_\nu]}{k^2(k-p_1)^2} \right\} \tag{3.187}$$

Now both terms in the braces are second-rank pseudotensors depending on only one four-momentum. No such tensor exists, so we would conclude that Eq. (3.181) is satisfied. (However, the reader must not stop here but read on!) Now consider

$$p_{1\nu} T_{\mu\nu\lambda} = \frac{-e_A e_V^2}{(2\pi)^4} \int d^4k \frac{\text{Tr}[\slashed{k} - \slashed{p}_1(\slashed{k}-\slashed{p}_1)\gamma_\lambda\gamma_5(\slashed{k}+\slashed{p}_2)\gamma_\nu]}{k^2(k-p_1)^2(k+p_2)^2} \tag{3.188}$$

Let us change variable to $k'_\mu = (k + p_2)_\mu$ and be deliberately careless (temporarily), to obtain

$$p_{1\nu} T_{\mu\nu\lambda} = \frac{-e_A e_V^2}{(2\pi)^4} \int d^4k \frac{\text{Tr}[(\slashed{k} - \slashed{p}_2)\slashed{p}_1(\slashed{k}' - \slashed{p}_1 - \slashed{p}_2)\gamma_\lambda \gamma_5 \slashed{k}'\gamma_\nu]}{(k' - p_2)^2 (k' - p_1 - p_2)^2 k'^2} \tag{3.189}$$

Now rewrite

$$\slashed{p}_1 = -(\slashed{k}' - \slashed{p}_1 - \slashed{p}_2) + (\slashed{k} - \slashed{p}_2) \tag{3.190}$$

to obtain, apparently,

$$P_{1\mu} T_{\mu\nu\lambda} = \frac{e_A e_V^2}{(2\pi)^4} \left\{ \int d^4k' \frac{\text{Tr}[(\slashed{k}' - \slashed{p}_2)\gamma_\lambda \gamma_5 k'\gamma_\nu]}{(k' - p_2)^2 k'^2} \right.$$
$$\left. - \int d^4k' \frac{\text{Tr}[(\slashed{k}' - \slashed{p}_1 - \slashed{p}_2)\gamma_\lambda \gamma_5 \slashed{k}'\gamma_\nu]}{(k' - p_1 - p_2)^2 k'^2} \right\} \tag{3.191}$$

which vanishes exactly as before.

By similar steps, putting $k'' = (k - p_1)$ and rewriting

$$\slashed{p}_2 = (\slashed{k}'' + \slashed{p}_1 + \slashed{p}_2) - (\slashed{k}'' + \slashed{p}_1) \tag{3.192}$$

we can apparently obtain

$$p_{2\nu} T_{\mu\nu\lambda} = \frac{-e_A e_V^2}{(2\pi)^4} \left\{ \int d^4k'' \frac{\text{Tr}[(\slashed{k}'' + \slashed{p}_1)\gamma_\mu \slashed{k}''\gamma_\lambda \gamma_5]}{(k'' + p_1)^2 k''^2} \right.$$
$$\left. - \int d^4k'' \frac{\text{Tr}[\gamma_\mu \slashed{k}''\gamma_\lambda \gamma_5(\slashed{k}'' + \slashed{p}_1 + \slashed{p}_2)]}{k''^2 (k'' + p_1 + p_2)^2} \right\} \tag{3.193}$$

Both terms in brackets are second-rank pseudotensors depending only on one four-vector, and hence vanish.

The fallacy in the argument above [i.e., in Eqs. (3.185) through (3.193)] is that shifting the integration variable in a linearly divergent integral changes the value of that integral by a finite amount. Define $S_{\mu\nu\lambda}$ by

$$T_{\mu\nu\lambda} = -e_A e_V^2 S_{\mu\nu\lambda} \tag{3.194}$$

so the linearly divergent piece is

$$S_{\mu\nu\lambda} = \frac{1}{(2\pi)^4} \int d^4k \frac{\text{Tr}(\slashed{k}\gamma_\mu \slashed{k}\gamma_\lambda \gamma_5 \slashed{k}\gamma_\nu)}{k^6} \tag{3.195}$$

If we shift to $k' = (k + a)$, by how much does $S_{\mu\nu\lambda}$ change? Consider the manipulations

$$\int d^4k f(k) = \int d^4k' f(k' - a) \tag{3.196}$$

$$= \int d^4k' f(k') - a_\rho \int d^4k \frac{\partial}{\partial k_\rho} f(k) + \cdots \tag{3.197}$$

If the original integral is linearly divergent, the second term in Eq. (3.197) is finite, since when converted to a surface term by Gauss's theorem, the integrand $f(k) \sim |k|^{-3}$ and the surface area $\sim |k|^3$.

In the present case, suppose that we shift the integration variable in Eq. (3.195) to $k'_\mu = (k + a)_\mu$; then we have

$$S'_{\mu\nu\lambda} = S_{\mu\nu\lambda} + C_{\mu\nu\lambda\rho} a_\rho \tag{3.198}$$

where

$$C_{\mu\nu\lambda\rho} = -\frac{1}{(2\pi)^4} \int d^4k \frac{\partial}{\partial k_\rho} \frac{\mathrm{Tr}(\slashed{k}\gamma_\mu \slashed{k}\gamma_\lambda \gamma_5 \slashed{k}\gamma_\nu)}{k^6} \tag{3.199}$$

$$= -\frac{1}{(2\pi)^4} \int d^4k \frac{\partial}{\partial k_\rho} \frac{\mathrm{Tr}(\gamma_5 \slashed{k}\gamma_\nu \slashed{k}\gamma_\mu \slashed{k}\gamma_\lambda)}{k^6} \tag{3.200}$$

Recall now the trace formula

$$\mathrm{Tr}(\gamma_5 \gamma_\alpha \gamma_\beta \gamma_\delta \gamma_\epsilon \gamma_\phi) = -4i\epsilon_{\delta\epsilon\phi k}(g_{k\alpha}g_{\beta\gamma} - g_{k\beta}g_{\alpha\gamma} + g_{k\gamma}g_{\alpha\beta})$$

$$+ 4i\epsilon_{\alpha\beta\gamma k}(g_{k\delta}g_{\epsilon\phi} - g_{k\epsilon}g_{\delta\phi} + g_{k\phi}g_{\delta\epsilon}) \tag{3.201}$$

Using this one finds from Eq. (3.200) that

$$C_{\mu\nu\lambda\rho} = -\frac{4i}{(2\pi)^2} \int d^4k \frac{\partial}{\partial k_\rho} \frac{\epsilon_{\mu\nu\lambda\epsilon} k_\epsilon}{k^4} \tag{3.202}$$

Going to Euclidian space ($ik_0 = k_4$) we may evaluate this as

$$C_{\mu\nu\lambda\rho} = \frac{4i}{(2\pi)^2} \epsilon_{\mu\nu\lambda\epsilon} \int d^4k \frac{\partial}{\partial k_\rho} \frac{k_\epsilon}{k^4} \tag{3.203}$$

$$= \frac{4i}{(2\pi)^2} \epsilon_{\mu\nu\lambda\rho} \int d^4k \frac{\partial}{\partial k_\rho} \frac{k_\alpha}{4k^4} \tag{3.204}$$

where we used the fact that terms $\rho \neq \epsilon$ in Eq. (3.203) vanish by oddness in k; otherwise, $k_\alpha^2 = \frac{1}{4}k^2$ ($\alpha = 1, 2, 3, 4$). Now use Gauss's theorem to obtain

$$C_{\mu\nu\lambda\rho} = \frac{4}{(2\pi)^4} \epsilon_{\mu\nu\lambda\rho} \lim_{k \to \infty} \left(2\pi^2 k^3 \frac{k}{4k^4}\right) \tag{3.205}$$

$$= \frac{1}{8\pi^2} \epsilon_{\mu\nu\lambda\rho} \tag{3.206}$$

Using this result, we see that the shifts of integration variable $k' = (k + p_2)$ and $k'' = (k - p_1)$, respectively, give rise to

$$p_{1\mu} S_{\mu\nu\lambda} = \frac{1}{8\pi^2} \epsilon_{\mu\nu\lambda\rho} p_{2\rho} p_{1\mu} \quad (3.207)$$

$$p_{2\nu} S_{\mu\nu\lambda} = \frac{1}{8\pi^2} \epsilon_{\mu\nu\lambda\rho} p_{2\nu} p_{1\rho} \quad (3.208)$$

To include the crossed diagram (Fig. 3.7b) and to guarantee the vector Ward identities, we must use

$$\mathscr{S}_{\mu\nu\lambda}(p_1, p_2) = S_{\mu\nu\lambda}(p_1, p_2) + S_{\nu\mu\lambda}(p_2, p_1) + \frac{1}{4\pi^2} \epsilon_{\mu\nu\lambda\rho}(p_1 - p_2)_\rho \quad (3.209)$$

This satisfies

$$p_{1\mu} \mathscr{S}_{\mu\nu\lambda} = 0 \quad (3.210)$$

$$p_{2\nu} \mathscr{S}_{\mu\nu\lambda} = 0 \quad (3.211)$$

but also

$$(p_1 + p_2)_\lambda \mathscr{S}_{\mu\nu\lambda} = \frac{1}{2\pi^2} \epsilon_{\mu\nu\lambda\rho} p_{2\lambda} p_{1\rho} \quad (3.212)$$

Thus the axial-vector Ward identity contains an anomaly given uniquely by Eq. (3.212) and independent of the fermion mass in the triangle. No method of regularization can avoid this, for only one fermion is circulating in the triangle loop.

To make the point again, slightly differently, if we calculate the same Feynman diagram using different momentum labeling as in Fig. 3.8, we will arrive at amplitudes differing by a finite amount, namely,

$$T'_{\mu\nu\lambda} = T_{\mu\nu\lambda} + C_{\mu\nu\lambda\rho} p_{2\rho} \quad (3.213)$$

$$T''_{\mu\nu\lambda} = T_{\mu\nu\lambda} - C_{\mu\nu\lambda\rho} p_{1\rho} \quad (3.214)$$

with $C_{\mu\nu\lambda\rho}$ given by Eq. (3.206).

The presence of this anomaly helps reconcile the problem of the rate for $\lambda^0 \to \gamma\gamma$, which vanishes, for the unphysical limit $M_\pi \to 0$, according to the Sutherland–Veltman theorem [44, 45, 60].

Consider the decay

$$\pi^0(k) \to \gamma(p_1) + \gamma(p_2) \quad (3.215)$$

with matrix element

$$M(p_1, p_2) = \epsilon_\mu(p_1) \epsilon_\nu(p_2) T_{\mu\nu} \quad (3.216)$$

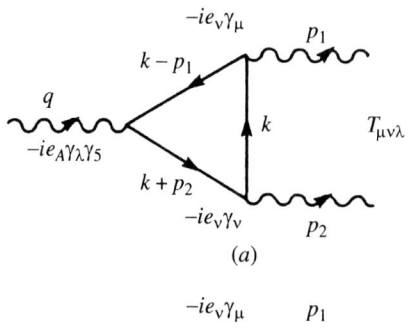

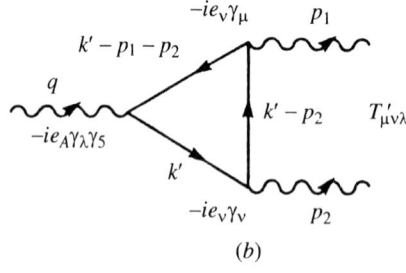

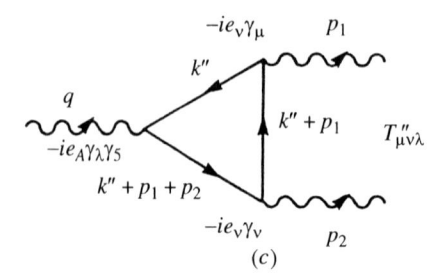

Figure 3.8 Three different momentum labelings for the triangle graph amplitudes: (a) $T_{\mu\nu\lambda}$; (b) $T'_{\mu\nu\lambda}$; (c) $T''_{\mu\nu\lambda}$.

Then, by Lorentz invariance and parity conservation,

$$T_{\mu\nu} = \epsilon_{\mu\nu\alpha\beta} p_{1\alpha} p_{2\beta} T(k^2) \tag{3.217}$$

where the physical value is $k^2 = m_\pi^2$ but we consider k^2 a variable.

The PCAC hypothesis relates the pion field $\phi^a(x)$ to

$$\phi^a \sim \partial_\mu A_\mu^a \tag{3.218}$$

with proportionality constant f_π/m_π^2, f_π = charged pion decay constant ($f_\pi \sim 0.96 m_\pi^3$). Then

$$T^{\mu\nu} \sim (m_\pi^2 - k^2) \int d^4x \, d^4y \, e^{-p_1 \cdot x - p_2 \cdot y} \partial_\lambda \langle 0 | J^\mu(x) J^\nu(y) J^{5\lambda}(0) | 0 \rangle \tag{3.219}$$

$$= (m_\pi^2 - k^2) k_\lambda T_{\lambda\mu\nu} \tag{3.220}$$

where

$$T_{\lambda\mu\nu} \sim \int d^4x\, d^4y\, e^{-ip_1\cdot x - ip_2\cdot y} \langle 0|T(J^\mu(x)J^\nu(y)J^{5\lambda}(0))|0\rangle \qquad (3.221)$$

Since $T_{\lambda\mu\nu}$ is a pseudotensor, its most general invariant decomposition consistent with Bose statistics is

$$\begin{aligned}T_{\lambda\mu\nu} &= \epsilon^{\mu\nu\omega\phi} p_{1\omega} p_{2\phi} k_\lambda F_1(k^2) \\
&+ \left(\epsilon^{\lambda\nu\omega\phi} p_2^\nu - \epsilon^{\lambda\nu\omega\phi} p_1^\mu\right) p_{1\omega} p_{2\phi} F_2(k^2) \\
&+ \left(\epsilon^{\lambda\mu\omega\phi} p_1^\nu - \epsilon^{\lambda\nu\omega\phi} p_2^\mu\right) p_{1\omega} p_{2\phi} F_3(k^2) \\
&+ \epsilon^{\lambda\mu\nu\omega}(p_1 - p_2)_\omega \tfrac{1}{2} k^2 F_3(k^2)\end{aligned} \qquad (3.222)$$

where the $F_i(k^2)$ have no kinematical singularities. [To derive Eq. (3.222), note that we require that $p_{1\mu} T_{\lambda\mu\nu} = P_{2\nu} T_{\lambda\mu\nu} = 0$ and $p_1^2 = p_2^2 = 0$, so that $p_1 \cdot p_2 = \tfrac{1}{2} k^2$].

But now we find immediately that

$$k_\lambda T^{\lambda\mu\nu} = \epsilon^{\mu\nu\omega\phi} p_1^\omega p_2^\phi k^2 \left[F_1(k^2) + F_3(k^2)\right] \qquad (3.223)$$

and hence, in Eq. (3.217),

$$T(k^2 = 0) = 0 \qquad (3.224)$$

Thus the rate $\pi^2 \to 2\gamma$ vanishes for $m_\pi^2 \to 0$ and is predicted to be very small for physical m_π, in contradiction to experiment.

The anomaly in Eq. (3.212) rescues this situation since Eq. (3.224) is no longer valid. Taking the anomaly into account, one arrives at a decay width

$$\Gamma = \frac{m_\pi^3}{64\pi} \left(\frac{2\sqrt{2} m_\pi^2 S}{\pi f_\pi}\right)^2 \alpha^2 \qquad (3.225)$$

$$= \frac{m_\pi \alpha^2 S^2}{8\pi^3 (f_\pi / m_\pi^2)^2} \qquad (3.226)$$

$$= (7.862 \text{ eV})(2S)^2 \qquad (3.227)$$

where S is given by the trace over the γ_5 couplings for the fermions circulating in the triangle. With three colored up and down quarks participating in the pion function, one has

$$S = \text{Tr}(g^5 3 Q^2) \qquad (3.228)$$

$$= 3 \times \tfrac{1}{2}(e_u^2 - e_d^2) \qquad (3.229)$$

$$= \frac{3}{2}\left(\frac{4}{9} - \frac{1}{9}\right) \tag{3.230}$$

$$= \frac{1}{2} \tag{3.231}$$

Then Eq. (3.227) agrees beautifully with the observed width [61]

$$\Gamma(\pi^0 \to 2\gamma) = 7.8 \pm 0.9 \text{ eV} \tag{3.232}$$

In the absence of the color degree of freedom, the rate is too small by a factor of 9. Thus this calculation both supports the existence of the triangle anomaly and provides support for the color idea. It has been assumed, however, that nonperturbative effects associated with the quark–antiquark confinement in the pion can be neglected.

To allow renormalization such that the renormalized Lagrangian $\mathcal{L}_R$ in Eq. (3.1) be gauge invariant, the anomaly in the axial Ward identity must be canceled between different fermion species (recall that the anomaly is mass independent). Let us focus on an SU(2) × U(1) theory with gauge bosons A_μ^a ($a = 1, 2, 3$) and B_μ. Let the fermions have electric charges Q_i given by

$$Q_i = I_i^3 + \frac{1}{2} Y_i \tag{3.233}$$

where I^3 is the third component of weak isospin and Y is the weak hypercharge.

We need not consider triangles of the type $(A^a A^b A^c)$ or $(A^a BB)$ because these involve the trace of an odd number of isospin matrices and hence vanish. We need look only at (BBB), $(A^0 A^0 B)$, and $(A^+ A^- B)$. Let us distinguish left and right helicities by subscripts L and R, respectively; these correspond to the decomposition

$$\psi_i = \frac{1}{2}(1 + \gamma_5)\psi_i + \frac{1}{2}(1 - \gamma_5)\psi_i \tag{3.234}$$

$$= \psi_{iR} + \psi_{iL} \tag{3.235}$$

Clearly, L and R have opposite sign γ_5 couplings, and since we are always focusing on the triangle with one axial and two vector couplings (AVV in the notation of Fig. 3.6) the cancellation of the BBB anomaly requires that

$$\sum_{i_L} Y_{i_L}^3 = \sum_{i_R} Y_{i_R}^3 \tag{3.236}$$

We may rewrite this

$$\sum_{i_L} (Q_{i_L} - I_{i_L}^3)^3 = \sum_{i_R} (Q_{i_R} - I_{i_R}^3)^3 \tag{3.237}$$

Consider any given multiplet, either left-handed $\{i_L\} \subset M_L$ or right-handed $\{i_R\} \subset M_R$; then within a multiplet one has

$$\sum_{i \subset M} (I_i^3)^3 = 0. \tag{3.238}$$

Given that no massless charged fermions occur, then

$$\sum_{i_L} Q_{i_L}^3 = \sum_{i_R} Q_{i_R}^3 \tag{3.239}$$

Hence, from Eq. (3.237),

$$\sum_{i_L} [Q_{i_L}^2 (I_{i_L}^3) + Q_{i_L} (I_{i_L}^3)^2] = \sum_{i_R} [Q_{i_R}^2 (I_{i_R}^3) + Q_{i_R} (I_{i_R}^3)^2] \tag{3.240}$$

Now consider the flavor factors for $(A^+ A^- B)$ and use the fact that

$$2I^+ I^- = (I)^2 - (I^3)^2 \tag{3.241}$$

to arrive at the condition

$$\sum_{i_L} Y_{i_L} [(I_{i_L})^2 - (I_{i_L}^3)^2] = \sum_{i_R} Y_{i_R} [(I_{i_R})^2 - (I_{i_R}^3)^2] \tag{3.242}$$

Consider the factors involved in $(B A^0 A^0)$ to find, in addition,

$$\sum_{i_L} Y_{i_L} (I_{i_L}^3)^2 = \sum_{i_R} Y_{i_R} (I_{i_R}^3)^2 \tag{3.243}$$

Using Eqs. (3.233) and (3.238), this gives

$$\sum_{i_L} Q_{i_L} (I_{i_L}^3)^2 = \sum_{i_R} Q_{i_R} (I_{i_R}^3)^2 \tag{3.244}$$

With Eq. (3.240), this implies that

$$\sum_{i_L} Q_{i_L}^2 (I_{i_L}^3) = \sum_{i_R} Q_{i_R}^2 (I_{i_R}^3) \tag{3.245}$$

Using Eq. (3.233) in Eq. (3.242) gives a third relation:

$$\sum_{i_L} Q_{i_L} (I_{i_L})^2 = \sum_{i_R} Q_{i_R} (I_{i_R})^2 \tag{3.246}$$

The three requirements, Eqs. (3.244) through (3.246), will now be shown to be equivalent. For consider within one multiplet the sum

$$\sum_{i \subset M} Q_i^2(I_i^3) = \sum_{i \subset M} \left(\frac{Y_M}{2} + I_i^3\right)^2 I_i^3 \qquad (3.247)$$

$$= Y_M \sum_{i \subset M} (I_i^3)^2 \qquad (3.248)$$

$$= 2 \sum_i (Q_i - I_i^3)(I_i^3)^2 \qquad (3.249)$$

$$= \sum_{i \subset M} Q_i (I_i^3)^2 \qquad (3.250)$$

showing that Eqs. (3.244) and (3.245) are equivalent.
Now

$$\sum_{i \subset M} (I_i^3)^2 = 2 \sum_{M=1}^{I_M} M^2 \qquad (3.251)$$

$$= \frac{1}{3} I_M (I_M + 1)(2I_M + 1) \qquad (3.252)$$

valid for $I_M =$ integer or half-integer (where M sum starts with $M + \frac{1}{2}$).
Also,

$$\sum_{i \subset M} Q_i = \sum_{i \subset M} \left(I_i^3 + \frac{1}{2} Y_M\right) \qquad (3.253)$$

$$= \frac{1}{2} Y_M (2I_M + 1) \qquad (3.254)$$

Hence, for any complete representation,

$$\sum_{i \subset M} (Q_i)^2 (I_i^3) = 2 \sum_{i \subset M} Q_i (I_i^3)^2 \qquad (3.255)$$

$$= \frac{2}{3} \sum_{i \subset M} (I_M)^2 Q_i \qquad (3.256)$$

and thus Eq. (3.246) is also not independent.
The anomaly-free condition for $SU(2) \times U(1)$ quantum flavor dynamics is therefore summarized by

$$\sum_{M_L} I_{M_L}(I_{M_L} + 1) \sum_{i_L \subset M_L} Q_{i_L} = \sum_{M_R} I_{M_R}(I_{M_R} + 1) \sum_{i_R \subset M_R} Q_{i_R} \qquad (3.257)$$

Thus $I = 0$ does not contribute. In a theory with only singlets and left-handed doublets, the condition reduces to

$$\sum_{i_L} Q_{i_L} = 0 \tag{3.258}$$

In a model with three colors of quark doublets with charges $(\frac{2}{3}, -\frac{1}{3})$ and an equal number of lepton doublets with charges $(0, -1)$, the anomaly cancels between quarks and leptons.

3.4
Becchi–Rouet–Stora–Tyutin Transformation

To ensure that renormalization is consistent with local gauge invariance, as is essential to preserve perturbative unitarity, the remarkable BRST identities [37] (and anti-BRST identities [62–66]) are much simpler to implement than the Taylor–Slavnov [38, 39] identities to which they are equivalent.

Let us recall how classical gauge invariance works to establish notation. From Chapter 1 we have

$$\delta A_\mu^i = -\frac{1}{g}\partial_\mu \theta^i + c_{ijk}\theta^j A_\mu^k \tag{3.259}$$

$$= -\frac{1}{g}(D_\mu \theta)^i \tag{3.260}$$

for an infinitesimal gauge function $\theta(x)$. Defining

$$c_{ijk} A_j B_k = (\mathbf{A}\,\hat{}\,\mathbf{B})_i \tag{3.261}$$

we have

$$\delta \mathbf{A}_\mu = -\frac{1}{g}\partial_\mu \boldsymbol{\theta} + \boldsymbol{\theta}\,\hat{}\,\mathbf{A}_\mu \tag{3.262}$$

$$\delta \mathbf{F}_{\mu\nu} = \boldsymbol{\theta}\,\hat{}\,\mathbf{F}_{\mu\nu} \tag{3.263}$$

Since $\delta \mathbf{F}_{\mu\nu}$ is perpendicular to $\mathbf{F}_{\mu\nu}$, we see that $\mathscr{L}_{\text{cl}} = -\frac{1}{4}(\mathbf{F}_{\mu\nu} \cdot \mathbf{F}_{\mu\nu})$ is invariant.

Upon quantization of the theory, in Chapter 2 we arrived at an effective Lagrangian,

$$\mathscr{L}_{\text{eff}} = \mathscr{L}_{\text{cl}} + \mathscr{L}_{\text{GF}} + \mathscr{L}_{\text{FPG}} \tag{3.264}$$

where the gauge-fixing term is, for example,

$$\mathscr{L}_{\text{GF}} = -\frac{1}{2\alpha}(\partial_\mu A_\mu)^2 \tag{3.265}$$

for the covariant gauges. (The discussion of BRST transformations that follows is easily modified for other choices of gauge.) The Faddeev–Popov ghost term is

$$\mathcal{L}_{\text{FPG}} = \partial_\mu \mathbf{c}^+ \cdot D_\mu \mathbf{c} \tag{3.266}$$

where $\mathbf{c}(x)$ and $\mathbf{c}^+(x)$ are the anticommuting scalar ghost fields.

The ingenious idea of Becchi et al. [37] is to relate the gauge function to the ghost field $\mathbf{c}(x)$ by

$$\boldsymbol{\theta}(x) = g\mathbf{c}(x)\delta\lambda \tag{3.267}$$

where $\delta\lambda$ is an (infinitesimal) anticommuting c-number. We also define the operation

$$\frac{d}{d\lambda} \tag{3.268}$$

with the understanding that $\delta\lambda$ has been placed at the extreme right of the expression acted upon.

The BRS transformation is now defined by

$$\delta \mathbf{A}_\mu = -(D_\mu \mathbf{c})\delta\lambda \tag{3.269}$$

$$\delta \mathbf{c} = -\frac{1}{2}g(\mathbf{c}\hat{\ }\mathbf{c})\delta\lambda \tag{3.270}$$

$$\delta \mathbf{c}^+ = -\frac{1}{\alpha}(\partial_\mu \mathbf{A}_\mu)\delta\lambda \tag{3.271}$$

We must first show that $\mathcal{L}_{\text{eff}}$ in Eq. (3.264) is invariant under these transformations. That $\mathcal{L}_{\text{cl}}$ is invariant follows trivially, since we have only reparametrized $\boldsymbol{\theta}(x)$. For $\mathcal{L}_{\text{GF}}$ and $\mathcal{L}_{\text{FPG}}$ we find that

$$\delta \mathcal{L}_{\text{GF}} = \frac{1}{\alpha}(\partial_\lambda \mathbf{A}_\lambda)(\partial_\mu D_\mu \mathbf{c})\delta\lambda \tag{3.272}$$

$$\delta \mathcal{L}_{\text{FPG}} = -\frac{1}{\alpha}[\partial_\mu(\partial_\lambda \mathbf{A}_\lambda)]\delta\lambda(\partial_\mu \mathbf{c} + g\mathbf{A}_\mu \hat{\ }\mathbf{c})$$

$$+ \partial_\mu \mathbf{c}^+ \cdot \left[-\frac{1}{2}g\partial_\mu(\mathbf{c}\hat{\ }\mathbf{c})\partial\lambda - gD_\mu \mathbf{c}\delta\lambda\hat{\ }\mathbf{c} - \frac{g^2}{2}\mathbf{A}_\mu\hat{\ }(\mathbf{c}\hat{\ }\mathbf{c})\delta\lambda\right]$$

$$\tag{3.273}$$

Bearing in mind that $\delta\lambda$ anticommutes with $\mathbf{c}$ and $\mathbf{c}^+$, we have

$$\frac{d}{d\lambda}(\mathscr{L}_{GF} + \mathscr{L}_{FPG}) = \frac{1}{\alpha}\partial_\mu\big[(\partial_\mu A_\lambda)\cdot(D_\mu c)\big]$$

$$+ \partial_\mu c^+ \left[-\frac{1}{2}g\partial_\mu(c\hat{}\,c) + g(D_\mu c)\hat{}\,c\right.$$

$$\left. - \frac{1}{2}g^2 A_\mu\hat{}\,(c\hat{}\,c)\right] \tag{3.274}$$

$$\equiv 0 \tag{3.275}$$

The first term in Eq. (3.274) vanishes in the variation of the action, since it is a total derivative. That the second term vanishes follows from the relations

$$\partial_\mu(c\hat{}\,c) = 2(\partial_\mu c)\hat{}\,c \tag{3.276}$$

$$A_\mu\hat{}\,(c\hat{}\,c) = 2(A_\mu\hat{}\,c)\hat{}\,c \tag{3.277}$$

(To prove these, use c_1 and c_2, then put $c_1 = c_2 = c$.) Thus

$$\int d^4x\, \mathscr{L}_{\text{eff}} \tag{3.278}$$

is invariant under the BRST transformation.

To show invariance of the generating functional and hence of the Green's functions, we need to consider the functional Jacobian or determinant

$$\frac{A_\mu^a(x) + \delta A_\mu^a(x),\, c^a(x) + \delta c^a(x),\, c^{+a}(x) + \delta c^{+a}(x)}{A_\nu^b(y),\, c^b(y),\, c^{+b}(y)} \tag{3.279}$$

The only nonvanishing elements in the determinant are

$$\frac{\delta[A_\mu^a(x) + \delta A_\mu^a(x)]}{\delta A_\nu^b(y)} = g_{\mu\nu}\delta^4(x-y)\big(\delta^{ab} - gf^{abc}c^c\delta\lambda\big) \tag{3.280}$$

$$\frac{\delta(c^a(x) + \delta c^a(x))}{\delta c^b(y)} = \delta^4(x-y)\big(\delta^{ab} + gf^{abc}c^c\delta\lambda\big) \tag{3.281}$$

$$\frac{\delta(A_\mu^a(x) + \delta A_\mu^a(x))}{\delta c^b(y)} = \delta^4(x-y)\big(gf^{abc}A_\mu^c\delta\lambda\big) \tag{3.282}$$

Only the second of these is tricky: One must put the relevant c to the extreme right before differentiating, as follows:

$$\frac{\delta}{\delta c^b(y)}\big[\delta c^a(x)\big] = -\frac{g}{2}\frac{\delta}{\delta c^b(y)}\big[f^{acd}c^c(x)c^d(x)\big]\delta\lambda \tag{3.283}$$

$$= -\frac{g}{2}\delta^4(x-y)\big[f^{acd}c^c(x)\delta^{db}\big]$$

$$- f^{acd} c^d(x) \delta^{cb}] \delta\lambda \tag{3.284}$$

$$= +g\delta^4(x-y) f^{abc} c^c(x) \delta\lambda \tag{3.285}$$

as required.

The relevant determinant, in block form, is now

$$\left| \begin{pmatrix} 1 - gfc\delta\lambda & gfA\delta\lambda & 0 \\ 0 & 1 + gfc\delta\lambda & 0 \\ 0 & 0 & 1 \end{pmatrix} \right| [\delta^4(x-y)]^3 g_{\mu\nu} \tag{3.286}$$

and since $(\delta\lambda)^2 = 0$, we are left with the unit matrix.

Thus

$$\frac{d}{d\lambda} W[J] = 0 \tag{3.287}$$

and all Green's functions have global BRST invariance. This simplifies and systematizes the original Taylor–Slavnov form of the Ward identities.

It is useful to note the following nilpotencies:

$$\delta A_\mu = -D_\mu c \delta\lambda \tag{3.288}$$

$$\delta^2 A_\mu = \frac{g}{2} \partial_\mu (\hat{c}c) \delta\lambda_2 \delta\lambda_1 + g D_\mu c \delta\lambda_2 \hat{} c \delta\lambda_1$$

$$+ \frac{g^2}{2} A_\mu \hat{} (\hat{c}c) \delta\lambda_2 \delta\lambda_1 \tag{3.289}$$

$$= 0 \tag{3.290}$$

where we used Eqs. (3.276) and (3.277). Also

$$\delta c = -\frac{g}{2} c \hat{} c \delta\lambda \tag{3.291}$$

$$\delta^2 c = \frac{1}{4} g^2 \left[(\hat{c}c) \delta\lambda_2 \hat{} c \delta\lambda_1 + \hat{c} (\hat{c}c) \delta\lambda_2 \delta\lambda_1 \right] \tag{3.292}$$

$$= 0 \tag{3.293}$$

Finally, one has

$$\delta c^+ = \frac{-1}{\alpha} (\partial_\mu A_\mu) \delta\lambda \tag{3.294}$$

and hence, from Eq. (3.271),

$$\delta^2 c^+ = -\frac{1}{\alpha}(\partial_\mu \delta^2 \mathbf{A}_\mu)\delta\lambda \qquad (3.295)$$

$$= 0 \qquad (3.296)$$

Following from the BRST invariance of $\mathscr{L}_{\text{eff}}$, as demonstrated above, we can straightforwardly construct the corresponding BRST Noether current. It is given by

$$J_\mu^{\text{BRST}} = \frac{\partial \mathscr{L}_{\text{eff}}}{\partial(\partial_\mu \phi_k)}(\delta\phi_k)_{\text{BRST}} \qquad (3.297)$$

where the sum in k is over all participating fields. Now

$$\mathscr{L}_{\text{eff}} = \mathscr{L}_{\text{cl}} + \mathscr{L}' \qquad (3.298)$$

and

$$\frac{\partial \mathscr{L}_{\text{cl}}}{\partial(\partial_\mu A_\nu^a)} = -F_{\mu\nu}^a \qquad (3.299)$$

$$\frac{\partial \mathscr{L}'}{\partial(\partial_\mu A_\nu^a)} = -\frac{1}{\alpha} g_{\mu\nu}(\partial_\lambda A_\lambda^a) \qquad (3.300)$$

$$\frac{\partial \mathscr{L}'}{\partial(\partial_\mu c^a)} = \partial_\mu c^{+a} \qquad (3.301)$$

$$\frac{\partial \mathscr{L}'}{\partial(\partial_\mu c^{+a})} = (D_\mu \mathbf{c})_a \qquad (3.302)$$

whence

$$J_\mu^{\text{BRS}} = \left[-\mathbf{F}_{\mu\nu} D_\nu \mathbf{c} - \frac{g}{2}\partial_\mu \mathbf{c}^+ \cdot (\mathbf{c} \hat{} \mathbf{c}) \right]\delta\lambda \qquad (3.303)$$

is the required conserved current. We have used the fact that

$$\frac{\partial \mathscr{L}'}{\partial(\partial_\mu A_\nu^a)}(\delta A_\nu^a)_{\text{BRST}} = -\frac{\partial \mathscr{L}}{\partial(\partial_\mu c^{+a})}(\delta c^{+a})_{\text{BRST}} \qquad (3.304)$$

3.5
Proof of Renormalizability

Historically, the renormalizability of Yang–Mills theory, for both unbroken and broken symmetry, was first made clear in the classic papers by 't Hooft [67, 68]. [For subsequent formal developments, see Refs. [11] and [69–81]; for specific examples of the procedure at low orders, see, e.g., Refs. [82–88]; for salient earlier work on renormalization of the (nongauge) sigma model, see Refs. [89–93]; for reviews, see Refs. [14] and [94–100].] This work confirmed the earlier conjecture by Weinberg [101] and Salam [102] that renormalizability of a gauge theory survived under spontaneous symmetry breakdown.

In our treatment here (see, e.g., Ref. [103]), we rely heavily on the BRST transformation introduced in Section 3.4.

Also, although its explicit use is avoided, the existence of a regularization scheme that maintains gauge invariance (i.e., dimensional regularization) is absolutely crucial. Thus, closed fermion loops involving γ_5 are still excluded.

We shall first exclude all matter fields and concentrate on pure Yang–Mills theory. Suppose that there are E_v external gluons, the only possible external particle; then since each extra gluon adds extra coupling g, the power of $g(q_0)$ in a tree diagram is

$$q_0 = E_v - 2 \tag{3.305}$$

Note that we are interested only in connected diagrams (use $Z \sim \ln W$ as generating functional); however, we are not restricting attention to proper, or one-particle-irreducible (1PI) diagrams. Since each extra loop adds g^2, with p loops we have a power (q) of g given by

$$q = q_0 + 2p \tag{3.306}$$

The procedure will be iterative in p, the number of loops; that is, we assume the theory has been rendered finite for $(p-1)$ loops, and consider p loops. Since $p = 1$ is trivially finite—tree diagrams have no momentum integrals—all p will then follow. Because of Eq. (3.306), iteration in p is precisely equivalent to iteration in powers of g, for fixed E_v.

We shall systematically assume that for any given diagram all subdivergences have been handled already, using known theorems. Such theorems are enshrined in the Bogoliubov–Parasiuk–Hepp–Zimmermann (BPHZ) renormalization procedure, for example, and involve subtle treatment of overlapping divergences, and so on. The interested reader who wishes to study the BPHZ program is referred to Lee's review [98, Sec. 3] and the references cited therein.

We begin by defining renormalization constants z, z_3, and X according to

$$A_\mu^a = \sqrt{Z_3} A_{\mu R}^a \tag{3.307}$$

$$c^a = \sqrt{\mathscr{Z}} c_R^a \tag{3.308}$$

$$c^{+a} = \sqrt{\mathscr{Z}} c_R^{+a} \tag{3.309}$$

$$g = \frac{X}{\mathscr{Z}\sqrt{Z_3}} g_R \tag{3.310}$$

$$\delta\lambda = \sqrt{\mathscr{Z} Z_3} \delta\lambda_R \tag{3.311}$$

$$\alpha = Z_3 \alpha_R \tag{3.312}$$

It will be convenient to define the two auxiliary operators $\mathbf{K}_\mu$ and $\mathbf{L}$ according to

$$\mathbf{K}_\mu = D_\mu \mathbf{c} \tag{3.313}$$

$$\mathbf{L} = \mathbf{c} \hat{} \mathbf{c} \tag{3.314}$$

These operators are renormalized as follows:

$$\mathbf{K}_\mu = \frac{1}{\sqrt{\mathscr{L}}} \mathbf{K}_{\mu R} \tag{3.315}$$

$$\mathbf{L} = \mathscr{L} \mathbf{L}_R \tag{3.316}$$

Recall that the BRS transformations for unrenormalized quantities are given by

$$\delta \mathbf{A}_\mu = -\mathbf{K}_\mu \delta \lambda \tag{3.317}$$

$$\delta \mathbf{c} = -\frac{1}{2} g \mathbf{L} \delta \lambda \tag{3.318}$$

$$\delta \mathbf{c}^+ = -\frac{1}{\alpha}(\partial_\mu \mathbf{A}_\mu) \delta \lambda \tag{3.319}$$

Using Eqs. (3.307) through (3.316), the renormalized versions become

$$\delta \mathbf{A}_{\mu R} = -\mathbf{K}_{\mu R} \delta \lambda_R \tag{3.320}$$

$$\delta \mathbf{c}_R = -\frac{1}{2} X g_R \mathbf{L}_R \delta \lambda_R \tag{3.321}$$

$$\delta \mathbf{c}_R^+ = -\frac{1}{\alpha_R}(\partial_\mu \mathbf{A}_{\mu R}) \delta \lambda_R \tag{3.322}$$

The task before us is to show that all Green's functions are finite and that the operators $\mathbf{K}_{\nu R}$ and $\mathbf{L}_R$ are finite operators (i.e., their vacuum expectation values with any combination of renormalized basic fields is finite).

Recall from Chapter 2 that the degree of superficial divergence is given by $D = 4 - E_B$, where E_B is the number of external particles (recall that the vector states are massless).

The primitively divergent diagrams are shown in Fig. 3.9. For Fig. 3.9a and b the effective degree of divergence is reduced one power by the derivative always present on the outgoing ghost line. Note that the full vector propagator (Fig. 3.9c) has three contributions, as indicated in the figure, all of which must be considered separately. Also, remark that the two ghost–two antighost Green's function (Fig. 3.10), superficially logarithmically divergent, is rendered finite by the two external derivatives.

(a) $\quad D = 2, D_{\text{eff}} = 1$

(b) $\quad D = 1, D_{\text{eff}} = 0$

(c) $\quad D = 2 \quad \begin{array}{ll}(p^2 g_{\mu\nu} - p_\mu p_\nu) & \text{Transverse} \\ AM^2 g_{\mu\nu} & \text{Mass} \\ B p_\mu p_\nu & \text{Longitudinal}\end{array}$

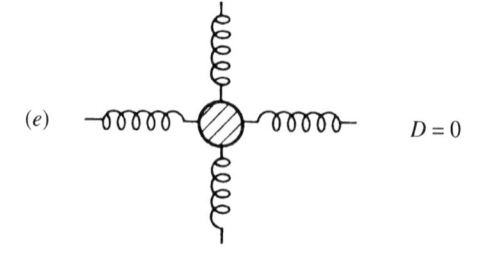

(d) $\quad D = 1$

(e) $\quad D = 0$

Figure 3.9 Primitively divergent diagrams for Yang–Mills theory.

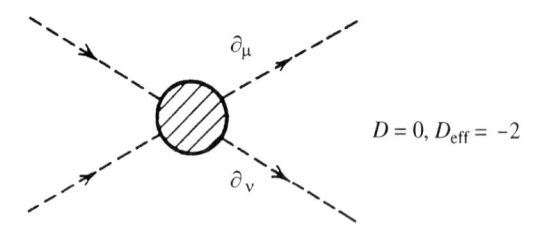

$D = 0, D_{\text{eff}} = -2$

Figure 3.10 Two ghost–two antighost Green's function.

At the p-loop level, we proceed by defining the renormalization constants Z_3, $\mathscr{L}$, and X such that the transverse part of Fig. 3.9c, the Green's functions (Fig. 3.9a and b), are finite, respectively. Now we must demonstrate the five further quantities are finite: (1) $\mathbf{K}_{\mu R}$, (2) $\mathbf{L}_R$, (3) the mass and longitudinal parts of the two-vector diagram, (4) the triple-vector diagram, and finally, (5) the four-vector coupling. This we do in five steps.

Step 1: $\mathbf{K}_{\mu R}$. The unrenormalized effective Lagrangian, Eq. (3.264), depends on the ghost fields according to

$$\mathscr{L}_{\text{FPG}} = \partial_\mu \mathbf{c}^+ \cdot D_\mu \mathbf{c} \tag{3.323}$$

In the renormalized Lagrangian there appears the term

$$\partial_\mu \mathbf{c}_R^+ \cdot D_\mu \mathbf{c}_R = -\mathbf{c}_R^+ \cdot \partial_\mu D_\mu \mathbf{c}_R + \text{total derivative} \tag{3.324}$$

Thus the renormalized equation of motion for the ghost field

$$\frac{\partial \mathscr{L}_R^{\text{eff}}}{\partial \mathbf{c}_R^+} = \partial_\mu \frac{\partial \mathscr{L}_R^{\text{eff}}}{\partial (\partial_\mu \mathbf{c}_R^+)} \tag{3.325}$$

becomes

$$\frac{\partial \mathscr{L}_R^{\text{eff}}}{\partial \mathbf{c}_R^+} = -\partial_\mu D_\mu \mathbf{c}_R \tag{3.326}$$

The way in which to exploit this equation of motion is to consider the vacuum expectation of the time-ordered product of either side of Eq. (3.326) with any combination of renormalized fundamental fields (hereafter denoted by "fields"). Then one can derive that

$$\langle 0 | T [(\partial_\mu D_\mu \mathbf{c}_R)(\text{"fields"})] | 0 \rangle = -i \langle 0 | T \left[\frac{\partial}{\partial \mathbf{c}_R^+} (\text{"fields"}) \right] | 0 \rangle \tag{3.327}$$

This is derived by noting that the left-hand side of Eq. (3.327) is given by

$$-\int D\mathbf{A}_\mu D\mathbf{c} D\mathbf{c}^+ \frac{\partial \mathscr{L}}{\partial \mathbf{c}_R^+} (\text{"fields"}) e^{i S_{\text{eff}}}$$

$$= +i \int D\mathbf{A}_\mu D\mathbf{c} D\mathbf{c}^+ (\text{"fields"}) \frac{\partial}{\partial \mathbf{c}_R^+} \left(e^{i S_{\text{eff}}} \right) \tag{3.328}$$

$$= -i \int D\mathbf{A}_\mu D\mathbf{c} D\mathbf{c}^+ \left[\frac{\partial}{\partial \mathbf{c}_R^+} (\text{"field"}) \right] e^{i S_{\text{eff}}} \tag{3.329}$$

which equals the right-hand side of Eq. (3.327). In the last step, Eq. (3.329), we have used integration by parts and dropped a surface term.

Now what combinations of gauge and ghost fields can make the left-hand side Eq. (3.327) divergent? Only two possibilities exist: $\mathbf{c}_R^+$ and $\mathbf{c}_R^+ \mathbf{A}_{\mu R}$. But on the right-hand side, one has, respectively,

$$\langle 0|1|0\rangle = 1 < \infty \tag{3.330}$$

$$\langle 0|\mathbf{A}_\mu|0\rangle = 0 \tag{3.331}$$

Thus $\mathbf{K}_{\mu R}$ is a finite operator, as required.

Step 2: (L_R). Consider the fact that

$$\frac{d}{d\lambda_R}\langle 0|T(c_R c_R^+ c_R^+)|0\rangle = 0 \tag{3.332}$$

This equation is written in a shorthand that will be used repeatedly. More explicitly, using the Noether current J_μ^{BRST} of Section 3.4, what we mean is

$$-\int d^4x \langle 0|T(\partial_\mu J_\mu^{\text{BRST}}(x) c_R c_R^+ c_R^+)|0\rangle = 0 \tag{3.333}$$

Integration by parts and dropping surface terms gives Eq. (3.332).
Expanding Eq. (3.332) then gives

$$\langle 0|\delta c_R c_R^+ c_R^+|0\rangle + \langle 0|c_R \delta c_R^+ c_R^+|0\rangle + \langle 0|c_R c_R^+ \delta c_R^+|0\rangle = 0 \tag{3.334}$$

The last two terms are finite by Eq. (3.322) and the definition of X. Hence L_R is a finite operator.

Step 3: Gluon Propagator. Consider

$$0 = \frac{d}{d\lambda_R}\langle 0|T(c_R^+ A_{\mu R})|0\rangle \tag{3.335}$$

$$= \langle 0|\delta c_R^+ A_{\mu R}|0\rangle + \langle 0|c_R^+ \delta A_{\mu R}|0\rangle \tag{3.336}$$

$$= \frac{1}{\alpha_R}\langle 0|\partial_\lambda A_{\lambda R} A_{\mu R}|0\rangle + \langle 0|c_R^+ \delta A_{\mu R}|0\rangle \tag{3.337}$$

The second term of Eq. (3.337) is already known to be finite, α_R is chosen to be finite as a gauge choice, and hence the mass and longitudinal parts of Fig. 3.9c are finite.

Step 4: Three-Gluon Vertex. Consider

$$0 = \frac{d}{d\lambda_R}\langle 0|T(c_R^+ A_{\mu R} A_{\nu R})|0\rangle \tag{3.338}$$

$$= \langle 0|\delta c_R^+ A_{\mu R} A_{\nu R}|0\rangle + \langle 0|c_R^+ \delta A_{\mu R} A_{\nu R}|0\rangle + \langle 0|c_R^+ A_{\mu R} \delta A_{\nu R}|0\rangle \tag{3.339}$$

(a)

(b)

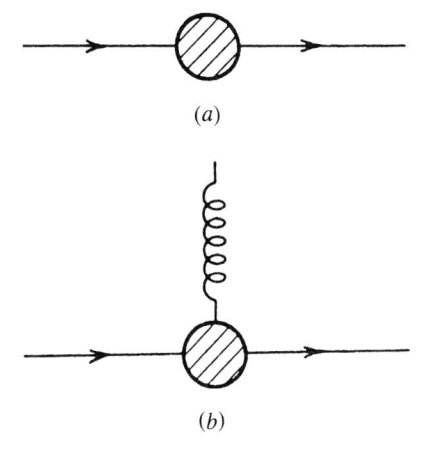

Figure 3.11 Extra divergences when fermions are added.

The second and third terms are finite, as, therefore, is

$$\frac{1}{\alpha_R}\partial_\lambda \langle 0|A_{\lambda R}A_{\mu R}A_{\nu R}|0\rangle \tag{3.340}$$

as required.

Step 5: Four-Gluon Vertex. Consider

$$0 = \frac{d}{d\lambda_R}\langle 0|T\left(c_R^+ A_{\lambda R}A_{\mu R}A_{\nu R}\right)|0\rangle \tag{3.341}$$

$$= \frac{-\partial_\kappa}{\alpha_R}\langle 0|A_{\kappa R}A_{\lambda R}A_{\mu R}A_{\nu R}|0\rangle + \text{finite terms involving } \mathbf{K}_{\mu R} \tag{3.342}$$

Thus the four-gluon connected Green's function is finite. This completes the proof for pure Yang–Mills theory.

Now we must add matter fields: first, spin-$\frac{1}{2}$ fermions (as in quantum chromodynamics, for example). Allowing the fermions to fall in an arbitrary representation of the gauge group, their BRST transformation is

$$\delta\psi = -g\mathbf{T}\cdot\mathbf{c}\psi\,\delta\lambda \tag{3.343}$$

Here $\mathbf{T}$ is a vector of the same dimension as A_μ; it is also a matrix with the same dimension as ψ. We introduce two renormalization constants, Z_2 and Z_m^f, by

$$\psi = \sqrt{Z_2}\psi_R \tag{3.344}$$

$$m_f = \sqrt{Z_m^f}m_{fR} \tag{3.345}$$

These are defined such that the full fermion propagator (Fig. 3.11d) is finite (both the $A\!\!\!/p$ and the Bm pieces).

Now consider the renormalized BRST transformation

$$\delta\psi_R = Xg_R \mathbf{T} \cdot \mathbf{c}_R \psi_R \delta\lambda_R \tag{3.346}$$

To prove that $d\psi_R/d\lambda_R$ is finite involves one tricky argument. Consider the ghost term in the renormalized Lagrangian

$$\partial_\mu c_R^+ (\mathscr{L} \partial_\mu c_R + Xg_R \mathbf{A}_{\mu R} \hat{\mathbf{c}}_R) = \left(-\mathscr{L} \Box c_R^+ + Xg_R \partial_\mu c_R^+ \hat{\mathbf{A}}_{\mu R}\right) \cdot \mathbf{c}_R \tag{3.347}$$

where we discard total differentials. Thus the ghost equation of motion involves

$$\frac{\partial \mathscr{L}_R^{\text{eff}}}{\partial c_R} = -\mathscr{L} \Box c_R^+ + Xg_R \partial_\mu c_R^+ \hat{\mathbf{A}}_{\mu R} \tag{3.348}$$

Hence, using the same steps as for Eq. (3.327), we have

$$\langle 0|\left(-\mathscr{L} \Box c_R^+ + Xg_R \partial_\mu c_R^+ \hat{\mathbf{A}}_{\mu R}\right)\delta\psi_R \bar{\psi}_R|0\rangle$$

$$= +i\left\langle 0\left|\frac{\delta}{\delta c_R}(\delta\psi_R \bar{\psi}_R)\right|0\right\rangle \tag{3.349}$$

$$= -i Xg_R \mathbf{T} \langle 0|T(\psi_R \bar{\psi}_R)|0\rangle \tag{3.350}$$

Consider the second term on the left side of Eq. (3.349). It may be rewritten as

$$Xg_R \langle 0|\left(\partial_\mu c_R^+ \hat{\mathbf{A}}_{\mu R}\right)\delta\psi_R \bar{\psi}_R|0\rangle$$

$$= Xg_R \langle 0|\partial_\mu\left(c_R^+ \hat{\mathbf{A}}_{\mu R}\right)\delta\psi_R \bar{\psi}_R|0\rangle - Xg_R \langle 0|c_R^+ \hat{\ }(\partial_\mu \mathbf{A}_{\mu R})\delta\psi_R \bar{\psi}_R|0\rangle \tag{3.351}$$

$$= Xg_R \langle 0|\partial_\mu\left(c_R^+ \hat{\mathbf{A}}_{\mu R}\right)\delta\psi_R \bar{\psi}_R|0\rangle - \frac{1}{2}Xg_R\alpha_R \langle 0|\delta\left(c_R^+ \hat{\ } c_R^+\right)\delta\psi_R \bar{\psi}_R|0\rangle \tag{3.352}$$

$$= Xg_R \langle 0|\partial_\mu\left(c_R^+ \hat{\mathbf{A}}_{\mu R}\right)\delta\psi_R \bar{\psi}_R|0\rangle + \frac{1}{2}Xg_R\alpha_R \langle 0|\delta\left(c_R^+ \hat{\ } c_R^+\right)\delta\psi_R \bar{\psi}_R|0\rangle \tag{3.353}$$

In the last step we used both

$$\frac{d}{d\lambda_R}\langle 0|\left(c_R^+ \hat{\ } c_R^+\right)\delta\psi_R \bar{\psi}_R|0\rangle = 0 \tag{3.354}$$

and the nilpotency

$$\delta^2 \psi_R = 0 \tag{3.355}$$

3.5 Proof of Renormalizability

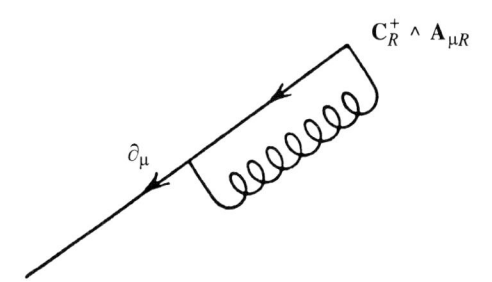

Figure 3.12 Example of divergent graph for the operator $(c_R^{+\,\wedge} A_\mu)$.

To prove Eq. (3.355), proceed as follows:

$$\delta \psi = +g\psi \mathbf{T} \cdot \mathbf{c}\delta\lambda \tag{3.356}$$

$$\delta^2 \psi = -g\mathbf{T} \cdot \left(-\frac{g}{2}\mathbf{c}^\wedge \mathbf{c}\delta\lambda_2\right)\psi\delta\lambda_1 - g\mathbf{T} \cdot \mathbf{c}(-g\mathbf{T} \cdot \mathbf{c}\psi\delta\lambda_2)\delta\lambda_1 \tag{3.357}$$

$$= g^2\left(T_a T_b - \frac{1}{2}f_{cab}T^c\right)c^a c^b \psi \delta\lambda_2 \delta\lambda_1 \tag{3.358}$$

$$= \frac{1}{2}g^2\{[T_a, T_b] - f_{abc}T^c\}c^a c^b \psi \delta\lambda_2 \delta\lambda_1 = 0 \tag{3.359}$$

Substituting Eq. (3.353) into Eq. (3.350) and dividing by X gives

$$\left\langle 0 \left| \left[-\frac{\mathscr{Z}}{X} \Box c_R^+ + g_R \partial_\mu (c_R^{+\,\wedge} A_{\mu R}) \right] \delta\psi_R \bar{\psi}_R \right| 0 \right\rangle$$

$$+ \frac{g_R \alpha_R}{2} \langle 0 | (c_R^{+\,\wedge} c_R^+) \delta\psi_R \delta\bar{\psi}_R | 0 \rangle$$

$$= -ig_R \mathbf{T} \cdot \langle 0 | \psi_R \bar{\psi}_R | 0 \rangle \tag{3.360}$$

Now $(c_R^{+\,\wedge} A_{\mu R})$ is not a finite operator; an example of a divergent low-order graph is given in Fig. 3.12. But its counterterm is given by $(1 - \mathscr{Z}/X)\partial_\mu c_R^+/g_R$. This can be seen by using the fact that δc_R and $\delta \mathbf{c}_R$ are finite, since by steps similar to the above we can obtain from Eq. (3.348),

$$ig_R \langle 0 | \mathbf{T}^\wedge \mathbf{c}_R c_R^+ | 0 \rangle$$

$$= \left\langle 0 \left| \left[g_R \partial_\mu (c_R^{+\,\wedge} A_{\mu R}) - \frac{\mathscr{Z}}{X} \Box c_R^+ + \frac{\alpha_R g_R}{2} c_R^{+\,\wedge} c_R^+ \right] \Delta c_R c_R^+ \right| 0 \right\rangle \tag{3.361}$$

$$= \langle 0 | - \Box c_R^+ \delta c_R c_R^+ | 0 \rangle$$

$$+ \left\langle 0 \left| \left[g_R \partial_\mu (c_R^{+\,\wedge} A_{\mu R}) + \left(1 - \frac{\mathscr{Z}}{X}\right) \Box c_R^+ \right] \delta c_R c_R^+ \right| 0 \right\rangle$$

$$+ \left\langle 0 \left| \frac{\alpha_R g_R}{2} c_R^{+\,\wedge} c_R^+ \delta c_R \delta c_R^+ \right| 0 \right\rangle \tag{3.362}$$

Using the form of this counterterm, we conclude from Eq. (3.360) that $\delta\psi_R$ is itself finite, as required.

There remains the vertex (Fig. 3.11b). For it, consider the matrix element

$$\langle 0|\psi_R \partial_\mu \mathbf{A}_{\mu R} \bar{\psi}_R |0\rangle = \alpha_R \langle 0|\psi_R \delta \mathbf{c}_R^+ \bar{\psi}|0\rangle \tag{3.363}$$

$$= \alpha_R \left[-\langle 0|\delta\psi_R \mathbf{c}_R^+ \bar{\psi}|0\rangle - \langle 0|\psi_R \mathbf{c}_R^+ \delta\bar{\psi}|0\rangle \right] \tag{3.364}$$

which is finite, as required. This completes the demonstration that quantum chromodynamics is renormalizable.

For electroweak forces we must include scalar fields and handle the massive vectors created through the Higgs mechanism. The second problem is treated in Section 3.6. Let us here add scalars (to gauge vectors and fermions) with a coupling

$$\mathcal{L}_{\text{scalar}} = \frac{1}{2} D_\mu \phi D_\mu \phi - \frac{1}{2} M_s^2 \phi^2 - \frac{1}{3} f \phi^3 - \frac{1}{4} \lambda \phi^4 + g \bar{\psi}\psi\phi \tag{3.365}$$

where all labels on ϕ have been suppressed; ϕ may belong to an arbitrary representation of the gauge group, and its BRST transformation is

$$\delta\phi = g \mathbf{T} \cdot \mathbf{c}\phi \delta\lambda \tag{3.366}$$

We define renormalization constants Z_s, X_λ, X_f, X_G, and Z_M^s according to

$$\phi = \sqrt{Z_s}\phi_R \tag{3.367}$$

$$\lambda = \frac{X_\lambda}{Z_s^2}\lambda_R \tag{3.368}$$

$$f = \frac{X_f}{\sqrt{Z_s}}f_R \tag{3.369}$$

$$G = \frac{X_G}{Z_2\sqrt{Z_s}}G_R \tag{3.370}$$

$$M_s = \sqrt{Z_m^s}M_{sR} \tag{3.371}$$

These five constants are defined such that the four Green's functions denoted in Fig. 3.13 are finite. Note that both Z_s and Z_m^s are used for Fig. 3.13a.

There remain the four possible Green's functions of Fig. 3.14 to be proved finite. The scalar–vector coupling (Fig. 3.14d) occurs only if the scalars are in the adjoint representation. Note that the three cases shown in Fig. 3.15, although they have a superficial degree of divergence $D = 0$, are rendered finite by the external derivative in the case of Fig. 3.15a and by Lorentz invariance (requiring an external p_μ) in the cases 3.15b and c.

When scalars are present, we must return to the proof of renormalizability for pure Yang–Mills theory. In step 1, particularly Eqs. (3.330) and (3.331), there are

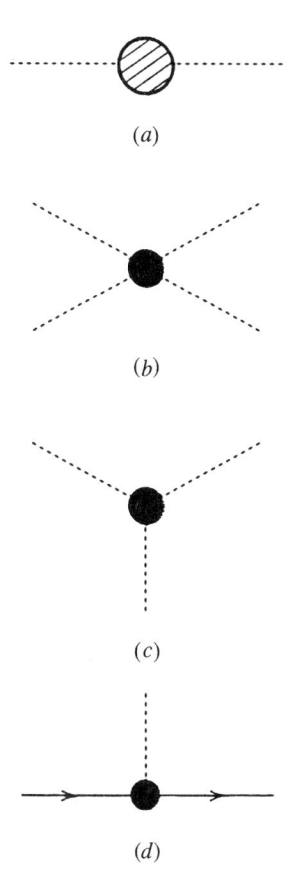

Figure 3.13 Four Green's functions made finite by definitions of Z_s, X_λ, X_f, X_G, and Z_m^s.

now three combinations of fields: c_R^+, $c_R^+ A_{\mu R}$, and $c_R^+ \phi$, which can make the left-hand side of Eq. (3.327) divergent, but the proof remains, and steps 2 through 5 are also unchanged.

Next we look at $d\phi_R / d\lambda_R$, given by

$$d\phi_R = (X g_R \phi_R \mathbf{T} \cdot \mathbf{c}_R) d\lambda_R \tag{3.372}$$

That this operator is divergent can be seen by Fig. 3.16, for example. The procedure is similar to that for the fermion case; namely, one uses the ghost equation of motion and considers the relations

$$\left\langle 0 \left| \frac{\delta \mathscr{L}}{\delta c_R} \delta\phi_R \right| 0 \right\rangle = i \left\langle 0 \left| \frac{\delta}{\delta c_R} (\delta\phi_R) \right| 0 \right\rangle \tag{3.373}$$

$$\left\langle 0 \left| \frac{\delta \mathscr{L}}{\delta c_R} \delta\phi_R \phi_R \right| 0 \right\rangle = i \left\langle 0 \left| \frac{\delta}{\delta c_R} (\delta\phi_R \phi_R) \right| 0 \right\rangle \tag{3.374}$$

3 Renormalization

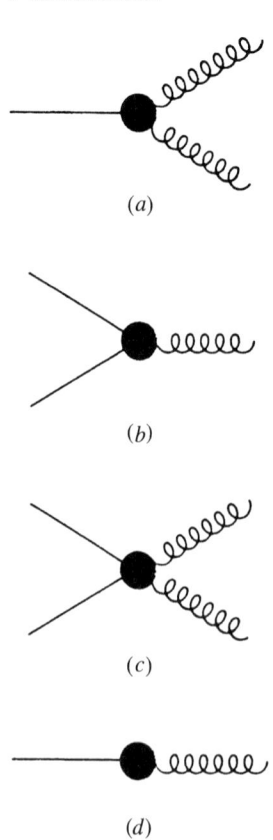

Figure 3.14 Four extra divergences when scalars are added to gauge theory with fermions.

Using the counterterm derived previously in the fermion proof, one finds that

$$g_R \left\langle 0 \left| \left[\partial_\mu (A_{\mu R} \hat{} c_R) + \frac{1}{g_R} \left(\frac{\mathscr{Z}}{X} - 1 \right) \Box c_R^+ \right] \delta \phi_R \right| 0 \right\rangle \quad (3.375)$$

and

$$g_R \left\langle 0 \left| \left[\partial_\mu (A_{\mu R} \hat{} c_R) + \frac{1}{g_R} \left(\frac{\mathscr{Z}}{X} - 1 \right) \Box c_R^+ \right] \delta \phi_R \phi_R \right| 0 \right\rangle \quad (3.376)$$

are finite, and hence $\delta \phi_R$ itself.

To show finiteness of the four Green's functions in Fig. 3.14 is a simple exercise. We consider the four BRST identities

$$\frac{d}{d\lambda_R} \langle 0 | T \left(c_R^+ \phi_R A_{\mu R} \right) | 0 \rangle = 0 \quad (3.377)$$

$$\frac{d}{d\lambda_R} \langle 0 | T \left(\phi_R \phi_R c_R^+ \right) | 0 \rangle = 0 \quad (3.378)$$

(a) $D = 0, D_{\text{eff}} = -1$

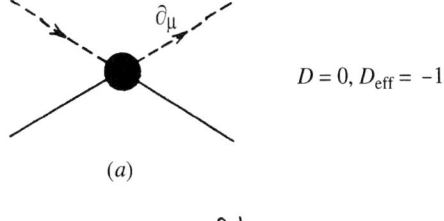

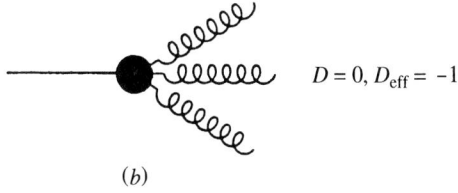

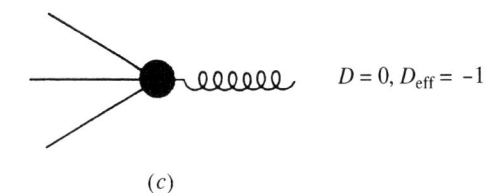

(b) $D = 0, D_{\text{eff}} = -1$

(c) $D = 0, D_{\text{eff}} = -1$

Figure 3.15 Three vertices rendered finite by external derivative or Lorentz invariance.

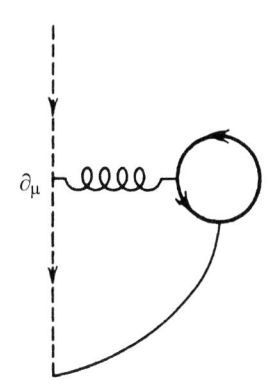

Figure 3.16 Example of divergent diagram for $d\phi_R/d\lambda_R$.

$$\frac{d}{d\lambda_R}\langle 0|T(\phi_R\phi_R c_R^+ A_{\mu R})|0\rangle = 0 \tag{3.379}$$

$$\frac{d}{d\lambda_R}\langle 0|T(c_R^+\phi_R)|0\rangle = 0 \tag{3.380}$$

respectively, and the required result follows. This completes the proof for electroweak dynamics, still with massless vectors, except for one loop hole, as follows.

Since we have been tacitly assuming the use of dimensional regularization everywhere, closed fermion loops that involve γ_5 have been excluded. In a general Feynman diagram, the closed fermion loops are necessarily disjoint and can apparently be treated one at a time. Bardeen [50] suggested the following procedure:

1. Dimensionally regularize all boson integrations.
2. Perform the Dirac traces in four dimensions.
3. Regularize the fermion loop momentum integrals using either dimensional or Pauli–Villars techniques.

This prescription is suggested as preserving all Ward identities, provided that the anomalies are canceled, as discussed in Section 3.3. No detailed proof of the Bardeen prescription has been provided; this is a logical gap in the proof for renormalization of a chiral gauge theory [104].

3.6
'T Hooft Gauges

In the discussion so far, we have assumed that the vector propagator has the renormalizable behavior $\sim 1/p^2$, $p^2 \to \infty$. With massive vectors, this is not true, in general, and power counting is lost because divergences can grow arbitrarily by adding new internal massive vector lines to any given diagram.

As pointed out by 't Hooft [67, 68], the combination of non-Abelian local gauge invariance and spontaneous symmetry breaking (i.e., Higgs–Kibble mechanism) gets out of this impasse. Let us progress by stages, to obtain a clear picture of how this happens.

In an Abelian gauge theory, with only neutral vectors coupled to a conserved current, the addition of a mass term is harmless. For supposing that we take massive quantum electrodynamics with Lagrangian

$$\mathcal{L} = -\frac{1}{4}(\partial_\mu A_\nu - \partial_\nu A_\mu)^2 + \frac{1}{2}M^2 A_\mu A_\mu + \bar{\psi}(i\slashed{\partial} - M)\psi \tag{3.381}$$

The vector propagator is

$$-i\frac{g_{\mu\nu} - k_\mu k_\nu/M^2}{k^2 - M^2 + i\epsilon} \tag{3.382}$$

But if we decompose the vector field A_μ into transverse and longitudinal parts,

$$A_\mu(x) = a_\mu(x) + \frac{1}{M}\partial_\mu b(x) \tag{3.383}$$

The pairings give

$$a_\mu a_\nu \sim g_{\mu\nu} \tag{3.384}$$

$$\partial_\mu b \partial_\nu b \sim k_\mu k_\nu \tag{3.385}$$

in the propagator. Recall that the S-matrix depends not on $\mathcal{L}(x)$ but on $S = \int d^4x \mathcal{L}(x)$. Since $\mathcal{L}(x)$ contains $\bar{\psi}\gamma_\mu\psi A_\mu$, the action contains

$$\int d^4x \left(\bar{\psi}\gamma_\mu \psi a_\mu + \frac{1}{M} \bar{\psi}\gamma_\mu \psi \partial_\mu b \right) \tag{3.386}$$

Integrating the second term by parts and using the current conservation

$$\partial_\mu (\bar{\psi}\gamma_\mu \psi) = 0 \tag{3.387}$$

we see that the $k_\mu k_\nu/M^2$ part of Eq. (3.382) always gives zero contribution, and the theory is renormalizable.

In a non-Abelian theory the self-couplings of A_μ give a new (gauge-variant) current, coupling to the vector field, which is not, in general, conserved and the argument above fails.

This simplest place to study 't Hooft gauge is the Abelian Higgs model [cf. Eqs. (1.274) through (1.282)]. The Lagrangian is

$$\mathcal{L} = |(\partial_\mu \phi + ieA_\mu \phi)|^2 - M_s^2 \phi^* \phi - \frac{\lambda}{6}(\phi^*\phi)^2 - \frac{1}{4} F_{\mu\nu} F_{\mu\nu} \tag{3.388}$$

Parametrizing complex ϕ as the two real fields ζ and η gives

$$\phi = e^{i\zeta/v} \frac{v+\eta}{\sqrt{2}} \tag{3.389}$$

$$v = \sqrt{-\frac{6M_s^2}{\lambda}} \tag{3.390}$$

one finds (recall that $M^2 < 0$)

$$\begin{aligned}\mathcal{L} &= -\frac{1}{4} F_{\mu\nu} F_{\mu\nu} + \frac{1}{2} \partial_\mu \eta \partial_\mu \eta + M_s^2 \eta^2 \\ &\quad + \frac{1}{2} e^2 v^2 A_\mu A_\mu + \frac{1}{2} \partial_\mu \zeta \partial_\mu \zeta + ev A_\mu \partial_\mu \zeta \\ &\quad + \text{higher orders}\end{aligned} \tag{3.391}$$

Now choose the gauge-fixing term

$$\mathcal{L}_{GF} = -\frac{1}{2\alpha}(\partial_\mu A_\mu - \alpha ev\zeta)^2 \tag{3.392}$$

As for the covariant gauges considered in Chapter 2, this may be incorporated into the functional integral by writing the functional delta function to include the auxiliary function $f(x)$:

$$\int Df \prod_x \delta(\partial_\mu A_\mu - \alpha ev\zeta - f) \exp\left(-\frac{1}{2\alpha} \int d^4x f^2\right) \cdots \tag{3.393}$$

There is also the ghost term in $\mathscr{L}_{\text{eff}}$, of course, but that is irrelevant to the considerations of the present section. One finds ($M = ev$) that

$$\mathscr{L} + \mathscr{L}_{\text{GF}} = -\frac{1}{4}F_{\mu\nu}F_{\mu\nu} + \frac{1}{2}\partial_\mu\eta\partial_\mu\eta + M_s^2\eta^2$$
$$+ \frac{1}{2}M^2 A_\mu A_\mu + \frac{1}{2}\partial_\mu\zeta\partial_\mu\zeta - \frac{1}{2}\alpha M^2\zeta^2$$
$$- \frac{1}{2\alpha}(\partial_\mu A_\mu)^2 + \text{higher orders} \qquad (3.394)$$

The terms quadratic in A_μ are given by

$$\frac{1}{2}A_\mu A_\nu M^{\mu\nu} \qquad (3.395)$$

$$M^{\mu\nu} = M^2 g_{\mu\nu} - \frac{1}{\alpha}k_\mu k_\nu - k^2 g_{\mu\nu} + k_\mu k_\nu \qquad (3.396)$$

$$= -(k^2 - M^2)\left(g_{\mu\nu} - \frac{k_\mu k_\nu}{k^2}\right)$$
$$+ \left(M^2 - \frac{1}{\alpha}k^2\right)\frac{k_\mu k_\nu}{k^2} \qquad (3.397)$$

The inverse of $M_{\mu\nu}$ is given by $N_{\mu\nu}$ such that

$$M_{\mu\alpha}N_{\alpha\nu} = g_{\mu\nu} \qquad (3.398)$$

One finds easily that

$$N_{\mu\nu} = -\frac{1}{k^2 - M^2}\left[g_{\mu\nu} - (1-\alpha)\frac{k_\mu k_\nu}{k^2 - \alpha M^2}\right] \qquad (3.399)$$

The vector propagator is thus $iN_{\mu\nu}$. The crucial point is that for any finite $\alpha < \infty$, the propagator behaves $\sim 1/k^2$, $k^2 \to \infty$, just as in the massless case.

We also have the scalar η with propagator

$$\frac{i}{k^2 + 2M^2 + i\epsilon} \qquad (3.400)$$

and ζ with propagator

$$\frac{i}{k^2 - \alpha M^2} \qquad (3.401)$$

Thus we have five states A_μ and ζ to discuss three components of A_μ. As $\alpha \to \infty$, these are reduced to three because we have a genuine spin-1 A_μ and $M \to \infty$. The fields A_μ and ζ separately have no significance in the 't Hooft gauge. The poles at $k^2 = \alpha M^2$ in the propagators (3.399) and (3.401) can be shown to cancel in the S-matrix such that unitarity is preserved, although we do not present the proof here.

From Eq. (3.399) we observe that $\alpha \to 0$ corresponds to the Landau gauge; $\alpha \to 1$, to the Feynman gauge; and $\alpha \to \infty$, to the unitary gauge (discussed in Chapter 1). In the unitary gauge, the particle content, and unitarity, are manifest, but power-counting renormalizability is lost, since the vector propagator $\sim$ constant, $k^2 \to \infty$.

Note that when we include the interaction terms, there are many additional vertices to be accommodated in the Feynman rules, since

$$\mathscr{L} + \mathscr{L}_{\text{GF}} = (\text{quadratic terms})$$

$$+ \frac{1}{v^2}\big[(\partial_\mu \zeta)(\partial_\mu \zeta + M A_\mu)\big]\eta(2v + \eta)$$

$$- \frac{1}{6}\lambda_0 \eta^3 - \frac{1}{24}\lambda_0 \eta^4 + \frac{1}{2}e^2 A_\mu A_\mu \eta(2v + \eta) \tag{3.402}$$

The vertices are $(+i) \times \mathscr{L}_{\text{int}}$ in the Feynman rules, plus appropriate combinatorial $(p!)$ factors for identical fields.

Next consider an $O(3)$ non-Abelian Higgs model [cf. Eqs. (1.286) through (1.292)]. The Lagrangian is

$$\mathscr{L} = \frac{1}{2}\big(\partial_\mu \phi_k + f\epsilon_{klm} A_\mu^l \phi^m\big)^2 - V(\phi_k \phi_k) - \frac{1}{4}F_{\mu\nu}^a F_{\mu\nu}^a \tag{3.403}$$

In this we parametrize the triplet ϕ^a by

$$\phi = \exp\left[-\frac{i}{v}(\xi_1 T_1 + \xi_2 T_2)\right]\begin{pmatrix} 0 \\ 0 \\ v + \eta \end{pmatrix} \tag{3.404}$$

$$\simeq \begin{pmatrix} \xi_2 \\ -\xi_1 \\ v + \eta \end{pmatrix} + \text{higher orders} \tag{3.405}$$

where we used $(T^i)_{jk} = -i\epsilon_{ijk}$. Substitution into Eq. (3.403) gives, after some algebra,

$$\mathscr{L} = \frac{1}{2}\big[(\partial_\mu \xi_1)^2 + (\partial_\mu \xi_2)^2 + (\partial_\mu \eta)^2\big] + M_s^2 \eta^2$$

$$+ \left(\frac{1}{2}M^2 + g^2 v\eta + \frac{1}{2}g^2\eta^2\right)\big(A_\mu^1 A_\mu^1 + A_\mu^2 A_\mu^2\big)$$

$$+ (M + g\eta)\big(A_\mu^1 \partial_\mu \xi^1 + A_\mu^2 \partial_\mu \xi^2\big) - \frac{1}{4}F_{\mu\nu}^a F_{\mu\nu}^a$$

$$-\frac{1}{4}M_s^2 v^2 + \frac{3M_s^2}{2v}\eta^3 + \frac{M_s^2}{4v^2}\eta^4 + \frac{M_s^2}{v}\xi^2\eta$$

$$+ \frac{M_s^2}{2v^2}\xi^2\eta^2 + \frac{M_s^2}{2v^2}\xi^4 \tag{3.406}$$

where $\xi^2 = \xi_1^2 + \xi_2^2$. To go to the 't Hooft gauge we use as the gauge-fixing term,

$$\mathscr{L}_{GF} = -\frac{1}{2\alpha}\left(\partial_\mu A_\mu^a - \alpha M\xi^a\right)^2 \tag{3.407}$$

with $M = gv$. The $A_\mu^{1,2} - \xi^{1,2}$ mixing terms then cancel (after integration by parts) and the propagators are seen to be

$$A_\mu^3 : \frac{-ig_{\mu\nu}}{k^2 + i\epsilon} \tag{3.408}$$

$$A_\mu^{1,2} : \frac{-i[g_{\mu\nu} - (1-\alpha)k_\mu k_\nu/(k^2 - \alpha M^2)]}{k^2 - M^2 + i\epsilon} \tag{3.409}$$

$$\xi^{1,2} : \frac{+i}{k^2 - \alpha M^2} \tag{3.410}$$

$$\eta : \frac{i}{k^2 + 2M^2 + i\epsilon} \tag{3.411}$$

The propagators for the massive $A_\mu^{1,2}$ are seen to be renormalizable, behaving as k^{-2}, $|k| \to \infty$.

As a final, more realistic example, consider the Glashow–Weinberg–Salam model. We seek its gauge-fixing term. The part of the Lagrangian involving Higgs scalars is

$$\mathscr{L}_s = \left(\partial_\mu\phi^+ + \frac{ig'}{2}B_\mu\phi^+ + \frac{ig}{2}\tau^i A_\mu^i \phi^+\right)$$

$$\cdot \left(\partial_\mu\phi - \frac{ig'}{2}B_\mu\phi - \frac{ig}{2}\tau^i A_\mu^i \phi\right) - \mu^2 \phi^+\phi - \lambda(\phi^+\phi)^2 \tag{3.412}$$

Parametrize

$$\phi = \left(1 - \frac{i}{v}\boldsymbol{\tau}\cdot\boldsymbol{\xi}\right)\frac{1}{\sqrt{2}}\begin{pmatrix}0\\v+\eta\end{pmatrix} \tag{3.413}$$

$$= \begin{pmatrix}-\frac{i}{v}\xi_1 - \frac{i}{v}\xi_2\\1 - \frac{i}{v}\xi_3\end{pmatrix}\frac{1}{\sqrt{2}}(v+\eta) \tag{3.414}$$

Then we find that $\mathscr{L}$ contains ($M_B = \frac{1}{2}g'v$, $M_W = \frac{1}{2}gv$)

$$-M_B B_\mu \partial_\mu \xi_3 + M_W \mathbf{A}_\mu \cdot \partial_\mu \boldsymbol{\xi} + \frac{1}{2}\partial_\mu \boldsymbol{\xi} \cdot \partial_\mu \boldsymbol{\xi} \tag{3.415}$$

3.6 'T Hooft Gauges

Thus we define the gauge fixing as

$$\mathscr{L}_{\text{GF}} = -\frac{1}{2\alpha}(\partial_\mu A^a_\mu - \alpha M_W \xi^a)^a - \frac{1}{2a}(\partial_\mu B_\mu + \alpha M_B \xi^3)^2 \tag{3.416}$$

The masses are now given by the term

$$-\frac{1}{2}\alpha M_W^2(\xi_1^2 + \xi_2^2) - \frac{1}{2}\alpha M_Z^2(\xi_3)^2 \tag{3.417}$$

where we used

$$M_W^2 + M_B^2 = M_Z^2 \tag{3.418}$$

Rewriting in terms of physical fields by

$$A^3_\mu = -\sin\theta_W A_\mu + \cos\theta_W Z_\mu \tag{3.419}$$

$$B_\mu = \cos\theta_W A_\mu + \sin\theta_W Z_\mu \tag{3.420}$$

then

$$\mathscr{L}_{\text{GF}} = -\frac{1}{2\alpha}\sum_{i=1}^{2}(\partial_\mu A^i_\mu - \alpha M_W \xi^i)^2 - \frac{1}{2\alpha}(\partial_\mu A_\mu)^2$$

$$-\frac{1}{2\alpha}(\partial_\mu Z_\mu + \alpha M_Z \xi^3)^2 \tag{3.421}$$

Combining this with the quadratic terms

$$-\frac{1}{4}(\partial_\mu A^i_\nu - \partial_\nu A^i_\mu)^2 - \frac{1}{4}(\partial_\mu B_\nu - \partial_\nu B_\mu)^2$$

$$+\frac{1}{2}M_W^2(A^1_\mu A^1_\mu A^2_\mu A^2_\mu) + \frac{1}{2}M_Z^2 Z_\mu Z_\mu \tag{3.422}$$

one deduces the set of propagators

$$A_\mu : \frac{-ig_{\mu\nu}}{k^2 + i\epsilon} \tag{3.423}$$

$$W^\pm_\mu = \frac{1}{\sqrt{2}}(A^1_\mu \pm iA^2_\mu) : \frac{-i[g_{\mu\nu} - (1-\alpha)k_\mu k_\nu/(k^2 - \alpha M_W^2)]}{k^2 - M_W^2 + i\epsilon} \tag{3.424}$$

$$Z_\mu : \frac{-i[g_{\mu\nu} - (1-\alpha)k_\mu k_\nu/(k^2 - \alpha M_Z^2)]}{k^2 - M_Z^2 + i\epsilon} \tag{3.425}$$

$$\xi^{1,2} : \frac{i}{k^2 - \alpha M_W^2} \tag{3.426}$$

$$\xi^3 : \frac{i}{k^2 - \alpha M_Z^2} \tag{3.427}$$

To establish unitarity, it is necessary to demonstrate that the unphysical (α-dependent) poles cancel. This is shown in detail in Refs. [74] and [86] (note that the R_ξ gauges therein coincide with the above, with $\xi = 1/\alpha$).

Using such gauges, the renormalizability of the non-Abelian Higgs models is demonstrated. But at this point the reader may well raise the question of uniqueness. For the models we have considered, when written in the U-gauge, renormalizability is not obvious and it is only after special manipulations that it becomes so. Thus how do we know that the Higgs models are not just special cases of apparently nonrenormalizable models that can eventually be rewritten, with sufficient cleverness, in a manifestly renormalizable form?

There is a plausibility argument for uniqueness based on tree unitarity [105–112]. Consider the N-point tree amplitude, and suppose that all momentum transfers and subenergies grow $\sim E^2$, $E \to \infty$ with nonexceptional momenta (i.e., all Euclidean), or at least away from Landau singularities. Then tree unitarity requires that

$$T_{N-n,n} < E^{4-N}, \qquad E \to \infty \tag{3.428}$$

To see the reason for this, consider the unitary relation

$$\int d\Omega_{N-2} |T_{N-2,2}|^2 < \operatorname{Im} T_{2,2} < \text{constant} \tag{3.429}$$

(neglecting logarithms). Since the phase space $\Omega_{N-2} \sim E^{2N-8}$, we find Eq. (3.428) for consistency. The precise connection between unitarity and renormalization is unknown, so it is only a conjecture that tree unitarity is necessary.

It can be shown that Higgs models preserve tree unitarity [112]. The inverse problem can also be solved: What constraints are imposed on the couplings of spin 0, $\frac{1}{2}$, and 1 by tree unitarity? The answer is that there must be Yang–Mills couplings, and for non-Abelian massive vectors, there must be Higgs scalars coupling precisely according to the gauge theory model.

The algebraic detail is provided in the original papers cited [105–112] and is not very illuminating in itself. Two examples may be mentioned.

Example 1. $\nu + \bar{\nu} \to W^+ + W^-$ **(Longitudinal Helicities).** In this case, the electron exchange diagram (Fig. 3.17a) violates tree unitarity, but when combined with the neutral current boson diagram (Fig. 3.17b), the amplitude behaves correctly.

Example 2. $e^+ + e^- \to W^+ + W^-$. Here, the anomalous magnetic moment of W makes the electromagnetic pair production badly behaved (Fig. 3.18a). All four diagrams add to restore tree unitarity.

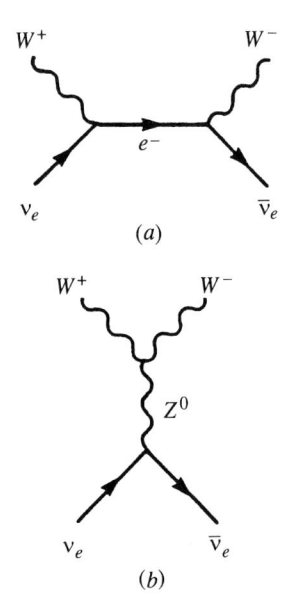

Figure 3.17 Two Born diagrams for $\nu\bar{\nu} \to W^+W^-$.

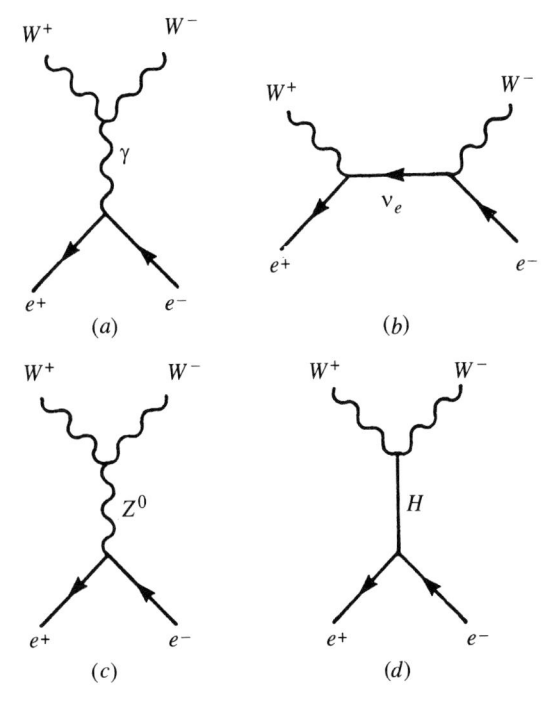

Figure 3.18 Four Born diagrams for $e^+e^- \to W^+W^-$.

The existence of this argument makes it likely that the only renormalizable models of charged and massive vectors are gauge theories.

Note that no field theories with a finite number of spins greater than 1 are known to be renormalizable. For example, all extended supergravity theories are believed to have uncontrollable divergences at the three-loop level.

3.7
Summary

To arrive at our present stage, we have used four key ideas, which we may state briefly:

1. The combination of local gauge invariance and spontaneous breaking in the Higgs mechanism. This introduces scalar fields.
2. The introduction of fictitious ghost fields (Faddeev–Popov) in quantization and the Feynman rules.
3. The use of ghost fields in the gauge function to simplify proof of the Ward identities and renormalizability (BRST).
4. The choice of gauge relating divergence of the gauge field to the Higgs scalar field, facilitating proof of renormalization after spontaneous breaking ('t Hooft).

The payoff from all this mathematics is a new wide class of renormalizable theories, on a footing with QED, and one must attempt to use them for describing the fundamental forces. For strong interactions, the standard idea is to use exact Yang–Mills with an octet of SU(3) gauge gluons coupling to color triplet quarks. We have shown that this theory is ultraviolet renormalizable; the further important ultraviolet property of asymptotic freedom is discussed in Chapters 5 and 6.

For unified weak and electromagnetic interactions, one chooses the gauge group to be SU(2) × U(1), with appropriate representations for the fermion (lepton and quark) matter fields. The Higgs scalars are put in doublets of the SU(2), and one can then successfully calculate higher-order weak interactions, as described in Chapter 4.

References

1 W. Pauli and F. Villars, *Rev. Mod. Phys.* 21, 433 (1949).
2 J. Rayski, *Acta Phys. Pol.* 9, 129 (1948).
3 J. Rayski, *Phys. Rev.* 75, 1961 (1949).
4 E.C.G. Stückelberg and D. Rivier, *Phys. Rev.* 74, 218 (1948).
5 E.C.G. Stückelberg and D. Rivier, *Phys. Rev.* 74, 986 (1948).
6 C.G. Bollini and J.J. Giambiagi, *Phys. Lett.* 40B, 566 (1972).
7 C.G. Bollini and J.J. Giambiagi, *Nuovo Cimento* 31, 550 (1964).
8 G.M. Cicuta and E. Montaldi, *Lett. Nuovo Cimento* 4, 392 (1972).
9 P. Butera, G.M. Cicuta and E. Montaldi, *Nuovo Cimento* 19A, 513 (1974).
10 J.F. Ashmore, *Lett. Nuovo Cimento* 4, 289 (1972).
11 G. 't Hooft and M. Veltman, *Nucl. Phys.* B44, 189 (1972).

12. G. 't Hooft, *Nucl. Phys.* B61, 455 (1973).
13. G. 't Hooft, *Nucl. Phys.* B62, 444 (1973).
14. G. 't Hooft and M. Veltman, CERN Report 73-9 Diagrammar, 1973.
15. E.R. Speer, *J. Math. Phys.* 9, 1404 (1968).
16. E.R. Speer, *Commun. Math. Phys.* 23, 23 (1971).
17. R.P. Feynman, *Phys. Rev.* 76, 769 (1949).
18. A. Erdelyi et al., *Higher Transcendental Functions: Bateman Manuscript Project*, McGraw–Hill, New York, 1953.
19. J.D. Bjorken and S.D. Drell, *Relativistic Quantum Mechanics*, McGraw–Hill, New York, 1964.
20. E.A. Uehling, *Phys. Rev.* 48, 55 (1935).
21. W.E. Lamb and R.C. Retherford, *Phys. Rev.* 72, 241 (1947).
22. B.E. Lautrup, A. Peterman and E. de Rafael, *Phys. Rev.* 3C, 193 (1972).
23. J.C. Ward, *Phys. Rev.* 78, 182 (1950).
24. J.C. Ward, *Proc. Phys. Soc.* 64, 54 (1951).
25. Y. Takahashi, *Nuovo Cimento* 6, 371 (1957).
26. J. Schwinger, *Phys. Rev.* 73, 416 (1948).
27. P. Kusch and H. Foley, *Phys. Rev.* 72, 1256 (1947).
28. P. Kusch and H. Foley, *Phys. Rev.* 73, 412 (1948).
29. R.S. van Dykk, P.B. Schwinberg and H.G. Dehmelt, *Phys. Rev. Lett.* 59, 26 (1987).
30. T. Aoyama, M. Hayakawa, T. Kinoshita and M. Nio, arXiv:0712.2607 [hep-ph].
31. D.A. Akyeampong and R. Delbourgo, *Nuovo Cimento* 17A, 578 (1973).
32. D.A. Akyeampong and R. Delbourgo, *Nuovo Cimento* 18A, 94 (1973).
33. D.A. Akyeampong and R. Delbourgo, *Nuovo Cimento* 19A, 219 (1974).
34. P. Breitenlohner and D. Maison, *Commun. Math. Phys.* 52, 11 (1977).
35. P. Breitenlohner and D. Maison, *Commun. Math. Phys.* 52, 39 (1977).
36. P. Breitenlohner and D. Maison, *Commun. Math. Phys.* 52, 55 (1977).
37. C. Becchi, A. Rouet and R. Stora, *Commun. Math. Phys.* 42, 127 (1975). L.V. Tyutin, Lebedev Inst. preprint no. 39 (1975).
38. J.C. Taylor, *Nucl. Phys.* B33, 436 (1971).
39. A.A. Slavnov, *Theor. Math. Phys.* 10, 99 (1972).
40. J. Steinberger, *Phys. Rev.* 76, 1180 (1949).
41. J. Schwinger, *Phys. Rev.* 82, 664 (1951).
42. S.L. Adler, *Phys. Rev.* 177, 2426 (1969).
43. J.S. Bell and R. Jackiw, *Nuovo Cimento* 60A, 47 (1969).
44. D.G. Sutherland, *Phys. Lett.* 23, 384 (1966).
45. D.G. Sutherland, *Nucl. Phys.* B2, 433 (1967).
46. C. Bouchiat, J. Iliopoulos and P. Meyer, *Phys. Lett.* 38B, 519 (1972).
47. D.J. Gross and R. Jackiw, *Phys. Rev.* D6, 477 (1972).
48. H. Georgi and S.L. Glashow, *Phys. Rev.* D6, 429 (1972).
49. W.A. Bardeen, *Phys. Rev.* 184, 1848 (1969).
50. W.A. Bardeen, *Proceedings of the 16th International Conference on High Energy Physics*, Fermilab, 1972, Vol. 2, p. 295.
51. W.A. Bardeen, *Nucl. Phys.* B75, 246 (1974).
52. S.L. Adler and W.A. Bardeen, *Phys. Rev.* 182, 1517 (1969).
53. K.G. Wilson, *Phys. Rev.* 181, 1909 (1969).
54. R. Aviv and A. Zee, *Phys. Rev.* D5, 2372 (1972).
55. S.L. Adler, C.G. Callan, D.J. Gross and R. Jackiw, *Phys. Rev.* D6, 2982 (1972).
56. J. Wess and B. Zumino, *Phys. Rev.* 37B, 95 (1971).
57. R.W. Brown, C.-G. Shih and B.-L. Young, *Phys. Rev.* 186, 1491 (1969).
58. S.L. Adler, in *Lectures on Elementary Particles and Quantum Field Theory*, Brandeis University, S. Deser, M. Grisaru, and H. Pendleton, eds., vol. 1, MIT Press, Cambridge, Mass., 1970, p. 1.
59. R. Jackiw, in *Lectures on Current Algebra and Its Applications*, S.B. Treiman, R. Jackiw, and D.J. Gross, eds., Princeton University Press, Princeton, NJ, 1972, p. 94.
60. M. Veltman, *Proc. R. Soc.* A301, 107 (1967).
61. Particle Data Group, *Rev. Mod. Phys.* 56, S1 (1984).
62. G. Curci and R. Ferrari, *Nuovo Cimento* 32A, 151 (1976).
63. G. Curci and R. Ferrari, *Phys. Lett.* 63B, 91 (1976).
64. I. Ojima, *Prog. Theor. Phys.* 64, 625 (1980).
65. L. Baulieu and J. Thierry-Mieg, *Nucl. Phys.* B197, 477 (1982).

66. L. Alvarez-Gaume and L. Baulieu, *Nucl. Phys.* B212, 255 (1983).
67. G. 't Hooft, *Nucl. Phys.* B33, 173 (1971).
68. G. 't Hooft, *Nucl. Phys.* B35, 167 (1971).
69. G. 't Hooft and M. Veltman, *Nucl. Phys.* B50, 318 (1972).
70. B.W. Lee, *Phys. Rev.* D5, 823 (1972).
71. B.W. Lee and J. Zinn-Justin, *Phys. Rev.* D5, 3121 (1972).
72. B.W. Lee and J. Zinn-Justin, *Phys. Rev.* D5, 3137 (1972).
73. B.W. Lee and J. Zinn-Justin, *Phys. Rev.* D5, 3155 (1972).
74. B.W. Lee and J. Zinn-Justin, *Phys. Rev.* D7, 1049 (1978).
75. B.W. Lee, *Phys. Lett.* 46B, 214 (1973).
76. B.W. Lee, *Phys. Rev.* D9, 933 (1974).
77. S.D. Joglekar and B.W. Lee, *Ann. Phys.* 97, 160 (1976).
78. D.A. Ross and J.C. Taylor, *Nucl. Phys.* B51, 125 (1973).
79. H. Kluberg-Stern and J.B. Zuber, *Phys. Rev.* D12, 467 (1975).
80. H. Kluberg-Stern and J.B. Zuber, *Phys. Rev.* D12, 482 (1975).
81. H. Kluberg-Stern and J.B. Zuber, *Phys. Rev.* D12, 3159 (1975).
82. T. Appelquist and H. Quinn, *Phys. Lett.* 39B, 229 (1972).
83. W.A. Bardeen, R. Gastmans and B. Lautrup, *Nucl. Phys.* B46, 319 (1972).
84. T.W. Appelquist, J.R. Primack and H.R. Quinn, *Phys. Rev.* D6, 2998 (1972).
85. J.R. Primack and H.R. Quinn, *Phys. Rev.* D6, 2923 (1972).
86. K. Fujikawa, B.W. Lee and A.I. Sanda, *Phys. Rev.* D6, 2923 (1972).
87. T.W. Appelquist, J.R. Primack and H.R. Quinn, *Phys. Rev.* D7, 2998 (1973).
88. T.W. Appelquist, J. Carazzone, T. Goldman and H.R. Quinn, *Phys. Rev.* D8, 1747 (1973).
89. B.W. Lee, *Nucl. Phys.* B9, 649 (1969).
90. J.L. Gervais and B.W. Lee, *Nucl. Phys.* B12, 627 (1969).
91. B.W. Lee, *Chiral Dynamics*, Gordon and Breach, New York, 1972.
92. K. Symanzik, *Nuovo Cimento Lett.* 1, 10 (1969).
93. K. Symanzik, *Commun. Math. Phys.* 16, 48 (1970).
94. E.S. Abers and B.W. Lee, *Phys. Rep.* 9C, 1 (1973).
95. S. Coleman, in *Laws of Hadronic Matter*, A. Zichichi, ed., Academic Press, New York, 1975, p. 139.
96. G. Costa and M. Tonin, *Rev. Nuovo Cimento* 5, 29 (1975).
97. A.A. Slavnov, *Sov. J. Part. Nucl.* 5, 303 (1975).
98. B.W. Lee, in *Methods in Field Theory*, R. Balian and J. Zinn-Justin, eds., North-Holland, Amsterdam, 1976, p. 79.
99. R.P. Feynman, in *Weak and Electromagnetic Interactions at High Energy*, R. Balian and C.H. Llewellyn Smith, eds., North-Holland, Amsterdam 1977, p. 121.
100. J.C. Taylor, *Gauge Theories of Weak Interactions*, Cambridge University Press, Cambridge, 1976.
101. S. Weinberg, *Phys. Rev. Lett.* 19, 1264 (1967).
102. A. Salam, in *Elementary Particle Theory*, N. Svartholm, ed., Almqvist & Wiksell, Stockholm, 1968, p. 367.
103. J.C. Collins, *Renormalization*, Cambridge University Press, Cambridge, 1984.
104. P.H. Frampton, *Phys. Rev.* D20, 3372 (1979).
105. S. Weinberg, *Phys. Rev. Lett.* 27, 1688 (1971).
106. J. Schechter and Y. Ueda, *Phys. Rev.* D7, 3119 (1973).
107. J.M. Cornwall, D.N. Levin and G. Tiktopoulos, *Phys. Rev. Lett.* 30, 1268 (1973).
108. C.H. Llewellyn Smith, *Phys. Lett.* 46B, 233 (1973).
109. J.M. Cornwall, D.N. Levin and G. Tiktopoulos, *Phys. Rev. Lett.* 32, 498 (1974).
110. J.M. Cornwall, D.N. Levin and G. Tiktopoulos, *Phys. Rev.* D10, 1145 (1974).
111. D.N. Levin and G. Tiktopoulos, *Phys. Rev.* D12, 415 (1975).
112. J.S. Bell, *Nucl. Phys.* B60, 427 (1973).

4
Electroweak Forces

4.1
Introduction

As an example of a spontaneously broken gauge theory, we discuss the standard SU(2) × U(1) electroweak theory. This theory contains many free parameters, including the masses of the quarks and leptons. We describe how to estimate the quark masses from consideration of spontaneous chiral symmetry.

A principal success of the electroweak theory was the prediction of *charm*. The J/ψ particle discovered in 1974 was the first experimental signal of the charmed quark necessary to obtain a consistent description of neutral weak currents coupling to hadrons. The bottom and top quarks were subsequently discovered to fill out a third generation of quarks and leptons, with the τ lepton and its neutrino.

Precision data on the electroweak theory are now at the 0.1% level of accuracy and check the one-loop quantum corrections. A detailed comparison of many experimental results yields compelling support for the correctness of the theory. The one missing state is the Higgs boson, for which searches are under way at the large hadron collider at CERN.

Mixing of three quark generations gives rise to CP violation through a phase that could underlie the observed CP violation, although whether it explains the effect fully remains an open question. The strong CP problem remains a mystery, and potential difficulty, for the standard model.

4.2
Lepton and Quark Masses

The elementary spin-$\frac{1}{2}$ fermions from which everything is made are taken to be the leptons and quarks. The leptons are singlets under the SU(3) color group and do not therefore experience strong interactions. Six flavors of lepton are known and these fall into the three doublets

$$\begin{pmatrix} \nu_e \\ e \end{pmatrix} \begin{pmatrix} \nu_\mu \\ \mu \end{pmatrix} \begin{pmatrix} \nu_\tau \\ \tau \end{pmatrix} \qquad (4.1)$$

Gauge Field Theories. Paul H. Frampton
Copyright © 2008 WILEY-VCH Verlag GmbH & Co. KGaA, Weinheim
ISBN: 978-3-527-40835-1

The masses of the charged leptons [1] are (in MeV) 0.511, 105.66, and 1783.5 for e, μ, and τ.

From big-bang cosmology, there are further interesting constraints on the number of neutrinos and on their masses. First, as pointed out by Gunn, Schramm, and Steigman [2, 3] the abundance of ^{4}He observed in the universe and comparison with primordial nucleosynthesis indicates that the number of species of light ($\ll 1$ MeV) stable neutrinos should not exceed three. The reason is that each additional neutrino increases the energy density and hence the expansion rate so that the weak interactions converting protons to neutrons, and vice versa, freeze out earlier, to leave a larger neutron–proton ratio. Most of the neutrons end in ^{4}He, so the primordial abundance of ^{4}He is higher. The details are given in Refs. [2] and [3] and reviewed in Refs. [4] and [5]. Terrestrially, in 1989, the invisible width of the Z gave the number of neutrinos with mass below $M_Z/2$ as 3.

Another cosmological constraint is an upper limit on the *sum* of the masses of neutrinos (i.e., light neutral stable particles). This limit is about 1 eV.

Quarks are triplets under $SU(3)_c$; antiquarks are antitriplets. Quarks appear in at least six flavors, which fall into the doublets

$$\begin{pmatrix} u \\ d \end{pmatrix} \begin{pmatrix} c \\ s \end{pmatrix} \begin{pmatrix} t \\ b \end{pmatrix} \tag{4.2}$$

The electric charges will be taken as $+\frac{2}{3}$ and $-\frac{1}{3}$ for the upper and lower components, respectively. Integral charges have been suggested by Han and Nambu [13] and initially adapted in grand unification schemes by Pati and Salam [14–17], though without complete commitment [18]. For the electroweak interactions, only the average over colors matters, so we cannot distinguish the two possibilities; but the hadronic $e + e$-cross-section resolved this in favor of the fractional quark changes.

Until 1974 there was experimental evidence only for u, d, and s which underlie the approximate flavor $SU(3)$ symmetry of Gell-Mann and Ne'eman [19] (reprinted in Refs. [20–22]). The quarks were suggested as more than purely mathematical entities in 1964 by Gell-Mann [23] and Zweig [24] (reprinted in Ref. [25]). The acceptance of quarks as the true hadron constituents took a decade and received impetus in two important stages, in 1969 and 1974, respectively. The first (1969) was the observation of scaling in deep-inelastic electron–proton scattering, interpreted by Feynman [26] as due to pointlike constituents (partons) inside the proton. The identification of partons with quarks by Bjorken and Paschos [27, 28] led to the quark–parton model, which has proved indispensable phenomenologically (for reviews, see, e.g., Refs. [29] and [30]).

The second development (1974) involved the discovery of the J/ψ particle [31, 32] and the subsequent appearance of both radial and orbital excitations, which confirmed that this hadron is an essentially nonrelativistic bound state of two spin-$\frac{1}{2}$ quarks: actually, a charmed quark and its antiparticle. The direct evidence for the occurrence of such heavy quarks obviously supports the idea that the light u,

d, and s quarks be taken equally seriously as constituents of the light baryons and mesons.

A striking fact of particle physics is that although there is overwhelming evidence for quarks as hadron constituents, no evidence for free quarks exists (apart from some unreproduced exceptions; see, e.g., Refs. [33] and [34]). This confinement property is expected to be contained, as a consequence of infrared slavery, in QCD.

Quark confinement means, however, that specification of the quark masses is more ambiguous than for the lepton masses, and necessarily involves some arbitrariness in definition and convention. In particular, we must distinguish between constituent quark masses and current quark masses, the latter being most relevant for the QCD or electroweak Lagrangians used in perturbation theory. Here we follow the discussion by Weinberg [35].

Let us first focus on the three lightest quark flavors: u, d, and s. It is obvious from the hadronic mass spectrum that s is somewhat more massive than u and d. The masses can be defined and calculated most conveniently from the spontaneous breaking of $U(3)_L \times U(3)_R$ chiral symmetry [36, 37] in quantum chromodynamics. For massless quarks, the QCD Lagrangian (with quark color indices suppressed) is

$$L = \sum_k \bar{\psi}_k \gamma_\mu \left(\partial_\mu - \frac{1}{2} g \lambda^a A^a_\mu \right) \psi_k - \frac{1}{4} F^a_{\mu\nu} F^a_{\mu\nu} \tag{4.3}$$

This is invariant under the global chiral transformation ($a = 1, 2, \ldots, 9$)

$$\psi_{Lk} \to \left(e^{i\lambda^a \theta^a_L} \right)_{kl} \psi_{Ll} \tag{4.4}$$

$$\psi_{Rk} \to \left(e^{i\lambda^a \theta^a_R} \right)_{kl} \psi_{Rl} \tag{4.5}$$

where

$$\psi = \frac{1}{2}(1 + \gamma_5)\psi + \frac{1}{2}(1 - \gamma_5)\psi \tag{4.6}$$

$$= \psi_R + \psi_L \tag{4.7}$$

This invariance for the kinetic term is seen immediately since

$$\bar{\psi}\gamma_\mu \psi \equiv \bar{\psi}_R \gamma_\mu \psi_R + \bar{\psi}_L \gamma_\mu \psi_L \tag{4.8}$$

The "nonsimple" part $U_L(1) \times U_R(1) = U_V(1) \times U_A(1)$ corresponds to baryon number conservation [$U_V(1)$] and the axial $U_A(1)$, which is known to be broken by nonperturbative instanton effects [38]. The relevant chiral symmetry is therefore only the semisimple $SU(3)_V \times SU(3)_A$ subgroup. Quark mass terms will break this chiral symmetry to only $SU(3)_V$ since

$$m\bar{\psi}\psi \equiv m(\bar{\psi}_R \psi_L + \bar{\psi}_L \psi_R) \tag{4.9}$$

is invariant only if $\theta_L^a = \theta_R^a$ and if the quarks have equal nonzero mass $m_u = m_d \neq 0$. This flavor $SU(3)_V$ is broken further to isospin $SU(2)_V$ for $m_u = m_d \neq m_s$. If $SU(3)_A$ is broken spontaneously, there are eight (approximately) massless pseudoscalar Nambu–Goldstone bosons, identified as the octet of pseudoscalar mesons ($\pi^\pm, \pi^\circ, K^\pm, K^\circ, \bar{K}^0, \eta$). We shall now indicate how using current algebra and PCAC, the meson masses may be related to the quark mass ratios provided that we assume that the vacuum is flavor $SU(3)$ symmetric.

The PCAC relation

$$\partial_\mu J_\mu^{5a}(x) = F_\pi \mu_m^2(\Pi^a)\phi^a(x) \tag{4.10}$$

gives for the pseudoscalar Π^a propagator

$$E^{ab}(q) = \int d^4x e^{iq\cdot x} \langle 0|T(\partial_\mu J_\mu^{5a}(x), \partial_\nu J_\nu^{5b}(0))|0\rangle \tag{4.11}$$

$$= \frac{i\delta^{ab} F_\pi^2 \mu_m^4(\Pi^a)}{\mu_m^2(\pi^a) - q^2} \tag{4.12}$$

Hence the Nambu–Goldstone boson mass is

$$\mu_m^2(\Pi^a) = -\frac{i}{F_\pi^2} E^{aa}(0) \tag{4.13}$$

But integration by parts gives

$$E^{ab}(q) = -iq_\mu \int d^4x e^{iq\cdot x} \langle 0|T(J_\mu^{5a}(x), \partial_\nu J_\nu^{5b}(0))|0\rangle$$

$$- \int d^4x e^{iq\cdot x} \langle 0|[J_0^{5a}(x), \partial_\nu J_\nu^{5b}(0)]\delta(x_0)|0\rangle \tag{4.14}$$

where we used

$$T(J_\mu^{5a}(x), \partial_\nu J_\nu^{5b}(0)) = \theta(x_0) J_\mu^{5a}(x)\partial_\nu J_\nu^{5b}(0) + \theta(-x_0)\partial_\nu J_\nu^{5b}(0) J_\mu^{5a}(x) \tag{4.15}$$

and

$$\partial_\mu \theta(\pm x) = \pm\delta_{\mu 0}\delta(x_0) \tag{4.16}$$

We also have

$$\partial_\nu J_\nu^{5b}(0) = -i\left[H_m(0), \int d^3y J_0^{5b}(y)\right] \tag{4.17}$$

where H_m is that part of the Hamiltonian density breaking the $SU(3)_A$ symmetry, namely,

$$H_m = m_u \bar{u}u + n_d \bar{d}d + m_s \bar{s}s \tag{4.18}$$

Hence

$$\mu_m^2(\Pi^a) = -\frac{i}{F_\pi^2} \int d^4x d^4y \langle 0|[J_0^{5a}(x), [J_0^{5a}(y), H_m(0)]]_{y_0=0}]_{x_0=0}|0\rangle \quad (4.19)$$

where F_π is the charged pion decay constant, $F_\pi \simeq 190$ MeV. With the standard normalization of the Gell-Mann matrices $[\mathrm{Tr}(\lambda^a \lambda^b) = 2\delta^{ab}]$, note that [here $q = (u, d, s)$]

$$H_m = \bar{q}\left[\frac{1}{2}(M_u - M_d)\lambda^3 + \frac{1}{2\sqrt{3}}(M_u + M_d - 2M_s)\lambda^8 \right.$$
$$\left. + \frac{1}{\sqrt{6}}(M_u + M_d + M_s)\lambda^9\right]q \quad (4.20)$$

and

$$J_0^{5a} = -i\bar{q}\gamma_0\gamma_5\lambda^a q \quad (4.21)$$

Now using the algebra of $SU(3)$ generators,

$$[\lambda^a, \lambda^b] = 2if^{abc}\lambda^c \quad (4.22)$$

we find that

$$\mu_m^2(\Pi^+) = \mu_m^2(\Pi^0) = \frac{4}{F_\pi^2}[M_u\langle\bar{u}u\rangle_0 + M_d\langle\bar{d}d\rangle_0] \quad (4.23)$$

$$\mu_m^2(K^+) = \frac{4}{F_\pi^2}[M_u\langle\bar{u}u\rangle_0 + M_d\langle\bar{s}s\rangle_0] \quad (4.24)$$

$$\mu_m^2(K^0) = \frac{4}{F_\pi^2}[M_u\langle\bar{d}d\rangle_0 + M_d\langle\bar{s}s\rangle_0] \quad (4.25)$$

To proceed further, we may assume that flavor $SU(3)$ is not broken spontaneously, so that

$$\langle\bar{u}u\rangle_0 = \langle\bar{d}d\rangle_0 = \langle\bar{s}s\rangle_0 \quad (4.26)$$

More generally, we might assume that $\langle\bar{u}u\rangle_0 = \langle\bar{d}d\rangle_0$ (strong isospin) but $\langle\bar{s}s\rangle = R\langle\bar{d}d\rangle_0$. For the moment we take $R = 1$; the possibility $R \neq 1$ is discussed later.

The physical meson masses have a contribution from virtual photons, so that

$$\mu^2(\Pi^a) = \mu_m^2(\Pi^a) + \mu_\gamma^2(\Pi^a) \quad (4.27)$$

with

$$\mu_\gamma^2(\Pi^0) = \mu_\gamma^2(K^0) = 0 \quad (4.28)$$

$$\mu_\gamma^2(\Pi^+) = \mu_\gamma^2(K^+) \tag{4.29}$$

Taking this into account, straightforward algebra then leads to the quark mass ratios

$$\frac{M_d}{M_u} = \frac{(K^0) - (K^+) - (\pi^+)}{2(\pi^0) + (K^+) - (K^0) - (\pi^+)} \tag{4.30}$$

$$\frac{M_s}{M_d} = \frac{(K^0) + (K^+) - (\pi^+)}{(K^0) - (K^+) + (\pi^+)} \tag{4.31}$$

where we used the meson symbol to denote its squared mass.

Note that such squared meson masses are related to unsquared quark masses because of the difference between boson and fermion propagators. In units of $(\text{GeV})^2$, the observed masses are

$$\mu^2(K^+) = 0.2437 \text{ GeV}^2 \tag{4.32}$$

$$\mu^2(K^0) = 0.2477 \text{ GeV}^2 \tag{4.33}$$

$$\mu^2(\pi^+) = 0.0195 \text{ GeV}^2 \tag{4.34}$$

$$\mu^2(\pi^0) = 0.0182 \text{ GeV}^2 \tag{4.35}$$

and hence the numerical values of the quark mass ratios are

$$\frac{m_d}{m_u} = 1.8 \tag{4.36}$$

$$\frac{m_s}{m_d} = 20.1 \tag{4.37}$$

If we take $R \neq 1$, then m_d/m_u is unchanged but $m_s/m_d = 20.1/R$; for example, if $R = 4$, the latter ratio is reduced to about 5.

Next, we consider the absolute values of the quark masses, and this requires a normalization prescription. A sensible procedure is to assume that

$$\langle \bar{q}_k q_k \rangle_h = N_{hk} Z_m \tag{4.38}$$

where N_{hk} is the number of valence quarks of flavor k in hadron h and m_k^* is defined as the renormalized quark mass by

$$m_k^* = z_m m_k \tag{4.39}$$

with z_m a *universal* renormalization constant. Within a flavor SU(3) multiplet, the mass splittings are due mainly to m_s^*:

$$m_h \simeq m_0 + m_s^* N_{hs} \tag{4.40}$$

and hence m_s^* can be estimated. One has the unitary multiplets (the pseudoscalars are unreliable here because of their special role as approximate Nambu–Goldstone bosons from spontaneous breaking of chiral symmetry) with mass splittings [1]:

1. Vector mesons:

$$m(\rho) = 776 \text{ MeV } (S = 0) \tag{4.41}$$

$$m(K^*) = 892 \text{ MeV } (S = -1) \tag{4.42}$$

2. Tensor mesons:

$$m(A_2) = 1312 \text{ MeV } (S = 0) \tag{4.43}$$

$$m(K^{**}) = 1434 \text{ MeV } (S = -1) \tag{4.44}$$

3. Octet baryons:

$$m(N) = 939 \text{ MeV } (S = 0) \tag{4.45}$$

$$m(\Xi) = 1318 \text{ MeV } (S = -2) \tag{4.46}$$

4. Decuplet baryons:

$$m(N^*) = 1232 \text{ MeV } (S = 0) \tag{4.47}$$

$$m(\Omega) = 1672 \text{ MeV } (S = -3) \tag{4.48}$$

These four multiplets give mean mass increments per unit strangeness of 116, 122, 190, and 147 MeV, respectively. As an approximate working average value, we may take

$$m_s^* = 150 \text{ MeV} \tag{4.49}$$

Using the ratios derived previously, we then obtain

$$m_u^* = 4.2 \text{ MeV} \tag{4.50}$$

$$m_d^* = 7.5 \text{ MeV} \tag{4.51}$$

Of course, these values are much less than the "constituent" quark masses, which may be taken as about $\frac{1}{2}m(\rho)$ or $\frac{1}{3}m(N)$, that is, 350 MeV for u and d and 500 MeV for s. Most of this mass comes not from mass terms in the QCD Lagrangian but from nonperturbative effects, necessary for infrared slavery and confinement, that are less amenable to estimation. If we assume that this extra contribution 350 MeV is flavor independent, we can then estimate the renormalized current masses for c, b, and t. Using the masses $m(J/\psi) = 3.10$ GeV and $m(T) = 9.4$ GeV, one arrives at

$$m_c^* = 1200 \text{ MeV} \tag{4.52}$$

$$m_b^* = 4400 \text{ MeV} \tag{4.53}$$

$$m_t^* = 174{,}000 \text{ MeV} \tag{4.54}$$

With respect to these masses, we should add the following remarks:

1. The different $(m_d^* - m_u^*)$ is not necessarily equal to the difference in the corresponding constituent quarks because of extra electromagnetic contributions (of order ~ 350 MeV $\times$ $1/137 \sim 2$ MeV); nevertheless, the value obtained by the combinations, for example,

$$\frac{1}{2}\left[m(n) - m(p) + m(\Xi^-) - m(\Xi^0)\right] = 3.7 \text{ MeV} \tag{4.55}$$

$$\frac{1}{2}\left[(\Sigma^-) - m(\Sigma^+)\right] = 4.0 \text{ MeV} \tag{4.56}$$

are impressively close.
2. By increasing the value of R from $R = 1$ to, say, $R = 4$, as an extreme case we increase m_u^* and m_d^* by a factor of 4 to, for example, $m_d^* = 30$ MeV. But then $(m_d^* - m_u^*) = 13.2$ MeV seems too high.
3. Other approaches to the quark masses, involving global fits to both the baryon spectrum and the baryon sigma term [39, 40] or exploiting the "MIT bag" model [41], generally give higher mass values. But it is futile to attempt a more accurate calculation than we have already given.

4.3
Weak Interactions of Quarks and Leptons

Electromagnetic interactions are described successfully by quantum electrodynamics (QED), which is an abelian U(1) gauge theory with coupling $g = e > 0$, the electric charge of the positron. Under a gauge transformation $\beta(x)$ the fields transform as

$$\phi_a \to e^{iq_a\beta(x)}\phi_a \tag{4.57}$$

where q_a is the electric charge eigenvalue for ϕ_a. For example, in the first family

$$e^- \to e^{-i\beta(x)}e^- \tag{4.58}$$

$$\nu_e \to \nu_e \tag{4.59}$$

$$u \to e^{2/3 i\beta(x)} u \tag{4.60}$$

$$d \to e^{-1/3 i\beta(x)} d \tag{4.61}$$

and similarly for (μ^-, ν_μ, c, s) and (τ^-, ν_τ, t, b).

The amplitude for the basic electromagnetic process is

$$-i e A_\mu J_\mu^{EM} \tag{4.62}$$

with

$$J_\mu^{EM} = -\bar{e}\gamma_\mu e + \frac{2}{3}\bar{u}\gamma_\mu u - \frac{1}{3}\bar{d}\gamma_\mu d + \cdots \tag{4.63}$$

Clearly, electric charge and all flavors are conserved. Because J_μ^{EM} is nonchiral, parity is conserved; also, QED is even under C and T separately.

The electric charge U(1) is unbroken; hence the electromagnetic force is long ranged. There is a limit on the photon mass given by [42]

$$m_\gamma < 6 \times 10^{-16} \text{ eV} \tag{4.64}$$

obtained by space-probe measurements of the Jovian magnetosphere. The fine-structure constant is $\alpha_e = e^2/4\pi = (137.036)^{-1}$ at $q^2 = 0$.

Weak interactions are responsible for β-decay, μ-decay, and most hyperon decays. These forces are very weak and have a range less than 10^{-2} fermi = 10^{-15} cm, corresponding to an energy scale > 20 GeV. The original knowledge of weak interactions (for a review of the subject up to 1969, see Ref. [43]; some of the important original papers are reprinted in Refs. [20], [44] and [45]) was based on the fact that strangeness, S, and the third component of strong isospin, T_3, are violated, although both are conserved by strong and electromagnetic interactions. Charge conjugation, C, and parity, P, are both violated, although the product CP is conserved approximately. There is a small violation of CP in the neutral kaon system which is a very important feature of the electroweak forces and is discussed in Section 4.7.

Prior to the discovery of neutral currents in 1973, most known properties of weak interactions were describable by a modernized Fermi [46, 47] (reprinted in Ref. [44]) interaction of the form

$$L_W = \frac{1}{2}\frac{G}{\sqrt{2}}(J_\mu J_\mu^\dagger + J_\mu^\dagger J_\mu) \tag{4.65}$$

with $G = 1.027 \times 10^{-5} M_p^{-2}$ (M_p = proton mass). The charged weak current was given by Cabibbo [48] (see also Ref. [49]). The (V–A) structure had been established earlier in Refs. [50] and [51]; the conserved vector current hypothesis of Ref. [51] was discussed earlier in Ref. [52] as

$$J_\mu = \bar{e}\gamma_\mu(1-\gamma_5)\nu_e + \bar{\mu}\gamma_\mu(1-\gamma_5)\nu_\mu$$

$$+ \cos\theta_c \bar{d}\gamma_\mu(1-\gamma_5)u + \sin\theta_c \bar{s}\gamma_\mu(1-\gamma_5)u + \cdots \tag{4.66}$$

where only three flavors (u, d, s) have been included, as well as only two families of leptons. Defining

$$\psi_L = \frac{1}{2}(1 - \gamma_5)\psi \qquad (4.67)$$

allows one to rewrite

$$J_\mu = 2(\bar{e}_L \gamma_\mu \nu_{eL} + \bar{\mu}_L \gamma_\mu \nu_{\mu L} + \cos\theta_c \bar{d}_L \gamma_\mu u_L + \sin\theta_c \bar{s}_L \gamma_\mu u_L + \cdots) \qquad (4.68)$$

in terms of two-component Weyl spinors. One finds phenomenologically the value of the Cabibbo angle $\sin\theta_c = 0.228$, so that rates for strangeness-changing decays have a suppression $\sim \tan^2\theta_c = 0.055$.

From Eq. (4.68) we see that charged current interactions satisfy $\Delta S = \Delta Q = \pm 1$. Processes with $\Delta Q = -\Delta S$ are never observed. In nonleptonic weak decays, the strong isospin satisfies the empirical selection rule $\Delta T = \frac{1}{2}$; this may be explicable in terms of, for example, $s(T = 0) \to u(T = \frac{1}{2})$, as discussed later in connection with CP violation.

Because the electroweak interactions violate C and P, it is useful to discuss here in detail how C and P act on fermions. Such a discussion facilitates the formulation of electroweak theory as well as preparing the ground for later treatment of grand unified theories. Consider a four-component Dirac field $\psi(\mathbf{x}, t)$ which annihilates a particle or creates an antiparticle. From it we may define two two-component Weyl spinors $\psi_{R,L}$ by

$$\psi_{R,L} = \frac{1}{2}(1 \pm \gamma_5)\psi \qquad (4.69)$$

with adjoints $\bar{\psi} = \psi^+ \gamma_0$ satisfying

$$\bar{\psi}_{R,L} = \bar{\psi} \cdot \frac{1}{2}(1 \mp \gamma_5) \qquad (4.70)$$

so that the nonvanishing terms in fermion-conserving bilinears involve LR and RL for even numbers of Dirac matrices and LL and RR for odd numbers. For example,

$$\bar{\psi}\psi \equiv \bar{\psi}_R \psi_L + \bar{\psi}_L \psi_R \qquad (4.71)$$

$$\bar{\psi}\gamma_\mu \psi \equiv \bar{\psi}_R \gamma_\mu \psi_R + \bar{\psi}_L \gamma_\mu \psi_L \qquad (4.72)$$

For zero rest mass, $\psi_{R(L)}$ annihilates a right (left)-handed neutrino or creates a left (right)-handed antineutrino. For nonzero mass m, the same becomes true only in the ultrarelativistic limit with energy $E \gg m$; nevertheless, the Weyl spinors can still be defined in this fully Lorentz invariant manner.

If neutrinos are precisely massless and only ν_L is ever observed together with $(\bar{\nu})_R$, only ψ_L is needed to describe the physical degrees of freedom. This is the two-component neutrino theory [53–57]. The two-component description does not necessarily imply that the neutrino is massless, however, unless we also assume that there is a conserved fermion number. The point is that as an alternative to a Dirac mass term, Eq. (4.71), we may construct a Lorentz scalar

$$\epsilon_{\alpha\beta}\psi_L^\alpha\psi_L^\beta \tag{4.73}$$

from ψ_L alone. Here, $\epsilon_{12} = -\epsilon_{21} = +1$ and $\alpha, \beta = 1, 2$ denote the two components of the Weyl spinor. Expression (4.73) is usually called a Majorana mass term and does not allow definition of a conserved fermion number. The presence of Majorana mass terms that violate lepton number is suggested by some grand unified theories of strong and electroweak interactions, as will be discussed much later.

We now digress to explain how expression (4.73) is a Lorentz scalar. (Some further details are given in, e.g., Ref. [12].) The spinors ψ_L and ψ_R need to be identified with the $(\frac{1}{2}, 0)$, $(0, \frac{1}{2})$ representations of the Lorentz group $O(4) \sim SU(2) \times SU(2)$. Because of the indefinite metric, although rotations may be identified by $\mathbf{J} = \frac{1}{2}\boldsymbol{\sigma}$, the boosts must be identified nonunitarily by $\mathbf{K} = \pm(i/2)\boldsymbol{\sigma}$ for ψ_{RL}, respectively. Thus the action of Lorentz transformations is given by

$$\psi_{R,L} \to \Lambda_{R,L}\psi_{R,L} \tag{4.74}$$

with

$$\Lambda_{R,L} = \exp\left[i\frac{\boldsymbol{\sigma}}{2} \cdot (\boldsymbol{\theta} \pm i\boldsymbol{\beta})\right] \tag{4.75}$$

Here $\boldsymbol{\theta}$ and $\boldsymbol{\beta}$ are the rotation and boost parameters, respectively.

With the conventional choice for the Pauli matrices, one has

$$\sigma_2\sigma_i\sigma_2 = -\sigma_i^* \tag{4.76}$$

and hence

$$\sigma_2\Lambda_{R,L}^{-1}\sigma_2 = \Lambda_{R,L}^T \tag{4.77}$$

since under transposition

$$\sigma_i^T = \sigma_i^* \tag{4.78}$$

Thus we have

$$\lambda_{R,L}^T\sigma_2\Lambda_{R,L} = \sigma_2 \tag{4.79}$$

From Eq. (4.79) it follows that a Lorentz scalar bilinear in ψ_R is given by

$$\psi_R^T\sigma_2\psi_R \to \psi_R^T\Lambda_R^T\sigma_2\lambda_R\psi_R \tag{4.80}$$

$$= \psi_R^T\sigma_2\psi_R \tag{4.81}$$

Since σ_2 is antisymmetric, this scalar is seen to arise from the antisymmetric part of $(0, \frac{1}{2}) \times (0, \frac{1}{2})$. Similarly, $\psi_L^T \sigma_2 \psi_L$ is a scalar, being the antisymmetric part of $(\frac{1}{2}, 0) \times (\frac{1}{2}, 0)$; this is then precisely of the form (up to a factor $-i$) of Eq. (4.73), as required.

Let us now consider the effects of P and C. Under P (parity), a Dirac spinor transforms as [see, e.g., Ref. [58], Eq. (2.33)]

$$\psi(\mathbf{x}, t) \xrightarrow{P} \psi'(-\mathbf{x}, t) = \gamma_0 \psi(-\mathbf{x}, t) \tag{4.82}$$

because

$$p_\mu \xrightarrow{P} p'_\mu = (p_{0'} - \mathbf{p}) \tag{4.83}$$

$$\slashed{p} = \gamma_0 \slashed{p}' \gamma_0 \tag{4.84}$$

$$(\slashed{p} - m)\psi(\mathbf{x}, t) = 0 \xrightarrow{P} (\slashed{p}' - m)\psi'(-\mathbf{x}, t) = 0 \tag{4.85}$$

Note that there is an overall phase in Eq. (4.81) which has been chosen arbitrarily. It follows that for the Weyl spinors

$$\psi_{L,R}(\mathbf{x}, t) \xrightarrow{P} \gamma_0 \psi_{R,L}(-\mathbf{x}, t) \tag{4.86}$$

and

$$\overline{\psi_{L,R}(\mathbf{x}, t)} \xrightarrow{P} \overline{\psi_{R,L}(-\mathbf{x}, t)} \gamma_0 \tag{4.87}$$

The Cabibbo charged current involves terms of the form (not summed on μ)

$$\overline{\psi_{1L}(\mathbf{x}, t)} \gamma_\mu \psi_{2L}(\mathbf{x}, t) \xrightarrow{P} \overline{\psi_{1R}(-\mathbf{x}, t)} \gamma_\mu \psi_{2R}(-\mathbf{x}, t) g_{\mu\mu} \tag{4.88}$$

and clearly L_w is not invariant under P. Note that L_w involves $(g_{\mu\mu})^2 = +1$, so there is no problem with Lorentz invariance.

Under charge conjugation C, the behavior of a Dirac spinor is [cf. Ref. [58], Eq. (5.4)]

$$\psi \xrightarrow{C} \psi^c = C \bar\psi^T = C \gamma_0 \psi^* \tag{4.89}$$

with (the overall phase is arbitrary)

$$C = i\gamma_2 \gamma_0 \tag{4.90}$$

This follows from requiring that

$$(i\slashed{\partial} - e\slashed{A} - m)\psi = 0 \xrightarrow{C} (i\slashed{\partial} + e\slashed{A} - m)\psi^c = 0 \tag{4.91}$$

Hence

$$(C\gamma^0)\gamma_\mu^*(C\gamma^0)^{-1} = -\gamma_\mu \tag{4.92}$$

and since
$$\gamma^0 \gamma_\mu^* \gamma^0 = \gamma_\mu^T \tag{4.93}$$

one needs
$$C\gamma_\mu^T C^{-1} = -\gamma_\mu \tag{4.94}$$

In the standard representation with γ_0 and γ_2 symmetric and γ_1 and γ_3 antisymmetric, this mean that $[C, \gamma_{0,2}] = \{C, \gamma_{1,3}\}_+ = 0$; these relations are clearly satisfied by Eq. (4.90).

For the Weyl spinors, it follows that
$$\psi_{R,L} \xrightarrow{C} (\psi_{R,L})^c = (C\psi_{R,L}^*) = (\psi^c)_{L,R} \tag{4.95}$$

and hence in the charged weak current
$$\bar{\psi}_{1L}\gamma_\mu \psi_{2L} \xrightarrow{C} -\bar{\psi}_{2R}\gamma_\mu \psi_{1R} \tag{4.96}$$

so that L_w is *not* invariant.

Under the product CP, we have from Eqs. (4.88) and (4.96),
$$\bar{\psi}_{1L}(\mathbf{x},t)\gamma_\mu \psi_{2L}(\mathbf{x},t) \xrightarrow{CP} \bar{\psi}_{2L}(-\mathbf{x},t)\gamma_\mu \psi_{1L}(-\mathbf{x},t) \tag{4.97}$$

and hence for the Lagrangian density L_w,
$$L_w(\mathbf{x},t) \to L_w(-\mathbf{x},t) \tag{4.98}$$

Thus the action
$$\int d^4x L_w(\mathbf{x},t) \tag{4.99}$$

is invariant under CP. This assumed that the coupling G in Eq. (4.65) is real.

With the Cabibbo structure, L_w described charged current weak interactions successfully, except CP violation and possibly the nonleptonic kaon and hyperon decays. However, L_w cannot be exact since at high energies it violates unitarity. For example, in the process $\nu_e e^- \to \nu_e e^-$, the cross section is given by, ignoring masses,
$$\sigma(S) = \frac{G_F^2 S}{\pi} \tag{4.100}$$

where S is the squared center of mass energy. But being a point interaction, the process is pure S-wave and hence must satisfy partial-wave unitarity of the total cross section:
$$\sigma(S) < \frac{4\pi}{S} \tag{4.101}$$

Thus if $S > 2\pi/G_F \sim (700 \text{ GeV})^2$, there is a violation of unitarity.

We might hope to unitarize by higher-loop corrections, but the problem then is that the four-fermion interaction, Eq. (4.65), is nonrenormalizable and has uncontrollable ultraviolet divergences.

The next step is to assume that the four-fermion interaction is the low-energy limit of a finite-range force. The Lagrangian then becomes

$$L_w = \frac{g}{2\sqrt{2}}(J_\mu W_\mu^- + J_\mu^\dagger W_\mu^+) \tag{4.102}$$

with a propagator for the intermediate vector boson (IVB) of the form

$$D_{\mu\nu}(k) = \frac{-i(g_{\mu\nu} - k_\mu k_\nu/M_w^2)}{k^2 - M_w^2 + i\epsilon} \tag{4.103}$$

with the low-energy limit

$$D_{\mu\nu}(k) \xrightarrow[k^2 \ll M_w^2]{} \frac{ig_{\mu\nu}}{M_w^2} \tag{4.104}$$

Hence with the identification

$$\frac{G_F}{\sqrt{2}} = \frac{g^2}{8M_w^2} \tag{4.105}$$

the low-energy limit coincides for L_w from Eqs. (4.65) and (4.102).

The IVB is like the photon of QED in being a vector (spin 1) intermediary, but there are very important differences: (1) the IVB is massive, (2) the IVB is electrically charged, and (3) the IVB couples only to left-handed particles and to right-handed antiparticles; that is, it violates parity conservation.

Introduction of the IVB partially cures the unitarity problem because $\nu_e e^- \to \nu_e e^-$ is no longer pure S-wave. But, for example, $e^+ e^- \to W^+ W^-$ violates unitarity for $\sqrt{s} \gtrsim G_F^{-1/2}$, as before. This is closely related to the nonrenormalizability arising from the $k_\mu k_\nu$ term in the propagator, Eq. (4.103), as detailed in Chapter 3. This sort of problem with unitarity afflicted weak interaction theory for a very long time from 1934 [46, 47] to 1971 [59, 60].

The problem is that the IVB is not yet a gauge theory, and for renormalizability we need to embed the Fermi theory somehow into a renormalizable quantum field theory. One suggestion was to make double scalar exchange mimic the V–A interaction [61, 62]. However, the standard model uses spontaneous symmetry breaking and a gauge theory.

In terms of the charged weak current $J_\mu(\mathbf{x}, t)$ defined in Eq. (4.66), define

$$Q^- = \int d^3x \, J_0(\mathbf{x}, t) \tag{4.106}$$

$$Q^+ = (Q^-)^\dagger \tag{4.107}$$

Also, the electromagnetic charge

$$Q = \int d^3x \, J_0^{em}(\mathbf{x}, t) \tag{4.108}$$

is a third generator. But then so is

$$[Q^-, Q^+] = 2 \int d^3x [\bar{e}\gamma_0(1-\gamma_5)e - \bar{\nu}\gamma_0(1-\gamma_5)\nu + \cdots] \tag{4.109}$$

Hence, we need at least two neutral gauge bosons. One may try to avoid this, but the necessary Higgs structure is complicated [63].

Another possibility is to write a gauge field theory for the weak interactions alone [64], but the unification of more forces is clearly superior and actually correct (i.e., agrees with experiment).

Let us retrace the history of the standard model: The first article to propose a theory unifying weak and electromagnetic interactions was by Schwinger [65], who was unfortunately misled by incorrect experiments indicating tensor weak couplings. The principal ingredients of the now-standard SU(2) × U(1) electroweak theory were provided in 1960 by Glashow [66], who also surmised (see also Ref. [67]) that explicit symmetry breaking by vector mass terms might preserve renormalizability. A similar theory was proposed by Salam and Ward [68]. The Higgs mechanism [69–76] was introduced into SU(2) × U(1) theory by Weinberg [77], and Salam [78], normalized the neutral current strength; both conjectured that this softer spontaneous breaking would keep renormalizability. This Weinberg–Salam conjecture was vindicated a few years later through the work of 't Hooft [61], completed by him and Veltman [79, 80] and by Lee and Zinn-Justin [81].

As proposed initially (e.g., Ref. [77]), this theory included only the leptons; indeed, a straightforward extension to include the u, d, and s flavors gave substantial strangeness-changing neutral currents, which disagreed with experimental limits. A crucial contribution in 1970 by Glashow, Iliopoulos, and Maiani (GIM) [82] showed how a fourth flavor, "charm" of quark, can cancel this unwanted neutral current. Combined with the GIM mechanism, the standard electroweak theory therefore stood in 1971 with two major predictions: (1) charm and (2) neutral currents, both of which were confirmed, as discussed in subsequent subsections.

Here we begin by introducing the SU(2) × U(1) gauge theory. The generators of the weak isospin and weak hypercharge are T^i ($i = 1, 2, 3$) and Y, respectively; the corresponding gauge vectors and couplings are A^i_μ, B_μ and g, g'. The theory is a chiral one which violates parity by assigning ψ_L and ψ_R matter fields to different representations of SU(2) × U(1). All the ψ_L are SU(2) doublets; all ψ_R are singlets. Both ψ_L and ψ_R transform under U(1) such that electric charge $Q = T_3 + Y$. Thus, the left-handed quarks and leptons form SU(2) doublets:

$$q_{mL} = \begin{pmatrix} u_m \\ d_m \end{pmatrix}_L, \quad l_{mL} = \begin{pmatrix} \nu_m \\ e_m \end{pmatrix}_L \tag{4.110}$$

where $m = 1, 2, 3, \ldots$ is a family label. These doublets have $T_3 = \pm\frac{1}{2}$ and $Y = +\frac{1}{6}$ and $-\frac{1}{2}$, respectively; note that Y is just the mean electric charge of the weak isomultiplet. The isosinglets u_{mR}, d_{mR}, and e_{mR} have $Y = +\frac{2}{3}, -\frac{1}{3}$, and -1, respectively. The kinetic term for the fermions is therefore

$$-L_f = \sum_m (\bar{q}_{mL} i \slashed{D} q_{mL} + \bar{l}_{mL} i \slashed{D} l_{mL}$$

$$+ \bar{u}_{mR} i \slashed{D} u_{mR} + \bar{d}_{mR} i \slashed{D} d_{mR} + \bar{e}_{mR} i \slashed{D} e_{mR}) \tag{4.111}$$

Here the covariant derivatives follow from the $SU(2) \times U(1)$ charges:

$$D_\mu q_{mL} = \left(\partial_\mu - ig\frac{\tau}{2} \cdot \mathbf{A}_\mu - i\frac{g'}{6} B_\mu\right) q_{mL} \tag{4.112}$$

$$D_\mu l_{mL} = \left(\partial_\mu - ig\frac{\tau}{2} \cdot \mathbf{A}_\mu - i\frac{g'}{6} B_\mu\right) l_{mL} \tag{4.113}$$

$$D_\mu u_{mR} = \left(\partial_\mu - i\frac{2}{3} g' B_\mu\right) u_{mR} \tag{4.114}$$

$$D_\mu d_{mR} = \left(\partial_\mu + \frac{i}{3} g' B_\mu\right) d_{mR} \tag{4.115}$$

$$D_\mu e_{mR} = (\partial_\mu + ig' B_\mu) e_{mR} \tag{4.116}$$

In the minimal model there is a Higgs scalar doublet $(Y = +\frac{1}{2})$

$$\phi = \begin{pmatrix} \phi^+ \\ \phi^0 \end{pmatrix} \tag{4.117}$$

Hence the scalar piece L_ϕ is

$$L_\phi = \frac{1}{2} (D_\mu \phi)^\dagger (D_\mu \phi) - V(\phi) \tag{4.118}$$

with

$$D_\mu \phi = \left(\partial_\mu - ig\frac{\tau}{2} \cdot \mathbf{A}_\mu - i\frac{g'}{2} B_\mu\right) \phi \tag{4.119}$$

$$V(\phi) = m^2 \phi^\dagger \phi + \lambda (\phi^\dagger \phi)^2 \tag{4.120}$$

Here $V(\phi)$ is the most general $SU(2) \times U(1)$ invariant renormalizable potential.

The kinetic term for the gauge vectors is

$$L_V = -\frac{1}{4} F^i_{\mu\nu} F^i_{\mu\nu} - \frac{1}{4} G_{\mu\nu} G_{\mu\nu} \tag{4.121}$$

with

$$F^i_{\mu\nu} = \partial_\mu A^i_\nu - \partial_\nu A^i_\mu + g\epsilon^{ijk} A^j_\mu A^k_\nu \tag{4.122}$$

$$G_{\mu\nu} = \partial_\mu B_\nu - \partial_\nu B_\mu \tag{4.123}$$

Finally, in the full classical Lagrangian L there is a Yukawa piece L_Y necessary to give the fermion masses upon spontaneous symmetry breaking:

$$L = L_f + L_\phi + L_V + L_Y \tag{4.124}$$

The explicit form of L_Y is

$$L_Y = \sum_{m,n} \left(\Gamma^u_{mn} \bar{q}_{mL} \phi u_{nR} + \Gamma^d_{mn} \bar{q}_{mL} \phi d_{nR} + \Gamma^e_{mn} \bar{l}_{mL} \phi e_{nR} \right)$$

$$+ \text{Hermitian conjugate} \tag{4.125}$$

with a double sum over families. This then completes the unbroken classical Lagrangian.

4.4
Charm

The standard electroweak theory for leptons already predicts a weak neutral current with definite strength, isospin, and Lorentz properties. Incorporation of quarks needs another ingredient: the fourth, "charm" flavor of quark.

Let us first trace the history of the charm concept, since the evolution of this idea from 1962 through 1973 and the remarkable experimental results of November 1974 and the subsequent two years together form a beautiful paradigm of the "scientific method."

The first suggestion of a fourth flavor was motivated by an analogy between leptons and hadrons, or what in modern language would be the lepton–quark analogy. Before the postulation of quarks, such an analogy was based on the Sakata model [83], in which hadrons were supposed to be composed from the constituents P, N, and Λ. After the discovery [84] that ν_e and ν_μ are different neutrinos, this analogy suggested [85–90] that a fourth constituent be considered for hadrons to keep the balance with the four leptons e, μ, ν_e, and ν_μ.

This argument was sharpened through the invention of flavor SU(3) by Gell-Mann [91, 92] (reprinted in Ref. [20]) and by Ne'eman [93] (reprinted in Ref. [20]). This SU(3) theory gained universal acceptance following the experimental discovery [94] (reprinted in Ref. [20]) of the predicted Ω^- particle. There followed the proposal by Gell-Mann [95] (reprinted in Ref. [20]) and Zweig [96] that there might be entities transforming as the defining representation of SU(3); these entities were named *quarks* by Gell-Mann [95]. Although in 1964 quarks were suggested as perhaps no more than mathematical quantities, they are now universally accepted as the actual constituents of hadrons, although they are probably permanently confined within hadrons and unable to exist as free particles. The two principal historical reasons for the promotion of quarks from mathematics to physics were (1) the experimental discovery in the late 1960s of scaling behavior in deep-inelastic electron–nucleon scattering which was interpreted as evidence for pointlike constituents in the nucleon, and (2) the experimental discovery in 1974 and subsequent years of hadrons containing the charmed quark, which is our present subject.

The success of flavor SU(3) as a generalization of SU(2) isospin led Tarjanne and Teplitz [97] to take the next step to SU(4); other authors [98–102] followed suit. Several of these papers again mention the quark–lepton analog but the general proposition is: If SU(3), why not SU(4)? In particular, Bjorken and Glashow [101] introduced the name *charm* to designate the fourth flavor of quark beyond up (u), down (d), and strange (s). Alternative schemes were proposed based, for example, on two triplets of quarks [103, 104], but such theories were not borne out by experiment.

Following this extensive theoretical activity providing somewhat vague motivations for charm, there followed a hiatus until 1970 when the true *raison d'etre* was given in the classic paper by Glashow, Iliopoulos, and Maiani [82], who introduced a mechanism for suppression of strangeness-changing weak neutral currents. This was incorporated into gauge field theories by Weinberg [105, 106]. Yet another motivation for charm is the cancellation of γ_5 triangle anomalies as emphasized by Bouchiat, Iliopoulos, and Meyer [107]. But the most physical argument was the GIM explanation [82] as to why the weak neutral current usually respects quark flavor (a fact noted much earlier [108]).

How does the fourth flavor help to suppress the strangeness-changing neutral current? Consider the electroweak forces alone acting on the doublets

$$\begin{pmatrix} \nu_e \\ e^- \end{pmatrix}_L, \quad \begin{pmatrix} \nu_\mu \\ \mu^- \end{pmatrix}_L, \quad \begin{pmatrix} u \\ d \end{pmatrix}_L, \quad \begin{pmatrix} c \\ s \end{pmatrix}_L, \tag{4.126}$$

and right-handed singlets

$$e_R^-, \quad \mu_R^-, \quad u_R, d_R, c_R, s_R \tag{4.127}$$

Suppose we first take all Higgs couplings to vanish so that there are massless fermions coupling to massless gauge bosons. In this limit, the charged gauge bosons $W_\mu^\pm$ couple only u to d, and c to s, within the same irreducible representation of SU(2), and no strangeness-changing processes such as $s \to uW^-$ exist. How, then, do the strangeness-changing processes $\Delta S = \Delta Q = \pm 1$ occur at all?

To obtain such processes, it is essential to break the symmetry by turning on the Higgs couplings, thus allowing the Higgs to develop nonzero vacuum expectation values (VEVs). The Higgs give masses to the quarks (and to the charged leptons), but there is no reason for the mass eigenstates thus generated simultaneously to be eigenstates of the gauge group; thus the Higgs mix $c \leftrightarrow u$ and $s \leftrightarrow d$ in expression (4.126). At first glance, this gives two Cabibbo angles, but one is unobservable since if we mix $c \to u$ and $s \to d$ by the same amount, nothing changes. The convention is to mix $d \leftrightarrow s$ so that expression (4.126) becomes

$$\begin{pmatrix} u \\ d' \end{pmatrix}_L, \quad \begin{pmatrix} c \\ s' \end{pmatrix}_L \tag{4.128}$$

$$d' = d\cos\theta_c + s\sin\theta_c \tag{4.129}$$

$$s' = -d\sin\theta_c + s\cos\theta_c \tag{4.130}$$

The neutral current is invariant under this rotation since

$$\bar{d}'d' + \bar{s}'s' = \bar{d}d + \bar{s}s \tag{4.131}$$

Thus the presence of s', which was absent until motivated as a partner of charm, is the key to canceling the unwanted strangeness-changing neutral current. The original Cabibbo proposal would contain only u and d', but then if a gauge theory contained the charged gauge bosons $W^{\pm}_{\mu}$ coupling to generators of $SU(2)_L$ with the associated quark currents

$$J^{\mu}_{\pm} = \bar{q}\gamma^{\mu}\frac{1}{2}(1-\gamma_5)T^L_{\pm}q \tag{4.132}$$

it should also contain the neutral current

$$J^{\mu}_0 = \bar{q}\gamma_{\mu}\frac{1}{2}(1-\gamma_5)T^L_0 q \tag{4.133}$$

where $T^L_0 = [T^L_+, T^L_-]$. But with only u and d' one then finds that

$$J^{\mu}_0 = \bar{s}\gamma_{\mu}\frac{1}{2}(1-\gamma_5)d \sin\theta_c \cos\theta_c \tag{4.134}$$

Such a strangeness-changing neutral weak current would disagree with the strong empirical bounds, such as

$$\frac{\Gamma(K^0_L \to \mu^+\mu^-)}{\Gamma(K^0_L \to \text{all})} \sim 10^{-8} \tag{4.135}$$

$$\frac{\Gamma(K^{\pm} \to \pi^{\pm}\nu\bar{\nu})}{\Gamma(K^{\pm} \to \text{all})} < 0.6 \times 10^{-6} \tag{4.136}$$

$$\frac{\Gamma(K^{\pm} \to \pi^{\pm}e^+e^-)}{\Gamma(K^{\pm} \to \text{all})} = (2.6 \pm 0.5) \times 10^{-7} \tag{4.137}$$

Once charm is added, however, the weak neutral current contains a piece

$$-\bar{s}\gamma^{\mu}\frac{1}{2}(1-\gamma_5)d \sin\theta_c \cos\theta_c \tag{4.138}$$

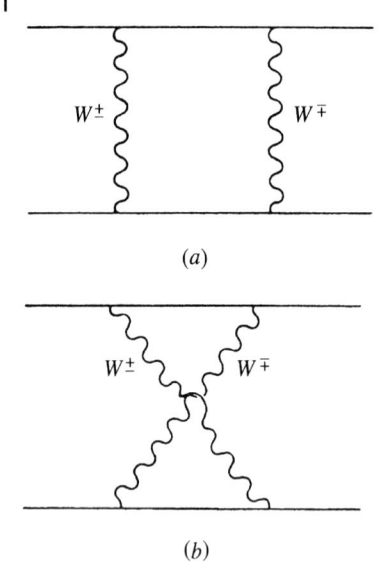

Figure 4.1 Double $W^\pm$ exchange diagrams.

to cancel precisely Eq. (4.134) at lowest order, as well as giving substantial cancellations even at the one-loop level, as we shall see. Thus the mechanism gave a firm prediction (in 1970) of the existence of charm, which was discovered experimentally in 1974.

The mechanism can be generalized to any number of flavors if we postulate that the weak neutral current is flavor diagonal to order G_α [109–111]. We can change from mass eigenstates to flavor eigenstates by applying separate unitary transformations to the left and right helicities,

$$q = \frac{1}{2}(1 - \gamma_5) U^L q + \frac{1}{2}(1 + \gamma_5) U^R q \tag{4.139}$$

But then the neutral current coupling matrices are transformed according to

$$\mathcal{T}_0^{L,R} = U^{L,R} T_0^{L,R} (U^{L,R})^{-1} \tag{4.140}$$

where T_0^L is defined in Eq. (4.133) and T_0^R would be nontrivial if there were also a gauge group under which the right-handed quark transformed. At order G, we require that $\mathcal{T}_0^{L,R}$ be flavor diagonal for any choice of $U^{L,R}$; this is the condition of naturalness that the property not depend on special tuning of parameters in the Lagrangian. The $U^{L,R}$ must commute with exactly conserved charges, such as the electric charge (or, of course, color). But then since

$$[U^{L,R}, Q] = 0 \tag{4.141}$$

the $T_0^{L,R}$ must be functions of quark charge: $T_0^{L,R}(Q)$. This accounts for the Born diagram. At order G_α, there are further possible neutral interactions induced by double $W^\pm$ exchange (Fig. 4.1), as well as renormalizations of single Z^0 exchange

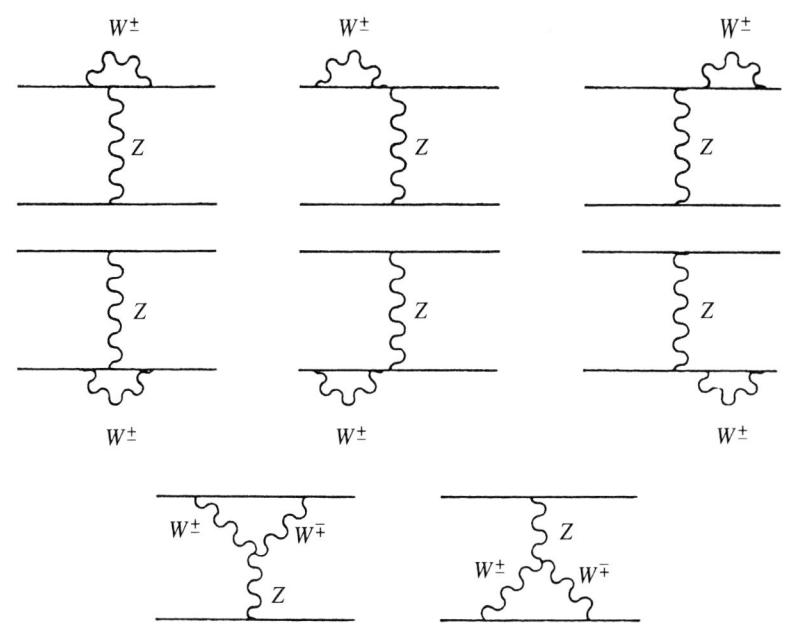

Figure 4.2 Renormalization of single Z° exchange.

(Fig. 4.2). The latter are already diagonalized, but the diagrams of Fig. 4.1 give neutral couplings proportional to [110, 111]

$$\Delta T_0^{L,R} \sim 3\left[(\mathbf{T}^{L,R})^2 - (T_3^{L,R})^2\right] \pm 5(T_3^{L,R}) \tag{4.142}$$

where the $\pm$ signs refer to the uncrossed (Fig. 4.1a) and crossed (Fig. 4.1b) diagrams, respectively. Thus, to avoid flavor-changing neutral weak interactions at order G_α requires also that $(I^{L,R})^2 = (I^{L,R}(Q))^2$, a function only of charge.

To summarize: All quarks of the same charge must have the same value of $(I^{L,R})^2$ as well as of $(T_0^{L,R})$.

The mechanism for charm is a special case: Since s has the same electric charge as d, it must have the same $T_3^L(=-\frac{1}{2})$ and the same $(I^L)^2 = \frac{1}{2}(\frac{1}{2}+1)$. Hence there must be a quark (c) with $T_3^L = +\frac{1}{2}$ in the same multiplet.

If we take the standard electroweak theory with gauge group $SU(2) \times U(1)$ and assume that *all* quarks have electric charge $\frac{2}{3}$ and $-\frac{1}{3}$, natural absence of flavor-changing neutral interactions dictates that all left-handed helicities are paired into $SU(2)$ doublets, while all right-handed helicities are in $SU(2)$ singlets. Hence discovery of the b quarks with charge $-\frac{1}{3}$, as discussed below, implied the existence of a t (top) quark with charge $+\frac{2}{3}$ in this sequential picture. It was possible to construct topless models (e.g. Refs. [112] and [113]) only by invoking a new quantum number for b [112] or by maintaining GIM through a complicated Higgs sector [113]; of course, here we have been assuming weak processes to be mediated by vector gauge boson exchange, *not* by scalar exchanges.

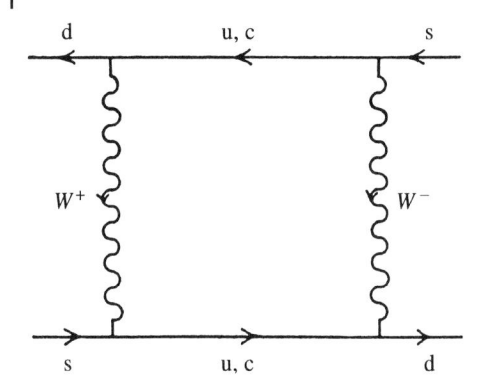

Figure 4.3 Loop diagram for $K_1 - K_2$ mass difference.

Reverting to just four flavors, the next question is: Can the charmed quark have arbitrarily large mass and still cause the appropriate cancellation, or could the mass be predicted? The answer, presaged in reference [82] and provided in detail by Gaillard and Lee [114], is that the charm mass is highly constrained. The cancellation is precise in loops only if $m_c = m_u$ and hence the symmetry breaking is proportional to some power of the mass difference $(m_c - m_u)$; only if m_c is not too large can one avoid disagreement with experiment. The most stringent limit is provided by the $K_1 - K_2$ mass difference. The relevant loop diagram is shown in Fig. 4.3 and gives an effective Lagrangian [114] of

$$L \sim -\frac{G_F}{\sqrt{2}} \frac{\alpha}{4\pi} \left(\frac{m_c}{37.6 \text{ GeV}}\right)^2 \cos^2\theta_c \sin^2\theta_c$$

$$\cdot \left[\bar{s}\gamma_\mu \frac{1}{2}(1-\gamma_5)d\bar{s}\gamma_\mu \frac{1}{2}(1-\gamma_5)d\right] \quad (4.143)$$

assuming that $m_w \gg m_c \gg m_u$. Here θ_c is the Cabibbo angle, $\alpha = (137.036)^{-1}$ and 37.6 GeV $= \frac{1}{2}ev$, v being the VEV for the Higgs doublet. Taking the matrix element between $\bar{K}_0$ and $\bar{K}_0$ states then gives for the mass difference Δm_k,

$$\Delta m_k \simeq \frac{1}{m_k}\langle \bar{K}_0| - L|K_0\rangle \quad (4.144)$$

$$= \frac{G_F}{\sqrt{2}} f_k^2 m_k \frac{\alpha}{4\pi}\left(\frac{m_c}{37.6 \text{ GeV}}\right)^2 \cos^2\theta_c \sin^2\theta_c \quad (4.145)$$

where f_k is the charged kaon decay constant, $f_k \simeq 130$ MeV. Substituting $\sin\theta_c = 0.22$, $G_F m_p^2 = 1.02 \times 10^{-5}$, and the measured value $\Delta m_k \simeq (0.7 \times 10^{-14})m_k$ gives a prediction that the charmed quark mass is $m_c \simeq 1.5-2$ GeV. This mass is then consistent [114] with the other data on flavor-changing neutral currents given in Eqs. (4.135) through (4.137). Thus one might expect $(\bar{c}c)$ bound states to show up in the mass region 3 to 4 GeV. Also, the asymptotic freedom of QCD [115, 116] leads us to expect considerable weakening of the QCD coupling strength, and hence to a long lifetime if the $\bar{c}c$ state is lying below the threshold for decay into two charmed mesons. This prediction was available in 1974 but made slightly too late [117, 118] to anticipate the spectacular experimental discovery of November 1974. The long lifetime successfully exemplifies the quark-line rule suggested phenomenologically by Okubo, Zweig, and Iizuka [119–121] known commonly as the OZI rule.

The prediction of charm was verified dramatically by the simultaneous and independent discoveries at Brookhaven National Laboratory [122] and at Stanford Linear Accelerator Center [123] of a narrow vector resonance (J/ψ) at mass 3.10 GeV, and less than two weeks later SLAC [124] found a recurrence (ψ') at 3.68 GeV. The striking appearance of these new states precipitated extensive theoretical analysis and further detailed experiments. The theory is reviewed in Ref. [125] and interprets J/ψ as a *charmonium* system based on an atomic model of heavy $\bar{c}c$ quarks bound in a static, confining potential. Such a model is very successful in describing the spectrum of observed $\bar{c}c$ states (some representative early papers are Refs. [126–130]), The level spacings are much less than the mass scale, suggesting that the states may be treated nonrelativistically by the Schrödinger equation. This is not the whole story because the hyperfine (spin-dependent) splitting is comparable to the radial and orbital excitation energy. The type of static potential employed is typically

$$V(r) = -\frac{k}{r} + \frac{r}{a^2} \tag{4.146}$$

where $k \simeq 0.2$ and $1/a^2 \simeq 1$ GeV/f $\simeq 0.2$ (GeV)^2.

These $\bar{c}c$ states have vanishing charm quantum number ($C = 0$) and it was in 1976 [131] that mesons with explicit charm were discovered. By now, the mesons necessary to fill out the (badly broken) flavor-SU(4) multiplets have been shown to exist for the vector and the pseudoscalar states. These developments confirm the reality of the charmed quark and hence indirectly that of the lighter u, d, and s quarks. The mechanism requires that c decay weakly more into s ($\cos\theta_c$) that d ($\sin\theta_c$). Indeed, experiment shows that, for example,

$$\frac{\Gamma(D^0 \to \pi^+\pi^-)}{\Gamma(D^0 \to K^-\pi^+)} \approx \tan^2\theta_c \tag{4.147}$$

thus confirming the expected couplings.

4.5
Bottom and Top Quarks

It was expected in 1975 that the discovery of charm might complete the flavor count of quarks. However, a third charged lepton, the τ, was discovered at a mass of $M_\tau = 1777$ MeV [132, 133], signaling that the quark–lepton spectrum contained a third generation, since by quark–lepton symmetry one expected a corresponding third doublet of quarks.

This expectation was soon partially confirmed with the discovery of the bottom quark ($Q = -\frac{1}{3}$) [134] in 1977, first as a bottomonium bound state, the Υ, and then as hadrons with explicit B quantum number [135]. The mass of the bottom quark turned out to be ~ 4.2 GeV.

The top quark partner ($Q = \frac{2}{3}$) of the bottom quark proved elusive for well over a decade since it is remarkably heavier than all the other five quark flavors. It was eventually discovered in 1994 at Fermilab [136, 137] with a mass ~ 174 GeV.

Since experiments on the invisible Z width strongly suggest only that three neutrinos exist with mass < 45 GeV, it appears likely that the top quark is the last flavor of light quark. See, however, Ref. [138] for a discussion of the possibility of further quark flavors beyond top.

4.6
Precision Electroweak Data

As described in Chapter 7, the standard model (SM) has 19 free parameters. Nevertheless, its comparison to experimental data over the period 1973–2008 has given it more and more credence as the correct theory up to energies of at least $E \leqslant M_z$. In particular, there have been extremely accurate (one per mille, or 1 in 10^3) tests at the Z factories of LEP at CERN and of SLC at SLAC.

The weak neutral currents predicted by the SM were discovered in 1973 by the Gargamelle experiment using the proton synchrotron (PS) at CERN [139] and then confirmed at Fermilab [140]. Subsequent neutrino scattering experiments confirmed the SM at the 1% level. The scattering of electrons from deuterons and protons, and atomic parity violation, being sensitive to $\gamma - Z$ interference, were also crucial to confirm the basic classical structure of the SM. The $W^{\pm}$ and Z^0 were eventually discovered in 1982 and 1983 by the UA1 [141] and UA2 [142, 143] groups at CERN, respectively. The history of these developments is given in Ref. [144].

The three colliders involved in the higher precision (0.1%) tests were SLC (the SLD detector), the LEP collaborations (ALEPH, DELPHI, OPAL, and Z3) and the Tevatron at Fermilab (CDF and D0 collaborations). These colliders derived exceptionally accurate (0.002%) determination of the Z mass and one-per-mille accuracy for numerous other observables which are tabulated in this section. These measurements were made at the Z-pole in e^+e^- scattering and are based on over 20 million such Z events.

It is necessary to define the observables before presenting the experimental comparison to the SM. The total width of the Z is Γ_Z and partial decay widths are $\Gamma(\text{had})$ for hadronic decays, $\Gamma(\text{inv})$ for invisible decays and $\Gamma(l^+l^-)$ for decays $l = e, \mu, \tau$, which should be equal from universality and neglecting the lepton masses. Thus $\Gamma_Z = \Gamma(\text{had}) + \Gamma(\text{inv}) + 3\Gamma(l^+l^-)$ within the SM. The cross section σ_{had} refers to the process $e^+e^- \to Z^0 \to$ hadrons at the resonance peak.

Table 4.1 Z-Pole Precision Observables from LEP and the SLC

Quantity	Group(s)	Experimental results	Standard model[a]	Pull
M_Z(GeV)	LEP	91.1867 ± 0.0021	91.1865 ± 0.0021	0.1
Γ_Z(GeV)	LEP	2.4939 ± 0.0024	2.4957 ± 0.0017	-0.8
Γ(had)(GeV)	LEP	1.7423 ± 0.0023	1.7424 ± 0.0016	0.0
Γ(inv)(MeV)	LEP	500.1 ± 1.9	501.6 ± 0.2	0.0
$\Gamma(l^+l^-)$(MeV)	LEP	83.90 ± 0.10	83.98 ± 0.03	0.0
σ_{had}(nb)	LEP	41.491 ± 0.058	41.473 ± 0.015	0.3
R_e	LEP	20.783 ± 0.052	20.748 ± 0.019	0.7
R_μ	LEP	20.789 ± 0.034	20.749 ± 0.019	1.2
R_τ	LEP	20.764 ± 0.045	20.794 ± 0.019	-0.7
$A_{FB}(e)$	LEP	0.0153 ± 0.0025	0.0161 ± 0.003	-0.3
$A_{FB}(\mu)$	LEP	0.0164 ± 0.0013		0.2
$A_{FB}(\tau)$	LEP	0.0183 ± 0.0017		1.3
R_b	LEP + SLD	0.21656 ± 0.00074	0.2158 ± 0.0002	1.0
R_c	LEP + SLD	0.1735 ± 0.0044	0.1723 ± 0.0001	0.3
$R_{s,d}/R_{u+d+s}$	Opal	0.371 ± 0.023	0.3592 ± 0.0001	0.5
$A_{FB}(b)$	LEP	0.0990 ± 0.0021	0.1028 ± 0.0010	-1.8
$A_{FB}(c)$	LEP	0.0709 ± 0.0044	0.0734 ± 0.0008	-0.6
$A_{FB}(s)$	Delphi + Opal	$0.101 + 0.015$	0.1029 ± 0.0010	-1.0
A_b	SLD	0.867 ± 0.035	0.9347 ± 0.0001	-1.9
A_c	SLD	0.647 ± 0.040	0.6676 ± 0.0006	-0.5
A_s	SLD	0.82 ± 0.12	0.9356 ± 0.0001	-1.0
A_{LR}(hadrons)	SLD	0.1510 ± 0.0025	0.1466 ± 0.0015	1.8

Source: Data from Ref. [145].

a) The SM errors are from uncertainties in M_Z, ln M_H, $\alpha(M_Z)$, and α_S. They have been treated as Gaussian; correlations are incorporated.

The R_l are the ratios of the leptonic-to-hadronic widths $R_l = \Gamma(l^+l^-)/\Gamma(\text{had})$ for $l = e, \mu, \tau$. The $A_{FB}(l)$ are the forward–backward asymmetries $A_{FB}(l) = \frac{3}{4} A_e A_l$. In this relationship

$$A_f \frac{2 v_f a_f}{v_f^2 + a_f^2} \tag{4.148}$$

with $a_f = I_{3,f}$ and $v_f = I_{3,f} - 2 Q_f \bar{s}_f^2$ as the axial-vector and vector $Zf\bar{f}$ couplings. The effective electroweak mixing angle is written $\bar{s}_f^2 = \sin^2 \Theta_f^{\text{eff}}$.

In Table 4.1 are shown comparisons of numerous observables between the SM and experiment. The last column gives the "pull", which is the number of standard deviations by which the experimental value differs relative to the SM prediction. The overall fit is an impressive success for the SM since no pull is even as much as two standard deviations.

At higher energy above the Z-pole, LEP2 [146], together with the CDF [147] and D0 [148] collaborations at Fermilab, have determined the W mass from W^+W^-

production as

$$M_W = 80.388 \pm 0.063 \text{ GeV} \qquad (4.149)$$

The top quark has been discovered in 1994 and its mass has an overall mean value

$$m_t = 173.8 \pm 3.2(\text{stat}) \pm 3.9(\text{syst}) \text{ GeV} \qquad (4.150)$$

Lower-energy data in deep-inelastic scattering, atomic parity violation, and $(g-2)_\mu$ are all fully consistent with the standard model. Deviations from the SM are conveniently parameterized by oblique parameters. The first of these to be defined historically [149] was

$$\rho_0 = \frac{M_W^2}{M_Z^2 c_Z^2 \hat{\rho}(m_t, M_H)} \qquad (4.151)$$

where $\hat{\rho}$ includes the SM contributions and hence $\rho = 1$, by definition. Related to ρ_0 is the quantity T [150]

$$T = \frac{1 - \rho^{-1}}{\alpha} \qquad (4.152)$$

The S parameter is defined through

$$\frac{\alpha(M_Z)S}{4 s_Z^2 c_Z^2} = \frac{\Pi_{ZZ}^{\text{new}}(M_Z^2) - \Pi_{ZZ}^{\text{new}}(0)}{M_Z^2} \qquad (4.153)$$

where the "new" superscript means to include only new physics contributions. An overall fit gives [145]

$$S = -0.27 \pm 0.12 \qquad (4.154)$$

$$T = 0.00 \pm 0.15 \qquad (4.155)$$

These ranges of S and T are a severe constraint on the forms of new physics allowed. For example, although low-energy supersymmetry is allowed, most technicolor models give too positive a value for S and are excluded.

4.7
Higgs Boson

The only particle in the standard model remaining to be discovered is the Higgs boson. In the minimal standard the expected mass range is [145]

$$114.4 \text{ GeV} < M_H < 194 \text{ GeV} \qquad (4.156)$$

where the lower bound is a direct experimental limit from the combined LEP experiments at the four detectors ALEPH, DELPHI, L3 and OPAL.

The upper bound in (4.156) comes from comparison of radiative corrections to the standard model with precision electroweak data. The entire range of Higgs mass allowed by (4.156) would be accessible to the LHC expected to be commissioned at CERN in 2008 with pp collisions at center of mass energy 14 TeV and design luminosity 10^{34} cm^{-2} s^{-1}.

Of course, once discovered, it would be useful to construct a Higgs factory: for example, a muon collider running continuously at the direct-channel Higgs boson resonance.

4.8
Quark Flavor Mixing and CP Violation

The gauge group of the standard model is $SU(3)_C \times SU(2)_L \times U(1)_Y$ broken at the weak scale to $SU(3)_C \times U(1)_Y$. Under the standard group the first generation transforms as

$$Q_L = \begin{pmatrix} u \\ d \end{pmatrix}_L, \bar{u}_L, \bar{d}_L; \qquad L_L = \begin{pmatrix} \nu_e \\ e^- \end{pmatrix}_L, e_L^+ \tag{4.157}$$

and the second (c, s, ν_μ, μ) and third (t, b, ν_τ, τ) generations are assigned similarly.

Quarks acquire mass from the vacuum expectation value (VEV) of a complex $SU(2)_L$ doublet of scalar $\phi = \begin{pmatrix} \phi^+ \\ \phi^0 \end{pmatrix}$, giving rise to up and down quark mass matrices:

$$M(U) = \lambda_{ij}^U \langle \phi^0 \rangle; \qquad M(D) = \lambda_{ij}^D \langle \phi^0 \rangle \tag{4.158}$$

which are arbitrary matrices that may, without loss of generality, be chosen to be Hermitian. The matrices $M(U)$ and $M(D)$ of Eq. (4.158) are defined so that the Yukawa terms give, for example, $\bar{Q}_L M(U) u_R$ + hermitian conjugate and can be diagonalized by a biunitary transformation:

$$K(U)_L M(U) K(U)_R^{-1} = \mathrm{diag}(m_u, m_c, m_t) \tag{4.159}$$

$$K(D)_L M(D) K(D)_R^{-1} = \mathrm{diag}(m_d, m_s, m_b) \tag{4.160}$$

These mass eigenstates do not coincide with the gauge eigenstates of Eq. (4.157) and hence the charged W couple to the left-handed mass eigenstates through the 3×3 CKM (Cabibbo–Kobayashi–Maskawa) matrix V_{CKM}, defined by

$$V_{\mathrm{CKM}} = K(U)_L K(D)_L^{-1} \tag{4.161}$$

This is a 3 × 3 unitary matrix that would in general have nine real parameters. However, the five relative phases of the six quark flavors can be removed to leave just four parameters, comprising three mixing angles and a phase. This KM phase underlies the KM mechanism of CP violation.

With N generations and hence an $N \times N$ mixing matrix there are $N(N-1)/2$ mixing angles and $(N-1)^2$ parameters in the generalized CKM matrix. The number of CP violating phases is therefore $(N-1)^2 - N(N-1)/2 = (N-1)(N-2)/2$. This is zero for $N = 2$, one for $N = 3$, three for $N = 4$, and so on. In particular, as Kobayashi and Maskawa [151] pointed out, with three generations there is automatically this source of CP violation arising from the 3 × 3 mixing matrix. This is the most conservative approach to CP violation. This source of CP violation is necessarily present in the standard model; the only question was whether it is the *only* source of CP violation. When the only observation of CP violation remained in the neutral kaon system, there was not yet sufficient experimental data to answer this question definitively. With the data from B factories, a positive answer emerged.

There are various equivalent ways of parameterizing the CKM matrix. That proposed [151] by KM involved writing

$$V_{\text{CKM}} = \begin{pmatrix} \cos\theta_1 & -\sin\theta_1 \cos\theta_3 & -\sin\theta_1 \sin\theta_3 \\ \sin\theta_1 \cos\theta_2 & \cos\theta_1 \cos\theta_2 \cos\theta_3 - \sin\theta_2 \sin\theta_3 e^{i\delta} & \cos\theta_1 \cos\theta_2 \sin\theta_3 + \sin\theta_2 \cos\theta_3 e^{i\delta} \\ \sin\theta_1 \sin\theta_2 & \cos\theta_1 \sin\theta_2 \cos\theta_3 + \cos\theta_2 \sin\theta_3 e^{i\delta} & \cos\theta_1 \sin\theta_2 \sin\theta_3 - \cos\theta_2 \cos\theta_3 e^{i\delta} \end{pmatrix} \quad (4.162)$$

Another useful parametrization [152] writes

$$V_{\text{CKM}} = \begin{pmatrix} 1 - \frac{1}{2}\lambda^2 & \lambda & \lambda^3 A(\rho - i\eta) \\ -\lambda & 1 - \frac{1}{2}\lambda^2 & \lambda^2 A \\ \lambda^3 A(1 - \rho - \eta) & -\lambda^2 A & 1 \end{pmatrix} \quad (4.163)$$

In Eq. (4.163), λ is the sine of the Cabibbo angle $\sin\theta_1$ in Eq. (4.162) and CP violation is proportional to η. If we write the CKM matrix a third time as

$$V_{\text{CKM}} = \begin{pmatrix} V_{ud} & V_{us} & V_{ub} \\ V_{cd} & V_{cs} & V_{cb} \\ V_{td} & V_{ts} & V_{tb} \end{pmatrix} \quad (4.164)$$

then the unitarity equation $(V_{\text{CKM}})^\dagger V_{\text{CKM}} = 1$ dictates, for example, that

$$V_{ub}^* V_{ud} + V_{cb}^* V_{cd} + V_{tb}^* V_{td} = 0 \quad (4.165)$$

This relation is conveniently represented as the addition of three Argand vectors to zero is a *unitarity triangle*. Dividing out the middle term of Eq. (4.165) and using the parametrization of Eq. (4.163) leads to the prediction of the standard model with KM mechanism that the vertices of the unitarity triangle in a ρ–η plot are at the origin $(0, 0)$, at $(1, 0)$, and at (ρ, η). Thus, the area of the unitarity triangle is proportional to η and hence to the amount of CP violation. The measurement of the angles and sides of this unitary triangle were the principal goals of the B factories (see, e.g., Ref. [153] for a review).

Next we turn to a brief outline of the strong CP problem in the standard model. (More detailed reviews are available in Refs. [154–156].) The starting observation is that one may add to the QCD Lagrangian an extra term:

$$L = \sum_k \bar{q}_k (i\gamma_\mu d_\mu - m) q_k - \Theta G_{\mu\nu} \mathcal{G}_{\mu\nu} \tag{4.166}$$

where the sum over k is for the quark flavors and D_μ is the partial derivative for gauged color $SU(3)_C$. The additional term proportional to Θ violates P and CP symmetries. This term is a total divergence of a gauge noninvariant current but can contribute because of the existence of classical instanton solutions. It turns out that chiral transformations can change the value of Θ via the color anomaly but cannot change the combination:

$$\bar{\Theta} = \Theta - \arg \det M(U) - \arg \det M(D) \tag{4.167}$$

where $\det M(U, D)$ are the determinants of the up and down quark mass matrices, respectively. Thus $\bar{\Theta}$, which is an invariant under chiral transformations, measures the violation of CP symmetry by strong interactions. A severe constraint on $\bar{\Theta}$ arises from the neutron electric dipole moment d_n, which has been measured to obey $d_n \leqslant 10^{-25} e - \text{cm}$ [157, 158]. A calculation of d_n [159, 160] leads to an estimate that $\bar{\Theta} < 10^{-10}$. This fine-tuning of $\bar{\Theta}$ is unexplained by the unadorned standard model and raises a serious difficulty thereto.

A popular approach (which does *not* necessitate additional fermions) involves the axion mechanism, which we describe briefly, although since only a relatively narrow window remains for the axion mass, and since the mechanism is non unique, it is well worth looking for alternatives to the axion for solving the strong CP problem.

In the axion approach, one introduces a color-anomalous global U(1) Peccei–Quinn symmetry [161, 162] such that different Higgs doublets couple to the up and down quarks. The effective potential now becomes a function of the two Higgs fields and $\bar{\Theta}(x)$ regarded as a dynamical variable. An analysis then shows that the potential acquires the form

$$V = V(H_1, H_2) - \cos \bar{\Theta} \tag{4.168}$$

and hence the minimum energy condition relaxes $\bar{\Theta}$ to zero.

Because a continuous global symmetry is broken spontaneously, there is a pseudo-Goldstone boson [163, 164] the axion, which acquires a mass through the color anomaly and instanton effects. The simplest model predicts an axion with mass of a few times 100 keV, but this particle was ruled out phenomenologically. Extensions of the axion model [165–168] lead to an axion mass which becomes a free parameter. Empirics constrain the mass to lie between about a micro-electron volt and a milli-electron volt, and searches are under way for such an axion.

In the kaon system, the CP violation parameter ϵ'/ϵ, which measures *direct* CP violation in the decay amplitude $K_L \to 3\pi$ (as opposed to indirect CP violation in $K^0 - \bar{K}^0$ mixing),

$$\frac{\epsilon'}{\epsilon} = \frac{1}{6}\left(\frac{[K_L \to \pi^+\pi^-]/[K_S \to \pi^+\pi^-]}{[K_L \to \pi^0\pi^0]/[K_S \to \pi^0\pi^0]} - 1\right) \quad (4.169)$$

The value found by KTeV [175] at Fermilab and by NA48 [176] at CERN, both in 1999, averages to the value

$$\frac{\epsilon'}{\epsilon} = 2.1 \times 10^{-3} \quad (4.170)$$

One other limit on CP violation is from the neutron electric dipole moment, for which the present limit is $d_n \leqslant 6 \times 10^{-26}$ electron-cm. Observation of nonzero d_n and evaluation of the parameters ρ and η in Eq. (4.163) from B decay suggest strongly that the KM mechanism is responsible for all of the observed CP violation.

4.9
Summary

We have seen how the precision measurements, especially at the Z-pole, brilliantly confirm the standard electroweak theory. The Higgs boson remains undiscovered and the most enigmatic of the standard model particles: Is it really an elementary scalar field or a composite? This should be clarified at the LHC.

Flavor mixing between three families gives a natural mechanism for CP violation and it remains to be checked empirically whether this is the only source for CP noninvariance. The strong CP problem is an outstanding difficulty for QCD, as is the proliferation of parameters in the standard theory.

Going beyond the standard model, for example to grand unification, gives hope that some of the many parameters may be related, but generally it adds more and gives rise to the new problem of the "hierarchy": the huge ratio of the GUT scale to the weak scale. It is possible that a completely different approach to extending the SM will be necessary.

References

1 Particle Data Group, *Eur. Phys. J.* C3, 1 (1998).
2 G. Steigman, D.N. Schramm, and J.E. Gunn, *Phys. Lett.* 66B, 202 (1977).
3 J. Yang, D.N. Schramm, G. Steigman, and R.T. Rood, *Astrophysical J.* 227, 697 (1979).
4 G. Steigman, *Annu. Rev. Nucl. Part. Sci.* 29, 313 (1979).
5 G. Steigman, in *Proceedings of the First Workshop on Grand Unification*, P.H. Frampton, S.L. Glashow, and A. Yildiz, eds. Math. Sci. Press, Brookline, MA, 1980, p. 245.
6 S.S. Gerstein and Ya.B. Zeldovich, *Zh. Eksp. Teor. Fiz. Pis'ma Red.* 4, 174 (1966).
7 R. Cowsik and J. McClelland, *Phys. Rev. Lett.* 29, 669 (1972).

8. A.D. Dolgov and Ya.B. Zeldovich, *Rev. Mod. Phys.* 53, 1 (1980).
9. SuperKamiokande Collaboration (Y. Fukuda et al.), *Phys. Rev. Lett.* 82, 2644 (1999).
10. SuperKamiokande Collaboration (Y. Fukuda et al.), *Phys. Lett.* B467, 185 (1999).
11. SuperKamiokande Collaboration (Y. Fukuda et al.), *Phys. Lett.* B452, 418 (1999).
12. E. Kearas, T. Kajita, and Y. Totsuka, *Sci. Am.* 281, No. 2, 48 (1999).
13. M.Y. Han and Y. Nambu, *Phys. Rev.* 139B, 1006 (1965).
14. J.C. Pati and A. Salam, *Phys. Rev.* D8, 1240 (1973).
15. J.C. Pati and A. Salam, *Phys. Rev. Lett.* 31, 661 (1973).
16. J.C. Pati and A. Salam, *Phys. Rev.*, D10, 275 (1974).
17. J.C. Pati and A. Salam, *Phys. Lett.* 58B, 333 (1975).
18. J.C. Pati and A. Salam, in *Proceedings of the First Workshop on Grand Unification*, P.H. Frampton, S.L. Glashow, and A. Yildiz, eds., Math. Sci. Press, Brookline, MA, 1980, p. 115.
19. M. Gell-Mann, Caltech preprint, unpublished, 1961.
20. M. Gell-Mann and Y. Ne'eman, *The Eightfold Way*, W.A. Benjamin, New York, 1964.
21. Y. Ne'eman, *Nucl. Phys.* 26, 222 (1961).
22. M. Gell-Mann, *Phys. Rev.* 125, 1067 (1962).
23. M. Gell-Mann, *Phys. Lett.* 8, 214 (1964).
24. G. Zweig, CERN Report 8419/TH412, unpublished, Developments in the Quark Model of Hadrons, Vol. I, 1964–1978.
25. D.B. Lichtenberg and S.P. Rosen, eds., Hadronic Press, Cambridge, MA, 1980, p. 22.
26. R.P. Feynman, *Phys. Rev. Lett.* 23, 1415 (1969).
27. J.D. Bjorken and E.A. Paschos, *Phys. Rev.* 185, 1975 (1969).
28. J.D. Bjorken and E.A. Paschos, *Phys. Rev.* D1, 3151 (1970).
29. F.E. Close, *Introduction to Quarks and Partons*, Academic Press, New York, 1978.
30. O.W. Greenberg, *Annu. Rev. Nucl. Part. Sci.* 28, 327 (1978).
31. J.J. Aubert et al., *Phys. Rev. Lett.* 33, 1404 (1974).
32. J.E. Augustin et al., *Phys. Rev. Lett.* 33, 1406 (1974).
33. G.S. LaRue, W.M. Fairbank, and A.F. Hebard, *Phys. Rev. Lett.* 38, 1011 (1977).
34. G.S. LaRue, W.M. Fairbank, and J.D. Phillips, *Phys. Rev. Lett.* 42, 142 (1979).
35. S. Weinberg, *Trans. N.Y. Acad. Sci.* 38, 185 (1977) (Festschrift for I.I. Rabi).
36. S.L. Glashow and S. Weinberg, *Phys. Rev. Lett.* 20, 224 (1968).
37. M. Gell-Mann, R.J. Oakes, and B. Renner, *Phys. Rev.* 175, 2195 (1968).
38. G. 't Hooft, *Phys. Rev. Lett.* 37, 8 (1976).
39. J.F. Gunion, P.C. McNamee, and M.D. Scadron, *Nucl. Phys.* B123, 445 (1977).
40. N.H. Fuchs and M.D. Scadron, *Phys. Rev.* D20, 2421 (1979).
41. E. Golowich, *Phys. Rev.* D12, 2108 (1975).
42. L. Davis, A.S. Goldhaber, and M.M. Nieto, *Phys. Rev. Lett.* 35, 1402 (1975).
43. R.E. Marshak, Riazzudin, and C.P. Ryan, *Theory of Weak Interaction of Elementary Particles*, Wiley–Interscience, New York, 1969.
44. P.K. Kabir, ed., *The Development of Weak Interaction Theory*, Gordon and Breach, New York, 1963.
45. S.L. Adler and R.F. Dashen, *Current Algebras and Applications to Particle Physics*, W.A. Benjamin, New York, 1968.
46. E. Fermi, *Nuovo Cimento* 11, 1 (1934).
47. E. Fermi, *Z. Phys.* 88, 161 (1934).
48. N. Cabibbo, *Phys. Rev. Lett.* 10, 531 (1963).
49. M. Gell-Mann and M. Levy, *Nuovo Cimento* 16, 705 (1960).
50. E.C.G. Sudarshan and R.E. Marshak, *Phys. Rev.* 109, 1860 (1958).
51. R.P. Feynman and M. Gell-Mann, *Phys. Rev.* 109, 193 (1958).
52. S.S. Gershtein and Ya.B. Zeldovich, Zh. Eks. Teor. Fiz. 29, 698 (1955) [trans.: *Sov. Phys. JETP* 2, 596 (1956)].
53. H. Weyl, *Z. Phys.* 56, 330 (1929).
54. A. Salam, *Nuovo Cimento* 5, 299 (1957).
55. A. Salam, *Phys. Rev. Lett.* 2, 127 (1959).
56. L. Landau, *Nucl. Phys.* 3, 127 (1957).
57. T.D. Lee and C.N. Yang, *Phys. Rev.* 105, 1671 (1957).

58. J.D. Bjorken and S.D. Drell, *Relativistic Quantum Mechanics*, McGraw–Hill, New York, 1964.
59. G. 't Hooft, *Nucl. Phys.* B33, 173 (1971).
60. G. 't Hooft, *Nucl. Phys.* B35, 167 (1971).
61. W. Kummer and G. Segre, *Nucl. Phys.* 64, 585 (1965).
62. D.A. Dicus, G. Segre, and V.L. Teplitz, *Phys. Rev.* D13, 3092 (1976).
63. H. Georgi and S.L. Glashow, *Phys. Rev. Lett.* 28, 1494 (1972).
64. S.A. Bludman, *Nuovo Cimento* 9, 433 (1958).
65. J. Schwinger, *Ann. Phys.* 2, 407 (1957).
66. S.L. Glashow, *Nucl. Phys.* 22, 579 (1961).
67. S.L. Glashow, *Nucl. Phys.* 10, 107 (1959).
68. A. Salam and J.C. Ward, *Phys. Lett.* 13, 168 (1964).
69. P.W. Anderson, *Phys. Rev.* 130, 439 (1963).
70. P.W. Higgs, *Phys. Lett.* 12, 132 (1964).
71. P.W. Higgs, *Phys. Rev. Lett.* 13, 508 (1964).
72. P.W. Higgs, *Phys. Rev.* 145, 1156 (1966).
73. G.S. Guralnik, C.R. Hagen, and T.W.B. Kibble, *Phys. Rev. Lett.* 13, 585 (1964).
74. T.W.B. Kibble, *Phys. Rev.* 155, 1554 (1967).
75. F. Englert and R. Brout, *Phys. Rev. Lett.* 13, 321 (1964).
76. F. Englert, R. Brout, and M.F. Thiry, *Nuovo Cimento* 48, 244 (1966).
77. S. Weinberg, *Phys. Rev. Lett.* 27, 1264 (1967).
78. A. Salam, in *Elementary Particle Theory, Proceedings of the 8th Nobel Symposium*, N. Svartholm, ed., Almqvist & Wiksell, Stockholm, 1968.
79. G. 't Hooft and M. Veltman, *Nucl. Phys.* B44, 189 (1972).
80. G. 't Hooft and M. Veltman, *Nucl. Phys.* B50, 318 (1972).
81. B. W. Lee and J. Zinn-Justin, *Phys. Rev.* D5, 3121, 3137, 3155 (1972).
82. S.L. Glashow, J. Iliopoulos, and L. Maiani, *Phys. Rev.* D2, 1285 (1970).
83. S. Sakata, *Prog. Theor. Phys.* 16, 686 (1956).
84. G. Danby, J.M. Gaillard, K. Goulianos, L.M. Lederman, N. Mistry, M. Schwartz, and J. Steinberger, *Phys. Rev. Lett.* 9, 36 (1962).
85. Y. Katayama, K. Matumoto, S. Tanaka, and E. Yamada, *Prog. Theor. Phys.* 28, 675 (1962).
86. Z. Maki, M. Nakagawa, and S. Sakata, *Prog. Theor. Phys.* 28, 870 (1962).
87. Z. Maki, *Prog. Theor. Phys.* 31, 331 (1964).
88. Z. Maki, *Prog. Theor. Phys.* 31, 333 (1964).
89. Y. Hara, *Phys. Rev.* 134, B701 (1964).
90. Z. Maki and Y. Ohnuki, *Prog. Theor. Phys.* 32, 144 (1964).
91. M. Gell-Mann, unpublished, 1961.
92. M. Gell-Mann, *Phys. Rev.* 125, 1067 (1962).
93. Y. Ne'eman, *Nucl. Phys.* 26, 222 (1961).
94. V.E. Barnes et al., *Phys. Rev. Lett.* 12, 204 (1964).
95. M. Gell-Mann, *Phys. Lett.* 8, 214 (1964).
96. G. Zweig, unpublished, 1964.
97. P. Tarjanne and V.L. Teplitz, *Phys. Rev. Lett.* 11, 447 (1963).
98. I. Sogami, *Prog. Theor. Phys.* 31, 725 (1964).
99. M. Kama, K. Matumoto, and S. Tanaka, *Prog. Theor. Phys.* 31, 1171 (1964).
100. D. Amati, H. Bacry, J. Nuyts, and J. Prentki, *Phys. Lett.* 11, 190 (1964).
101. B.J. Bjorken and S.L. Glashow, *Phys. Lett.* 11, 255 (1964).
102. D. Amati, H. Bacry, J. Nuyts, and J. Prentki, *Nuovo Cimento* 34, 1732 (1964).
103. H. Bacry, J. Nuyts, and L. Van Hove, *Phys. Lett.* 9, 279 (1964).
104. H. Bacry, J. Nuyts, and L. Van Hove, *Nuovo Cimento* 35, 510 (1964).
105. S. Weinberg, *Phys. Rev. Lett.* 27, 1688 (1971).
106. S. Weinberg, *Phys. Rev.* D5, 1412 (1972).
107. C. Bouchiat, J. Iliopoulos, and Ph. Meyer, *Phys. Lett.* 38B, 519 (1972).
108. M. Gell-Mann and S.L. Glashow, *Ann. Phys.* 15, 437 (1961).
109. K. Kang and J.E. Kim, *Phys. Lett.* 64B, 93 (1976).
110. S.L. Glashow and S. Weinberg, *Phys. Rev.* D15, 1958 (1977).
111. E.A. Paschos, *Phys. Rev.* D15, 1966 (1977).
112. H. Georgi and S.L. Glashow, *Nucl. Phys.* B167, 173 (1980).
113. P.H. Cox, P.H. Frampton, and A. Yildiz, *Phys. Rev. Lett.* 46, 1051 (1981).
114. M.K. Gaillard and B.W. Lee, *Phys. Rev.* D10, 897 (1974).

115 D.J. Gross and F. Wilczek, *Phys. Rev. Lett.* 26, 1343 (1973).
116 H.D. Politzer, *Phys. Rev. Lett.* 26, 1346 (1973).
117 T. Appelquist and H.D. Politzer, *Phys. Rev. Lett.* 34, 43 (1975).
118 T. Appelquist and H.D. Politzer, *Phys. Rev.* D12, 1404 (1975).
119 S. Okubo, *Phys. Lett.* 5, 165 (1963).
120 G. Zweig, unpublished, 1964.
121 J. Iizuka, *Suppl. Prog. Theor. Phys.* 37/38, 21 (1966).
122 J.J. Aubert et al., *Phys. Rev. Lett.* 33, 1404 (1974).
123 J.E. Augustin et al., *Phys. Rev. Lett.* 33, 1406 (1974).
124 G.S. Abrams et al., *Phys. Rev. Lett.* 33, 1453 (1974).
125 T. Appelquist, R.M. Barnett, and K. Lane, *Annu. Rev. Nucl. Part. Sci.* 28, 387 (1978).
126 T. Appelquist, A. De Rujula, H.D. Politzer, and S.L. Glashow, *Phys. Rev. Lett.* 34, 365 (1975).
127 E. Eichten, K. Gottfried, T. Kinoshita, J. Kogut, K.D. Lane, and T.M. Yan, *Phys. Rev. Lett.* 34, 369 (1975).
128 E. Eichten, K. Gottfried, T. Kinoshita, K.D. Lane, and T.M. Yan, *Phys. Rev. Lett.* 36, 500 (1976).
129 B.J. Harrington, S.Y. Park, and A. Yildiz, *Phys. Rev. Lett.* 34, 168 (1975).
130 B.J. Harrington, S.Y. Park, and A. Yildiz, *Phys. Rev. Lett.* 34, 706 (1975).
131 G. Goldhaber et al., *Phys. Rev. Lett.* 37, 255 (1976).
132 M. Perl et al., *Phys. Rev. Lett.* 35, 1489 (1975).
133 R. Brandelik et al., *Phys. Lett.* 73B, 109 (1978).
134 S.W. Herb et al., *Phys. Rev. Lett.* 39, 252 (1977).
135 S. Behrends et al., *Phys. Rev. Lett.* 50, 881 (1983).
136 R. Abe et al. (CDF collaboration), *Phys. Rev. Lett.* 74, 2626 (1995).
137 S. Abachi et al. (D0 collaboration), *Phys. Rev. Lett.* 74, 2632 (1995).
138 P.H. Frampton, P.Q. Hung, and M. Sher, *Phys. Rep.* 330, 263 (2000).
139 F.J. Hasert et al. (Gargamelle collaboration), *Phys. Lett.* 46B, 138 (1973).
140 A. Benvenuti et al. (HPWF collaboration), *Phys. Rev. Lett.* 32, 1457 (1974).
141 G. Arnison et al. (UA1 collaboration), *Phys. Lett.* 122B, 103 (1983).
142 M. Banner et al. (UA2 collaboration), *Phys. Lett.* 122B, 103 (1983).
143 M. Banner et al. (UA2 collaboration), *Phys. Lett.* 126B, 398 (1983).
144 A.K. Mann and D.B. Cline, eds., *Discovery of Weak Neutral Currents: The Weak Interaction Before and After*, AIP Conference Proceedings, 300, AIP Publishing, New York, 1994.
145 W.-M. Yao et al., *J. Phys.* G33, 1 (2006).
146 D. Karlen, talk presented at ICHEP'98.
147 T. Dorigo, for the CDF collaboration, talk presented at the 6th International Symposium on Particles, Strings, and Cosmology, Boston, March 1998.
148 B. Abbott et al., *Phys. Rev. Lett.* 80, 3008 (1998).
149 M. Veltman, *Nucl. Phys.* B123, 89 (1977).
150 M.E. Peskin and T. Takeuchi, *Phys. Rev. Lett.* 65, 964 (1990).
151 M. Kobayashi and T. Mashkawa, *Prog. Theor. Phys.* 49, 652 (1973).
152 L. Wolfenstein, *Phys. Rev. Lett.* 51, 1945 (1983).
153 Y. Nir and H.R. Quinn, *Annu. Rev. Nucl. Part. Sci.* 42, 211 (1992).
154 J.E. Kim, *Phys. Rep.* 150, 1 (1987).
155 H.-Y. Cheng, *Phys. Rep.* 158, 1 (1988).
156 R.D. Peccei, in *CP Violation*, C. Jarlskog, ed., World Scientific, Singapore, 1989.
157 N.F. Ramsey, *Annu. Rev. Nucl. Sci.* 32, 211 (1982).
158 K.F. Smith et al., *Phys. Lett.* 234, 191 (1990).
159 V. Baluni, *Phys. Rev.* D19, 2227 (1979).
160 R.J. Crewther, P. Di Vecchia, G. Veneziano, and E. Witten, *Phys. Lett.* 88B, 123 (1979).
161 R.D. Peccei and H.R. Quinn, *Phys. Rev. Lett.* 38, 1440 (1977).
162 R.D. Peccei and H.R. Quinn, *Phys. Rev.* D16, 1791 (1977).
163 S. Weinberg, *Phys. Rev. Lett.* 40, 223 (1978).
164 F. Wilczek, *Phys. Rev. Lett.* 40, 279 (1978).
165 J.E. Kim, *Phys. Rev. Lett.* 43, 103 (1979).
166 M.A. Shifman, A.I. Veinshtein, and V.I. Zhakarov, *Nucl. Phys.* B166, 493 (1980).
167 A.P. Zhitnitskii, *Sov. J. Nucl. Phys.* 31, 260 (1980).
168 M. Dine, W. Fischler, and M. Srednicki, *Phys. Lett.* 104B, 199 (1981).

169 J. Gasser and H. Leutwyler, *Phys. Rep.* 87, 77 (1982).

170 H. Leutwyler, *Nucl. Phys.* B337, 108 (1990).

171 H. Leutwyler, *Phys. Lett.* B374, 163 (1996).

172 H. Leutwyler, *Phys. Lett.* B378, 313 (1996).

173 P.H. Frampton and T.W. Kephart, *Phys. Rev. Lett.* 66, 1666 (1991).

174 P.H. Frampton and D. Ng, *Phys. Rev.* D43, 3034 (1991).

175 A. Alavi-Harati et al., *Phys. Rev. Lett.* 83, 22 (1999).

176 S. Palestini (NA48 collaboration), *International Europhysics Conference on High Energy Physics (EPS-HEP-99)*, Tampere, Finland, July 1999, hep-ex/9909046.

5
Renormalization Group

5.1
Introduction

Here we introduce the renormalization group equations, which are essential for understanding of quantum chromodynamics (QCD) and grand unification. This approach was introduced into quantum electrodynamics by Gell-Mann and Low in 1954, then remained somewhat in the background in elementary particle theory until the 1970s.

The discovery of asymptotic freedom of non-Abelian gauge theories by 't Hooft in 1972 played a major role in establishing QCD as the generally accepted theory of strong interactions between quarks, since it provided a natural explanation for why quarks become weakly coupled at very short distances. Also, it enables us to explore the short-distance regime by perturbative expansion in a small coupling constant.

Shortly afterward, in 1974, it was realized by Georgi, Quinn, and Weinberg that by extrapolating the renormalization group equations to even much shorter distances, one could speculate on how the strong and electroweak interactions might unify into a single coupling constant at about 10^{-29} cm. This improved the understanding of grand unified theories [e.g., the SU(5) theory of Georgi and Glashow], there remains no empirical support for this level of unification.

We first derive the Callan–Symanzik equation, which characterizes the renormalization group. Then the β^- function for Yang–Mills theory will be calculated in covariant gauge; there follows the conditions for asymptotic freedom. Next, grand unification of the strong and electroweak interactions is discussed.

To illustrate use of anomalous dimensions, we analyze scaling violations in deep inelastic lepton–hadron scattering and show the quantitative agreement between QCD and experiment. Finally, the background field gauge is explained. This method makes calculations much easier and, consequently, gained popularity.

Gauge Field Theories. Paul H. Frampton
Copyright © 2008 WILEY-VCH Verlag GmbH & Co. KGaA, Weinheim
ISBN: 978-3-527-40835-1

5.2
Renormalization Group Equations

The renormalization group involves the manipulation of a deceptively simple differential equation leading to surprisingly strong results concerning, for example, the asymptotic behavior of Green's functions for large external momenta; the results apply to the sum of all Feynman diagrams, including every order of perturbation theory. For the differential equation to be useful it is necessary that the quantum field theory have (1) ultraviolet divergences and (2) renormalizability.

The renormalization group has a history that goes back to 1953 with the work of Stückelberg and Petermann [1], Gell-Mann and Low [2], and Ovsiannikov [3]. A good summary of the results of the 1950s is provided by Bogoliubov and Shirkov [4, Chap. 8], who also provide citations of the relevant Russian papers.

After more than a decade of quiescence (in particle theory, although not in condensed matter theory; see, e.g., Ref. [5]), the experimental observation of approximate scaling in deep-inelastic electron–nucleon scattering prompted a resurgence of interest in the renormalization group, in particular the important contributions of Callan [6, 7] and Symanzik [8–10] in 1970. Also of significance was the introduction of the operator product expansion by Wilson in 1968 [11].

The first great success of the renormalization group in particle theory, specifically in gauge field theories, was the discovery by 't Hooft [12], subsequently emphasized by Politzer [13, 14], and Gross and Wilczek [15–17] that QCD is asymptotically free and hence can explain the approximate scaling observed experimentally. A Yang–Mills non-Abelian gauge theory is essential to achieve this result [18, 19]. The asymptotic freedom was, and still is, a dominant reason for the general acceptance of QCD as the correct theory of strong interactions. A second use for the renormalization group came in 1974, when Georgi, Quinn, and Weinberg [20] demonstrated how strong and electroweak couplings may be unified, hence supporting the SU(5) model of Georgi and Glashow [21]. Excellent reviews of the renormalization group in field theory exist [14, 22–28].

Let us first consider the QCD of quarks and gluons. The full quark–gluon vertex, which includes all connected (and not only the proper or one-particle irreducible) Feynman diagrams will have contributions of order g, g^3, g^5, ... in the renormalized perturbation expansion, corresponding to diagrams such as those in Fig. 5.1. Let q_μ be the momentum of the outgoing gluon–Euclidean spacelike (nonexceptional) $-q^2 \gg \mu^2$, where $\mu^2 > 0$ is arbitrary but preassigned. Then one finds that the leading order-by-order behavior of the full vertex is

$$g \to g + O\left(g^3 \ln\left(\frac{-q^2}{\mu^2}\right)\right) + O\left(g^5 \ln^2\left(\frac{-q^2}{\mu^2}\right)\right) + \cdots \qquad (5.1)$$

5.2 Renormalization Group Equations

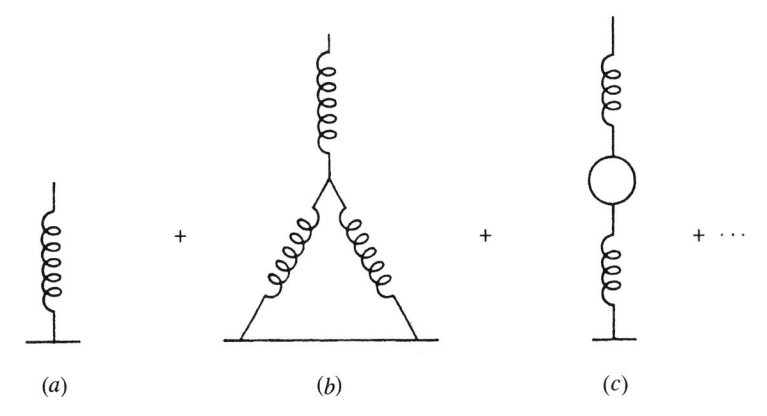

Figure 5.1 Corrections to quark–gluon vertex.

and these leading logarithms actually sum to

$$g^2(q^2) = \frac{g^2}{1 + bg^2 \ln(-q^2/\mu^2)} \tag{5.2}$$

The fact that Eq. (5.1) is a geometric series in $g^2 \ln(-q^2/\mu^2)$ would be impossible to verify by direct calculation of Feynman diagrams but will be an elementary consequence of the renormalization group equation.

Consider the proper Green's function $\Gamma^{(n)}(p_1, p_2, \ldots, p_n)$ with n external lines and with naive dimension $\Gamma^{(n)} \sim M^d$ with $d =$ integer. In the limit $p_i^2 \to \infty$ with the $p_i p_j / \sqrt{p_i^2 p_j^2}$ held finite, we would at tree level obtain canonical scaling in terms of such kinematic invariants (having overall dimension d) provided that the $(-p_i^2)$ all greatly exceed every squared physical mass parameter in the theory. In the quantum theory, however, this is no longer true since at the *regularization* stage an arbitrary scale μ must be introduced: It is the mass unit of Λ in Pauli–Villars regularization, and it is the corresponding scale in dimensional regularization where $(4-n)^{-1} \leftrightarrow \ln(\Lambda/\mu)$. Note that in dimensional regularization we must introduce μ in order to relate the pole in the complex dimension plane to the logarithmic divergence of the loop-momentum integral, merely on dimensional grounds [d is dimensionless but Λ is not]. Thus, in the renormalized Green's function we expect that a change in μ can be compensated by a change in g and the renormalization constants Z. If $n = n_A + n_F$, where n_A and n_F are the numbers of external gluons and quarks, respectively, the renormalizability of QCD enables us to write

$$\Gamma(p_i, \mu, g) = \lim_{\Lambda \to \infty} \left[Z_A \left(\frac{g_0, \Lambda}{\mu} \right)^{n_A} Z_F \left(\frac{g_0, \Lambda}{\mu} \right)^{n_F} \Gamma_u^{(n)}(p_i, g_0, \Lambda) \right] \tag{5.3}$$

where $\Gamma_u^{(n)}$ is the unrenormalized proper Green's function and g_0 is the bare coupling constant.

The key observation now is that $\Gamma_u^{(n)}$ simply does not depend on μ since μ is introduced only by the regularization procedure. Operate on both sides of Eq. (5.3) with $\mu d/d\mu$ to find

$$\left(\mu\frac{\partial}{\partial\mu} + \mu\frac{\partial g}{\partial\mu}\frac{\partial}{\partial g}\right)\Gamma(p_i, \mu, g)$$

$$= \mu \lim_{\Lambda\to\infty}\left(\frac{n_A}{Z_A}\frac{\partial Z_A}{\partial\mu} + \frac{n_F}{Z_F}\frac{\partial Z_F}{\partial\mu}\right)Z_A^{n_A} Z_F^{n_F}\Gamma_u^{(n)}(p_i, g_0, \Lambda) \qquad (5.4)$$

Hence if we make the definitions

$$\beta(g) = \lim_{\Lambda\to\infty}\left[\mu\frac{\partial}{\partial\mu}g\left(\frac{g_0, \Lambda}{\mu}\right)\right] \qquad (5.5)$$

$$\gamma_i(g) = -\lim_{\Lambda\to\infty}\left[\mu\frac{\partial}{\partial\mu}\ln Z_i\left(\frac{g_0, \Lambda}{\mu}\right)\right] \qquad (5.6)$$

where $i = A, F$, we arrive at the fundamental equation

$$\left[\mu\frac{\partial}{\partial\mu} + \beta(g)\frac{\partial}{\partial g} + n_A\gamma_A(g) + n_F\gamma_F(g)\right]\Gamma^{(n_A, n_F)}(p_i, \mu, g) = 0 \qquad (5.7)$$

This first-order partial differential equation in two variables μ and g is the renormalization group equation. Here $\beta(g)$ is the Callan–Symanzik β-function or, henceforth, simply the β-function, while the $\gamma_i(g)$ are, for reasons to become clear shortly, the anomalous dimensions. We may say that while renormalization is itself technically complicated but conceptually simple, the renormalization group is technically simple but conceptually subtle. For example Eq. (5.7) yields extraordinarily powerful results for partial sums (e.g., leading logarithms) over all orders of perturbation theory.

Instead of varying μ with p_i fixed, we wish to make $p_i \to \lambda p_i$, but this is easy since μ also sets the scale for p_i. We may always write

$$\Gamma^{(n_A, n_F)}(\lambda p_i, \mu, g) = \mu^d f\left(\frac{\lambda^2 p_i p_j}{\mu^2}\right) \qquad (5.8)$$

where d, as before, is the naive dimension and f is a dimensionless function. Putting $t = \ln\lambda$, one finds immediately that

$$\left(\mu\frac{\partial}{\partial\mu} + \frac{\partial}{\partial t} - d\right)\Gamma^{(n_A, n_F)}(\lambda p_i, \mu, g) = 0 \qquad (5.9)$$

and, hence, substitution into Eq. (5.7) gives

$$\left[-\frac{\partial}{\partial t} + \beta(g)\frac{\partial}{\partial g} + \gamma(g)\right]\Gamma^{(n_A, n_F)}(\lambda p_i, g) = 0 \qquad (5.10)$$

with

$$\gamma(g) = d + n_A \gamma_A(g) + n_F \gamma_F(g) \tag{5.11}$$

This explains why the $\gamma_i(g)$ are named anomalous dimensions, since if $\beta(g) = 0$, we see that Eq. (5.10) implies that

$$\Gamma^{(n_A, n_F)} \sim \lambda^{d + n_A \gamma_A + n_F \gamma_F} \tag{5.12}$$

as $\lambda \to \infty$, so that scale invariance holds but with the naive dimension d modified by the $\gamma_i(g)$.

When $\beta(g) \neq 0$, we must solve Eq. (5.10). The two independent variables g and $t = \ln \lambda$ make this tricky to visualize at first, but a beautiful mechanical analog makes the solution perspicuous [22]. Consider the equation for $\rho(x, t)$:

$$\frac{\partial \rho}{\partial t} + v(x) \frac{\partial \rho}{\partial x} = L(x) \rho \tag{5.13}$$

This describes the density p of bacteria moving in a fluid in a pipe where $v(x)$ is the fluid velocity and $L(x)$ is the illumination determining the rate of reproduction of the bacteria. To solve Eq. (5.13) is a two-step process: First, we find the position $x'(x, t)$ at time t of the fluid element that is at x at time $t = 0$. It satisfies

$$\frac{dx'(x, t)}{dt} = v(x') \tag{5.14}$$

with the initial condition $x'(x, 0) = x$. The solution of the original equation is then

$$\rho(x, t) = f\big(x'(x, -t)\big) \exp\left[\int_{-t}^{0} dt' L\big(x'(x, t)\big) \right] \tag{5.15}$$

where $f(x)$ is the initial density distribution at $t = 0$.

To go from this hydrodynamical–bacteriological analog model to Eq. (5.10) we merely identify $x, t, L, \rho, v \to g, -t, -\gamma, \Gamma$, and β and arrive at the solution

$$\Gamma(\lambda p_i, g) = \Gamma(p_i, \bar{g}) \exp\left[\int_0^t dt' \gamma\big(\bar{g}(g, t)\big) \right] \tag{5.16}$$

where $\bar{g}$ is the sliding coupling constant, which satisfies

$$\frac{d\bar{g}(g, t)}{dt} = \beta(\bar{g}) \tag{5.17}$$

subject to the boundary condition $\bar{g}(g, 0) = g$.

We may rewrite Eq. (5.16) as

$$\Gamma(\lambda p_i, g) = \Gamma(p_i, \bar{g}) \exp\left[\int_g^{\bar{g}} dg' \frac{\gamma(g')}{\beta(g')} \right] \tag{5.18}$$

Provided that $\bar{g}^2 \ll 1$, we may calculate γ and β in the lowest-order one-loop of perturbation theory to estimate accurately the exponent in Eq. (5.18). The criterion $\bar{g}^2 \ll 1$ replaces the separate conditions

$$\bar{g}^2 \ll 1 \quad \text{and} \quad g^2 \ln \frac{q^2}{\mu^2} \ll 1 \tag{5.19}$$

necessary in conventional perturbation theory, where large logarithms appear in each order. Thus the renormalization group enables summation of all leading logarithms.

5.3
QCD Asymptotic Freedom

We now calculate the β-function to one-loop order very explicitly. The principal interest is QCD with gauge group SU(3) and quarks in the **3** representation. The calculation will, however, be done for an arbitrary simple gauge group and arbitrary representations of fermion and scalar fields. We shall also quote from the literature the corresponding results for two- and three-loops.

Consider first a pure Yang–Mills theory without matter fields, only gluons. For this theory we calculate the renormalization constants, Z_3 corresponding to the field renormalization of the gluon as well as Z_1 for the triple–gluon coupling, respectively. With these conventions the gauge coupling is renormalized according to

$$g_r = \frac{Z_3^{3/2}}{Z_1} g_u \tag{5.20}$$

since each gluon leg carries a factor $Z_3^{1/2}$ at the three-gluon vertex. Thus the β-function is given by

$$\beta = \mu \frac{\partial g_r}{\partial \mu} = -g_u \frac{\partial}{\partial (\ln \Lambda)} \frac{Z_3^{3/2}}{Z_1} \tag{5.21}$$

since the Z_i depend only on the ratio Λ/μ,

Let $\mathscr{Z}_3$, $\mathscr{Z}_1$ denote the renormalization constants for the ghost field and the ghost–gluon vertex, respectively. (Note that $\mathscr{Z}_3$ was denoted simply by $\mathscr{Z}$ in our earlier proof of renormalizability.) Then according to the Taylor–Slavnov identify, one has [29, 30]

$$Z_1 = Z_3 \left(\frac{\mathscr{Z}_1}{\mathscr{Z}_3} \right) \tag{5.22}$$

and this provides a simpler method, using the usual covariant gauges, of calculating Z_1. Somewhat later we shall exhibit a simpler calculation of the β-function in

5.3 QCD Asymptotic Freedom

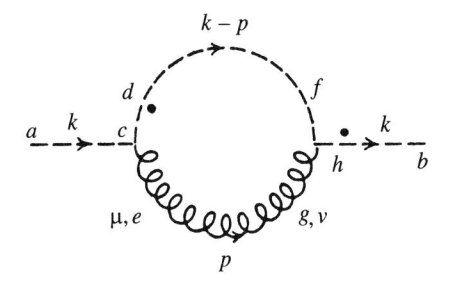

Figure 5.2 Graph contributing to $\mathscr{L}_3$.

background field gauge, but here it is useful to calculate these four renormalization constants up to order g^2 (one loop) in a general covariant gauge.

Consider first $\mathscr{L}_3$, for which the only graph is Fig. 5.2. The Feynman rules give for this [here $C_2(G)$ is the quadratic Casimir $C_2(G)\delta_{ab} = \sum_{c,d} C_{acd}C_{bcd}$]

$$\frac{\delta^{ab}C_2(G)}{k^4}\frac{g^2}{16\pi^4}I(k) \tag{5.23}$$

with the integral

$$I(k) = \int \frac{d^4p(k-p)_\mu k_\nu}{(k-p)^2 p^2}\left[g_{\mu\nu} - \frac{(1-\alpha)p_\mu p_\nu}{p^2}\right] \tag{5.24}$$

The first term in brackets gives, using Feynman parameters and dimensional regularization,

$$\int_0^1 dx \frac{d^n p(k^2 - k\cdot p)}{(p^2 - 2xk\cdot p + xk^2)^2} \simeq i\pi^2 k^2 \ln\Lambda \tag{5.25}$$

The second term of Eq. (5.24) becomes

$$-2(1-\alpha)\int_0^1 \frac{dx(1-x)d^n p[(k\cdot p)^2 - p^2 k\cdot p]}{(p^2 - 2xk\cdot p + xk^2)^3} \simeq i\pi^2(1-\alpha)\frac{k^2}{2}\ln\Lambda \tag{5.26}$$

Thus

$$I(k) \simeq i\pi^2 k^2\left(\frac{3}{2} - \frac{\alpha}{2}\right)\ln\Lambda + \text{finite terms} \tag{5.27}$$

and the full diagram becomes

$$\frac{i\delta^{ab}}{k^2}\left(\frac{g}{4\pi}\right)^2\left(\frac{3}{2} - \frac{\alpha}{2}\right)C_2(G)\ln\Lambda + \cdots \tag{5.28}$$

whence

$$\mathscr{L}_3 = 1\frac{g^2}{16\pi^2}\left(\frac{3}{2} - \frac{\alpha}{2}\right)C_2(G)\ln\Lambda + O(g^4) \tag{5.29}$$

5 Renormalization Group

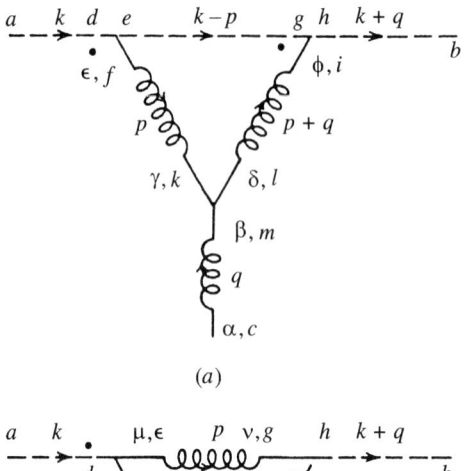

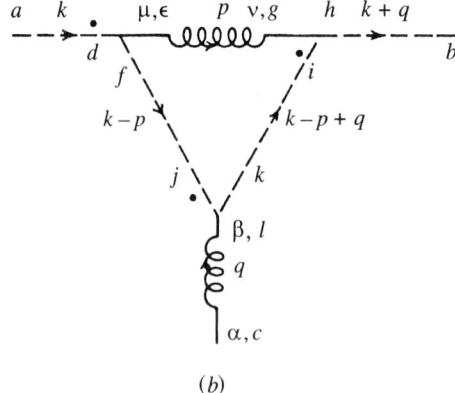

Figure 5.3 Graphs contributing to $\mathscr{L}_1$.

The ghost–gluon coupling renormalization constant $\mathscr{L}_1$ needs evaluation of two Feynman diagrams corresponding to Fig. 5.3a and b. Figure 5.3a gives an amplitude

$$\frac{-ig^3}{16\pi^2} C_{cab} C_2(G) k_\epsilon I_{\epsilon\beta}(k,q) \tag{5.30}$$

where the integral is convergent for the Landau gauge $\alpha = 0$, and hence the divergence is related to the Feynman gauge $\alpha = 1$ by

$$I_{\epsilon\beta}(k,q) \approx \alpha I^F_{\epsilon\beta}(k,q) \tag{5.31}$$

$$I^F_{\epsilon\beta}(k,q) = \int \frac{d^4p}{(k-p)^2 p^2 (p+q)^2} (p-k)_\delta \big[(-2p-q)_\beta g_{\epsilon\delta}$$

$$+ (p+2q)_\epsilon g_{\beta\delta} + (-q+p)_\delta g_{\beta\epsilon}\big] \tag{5.32}$$

$$\approx 2 \int \frac{dx\, dy\, d^4p}{(\text{denominator})^3} p_\delta (-2p_\beta g_{\epsilon\delta} + p_\epsilon g_{\beta\delta} + p_\delta g_{\beta\epsilon}) \tag{5.33}$$

where we keep only the divergent terms; note that the Feynman denominator cancels in the leading logarithmic divergence, so is not needed explicitly. Dimensional regularization then gives

$$I^F_{\epsilon\beta} \sim \frac{3}{2}i\pi^2 g_{\epsilon\beta} \ln \Lambda \tag{5.34}$$

and hence the incremental contribution to $\mathscr{Z}_1$ is

$$\Delta \mathscr{Z}_1 \text{ (Fig. 5.3a)} = \frac{g^2 C_2(G)}{16\pi^2}\left(-\frac{3\alpha}{2}\right) \ln \Lambda \tag{5.35}$$

The second diagram for $\mathscr{Z}_1$, depicted in Fig. 5.3b, gives the contribution

$$\frac{ig^3}{16\pi^4} k_\mu \alpha I^F_{\mu\alpha}(k,q) C_2(G) C_{cab} \tag{5.36}$$

where the integral in Feynman gauge $\alpha = 1$ (this diagram also has no logarithmic divergence in Landau gauge $\alpha = 0$) is

$$I^F_{\mu\alpha} = 2\int dx \, \frac{dy \, d^n p \, p_\alpha p_\mu}{(\text{denominator})^3} \tag{5.37}$$

$$= \frac{1}{2}i\pi^2 g_{\mu\alpha} \ln \Lambda \tag{5.38}$$

This provides the incremental contribution

$$\Delta \mathscr{Z}_1 \text{ (Fig. 5.3b)} = \frac{g^2 C_2(G)}{16\pi^2}\left(+\frac{\alpha}{2}\right) \ln \Lambda \tag{5.39}$$

and hence we arrive at

$$\mathscr{Z}_1 = 1 + \frac{g^2}{16\pi^2} C_2(G)(-\alpha) \ln \Lambda + O(g^4) \tag{5.40}$$

Finally, we turn to the gauge field renormalization constant Z_3 (recall that Z_1 will be deduced from the Taylor–Slavnov identity), for which the relevant Feynman diagrams are shown in Fig. 5.4. Figure 5.4a has a quadratic divergence but no logarithmic divergence, hence does not contribute to Z_3; in terms of dimensional regularization we state that $\int d^4 p/p^2 = 0$.

Turning to Fig. 5.4b we find [bearing in mind the (-1) factor for the ghost loop] the amplitude

$$\delta_{ab} \frac{C_2(G) g^2}{64\pi^4} I_{\alpha\beta}(k) \tag{5.41}$$

where the integral is

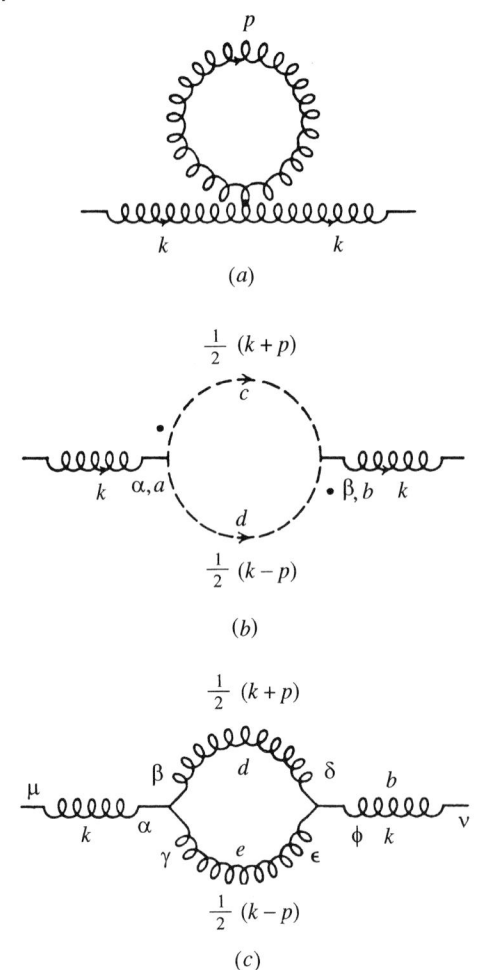

Figure 5.4 Graphs contributing to Z_3.

$$I_{\alpha\beta}(k) = \int \frac{d^4 p (k+p)_\alpha (k-p)_\beta}{(k+p)^2 (k-p)^2} \tag{5.42}$$

$$= \int_0^1 dx \frac{d^n p (k+p)_\alpha (k-p)_\beta}{[p^2 + 2p \cdot k(2x-1) + k^2]^2} \tag{5.43}$$

$$\approx i\pi^2 \ln \Lambda \left(\frac{4}{3} k_\alpha k_\beta + \frac{2}{3} g_{\alpha\beta} k^2 \right) \tag{5.44}$$

Hence the full diagram gives

$$\frac{-ig^2}{16\pi^2} C_2(G) \delta^{ab} \ln \Lambda \left(\frac{1}{3} k_\alpha k_\beta + \frac{1}{6} g_{\alpha\beta} k^2 \right) \tag{5.45}$$

This diagram by itself is not gauge invariant and only becomes so on addition to Fig. 5.4c, to which we now turn. Remembering a combinatorial factor of $\frac{1}{2}$ for the identical bosons, the amplitude is

$$\delta_{ab} \frac{g^2}{16\pi^4} C_2(G) I_{\alpha\phi}(k) \tag{5.46}$$

with the integral

$$I_{\alpha\phi}(k) = \frac{1}{2} \int \frac{d^4 p}{(k+p)^2 (k-p)^2} \Pi_{\beta\delta}(k+p) \Pi_{\gamma\epsilon}(k-p)$$
$$\cdot \Gamma_{\alpha\beta\gamma}\left(k, \frac{-k-p}{2}, \frac{-k+p}{2}\right) \Gamma_{\phi\delta\epsilon}\left(-k, \frac{k+p}{2}, \frac{k-p}{2}\right) \tag{5.47}$$

in which we defined

$$\Pi_{\mu\nu}(k) = g_{\mu\nu} - \frac{(1-\alpha)k_\mu k_\nu}{k^2} \tag{5.48}$$

$$\Gamma_{\alpha\beta\gamma}(p, q, r) = g_{\alpha\beta}(q-p)_\gamma + g_{\beta\gamma}(r-q)_\alpha + g_{\gamma\alpha}(p-r)_\beta \tag{5.49}$$

It is convenient to write

$$I_{\alpha\phi}(k) = I^F_{\alpha\phi}(k) + (1-\alpha) I^{(1)}_{\alpha\phi}(k) + (1-\alpha)^2 I^{(2)}_{\alpha\phi}(k) \tag{5.50}$$

where the superscript F means Feynman gauge $\alpha = 1$.

The first remark is that $I^{(2)}$ has no divergence; to see this, note that

$$\Gamma_{\alpha\beta\gamma}\left(k, \frac{-k-p}{2}, \frac{-k+p}{2}\right)(k+p)_\beta (k-p)_\gamma = -2 p_\mu (k^2 g_{\mu\alpha} - k_\mu k_\alpha) \tag{5.51}$$

$$\Gamma_{\phi\delta\epsilon}\left(-k, \frac{k+p}{2}, \frac{k-p}{2}\right)(k+p)_\delta (k-p)_\epsilon = 2 p_\mu (k^2 g_{\mu\phi} - k_\mu k_\phi) \tag{5.52}$$

and hence

$$I^{(2)}_{\alpha\phi}(k) = -2(k^2 g_{\mu\alpha} - k_\mu k_\alpha)(k^2 g_{\nu\phi} - k_\nu k_\phi) \int \frac{d^4 p \, p_\mu p_\nu}{(k+p)^4 (k-p)^4} \tag{5.53}$$

which is ultraviolet finite and hence does not contribute to Z_3.

Next we observe that there are two equal contributions to $I^{(1)}_{\alpha\phi}(k)$, coming from the $(1-\alpha)$ terms of the two vector propagators, respectively. Indeed, we may exhibit this equality (which holds only for the symmetric choice of momenta),

$$\int \frac{d^4 p}{(k+p)^4(k-p)^2} \Gamma_{\alpha\beta\gamma}\left(k, \frac{-k-p}{2}, \frac{-k+p}{2}\right)$$
$$\cdot \Gamma_{\phi\delta\epsilon}\left(-k, \frac{k+p}{2}, \frac{k-p}{2}\right)(k+p)_\beta (k+p)_\delta g_{\gamma\epsilon}$$
$$= \int \frac{d^4 p}{(k+p)^2(k-p)^4} \Gamma_{\alpha\beta\gamma}\left(k, \frac{-k-p}{2}, \frac{-k+p}{2}\right)$$
$$\cdot \Gamma_{\phi\delta\epsilon}\left(-k, \frac{k+p}{2}, \frac{k-p}{2}\right)(k-p)_\gamma (k-p)_\delta g_{\beta\delta} \tag{5.54}$$

by using the symmetry

$$\Gamma_{\alpha\beta\gamma}(p, q, r) = -\Gamma_{\alpha\gamma\beta}(p, q, r) \tag{5.55}$$

and the fact that the integrals satisfy

$$I_{\alpha\phi}(k) = I_{\alpha\phi}(-k) = I_{\phi\alpha}(k) = I_{\phi\alpha}(-k) \tag{5.56}$$

since by Lorentz invariance there must always be a decomposition

$$I_{\alpha\phi}(k) = f_1(k^2) g_{\alpha\phi} + f_2(k^2) k_\alpha k_\phi \tag{5.57}$$

Thus to compute $I^{(1)}_{\alpha\phi}(k)$ we need compute only, say, the left-hand side of Eq. (5.54), then multiply by 2. Now use for the tensor in the integrand

$$T_{\alpha\phi}(k, p) = \Gamma_{\alpha\beta\gamma}\left(k, \frac{-k-p}{2}, \frac{-k+p}{2}\right)$$
$$\cdot \Gamma_{\phi\delta\epsilon}\left(-k, \frac{k+p}{2}, \frac{k-p}{2}\right)(k+p)_\beta (k+p)_\delta g_{\gamma\epsilon} \tag{5.58}$$

and then Feynman parametrization with dimensional regularization gives

$$I^{(1)}_{\alpha\phi}(k) = 2 \int_0^1 \frac{dx\, x d^n p}{[p^2 + 2p \cdot k(2x-1) + k^2]^3} T_{\alpha\phi}(k, p) \tag{5.59}$$

$$\approx -i\pi^2 \ln \Lambda (k_\alpha k_\phi - k^2 g_{\alpha\phi}) \tag{5.60}$$

There remains only the evaluation in Feynman gauge, which needs

$$t^F_{\alpha\phi}(k, p) = \Gamma_{\alpha\beta\gamma}\left(k, \frac{-k-p}{2}, \frac{-k+p}{2}\right) \Gamma_{\phi\delta\epsilon}\left(-k, \frac{k+p}{2}, \frac{k-p}{2}\right) g_{\beta\delta} g_{\gamma\epsilon}$$
$$\tag{5.61}$$

$$= g_{\alpha\phi}\left(-\frac{9}{2} k^2 - \frac{1}{2} p^2\right) - \frac{5}{2} p_\alpha p_\phi + \frac{9}{2} k_\alpha k_\phi \tag{5.62}$$

whence

$$I^F_{\alpha\phi}(k) = \frac{1}{2}\int_0^1 \frac{dx\, d^n p}{[p^2 + 2p\cdot k(2x-1) + k^2]^2} T^T_{\alpha\phi}(k, p) \tag{5.63}$$

$$\approx -i\pi^2 \ln\Lambda \left(\frac{11}{3} k_\alpha k_\phi - \frac{19}{6} k^2 g_{\alpha\phi}\right) \tag{5.64}$$

The fact that Eq. (5.64) is not gauge covariant is no surprise: It was known in advance from Eq. (5.45) for the ghost loop. Combining the logarithmic divergences from Eqs. (5.45), (5.60), and (5.64) now enables us finally to compute

$$Z_3 = 1 + \frac{g^2}{16\pi^2} C_2(G) \ln\Lambda \left(\frac{13}{3} - \alpha\right) + O(g^4) \tag{5.65}$$

Together with the expressions for $\mathscr{Z}_1$ and $\mathscr{Z}_3$ in Eqs. (5.40) and (5.29), we may now use the identity of Eq. (5.22) to derive

$$Z_1 = 1 + \frac{g^2}{16\pi^2} C_2(G) \ln\Lambda \left[\left(\frac{13}{3} - \alpha\right) + (-\alpha) - \left(\frac{3}{2} - \frac{\alpha}{2}\right)\right] \tag{5.66}$$

$$= 1 + \frac{g^2}{16\pi^2} C_2(G) \ln\Lambda \left(\frac{17}{6} - \frac{3\alpha}{2}\right) + O(g^4) \tag{5.67}$$

Direct calculation of the graphs for Z_1 depicted in Fig. 5.5 gives the same answer. For pure Yang–Mills theory, the β-function follows from Eq. (5.21) as

$$\beta = -g \frac{\partial}{\partial(\ln\Lambda)} \frac{Z_3^{3/2}}{Z_1} \tag{5.68}$$

$$= -g\left(\frac{g^2}{16\pi^2}\right)\frac{11}{3} C_2(G) + O(g^5) \tag{5.69}$$

The negative sign is the crucial signal for asymptotic freedom—the origin $g = 0$ is now an ultraviolet fixed point of the renormalization group—and, as we shall see, leads to an explanation of the weak coupling between quarks observed at high energies. The result of this calculation was known to 't Hooft in 1972 [12].

We now add fermion (spin-$\frac{1}{2}$) and scalar matter fields, which will contribute positively to β, and hence the question is: How much matter may we include before the origin $g = 0$ switches from ultraviolet to infrared fixed point and asymptotic freedom is lost?

First consider the spin-$\frac{1}{2}$ loop of Fig. 5.6, which gives

$$T(R)\delta^{ab} \frac{g^2}{16\pi^4} I_{\alpha\beta}(k) \tag{5.70}$$

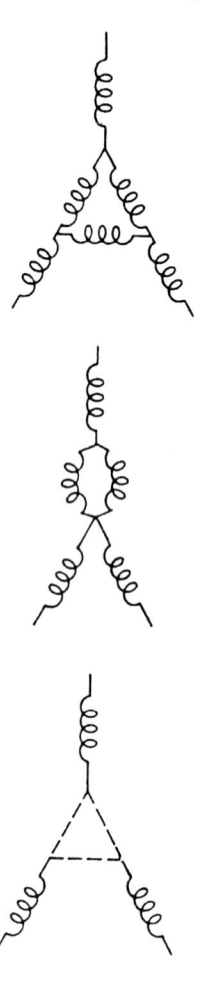

Figure 5.5 Graphs contributing to Z_1.

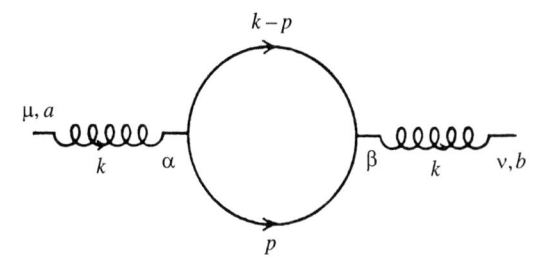

Figure 5.6 Fermion loop diagram.

with

$$I_{\alpha\beta}(k) = \int \frac{d^4 p}{(k-p)^2 p^2} \, \text{Tr}(\gamma_\alpha \slashed{k} \gamma_\beta \slashed{p} - \gamma_\alpha \slashed{p} \gamma_\beta \slashed{p}) \tag{5.71}$$

and the index $T(R)$ for an arbitrary representation R of the gauge group G is given by

$$\text{Tr}\big(T^a(R)T^b(R)\big) = \delta^{ab}T(R) \tag{5.72}$$

Here the $T^a(R)$ are generators of G written in the $d(R) \times d(R)$ basis, with $d(R)$ the dimensionality of R.

The integral is

$$I_{\alpha\beta}(k) = 4\int_0^1 dx \frac{d^n p}{p^2 - 2xk\cdot p + xk^2}$$

$$\cdot \big(k_\alpha p_\beta + k_\beta p_\alpha - g_{\alpha\beta}k\cdot p - 2p_\alpha p_\beta + p^2 g_{\alpha\beta}\big) \tag{5.73}$$

$$\approx \frac{8i\pi^2}{3}\ln\Lambda\big(k_\alpha k_\beta - k^2 g_{\alpha\beta}\big) \tag{5.74}$$

Combining this with Eq. (5.70), we find a contribution for Dirac four-component fermions in representation R:

$$\Delta Z_1 = \Delta Z_3 = -\frac{g^2}{16\pi^2}\left(\frac{8}{3}\right)T(R)\ln\Lambda \tag{5.75}$$

The fact that $\Delta Z_1 = \Delta Z_3$ (since $\Delta\mathcal{Z}_1 = \Delta\mathcal{Z}_3 = 0$) is an example of a Ward–Takahashi identity [31, 32], as in QED.

For scalar particles, the diagrams are shown in Fig. 5.7. The amplitude for Fig. 5.7a is quadratically divergent and gives no contribution to Z_3. Figure 5.7b gives

$$-g^2 \delta^{ab} T(R) I_{\alpha\beta}(k) \tag{5.76}$$

with

$$I_{\alpha\beta}(k) = \int_0^1 dx \frac{d^n p}{(p^2 - 2k\cdot px + xk^2)^2}(k - 2p)_\alpha (k - 2p)_\beta \tag{5.77}$$

$$\approx \frac{2}{3}i\pi^2 (k_\alpha k_\beta) - k^2 g_{\alpha\beta}\ln\Lambda \tag{5.78}$$

Hence

$$\Delta Z_1 = \Delta Z_3 = -\frac{g^2}{16\pi^2}\left(\frac{2}{3}\right)T(R)\ln\Lambda \tag{5.79}$$

as the contribution from complex scalars in representation R.

Thus we have

$$Z_1 = 1 + \frac{g^2}{16\pi^2}\ln\Lambda\left[C_2(G)\left(\frac{17}{6} - \frac{3\alpha}{2}\right) - \frac{8}{3}T(R_D) - \frac{2}{3}T(R_C)\right] \tag{5.80}$$

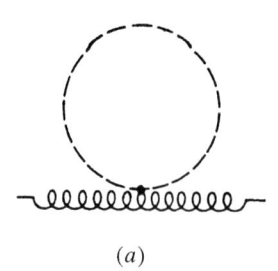

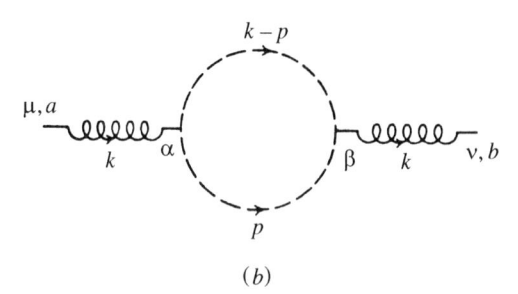

Figure 5.7 Scalar loop diagrams.

$$Z_3 = 1 + \frac{g^2}{16\pi^2} \ln \Lambda \left[C_2(G) \left(\frac{13}{3} - \alpha \right) - \frac{8}{3} T(R_D) - \frac{2}{3} T(R_C) \right] \quad (5.81)$$

and hence

$$\beta = -g \frac{\partial}{\partial (\ln \Lambda)} \frac{Z_3^{3/2}}{Z_1} \quad (5.82)$$

$$= -\frac{g^3}{16\pi^2} \left[\frac{11}{3} C_2(G) - \frac{4}{3} T(R_D) - \frac{1}{3} T(R_C) \right] \quad (5.83)$$

where the subscripts D and C refer to Dirac fermions and complex scalars, respectively. For Weyl fermions or for real scalars, the contribution would be halved; that is,

$$\beta = -\frac{g^3}{16\pi^2} \left[\frac{11}{3} C_2(G) - \frac{2}{3} T(R_W) - \frac{1}{6} T(R_R) \right] \quad (5.84)$$

where the subscripts W and R refer to Weyl and real, respectively.

Note that although Z_1 and Z_3 are gauge dependent, β is not; this is true to all orders of perturbation theory [33, 34]. Also note that for any irreducible representation, we may identify the index as

$$T(R) = \frac{C_2(R) d(R)}{r} \quad (5.85)$$

where $C_2(R)$ is the quadratic Casimir, $d(R)$ is the dimension, and r is the dimension of the group [$r = N^2 - 1$ for $SU(N)$].

5.3 QCD Asymptotic Freedom

Let us first consider QCD for which $G = \mathrm{SU}(3)$, $C_2(G) = 3$, and $T(R_M) = N_f$, the number of quark flavors. In lowest order,

$$\beta = -\frac{g^3}{16\pi^2}\left(11 - \frac{2}{3}N_f\right) \tag{5.86}$$

which is negative for $N_f \leq 16$, showing that we may add up to 16 quark flavors without losing asymptotic freedom. The calculation has been extended to two loops [35, 36] and to three-loops [37–39], with the result [39]

$$\begin{aligned}\beta = &-\frac{g^3}{16\pi^2}\left(11 - \frac{2}{3}N_f\right) - \frac{g^5}{(16\pi^2)^2}\left(102 - \frac{38}{3}N_f\right) \\ &- \frac{g^7}{(16\pi^2)^3}\left(\frac{2857}{2} - \frac{5033}{18}N_f + \frac{325}{54}N_f^2\right) + O(g^9)\end{aligned} \tag{5.87}$$

Another interesting case is supersymmetric Yang–Mills theory, with a chiral matter superfield in the adjoint representation. From Eq. (5.84) we then have at lowest order

$$\beta = -\frac{g^3}{16\pi^2}\frac{C_2(G)}{6}[22 - 4\nu(M) - \nu(R)] \tag{5.88}$$

where $\nu(M)$ and $\nu(R)$ are the numbers of Majorana fermions and real scalars, respectively. The gauge supermultiplet contains (for unextended $N = 1$ supersymmetry) one Majorana fermion, while each chiral superfield contains one Majorana fermion and two real scalars. Thus for $N = 1$ and n chiral superfields,

$$\beta = -\frac{g^3}{16\pi^2}\frac{C_2(G)}{6}(18 - 6n) \tag{5.89}$$

which vanishes for $n = 3$. This was noticed by Ferrara and Zumino [40] and by Salam and Strathdee [41], who all wondered about higher loops. The two-loop result for $N - 1$ supersymmetry was computed by Jones [42], with the result

$$\beta = \frac{-g^3}{16\pi^2}\frac{C_2(G)}{6}(18 - 6n) - \frac{g^5}{(16\pi^2)^2}C_2(G)^2(6 - 10n + 4n) \tag{5.90}$$

which fails to vanish for $n = 3$. In the final set of parentheses, the $-10n$ is from gauge couplings and the $+4n$ is from Yukawa couplings for vanishing superpotential. Hence this fails to generalize. However, a more geometrical theory is $\mathcal{N} = 4$ extended supersymmetric Yang–Mills, where in Eq. (5.88) one has $\nu(M) = 4$ and $\nu(R) = 6$, so that β vanishes at one loop. In two-loops, the Yukawa couplings give $8n$ rather than $4n$ with $n = 3$ in Eq. (5.90), and hence the two-loop β-function vanishes, too [43, 44]. In fact, at three-loops [45, 46], the β-function remains zero. It has even been shown [47] that $\mathcal{N} = 4$ extended supersymmetric Yang–Mills theory is finite to all orders of perturbation theory. In $\mathcal{N} = 2$ extended supersymmetric Yang–Mills, if the one-loop β-function vanishes the theory is finite to all orders [48].

For the $\mathcal{N} = 1$ case (the most phenomenologically interesting because it allows chiral fermions) vanishing of the one-loop β-function implies two-loop finiteness [49, 50]; for this $\mathcal{N} = 1$ case, however, the finiteness does not persist, in general, at the three-loop level [51, 52].

5.4
Grand Unification

As already mentioned, the first triumph for the renormalization group applied to particle theory was the explanation of approximate scaling using QCD. Chronologically, second application involved grand unification [20].

Consider the low-energy ($\lesssim 100$ GeV) phenomenological gauge group

$$\text{SU}(3) \times [\text{SU}(2) \times \text{U}(1)] \tag{5.91}$$

with gauge couplings $g_i(\mu)$, $i = 3, 2, 1$, in an obvious notation. We may take the phenomenological values at some $\mu \sim 100$ GeV, say, then study how they evolve according to the renormalization group, which gives at lowest one-loop order

$$\mu \frac{d}{d\mu} g_i(\mu) = b_i g_i^3(\mu) \tag{5.92}$$

with, for SU(N),

$$b = -\frac{1}{16\pi^2} \left[\frac{11}{3} N - \frac{2}{3} T(R_W) \right] \tag{5.93}$$

where we include Weyl fermions but ignore scalars. Thus we have, for SU(N), $T(R_M = \mathbf{N}) = \frac{1}{2}$. Each quark–lepton family has four triplets of color SU(3) and four doublets of electro weak SU(2), giving

$$b_3 = -\frac{1}{16\pi^2} \left(11 - \frac{2}{3} N_f \right) \tag{5.94}$$

$$b_2 = -\frac{1}{16\pi^2} \left(\frac{22}{3} - \frac{2}{3} N_f \right) \tag{5.95}$$

Since in a grand unifying group, G, the contribution of a complete irreducible fermion representation of G to the vacuum polarization will be the same for any gauge particle of G, the equality visible in Eqs. (5.94) and (5.95) is already suggestive of

$$\text{SU}(3) \times [\text{SU}(2) \times \text{U}(1)] \subset G \tag{5.96}$$

such that each quark–lepton family forms one or more complete irreducible representations of G.

5.4 Grand Unification

Suppose that we define weak hypercharge Y by $Q = T_3 + Y$; then $T(R_M)$ for the corresponding U(1)$_Y$ will be given by the eigenvalue Y^2. In fact, the normalization of the U(1) generator is more arbitrary, so we write $Q = T_3 + CY$. Each family has six states with $Y = \frac{1}{6}$, three each with $Y = -\frac{2}{3}$ and $+\frac{1}{3}$, two with $Y = -\frac{1}{2}$, and one with $Y = +1$. Thus

$$b_1 = \frac{1}{16\pi^2} \cdot \frac{2}{3} N_f \frac{5}{3C^2} \tag{5.97}$$

This suggests $C^2 = \frac{5}{3}$ as the appropriate identification for grand unification. Indeed, taking $G = $ SU(5) and each family as $(10 + \bar{5})_L$, it is immediate to check that since $\text{Tr}(T_3^2) = \text{Tr}(Y^2) = \frac{1}{2}$ and $\text{Tr}(T_3 Y) = 0$, then

$$\text{Tr}(Q^2) = \text{Tr}(T_3 + CY)^2 = \frac{1}{2}(1 + C^2) = \frac{4}{3} \tag{5.98}$$

since in the defining representation $Q = (-\frac{1}{3} \ -\frac{1}{3} \ -\frac{1}{3} \ 0 \ +1)$, corresponding to $5 = (d_1 \ d_2 \ d_3 \ \bar{\nu}_e \ e^+)$, for example. Thus we see that

$$b_2 = b_1 - \frac{11}{24\pi^2} \tag{5.99}$$

$$b_3 = b_1 - \frac{11}{16\pi^2} \tag{5.100}$$

At the unification mass M the three couplings $g_i(\mu)$ ($i = 1, 2, 3$) become equal:

$$g_1(M) = g_2(M) = g_3(M) = g_G(M) \tag{5.101}$$

Thus, the unification enables us to determine the electroweak mixing angle $\sin^2 \theta_W$ evaluated at mass M. In the notation of Weinberg [53], who denotes the gauge couplings of SU(2)$_L$ and U(1)$_Y$ as g and g', respectively, the electroweak mixing angle is

$$\sin^2 \theta_W(\mu) = \frac{g'^2(\mu)}{g^2(\mu) + g'^2(\mu)} \tag{5.102}$$

Here we have acknowledged the fact that $\theta_W(\mu)$ is dependent on the energy scale by virtue of the renormalization group. We now observe that $g = g_2$ while $g' = g_1/C$, and hence that

$$\sin^2 \theta_W(M) = \frac{1}{1 + C^2} = \frac{1}{2\,\text{Tr}(Q^2)} \tag{5.103}$$

and, in particular, $\sin^2 \theta_W(M) = \frac{3}{8}$[21] for SU(5), where $C^2 = \frac{5}{3}$.

Provided that the $g_i(\mu)$ remain sufficiently small so that perturbation theory is reliable, we may solve Eq. (5.92) to give, for $\mu \leqslant M$ (we follow Ref. [20] precisely here),

$$g_i^{-2}(\mu) = g_G^{-2}(M) + 2b_i \ln \frac{M}{\mu} \tag{5.104}$$

Assuming that only complete representations of G make up the light fermions (masses $m \lesssim 100$ GeV) and that there are no fermions with masses in the "desert" energy region $100 \text{ GeV} \lesssim m \leqslant M$, we may use Eqs. (5.99) and (5.100) for the entire interpolation between 100 GeV and M. Defining the sliding electric charge of the electron by

$$e^2(\mu) = g_2^2(\mu) \sin^2 \theta_W(\mu) \tag{5.105}$$

we find by straightforward algebra that

$$\frac{C^2}{g_1^2(\mu)} + \frac{1}{g_2^2(\mu)} - \frac{1+C^2}{g_3^2(\mu)} = \frac{1}{e^2(\mu)} - \frac{1+C^2}{g_3^2(\mu)} \tag{5.106}$$

$$= 2 \ln \frac{M}{\mu} \left[b_1 C^2 + b_2 - b_3(1+C^2) \right] \tag{5.107}$$

and

$$C^2 \left[g_1(\mu)^{-2} - g_2(\mu)^{-2} \right] = e(\mu)^{-2} \left[1 - (1+C^2) \sin^2 \theta_W(\mu) \right] \tag{5.108}$$

$$= 2C^2(b_1 - b_2) \ln \frac{M}{\mu} \tag{5.109}$$

Substitution of $(b_1 - b_2)$ and $(b_1 - b_3)$ from Eqs. (5.99) and (5.100) then gives the final formulas for M and $\sin^2 \theta_W(\mu)$ as follows:

$$\ln \frac{M}{\mu} = \frac{24\pi^2}{11(1+3C^2)} \left[\frac{1}{e^2(\mu)} - \frac{1+C^2}{g_3(\mu)^2} \right] \tag{5.110}$$

$$\sin^2 \theta_W(\mu) = \frac{1}{(1+3C^2)} \left[1 + \frac{2C^2 e^2(\mu)}{g_3(\mu)^2} \right] \tag{5.111}$$

For $g_3(\mu)$ consider the one-loop QCD formula

$$\alpha_s(\mu) = \frac{g_3(\mu^2)}{4\pi} = \frac{12\pi}{(33 - 2N_f) \ln(\mu^2/\Lambda^2)} \tag{5.112}$$

The value of Λ, the QCD scale, needs to be determined phenomenologically. Because of precocious scaling, we know that for $\mu^2 = 2 \text{ GeV}^2$ the parameter α_s/π which governs the convergence of perturbation theory must be small ($\leqslant 0.3$); on the other hand, perturbation theory must break down at the charge radius of, say, the proton $r_p = 0.8 f$ or $\mu^2 = 0.3$ GeV, so here $\alpha_s/\pi \gtrsim 0.3$. Putting $N_f = 4$, this gives the allowed range

$$200 \text{ MeV} \lesssim \Lambda \lesssim 600 \text{ MeV} \tag{5.113}$$

Analyses favor a value $\Lambda \sim 200$ MeV (see, e.g. Ref. [54]). Let us take $\mu = 100$ GeV as our low-energy scale, sufficiently close to the mass of the weak gauge bosons $W^\pm$ and Z^0. Then for $\Lambda = 200$ MeV, $\alpha_s(\mu) = 0.12$, and $g_3(\mu)^2 = 1.51$.

Next consider $e(\mu)^2$. In Ref. [20], Georgi, Quinn, and Weinberg used simply $e(\mu)^2/4\pi = \alpha^{-1} = (137.036)^{-1}$, but as pointed out in Refs. [55] and [56], this value is too low since it also runs with increasing energy. The appropriate formula is, for $\alpha_e(\mu) = e(\mu)^2/4\pi$,

$$\alpha^{-1}(\mu) = \alpha^{-1} - \frac{2}{3\pi} \sum_f Q_f^2 \ln \frac{\mu}{m_f} + \frac{1}{6\pi} \tag{5.114}$$

where the sum is over all fermions, leptons, and quarks with $m_f < \mu$ (a color factor of 3 is necessary for quarks) and Q_f is the fermion's electric charge. For $\mu = 100$ GeV this gives $\alpha^{-1}(\mu) \simeq 128$ (see also Rev. [57]), $e(\mu)^2 = 0.10$.

We are now ready to substitute into Eqs. (5.110) and (5.111) with the results, for $SU(5)$, that

$$M = 7 \times 10^{14} \text{ GeV} \tag{5.115}$$

$$\sin^2 \theta_W = 0.203 \tag{5.116}$$

In $SU(5)$ [21] there are superheavy-gauge bosons with mass M that mediate proton decay. By dimensional considerations we may estimate

$$\tau_p = \frac{1}{\alpha_G(M)^2} \frac{M^4}{M_p^5} = 1.1 \times 10^{32} \text{ years} \tag{5.117}$$

with a large uncertainty (at least an order of magnitude) due to the long extrapolation in energy and the occurrence of M to the fourth power. The values in Eqs. (5.116) and (5.117) are now excluded by experiment.

5.5 Scaling Violations

Returning now to QCD, the significance of asymptotic freedom is that the origin in coupling constant space $g = 0$ becomes an ultra violet fixed point of the renormalization group. Consider β as a function of g and the possible behaviors exhibited in Fig. 5.8. Bearing in mind that $\beta = \mu \, dg/d\mu$, we see that in Fig. 5.8a the value g_1 is approached by g for increasing μ provided that we start from $0 < g < g_2$. Similarly, g_3 is approached from $g_2 < g < g_4$ and g_5 from $g_4 < g < \infty$. Thus

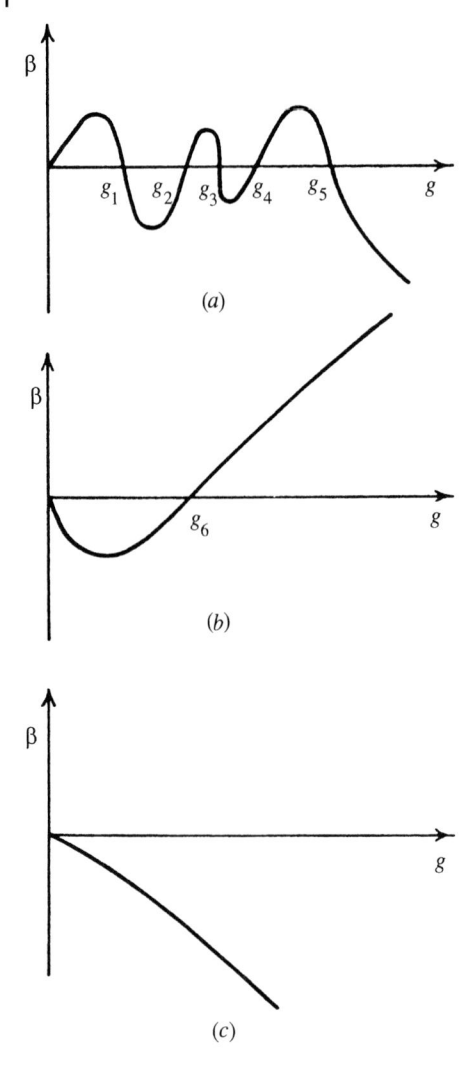

Figure 5.8 Some possible behaviors of $\beta(g)$.

g_1, g_3, and g_5 in Fig. 5.8a are ultraviolet fixed point. Conversely, $g = 0$, g_2, and g_4 in Fig. 5.8a are infrared fixed points approached by $g(\mu)$ for decreasing μ. The general picture is clear: If the slope $\beta'(g)$ is positive at $\beta = 0$, there is an infrared fixed point; if β' is negative at $\beta = 0$, there is an ultraviolet fixed point.

In Fig. 5.8b the origin is an ultraviolet fixed point, and any g such that $0 < g < g_6$ decreases toward zero at high energy (i.e., asymptotic freedom). At low energies, g increases to g_6.

The situation of QCD is depicted in Fig. 5.8c, where the origin is asymptotically free (as we have proved above for 16 flavors) and at low energy the coupling eventually becomes infinite. Such low-energy behavior has not been proven but is expected since it yields color confinement, and strongly supported by lattice calculations.

What is so physically compelling about the asymptotic freedom of QCD? We have derived in Eq. (5.16) that Green's functions transform under scaling $p_i \to \lambda p_i$ according to

$$\Gamma(\lambda p, g) = \Gamma(p, \bar{g}) \exp\left[\int_0^t \gamma(\bar{g}(g, t')) \, dt'\right] \tag{5.118}$$

Keeping at lowest order $\beta = -bg^3$ and $\gamma = cg^2$, we then see that

$$\bar{g}^2(t) = \frac{g^2}{1 + 2bg^2 t} \tag{5.119}$$

where $g = \bar{g}(0)$ and hence the exponential factor in Eq. (5.118) becomes

$$\exp\left(cg^2 \int_0^t \frac{dt'}{1 + 2bg^2 t'}\right) = \left(\frac{g^2}{\bar{g}^2}\right)^{c/2b} \tag{5.120}$$

$$\approx (\ln \lambda)^{c/2b} \tag{5.121}$$

so that we have logarithmic corrections to scaling. Because of this, high-energy processes give a unique testing ground for perturbative QCD.

The processes that have been checked against QCD predictions include:

1. Electron–positron annihilation, particularly the total cross section and production of jets.
2. Deep-inelastic lepton–hadron scattering, particularly scaling violations.
3. Hadron–hadron scattering, particularly large transverse momentum processes and lepton pair production.
4. Decays of heavy quarkonium systems.

We shall presently concentrate on inclusive lepton–hadron scattering,

$$l(p_l) + N(p) \to l'(p_{l'}) + X(p_x) \tag{5.122}$$

since it will sufficiently illustrate use of both the β and γ (anomalous dimension) functions. Following tradition, we define $q = p_{l'} - p_l$ and $Q^2 = -q^2$ as the "spacelike squared mass" of the exchanged vector boson, be it any of the four electroweak intermediaries γ, $W^\pm$, or Z^0. We also define $\nu = (p \cdot q)/M_N$. In the laboratory frame where the target nucleon is at rest, $\nu = E' - E$ is the energy transfer.

As indicated in Fig. 5.9, the squared matrix element is written $L_{\mu\nu} W_{\mu\nu}$, where $L_{\mu\nu}$ refers to the well-established leptonic part while $W_{\mu\nu}$ is expressed in terms of three structure functions $W_i(\nu, Q^2)$ as follows:

$$W_{\mu\nu} = \frac{1}{4\pi} \int d^4z \, e^{iq \cdot z} \langle p | [J_\mu^\dagger(z), J_\nu(0)] | p \rangle \tag{5.123}$$

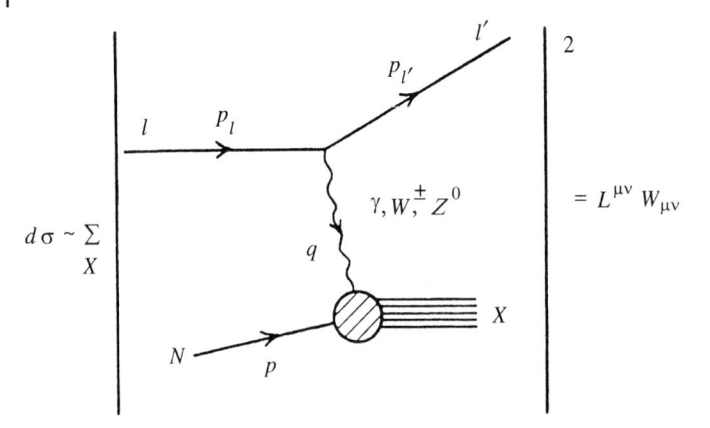

Figure 5.9 Squared matrix element for lepton–nucleon scattering.

$$= \left(-g_{\mu\nu} + \frac{q_\mu q_\nu}{q^2}\right)_1 + \frac{1}{M_N^2}\left(p_\mu - \frac{p\cdot q}{q^2}q_\mu\right)\left(p_\nu - \frac{p\cdot q}{q^2}q_\nu\right)W_2$$

$$- i\frac{\epsilon_{\mu\nu\alpha\beta}p^\alpha q^\beta}{2M_N^2}W_3 \qquad (5.124)$$

The third structure function, W_3, contributes only to parity violating effects such as A–V interference and hence is absent for photon exchange. Indeed, for deep-inelastic electroproduction, the differential cross section is given by

$$\frac{d\sigma}{dQ^2 d\nu} = \frac{4\pi\alpha^2}{M_N Q^4}\frac{E'}{E}\left(2W_1 \sin^2\frac{\theta}{2} + W_2 \cos^2\frac{\theta}{2}\right) \qquad (5.125)$$

For charged $W^\pm$ exchange (mass M_W) the corresponding formulas for $\nu(\bar{\nu}) + N \to \mu^-(\mu^+) + X$ are

$$\frac{d\sigma^{\nu(\bar{\nu})}}{dQ^2 d\nu} = \frac{G_F^2}{2\pi M_N}\frac{E'}{E}\left(\frac{M_W^2}{Q^2 + M_W^2}\right)^2$$

$$\cdot \left(2W_1 \sin^2\frac{\theta}{2} + W_2 \cos^2\frac{\theta}{2} \mp \frac{E+E'}{M}W_3 \sin^2\frac{\theta}{2}\right) \qquad (5.126)$$

In Eqs. (5.125) and (5.126), θ is the scattering angle of the lepton given by $Q^2 = 4EE' \sin^2(\theta/2)$.

Further kinematic variables that may be useful are $x = \omega^{-1} = Q^2/2M_N\nu$, $y = \nu/E$, and $W^2 = (p+q)^2 = p_x^2$. Since $W^2 \geq M_N^2$, we have that $0 \leq x \leq 1$. Also, y is the fraction of the energy transferred to the hadronic system in the laboratory frame. The deep inelastic regime is defined as that where Q^2, $M_N\nu$, $W^2 \gg M_N^2$ at fixed x, and the scaling phenomenon, sometimes termed Bjorken scaling [59–61], is the experimental observation that in this limit

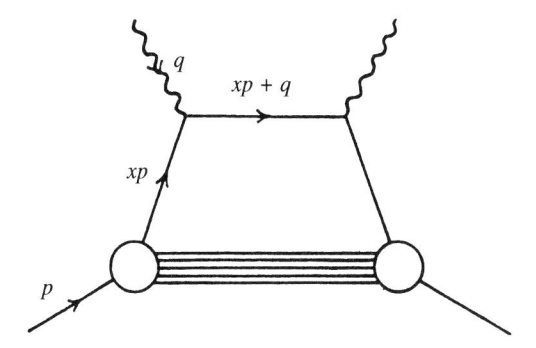

Figure 5.10 Handbag diagram.

$$W_1(\nu, Q^2) \to F_1(x) \tag{5.127}$$

$$\frac{\nu}{M_N} W_{2,3}(\nu, Q^2) \to F_{2,3}(x) \tag{5.128}$$

so that the structure functions depend only on the dimensionless ratio x (scaling variable) of the two available variables. The naive quark–parton model is defined in this deep inelastic region and is based on the impulse approximation. (For an excellent introductory review, see, e.g., Ref. [62].) The constituent quarks define an electromagnetic source

$$J_\mu^{em} = \frac{2}{3}\bar{u}\gamma_\mu u - \frac{1}{3}\bar{d}\gamma_\mu d - \frac{1}{3}\bar{s}\gamma_\mu s + \cdots \tag{5.129}$$

and a charged weak source (neglecting charm and higher flavors)

$$J_\mu^{weak} = \cos\theta_c \bar{u}\gamma_\mu(1-\gamma_5)d + \sin\theta_c \bar{u}\gamma_\mu(1-\gamma_5)s + \cdots \tag{5.130}$$

The dominant process contributing to $W_{\mu\nu}$ is the handbag diagram of Fig. 5.10 and gives

$$F_2^{eN} = x \sum_q e_q^2 [q(x) + \bar{q}(x)] \tag{5.131}$$

where the quark distribution functions are the expectations of quarks having fractional momentum x to $x \to \delta x$; that is,

$$\langle N|\bar{q}q|N\rangle = q_N(x) + \bar{q}_N(x) \tag{5.132}$$

Thus, for the proton one has

$$F_2^{ep}(x) = \frac{4}{9}x[u_p(x) + \bar{u}_p(x)] + \frac{1}{9}x(d_p(x) + \bar{d}_p(x)) + \cdots \tag{5.133}$$

while for the neutron

$$F_2^{ep}(x) = \frac{4}{9}x[u_n(x) + \bar{u}_n(x)] + \frac{1}{9}x(d_n(x) + \bar{d}_n(x)) + \cdots \tag{5.134}$$

From isospin invariance, one expects that

$$u_p(x) = d_n(x) \tag{5.135}$$

$$\bar{u}_p(x) = \bar{d}_n(x) \tag{5.136}$$

$$d_p(x) = u_n(x) \tag{5.137}$$

$$\bar{d}_p(x) = \bar{u}_n(x) \tag{5.138}$$

For spin-$\frac{1}{2}$ quarks one can derive the Callan–Gross relation [63] that

$$F_2(x) = 2xF_1(x) \tag{5.139}$$

to be compared to $F_1 = 0$ for scalar quarks.

For neutrino scattering, one has

$$F_2^{\nu p}(x) = F_2^{\bar{\nu}n}(x) = 2x[d_p(x) + \bar{u}_p(x)] + \cdots \tag{5.140}$$

$$F_2^{\nu n}(x) = F_2^{\bar{\nu}p}(x) = 2x[u_p(x) + \bar{d}_p(x)] + \cdots \tag{5.141}$$

while

$$F_3^{\nu p}(x) = F_3^{\bar{\nu}n}(x) = 2x[\bar{u}_p(x) - d_p(x)] + \cdots \tag{5.142}$$

$$F_3^{\bar{\nu}p}(x) = F_3^{\nu n}(x) = 2x[\bar{d}_p(x) - u_p(x)] + \cdots \tag{5.143}$$

Clearly, the quark distributions must be normalized such that

$$\int_0^1 dx \begin{pmatrix} u_p(x) - \bar{u}_p(x) \\ d_p(x) - \bar{d}_p(x) \\ s_p(x) - \bar{s}_p(x) \end{pmatrix} = \begin{pmatrix} 2 \\ 1 \\ 0 \end{pmatrix} \tag{5.144}$$

A very important result of the experimental analysis concerns the total fraction of momentum carried by quarks and antiquarks in the nucleus:

$$\sum_q \int_0^1 dx\, x[q(x) + \bar{q}(x)] = 1 - \epsilon \tag{5.145}$$

the result is [64–66] that $\epsilon \approx 0.5$; we interpret this as about half the proton momentum being carried by gluons. There are other important sum rules, such as the Adler sum rule [67],

$$\int_0^1 \frac{dx}{2x} \left[F_2^{\bar{\nu}p}(x) + F_2^{\nu p}(x) \right] = 1 \tag{5.146}$$

following from current algebra assumptions; similar considerations lead to the Gross–Llewellyn Smith sum rule [68], which states that

$$\int_0^1 dx \left[F_3^{\nu p}(x) + F_3^{\bar{\nu}p}(x) \right] = -6 \tag{5.147}$$

The usual fractional-charge quarks allow

$$\frac{1}{4} \leqslant \frac{F_2^{en}}{F_2^{ep}} \leqslant 4 \tag{5.148}$$

while Han–Nambu integer charges [69] would have required

$$\frac{F_2^{en}}{F_2^{ep}} \geqslant \frac{1}{2} \tag{5.149}$$

which seems to be ruled out near $x = 1$.

Comparison of weak and electromagnetic exchanges dictates that

$$F_3^{\nu p} - F_3^{\bar{\nu}p} = 12 \left(F_1^{ep} - F_1^{en} \right) \tag{5.150}$$

$$F_2^{\nu p} + F_2^{\nu n} = \frac{18}{5} \left(F_2^{ep} + F_2^{en} \right) \tag{5.151}$$

and these strikingly confirm the expectation that the same quark substructure is probed by the photon and $W^\pm$ bosons.

The quark distribution functions themselves should be calculable from QCD, perhaps by lattice methods. It is amusing that certain features of the x-dependence can be understood in terms of Regge poles. Experimental measurements indicate that $F_1(x) \sim 1/x$ and $F_2(x) \sim$ constant as $x \to 0$. A Regge pole will give Fig. 5.11

$$W_1(\nu, Q^2) \sim \nu^\alpha f_1(Q^2) \tag{5.152}$$

$$\nu W_2(\nu, Q^2) \sim \nu^{\alpha-1} f_2(Q^2) \tag{5.153}$$

so Bjorken scaling requires that $f_1 \sim (Q^2)^{-\alpha}$ and $f_1 \sim (Q^2)^{1-\alpha}$, whereupon $F_1 \sim x^{-\alpha}$ and $F_2 \sim x^{1-\alpha}$. Thus phenomenology suggests that $\alpha = 1$ near $x \sim 0$; this is reasonable and says that the quark sea of $q\bar{q}$ pairs dominates at small x since it is flavor singlet and experiences Pomeron ($\alpha = 1$) exchange. (Such a sepa-

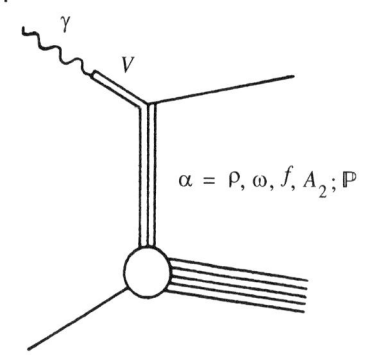

Figure 5.11 Regge pole interpretation of x dependencies.

ration of diffractive sea and normal Regge valence quarks was used in, for example, Ref. [70].)

This completes a brief overview of the naive model with exact scaling. Perturbative QCD makes no claim to calculate the x-dependence; the point at issue is that Bjorken scaling is strict only for $Q^2 \to \infty$ and, in fact, the scaling functions do exhibit some departure and do depend on Q^2: $F_i(x, Q^2)$ ($i = 1, 2, 3$). Asymptotic freedom not only underwrites the scaling limit but allows calculation of the *scaling violations* [i.e., the logarithmic Q^2 dependence of $F_i(x, Q^2)$].

The point is that QCD insists that in addition to the diagram of Fig. 5.12a, there are the inevitable corrections of Fig. 5.12b and higher orders. Even though, as it will turn out, we can presently check these QCD corrections quantitatively only at a 10% level, we should recall that the nature of the $Q^2 \to \infty$ limit already uniquely distinguishes QCD as the correct theory [19].

To apply the renormalization group to the deep Euclidean region, it is convenient to use the operator product expansion [11] on the light cone [71–74]. The Fourier transform

$$W_{\mu\nu} = \frac{1}{4\pi} \int d^4z \, e^{iq \cdot z} \langle p | J_\mu^+(z) J_\nu(0) | p \rangle \qquad (5.154)$$

is dominated, when $|q^2| \to \infty$ by the neighborhood of $z^2 \sim 0$. We wish to predict, in particular, the momentum dependence of *moments* of structure functions in the form

$$\int_0^1 dx \, x^{n-2} F_2(x, Q^2) = C_n(Q^2) \langle N | 0^n | N \rangle \qquad (5.155)$$

where the large Q^2 dependence of C_n will be determined by QCD and the renormalization, while the matrix element is related to the quark distribution functions to be fitted to experiment. The C_n and O^n are often called [11] Wilson coefficients and Wilson operators, respectively. For $z^2 \approx 0$ we thus write

$$A(z)B(0) \simeq \sum_{i,n} C_i^n(z^2) z_{\mu_1} z_{\mu_2} \cdots z_{\mu_n} O_i^{\mu_1 \mu_2 \cdots \mu_n}(0) \qquad (5.156)$$

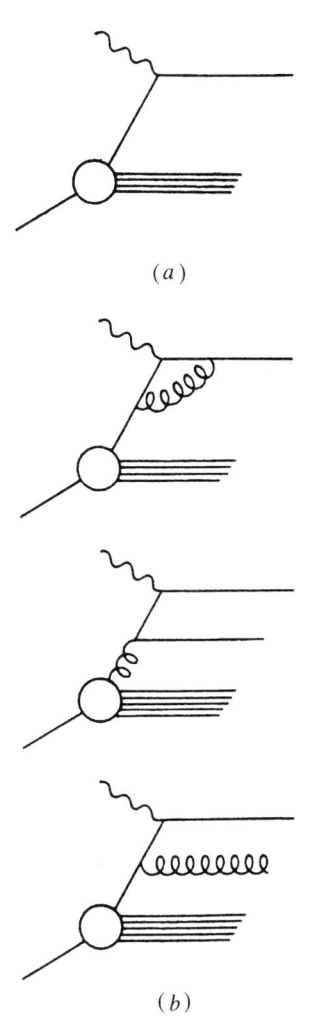

Figure 5.12 QCD corrections to parton model.

where the sum is over spin (n) and operator types (i). The operators are symmetric and traceless in the indices μ. As $z^2 \to 0$, the Wilson coefficients behave as

$$C_i^n(z^2) \underset{z^2 \to 0}{\sim} \left(\frac{1}{z^2}\right)^{(d_A+d_B+n-d_{0_i})/2} \tag{5.157}$$

where d_A, d_B, and d_0 are the naive dimensions. For given A and B the strongest singularity on the light cone will be from the term in Eq. (5.156) of minimum twist (τ) defined by the difference of dimension and spin:

$$\rho = d_{0_i} - n \tag{5.158}$$

To give examples, for a scalar field ϕ the following operators have twist $\tau = 1$:

$$\phi, \partial_\mu \phi, \partial_\mu \partial_\nu \phi \tag{5.159}$$

Of course, these are irrelevant to deep-inelastic scattering where the fields are quarks ψ and gluons A_μ and the lowest twist is $\tau = 2$ for the two types of operator,

$$O_F^n = \frac{1}{n!}\left[\bar{\psi}\gamma_{\mu_1} D_{\mu_2} \cdots D_{\mu_n}\begin{pmatrix}\lambda_a \\ 1\end{pmatrix}\psi + \cdots \text{permutations}\right] \tag{5.160}$$

$$O_V^n = \frac{1}{n!}(F_{\alpha\mu_1} D_{\mu_2} D_{\mu_3} \cdots D_{\mu_{n-1}} F_{\alpha\mu_n} + \cdots \text{permutations}) \tag{5.161}$$

where in O_F^n the λ_a matrix is in flavor space, and its replacement by 1 is the flavor-singlet case. For flavor nonsinglet there is only one type of operator (O_F), while for flavor singlet there are two (O_F and O_V). As we shall see, the consequent operator mixing makes moments of the flavor-singlet structure functions somewhat more complicated to analyze.

The first step is to go into momentum space by the Fourier transform (suppressing two obvious Lorentz indices):

$$\int d^4z\, e^{iq\cdot z}\langle p|J(z)J(0)|p\rangle$$

$$\approx_{z^2 \to 0} \sum_{i,n} \int d^4z\, e^{iq\cdot z} C_i^n(z^2) z_{\mu_1} z_{\mu_2} \cdots z_{\mu_n} \langle p|Q_i^{\mu_1\mu_2\cdots\mu_n}|p\rangle \tag{5.162}$$

$$= \sum_{i,n} (Q^2)^{-n} q_{\mu_1} q_{\mu_2} \cdots q_{\mu_n} C_i^n(Q^2)\langle p|Q_i^{\mu_1\mu_2\cdots\mu_n}|p\rangle \tag{5.163}$$

Next we expand the matrix element of the Wilson operator according to

$$\langle p|Q_i^{\mu_1\mu_2\cdots\mu_n}|p\rangle = A_i^n(p^{\mu_1} p^{\mu_2} \cdots p^{\mu_n} - m^2 g^{\mu_1\mu_2\mu_3\mu_4} \cdots p^{\mu_n} \cdots) \tag{5.164}$$

where trace terms are subtracted to make the tensor symmetric and traceless, and hence of definite spin. In terms of the scaling variable $x = (Q^2/2p\cdot q)$, this gives an expansion

$$\sum_{i,n} C_i^n(Q^2) x^{-n} A_i^n + O\left(x^{-n+2}\frac{m^2}{Q^2}\right) \tag{5.165}$$

To calculate the scaling violations at leading order, one will omit *both* (1) the trace terms, which give quark mass effects, and (2) higher-twist $\tau \geqslant 4$ operators, which give m^2/Q^2 corrections that are more challenging to calculate.

5.5 Scaling Violations

Now any physically measurable quantity must satisfy a renormalization group equation to exhibit independence of the scheme chosen. In particular, the matrix elements must satisfy

$$\left(\mu\frac{\partial}{\partial\mu} + \beta\frac{\partial}{\partial g} + 2\gamma_\phi\right)\langle\phi|(JJ)|\phi\rangle = 0 \tag{5.166}$$

where $|\phi\rangle$ may be any basic state of QCD (i.e., either a quark or a gluon state). In Eq. (5.166) we substituted the anomalous dimension $\gamma_J = 0$. It follows that for each O_i^n we must have

$$\left(\mu\frac{\partial}{\partial\mu} + \beta\frac{\partial}{\partial g} + 2\gamma_\phi\right)C_i^n\left(\frac{Q^2}{\mu^2, g(\mu)}\right)\langle\phi|O_i^n|\phi\rangle = 0 \tag{5.167}$$

since each O_i^n has a different and independent tensor structure. But the matrix element in Eq. (5.167) is itself a physically measurable quantity corresponding to a parton distribution function and hence

$$\left(\mu\frac{\partial}{\partial\mu} + \beta\frac{\partial}{\partial g} + 2\gamma_\phi + \gamma_{O_i^n}\right)\langle\phi|O_i^n|\phi\rangle = 0 \tag{5.168}$$

and it follows that

$$\left(\mu\frac{\partial}{\partial\mu} + \beta\frac{\partial}{\partial g} - \gamma_{O_i^n}\right)C_i^n\left(\frac{Q^2}{\mu^2, g(\mu)}\right) = 0 \tag{5.169}$$

The method to calculate $\gamma_{O_i^n}$ is already evident from Eq. (5.168) since if we normalize at $p^2 = -\mu^2$ such that

$$\langle\phi|O_i^n|\phi\rangle = 1 \quad (p^2 = -\mu^2) \tag{5.170}$$

and then radiative corrections give for the leading logarithmic correction

$$\langle\phi|O_i^n|\phi\rangle = 1 + g^2 b_i^n \ln\left(\frac{|p^2|}{\mu^2}\right) + O(g^4) \tag{5.171}$$

we have from Eq. (5.168)

$$\gamma_{O_i^n} = 2g^2 b_i^n - 2\gamma_\phi \tag{5.172}$$

The solution of the renormalization group equation for C_i^n, Eq. (5.169), is given by

$$C_i^n\left(\frac{Q^2}{\mu^2, g(\mu^2)}\right) = C_i^n(1, \bar{g}(\mu^2))\exp\left\{\int_0^{1/2 \ln Q^2/\mu^2} dt' \gamma_{O_i^n}[\bar{g}(t')]\right\} \tag{5.173}$$

where the exponential sums the leading-logarithmic corrections to all orders of perturbation theory, as usual.

If there is more than one operator O_i^n with the same Lorentz structure and internal quantum numbers, the O_i^n are not separately multiplicatively renormalizable. Then we must replace Eq. (5.169) by the matrix equation

$$\sum_j \left[\delta_{ij} \left(\mu \frac{\partial}{\partial \mu} + \beta \frac{\partial}{\partial g} \right) - \gamma_{ij}^n \right] C_j^n \left(\frac{Q^2}{\mu^2, g(\mu)} \right) = 0 \tag{5.174}$$

and the matrix γ_{ij}^n must be diagonalized before solving, as in Eq. (5.173) for the mixed operators. For the leading twist $\tau = 2$ flavor-nonsinglet case, there is only one operator type, given in Eq. (5.160), so we can solve immediately as in Eq. (5.173).

Going back to Eq. (5.165), we explain now why it is the moments of structure functions for which the Q^2 dependence is most directly provided by the renormalization group. From Eqs. (5.162) through (5.165) we have that the transition T-matrix for virtual Compton scattering has the leading-order expansion

$$T(x, Q^2) = \sum_{i,n} C_i^n \left(\frac{Q^2}{\mu^2, g(\mu)} \right) x^{-n} A_i^n \tag{5.175}$$

In the complex x-plane, T is analytic apart from the physical cut along the real axis for $-1 \leq x \leq +1$. Encircling this cut by a Cauchy contour C gives

$$\frac{1}{2\pi i} \int_C dx \, x^{n-2} T(x, Q^2) = \sum_i C_i^n \left(\frac{Q^2}{\mu^2, g(\mu)} \right) A_i^n \tag{5.176}$$

Shrinking C to the physical cut gives the discontinuity formula required and by an obvious generalization of the optical theorem one obtains for a generic structure function $F(x, Q^2)$

$$\int_0^1 dx \, x^{n-2} F(x, Q^2) = \sum_i C_i^n \left(\frac{Q^2}{\mu^2, g(\mu)} \right) A_i^n \tag{5.177}$$

as promised earlier. Here F may be xF_1, F_2, or xF_3. Adopting the convenient shorthand that

$$\langle F(Q^2) \rangle_n = \int_0^1 dx \, x^{n-2} F(x, Q^2) \tag{5.178}$$

and using Eq. (5.173), we see that, normalizing to some $Q^2 = Q_0^2$, we have

$$\langle F(Q^2) \rangle_n = \langle F(Q_0^2) \rangle_n \exp\left[-\int_{1/2 \ln Q_0^2/\mu^2}^{1/2 \ln Q^2/\mu^2} dt' \gamma_{O_i^n}(\bar{g}(t')) \right] \tag{5.179}$$

In lowest order, $\beta = -bg^3$ and $\gamma_{O_i^n} = C_i^n g^2$, and hence

$$\frac{\langle F_i(Q^2)\rangle_n}{\langle F_i(Q_0^2)\rangle_n} = \left[\frac{\alpha_s(Q_0^2)}{\alpha_s(Q^2)}\right]^{-C_i^n/2b} \tag{5.180}$$

$$= \exp(-a_i^n s) \tag{5.181}$$

where we used

$$\alpha_s = \frac{1}{4\pi b \ln(Q^2/\Lambda^2)} \tag{5.182}$$

and defined

$$s = \ln \frac{\ln(Q^2/\Lambda^2)}{\ln(Q_0^2/\Lambda^2)} \tag{5.183}$$

$$a_i^n = \frac{C^n}{2b} = \frac{\gamma_{O_i^n}}{2bg^2} = \frac{\gamma_{O_i^n}}{8\pi b \alpha_s} \tag{5.184}$$

We can delay no longer calculation of at least the flavor-nonsinglet anomalous dimension for the operator O_F^n of twist 2 given in Eq. (5.160). In particular, we wish to calculate γ_{FF}^F for the matrix element of O_F^n between fermion (quark) states and then compute γ_{FF}^n by using Eq. (5.172). To accomplish this, we need the Feynman rules for the insertion of O_F^n; these are indicated in Fig. 5.13, where Δ_μ is an arbitrary fixed four-vector. Let $Z = Z(\Lambda/\mu, g)$ be the multiplicative renormalization constant for O_F^n; then the anomalous dimension is

$$\gamma_{O_F^n} = \mu \frac{\partial}{\partial \mu} \ln Z\left(\frac{\Lambda}{\mu, g}\right) = -\frac{\partial}{\partial(\ln \Lambda)} \ln Z\left(\frac{\Lambda}{\mu, g}\right) \tag{5.185}$$

The relevant Feynman diagrams are shown in Fig. 5.14. Let us for clarity write

$$Z = 1 + (c_1 + c_2 + c_3) \ln \Lambda + \text{two-loops} \tag{5.186}$$

where c_1, c_2, and c_3 refer, respectively, to the contributions of Fig. 5.14a through c.

To proceed with the calculation, we first state and prove by induction the following identity:

$$\frac{1}{2\pi^2} \int d\Omega \, \hat{k}_{\mu_1} \hat{k}_{\mu_2} \cdots \hat{k}_{\mu_n}$$

$$= \begin{cases} \frac{2}{(n+2)!!} \sum_{\text{pairs}} g_{\mu_1\mu_2} g_{\mu_3\mu_4} \cdots g_{\mu_{n-1}\mu_n} & (n \text{ even}) \\ 0 & (n \text{ odd}) \end{cases} \tag{5.187}$$

Here the integral is over the three-dimensional surface of a unit four-hyper-sphere.

For n odd, $k_\mu \to -k_\mu$ merely interchanges hyperhemispheres but changes the overall sign. Hence the integral vanishes.

For n even, let us denote the correct normalization of the right-hand side by $N(n)$; it is then required to prove by induction that $N(n) = 2/(n+2)!!$

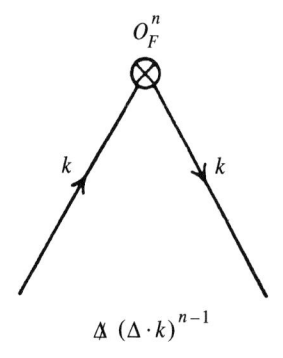

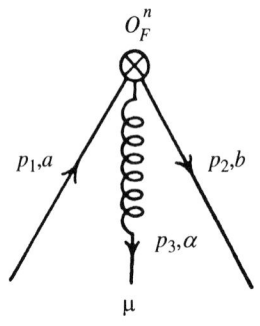

5 Renormalization Group

Figure 5.13 Feynman rules for insertion of operator O_F^n.

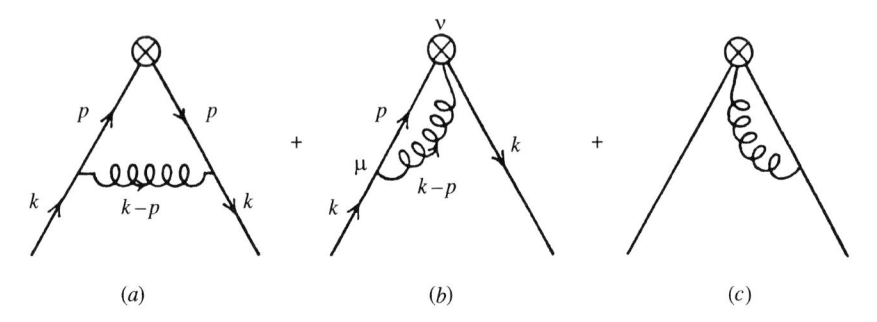

$\not{\Delta} \, (\Delta \cdot k)^{n-1}$

$-T^\alpha(R)_{ab} \Delta_\mu \not{\Delta} \sum_{j=0}^{n-2} (\Delta \cdot p_1)^j (\Delta \cdot p_2)^{n-2-j}$

(a) (b) (c)

Figure 5.14 Feynman diagrams used to compute anomalous dimension of O_F^n.

For $n = 0$, $N(0) = 1$ (surface area). Also by inspection $N(2) = \frac{1}{4}$ (contraction with $g^{\mu^1 \mu^2}$) and $N(4) = \frac{1}{24}$ (contraction with $g^{\mu^1 \mu^2} g^{\mu^3 \mu^4}$).

Suppose that the required result is correct for $N(n)$, then consider $N(n + 2)$. The sum over pairs now has $v(n+2)$ terms, where

$$v(n+2) = (n+1)v(n) \tag{5.188}$$

5.5 Scaling Violations

as can be seen from counting pairs

$$\nu(n) = \binom{n}{2}\binom{n-2}{2}\cdots\binom{2}{2}\frac{1}{(n/2)!} = \frac{n!}{n!!} \tag{5.189}$$

Now consider the expression for $(n+2)$ and contract with $g^{\mu_{n+1}\mu_{n+2}}$. There are $\nu(n)$ terms containing $g_{\mu_{n+1}\mu_{n+2}}$ and hence giving a factor of 4; the other $n\nu(n)$ terms do not contain $g_{\mu_{n+1}\mu_{n+2}}$ and give a factor of 1. Thus

$$N(n) = (4+n)N(n+2) \tag{5.190}$$

But we are assuming that $N(n) = 2/(n+2)!!$ and Eq. (5.190) then gives $N(n+2) = 2/(n+4)!!$. Since the formula is correct for $n=0$, it is true for all even n. Q.E.D.

The Feynman rules for Fig. 5.14a give the amplitude

$$ig^2 C_2(R) \int \frac{d^4p}{(2\pi)^4} \frac{1}{p^2(p-k)^2} (\Delta \cdot p)^{n-1} \gamma_\mu \slashed{p} \slashed{\Delta} \slashed{p} \gamma_\mu \tag{5.191}$$

where $\text{Tr}[T^\alpha(R)T^\beta(R)] = \delta^{\alpha\beta} C_2(R)$ and we shall work in Feynman gauge ($\alpha = 1$) since at lowest order the anomalous dimension is gauge independent.

Hence

$$c_1 (\Delta \cdot k)^{n-1} \slashed{\Delta} \ln \Lambda \approx 2ig^2 C_2(R) \int \frac{d^4p}{(2\pi)^4} (\Delta \cdot p)^{n-1} \frac{p^2 \slashed{\Delta} - 2(p \cdot \Delta)\slashed{p}}{p^2(p-k)^2} \tag{5.192}$$

in which it is understood to mean the log divergence of the right-hand integral is to be taken.

Now differentiate Eq. (5.192) $(n-1)$ times with respect to k_μ by acting with

$$D_{n-1}^{\epsilon_1 \epsilon_2 \cdots \epsilon_{n-1}} = \frac{d^{n-1}}{dk_{\epsilon_1} dk_{\epsilon_2} \cdots dk_{\epsilon_{n-1}}} \tag{5.193}$$

On the left-hand side,

$$D_{n-1}(\Delta \cdot k)^{n-1} = (n-1)! \Delta_{\epsilon_1} \Delta_{\epsilon_2} \cdots \Delta_{\epsilon_{n-1}} \tag{5.194}$$

while on the right-hand side the log divergence is from

$$D_{n-1} \frac{1}{(p-k)^2} \approx (2n-2)!! \frac{p_{\epsilon_1} p_{\epsilon_2} \cdots p_{\epsilon_{n-1}}}{(p^2)^n} \tag{5.195}$$

The right-hand side of Eq. (5.192) is, therefore, after rotating to Euclidean space,

$$g^2 C_2(R) \Delta_{\delta_1} \Delta_{\delta_2} \cdots \Delta_{\delta_{n-1}} \ln \Lambda (2-2)!!$$

$$\cdot \int \frac{d\Omega}{(2\pi)^4} \hat{p}_{\delta_1} \hat{p}_{\delta_2} \cdots \hat{p}_{\delta_{n-1}} (\slashed{\Delta} - 2\hat{p}_{\delta_n} \gamma_{\epsilon_n} \hat{p}_{\epsilon_n} \Delta_{\delta_n}) \hat{p}_{\epsilon_1} \hat{p}_{\epsilon_2} \cdots \hat{p}_{\epsilon_{n-1}} \tag{5.196}$$

Now using the identity, Eq. (5.187), enables us to evaluate this integral to find (choosing $\Delta^2 = 0$ is most convenient)

$$g^2 C_2(R)\Delta_{\delta_1}\Delta_{\delta_2}\cdots\Delta_{\delta_{n-1}} (\ln \Lambda)(2n-2)!!\frac{2\pi^2 \slashed{A}}{(2\pi)^4}$$

$$\cdot\left[(n-1)!\frac{2}{2n!!} - (n-1)(n-1)!\frac{4}{(2n+2)!!}\right] \quad (5.197)$$

and hence

$$c_1 = +\frac{\alpha_s}{2\pi}C_2(R)\frac{2}{n(n+1)} \quad (5.198)$$

Next we compute c_2 from Fig. 5.14b. Again in Feynman gauge ($\alpha = 1$) we find that

$$c_2(\Delta \cdot k)^{n-1}\slashed{A} \ln \Lambda \approx -ig^2 C_2(R)$$

$$\cdot \int \frac{d^4p}{(2\pi)^4}\frac{\gamma_\mu \slashed{p}\Delta_\mu \slashed{A}}{p^2(p-k)^2}\sum_{j=0}^{n-2}(\Delta \cdot p)^j (\Delta \cdot k)^{n-2-j} \quad (5.199)$$

Using $\Delta^2 = 0$ we may rewrite $\slashed{A}\slashed{p}\slashed{A} = 2\slashed{A}\Delta \cdot p$. Now act with D_{n-1} of Eq. (5.193) on both sides of Eq. (5.199). As before, the left-hand side uses Eq. (5.194). The right-hand side is

$$-g^2 C_2(R) 2\slashed{A}\int \frac{d^4p}{(2\pi)^4}\frac{p\cdot\Delta}{p^2}\sum_{j=0}^{n-2}(\Delta\cdot p)^j D_{n-1}\frac{(\Delta\cdot k)^{n-2-j}}{(p-k)^2} \quad (5.200)$$

Now use, for the log divergent piece,

$$D_{n-1}^{\epsilon_1\cdots\epsilon_{n-1}}\frac{(\Delta\cdot k)^{n-2-j}}{(p-k)^2} \approx \binom{n-1}{j+1}\frac{(n-j-2)!(2j+2)!!}{(p^2)^j}$$
$$\cdot p_{\epsilon_1}p_{\epsilon_2}\cdots p_{\epsilon_{j+1}}\Delta_{\epsilon_{j+2}}\Delta_{\epsilon_{j+3}}\cdots\Delta_{\epsilon_{n-1}} \quad (5.201)$$

to obtain

$$-g^2 C_2(R)2\slashed{A}\int \frac{d^4p}{(2\pi)^4}\sum_{j=0}^{n-2}\frac{(\Delta\cdot p)^{j+1}}{(p^2)^{j+1}}\frac{(n-1)!(2j+2)!!}{(j+1)!}$$
$$\cdot p_{\epsilon_1}p_{\epsilon_2}\cdots p_{\epsilon_{j+1}}\Delta_{\epsilon_{j+2}}\cdots\Delta_{\epsilon_{n-1}}$$

$$= -g^2 C_2(R)\slashed{A}\ln\Lambda\sum_{j=0}^{n-2}\Delta_{\delta_1}\cdots\Delta_{\delta_{j+1}}\Delta_{\epsilon_{j+2}}\cdots\Delta_{\epsilon_{n-1}}(n-1)!(2j+2)!!$$

$$\cdot\frac{1}{(2\pi)^4}\int d\Omega \hat{p}_{\delta_1}\cdots\hat{p}_{\delta_{j+1}}\hat{p}_{\epsilon_1}\cdots\hat{p}_{\epsilon_{j+1}} \quad (5.202)$$

and, using identity (5.187), this becomes

$$\frac{-g^2}{8\pi^2} C_2(R) \not{A} \Delta_{\epsilon_1} \cdots \Delta_{\epsilon_{n-1}} (n-1)! \sum_{j=0}^{n-2} (2j+2)!! \frac{2\ln\Lambda}{(2j+4)!!} \tag{5.203}$$

and hence

$$c_2 = -\frac{\alpha_s C_2(R)}{2\pi} \sum_{j=2}^{n} \frac{2}{j} \tag{5.204}$$

It is easy to show that the graph of Fig. 5.14c gives the same result $c_3 = c_2$, and hence from Eqs. (5.186), (5.198), and (5.204),

$$\gamma_{O_F^n} = \frac{\alpha_s C_2(R)}{2\pi} \left[-\frac{2}{n(n+1)} + 4 \sum_{j=2}^{n} \frac{1}{j} \right] \tag{5.205}$$

For the dimension γ_{FF}^F,

$$\gamma_{FF}^F = \gamma_{O_F^n} + 2\gamma_F \tag{5.206}$$

But we have

$$\gamma_F = -\frac{\partial}{\partial \ln \Lambda} \ln Z_F \left(\frac{\Lambda}{\mu, g} \right) \tag{5.207}$$

and from Fig. 5.15 (evaluated for the Abelian case of quantum electrodynamics in Chapter 3),

$$Z_F = 1 - \frac{\alpha_s}{4\pi} C_2(R) \ln \Lambda \tag{5.208}$$

whence

$$\gamma_{O_F^n} = \frac{\alpha_s C_2(R)}{2\pi} \left[1 - \frac{2}{n(n+1)} + 4 \sum_{j=2}^{n} \frac{1}{j} \right] \tag{5.209}$$

is the anomalous dimension to be used for the nonsinglet moments in Eq. (5.180).

We defer a detailed phenomenology but it is irresistible to show two of the early figures that exemplify the excellent *qualitative* support for perturbative QCD from experimental data. Present 2008 data more strongly confirm this support.

Figure 5.15 Graph giving anomalous dimension γ_F.

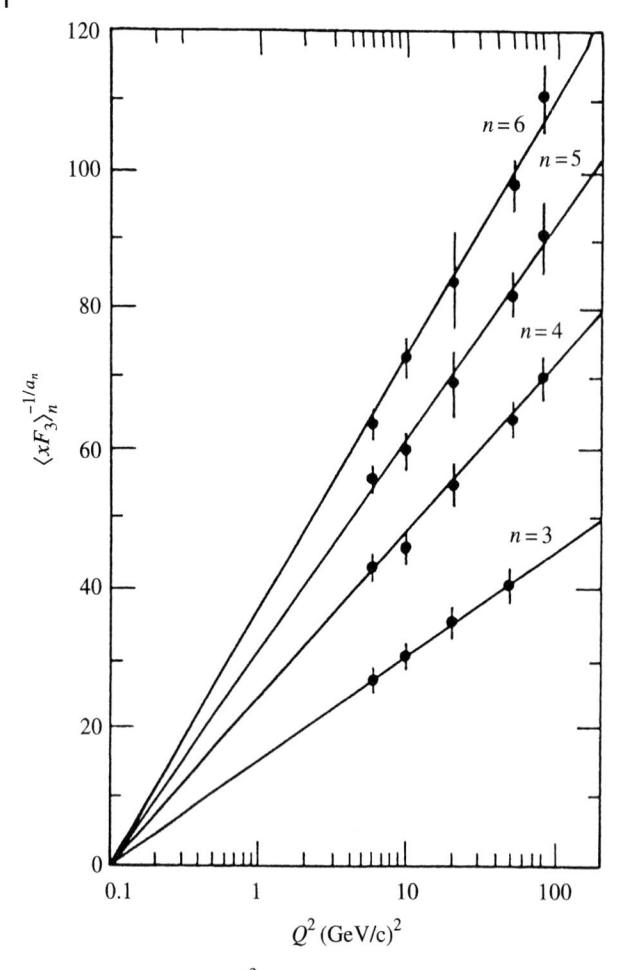

Figure 5.16 Logarithmic Q^2 dependence of structure function moments. (Data from Ref. [75].)

In Eq. (5.180) the nonsinglet structure function may be taken as $xF_3^{\nu N}$. Then according to Eq. (5.180), a plot of the nth moment $\langle xF_3\rangle_n$ raised to the power $(-1/a_n)$ should be linear in $\ln Q^2$. Experimental support for such logarithmic dependence of the scaling violations is shown in Fig. 5.16.

Further, we may compare the QCD prediction for the relative slopes of the different moments since if we write Eq. (5.209) as

$$\gamma_{O_F^n} = \frac{\alpha C_2(R)}{2\pi}\delta(n) \tag{5.210}$$

we find that $\delta(3) = 4.166$, $\delta(4) = 5.233$, $\delta(5) = 6.066$, $\delta(6) = 6.752$, and $\delta(7) = 7.335$. Thus from the basic formula (5.181) we see that

$$\frac{d\ln\langle F_{NS}(Q^2)\rangle_n}{d\ln\langle F_{NS}(Q^2)\rangle_{n'}} = \frac{\delta(n)}{\delta(n')} \tag{5.211}$$

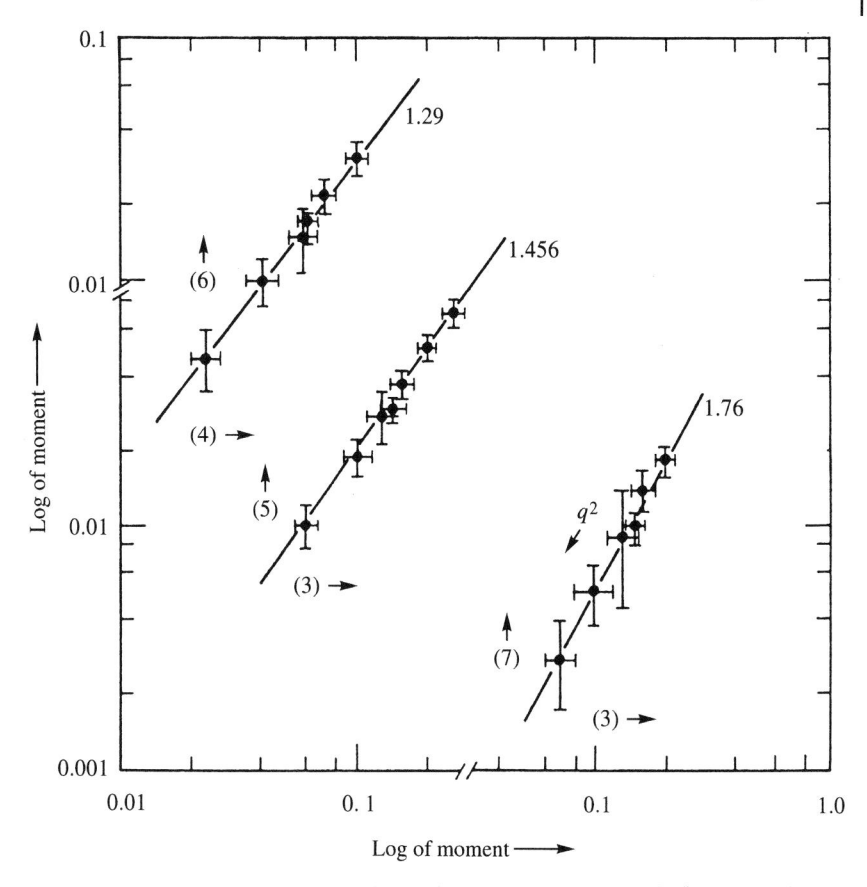

Figure 5.17 Perkins plot checks n dependence of anomalous dimension of O_F^n. (From Ref. [64].)

The resulting log-log plots are shown in Fig. 5.17. There is excellent qualitative agreement with the three ratios $\delta(6)/\delta(4) = 1.290$, $\delta(5)/\delta(3) = 1.456$, and $\delta(7)/\delta(3) = 1.760$. Figure 5.17 depicts a Perkins plot after an Oxford member of the collaboration.

The scaling violations offer good qualitative confirmation of QCD. Recall that quantum electrodynamics is confirmed to an accuracy of 1 in 10^6 at order α^3 in the electron anomalous magnetic moment (1 in 10^9 in the magnetic moment itself); here QCD is tested at a 10% level. Nevertheless, the results are so encouraging and positive that in grand unification we shall assume QCD. Also, as we shall see, although scaling violations are a most important test, there are other independent checks of the theory.

To study flavor-singlet moments we need (in an obvious notation) $\gamma_{FF}^V, \gamma_{VV}^F, \gamma_{VV}^V$ as well as γ_{FF}^F, and then the matrix

$$\begin{pmatrix} \gamma_{FF}^F & \gamma_{FF}^V \\ \gamma_{VV}^F & \gamma_{VV}^V \end{pmatrix} \tag{5.212}$$

must be diagonalized to obtain simple predictions which are again supported by experimental data (e.g., Ref. [64]).

The anomalous dimensions were first computed by Gross and Wilczek [16, 17] and independently by Georgi and Politzer [76]. The origin of the various terms in, for example, Eq. (5.209) was a little mysterious when we computed the Feynman graphs. A more intuitive approach, based on parton (quark and gluon) splitting functions, was presented, for example, in an article by Altarelli and Parisi [77].

5.6
Background Field Method

Returning to formal considerations, we now introduce a procedure for quantization which keeps explicit gauge invariance. Normally, the classical Lagrangian is constructed to be gauge invariant, but on quantization the explicit gauge invariance is lost in the Feynman rules because of the necessity to add gauge fixing and Faddeev–Popov ghost terms. The background field method maintains explicit gauge invariance at the quantum level and hence is simpler both conceptually and technically. Here we shall introduce it only because of its technical superiority and lasting importance.

Historically, the method was introduced by DeWitt [78, 79], then by Honerkamp [80, 81], and was made popular by 't Hooft [82]. It is now being widely exploited [83–92] including its use in grand unification [88, 90], gravity [78, 79, 82, 91], and supergravity (e.g., Ref. [92]).

Here we shall derive the Feynman rules, then merely exemplify the method by calculating the β-function of the renormalization group. We follow closely the clear presentation of Abbott [87].

Let us begin with a nongauge theory of a scalar field Φ for which we write the generating functional

$$Z[J] = \int D\Phi \exp\left[i\left(S[\Phi] + \int d^4x\, J \cdot \Phi\right)\right] \tag{5.213}$$

The generating functional $W[J]$ for connected diagrams is

$$W[J] = -i \ln Z[J] \tag{5.214}$$

The effective action is then

$$\Gamma(\bar{\Phi}) = W[J] - J \cdot \bar{\Phi} \tag{5.215}$$

$$\bar{\Phi} = \frac{\delta W}{\delta J} \tag{5.216}$$

$\Phi(\bar{\phi})$ generates the proper, one-particle-irreducible diagrams.

Now let us decompose

$$\Phi = B + \phi \tag{5.217}$$

and quantize ϕ while leaving the background field B unquantized. We generalize the definitions above to

$$\mathscr{Z}[j, B] = \int D\phi \exp\left\{i\left(S[B + \phi] + \int d^4x J \cdot \phi\right)\right\} \tag{5.218}$$

$$\mathscr{W}[J, B] = i \ln \mathscr{Z}[J, B] \tag{5.219}$$

$$\tilde{\Gamma}[\tilde{\phi}, B] = \mathscr{W}[J, B] - J \cdot \tilde{\phi} \tag{5.220}$$

$$\tilde{\phi} = \frac{\delta \mathscr{W}}{\delta J} \tag{5.221}$$

Why do this? The magic begins to appear when we substitute Eq. (5.217) into Eq. (5.218) to find that

$$\mathscr{Z}[J, B] = Z[J] \exp(-iJ \cdot B) \tag{5.222}$$

and hence

$$\mathscr{W}[J, B] = W[J] - J \cdot B \tag{5.223}$$

From Eqs. (5.216), (5.221), and (5.223) we deduce that

$$\tilde{\phi} = \bar{\Phi} - B \tag{5.224}$$

and substitution into Eq. (5.220) gives

$$\tilde{\Gamma}[\tilde{\phi}, B] = \Gamma[\tilde{\phi} + B] \tag{5.225}$$

This is an important result, especially the special case worth writing as a new equation

$$\tilde{\Gamma}[\tilde{\phi} = 0, B] = \Gamma[B] \tag{5.226}$$

Thus the normal effective action $\Gamma(B)$ where B would be quantized can be computed by summing all vacuum graphs (no external ϕ lines) in the presence of the background B. This is already quite remarkable.

The two approaches are now:

1. Treat B exactly and find the exact ϕ propagator in the presence of B. This is possible only for very simple B.
2. Treat B perturbatively. Here we use normal ϕ propagators and introduce B only on the external lines.

5 Renormalization Group

The second approach is used here.

In a gauge theory, we can use this procedure provided that we make a sufficiently clever choice of gauge. We write

$$\mathscr{Z}[J, B] = \int DA \det \mathscr{M}^{ab} \exp\left\{iS[B + A] - \int d^4x \left(\frac{1}{2\alpha} \mathscr{G} \cdot \mathscr{G} + J \cdot A\right)\right\}$$
(5.227)

The appropriate (background) gauge is

$$\mathscr{G}^a = \partial_\mu A^a_\mu + gC^{abc} B^b_\mu A^c_\mu$$
(5.228)

This is the covariant derivative, with respect to B^a_μ, acting on A^a_μ. Now consider the infinitesimal transformation (u^a = gauge function)

$$\delta B^a_\mu = -C^{abc} u^b B^c_\mu + \frac{1}{g} \partial_\mu u^a$$
(5.229)

$$\delta J^a_\mu = -C^{abc} u^b J^c_\mu$$
(5.230)

$$\delta A^a_\mu = -C^{abc} u^b A^c_\mu$$
(5.231)

It is not difficult to see that this leaves $\mathscr{Z}[J, B]$ of Eq. (5.227) invariant. First, $J \cdot A$ is invariant since

$$J' \cdot A' = (\mathbf{J} - \mathbf{u} \hat{}\, \mathbf{J}) \cdot (\mathbf{A} - \mathbf{u} \hat{}\, \mathbf{A})$$
(5.232)

$$= \mathbf{J} \cdot \mathbf{A}^2 + O(u)$$
(5.233)

Next, since

$$\delta(B^a_\mu + A^a_\mu) = -\mathbf{u}\hat{}\,(\mathbf{B} + \mathbf{A}) + \frac{1}{g} \partial_\mu \mathbf{u}$$
(5.234)

is a gauge transformation, $S[B + A]$ is invariant. Because of the choice, Eq. (5.228), the adjoint rotation, Eq. (5.231), leaves $\mathscr{G}^a$ invariant. For similar reasons, the Faddeev–Popov determinant det $\mathscr{M}^{ab}$ is invariant.

Hence $\mathscr{Z}[J, B]$ is invariant. Making the steps

$$\mathscr{W}[J, B] = -\ln \mathscr{Z}[J, B]$$
(5.235)

$$\Gamma[\mathscr{A}, B] = \mathscr{W}[J, B] - J \cdot \mathscr{A}$$
(5.236)

$$\mathscr{A} = \frac{\delta \mathscr{W}}{\delta J}$$
(5.237)

one finds that, in background field gauge, the effective action

$$\Gamma[\mathscr{A} = 0, B] = \Gamma[B] \tag{5.238}$$

is gauge invariant.

To compute this gauge-invariant action, we need to establish the Feynman rules to compute all 1PI diagrams with B appearing only on external lines. The Faddeev–Popov ghosts term can be computed from Eqs. (5.228), (5.229), and (5.231): as

$$\mathscr{M}^{ab} = g\frac{\delta \mathscr{G}^a}{\delta u^b} = \Box \delta^{ab} - g\bar{\partial}_\mu C^{acb}(B^c_\mu + A^c_\mu)$$

$$+ g C^{acb} B^c_\mu \bar{\partial}_\mu + g^2 C^{ace} C^{edb} B^c_\mu (B^d_\mu + A^d_\mu) \tag{5.239}$$

and thence

$$\mathscr{S}_{\text{FPG}} = c^{a\dagger} \mathscr{M}^{ab} c^b \tag{5.240}$$

The internal propagators and totally internal vertices are given by the old Feynman rules of Fig. 2.6. These must now be augmented by the external vertices displayed in Fig. 5.18.

This completes quantization, so let us discuss renormalization, which is our main concern. It is actually redundant to renormalize

$$c^a = \sqrt{\mathscr{Z}} c^a_R \tag{5.241}$$

$$A^a_\mu = \sqrt{Z_A} A^a_{\mu R} \tag{5.242}$$

since each internal propagator carries a $\sqrt{Z}$ at each end due to field renormalization and a $1/Z$ from propagator renormalization. We do need

$$g = Z_g g_R \tag{5.243}$$

$$B = \sqrt{Z_B} B_R \tag{5.244}$$

But Z_g and Z_B have the simple relation

$$Z_g \sqrt{Z_B} = 1 \tag{5.245}$$

as can be seen immediately by renormalization of the gauge-invariant quantity

$$F^a_{\mu\nu} = \partial_\mu B^a_\nu - \partial_\nu B^a_\mu + g C^{abc} B^b_\mu B^c_\nu \tag{5.246}$$

From Eq. (5.243) we have that

$$\mu\frac{\partial}{\partial \mu} g = 0 = Z_g \mu \frac{\partial}{\partial \mu} g_R + g_R \mu \frac{\partial}{\partial \mu} Z_g \tag{5.247}$$

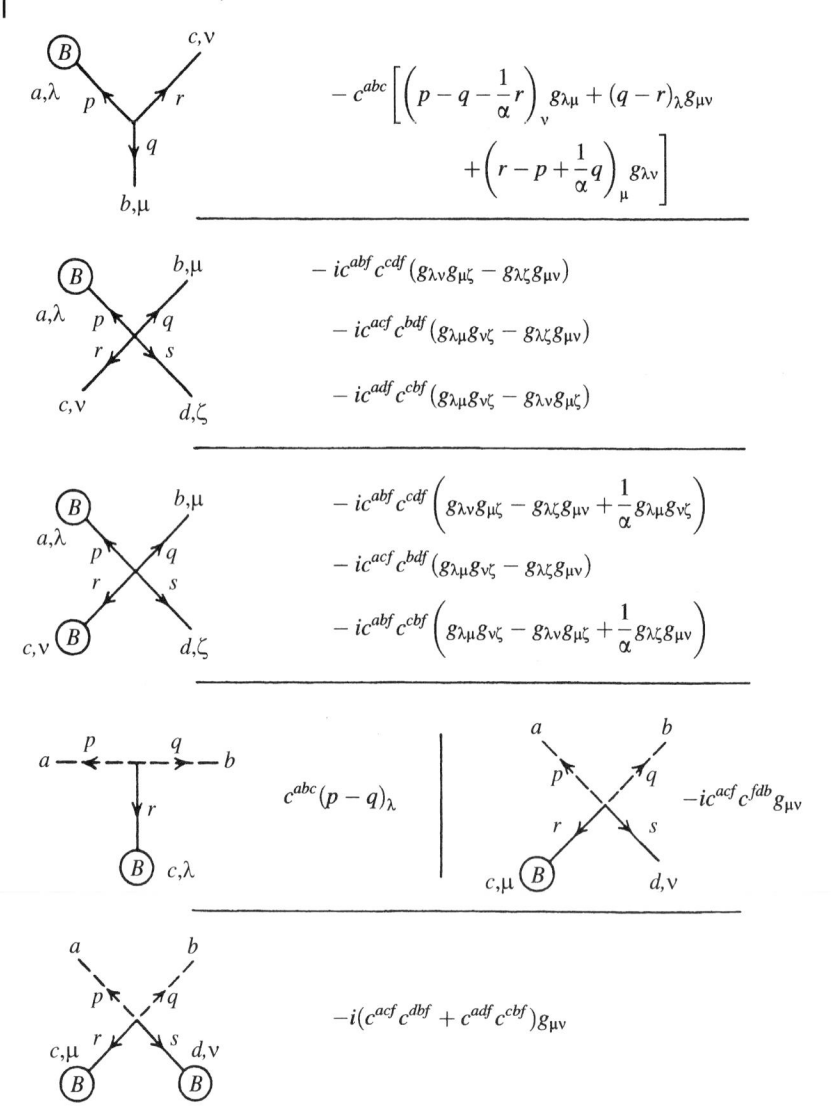

Figure 5.18 Feynman rules in background field gauge. These rules involving external B_μ^a fields augment the rules given in Fig. 2.6.

and hence, as usual,

$$\beta = \mu \frac{\partial}{\partial \mu} g_R = -g_R \mu \frac{\partial}{\partial \mu} \ln Z_g \tag{5.248}$$

But because of Eq. (5.245), this becomes

$$\beta = \frac{1}{2} g_R \mu \frac{\partial}{\partial \mu} \ln Z_B = g_R \gamma_B \tag{5.249}$$

where γ_B is the anomalous dimension of B.

Let us use dimensional regularization, defining dimension $d = (4 - 2\delta)$ and expand:

$$Z_B = 1 + \sum_{i=1}^{\infty} \frac{Z_B^{(i)}}{\delta^i} \tag{5.250}$$

Since, in a generic dimension, we must redefine $g \to \mu^{-\delta} g$, we see that (now we replace g_R simply by g from here on)

$$\mu \frac{\partial}{\partial \mu} g = -\delta g + \beta \tag{5.251}$$

Substitution of Eq. (5.250) into Eq. (5.249) gives

$$2 Z_B \gamma_B = \mu \frac{\partial}{\partial \mu} \left[1 + \sum_{i=1}^{\infty} \frac{Z_B^{(i)}}{\delta^i} \right] \tag{5.252}$$

Now use Eq. (5.251) to replace

$$\mu \frac{\partial}{\partial \mu} = \beta \frac{\partial}{\partial g} - \delta g \frac{\partial}{\partial g} \tag{5.253}$$

to discover that, by considering the coefficient of δ^{-i},

$$\beta \left(2 - g \frac{\partial}{\partial g} \right) Z_B^{(i)} = -g^2 \frac{\partial}{\partial g} Z_B^{(i+1)} \tag{5.254}$$

In particular, since $Z_B^{(0)} = 1$, we have

$$\beta = -\frac{1}{2} g^2 \frac{\partial}{\partial f} Z_B^{(1)} \tag{5.255}$$

This sets up the calculation of β in a simple form since once we evaluate the coefficient ζ in

$$Z_B = 1 + \frac{\zeta}{\delta} \left(\frac{g}{4\pi} \right)^2 + O(g^4) \tag{5.256}$$

it follows that

$$\beta = \frac{-g\zeta}{2} \left(\frac{g}{4\pi} \right)^2 + O(g^5) \tag{5.257}$$

To find ζ, only two diagrams are necessary, as shown in Fig. 5.19. Let us write

$$\zeta = \zeta_1 + \zeta_2 \tag{5.258}$$

5 Renormalization Group

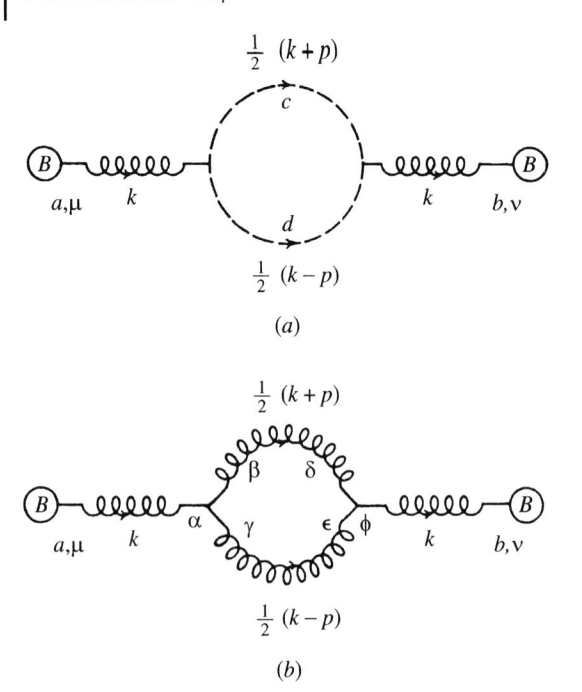

Figure 5.19 Feynman diagrams needed to compute one-loop β-function in background gauge.

where ζ_1 and ζ_2 are the contributions, respectively, from Fig. 5.19a and b.
To compute ζ_1 the amplitude corresponding to Fig. 5.19a is

$$-\int \frac{d^4p}{(2\pi)^4} \frac{1}{16} \cdot \frac{4i}{(k+p)^2} \frac{4i}{(k-p)^2} g^2 C_{acd} C_{bdc} p_\alpha p_\beta$$

$$= \delta_{ab} C_2(G) \left(\frac{g}{4\pi}\right)^2 \frac{1}{\pi^2} \int \frac{d^4p \, p_\alpha p_\beta}{(k+p)^2 (k-p)^2} \tag{5.259}$$

The integral is

$$\int_0^1 dx \frac{d^4p \, p_\alpha p_\beta}{[p^2 + 2p \cdot k(2x-1) + k^2]^2}$$

$$= i\pi^2 \ln \Lambda \int_0^1 dx \bigg[k_\alpha k_\beta (2x-1)^2 2$$

$$+ \frac{1}{2} g_{\alpha\beta} \big(-k^2(2x-1)^2 + k^2 \big)(-2) \bigg] \tag{5.260}$$

$$= -i\pi^2 \frac{2}{3} (k^2 g_{\alpha\beta} - k_\alpha k_\beta) \tag{5.261}$$

and hence

$$\zeta_1 = \frac{2}{3}C_2(G) \tag{5.262}$$

Finally, Fig. 5.19b gives the amplitude (remembering a factor $\frac{1}{2}$ for the identical particles!). We put $\alpha = 1$ for simplicity; this diagram is separately gauge invariant.

$$\left(\frac{g}{4\pi}\right)^2 \frac{1}{\pi^2} C_2(G) I_{\mu\nu}(k) \tag{5.263}$$

$$I_{\mu\nu}(k) = \frac{1}{2}\int_0^1 \frac{dx\, d^4p}{[p^2 - 2p\cdot k(2x-1) + k^2]^2} \mathscr{I}_{\mu\nu}(k, p) \tag{5.264}$$

$$\mathscr{I}_{\mu\nu}(k, p) = \left[g_{\mu\beta}(-2k)_\gamma + g_{\beta\gamma}(p)_\mu + g_{\gamma\mu}(2k)_\beta\right]$$

$$\cdot \left[g_{\nu\delta}(2k)_\epsilon + g_{\delta\epsilon}(-p)_\nu + g_{\epsilon\nu}(-2k)_\delta\right] g_{\beta\delta} g_{\gamma\epsilon} \tag{5.265}$$

$$= 4\left(2k_\mu k_\nu - 2k^2 g_{\mu\nu} - p_\mu p_\nu\right) \tag{5.266}$$

Hence

$$I_{\mu\nu}(k) = -2(i\pi^2 \ln \Lambda)\left(\frac{10}{3}\right)\left(k^2 g_{\mu\nu} - k_\mu k_\nu\right) \tag{5.267}$$

and

$$\zeta_2 = \frac{20}{3}C_2(G) \tag{5.268}$$

The one-loop formula for the β-function is thus

$$\beta = -\frac{11g^3}{48\pi^2}C_2(G) + O(g^5) \tag{5.269}$$

in agreement with Eq. (5.69). Note that only two-point functions were needed, in contrast to the earlier derivation in Section 5.3. Also, it is more agreeable to see the gauge invariance of each diagram here than the more inelegant restoration of gauge invariance by combination of different Feynman diagrams. The procedure has been continued to two loops (see Abbott [87]), and there the technical advantages become even more apparent.

5.7
Summary

We have seen already here very remarkable consequences of the renormalization group. It enables us to sum up, to all orders of perturbation theory, the leading logarithms from computation of only the logarithmic divergence of a one-loop graph. At first sight, this appears paradoxical since it seems that information is being created from nowhere. But it is crucial that a renormalizable theory is such that once we compute Z at one loop, we control the leading divergences at all orders, so renormalizability itself correlates every order of perturbation theory. We may say that the "disease" of ultraviolet divergences is being converted into a virtue.

Asymptotic freedom identifies QCD as the unique theory of strong interactions, as well as placing a curious constraint on the number of quark flavors. Fortunately, this constraint appears to be comfortably satisfied at least in the energy region presently accessible experimentally it may well change at LHC energy. Further, we have seen how QCD predicts logarithmic scaling violations, and for the moments of the flavor-nonsinglet structure functions, these are qualitatively in agreement with experiment.

Grand unification is likewise underwritten by the renormalization group and it further supports the idea that a group such as the SU(5) or SO(10) could eventually unify strong and electroweak interactions, if the desert hypothesis is partially correct.

Finally, we have noted the technical advantage of using the background field method to compute the quantities appearing in the renormalization group equation.

References

1 E.C.G. Stückelberg and A. Petermann, *Helv. Phys. Acta* 5, 499 (1953).
2 M. Gell-Mann and F.E. Low, *Phys. Rev.* 95, 1300 (1954).
3 L.V. Ovsiannikov, *Dokl. Akad. Nauk USSR* 109, 1112 (1956).
4 N.N. Bogoliubov and D.V. Shirkov, *Theory of Quantized Fields*, Interscience, New York, 1959.
5 L.P. Kadanoff, *Physics* 2, 263 (1966).
6 C.G. Callan, *Phys. Rev.* D2, 1541 (1970).
7 C.G. Callan, *Phys. Rev.* D5, 3202 (1972).
8 K. Symanzik, *Commun. Math. Phys.* 18, 227 (1970).
9 K. Symanzik, *Commun. Math. Phys.* 23, 49 (1971).
10 K. Symanzik, in *Springer Tracts in Modern Physics*, Vol. 57, G. Hohler, ed., Springer-Verlag, New York, 1971, p. 22.
11 K.G. Wilson, *Phys. Rev.* 179, 1499 (1969).
12 G. 't Hooft, unpublished remarks at Marseille Conference, 1972.
13 H.D. Politzer, *Phys. Rev. Lett.* 26, 1346 (1973).
14 H.D. Politzer, *Phys. Rep.* 14C, 129 (1974).
15 D.J. Gross and F. Wilczek, *Phys. Rev. Lett.* 26, 1343 (1973).
16 D.J. Gross and F. Wilczek, *Phys. Rev.* D8, 3633 (1973).
17 D.J. Gross and F. Wilczek, *Phys. Rev.* D9, 980 (1974).
18 A. Zee, *Phys. Rev.* D7, 3630 (1973).
19 S. Coleman and D.J. Gross, *Phys. Rev. Lett.* 31, 851 (1973).
20 H.M. Georgi, H.R. Quinn and S. Weinberg, *Phys. Rev. Lett.* 33, 451 (1974).
21 H. Georgi and S.L. Glashow, *Phys. Rev. Lett.* 32, 438 (1974).
22 S. Coleman, in *Proceedings of the International School of Physics, Ettore Majorana, Erice, 1971*, A. Zichichi, ed., Editrice Compositori, 1973, p. 359.
23 D.J. Gross, in *Methods in Field Theory (Les Houches 1975)*, R. Balian and J. Zinn-Justin, eds., North-Holland, Amsterdam, 1976, p. 144.
24 S.L. Adler, *Phys. Rev.* D5, 3021 (1972).
25 K.G. Wilson and J. Kogut, *Phys. Rep.* 12C, 75 (1974).
26 G. Altarelli, *Riv. Nuovo Cimento* 4, 335 (1974).

27. A. Petennan, *Phys. Rep.* 53, 157 (1979).
28. E. Reya, *Phys. Rep.* 69, 195 (1981).
29. J.C. Taylor, *Nucl. Phys.* B33, 436 (1971).
30. A.A. Slavnov, *Theor. Math. Phys.* 10, 99 (1972).
31. J.C. Ward, *Phys. Rev.* 78, 182 (1950).
32. Y. Takahashi, *Nuovo Cimento* 6, 371 (1957).
33. L. Banyai, S. Marculescu and T. Vescan, *Nuovo Cimento Lett.* 11, 151 (1974).
34. W.E. Caswell and F. Wilczek, *Phys. Lett.* 49B, 291 (1974).
35. D.R.T. Jones, *Nucl. Phys.* B75, 531 (1974).
36. W.E. Caswell, *Phys. Rev. Lett.* 33, 244 (1974).
37. K.G. Chetyrkin, A.L. Kataev and F.V. Tkachov, *Phys. Lett.* 85B, 277 (1979).
38. M. Dine and J. Sapirstein, *Phys. Rev. Lett.* 43, 668 (1979).
39. O.V. Tarasov, A.A. Vladamirov and A.Yu. Zharkov, *Phys. Lett.* 93B, 429 (1980).
40. S. Ferrara and B. Zumino, *Nucl. Phys.* B79, 413 (1974).
41. A. Salam and J. Strathdee, *Phys. Lett.* 51B, 353 (1974).
42. D.R.T. Jones, *Nucl. Phys.* 87B, 127 (1975).
43. D.R.T. Jones, *Phys. Lett.* 72B, 199 (1977).
44. E.C. Poggio and H. Pendleton, *Phys. Lett.* 72B, 200 (1977).
45. O.V. Tasarov, A.A. Vladamirov and A.Yu. Zharkov, *Phys. Lett.* 96B, 94 (1980).
46. M. Grisaru, M. Rocek and W. Siegel, *Phys. Rev. Lett.* 45, 1063 (1980).
47. S. Mandelstam, in *Proceedings of the 21st International Conference on High Energy Physics*, Paris, 1982, p. C3-331.
48. P.S. Howe, K.S. Stelle and P.C. West, *Phys. Lett.* 124B, 55 (1983).
49. A.J. Parkes and P.C. West, *Phys. Lett.* 138B, 99 (1984).
50. D.R.T. Jones and L. Mezincescu, *Phys. Lett.* 138B, 293 (1984).
51. A.J. Parkes and P.C. West, *Nucl. Phys.* B256, 340 (1985).
52. D.R.T. Jones and A.J. Parkes, *Phys. Lett.* 160B, 267 (1985).
53. S. Weinberg, *Phys. Rev. Lett.* 19, 1264 (1967).
54. W. Buchmuller, Y.J. Ng and S.H.H. Tye, *Phys. Rev.* D24, 3003 (1981).
55. W. Marciano, *Phys. Rev.* D20, 274 (1979).
56. T. Goldman and D. Ross, *Nucl. Phys.* B171, 273 (1980).
57. W. Marciano and A. Sirlin, *Phys. Rev. Lett.* 46, 163 (1981).
58. S.L. Glashow and D.V. Nanopoulos, *Nature* 281, 464 (1979).
59. J.D. Bjorken, *Phys. Rev.* 179, 1547 (1969).
60. J.D. Bjorken and E.A. Paschos, *Phys. Rev.* 185, 1975 (1969).
61. R.P. Feynman, *Phys. Rev. Lett.* 23, 1415 (1969).
62. F.E. Close, *An Introduction to Quarks and Partons*, Academic Press, New York, 1979.
63. C.G. Callan and D.J. Gross, *Phys. Rev. Lett.* 22, 156 (1969).
64. P.C. Bosetti et al., *Nucl. Phys.* B142, 1 (1978).
65. J.G.H. de Groot et al., *Phys. Lett.* 82B, 456 (1979).
66. J.G.H. de Groot et al., *Z. Phys.* C1, 143 (1979).
67. S.L. Adler, *Phys. Rev.* 143, 1144 (1966).
68. D.J. Gross and C.H. Llewellyn Smith, *Nucl. Phys.* B14, 337 (1969).
69. M.Y. Han and Y. Nambu, *Phys. Rev.* 139B, 1006 (1965).
70. P.H. Frampton and J.J. Sakurai, *Phys. Rev.* D16, 572 (1977).
71. R.A. Brandt and G. Preparata, *Nucl. Phys.* B27, 541 (1971).
72. Y. Frishman, *Phys. Rev. Lett.* 25, 966 (1970).
73. Y. Frishman, *Ann. Phys.* 66, 373 (1971).
74. R. Jackiw, R. Van Royen and G.B. West, *Phys. Rev.* D2, 2473 (1970).
75. J.G.H. de Groot et al., *Phys. Lett.* 82B, 292 (1979).
76. H. Georgi and H.D. Politzer, *Phys. Rev.* D9, 416 (1974).
77. G. Altarelli and G. Parisi, *Nucl. Phys.* B126, 298 (1977).
78. B. DeWitt, *Phys. Rev.* 162, 1195 (1967).
79. B. DeWitt, *Phys. Rev.* 162, 1239 (1967).
80. J. Honerkamp, *Nucl. Phys.* B36, 130 (1971).
81. J. Honerkamp, *Nucl. Phys.* B48, 269 (1972).
82. G. 't Hooft, *Nucl. Phys.* B62, 444 (1973).
83. R. Kallosh, *Nucl. Phys.* B78, 293 (1974).
84. H. Kluberg-Stern and J.B. Zuber, *Phys. Rev.* D12, 467 (1975).
85. H. Kluberg-Stern and J.B. Zuber, *Phys. Rev.* D12, 482 (1975).
86. H. Kluberg-Stern and J.B. Zuber, *Phys. Rev.* D12, 3159 (1975).
87. L.F. Abbott, *Nucl. Phys.* B185, 189 (1981).
88. S. Weinberg, *Phys. Lett.* 91B, 51 (1980).
89. R. Tarrach, *Nucl. Phys.* B196, 45 (1982).

90 B.A. Ovrut and H.J. Schnitzer, *Phys. Lett.* 110B, 139 (1982).

91 G. 't Hooft and M. Veltman, *Ann. Inst. Henri Poincaré* 20, 69 (1974).

92 S. Deser, J. Kay and K. Stelle, *Phys. Rev. Lett.* 38, 527 (1977).

6
Quantum Chromodynamics

6.1
Introduction

Here we treat quantum chromodynamics (hereafter QCD), the universally accepted theory of strong interactions. We discuss the limitations of perturbative techniques, especially the arbitrariness of the renormalization scheme. As an application we discuss the total annihilation cross section of electron and positron. Two and three jet processes in this annihilation present good agreement with perturbative calculations, at least at a one per mil level.

For nonperturbative calculations, we first treat instantons and show how they solve one problem, that of the fourth (or ninth) axial current and its missing Goldstone boson. Instantons create another problem of why strong interactions conserve CP to an accuracy of at least 1 in 10^9.

Expansion in $1/N$, where N is the generic number of colors, leads to successful qualitative explanations of phenomenological selection rules and of the absence of exotic mesons. Remarkably, baryons appear as topological solitons (Skyrmions) in chiral pion theories.

The most powerful quantitative method for handling nonperturbative QCD is on a space–time lattice which leads to automatic quark confinement at large distances. Monte Carlo simulations connect this strong coupling regime smoothly to the scaling regime at weak coupling and lead to quantitative estimates of the string tension, the interquark force, and glueball and hadron masses. Comparison with experiment works well within the (a few %) errors.

6.2
Renormalization Schemes

QCD is the non-Abelian gauge theory based on an unbroken gauge group SU(3) with an octet of gluons as gauge bosons. Quarks are in the defining three-dimensional representation, and antiquarks in the conjugate representation. QCD is hence an extremely simple gauge field theory in the sense of specifying the classical Lagrangian density. The task of showing that QCD correctly describes the wealth of data on hadronic processes is, however, far from simple.

The QCD theory was first proposed in the early 1970s [1–4], although the idea of gauging color had been mentioned in 1966 by Nambu [5]. Key ingredients are, of course, the quarks, which were first suggested by Gell-Mann [6] and Zweig [7] (reprinted in Ref. [8]). Also, the color concept arose from the conflict of spin and statistics in the quark wavefunctions for the lowest-lying baryon states [9, 10]. But really it was the proof of renormalizability of Yang–Mills theory [10] and the establishment of the property of asymptotic freedom [11, 12] which led to the general acceptance of QCD.

Unlike the situation for quantum electrodynamics (QED) over 20 years earlier, there is no simple static property comparable to the Lamb shift [13] or anomalous moment [14, 15] in QED, so precise checks of QCD remain elusive beyond the 0,1% level. Our first task is to address the perturbation expansion of QCD and to illustrate the successes and limitations thereof.

Much of the initial preparation has been done by the discussion of dimensional regularization (Chapter 3) and of the renormalization group equations for QCD (Chapter 5). From the latter discussion, we could arrive at a running coupling constant $\alpha_s(Q^2)$ with

$$\alpha_s(Q^2) = \frac{12\pi}{(33 - 2N_f)\ln(Q^2/\Lambda^2)} \tag{6.1}$$

by using just the one-loop formula for the renormalization group β-function, that is, the first term of the series

$$\beta = -\frac{g^3}{48}\pi^2(33 - 2N_f) - \frac{g^5}{768\pi^4}(306 - 38N_f) + \cdots \tag{6.2}$$

We asserted in Chapter 5 that the scale Λ in Eq. (6.1) must be determined phenomenologically. Actually, the evaluation of Λ is quite complicated and always involves specification of the renormalization scheme, as we shall discuss; further, the phenomenological evaluation of Λ necessitates theoretical computation up to at least two loops in all cases—one-loop comparison carries sufficient ambiguity to be meaningless.

Nevertheless, it makes good sense to write an "improved" perturbation expansion [16, 17] for QCD where the expansion parameter is taken to be the running coupling $\alpha_s(Q^2)$ rather than an energy-independent constant. This is more important in QCD than in QED because in the latter there is a natural choice ($Q^2 = 0$) for definition of the coupling constant. Also, $\alpha_s \gg \alpha$, so the loop corrections in QCD are intrinsically much larger: only for large Q^2 is $\alpha_s(Q^2) \ll 1$ and perturbation theory reliable, but then we must use the Q^2-dependent $\alpha_s(Q^2)$.

The dependence of the expansion coefficients in the QCD improved perturbation series on the choice of renormalization scheme creates a situation with no well-defined answer because the series itself is not convergent. Nevertheless, one criterion in choosing a scheme is that of fastest apparent convergence (i.e., the scheme where the first one or two coefficients appear most rapidly decreasing). But let us illustrate some renormalization schemes explicitly for the case of the e^+e^- annihilation, specifically for the ratio

$$R = \frac{\sigma(e^+e^- \to \text{hadrons})}{\sigma(e^+e^- \to \mu^+\mu^-)} \tag{6.3}$$

The simplest renormalization scheme [18] is that of minimal subtraction (MS), which employs dimensional regularization of Feynman integrals and simply subtracts the divergence associated with a pole in the generic complex dimension plane. For example, if dimensional regularization gives the gamma function $\Gamma(2 - n/2)$, where n is the generic dimension, we renormalize by subtracting the pole

$$\Gamma\left(2 - \frac{n}{2}\right) - \frac{2}{4-n} \tag{6.4}$$

An alternative to this [19] (see also Ref. [20]) is modified minimal subtraction ($\overline{\text{MS}}$), which subtracts from the finite part certain transcendental constants which are inevitably present in the dimensional regularization approach. Note that

$$\Gamma(z) = \frac{\Gamma(1+z)}{z} \tag{6.5}$$

$$= \frac{1}{z} + \Gamma'(1) + O(z) \tag{6.6}$$

$$= \frac{1}{z} - \gamma + O(z) \tag{6.7}$$

where γ is the Euler–Mascheroni constant $\gamma = 0.5772$, defined by

$$\gamma = \lim_{p \to \infty} \left(1 + \frac{1}{2} + \frac{1}{3} + \cdots \frac{1}{p} - \ln p\right) \tag{6.8}$$

Also, the procedure of writing

$$\int \frac{d^n k}{(2\pi)^4} \tag{6.9}$$

means that one is arriving at a factor

$$\frac{\pi^2}{(2\pi)^4} = \frac{1}{(4\pi)^2} \tag{6.10}$$

which is really, in generic dimension, corrected by

$$(4\pi)^{(1/2)(n-4)} = 1 + \frac{1}{2}(n-4)\ln 4\pi + \cdots \tag{6.11}$$

and this means that a natural subtraction ($\overline{\text{MS}}$) to replace Eq. (6.4) (MS) is

$$\Gamma\left(2 - \frac{n}{2}\right) - \frac{2}{4-n} + \gamma - \ln 4\pi \tag{6.12}$$

We shall see shortly how use of Eq. (6.12) ($\overline{\text{MS}}$) rather than Eq. (6.4) (MS) affects the apparent convergence of the QCD perturbation expansion of R in Eq. (6.3). Changing from MS to $\overline{\text{MS}}$ also changes the value of the scale parameters Λ_{MS} to $\Lambda_{\overline{\text{MS}}}$ in a way that we shall compute; this also changes the value of the coupling constant $\alpha_s(Q^2)$.

Before proceeding, let us note how dimensional regularization introduces an arbitrary scale (μ) into the theory. When we cut off momentum integrals, this is obvious; using dimensional regularization it is slightly more subtle and arises because the coupling constant g (which is dimensionless in $n = 4$) has dimension $M^{(4-n)/2}$, so we must redefine

$$g \to g\mu^{(4-n)/2} \tag{6.13}$$

if g is to remain dimensionless. This is how the arbitrary mass scale μ enters in dimensional regularization.

Let us now proceed to discuss the calculation of the electron–positron annihilation cross-section. Consider $e^+(p_1) + e^-(p_2) \to X$, where X has total momentum $q = (p_1 + p_2)$ and the squared center of mass energy is $s = q^2$ (Fig. 6.1). The relevant amplitude is

$$A(e^+e^- \to X) = \frac{2\pi e^2}{s} \bar{v}(p_1, \sigma)\gamma_\mu u(p_2, \sigma_2)\langle X|J_\mu|0\rangle \tag{6.14}$$

where J_μ is the electromagnetic current for quarks,

$$J_\mu \sum_f Q_f \bar{q}_f \gamma_\mu q_f \tag{6.15}$$

summed over the quark flavors. The e^+e^- cross section is given by

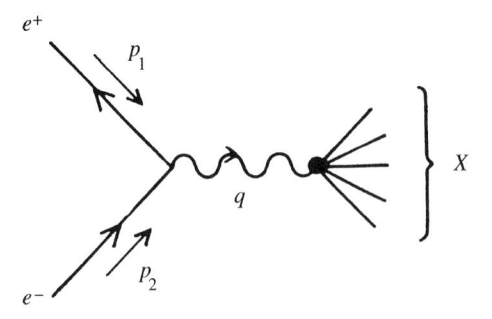

Figure 6.1 Electron–positron annihilation.

6.2 Renormalization Schemes

$$\sigma = \sum_X \sigma(e^+ e^- \to X) \tag{6.16}$$

$$= \frac{8\pi^2 \alpha^2}{s^3} l_{\mu\nu} \sum_X (2\pi)^4 \delta^4(p_1 + p_2 - q)\langle X|J^\nu(0)|0\rangle \langle X|J^\mu(0)|0\rangle^* \tag{6.17}$$

where the leptonic piece is

$$l_{\mu\nu} = \frac{1}{4} \sum_{\sigma_1, \sigma_2} \bar{v}(p_1, \sigma_1)\gamma_\mu u(p_2, \sigma_2) \left[\bar{v}(p_1, \sigma_1)\gamma_\nu u(p_2, \sigma_2)\right]^* \tag{6.18}$$

$$= \frac{1}{4} \mathrm{Tr}(\slashed{p}_1 \gamma_\mu \slashed{p}_2 \gamma_\nu) \tag{6.19}$$

$$= \frac{1}{2}\left[q_\mu q_\nu - q^2 g_{\mu\nu} - (p_1 - p_2)_\mu (p_1 - p_2)_\nu\right] \tag{6.20}$$

where we have neglected the electron mass. The quark part of Eq. (6.17) can be related by unitarity to the imaginary part of the photon propagator; we may write

$$Q^{\mu\nu} = \sum_X (2\pi)^4 \delta^4(p_1 + p_2 - q)\langle 0|J_\mu(0)|X\rangle \langle 0|J_\nu(0)|X\rangle^* \tag{6.21}$$

$$= \int d^4 x \, e^{iq \cdot x} \langle 0|[J_\mu(x), J_\nu(0)]|0\rangle \tag{6.22}$$

$$= 2 \, \mathrm{Im} \, \pi^{\mu\nu} \tag{6.23}$$

where

$$\Pi^{\mu\nu}(q) = i \int d^4 x \, e^{iq \cdot x} \langle 0|T(J_\mu(x) J_\nu(0))|0\rangle \tag{6.24}$$

Conservation of J_μ dictates that

$$\Pi^{\mu\nu}(q) = \left(-g^{\mu\nu} q^2 + q^\mu q^\nu\right)\Pi(q) \tag{6.25}$$

In leading order ("zero loop") we may compute $\Pi^0(q)$ from Fig. 6.2 and find that

$$\mathrm{Im} \, \Pi^{(0)}(q) = \frac{1}{12\pi} 3 \sum_f Q_f^2 \tag{6.26}$$

The cross section is therefore

$$\sigma = \frac{4\pi\alpha^2}{3s} 3 \sum_f Q_f^2 \tag{6.27}$$

6 Quantum Chromodynamics

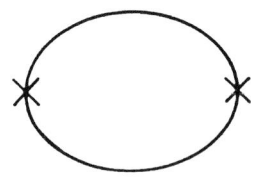

Figure 6.2 Vacuum polarization.

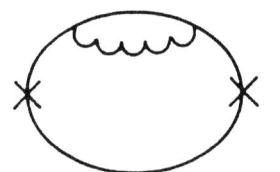

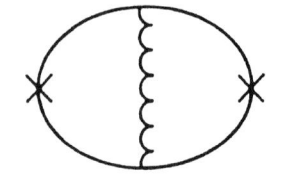

Figure 6.3 Radiative corrections.

The process $e^+e^- \to \mu^+\mu^-$ has cross section

$$\sigma(e^+e^- \to \mu^+\mu^-) = \frac{4\pi\alpha^2}{3s} \tag{6.28}$$

and hence

$$R = 3\sum_f Q_f^2 \left[1 + a_1\frac{\alpha_s}{\pi} + a_2\left(\frac{\alpha_s}{\pi}\right)^2 + \cdots\right] \tag{6.29}$$

At the next order we must calculate the diagrams of Fig. 6.3, and this gives [16, 17]

$$a_1 = 1 \tag{6.30}$$

by a calculation similar to that in QED [21]. The two-loop calculation is less trivial and involves the diagrams of Fig. 6.4; here the dependence on renormalization scheme becomes obvious. The result is [22, 23]

$$a_2(\text{MS}) = a_2(\overline{\text{MS}}) + (\ln 4\pi - \gamma)\frac{33 - 2n_f}{12}$$

$$= 7.35 - 0.44 n_f \tag{6.31}$$

$$a_2(\overline{\text{MS}}) = \left[\frac{2}{3}\zeta(3) - \frac{11}{12}\right]n_f + \frac{365}{24} - 11\zeta(3)$$

$$= 1.98 - 0.11 n_f \tag{6.32}$$

where n_f is the number of quark flavors. Setting $n_f = 4$, for example, gives $a_2(\text{MS}) = +5.6$ and $a_2(\overline{\text{MS}}) = +1.52$, so that the MS scheme gives greater apparent convergence in Eq. (6.29) that does the MS scheme.

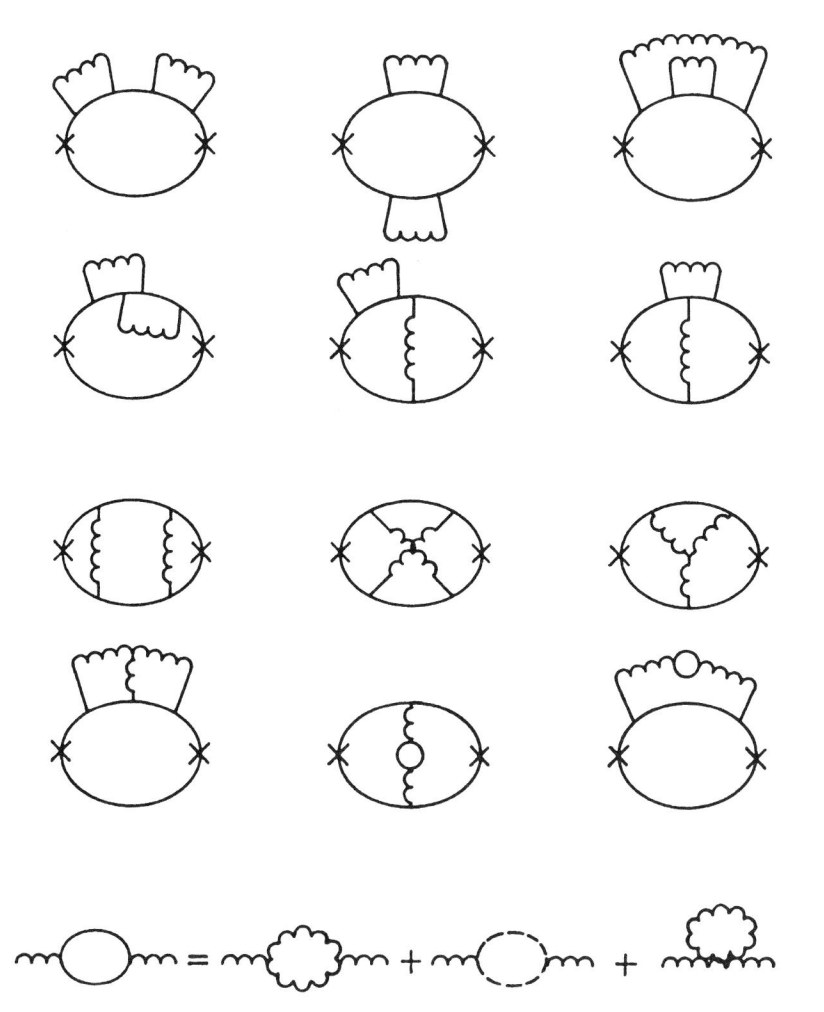

Figure 6.4 Two-loop corrections.

We can compute the corresponding changes in the scale Λ and the coupling strength α. The renormalization group β function to two loops is

$$\beta = \frac{g^3}{48\pi^3}(33 - 2n_f) - \frac{g^5}{384\pi^4}(153 - 19n_f) \tag{6.33}$$

and solving $dg/d\ln\mu = -\beta$ gives a formula

$$\alpha(Q^2) = \frac{12\pi}{(33 - 2n_f)\ln(q^2/\Lambda^2)}$$

$$\cdot \left[1 - 6\frac{165 - 19n_f}{(33 - 2n_f)^2}\frac{\ln\ln(Q^2/\Lambda^2)}{\ln(Q^2/\Lambda^2)}\right] \tag{6.34}$$

Since R in Eq. (6.29) is a physical quantity, it is obvious that $\Lambda_{MS} \neq \alpha_{\overline{MS}}$. In fact, one finds immediately that

$$\alpha_{MS} = \alpha_{\overline{MS}} - \frac{12\pi (\ln 4\pi - \gamma)}{(33 - 2n_f)[\ln(q^2/\Lambda^2)]^2} \tag{6.35}$$

This change can be absorbed into the scale Λ by putting

$$\Lambda_{\overline{MS}} = \Lambda_{MS} e^{(1/2)(\ln 4\pi - \gamma)} \tag{6.36}$$

Here the multiplicative factor is about 2.6, so the value of the QCD scale, like $\alpha_s(Q^2)$, depends significantly on the renormalization scheme. Also, it is clear that a two-loop calculation is necessary to distinguish between schemes: At one-loop order the different Λ and α_s may be interchanged, the error being only of higher order.

The experimental situation for R is shown in Fig. 6.5. The agreement with QCD is impressive, although the experimental errors are too large to allow confirmation of the higher-order corrections.

There is an infinite number of possible renormalization schemes, in addition to MS and $\overline{MS}$. A third example is the momentum subtraction scheme (MOM) [24–27]. Here the three-gluon vertex is defined to be g when all three gluons satisfy $p^2 = \mu^2$. Working in Landau gauge gives in Eq. (6.29) [26]

$$a_2(\text{MOM}) = 0.74 n_f - 4.64 \tag{6.37}$$

which gives, for $n_f = 4$, $a_2(\text{MOM}) = -1.68$, so that the apparent convergence is no better than for the $\overline{MS}$ scheme. The MOM scheme is more similar to the

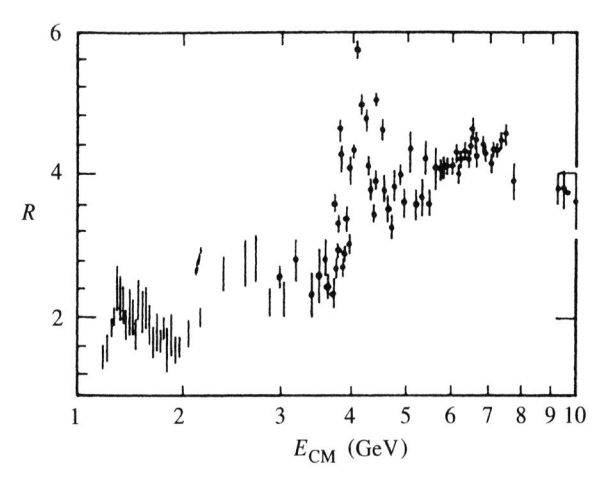

Figure 6.5 Experimental data on $\sigma(e^+e^- \to \text{hadrons})/\sigma(e^+e^- \to \mu^+\mu^-)$. [After Particle Data Group, Rev. Mod. Phys. 56, S64 (1984).]

procedure normally used in QED but is gauge dependent and hence somewhat less convenient than $\overline{\text{MS}}$.

Although we have chosen to focus on e^+e^- annihilation, the choice of renormalization scheme similarly affects the perturbation expansion for all physical processes. (For a review, see, for example, Ref. [28].)

One may ask whether there is some principle to select an optimal renormalization scheme? One suggestion [29] which has aroused interest [30–37] is that one should choose a scheme which is least sensitive to the choice of scheme. The argument is that the sum of the perturbative series is independent of the scheme, and hence the best approximations should also be.

This suggestion assumes (unjustifiably, see below) that the perturbation expansion is summable. In QED, the radius of convergence of the perturbation expansion of Green's functions

$$G(\alpha) = \sum_n a_n \alpha^n \qquad (6.38)$$

is known to be zero by Dyson's argument [38], which points out that for all $\alpha < 0$, the vacuum would be unstable under electron–positron pair creation. This is because a virtual pair created with sufficiently small separation may become real by separating to larger distance. Thus the radius of convergence of Eq. (6.38) vanishes.

In QCD we may not apply Dyson's argument directly. Instead, we may usefully construct

$$G(\alpha) = \sum_n \frac{a_n}{n!} \int_0^\infty e^{-t} (\alpha t)^n \, dt \qquad (6.39)$$

$$= \int_0^\infty e^{-t} f(t\alpha) \, dt \qquad (6.40)$$

where, in Eq. (6.39), we used the integral representation of $\Gamma(n+1) = n!$. In Eq. (6.40), $f(x)$ is the Borel transform with expansion

$$f(x) = \sum_n \frac{a_n}{n!} x^n \qquad (6.41)$$

The radius of convergence of the series for $G(\alpha)$ in Eq. (6.38) is given by R:

$$\frac{1}{R} = \lim_{n \to \infty} \sup \left(|a_n|^{1/n} \right) \qquad (6.42)$$

while that for $f(x)$ is R':

$$\frac{1}{R'} = \lim_{n \to \infty} \sup \left| \frac{a_n}{n!} \right|^{1/n} \qquad (6.43)$$

From Eqs. (6.42) and (6.43) it follows that for $R > 0$ then $R' = \infty$. Conversely, any singularity in the Borel plane implies that $R = 0$ (see, e.g., Ref. [39]).

6 Quantum Chromodynamics

In a quantum field theory, the Borel analysis can be related to the existence of finite action solutions to the classical field equations, as shown first by Lipatov [40] and expounded by others [41–45]. Consider a Green's function [here $\phi(x)$ is a generic field of arbitrary spin, etc.]

$$\langle 0|T(\phi(x_1)\cdots\phi(x_n))|0\rangle = \frac{\int[D\phi]e^{-S[\phi]}\phi(x_1)\cdots\phi(x_n)}{\int[D\phi]e^{-S[\phi]}} \tag{6.44}$$

We may scale out the coupling strength (α) and rewrite the numerator $N(\alpha)$ by making use of

$$\alpha \int_0^\infty dt\, \delta(\alpha t - S[\phi]) = 1 \tag{6.45}$$

in the form

$$N(\alpha) = \alpha \int_0^\infty dt\, F(\alpha t)e^{-t} \tag{6.46}$$

where the Borel transform $F(z)$ is

$$F(z) = \int [D\phi]\delta(z - S[z])\phi(x_1)\cdots\phi(x_n) \tag{6.47}$$

Where are the singularities, if any, of Eq. (6.47)? Consider the similar integral

$$\int dy_1\, dy_2 \cdots dy_n \delta(z - f(y_1, y_2 \cdots y_n)) = \int_\sigma d\sigma |\nabla f|^{-1} \tag{6.48}$$

where the surface σ is where $f(y) = z$. The result diverges if anywhere on σ there is a point at which

$$|\nabla f|^2 = \sum_i \left|\frac{\partial f}{\partial y_i}\right|^2 = 0 \tag{6.49}$$

which implies that $\partial f/\partial y_i = 0$ for all i. Similarly Eq. (6.47) is singular if for some $S[\phi] = z$ there is a point satisfying

$$\frac{\partial S[\phi]}{\partial \phi(x)} = 0 \tag{6.50}$$

for all x. But Eq. (6.50) is just the classical field equation in Euclidean space. Thus, if there is a finite action classical solution, it renders the Borel transform singular and implies that the original perturbation expansion converges nowhere. QCD possesses finite action classical solutions, and hence its perturbation expansion has zero radius of convergence.

From this result it emerges that there is no unique way to choose a renormalization scheme. One must be more pragmatic (as, e.g., Llewellyn Smith [28] is) and check the apparent convergence physical process by physical process.

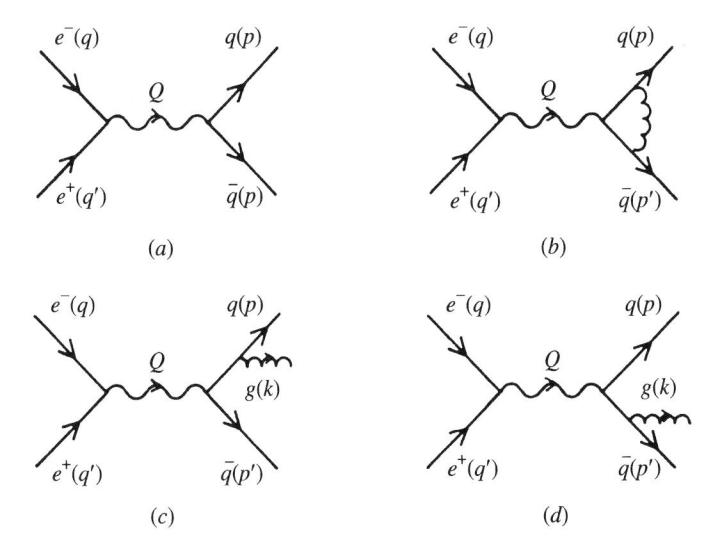

Figure 6.6 Three-jet diagrams.

6.3
Jets in Electron–Positron Annihilation

We have already discussed the total electron–positron annihilation cross section, and now we wish to examine the possible final states in more detail. For example, to zeroth orders in QCD we may consider Fig. 6.6a, where a quark–antiquark pair is produced. Assuming that these quarks somehow change to hadrons, we may naively expect [46–48] from a parton model picture [49, 50] that the final state will contain back-to-back two-jet structures. This was strikingly confirmed experimentally at SLAC in 1975 [51] (see also Refs. [52] and [53]), with an angular distribution (see below) confirming the spin-$\frac{1}{2}$ nature of the quarks produced.

In a perturbation expansion we encounter at next order the diagrams depicted in Fig. 6.6b through d. These diagrams exhibit two types of singular behavior: infrared divergences associated with the masslessness of the gluon, and mass singularities associated with the masslessness of the final-state quarks. Such singularities are familiar in quantum electrodynamics [54–57] and necessitate suitable averaging over accessible states (see especially Kinoshita [56], and Lee and Nauenberg [57]). In the present case we must take care in combining Fig. 6.6b with Fig. 6.6c and d because when one of the three final particles is near the kinematic boundary—either with very low energy or nearly collinear with one of the other two particles—the event is really a two-jet, rather than a three-jet, configuration. The theory reflects this physical fact and yields sensible nonsingular answers only when a correct averaging is made.

Three-jet events were first discussed by Ellis, Gaillard, and Ross [58] and by DeGrand, Ng, and Tye [59]. The handling of mass singularities was explained in the work of Sterman and Weinberg [60]; there are several further theoretical analyses [61–66]. Three jet events were discovered experimentally (see below) at DESY in 1979 [67–70], and provided compelling evidence for the physical existence of the gluon.

Our present discussion follows most closely that of Ref. [71], to which we refer for further details. Let the four-momenta be defined by $e^-(q) + e^+(q') \to q(p) + \bar{q}(p') + g(k)$. Let $Q_\mu = (q + q')_\mu = (p + p' + k)_\mu$ and $s = Q^2$. The zeroth-order process corresponding to Fig. 6.6a gives the squared matrix element

$$|m|^2 = \frac{1}{s^2} l_{\mu\nu} H_{\mu\nu} \tag{6.51}$$

where for massless unpolarized leptons

$$l_{\mu\nu} = \frac{1}{4} \sum_{S,S'} \langle 0|j_\mu|e^+e^-\rangle \langle 0|j_\nu|e^+e^-\rangle^* \tag{6.52}$$

$$= \frac{e^2}{4E^2} (q, q')_{\mu\nu} \tag{6.53}$$

in which the shorthand notation is

$$(A, B)_{\mu\nu} \equiv (A_\mu B_\nu + A_\nu B_\mu - g_{\mu\nu} A \cdot B) \tag{6.54}$$

This follows because

$$l_{\mu\nu} = \frac{1}{4} \text{Tr} \left(\gamma_\mu \frac{\slashed{q}}{2E} \gamma_\mu \frac{\slashed{q}'}{2E} \right) \tag{6.55}$$

Similarly,

$$H_{\mu\nu} = \frac{e_f^2}{E^2} (p, p')_{\mu\nu} \tag{6.56}$$

where e_f is the electric charge for the quark flavor f. Using

$$(A, B)_{\mu\nu}(C, D)_{\mu\nu} = 2\big[(A \cdot C)(B \cdot D) + (A \cdot D)(B \cdot C)\big] \tag{6.57}$$

gives

$$|m|^2 = \frac{e^2 e_f^2}{4E^4} (1 + \cos^2\theta) \tag{6.58}$$

where θ is the center-of-mass scattering angle. Hence

$$d\sigma = \pi \frac{1}{8\pi^3} \int d^3p \, d^3p' |m|^2 \delta^4(Q - p - p') \tag{6.59}$$

$$\left(\frac{d\sigma}{d\Omega}\right)_0 = \frac{\alpha^2}{4S} (1 + \cos^2\theta) \sum_{f,c} \left(\frac{e_f}{e}\right)^2 \tag{6.60}$$

$$\sigma_0 = \frac{4\pi\alpha^2}{3S} \sum_{f,c} \left(\frac{e_f}{e}\right)^2 \tag{6.61}$$

These are the results for the zeroth-order cross sections.

Now consider Fig. 6.6c and d. We shall calculate the three-jet cross section at lowest nontrivial order in α_s, then obtain the two-jet cross section by subtraction from the known total cross section; at order α_s we may clearly not produce more than three jets in the final state. Care will be necessary to separate those pieces of Fig. 6.6c and d which are so near the kinematic boundary that they will appear as two-jet events.

For these new diagrams, $l_{\mu\nu}$ is as in Eq. (6.53), but now we have

$$H_{\mu\nu} = \sum_{\substack{s,t',t \\ c,f}} \langle q\bar{q}g|J_\mu|0\rangle \langle q\bar{q}g|J_\nu|0\rangle^* \tag{6.62}$$

where t_μ is the polarization vector of the gluon. The relevant color summation is then

$$\mathrm{Tr}\left(A_\mu^a \lambda^a A_\nu^b \lambda^b\right) = \frac{1}{2k_0} t_\mu t_\nu \delta^{ab} \, \mathrm{Tr}\left(\lambda^a \lambda^b\right) \tag{6.63}$$

$$= \frac{8}{k_0} t_\mu t_\nu \tag{6.64}$$

Using this, one finds for the sum of the two diagrams, the Dirac trace

$$H_{\mu\nu} = \frac{1}{8 p_0 p'_0 k_0} \sum_{f,t} e_f^2 g^2 \, \mathrm{Tr}\left\{ \not{p} \left[\not{t} \frac{1}{p \cdot k}(\not{p} + \not{k})\gamma_\mu - \gamma_\mu \frac{1}{p' \cdot k}(\not{p}' + \not{k})\not{t} \right] \right.$$

$$\left. \cdot \left[\gamma_\nu \frac{1}{p \cdot k}(\not{p} + \not{k})\not{t} - \not{t} \frac{1}{p' \cdot k}(\not{p}' + \not{k})\gamma_\nu \right] \right\} \tag{6.65}$$

In the notation of Eq. (6.54), this becomes, using $\sum_t t_\mu t_\nu = -g_{\mu\nu}$

$$H_{\mu\nu} = \frac{2}{p_0 p'_0 k_0} \sum_f e_f^2 g^2 \left\{ \frac{p \cdot p'}{(p \cdot k)(p' \cdot k)} [2(p, p')_{\mu\nu} + (k, p + p')_{\mu\nu}] \right.$$

$$+ \frac{1}{p \cdot k}[(p', p + k)_{\mu\nu} - (p, p)_{\mu\nu}]$$

$$\left. + \frac{1}{p' \cdot k}[(p, p' + k)_{\mu\nu} - (p', p')_{\mu\nu}] \right\} \tag{6.66}$$

The squared matrix element is given by

$$|m|^2 = \left(\frac{1}{4E^2}\right)^2 l_{\mu\nu} H_{\mu\nu} \tag{6.67}$$

where $Q^2 = (2E)^2$ is the center-of-mass energy. Using Eq. (6.57) and identities such as $(Q \cdot q) = (Q \cdot q')$, one obtains

$$|m|^2 = \frac{1}{16E^6 p_0 p'_0 k_0} \sum_f (ee_f g)^2 \left\{ \frac{p \cdot p'}{(p \cdot k)(p' \cdot k)} [2(p \cdot q)(p' \cdot q') \right.$$

$$+ 2(p \cdot q')(p' \cdot q) - 2(k \cdot q)(k \cdot q') + (Q \cdot q)(Q \cdot k)]$$

$$+ \frac{1}{p \cdot k}[(Q \cdot q)(Q \cdot p') - 2(p \cdot q)(p \cdot q') - 2(p' \cdot q)(p' \cdot q')]$$

$$\left. + \frac{1}{p' \cdot k}[(Q \cdot q)(Q \cdot p) - 2(p \cdot q)(p \cdot q') - 2(p' \cdot q)(p' \cdot q')] \right\} \tag{6.68}$$

Let us take again the center-of-mass system in which

$$q = (E, \mathbf{q}); \qquad q' = (E, -\mathbf{q}) \tag{6.69}$$

$$p = (p_0, \mathbf{p}), \qquad p' = (p'_0, \mathbf{p}'), \qquad k = (k_0, \mathbf{k}) \tag{6.70}$$

and define the variables x, y, and z by

$$x = \frac{p_0}{E}, \qquad y = \frac{p'_0}{E}, \qquad z = \frac{k_0}{E} \tag{6.71}$$

satisfying

$$x + y + z = 2 \tag{6.72}$$

The differential cross section for the process $e^-(q) + e^+(q') \to q(p) + \bar{q}(p') + g(k)$ is given by

$$d\sigma = \pi \left(\frac{1}{8\pi^3}\right)^2 \int |m|^2 d^3p \, d^3p' \, d^3k \delta^4(p + p' + k - Q) \tag{6.73}$$

and it can be shown by straightforward manipulations that

$$d\sigma = \frac{2}{3E^2} \alpha^2 \frac{g^2}{4\pi} dx \, dy \frac{x^2 + y^2}{(1-x)(1-y)} \sum_f \left(\frac{e_f}{e}\right)^2 \tag{6.74}$$

When we consider a jet cross section, we must acknowledge that we shall not know which of the jets arises from q, $\bar{q}$, and g. Let the jets be numbered 1, 2, and 3 and

6.3 Jets in Electron–Positron Annihilation

let us define more symmetrically the variables

$$x_1 = \frac{p_{10}}{E}, \quad x_2 = \frac{p_{20}}{E}, \quad x_3 = \frac{p_{30}}{E} \tag{6.75}$$

where $p_{i\mu}$ is the momentum of the ith jet. Since $x_1 + x_2 + x_3 = 2$, we may plot each three-jet event (six times) within a triangular Dalitz plot: an equilateral triangle of perpendicular height (Fig. 6.7) equal to 2. All points actually lie in the inscribed triangle ABC. We may restrict attention to the region $x_1 \leqslant x_2 \leqslant x_3$ which is the triangle AOD, also shown in Fig. 6.7b. The three-jet cross section is now

$$d\sigma_{3\text{jet}} = \frac{4}{3E^3} \alpha^2 \frac{g^2}{4\pi} dx_1 \, dx_2 \sum_f \left(\frac{e_f}{e}\right)$$

$$\cdot \left[\frac{x_1^2 + x_2^2}{(1-x_1)(1-x_2)} + \frac{x_2^2 + x_3^2}{(1-x_2)(1-x_3)} + \frac{x_3^2 + x_1^2}{(1-x_3)(1-x_1)} \right] \tag{6.76}$$

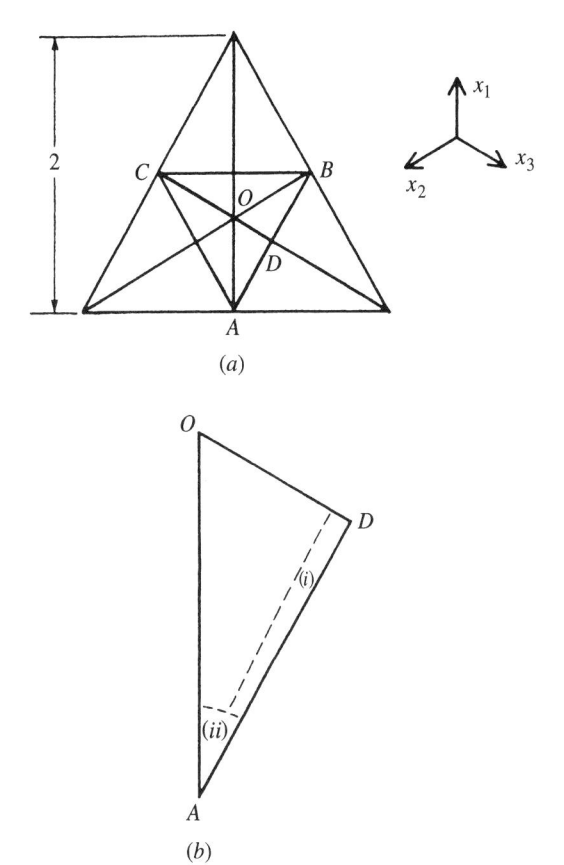

Figure 6.7 Dalitz plot.

On the line AD, $x_3 = 1$ and the second and third terms in Eq. (6.76) become singular. Regions (i) and (ii) of Fig. 6.7b reflect these kinematic boundary regions for two situations in which the event will appear as only two jets rather than three jets. These are:

(i) Two of the final momenta are within small angle $\leqslant 2\delta$.
(ii) One of the final particles has energy less than the small value $2\epsilon E$, where $\epsilon \ll 1$, and the angle between the other two particles is between $(\pi - \delta)$ and π.

To obtain the three-jet cross section we must integrate Eq. (6.76) over the Dalitz plot, excluding regions (i) and (ii). To establish these excluded regions, consider the three three-momenta of the jets $\mathbf{p}_1$, $\mathbf{p}_2$, and $\mathbf{p}_3$ adding to zero in the center of mass and width $|\mathbf{p}_3| \geqslant |\mathbf{p}_2| \gg |\mathbf{p}_1|$. The angles between their directions satisfy $\theta_{12} + \theta_{23} + \theta_{31} = \pi$. From the cosine rule

$$x_3^2 = x_1^2 + x_2^2 + 2x_1 x_2 \cos\theta_{12} \tag{6.77}$$

and $x_1 + x_2 + x_3 = 2$, one finds that

$$\sin\frac{\theta_{12}}{2} = \sqrt{\frac{1 - x_3}{x_1 x_2}} \tag{6.78}$$

and cyclic permutations thereof.

In region (ii) we need to have $x_1 \leqslant 2\epsilon$ and $0 \leqslant (\pi - \theta_{23}) \leqslant \delta$. Putting $1 - x_3 = \zeta \ll 1$ and assuming that $2\epsilon < \delta$, this boundary corresponds to $\zeta(x_1 - \zeta) \leqslant \delta^2/4$. In region (i) we require simply $\theta_{12} \leqslant 2\delta$, and since Eq. (6.76) gives

$$\sin\frac{1}{2}\theta_{12} \simeq \sqrt{\frac{\zeta}{x_1(1 - x_1)}} \tag{6.79}$$

this corresponds to $\zeta \leqslant x_1(1 - x_1)\delta^2$.

Integration of the differential cross-section equation (6.74) over the Dalitz plot excluding these two-jet regions eventually gives

$$\sigma(\text{3-jet}) = \frac{1}{e^2}\alpha\frac{g^2}{3\pi}\left[(3 + 4\ln 2\epsilon)\ln\delta + \frac{4\pi^2 - 21}{12}\right]\sum_f\left(\frac{e_f}{e}\right)^2 \tag{6.80}$$

Now at this order $O(g^2)$, we know that

$$\delta(\text{total}) = \sigma(\text{2-jet}) + \sigma(\text{3-jet}) \tag{6.81}$$

In Section 6.2 we have seen that

$$\sigma(\text{total}) = \frac{\pi\alpha^2}{E^2}\sum_f\left(\frac{e_f}{e}\right)^2\left(1 + \frac{g^2}{4\pi^2} + \cdots\right) \tag{6.82}$$

and hence by subtraction we arrive at the formula [60]

$$\frac{d\sigma}{d\Omega}(\text{2-jet}) = \left(\frac{d\sigma}{d\Omega}\right)_0 \left\{1 - \frac{g^2}{3\pi^2}\left[(3 + 4\ln\epsilon)\ln\delta + \frac{2\pi^2 - 15}{6}\right]\right\} \quad (6.83)$$

with $(d\sigma/d\Omega)_0$ given by Eq. (6.60). Of course, the important theoretical point is that the infrared singularities associated with the massless gluon, and the mass singularities associated with massless quarks, have canceled in the final expressions (6.80) and (6.83) because we have correctly averaged the final states.

From Eq. (6.83) we see that the angular distribution $(1 + \cos^2\theta)$ of Eq. (6.60) holds also for the two-jet events. The experimental verification of this at SLAC [51] gave strong support for the spin-half nature of quarks. The jettiness of events was measured by determining the sphericity S defined by [51, 58, 72]

$$S = \frac{3(\sum_i p_{\perp i}^2)_{\min}}{2\sum_i p_i^2} \quad (6.84)$$

where the sum is over final hadrons i with three momenta of magnitude P_I. The jet axis is varied so that the sum of transverse squared momenta, relative to the chosen axis, is minimized. For an isotropic event, $S = 1$, whereas for perfect jets, $S = 0$.

It turns out that, theoretically, S is infrared divergent and a more advantageous criterion for jettiness is to use spherocity S', defined by [73]

$$S' = \left(\frac{4}{\pi}\right)^2 \left(\frac{\sum_i |p_{\perp i}|}{\sum_i |p_i|}\right)^2_{\min} \quad (6.85)$$

This has the same range of values $1 \geq S' > 0$ as S but is free of mass singularities. Another possibility is the thrust T, defined by [74]

$$T = \frac{2(\sum_i' p_{\| i})_{\max}}{\sum_i |p_i|} \quad (6.86)$$

where the numerator sum is over all particles in one hemisphere. This is similarly suitable for perturbative calculations; it varies between $T = \frac{1}{2}$ (isotropy) and $T = 1$ (perfect jets). Thrust is often employed by experimentalists: Fig. 6.8 displays a typical three-jet result at PETRA. As already mentioned, the clear observation of such three-jet final states supports the QCD analysis; the dashed line in Fig. 6.8 is from the quark–antiquark–gluon model we have been discussing.

6.4
Instantons

We have already mentioned how the existence of finite action classical solutions leads to zero radius of convergence of the QCD perturbation expansion.

6 Quantum Chromodynamics

(a)

(b)

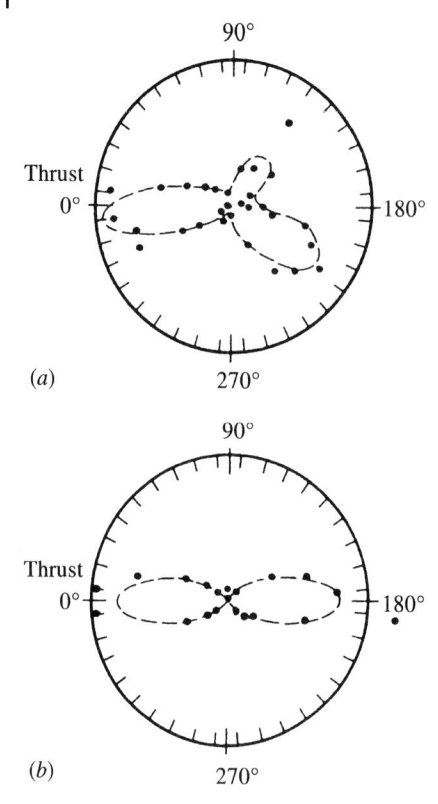

Figure 6.8 Examples of jet data compared to theoretical QCD prediction (dashed line). [After D.P. Barber et al., Phys. Rev. Lett. 43, 830 (1979).]

Here we consider the instanton classical solution [75] and discuss how it solves one important problem, the U(1) problem, yet creates another serious difficulty, the strong CP problem.

Let us first state the U(1) problem. The Lagrangian for QCD with n_f flavors is

$$L_{\text{QCD}} = -\frac{1}{4} F^a_{\mu\nu} F^a_{\mu\nu} + \sum_{k=1}^{n_f} \bar{q}_k (i\slashed{\partial} - M_k) q_k \tag{6.87}$$

where k runs over $k = u, d, s, \ldots$. Hadronic symmetries such as electric charge, Heisenberg isospin, and flavor SU(3) act only on this flavor label since hadrons are all color singlets. If we consider just two flavors, $n_f = 2$ and $k = u, d$, then in the limit of massless quarks L_{QCD} possesses the chiral symmetry SU(2) × SU(2), since regarding (u, d) as an SU(2) doublet we may make separate rotations of q_{kL} and q_{kR} in

$$\bar{q}_k \slashed{\partial} q_k \equiv \bar{q}_{kL} \slashed{\partial} q_{kL} + \bar{q}_{kR} \slashed{\partial} q_{kR} \tag{6.88}$$

This SU(2) × SU(2) is close to being an exact symmetry of the strong interactions. The diagonal SU(2) isospin subgroup is a symmetry broken by $M_u \neq M_d$, but since $M_u, M_d, (M_d - M_u) \ll \Lambda_{\text{QCD}}$, it is manifest as an almost exact symmetry of

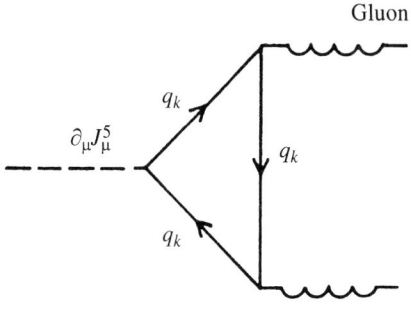

Figure 6.9 Color triangle anomaly in $\partial_\mu J_\mu^5$.

strong interactions. The remainder of the group is a Nambu–Goldstone symmetry with three massless Goldstone bosons, the pseudoscalar pions $\pi^\pm$ and π^0. The smallness of the pion mass compared to all other hadron masses reveals how good a symmetry $SU(2) \times SU(2)$ is. It underlies the success of current algebra and PCAC computations in the 1960s.

The L_{QCD} has two other global $U(1)$ symmetries. One is the vectorial one associated with conservation of

$$J_\mu = \sum_k \bar{q}_k \gamma_\mu q_k \tag{6.89}$$

which is simply the baryon number which is exactly conserved in QCD. The second (problematic) one is associated with the current

$$J_\mu^5 \sum_k \bar{q}_k \gamma_\mu \gamma_5 q_k \tag{6.90}$$

corresponding to the chiral transformation

$$q_k \to e^{i\alpha\gamma_5} q_k \tag{6.91}$$

This $U(1)$ symmetry must either be a manifest symmetry, in which case all massive hadrons should be parity-doubled—clearly not true in nature—or it is broken spontaneously, leading to a fourth pseudoscalar Goldstone boson, η. Then, why is the η at about 550 MeV when the pion is only 140 MeV? Weinberg [76] showed that one would expect $M_\eta < \sqrt{3} M_\pi$ from standard estimates of Goldstone boson masses. One can generalize to $n_f = 3$ and $SU(3) \times SU(3)$ and make similar arguments, but this larger symmetry is more badly broken and it is more perspicuous to focus on the excellent $SU(2) \times SU(2)$ symmetry. The "$U(1)$ problem," then, is that the η mass is too much larger than the π mass.

The first step to solution of the $U(1)$ problem is to observe that there is a color anomaly in $\partial_\mu J_\mu^5$ from the triangle diagram of Fig. 6.9. The standard calculation (see Chapter 3) gives

$$\partial_\mu J^5_\mu = \frac{n_f g^2}{8\pi^2} \text{Tr}(F_{\mu\nu}\mathcal{F}_{\mu\nu}) \tag{6.92}$$

where

$$\mathcal{F}_{\mu\nu} = \frac{1}{2}\epsilon_{\mu\nu\alpha\beta} F_{\alpha\beta} \tag{6.93}$$

But we may use

$$\text{Tr}(F_{\mu\nu}\mathcal{F}_{\mu\nu}) = \partial_\mu K_\mu \tag{6.94}$$

$$K_\mu = 2\epsilon_{\mu\nu\alpha\beta} \text{Tr}\left(A_\nu \partial_\alpha A_\beta - \frac{2}{3}ig A_\nu A_\alpha A_\beta\right) \tag{6.95}$$

[we are using matrix notation $F_{\mu\nu} = F^a_{\mu\nu} T^a$ and $A_\mu = A^a_\mu T^a$, where $\text{Tr}(T^a T^b) = \frac{1}{2}\delta^{ab}$, e.g., $T^a = \frac{1}{2}\lambda^a$ for Gell-Mann matrices] to define a gauge-dependent current

$$\mathcal{J}^5_\mu = J^5_\mu - \frac{n_f g^2}{8\pi^2} K_\mu \tag{6.96}$$

which remains conserved. We may write

$$\dot{Q}^5 = \int d^3x\, \partial_0 J^5_0 \propto \int_S \mathbf{K} \cdot d\mathbf{S} \tag{6.97}$$

and provided that $\mathbf{K}$ falls off sufficiently rapidly for the background fields, Q^5 is still conserved and the U(1) problem persists. The anomaly alone is insufficient.

The U(1) problem was first resolved by 't Hooft [77, 78], who considered the change in Q^5 between the distant past and distant future according to

$$\Delta Q^5 = \int dx_0\, \dot{Q}^5 = \int d^4x\, \partial_\mu J^5_\mu \tag{6.98}$$

$$= \frac{g^2 n_f}{8\pi^2} \int d^4x\, \text{Tr}(F_{\mu\nu}\mathcal{F}_{\mu\nu}) \tag{6.99}$$

The key point is that there exist pure gauge configurations—instantons—such that ΔQ^5 is nonzero. Hence, Q^5 is not a conserved charge and the extra Goldstone state is eliminated; in other words, because of instantons, the η mass is not constrained by Goldstone boson mass formula to be less than $\sqrt{3}$ times the pion mass, after all.

To exhibit the instanton configuration, it is sufficient to study a pure SU(2) Yang–Mills theory. The reason is that the considerations of topological mappings for SU(2) generalize with no essential change to the SU(3) of QCD. The instantons are classical solutions in Euclidean space, but correspond to a quantum mechanical tunneling phenomenon in Minkowski space.

Topologically, as we shall explain, the group SU(2) is the three-sphere S_3; that is, a three-dimensional sphere where the surface of the Earth is a two-sphere S_2. From Eq. (6.97) we are interested in the mappings of the group on another three-sphere S_3 at infinity in Euclidean four-space. The relevant homotopy group is

$$\Pi_3(SU(2)) = Z \tag{6.100}$$

where Z is the set of all integers. There is a topological charge, or Pontryagin index, ν, defined by

$$\nu = \frac{g^2}{16\pi^2} \int \mathrm{Tr}(F_{\mu\nu}\mathscr{F}_{\mu\nu}) \, d^4x \tag{6.101}$$

so that in Eq. (6.97),

$$\Delta Q^5 = 2n_f \nu \tag{6.102}$$

Why is SU(2) topologically the same as S_3? The general SU(2) matrix may be written

$$g = a + i\mathbf{b} \cdot \boldsymbol{\sigma} \tag{6.103}$$

with

$$a^2 + |\mathbf{b}|^2 = 1 \tag{6.104}$$

which defines an S_3. At infinity we want $F_{\mu\nu}$ to vanish asymptotically, so A_μ must become a gauge transform of $A_\mu = 0$, that is,

$$A_\mu(x) \xrightarrow{r \to \infty} -\frac{i}{g}(\partial_\mu \Omega)\Omega^{-1} \tag{6.105}$$

For $\Omega(x)$ the simplest $S_3 \to S_3$ map is

$$\Omega^{(0)}(x) = 1 \tag{6.106}$$

More interesting is

$$\Omega^{(1)}(x) = \frac{x_4 + i\mathbf{x} \cdot \boldsymbol{\sigma}}{r} \tag{6.107}$$

belonging to the more general class

$$\Omega^{(\nu)}(x) = \left(\Omega^{(1)}(x)\right)^\nu \tag{6.108}$$

Substitution of Eq. (6.105) into Eq. (6.101) using Eqs. (6.94) and (6.95) gives

$$\nu = \frac{1}{24\pi^2}\epsilon_{\mu\alpha\beta\gamma} \int_{S_1} d^3 S_\mu \, \mathrm{Tr}\left(\partial_\alpha \Omega \Omega^{-1} \partial_\beta \Omega \Omega^{-1} \partial_\gamma \Omega \Omega^{-1}\right) \tag{6.109}$$

integrated over S_3.

Let us evaluate this for $\Omega^{(1)}(x)$ of Eq. (6.107). Now

$$\Omega^{(1)-1} = \frac{x_4 - i\mathbf{x} \cdot \boldsymbol{\sigma}}{r} \tag{6.110}$$

We may take a unit hypersphere and since by hyperspherical symmetry the integrand in Eq. (6.109) is constant, we evaluate it at one point: $x_4 = 1$, $\mathbf{x} = 0$, where the index $\mu = 4$. Hence at this point

$$(\partial_i \Omega)\Omega^{-1} = -i\sigma_i \tag{6.111}$$

Also,

$$\epsilon^{ijk} \mathrm{Tr}\big(\partial_i \Omega \Omega^{-1} \partial_j \Omega \Omega^{-1} \partial_k \Omega \Omega^{-1}\big) = 6i\, \mathrm{Tr}(\sigma_1 \sigma_2 \sigma_3) = 12 \tag{6.112}$$

The hyperspheric area is $2\pi^2$, so that Eq. (6.109) gives $\nu = 1$ for the winding number. For combinations $\Omega = \Omega_1 \Omega_2$ the corresponding $\nu = \nu_1 + \nu_2$ for the transformations of, for example, Eq. (6.108).

Let us be more explicit for the simplest $\nu = 1$ instanton case. As $r \to \infty$, we need

$$A_\mu \to -\frac{i}{g}\big(\partial_\mu \Omega^{(1)}\big)\Omega^{(1)-1} \tag{6.113}$$

and straightforward algebra gives

$$A_\mu^a \to \frac{2}{g} \frac{\eta_{a\mu\nu} x_\nu}{r^2} \tag{6.114}$$

where we use the symbol [78]

$$\eta_{a\mu\nu} = \begin{cases} \epsilon_{aij} & 1 \leqslant \mu, \nu \leqslant 3 \\ -\delta_{a\nu} & \mu = 4 \\ +\delta_{a\mu} & \nu = 4 \end{cases} \tag{6.115}$$

Now Eq. (6.114) is singular at $r = 0$ and is hence unacceptable as it stands. So we try the hyperspherically symmetric ansatz

$$A_\mu^a = \frac{2}{g} \frac{\eta_{a\mu\nu} x_\nu}{r^2} f(r) \tag{6.116}$$

where $f(\infty) = 1$ and $f(0) = 0$.

For guidance in finding $f(r)$, consider the fact that

$$\int d^4x\, \mathrm{Tr}(F_{\mu\nu} - \mathscr{F}_{\mu\nu})^2 \geqslant 0 \tag{6.117}$$

which means that the energy satisfies

$$E = \int d^4x \, \mathrm{Tr}(F_{\mu\nu}F_{\mu\nu}) \geqslant 8\pi^2 |\pi| \tag{6.118}$$

This lower bound is saturated if the configuration is self-dual

$$F_{\mu\nu} = \mathscr{F}_{\mu\nu} \tag{6.119}$$

and for this case, the classical equations of motion are satisfied since the energy is stationary. Substitution of the ansatz equation (6.116) in the self-duality condition, Eq. (6.119), gives

$$rf' = 2f(1-f) \tag{6.120}$$

with solution

$$f(r) = \frac{r^2}{r^2 + \rho^2} \tag{6.121}$$

giving the one-instanton formula

$$A_\mu^a = \frac{2}{g} \frac{\eta_{a\mu\nu} x_\nu}{r^2 + \rho^2} \tag{6.122}$$

This really has five parameters: four for the position chosen here as $x_\mu = 0$ and one for the size parameter ρ. For multi-instanton configurations, the number of parameters becomes $(8\nu - 3)$ since each instanton has a position (4), size (1), and gauge orientation (3), but the overall gauge choice (3), unlike the relative choices, has no physical significance. Such more general configurations have been analyzed extensively (e.g., Refs. [79–83]).

Having solved the U(1) problem by instantons, we now discuss the strong CP problem created by instantons. We have a complicated vacuum structure with candidate vacua $|\nu\rangle$, in all of which $F_{\mu\nu} = 0$. The gauge transformation $\Omega^{(1)}(x)$ has a corresponding unitary operator T, which takes

$$T|\nu\rangle = |\nu + 1\rangle \tag{6.123}$$

Now T commutes with the Hamiltonian H since it is a gauge transformation. Since T is unitary, its eigenvalues are $e^{-i\theta}$ ($0 \leqslant \theta < 2\pi$). The true vacuum eigenstates are hence the θ-vacua [77, 84, 85]

$$|\theta\rangle = \sum_{\nu=-\infty}^{\infty} e^{i\nu\theta} |\nu\rangle \tag{6.124}$$

$$T|\theta\rangle = e^{-i\theta} |\theta\rangle \tag{6.125}$$

As we shall see, the parameter θ can have physical significance despite its absence from the defining QCD Lagrangian.

In the θ-basis, the vacuum persistence amplitude is diagonal:

$$\langle\theta'|e^{-iHt}|\theta\rangle = \delta(\theta-\theta')\sum_{n,n'} e^{i(n-n')}\langle n'|e^{iHt}|n\rangle \tag{6.126}$$

We may write a path integral formulation in Euclidean space as

$$\langle\theta'|e^{-iHt}|\theta\rangle = \delta(\theta-\theta')I(\theta) \tag{6.127}$$

where

$$I(\theta) = \sum_{\nu} e^{-i\nu\theta}\int DA_\mu \exp\left(-\int d^4x\, L\right) \tag{6.128}$$

$$= \int DA_\mu \exp\left[-\int d^4x (L+\Delta L)\right] \tag{6.129}$$

$$\Delta L = \frac{i\theta}{16\pi^2}\,\text{Tr}(F_{\mu\nu}\mathscr{F}_{\mu\nu}) \tag{6.130}$$

This promotes θ to a parameter in the Lagrangian; the fact that ΔL is a total derivative does not render it irrelevant because of the nontrivial instanton contribution to surface terms.

Now, ΔL violates time reversal T and parity P invariances (the action of charge conjugation C is trivial since gluons are self-conjugate). In particular, it breaks the symmetry of CP. If the quarks (or at least one quark) had been massless, we could have made a chiral rotation on the massless quarks(s),

$$q_k \to e^{i\alpha\gamma_5} q_k \tag{6.131}$$

leading to a change in the action of

$$\delta S = -\alpha \int d^4x \left(\partial_\mu J^5_\mu\right) \tag{6.132}$$

which means that

$$\delta S = 2n_f \alpha \tag{6.133}$$

Thus we may arrange α such that $\delta\theta = -\theta$, which means that CP is conserved by strong interactions.

But if all quarks are massive, we must consider

$$\mathscr{L} = -\frac{1}{4}\text{Tr}(F_{\mu\nu}F_{\mu\nu}) + \bar{q}_k \slashed{\partial} q_k - \bar{q}_k M_{kl} q_l - \frac{i\theta}{16\pi^2}\text{Tr}(F_{\mu\nu}\mathscr{F}_{\mu\nu}) \tag{6.134}$$

Now any chiral rotation such as Eq. (6.131) will alter the mass matrix phase, but in the diagonal basis,

$$-\bar{q}_k|m_k|q_k \tag{6.135}$$

the mass matrix must be real. We may then define $\bar{\theta}$ by

$$\bar{\theta} = \theta - \arg \det M \tag{6.136}$$

and are left with some $\bar{\theta}$, which leads to strong CP violation. The most sensitive limit is from the neutron electric dipole moment $d_n \lesssim 10^{-26}$ electron-cm which requires that [86, 87]

$$\theta < 10^{-10} \tag{6.137}$$

This is the strong CP problem: Why is $\bar{\theta}$ is QCD so small?

One logical possibility is that $m_u = 0$, but we have seen (Chapter 4) that one seems to require $m_u \simeq 4.5$ MeV phenomenologically, zero being quite out of accord with the analysis of pseudoscalar Goldstone boson masses.

What appears to be necessary is to arrange, as first suggested by Peccei and Quinn [88, 89], that the combined QCD and electroweak theory possess a color-anomalous global U(1)$_{PQ}$ axial symmetry, even for all quarks massive. This can allow $\bar{\theta} = 0$, restoring strong CP conservation. The simplest such model is to take *two* Higgs doublets, which give masses separately to up and down quarks. In the notation of Chapter 4, we write the Yukawa terms

$$\sum_{m,n}(\Gamma^u_{mn}\bar{q}_{mL}\phi_1 u_{nR} + \Gamma^d_{mn}\bar{q}_{mL}\phi_2 d_{nR}) + \text{h.c.} + V(\phi_1,\phi_2) \tag{6.138}$$

and hence impose, including on $V(\phi_1,\phi_2)$, the U(1)$_{PQ}$ symmetry

$$u_R \to e^{-2i\alpha}u_R \tag{6.139a}$$

$$d_R \to e^{i\alpha}d_R \tag{6.139b}$$

$$\phi_1 \to e^{2i\alpha}\phi_1 \tag{6.140}$$

$$\phi_2 e^{-i\alpha}\phi_2 \tag{6.141}$$

This color-anomalous symmetry allows one to rotate $\bar{\theta}$ back to zero at an absolute minimum of V [88, 89]. The ϕ_1 and ϕ_2 develop vacuum values

$$\langle\phi_1\rangle = \left\langle\begin{pmatrix}\phi_1^0\\ \phi_1^+\end{pmatrix}\right\rangle = \begin{pmatrix}0\\ V_u/\sqrt{2}\end{pmatrix} \tag{6.142}$$

$$\langle\phi_2\rangle = \left\langle\begin{pmatrix}\phi_2^+\\ \phi_1^0\end{pmatrix}\right\rangle = \begin{pmatrix}0\\ V_d/\sqrt{2}\end{pmatrix} \tag{6.143}$$

such that $V_u^2 + V_d^2 = V^2$, with $V = 2^{-1/4}G^{-1/2} \simeq 248$ GeV, giving the normal $W^\pm$ and Z^0 masses.

There is a problem, however, with this simple model: the spontaneous breaking of U(1)$_{PQ}$ implies the existence of a pseudo-Goldstone boson—the axion—with a mass of a few 100 keV [90, 91] with prescribed couplings to fermions and to photons; such an axion has been excluded experimentally.

Fortunately, there are several ways to alter the axion properties [92–96] while solving the strong CP problem. In Ref. [95], for example, the Peccei–Quinn model described above is extended to include one additional color and electroweak singlet scalar ϕ, which does not couple to fermions but is introduced into $V(\phi_1, \phi_2, \phi)$ such that there is symmetry as in Eqs. (139) through (6.141), together with

$$\phi \to e^{-2i\alpha}\phi \tag{6.144}$$

If it is arranged that $\langle\phi\rangle = V_H \gg V$, the axion mass can be reduced by the ratio (V/V_H) and, even more important, its coupling to ordinary matter can simultaneously be reduced by (V/V_H). This "invisible axion" is then hard to exclude experimentally, although its detection has been discussed [97, 98]. Present 2008 data suggest that, if the axion exists, its mass lies between one microvolt (μeV) and one millivolt (meV).

6.5
1/N Expansion

Because QCD is lacking in expansion parameters—the perturbative expansion in the coupling constant is very limited in usefulness, as we have seen—it is desirable to introduce such a parameter from outside, 't Hooft [99, 100] made a fruitful suggestion of the use of the parameter $1/N$, where N is the number of colors; one should take the limit $N \to \infty$ and expand in $1/N$ around that limit with the assumption that $N = 3$ is not too different from $N \to \infty$.

Here we shall discuss how the $1/N$ expansion enables us to understand qualitatively certain striking phenomenological features of strong interactions: in particular, the absence of exotic mesons with structure $(qq\bar{q}\bar{q})$ compared to the abundance of $(q\bar{q})$ meson bound states. Also, we can understand successfully the validity of the Okubo–Zweig–Iizuka (OZI) rule [101–103], which suppresses couplings such as $\phi\rho\pi$ and ϕNN (Fig. 6.10a and b) relative to, say, $\rho\pi\pi$ and πNN (Fig. 6.11a and b) because the former diagrams, unlike the latter, involve the annihilation of a quark–antiquark pair with the same meson (the ϕ meson), resulting in a quark diagram that is divisible into two pieces unconnected by quark lines. For decay of heavy charmonium or bottomium mesons, the OZI rule can be attributed to asymptotic freedom giving small coupling, but for the lighter mesons, the $1/N$ expansion provides the simplest explanation.

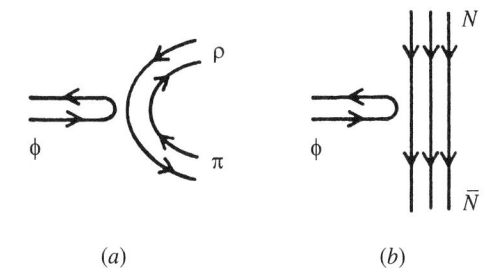

Figure 6.10 Suppressed couplings.

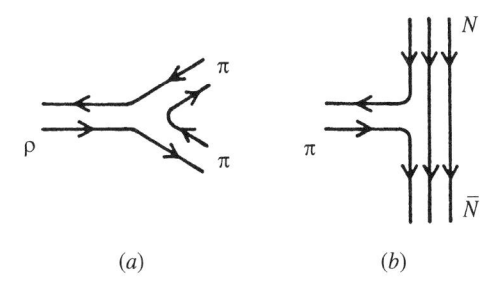

Figure 6.11 Allowed couplings.

The QCD theory with N colors involves N Dirac fields ψ^a ($1 \leqslant a \leqslant N$) and $(N^2 - 1)$ gluon fields $A_\mu{}^a{}_b$ with $A_\mu{}^a{}_a = 0$. The field strength is

$$F_{\mu\nu}{}^a{}_b = \partial_\mu A_\nu{}^a{}_b - \partial_\nu A_\mu{}^a{}_b + i\left(A_\mu{}^a{}_c A_\nu{}^c{}_b - A_\nu{}^a{}_c A_\mu{}^c{}_b\right) \tag{6.145}$$

and the Lagrangian is written in the form

$$L = \frac{N}{g^2}\left[-\frac{1}{4}F_{\mu\nu}{}^a{}_b F_{\mu\nu}{}^b{}_a + \bar\psi_a(i\partial_\mu A_\mu{}^a{}_b)\gamma_\mu \psi^b - m\bar\psi_a \psi^a\right] \tag{6.146}$$

For convenience the N/g^2 has been scaled out. Putting $A = A'(\sqrt{N}/g)$ and $\psi = \psi'(\sqrt{N}/g)$ would reestablish the coupling parameter as $g/\sqrt{N}$, which turns out to be the unique arrangement that makes the $1/N$ expansion useful. We shall let $N \to \infty$ with $g^2 N$ fixed, with a fixed number (N_f) of flavors. A slightly different limit $N \to \infty$, $N_f \to \infty$ with $g^2 N$ and $g^2 N_f$ fixed has been advocated by Veneziano [104], but here we shall consider only the 't Hooft limit.

It is useful to keep account of color indices in Feynman graphs by setting up the double-line [105–107] representation; whereas a quark line has a single index propagating according to

$$\langle \psi^a(x)\bar\psi_b(y)\rangle = \delta^a_b S(x-y) \tag{6.147}$$

The gluon propagator has two indices propagating as in

$$\langle A_\mu{}^a{}_b(x) A_\nu{}^c{}_d(y)\rangle = \left(\delta^a_d \delta^c_b - \frac{1}{N}\delta^a_b \delta^c_d\right) D_{\mu\nu}(x-y) \tag{6.148}$$

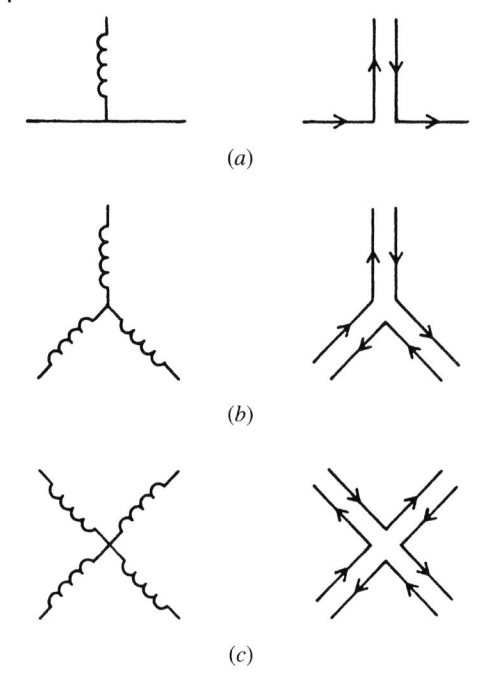

Figure 6.12 Double-line formalism.

In leading order of the $1/N$ expansion, we may drop the trace term in Eq. (6.148) and then, as far as the indices go, the gluon propagator is like a quark–antiquark pair and hence may be represented by a double line. Some examples of the double-line representation are given alongside the corresponding Feynman graph in Fig. 6.12.

Consider first vacuum-persistence Feynman graphs with no external lines. Regard each index loop as the border of a polygon; such polygons are fitted together to cover a two-dimensional surface by identifying a double-line gluon propagator with the edge of two polygons. The surface is oriented for $\mathrm{SU}(N)$ because of the quark arrows, so we obtain only spheres with holes and handles, not Klein bottles.

Suppose that this surface associated with a vacuum-persistence graph has V vertices, E edges, and F faces. From the Lagrangian, Eq. (6.146), we see that each vertex carries an N and each edge contains a $1/N$. Each face carries an N because of the sum over colors in the loop. The power of N is thus given by the Euler characteristic (χ):

$$N^{F+V-E} = N^{\chi} \tag{6.149}$$

If we regard the oriented surface as a sphere with H handles and B holes (boundaries), then χ is given by

$$\chi = 2 - 2H - B \tag{6.150}$$

This is the standard topological characteristic. To derive these formulas, consider first a sphere which can be obtained by gluing together two n-sided polygons at their perimeters, giving $E = V = n$ and two faces $F = 2$. This has $\chi = 2$. Now cut a hole that changes $\Delta F = -1$ and $\Delta B = +1$. To attach a handle, cut two holes in both n-sided polygons and identify their perimeters; this makes $\Delta F = \Delta V = -n$ and $\Delta F = -2$. This then confirms both Eqs. (6.149) and (6.150).

The leading vacuum-persistence graphs therefore are going like N^2 and have the "index surface" corresponding to a sphere. Any closed quark loop will generate a hole in the surface and decrease χ; hence the leading graphs contain only gluons, and are proportional to N^2. The leading graphs that involve quarks have one closed quark loop and go like N, since $B = 1$.

What is also important is that these leading graphs are all planar; that is, the Feynman graph can be drawn on a plane surface with no lines crossing. This is clear because for the N^2 gluon graphs we may remove an arbitrary face and project the remainder of the sphere on a plane to produce a graph with a gluon around the outside corresponding to the perimeter of the removed face. For the leading quark graphs, proportional to N, one face is already absent, so we immediately write the planar graph encircled by the single quark loop.

Let B_i be local gauge-invariant operators that have one ψ and one $\bar\psi$ (i.e., are bilinear in the quark fields) and consider a connected Green's function for the vacuum expectation of a string of m such bilinears. To maintain our $1/N$ analysis, we add sources to the action by

$$S' = S + N \sum J_i B_i \tag{6.151}$$

keeping an N in each vertex, including the bilinear insertions, and then the required Green's function is obtained from $Z(j_i)$, the generating functional for connected graphs by

$$\langle B_1 \cdots B_m \rangle = \frac{1}{N^m} \frac{\delta^m}{\delta_{j_i} \cdots \delta_{j_m}} Z \Big|_{J_i=0} \tag{6.152}$$

The leading diagrams are planar and are surrounded by a single quark loop on which the bilinear insertions sit. From Eq. (6.152) each insertion gives $1/N$, so we have

$$\langle B_1 \cdots B_m \rangle \sim N^{1-m} \tag{6.153}$$

We may introduce gauge-invariant local operator G_i made solely from gluons and deal with them similarly to find that

$$\langle G_1 \cdots G_n \rangle \sim N^{2-n} \tag{6.154}$$

where the insertions are now anywhere in the planar graph. For a mixture of the two types of operator, the leading term has one quark loop and goes as

$$\langle B_1 B_2 \cdots B_m G_1 G_2 \cdots G_n \rangle \sim N^{1-m-n} \tag{6.155}$$

To proceed to phenomenology we assume that QCD confines color for arbitrarily large N, not only for $N = 3$.

A meson is created by acting with a B on the vacuum. In fact, because the couplings will be set by $1/\sqrt{N}$, we must renormalize $B'_i = \sqrt{N'} B_i$ whereupon

$$\langle B'_1 \cdots B'_m \rangle \sim N^{1-(1/2)m} \tag{6.156}$$

The leading order hence behaves as if B'_i were a fundamental field with fundamental coupling $1/\sqrt{N}$ and as if it were a Born approximation! One can now even argue that the only singularities at leading order in $1/N$ are poles, also like a Born approximation. To show this, consider

$$\langle B'_1 B'_2 \rangle \tag{6.157}$$

and prove that B'_2 creates only single-meson states. For if B'_2 created, say, two mesons which are subsequently rescattered by two further bilinears and then annihilated by a fourth bilinear—all of order $O(1)$—we would have a physical singularity at $O(1)$ in the connected Green's function for four bilinears, in contradiction to Eq. (6.153). For consistency, therefore, B'_i creates only single-meson states and the only singularities are poles like a Born amplitude.

Another point for $N \to \infty$ is that asymptotic freedom is maintained (actually, it becomes stronger for fixed N_f). Thus the two-point function must behave logarithmically at spacelike high energy, and this is impossible unless there are an infinite number of meson poles; any finite number of poles generates power behavior.

For all of these reasons—the treelike behavior in coupling ($1/\sqrt{N}$) and the meromorphy with an infinite number of meson poles—it is often speculated that a string theory coincides with QCD in the extreme $N \to \infty$ limit, and that the appropriate duality we see for strong interactions is because $N = 3$ approximates $N \to \infty$.

The OZI rule can by now be easily understood, at least for mesons. An OZI forbidden process involves at least two closed quark loops and is hence suppressed relative to an OZI-allowed process that has contributions from one closed quark loop. For baryons, the $1/N$ expansion is more complicated [108, 109] and better approached from chiral pion models, as we shall see.

Absence of exotic mesons (e.g., $qq\bar{q}\bar{q}$) can be seen by noticing that the only way to make a quadrilinear in quark fields that is gauge invariant (color singlet) is to take the product of two bilinears which are each color singlet; this is a simple property of $SU(N)$ for large N. Thus we may put

$$Q(x) = B'_1(x) B'_2(x) \tag{6.158}$$

But now observe that in

$$\langle Q^+(x) Q(y) \rangle = \langle B'^+_1(x) B'_1(y) \rangle \langle B'^+_2(x) B'_2(y) \rangle$$

$$+ \langle B'^+_1(x) B'_2(y) \rangle \langle B'^+_2(x) B'_1(y) \rangle$$

$$+ \langle B'^+_2(x) B'^+_1(y) B'_1(y) B'_2(y) \rangle \tag{6.159}$$

the third term is suppressed by $1/N$ compared to the first two terms, which physically mean independent propagation of two nonexotic mesons. Thus, exotic mesons are suppressed by $1/N$.

All of these attractive observations can be exhibited explicitly in QCD with $N \to \infty$ for two space–time dimensions [99, 100] a theory that can be solved almost completely.

To complete the picture, we discuss the effective chiral meson Lagrangian for large N QCD and how baryons are solitons (Skyrmions) in this weakly coupled meson theory.

The point is that while at zero temperature the $SU(N_f)_L \times SU(N_f)_R$ chiral symmetry of QCD for N_f flavors is realized in the Nambu–Goldstone mode with massless pseudoscalar bosons in an octet for $N_f = 3$, we expect at high temperature the realization in the Wigner–Weyl mode, implying a "chiral" phase transition from broken to unbroken phase of this symmetry. This may be studied by looking at QCD from the viewpoint of the Landau theory, precisely analogous to the Landau–Ginzburg effective theory of superconductivity, which is an effective theory generated by the BCS microscopic theory.

Of course, calculation of the parameters in the effective theory from the underlying QCD theory is highly nontrivial.

The natural choice of order parameter is the 3×3 complex matrix

$$M_{ij}(x) = \sum_{\alpha=1}^{n} \bar\psi_i^a \frac{1}{2}(1+\gamma_5)\psi_j^\alpha(x) \tag{6.160}$$

The simplest Lagrangian for $M(x)$ incorporating the relevant symmetries is

$$\mathscr{L} = a\,\mathrm{Tr}(\partial_\mu M \partial_\mu M^+) + b\,\mathrm{Tr}(M^+ M) + c\,\mathrm{Tr}(MM^+ MM^+)$$

$$+ d\,\mathrm{Tr}(MM^+)^2 + e \ln \det M \tag{6.161}$$

The last term violates the axial $U(1)$ symmetry as required by the anomaly

$$\partial_\mu J_\mu^{L,R} = \pm \frac{g^2}{N}\frac{1}{64\pi^2}\,\mathrm{Tr}(F_{\mu\nu}\mathscr{F}_{\mu\nu}) \tag{6.162}$$

and hence the coefficient e is $O(1/N)$. It is the η' mass term, and hence the η' mass is of order $1/N$ relative to the pseudoscalar octet.

To make this clearer we may write $M = H e^{i\phi} U$, where U is unitary and H is the M vacuum expectation—determined by the coefficients b, c, and d in Eq. (6.161)—in the Nambu–Goldstone phase. Now ϕ is the η' field ($\phi = \ln \det M$) and the π^a pion octet is contained in

$$U(x) = \exp\left[\frac{2i\pi^a(x)\lambda^a}{F_\pi}\right] \tag{6.163}$$

The massless bosons have Lagrangian

$$\mathcal{L} = \frac{1}{16} F_\pi^2 \partial_\mu U \partial_\mu U^+ \tag{6.164}$$

$$= \mathrm{Tr}(\partial_\mu \pi \partial_\mu \pi) + \frac{1}{F_\pi^2} \mathrm{Tr}(\partial_\mu \pi^2 \partial_\mu \pi^2) + \cdots \tag{6.165}$$

where we have exploited the crucial fact that $F_\pi^2 \sim N$. To see this, consider the correlation function

$$G(x) = \langle j_\mu^f(x) j_\mu^5(0) \rangle \tag{6.166}$$

where $j_\mu^5 = \bar{\psi} \gamma_\mu \gamma_5 \psi$ is the axial current. At large distances only the lightest meson intermediate state survives, giving

$$G(x) \sim |\langle \pi | j_\mu^5(0) | 0 \rangle|^2 e^{-m_\pi x} \tag{6.167}$$

$$\sim N \tag{6.168}$$

because the leading contribution has only one quark loop, as we have seen. Thus

$$F_\pi^2 \sim |\langle \pi | j_\mu^5(0) | 0 \rangle|^2 \sim N \tag{6.169}$$

as required, and m_π in Eq. (6.167) is N independent. The chiral model of Eq. (6.165) has been used successfully in strong interactions (e.g., Ref. [110]).

In the large N limit, baryon mass goes like N [108], as can be expected from the one-gluon exchange energy behaving as $\frac{1}{2} N(N-1) \cdot (g^2/N)$, since the coupling is $g/\sqrt{N}$. This is suggestive of a nonperturbative soliton in the chiral theory whose coupling is $\sim (1/N)$. However, keeping only the Lagrangian in Eq. (6.161) allows no static soliton solutions, and one needs higher derivative terms. In 1961, Skyrme [111] considered the model

$$L = \frac{F_\pi^2}{16\pi^2} \mathrm{Tr}(\partial_\mu U \partial_\mu U^+) - \frac{1}{32 e^2} \mathrm{Tr}[\partial_\mu U U^+, \partial_\nu U U^+]^2 \tag{6.170}$$

and showed that this contains topological entities (Skyrmions) which might be identified with baryons. The value of $U(x)$ tends to a constant for large x in the broken symmetry phase where $SU(3)_L \times SU(3)_R \to SU(3)_{L+R}$, so we are, at fixed time, mapping S_3 into $SU(3)$ using $\pi_3(SU(3)) = Z$, allowing a definition of baryon number by

$$B = \frac{i}{24\pi^2} \int d\mathbf{x} \, \mathrm{Tr}(\epsilon_{ijk} \partial_i U U^+ \partial_j U U^+ \partial_k U U^+) \tag{6.171}$$

The Skyrmion solution with $B = 1$ has the form

$$U(\mathbf{x}) = \exp[i\hat{\mathbf{x}} \cdot \boldsymbol{\sigma} f(r)] \tag{6.172}$$

with $f(r)$ behaving as in Fig. 6.13, such that $f(0) = \pi$, $f(\infty) = 0$.

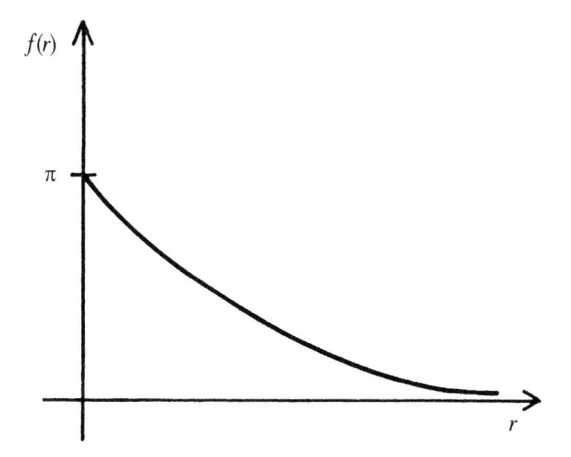

Figure 6.13 Behavior of $f(r)$.

Further, more recent examination [112–116] has shown that the Skyrmions are fermions only for $N =$ odd (e.g., $N = 3$) [113] and has even given some qualitative agreements [114] with the baryon spectrum observed.

6.6
Lattice Gauge Theories

Because of the peculiar feature of the color force that it is weak at short distance and strong at large distance, we need a quite different approach to examine QCD at low energy. Such an approach is fortunately provided by the lattice method of regularization suggested in 1974 by Wilson [117]. One treats QCD on a discretized Euclidean four-space–time, similarly to the statistical treatment of many-body systems. Confinement is automatic on the lattice, and numerical studies in 1979 by Creutz [118–120] made very plausible that no phase transition interrupts the connection from strong-coupled confinement to weak-coupled asymptotic freedom. The numerical studies allow one to relate the QCD scale (Λ) to the string tension between quarks, to the mass gap (or glueball mass), and even to hadron masses. The limit is not now experimental accuracy (as it is for perturbative QCD and e^+e^- annihilation), but the size and speed of electronic computers. Our treatment will be a brief overview—detailed reviews are available (e.g., Refs. [121] and [122]).

The continuum formulation we wish to regularize is that in Euclidean space–time (time $t \to it$) with action $S(\phi)$ depending on fields ϕ and certain masses m and couplings g. The quantum expectation value of observable $O(\phi)$ is

$$\langle O(\phi) \rangle = Z^{-1} \int D\phi\, O(\phi) e^{-S(\phi)} \tag{6.173}$$

where

$$Z = \int D\phi \, e^{-S(\phi)} \tag{6.174}$$

is the vacuum-persistence amplitude, analogous to the partition function in the statistical formulation of a thermodynamic system. At the end we may wish to continue $\langle O(\phi) \rangle$ back to Minkowski space–time.

Consider a hypercubic space–time lattice with sites labeled by n and basis vectors μ ($1 \leqslant \mu \leqslant 4$) of length a, the lattice spacing. Before discussing gauge fields, we shall warm up with matter fields. The action for free scalars

$$S = \int d^4x \left[\frac{1}{2}(\partial_\mu \phi)^2 + \frac{1}{2}(m^2 \phi^2) \right] \tag{6.175}$$

becomes

$$S = a^4 \sum_{n,\mu} \left(\frac{\phi_{n+\mu} - \phi_n^2}{2a^2} + \frac{m^2}{2} \phi_n^2 \right) \tag{6.176}$$

The lattice sites $n = a(n_1, n_2, n_3, n_4)$, where n_i are integers satisfying $-N/2 < n_i \leqslant +N/2$ on an N^4 lattice with the identification of n_i with $(n_i + N)$ for periodic boundary conditions. N provides an infrared cutoff just as the lattice spacing (a) provides an ultraviolet cutoff.

The integral in Eq. (6.173) now becomes an ordinary multiple integral according to

$$D\phi \to \prod_n d\phi_n \tag{6.177}$$

The partition function becomes

$$Z = \int \prod_n d\phi_n \, e^{-S} = \left(\det \frac{M}{2\pi} \right)^{-1/2} \tag{6.178}$$

where M is defined by

$$S = \phi_m M_{mn} \phi_n \tag{6.179}$$

To gain familiarity, and to savor the resemblance to solid-state theory, we take the lattice Fourier transform of any f_n to be

$$f_k = \sum_n f_n e^{2\pi i k_\mu n_\mu / N} \tag{6.180}$$

with inverse

$$f_n = n^{-4} \sum_k f_k e^{-2\pi i k_\mu n_\mu / N} \tag{6.181}$$

Using relations such as

$$\sum_n f^*_{n+\mu} g_n = N^{-4} \sum_k \tilde{f}^*_k \tilde{q}_k e^{2\pi i k_\mu/N} \tag{6.182}$$

we may rewrite the kinetic energy term in Eq. (6.176) as

$$a^4 \sum_{n,\mu} (\phi^*_{n+\mu}\phi_{n+\mu} + \phi^*_n\phi_n - \phi^*_{n+\mu}\phi_n - \phi^*_n\phi_{n+\mu})$$

$$= \frac{a^2}{2N^4} \sum_{k,\mu} \left(2 - 2\cos\frac{2\pi k_\mu}{N}\right) |\tilde{\phi}_k|^2 \tag{6.183}$$

and hence the full action is

$$S = a^4 N^{-4} \sum_k \frac{1}{2} \mathcal{M}_k |\tilde{\phi}|^2 \tag{6.184}$$

$$\mathcal{M}_k = m^2 + 2a^{-2} \sum_\mu \left(1 - \cos\frac{2\pi k_\mu}{N}\right) \tag{6.185}$$

Consider now the scalar propagator. It is given by

$$\langle \phi_m \phi_n \rangle = (M^{-1})_{mn} = \frac{1}{a^4 N^4} \sum_k \mathcal{M}_k^{-1} e^{2\pi i k \cdot (m-n)/N} \tag{6.186}$$

Taking the limit $N \to \infty$ and setting

$$q_\mu = \frac{2\pi k_\mu}{aN} \tag{6.187}$$

$$\frac{1}{a^4 N^4} \sum_k \to \int \frac{d^4q}{(2\pi)^4} \tag{6.188}$$

$$x_\mu = -a_n(m_\mu - n_\mu) \tag{6.189}$$

gives

$$\langle \phi_m \phi_n \rangle = \int_{-\pi/a}^{+\pi/a} \frac{d^4q}{(2\pi)^4} \frac{e^{-iq \cdot x}}{M^2 + 2a^{-2}\sum_\mu(1 - \cos q a_\mu)} \tag{6.190}$$

If we take the lattice spacing to zero, then by expanding the cosine we regain the continuum propagator from Eq. (6.190).

If we follow the parallel steps for a spin-$\frac{1}{2}$ field, we encounter what is called the "fermion-doubling" problem: In fact, on a four-dimensional hypercubic lattice, a direct treatment leads to 16 replicas of the continuum fermion. Let us see how this happens and how it has been handled.

The action for free fermions

$$S = \bar{\psi}(\slashed{\partial} + m)\psi \tag{6.191}$$

leads to

$$\mathcal{M}_k = m + \frac{i}{a}\sum_\mu \gamma_\mu \sin \frac{2\pi k_\mu}{N} \tag{6.192}$$

and to the propagator

$$\langle \psi_m \bar{\psi}_n \rangle = \int_{-\pi/a}^{+\pi/a} \frac{d^4q}{(2\pi)^4} \frac{e^{-iq\cdot x}}{m + (i/a)\sum_\mu \gamma_\mu \sin aq_\mu} \tag{6.193}$$

Equation (6.193) for fermions has a problem not shared by Eq. (6.190) for scalars. If we take the limit $a \to 0$ in Eq. (6.193), there are contributions from the integral end point. To proceed we put $q_\mu = q_\mu - \pi/a$ and rewrite (for each dimension)

$$\int_{-\pi/a}^{+\pi/a} dq_\mu = \int_{-\pi/2a}^{+\pi/2a} dq_\mu + \int_{-\pi/a}^{+\pi/a} dq_\mu \tag{6.194}$$

Each piece of the integration region gives a free fermion propagator in the continuum limit, so we have $2^4 = 16$ "flavors" of fermion. Clearly, this is intimately related to the fact that the field equation is first order rather than second order. It may also be understood in terms of the triangle anomaly—a single chiral fermion gives an anomaly in the continuum theory which must be canceled in the lattice version, where the ultraviolet divergence is regulated; the lattice achieves this by generating pairs of fermions with opposite chirality [123]. Only one pair would be necessary for this, however, and the large number 16 is due to the choice of a hypercubic lattice; a minimum of two flavors has also been deduced by Nielsen and Ninomiya considering a general lattice [124].

To avoid this species doubling, the most common procedure is due to Wilson [125], who modified the action to give

$$\mathcal{M}_k = m + \frac{i}{a}\sum_\mu \gamma_\mu \sin aq_\mu + \frac{r}{a}\sum_\mu (1 - \cos aq_\mu) \tag{6.195}$$

Here r is a free parameter. For q_μ near zero the extra term is of the order of the lattice spacing and does not affect the continuum limit. For q_μ near π/a the new term leads to

$$i\slashed{q} + \left(m + \frac{2r}{a}\right) \tag{6.196}$$

and so acts like a mass term $(2r/a)$. This breaks chiral symmetry even when $m = 0$ and hence raises a problem in studying chiral properties of QCD. One may also try

6.6 Lattice Gauge Theories

to remove the large q_μ components by distributing different spinor components on different lattice sites, making effectively smaller sublattices [126, 127].

Now consider a pure Yang–Mills theory with gauge group G. When we recall that quantities such as

$$\phi^+(x+dx)e^{ig\int a_\mu^\alpha \tau_\alpha\, dx_\mu}\phi(x) \tag{6.197}$$

are locally gauge invariant in the continuum theory, it is natural to think of gauge transformations as transport operators and to associate independent matrices U_{ij} belonging to G with each *link* of the lattice between nearest-neighbor sites.

The link is oriented and we clearly need

$$U_{ji} = U_{ij}^{-1} \tag{6.198}$$

Under a gauge transformation, the matter fields transform as

$$\phi_i \to G_i \phi_i \tag{6.199}$$

while for the transport operators,

$$U_{ij} \to G_i U_{ij} G_j^{-1} \tag{6.200}$$

so that $\phi_j^+ U_{ji}\phi_i$ is gauge invariant.

Now consider a path (γ) through the lattice $i_1 \to i_2 \to \cdot \to i_N$. The corresponding transport operator

$$U_j = U_{i_N i_{N-1}} U_{i_{N-1} i_{N-2}} \cdots U_{i_2 i_1} \tag{6.201}$$

transforms as

$$U_j \to G_{i_N} U_j G_{i_1}^{-1} \tag{6.202}$$

In particular, consider a closed path (λ) with operator U_λ, which transforms as

$$U_\lambda \to G_{i_1} U_\lambda G_{i_1}^{-1} \tag{6.203}$$

This means that the trace of U_λ is gauge invariant:

$$W_\lambda = \mathrm{Tr}(U_\lambda) \tag{6.204}$$

This is called a Wilson loop [117].

The field strength tensor $F_{\mu\nu}^\alpha$ of the continuum theory corresponds to a curl and hence a line integral around a small closed contour. Thus consider the path around an elementary square or *plaquette* (P) of the hypercubic lattice

$$U_P = U_{i_1 i_4} U_{i_4 i_3} U_{i_3 i_2} U_{i_2 i_1} \tag{6.205}$$

6 Quantum Chromodynamics

For SU(N) we define the lattice action for a plaquette as

$$S_P = \frac{1}{g^2}\left[1 - \frac{1}{2N}\text{Tr}(U_P)\right] \tag{6.206}$$

and the action for the full finite lattice is then

$$S = \sum_P S_P \tag{6.207}$$

The continuum limit of the classical action is easily seen to be

$$S = \int d^4x \left(-\frac{1}{4}F^\alpha_{\mu\nu}F^\alpha_{\mu\nu}\right) \tag{6.208}$$

For example, with SU(2), we may write

$$U_{ji} = \exp\left(ig A^\alpha_\mu \frac{\sigma^\alpha}{2} a\right) \tag{6.209}$$

$$= 1\cos\theta_{ji} + i\boldsymbol{\sigma}\cdot\mathbf{n}_{ij}\sin\theta_{ji} \tag{6.210}$$

where

$$\theta_{ji} = \frac{1}{2}ga|A^\alpha_\mu| \tag{6.211}$$

Similarly for the plaquette

$$U_P = \exp\left(iga F^\alpha_{\mu\nu}\frac{\sigma^\alpha}{2}\right) \tag{6.212}$$

$$= 1\cos\theta_P + i\boldsymbol{\sigma}\cdot\mathbf{n}_P \sin\theta_P \tag{6.213}$$

where

$$\theta_P = \frac{1}{2}ga^2|F^\alpha_\nu| \tag{6.214}$$

For the plaquette action we take

$$\frac{1}{g^2}\left(1 - \frac{1}{2}\cos\theta_P\right) = \frac{1}{g^2}\left[1 - \frac{1}{4}\text{Tr}(U_P)\right] \tag{6.215}$$

and then in the sum of Eq. (6.207) replace

$$a^4 \sum \to \int d^4x \tag{6.216}$$

to obtain Eq. (6.208) as the continuum limit.

There are three remarks concerning the lattice S:

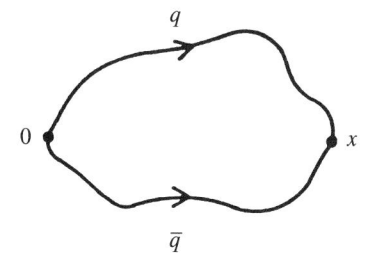

Figure 6.14 Wilson loop.

1. The action regularized by the lattice is gauge invariant, and because it involves a finite sum, no gauge fixing is necessary. On the lattice we can forget about, for example, Faddeev–Popov ghosts.
2. Because the basic dynamical variables are finite group elements (U_{ij}), we may equally consider discrete gauge groups. Indeed, the study of, for example, Z_N gauge groups has played a significant role in the history of this subject [128, 129].
3. The choice of *hypercubic* lattice is only for convenience but is almost universally used in applications. The idea of a lattice with random sites [130–132] has been proposed with a view to retaining perhaps more of the rotational and Lorentz symmetry properties which are exact in the continuum.

Our next topic is the strong-coupling expansions of the lattice gauge theory. Let us consider SU(N) with matter fields (quarks) in the defining representation, and consider the vacuum expectation of a Wilson loop, W_λ. We take the quarks as external sources $\psi(x)$ and consider the quantity

$$\langle \bar\psi(x)\Gamma\psi(x)\bar\psi(0)\Gamma\psi(0)\rangle_\lambda \qquad (6.217)$$

corresponding to creation of a quark–antiquark pair later annihilating at x (Fig. 6.14). When we quantize we make the weighted average of the Wilson loop operator W_λ:

$$W_\lambda = \exp\left[ig\int_\gamma A_\mu(x)\,dS_\mu\right] \qquad (6.218)$$

which on the lattice is a sum of the form

$$\exp\left[\sum_\gamma (\pm)\theta_{ij}\right] \qquad (6.219)$$

This sign is ($\pm$) according to the direction of each link. Inserting in the discretized version of Eq. (6.173) with the action S given by Eq. (6.207), we have

$$\langle W_\lambda\rangle = Z^{-1}\prod_{i,j}\int_{-\pi}^{+\pi} d\theta_{ij}\exp\left[i\sum_\gamma(\pm\theta_{ij}) + \frac{1}{g^2}\sum_P\left(1 - \frac{1}{2}\cos\theta_P\right)\right] \qquad (6.220)$$

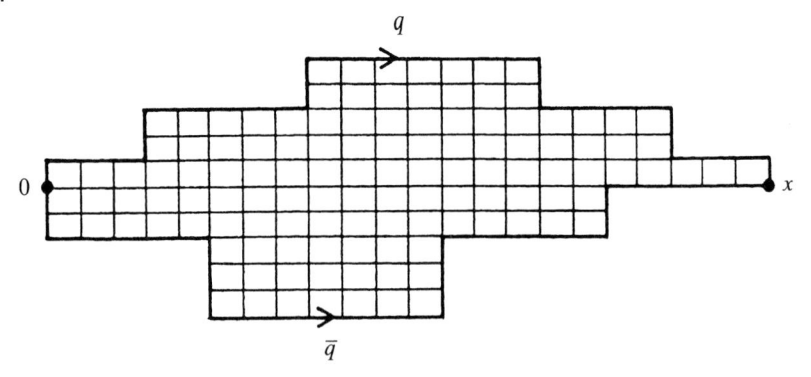

Figure 6.15 Tiling of Wilson loop.

$$Z = \prod_{i,j} \int_{-\pi}^{+\pi} d\theta_{ij} \exp\left[\frac{1}{g^2} \sum_P \left(1 - \frac{1}{2}\cos\theta_P\right)\right] \qquad (6.221)$$

Now expand $[Z\langle W_\lambda\rangle]$ in powers of $(1/g^2)$

$$Z\langle W_\lambda\rangle = \sum_{k=0}^{\infty} W_\lambda^{(k)} (G^2)^{-k} \qquad (6.222)$$

The zeroth-order term is

$$W_\lambda^{(0)} = \prod_{i,j} \int_{-\pi}^{+\pi} d\theta_{ij} \exp\left[i \sum_\gamma (\pm\theta_{ij})\right] \qquad (6.223)$$

which vanishes since

$$\int_{-\pi}^{+\pi} dx \exp(\pm ix) = 0 \qquad (6.224)$$

The next term ($k = 1$) will also vanish by periodicity unless λ is precisely a single plaquette. It is clear that the first nonvanishing term will be where we may "tile" the Wilson loop with elementary plaquettes (Fig. 6.15). This occurs when $k = A/a^2$, A being the minimal area enclosed by the path λ; all the interior links cancel in this term because they each occur twice, once in each direction. This we find that

$$\langle W_\lambda\rangle \sim \exp\left(-\frac{A \ln g^2}{a^2}\right) \qquad (6.225)$$

This area law is the signal for confinement due to a linear potential. Consider a rectangular loop λ; then for a linear potential, we expect an action $\sim KRT$, where K is the string tension, parallel to that of string models (e.g., Ref. [133]).

Higher terms in $1/g^2$ correspond to different evolutions of the "string" for a given path γ where the area of the "world sheet" is nonminimal. For large g^2, therefore, we have a confining theory, and we may picture the field lines between quark and antiquark bunched together into a confining string rather than a Maxwellian inverse-square distribution.

For the continuum limit of Eq. (6.225), we need to keep

$$\frac{\ln g^2}{a^2} = \text{constant} \tag{6.226}$$

to avoid a singularity, but this requirement is inconsistent with the $g^2 \gg 1$ assumption already made. Thus we cannot take the continuum limit after making the strong-coupling expansion.

This is actually very fortunate because the confining picture we have reached in the strong-coupling expansion on the lattice holds for the Abelian case like QED and we know that QED does not confine electrons! Thus, the whole issue of whether QCD confines hinges on whether we can connect smoothly between the strong-coupling regime and the scaling regime of weak coupling. There must be no intervening phase transition. There must be one is QED. These were the speculations of Wilson [114], who provided, however, no supporting evidence in 1974. Such evidence came later from Monte Carlo simulations, which attempt to connect the strong-coupling regime to the scaling regime.

Let us discuss the continuum limit of the quantum theory. As $a \to 0$, the coupling must be renormalized in a very specific way. First and foremost, the limit must correspond to a scaling critical point as follows. Let q_i by physical observables with dimension $(-d_i)$ in length. Then

$$q_1 = a^{-d_1} f_1(g) \tag{6.227}$$

$$q_2 = a^{-d_2} f_2(g) \tag{6.228}$$

and so on. For correlation lengths l_1,

$$l_1 = a f_1(g) \tag{6.229}$$

$$a_2 = a f_2(g) \tag{6.230}$$

and so on. Putting $a \to 0$ will not give a meaningful limit unless *all* $f_i(g) \to \infty$ ($d_i > 0$) or $\to 0$ ($d_i < 0$). It is not obvious that this is possible; it requires g to approach a critical point $g = g_{\text{cr}}$ as $a \to 0$.

Introducing a mass scale Λ_L associated with the lattice regularization, we may set

$$a = \frac{1}{\Lambda} f(g) \tag{6.231}$$

and $f(g)$ must set, by universal scaling, all the $f_i(g)$ according to

$$f_i(g) \simeq c_i \big(f(g)\big)^{d_i} \tag{6.232}$$

This can be seen from the fact that

$$a(g) \simeq q_i^{-1/d_i} f_i(g)^{1/d} \qquad (6.233)$$

for all i, as $g \to g_{\text{cr}}$. Also,

$$q_i = c_i \Lambda^{d_i} \qquad (6.234)$$

The function $f(g)$ follows from our knowledge that

$$-a\frac{dg}{da} = +\beta_1 g^3 + \beta_2 g^5 + O(g^7) \qquad (6.235)$$

where β_1 and β_2 are the one- and two-loop β-function coefficients derived in Chapter 5. For SU(3),

$$\beta_1 = \frac{11}{16\pi^2} \qquad (6.236)$$

$$\beta_2 = \frac{102}{(16\pi^2)^2} \qquad (6.237)$$

To two loops the solution of Eq. (6.235) is easily seen to be

$$(\Lambda_L a) = f(g) = \exp\left(-\frac{1}{2\beta_1 g^2}\right)(g^2 \beta_1)^{\beta_2/2\beta_1} \qquad (6.238)$$

The lattice scale Λ_L can be related to the scale Λ evaluated phenomenologically in deeply inelastic scattering [134, 135]. Note that the correct relation between g and a is not at all as suggested by Eq. (6.226), where we interchanged strong-coupling and continuum limits.

There remains the problem of connecting up the strong-coupling and scaling regions. This cannot be done analytically. Also, it cannot be done exactly even for a 10^4 lattice, for example, because even with gauge group Z_2, the number of links is 40,000 (number of links = $d \times$ number of sites in d dimensions), and the number of terms in the partition function is

$$2^{40,000} \simeq 1.58 \times 10^{12041} \qquad (6.239)$$

It will *never* be possible to add this number of terms exactly! Thus we must approximate by a stochastic procedure which selects a large sample of configurations with probability distribution proportional to $\exp(-S)$; the exact quantum average in Eq. (6.173) is approximated by averages taken over the large sample of configurations. This is called a Monte Carlo simulation because it involves selection of a random number in a fashion similar to that of a roulette wheel.

In a Monte Carlo simulation, one begins with some configuration $C^{(1)}$ and generates by some procedure configurations $C^{(2)}, \ldots, C^{(k)}$ such that as k grows, the probability approaches $\exp[-S(C)]$. If after n_0 steps we are sufficiently near the limit, a quantum average may be approximated by

$$\langle 0 \rangle = \frac{1}{n} \sum_{k=n_0+1}^{n_0+n} O(C^{(k)}) \tag{6.240}$$

Let $p(C \to C')$ be the transition probability matrix. Then the Boltzmann distribution $\exp[-S(C)]$ must be an eigenvector of this matrix. A sufficient (but not necessary) condition for this is *detailed* balance

$$\frac{p(C \to C')}{p(C' \to C)} = \frac{e^{-S(C')}}{e^{S(C)}} \tag{6.241}$$

If we use the stochastic property

$$\sum_{C'} p(C - C') = 1 \tag{6.242}$$

it follows from Eq. (6.241) that

$$\sum_{C} e^{-S(C)} p(C \to C') = e^{S(C')} \tag{6.243}$$

as required.

The detailed procedure most frequently used is that of Metropolis et al. [136]. One starts with some symmetric distribution

$$p_0(C \to C') = p_0(C' \to C) \tag{6.244}$$

and considers a change to C' from C by it, with the corresponding change in action

$$\Delta(S) = S(C') - S(C) \tag{6.245}$$

A random number (r) is chosen (roulette wheel) between 0 and 1. Then of $r < e^{\Delta S}$, the change in configuration is accepted; otherwise, it is rejected. That is, the new configuration is accepted with conditional probability $e^{-\Delta S}$. If ΔS is negative, the change is always accepted.

This algorithm satisfies the detailed balance condition since

$$\frac{p(C \to C')}{p(C' \to C)} = \frac{p_0(C \to C')}{p_0(C' \to C)} e^{-\Delta S} = \frac{e^{-S(C')}}{e^{-S(C)}} \tag{6.246}$$

Using the Metropolis procedure, one systematically upgrades each link U_{ij} through the lattice (one "iteration"). It often saves time to upgrade each link several times since the rejection rate is high; this is the *improved Metropolis algorithm*. An infinite number of upgrades per link is the *heat bath method*, but this is usually too slow. A large number of iterations is made until the relevant quantum average is stabilized. The simplest and perhaps most fundamental calculation is of the string tension. Considering $(R \times T)$ rectangular Wilson loops, one may calculate [120]

$$x = \ln \frac{W(R, T)W(R-1, T-1)}{W(R-1, T)W(R, T-1)} \qquad (6.247)$$

which cancels all perimeters and constant pieces in the action, leaving only the string tension x in the strong-coupled domain. More generally,

$$W(R, T) \rightarrow \exp\left[-E_0(R)T\right] \qquad (6.248)$$

where $T \rightarrow \infty$, where $E_0(R)$ is the minimum energy state, and hence

$$s = a^2 \frac{dE_0(R)}{dR} \qquad (6.249)$$

gives the force between quarks for all R.

In this way, one can examine whether there is a phase transition between strong and weak coupling. By successively heating up, starting from temperature zero (all $U_{ij} = 1$), then cooling down from infinite temperature (all $U_{ij} =$ random), the appearance of hysteresis signals a phase transition. In 1979, Creutz [118] showed convincingly that whereas SU(2) in $d = 5$ dimensions and SO(2) in $d = 4$ dimensions did show hysteresis, SU(2) in $d = 4$ did not. Instead, the $d = 4$ SU(2) case showed no structure except a rapid crossover from strong to weak coupling. These results are shown in Fig. 6.16. The lattice size used there was an amazingly small 5^4 for $d = 4$ and 4^5 for $d = 5$.

A next step [119, 120] was to relate the string tension at strong coupling known from Regge slopes to be about $(400 \text{ MeV})^2$ [or $(14 \text{ tons})^2$] to the scale Λ_L and hence [134, 135] to $\Lambda_{\overline{MS}}$. The result was $\Lambda_{\overline{MS}} \simeq 200 \pm 35$ MeV, in agreement with the value derived from perturbative calculations of scaling in semihadronic processes.

Many efforts have been made (e.g., Refs. [137–141]) to establish the mass gap of pure QCD (i.e., the lightest glueball mass). This involves studying the correlation function

$$G(x) = \langle O(x)O(0)\rangle - \langle O(x)\rangle\langle O(0)\rangle \qquad (6.250)$$

$$x \xrightarrow{\sim} \infty e^{-m|x|} \qquad (6.251)$$

for appropriate local operators $O(x)$, where m is the lightest glueball mass. Results suggest that m is around 1.5 GeV.

Finally, and most significantly, since the experimental data are the best quality, there are the hadron masses [141–146]. Again one studies correlation functions such as Eq. (6.250) where the local operator is, for example, $O(x) = \bar{\psi}(x)\gamma_\mu \psi(x)$ for a vector meson. In such computations, virtual quark loops are difficult to handle and often ignored. Nevertheless, the results for meson and baryon masses (with quark masses as input) agree with experiment to within a few percent.

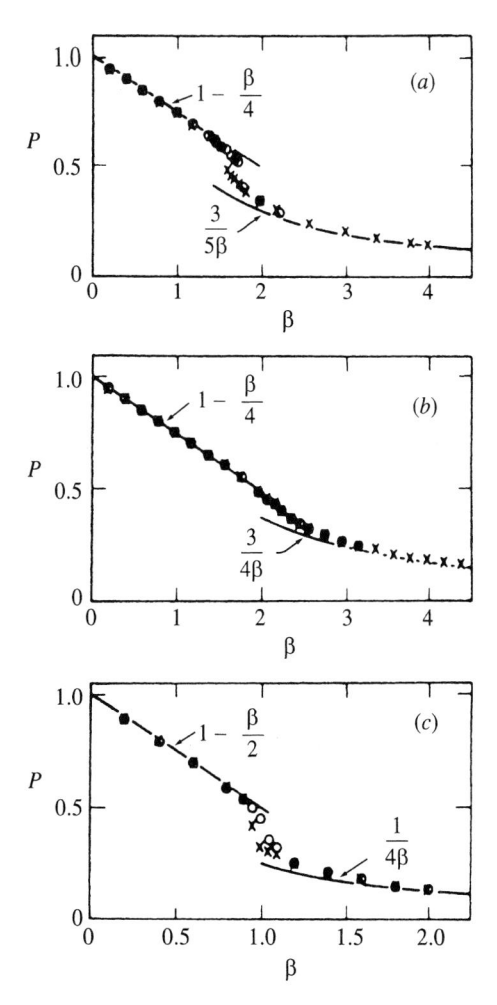

Figure 6.16 (a) $SU(2)$ in $d = 5$; (b) $SU(2)$ in $d = 4$; (c) $SO(2)$ in $d = 4$. [After M. Creutz, Phys. Rev. Lett. 43, 554 (1979).]

6.7
Summary

There remains no doubt that QCD is the correct fundamental theory of strong interactions up to energies of 100 GeV. The frustration is in finding a single prediction that is reliable to better than 0.1% accuracy. To some extent we have been spoiled by the spectacular success of QED, where $(g - 2)$ agrees to 1 part in 10^{10}.

Nature has nevertheless been generous to the theorist since the asymptotically free regime of perturbative QCD sets in at very low scales $Q^2 \gtrsim (2 \text{ GeV})^2$. Also, lattice QCD with very small lattices having only 10^4 sites (or even less) works better than one might reasonably expect.

It may be some time before extremly high precision comparison of QCD to experiment becomes commonplace. One needs more accurate and higher-energy experimental data and much larger and faster electronic computers to improve on estimations of hadron masses and other static properties.

The area of "hadronic physics" is now a large research field. Although not germane to discovering new fundamental laws of physics, it is comparable to nuclear physics. The role of protons and neutrons in the nuclei are replaced in it by the next level: quarks and gluons as constituents of mesons and baryons.

References

1. H. Fritzsch and M. Gell-Mann, in *Proceedings of the 16th International Conference on High Energy Physics*, Chicago, 1972, Vol. 2, p. 135.
2. S. Weinberg, *Phys. Rev. Lett.* 31, 494 (1973).
3. D.J. Gross and F. Wilczek, *Phys. Rev.* D8, 3633 (1973).
4. H. Fritzsch, M. Gell-Mann, and H. Leutwyler, *Phys. Lett.* 47B, 365 (1973).
5. Y. Nambu, in *Preludes in Theoretical Physics*, A. De Shalit, ed., North-Holland, New York, 1966.
6. M. Gell-Mann, *Phys. Lett.* 8, 214 (1964).
7. G. Zweig, CERN report 8419/TH 412, unpublished, 1964.
8. D.B. Lichtenberg and S.P. Rosen, eds., *Developments in the Quark Model of Hadrons*, Vol. I, 1964–1978, Hadronic Press, Nonantum, Mass., 1980, p. 22.
9. O.W. Greenberg, *Phys. Rev. Lett.* 13, 598 (1964).
10. M.Y. Han and Y. Nambu, *Phys. Rev.* 139, B1005 (1965).
11. D.J. Gross and F. Wilczek, *Phys. Rev. Lett.* 26, 1343 (1973).
12. H.D. Politzer, *Phys. Rev. Lett.* 26, 1346 (1973).
13. W.E. Lamb and R.C. Retherford, *Phys. Rev.* 72, 241 (1947).
14. P. Kusch and H. Foley, *Phys. Rev.* 72, 1256 (1947).
15. P. Kusch and H. Foley, *Phys. Rev.* 73, 412 (1948).
16. T. Appelquist and H. Georgi, *Phys. Rev.* D8, 4000 (1973).
17. A. Zee, *Phys. Rev.* D8, 4038 (1973).
18. G. 't Hooft, *Nucl. Phys.* B61, 455 (1973).
19. W.A. Bardeen, A.J. Buras, D.W. Duke, and T. Muta, *Phys. Rev.* D18, 3998 (1978).
20. E.G. Floratos, D.A. Ross, and C.T. Sachrajda, *Nucl. Phys.* B129, 66 (1977) [erratum: *Nucl. Phys.* B139, 545 (1978)].
21. R. Jost and J. Luttinger, *Helv. Phys. Acta* 23, 201 (1950).
22. M. Dine and J. Sapirstein, *Phys. Rev. Lett.* 43, 668 (1979).
23. K.G. Chetyrkin and A.L. Kataev, *Phys. Lett.* 85B, 277 (1979).
24. W. Celmaster and R.J. Gonzales, *Phys. Rev. Lett.* 42, 1435 (1979).
25. W. Celmaster and R.J. Gonzales, *Phys. Rev.* D20, 1420 (1979).
26. W. Celmaster and R.J. Gonzales, *Phys. Rev. Lett.* 44, 560 (1980).
27. W. Celmaster and R.J. Gonzales, *Phys. Rev.* D21, 3112 (1980).
28. C.H. Llewellyn Smith, in *High Energy Physics, 1980*, L. Durand and L.G. Pondrum, eds., AIP Publishing, New York, 1981, p. 134.
29. P.M. Stevenson, *Phys. Rev.* D23, 2916 (1981).
30. P.M. Stevenson, *Phys. Rev.* D24, 1622 (1981).
31. M.R. Pennington, *Phys. Rev.* D26, 2048 (1982).
32. P.M. Stevenson, *Nucl. Phys.* B203, 472 (1982).
33. J.C. Wrigley, *Phys. Rev.* D27, 1965 (1983).
34. P.M. Stevenson, *Nucl. Phys.* B231, 65 (1984).
35. A. Dhar, *Phys. Lett.* 128B, 407 (1983).
36. C.J. Maxwell, *Phys. Rev.* D28, 2037 (1983).
37. C.J. Maxwell, *Phys. Rev.* D29, 2884 (1984).
38. F.J. Dyson, *Phys. Rev.* 85, 631 (1952).
39. E.R. Whittaker and G.N. Watson, *Modern Analysis*, 4th ed., Cambridge University Press, Cambridge, 1927.
40. L.N. Lipatov, *JETP Lett.* 25, 104 (1977).

41. G. 't Hooft, in *The Whys of Subnuclear Physics*, Erice School 1977, A. Zichichi, ed., Plenum Publishing, New York, 1979, p. 943.
42. G. Parisi, *Phys. Lett.* 66B, 167 (1977).
43. G. Parisi, *Phys. Lett.* 66B, 382 (1977).
44. E. Brezin, J.C. Le Guillou, and J. Zinn-Justin, *Phys. Rev.* D15, 1544, 1558 (1977).
45. W.Y. Crutchfield, *Phys. Rev.* D19, 2370 (1979).
46. S.D. Drell, D.J. Levy, and T.-M. Yan, *Phys. Rev.* 187, 2159 (1969).
47. S.D. Drell, D.J. Levy, and T.-M. Yan, *Phys. Rev.* D1, 1617 (1970).
48. N. Cabibbo, G. Parisi, and M. Testa, *Nuovo Cimento Lett.* 4, 35 (1970).
49. R.P. Feynman, *Phys. Rev. Lett.* 23, 1415 (1969).
50. J.D. Bjorken and E.A. Paschos, *Phys. Rev.* 185, 1975 (1969).
51. G. Hanson et al., *Phys. Rev. Lett.* 35, 1609 (1975).
52. Ch. Berger et al., *Phys. Lett.* 78B, 176 (1978).
53. Ch. Berger et al., *Phys. Lett.* 81B, 410 (1979).
54. F. Bloch and H. Nordsieck, *Phys. Rev.* 52, 54 (1937).
55. T. Kinoshita and A. Sirlin, *Phys. Rev.* 113, 1652 (1959).
56. T. Kinoshita, *J. Math. Phys.* 3, 650 (1962).
57. T.D. Lee and M. Nauenberg, *Phys. Rev.* 133, B1549 (1964).
58. J. Ellis, M.K. Gaillard, and G.G. Ross, *Nucl. Phys.* B111, 253 (1976).
59. T.A. DeGrand, Y.J. Ng, and S.H.H. Tye, *Phys. Rev.* D16, 3251 (1977).
60. G. Sterman and S. Weinberg, *Phys. Rev. Lett.* 39, 1436 (1977).
61. A. De Rujula, J. Ellis, E.G. Floratos, and M.K. Gaillard, *Nucl. Phys.* B138, 387 (1978).
62. P.M. Stevenson, *Phys. Lett.* 78B, 451 (1978).
63. B.G. Weeks, *Phys. Lett.* 81B, 377 (1979).
64. P. Hoyer, P. Osland, H.G. Sander, T.F.'Walsh, and P.M. Zerwas, *Nucl. Phys.* B161, 349 (1979).
65. G. Grunberg, Y.J. Ng, and S.H.H. Tye, *Nucl. Phys.* B168, 315 (1980).
66. A. Ali, *Phys. Lett.* 110B, 67 (1982).
67. R. Brandelik et al., *Phys. Lett.* 86B, 243 (1979).
68. D.P. Barber et al., *Phys. Rev. Lett.* 43, 830 (1979).
69. Ch. Berger et al., *Phys. Lett.* 86B, 418 (1979).
70. D.P. Barber et al., *Phys. Lett.* 89B, 139 (1979).
71. T.D. Lee, *Particle Physics and Introduction to Field Theory*, Harwood Academic, London, 1981, pp. 746–768.
72. J.D. Bjorken and S. Brodsky, *Phys. Rev.* D1, 1416 (1970).
73. H. Georgi and M. Machacek, *Phys. Rev. Lett.* 39, 1237 (1977).
74. E. Farhi, *Phys. Rev. Lett.* 39, 1587 (1977).
75. A.A. Belavin, A.M. Polyakov, A.S. Schwartz, and Yu.S. Tyupkin, *Phys. Lett.* 59B, 85 (1975).
76. S. Weinberg, *Phys. Rev.* D11, 3583 (1975).
77. G. 't Hooft, *Phys. Rev. Lett.* 37, 8 (1976).
78. G. 't Hooft, *Phys. Rev.* D14, 3432 (1976).
79. E. Witten, *Phys. Rev. Lett.* 38, 121 (1977).
80. R. Jackiw, C. Nohl, and C. Rebbi, *Phys. Rev.* D15, 1642 (1977).
81. M.F. Atiyah and R.S. Ward, *Commun. Math. Phys.* 55, 117 (1977).
82. M.F. Atiyah, N.J. Hitchin, V.G. Drinfeld, and Yu.I. Manin, *Phys. Lett.* 65A, 185 (1978).
83. E.F. Corrigan, D.B. Fairlie, R.G. Yates, and P. Goddard, *Commun. Math. Phys.* 58, 223 (1978).
84. R. Jackiw and C. Rebbi, *Phys. Rev. Lett.* 37, 172 (1976).
85. C.G. Callan, R.F. Dashen, and D.J. Gross, *Phys. Lett.* 63B, 334 (1976).
86. V. Baluni, *Phys. Rev.* D19, 227 (1979).
87. R. Crewther, P. Di Vecchia, G. Veneziano, and E. Witten, *Phys. Lett.* 88B, 123 (1979).
88. R.D. Peccei and H.R. Quinn, *Phys. Rev. Lett.* 38, 1440 (1977).
89. R.D. Peccei and H.R. Quinn, *Phys. Rev.* D16, 1791 (1977).
90. S. Weinberg, *Phys. Rev. Lett.* 40, 223 (1978).
91. F. Wilczek, *Phys. Rev. Lett.* 40, 279 (1978).
92. D.M. McKay and H. Muczek, *Phys. Rev.* D19, 985 (1978).
93. J.E. Kim, *Phys. Rev. Lett.* 43, 103 (1979).
94. M. Shifman, A. Vainshtein, and V. Zakharov, *Nucl. Phys.* B166, 493 (1980).
95. M. Dine, W. Fishcler, and M. Srednicki, *Phys. Lett.* 104B, 199 (1981).

96 H.P. Nilles and S. Raby, *Nucl. Phys.* B198, 102 (1982).
97 P. Sikivie, *Phys. Rev. Lett.* 51, 1415 (1983).
98 P. Sikivie, *Phys. Rev. Lett.* 52, 695 (1983).
99 G. 't Hooft, *Nucl. Phys.* B72, 461 (1974).
100 G. 't Hooft, *Nucl. Phys.* B75, 461 (1974).
101 S. Okubo, *Phys. Lett.* 5, 165 (1963).
102 G. Zweig, CERN preprint, unpublished, 1964.
103 J. Iizuka, *Suppl. Prog. Theor. Phys.* 37/38, 21 (1966).
104 G. Veneziano, *Nucl. Phys.* B117, 519 (1976).
105 H. Harari, *Phys. Rev. Lett.* 22, 562 (1969).
106 J. Rosner, *Phys. Rev. Lett.* 22, 689 (1969).
107 S. Coleman, Lectures at Erice Summer School, 1979, in *Pointlike Structure Inside and Outside Hadrons*, A. Zichichi, ed., Plenum Publishing, New York, 1982, p. 11.
108 E. Witten, *Nucl. Phys.* B160, 57 (1979).
109 E. Corrigan and P. Ramond, *Phys. Lett.* 87B, 73 (1979).
110 B.W. Lee, *Chiral Dynamics*, Gordon and Breach, New York, 1971.
111 T.H.R. Skyrme, *Proc. R. Soc.* A260, 127 (1961).
112 A.P. Balachandran, V.P. Nair, S.G. Rajeev, and A. Stern, *Phys. Rev. Lett.* 49, 1124 (1982).
113 E. Witten, *Nucl. Phys.* B233, 422, 433 (1983).
114 G.W. Adkins, C.R. Nappi, and E. Witten, *Nucl. Phys.* B228, 552 (1983).
115 A. Dhar and S. Wadia, *Phys. Rev. Lett.* 52, 959 (1984).
116 A. Dhar, R. Shankar, and S. Wadia, *Phys. Rev.* D31, 3256 (1985).
117 K.G. Wilson, *Phys. Rev.* D10, 2445 (1974).
118 M. Creutz, *Phys. Rev. Lett.* 43, 553 (1979).
119 M. Creutz, *Phys. Rev.* D21, 2308 (1980).
120 M. Creutz, *Phys. Rev. Lett.* 45, 313 (1980).
121 M. Creutz, *Quarks, Gluons and Lattices*, Cambridge University Press, Cambridge, 1983.
122 C. Rebbi, *Lattice Gauge Theories and Monte Carlo Simulations*, World Scientific, Singapore, 1983.
123 L.H. Karsten and J. Smit, *Nucl. Phys.* B183, 103 (1981).
124 H.B. Nielsen and M. Ninomiya, *Nucl. Phys.* B185, 20 (1981).
125 K.G. Wilson, in *New Phenomena in Subnuclear Physics*, A. Zichichi, ed., Plenum Publishing, New York, 1977.
126 J. Kogut and L. Susskind, *Phys. Rev.* D11, 395 (1975).
127 T. Banks, S. Raby, L. Susskind, J. Kogut, D.R.T. Jones, P.N. Scharbach, and D.K. Sinclair, *Phys. Rev.* D15, 1111 (1977).
128 M. Creutz, L. Jacobs, and C. Rebbi, *Phys. Rev. Lett.* 42, 1390 (1979).
129 M. Creutz, L. Jacobs, and C. Rebbi, *Phys. Rev.* D20, 1915 (1979).
130 N.H. Christ, R. Friedberg, and T.D. Lee, *Nucl. Phys.* B202, 89 (1982).
131 N.H. Christ, R. Friedberg, and T.D. Lee, *Nucl. Phys.* B210, [FS6], 310 (1982).
132 N.H. Christ, R. Friedberg, and T.D. Lee, *Nucl. Phys.* B210, [FS6], 337 (1982).
133 P.H. Frampton, *Dual Resonance Models*, W.A. Benjamin, New York, 1974.
134 A. Hasenfratz and P. Hasenfratz, *Phys. Lett.* 93B, 165 (1980).
135 R. Dashen and D.J. Gross, *Phys. Rev.* D23, 2340 (1981).
136 N. Metropolis, A.W. Rosenbluth, M.N. Rosenbluth, A.H. Teller, and E. Teller, *J. Chem. Phys.* 21, 1087 (1953).
137 B. Berg, A. Billoire, and C. Rebbi, *Ann. Phys.* 142, 185 (1982).
138 M. Falcioni, E. Marinari, M.L. Paciello, G. Parisi, F. Rapuano, B. Taglienti, and Y.-C. Zhang, *Phys. Lett.* 110B, 295 (1982).
139 B. Berg and A. Billoire, *Phys. Lett.* 113B, 65 (1982).
140 K. H. Mutter and K. Schilling, *Phys. Lett.* 117B, 75 (1982).
141 H. Hamber and G. Parisi, *Phys. Rev. Lett.* 47, 1792 (1981).
142 E. Marinari, G. Parisi, and C. Rebbi, *Phys. Rev. Lett.* 47, 1795 (1981).
143 H. Hamber, E. Marinari, G. Parisi, and C. Rebbi, *Phys. Lett.* 108B, 314 (1982).
144 D. Weingarten, *Phys. Lett.* 109B, 57 (1982).
145 A. Hasenfratz, Z. Kunszt, P. Hasenfratz, and C.B. Lang, *Phys. Lett.* 110B, 289 (1982).
146 F. Fucito, G. Martinelli, C. Omero, G. Parisi, R. Petronzio, and F. Rapuano, *Nucl. Phys.* B210, 407 (1982).

7
Model Building

7.1
Introduction

In the first edition, it seemed logical at that time (1986) to include a final chapter on the subject of grand unification. That idea was first proposed in the 1970s and became very popular in the first half of the 1980s. Since the principal prediction of grand unification, proton decay, remains unconfirmed, I have decided to step back in the final chapter of the second edition and look first at what puzzles are presented by the standard model, then give examples of motivated and testable models that address some of the issues. For this third edition, I have extended this further to include an additional chapter, Chapter 8, on model building.

In Section 7.2 the questions posed by the theory are listed; this provides a worksheet for the model builder aiming to go beyond the established theory. We then present four illustrative examples which may inspire the reader to try to make further examples and perhaps find the correct high-energy theory. It should be obvious that more data are needed at present (2008) to discriminate between possibilities and the LHC will likely provide these. In Section 7.3 the left–right model is discussed based on the notion that parity may be restored as a symmetry at high energy. In Section 7.4 we describe chiral color theory, where the strong interaction QCD undergoes a spontaneous breaking analogous to that of the electroweak theory. In Section 7.5 a possible explanation for the occurrence of three families is offered by the 331-model. In Section 7.6 we use inspiration from the duality between string theory and field theory to study the possibility that the strong and electroweak interactions become conformal at TeV energies. This last topic is discussed more fully in Chapter 8.

7.2
Puzzles of the Standard Model

The standard strong/electroweak theory (SM) has successfully fit all reproducible data. The model was built in the 1960s by Glashow [1] Salam [2], and Weinberg [3].

Gauge Field Theories. Paul H. Frampton
Copyright © 2008 WILEY-VCH Verlag GmbH & Co. KGaA, Weinheim
ISBN: 978-3-527-40835-1

It was shown to be renormalizable by 't Hooft in 1971 [4]. Its experimental verification was already in excellent shape by the time of the 1978 Tokyo Conference [5]. The $W^{\pm}$ and Z^0 were discovered in 1983. From 1983 until the present there have been various ambulances to chase, where data disagreed with the SM, but further data analysis has so far always rescued the SM.

Nevertheless, the SM has its own shortcomings and incompleteness, which motivate model-building "beyond the SM." A good starting point is to examine critically the large number of parameters that must be fit phenomenologically in the SM.

The gauge sector of the SM is based on the group

$$SU(3)_C \times SU(2)_L \times U(1)_Y \tag{7.1}$$

and includes 12 gauge bosons with 24 helicity states.

The fermions occur in the three families taking massless neutrinos

$$\begin{pmatrix} u \\ d \end{pmatrix}_L \bar{u}_L \bar{d}_L \quad \begin{pmatrix} \nu_e \\ e \end{pmatrix}_L \bar{e}_L \tag{7.2}$$

$$\begin{pmatrix} c \\ s \end{pmatrix}_L \bar{c}_L \bar{s}_L \quad \begin{pmatrix} \nu_\mu \\ \mu \end{pmatrix}_L \bar{\mu}_L \tag{7.3}$$

$$\begin{pmatrix} t \\ b \end{pmatrix}_L \bar{t}_L \bar{b}_L \quad \begin{pmatrix} \nu_\tau \\ \tau \end{pmatrix}_L \bar{\tau}_L \tag{7.4}$$

It requires 45 fields to describe these fermions. The scalars are in the complex doublet

$$\begin{pmatrix} \Phi^+ \\ \Phi^0 \end{pmatrix} \tag{7.5}$$

with four fields. The total number of fields in the SM is therefore 73. Perturbatively, the baryon and lepton numbers B and L are conserved and the neutrino masses are vanishing $M(\nu_i) = 0$.

As a model builders' worksheet, we can list the 19 parameters of the SM:

6	Quark masses
3	Lepton masses
3	Mixing angles θ_i
1	Phase δ
1	QCD $\bar{\Theta}$
3	Coupling constants
2	Higgs sector
19	Total

The first 12 parameters may be addressed by horizontal symmetries, the next two are associated with models of CP violation, and the three couplings can be related, for example, in grand unification. The two Higgs parameters—the Higgs mass and the magnitude of its quartic self-coupling (which sets the size of the weak scale)—need an even bigger theoretical framework.

There are other questions unanswered in the SM framework, such as:

1. Why are there three families?
2. Why use $SU(3) \times SU(2) \times U(1)$?
3. Why are there the particular fermion representations?
4. Is the Higgs boson elementary?

Model building beyond the SM is simultaneously:

1. Trivial mathematically in the sense that the rules for building renormalizable gauge field theories have been well known since 1971.
2. Impossible physically since in the absence of experimental data departing from the SM, how can one discriminate between models?

Supersymmetry. The most popular model beyond the SM in unquestionably supersymmetry. Its motivation is to ameliorate (not solve) the *gauge hierarchy problem*—that, assuming a desert up to $\sim 10^{16}$ GeV, nothing stabilizes the ratio $(M_W/M_{\text{GUT}})^2 \sim 10^{-28}$. It is clearly *testable* by the prediction of a large number of particles with masses below 1 TeV.

The models described here have their motivation outside supersymmetry. But any renormalizable gauge theory can be promoted to an $N = 1$ globally supersymmetric theory. The motivation for supersymmetry arises at present from mathematical physics and not from phenomenology.

It does seem on aesthetic grounds that supersymmetry is likely to be used by nature in its fundamental theory. The question is at what scale and how supersymmetry is broken. It may, for example, be broken at the Planck scale, as in some versions of supergravity and superstrings.

7.3
Left–Right Model

One of the simplest and most attractive extensions of the SM, also one of the oldest [6–8], is the left–right model. It has two principal motivations: (1) to restore parity at high energies and (2) to replace the assignment of weak hypercharge by the assignment of the more familiar quantity $(B - L)$, where B and L are baryon number and lepton number.

The left–right model (sometimes called the Pati–Salam model) has definite testability. It predicts nonzero neutrino masses $m(\nu_i) \neq 0$. It predicts certain $\Delta B = 2$ processes such as $NN \rightarrow$ pions. Also, there are $\Delta L \neq 0$ processes, such as neutrinoless double beta decay $(\beta\beta)_{0\nu}$.

The fundamental theory is assumed to be parity symmetric. The electroweak gauge group is promoted from

$$SU(2)_L \times U(1)_Y \tag{7.6}$$

to

$$SU(2)_L \times SU(2)_R \times U(1)_{B-L} \tag{7.7}$$

The usual relation between electric charge Q and $SU(2)_L$,

$$Q = T_{3L} + \frac{Y}{2} \tag{7.8}$$

becomes

$$Q = T_{3L} + T_{3R} + \frac{B-L}{2} \tag{7.9}$$

as can be seen easily by writing

$$\begin{pmatrix} u \\ d \end{pmatrix}_R \frac{1}{2}Y = \begin{pmatrix} \frac{2}{3} \\ -\frac{1}{3} \end{pmatrix} = \begin{pmatrix} T_{3R} + \frac{B-L}{2} \\ T_{3R} + \frac{B-L}{2} \end{pmatrix} \tag{7.10}$$

Similarly,

$$\begin{pmatrix} N \\ e \end{pmatrix}_R \frac{1}{2}Y = \begin{pmatrix} 0 \\ -1 \end{pmatrix} = \begin{pmatrix} T_{3R} + \frac{B-L}{2} \\ T_{3R} + \frac{B-L}{2} \end{pmatrix} \tag{7.11}$$

So we need to gauge the quantity $(B - L)$ rather than the more perplexing weak hypercharge Y.

The symmetry is broken in the stages

$$SU(2)_L \times SU(2)_R \times U(1)_{B-L} \times P \tag{7.12}$$

$$\xrightarrow{M_P} SU(2)_L \times SU(2)_R \times U(1)_{B-L} \tag{7.13}$$

$$\xrightarrow{M_{W_R}} SU(2)_L \times U(1)_Y \tag{7.14}$$

$$\xrightarrow{M_{W_L}} U(1)_Q \tag{7.15}$$

It is often assumed that $M_P = M_{W_R}$. If there is a range where $M_P > \mu > M_{W_R}$, within it $g_{2L} \neq g_{2R}$ but W_L and W_R remain massless.

A minimal Higgs sector contains the scalars

$$\Delta_L(1, 0, +2) \quad \Delta_R(0, 1, +2) \quad \Phi(\tfrac{1}{2}, \tfrac{1}{2}, 0) \tag{7.16}$$

For a range of parameters, this gives a P-violating minimum.

For phenomenology, precision tests of the SM require that $M(W_R)$ and $M(Z_R)$ be greater than 500 GeV. These lower bounds come from analysis of

$$\bar{p}p \to \mu^+\mu^- + X \tag{7.17}$$

$$\mu^- \to e^- \bar{\nu}_e \nu_\mu \tag{7.18}$$

$$n \to p e^- \bar{\nu}_e \tag{7.19}$$

and so on.

$(V - A)$ theory was prompted by $m(\nu) = 0$ and γ_5 invariance. The presence of $(V + A)$ is linked to $m(\nu) \neq 0$ by seesaw formulas such as

$$m(\nu)_e \simeq \frac{m_e^2}{M(W_R)} \tag{7.20}$$

The N_R state is necessary in the left–right model, just as in an SO(10) GUT.

It is natural to expect $\Delta L \neq 0$ Majorana masses and related processes such as neutrinoless double beta decay $(\beta\beta)_{0\nu}$, which has $\Delta L = 2$, $\Delta B = 0$.

Looking again at the formula

$$Q = T_{3L} + T_{3R} + \frac{B - L}{2} \tag{7.21}$$

and bearing in mind that for $E \gg M_{W_L}$ one has $\Delta I_{3L} = 0$ while always $\Delta Q = 0$, we see that the fact that ΔI_{3R} is integer implies that $|\Delta(B - L)|$ is a multiple of 2.

Thus we expect not only processes with $\Delta L = 2$ and $\Delta B = 0$ as in the $(\beta\beta)_{0\nu}$ already considered, but also processes with $\Delta L = 0$ and $\Delta B = 2$. To understand these baryon-number violating processes, it is instructive to consider partial unification to the group

$$SU(4)_C \times SU(2)_L \times SU(2)_R \tag{7.22}$$

[the Pati–Salam group, a subgroup of SO(10)]. Here the $SU(4)_C$, where the lepton number is the "fourth" color, is broken to $SU(3)_C \times U(1)_{B-L}$. The B violating processes are then seen to be, for example, $N\bar{N}$ oscillations and processes such as $NN \to n's$, induced by introducing a new scale of a few PeV. This multi-PeV scale is consistent with nucleon stability because the relevant operator is dimension 10 rather than dimension 6 as in SU(5) GUTs.

In summary, the key features of the left–right model are:

1. Nonvanishing $m(\nu)$ might be interpreted as evidence for the $L-R$ extension of the SM.
2. $\Delta B = 2$, $\Delta L = 0$ processes are expected, as are $(\beta\beta)_{0\nu}$, and so on.

7.4
Chiral Color

There is a marked asymmetry in the SM between the strong color interactions, which are described by an unbroken SU(3) gauge group, and the electroweak interactions, described by a gauge group SU(2) × U(1) broken spontaneously at a few hundred GeV (the weak scale) to the electromagnetic U(1).

Chiral color [9, 10] is a model where the strong interactions are more similar to the electroweak interactions. The chiral color gauge group is $SU(3)_L \times SU(3)_R$, broken at some scale (the simplest choice is the weak scale, although this is not essential) to the diagonal subgroup color SU(3).

In this case quantum chromodynamics is a relic of a spontaneous breakdown of a larger gauge group, and the breakdown leads to the existence of many new fundamental particles, including especially the *axigluon*. The axigluon is a spin-1 massive particle which should weigh several hundred GeV and be visible as a jet–jet resonance at hadron colliders. The fermion representation must be free of triangle anomalies (see Chapter 3), and this requires the existence of additional fermions. Aside from the familiar anomalies of the standard model there are potential new anomalies of the form $[SU(3)_L]^3 - [SU(3)_R]^3$, and $Q[SU(3)_L]^2 - Q[SU(3)_R]^2$. These anomalies can be avoided by a variety of tricks in which the SU(3) × SU(3) assignments of quarks are juggled and in which fermions with exotic color quantum number are introduced.

In Ref. [9] a list of anomaly-free fermion representations was presented and reproduced here. The list of five cases was intended to be illustrative but not exhaustive. The five models are very different from one another. However, there are three common threads: the necessary existence of *more* than three families of quarks and leptons, a massive octet of spin-1 hadrons (the axigluons) which are strongly coupled to quarks, and a rich spectrum of scalar mesons required for symmetry breaking.

Mark I. Here we simply let two of the four families transform under $SU(3)_L$, the other two under $SU(3)_R$. Unlike the subsequent models, in Mark I the anomalies are trivially canceled. Specifying the transformation behavior of left-handed chiral fermions under $[SU(3)_L, SU(3)_R, Q]$, we have four colored weak doublets:

$$2[(3, 1, \tfrac{2}{3}) + (3, 1, -\tfrac{1}{3})] + 2[(1, 3, \tfrac{2}{3}) + (1, 3, -\tfrac{1}{3})] \tag{7.23}$$

eight colored singlets which complete four quark families:

$$2(\bar{3}, 1, -\tfrac{2}{3}) + 2[(\bar{3}, 1, \tfrac{1}{3}) + 2[(1, \bar{3}, -\tfrac{2}{3}) + 2(1, \bar{3}, \tfrac{1}{3})]] \tag{7.24}$$

and four charged leptons and their neutrinos.

This model is not chiral. The axigluon couples to

$$(\bar{u}\gamma_\mu u + \bar{c}\gamma_\mu c + \bar{d}\gamma_\mu d + \bar{s}\gamma_\mu s) - (\bar{t}\gamma_\mu t + \bar{h}\gamma_\mu h + \bar{b}\gamma_\mu b + \bar{l}\gamma_\mu l) \tag{7.25}$$

where the fourth family includes a h(igh) and l(ow) quark. Mass mixing leads to axigluon couplings to flavor-changing neutral currents. The angle ϕ connecting the lighter two families to the heavier ones must be small. GIM violation in the ds and cu systems is $\sim \phi^4$, while in the bs and bd systems it is $\sim \phi^2$.

A minimal set of scalar mesons includes $\phi(1, 1, 2)$, which can give mass to all quarks and leptons, and $\phi(3, \bar{3}, 2)$, which breaks chiral color and provides mixing between the heavier and lighter quark families.

Mark II. This model involves three conventional fermion families, an extra $Q = \frac{2}{3}$ quark, and an SU(3) sextet fermion or quix. There are three colored weak doublets:

$$3[(3, 1, \tfrac{2}{3}) + (3, 1, -\tfrac{1}{3})] \tag{7.26}$$

eight colored weak singlets:

$$4(1, 3, -\tfrac{2}{3}) + 3(1, \bar{3}, +\tfrac{1}{3}) + (3, 1, \tfrac{2}{3}) \tag{7.27}$$

a weak singlet quix:

$$(\bar{6}, 1, -\tfrac{1}{3}) + (1, 6, \tfrac{1}{3}) \tag{7.28}$$

and three charged leptons and their neutrinos.

The quix plays an essential role for anomaly cancellation. The couplings of the axigluon are flavor-diagonal. However, the high quark is primarily a weak singlet, so that flavor violation in the uc sector can be mediated by the Z^0. Such GIM violation is suppressed by ϕ^4, where ϕ measures the mass mixing of the high quark with the u and c quarks. (Alternatively, GIM can be guaranteed by taking the quix to have $Q = -\frac{2}{3}$ and by assigning to the high quark the anomaly-canceling charge of $-\frac{13}{3}$. This possibility may be too ugly to be taken seriously.)

In the scalar meson sector, two $\phi(3, \bar{3}, 2)$ are required, one with charges $Q = 0, 1$ and one with charges $Q = 0, -1$. In addition, there must be a $\phi(1, 1, 2)$ to provide lepton masses and a $\phi(3, \bar{3}, 1)$ to give mass to the odd up quark. The quix can obtain its mass from a neutral $\phi(6, \bar{6})$ of scalar mesons, or through one-loop diagrams involving VEVless $\phi(3, 1, 2)$ and $\phi(3, 1, 1)$ scalar mesons. The latter possibility is more attractive since it presents a possible mechanism for quix decay.

Mark III. This is a four-family model with a quix involving four colored weak doublets:

$$4[(3, 1, \tfrac{2}{3}) + (3, 1, -\tfrac{1}{3})] \tag{7.29}$$

eight colored weak singlets:

$$4(1, \bar{3}, -\tfrac{2}{3}) + 3(1, \bar{3}, +\tfrac{1}{3}) + (\bar{3}, 1, \tfrac{1}{3}) \tag{7.30}$$

a weak singlet quix

$$(\bar{6}, 1, -\tfrac{1}{3}) + (1, 6, \tfrac{1}{3}) \tag{7.31}$$

and four charged leptons and their neutrinos.

Couplings of the axigluon yield flavor-changing effects in the *dsb* sector since one of the $Q = -\tfrac{1}{3}$ quarks (presumably low) is treated differently from the others. It is suppressed by ϕ^4, where ϕ is a measure of the mass mixing of low with its lighter cousins. The scalar mesons needed are the same as for Mark II except that a $\phi(3, \bar{3}, 1)$ multiplet is not required.

Mark IV. This model involves fermions that transform under both SU(3) factors. There are four colored weak doublets:

$$4\big[(3, 1, \tfrac{2}{3}) + (3, 1, -\tfrac{1}{3})\big] \tag{7.32}$$

eight colored weak singlets:

$$4(1, \bar{3}, \tfrac{1}{3}) + 2(1, \bar{3}, -\tfrac{2}{3}) + 2(\bar{3}, 1, -\tfrac{2}{3}) \tag{7.33}$$

two dichromatic fermion multiplets:

$$2(\bar{3}, 3, 0) \tag{7.34}$$

and four charged leptons and their neutrinos.

The axigluon can produce flavor violation in the *uc* sector. The amplitude for $uc \leftrightarrow \bar{c}u$ mixing is suppressed by ϕ^4 where ϕ is a measure of mass mixing between heavy and light $Q = \tfrac{2}{3}$ quarks.

Two scalar $\phi(3, \bar{3}, 2)$ multiplets with different charges and a $\phi(1, 1, 2)$ suffice to give mass to all ordinary quarks and leptons. A $\phi(3, \bar{3}, 1)$ which develops a VEV will give masses to the exotic fermions. In particular, the color singlet in each $(3, \bar{3})$ of fermions obtains just *twice* the mass as the corresponding color octet or quait. Additional scalar multiplets [such as a $\phi(3, 1, 1)$] will permit the eventual decay of the quait, should this be necessary or desirable.

Mark V. This model is for the hard-core GIM addict. It involves five standard families and two species of exotic colored fermions. There are five colored weak doublets:

$$5\big[(3, 1, \tfrac{2}{3}) + (3, 1, -\tfrac{1}{3})\big] \tag{7.35}$$

ten colored weak singlets;

$$5(1, \bar{3}, -\tfrac{2}{3}) + 5(1, \bar{3}, \tfrac{1}{3}) \tag{7.36}$$

a quix:

$$(\bar{6}, 1, -\tfrac{1}{3}) + (1, 6, \tfrac{1}{3}) \tag{7.37}$$

a dichromatic fermion multiplet:

$$(\bar{3}, 3, 0) \tag{7.38}$$

and five charged leptons and their neutrinos.

For this model, GIM is sacrosanct for all Yukawa couplings of the axigluons, the Z^0, and the scalar mesons of the Higgs sector, which must include just about all the multiplets mentioned in Marks I through IV. It is possible [10] to make a unified version of Mark V, using the group $SU(4)^6$.

In chiral color many new particles are predicted. The axigluon affects the calculations of upsilon decay [11] and the radiative corrections to e^+e^- annihilation [12]. In particular, the axigluon should be visible in di-jet distributions at hadron colliders as well as in a Jacobian peak for single jet cross sections [13]. At present the lower bound [14, 15] on the axigluon mass is about 1 TeV. This implies that the scale of breaking of chiral color must be higher than the weak scale.

7.5
Three Families and the 331 Model

The motivation for the 331 model lies in the explanation of three families. Its testability arises from the prediction of new particles, particularly the *bilepton*.

In the SM each family separately cancels the triangle anomaly. A possible reason for three families is that in an extension of the SM, the extended families are anomalous but there is interfamily cancellation.

The three families must enter asymmetrically to set up the $(+1 +1 -2)$ type of anomaly cancellation. If we assume first that two families are treated symmetrically (sequentially), then the -2 may be expected to arise from

$$\left(\frac{Q(u)}{Q(d)}\right) = -2 \tag{7.39}$$

This is how it happens in the 331 model.

Take the gauge group

$$SU(3)_C \times SU(3)_L \times U(1)_X \tag{7.40}$$

and from it the standard $SU(2)_L$ is contained in $SU(3)_L$ while $U(1)_Y$ is contained in both $SU(3)_L$ and $U(1)_X$.

The first family is assigned:

$$\begin{pmatrix} u \\ d \\ D \end{pmatrix}_L \quad \bar{u}_L \bar{d}_L \bar{D}_L \tag{7.41}$$

which involves a 3_L of $S(3)_L$ with $X = -\frac{1}{3}$ (in general, the X charge equals the electric charge of the central component of any $SU(3)_L$ triplet) and three $SU(3)_L$ singlets.

Similarly, the second family is assigned:

$$\begin{pmatrix} c \\ s \\ S \end{pmatrix}_L \quad \bar{c}_L \bar{s}_L \bar{S}_L \tag{7.42}$$

where again the 3_L has $X = -\frac{1}{3}$.

The third family is assigned differently from the first and second:

$$\begin{pmatrix} T \\ t \\ b \end{pmatrix}_L \quad \bar{T}_L \bar{t}_L \bar{b}_L \tag{7.43}$$

Here the nontrivial $SU(3)_L$ representation is a $\bar{3}_L$ with $X = +\frac{2}{3}$.

In this 331 model, the leptons are treated more democratically, being assigned to three $\bar{3}_L$'s of $SU(3)_L$, all with $X = 0$:

$$\begin{pmatrix} e^+ \\ \nu_e \\ e^- \end{pmatrix} \begin{pmatrix} \mu^+ \\ \nu_\mu \\ \mu^- \end{pmatrix} \begin{pmatrix} \tau^+ \\ \nu_\tau \\ \tau^- \end{pmatrix} \tag{7.44}$$

In this arrangement of quarks and leptons, all anomalies cancel. Nontrivial inter-family cancellations take place for $(3_L)^3$, $(3_L)^2 X$, and X^3. The number of families must be a multiple of three, and indeed equal to three if one wishes to avoid the "superfamily" problem, created by having a nontrivial multiple of the three families.

The Higgs sector contains:

$$\text{Triplets:} \quad \phi^\alpha (X = +1) \quad \phi'^\alpha (X = 0) \quad \phi''^\alpha (X = -1) \tag{7.45}$$

$$\text{Sextet:} \quad S^{\alpha\beta} (X = 0) \tag{7.46}$$

The breaking of $SU(3)_L$ to $SU(2)_L$ gives rise to five massive gauge bosons by the Higgs mechanism. One is a Z' and the other four fall into two doublets under $SU(2)_L$, the bileptons (Y^{--}, Y^-) and their charge conjugates (Y^{++}, Y^+).

The scale U at which the symmetry $SU(3)_L \times U(1)_X \to SU(2)_L \times U(1)_X$ breaks has an upper bound for the following reason: The embedding needs $\sin^2 \theta_W (M_Z) < \frac{1}{4}$. But $\sin^2 \theta_W (M_Z) > 0.23$ and increases through 0.25 at

$\mu \sim 3$ TeV. So U must be appreciably below this to avoid a Landau pole $g_X \to \infty$. This implies that $M(Y^{--}, Y^{-}), M(Q) < 1$ TeV.

The heavy exotic quarks can be sought in the same way as top quarks were. The bilepton can be seen in e^+e^- scattering in the backward direction and, most strikingly, in the direct channel of e^-e^- scattering, where it appears as a sharp peak in the cross section.

Bileptons were predicted earlier in an SU(15) grand unification scheme [16]. This unification has the motivation of avoiding proton decay and is testable by the prediction of weak-scale leptoquarks. However, the 331 model has more elegance, particularly with regard to anomaly cancellation.

The lower mass limit on the bilepton comes from polarized muon decay [17, 18] and from muonium–antimuonium conversion searches. At the time of writing (1999), the best limit comes from the latter experiment [19] and is $M(Y^{-}) > 850$ GeV.

7.6
Conformality Constraints

The gauge hierarchy problem is a *theory-generated* problem of the very small ratio $M(W)/M_{\rm GUT} \simeq 10^{-14}$, which typically arises in grand unified models. Of course, if grand unification can be avoided, there is no hierarchy—the problem is nullified. This is the situation in the conformality approach discussed in this section.

Until the late 1990s it was believed that a gauge theory in $d =$ four space–time dimensions could be conformal only in the presence of supersymmetry. For example, $\mathcal{N} = 4$ supersymmetric SU(N) Yang–Mills theory was shown in 1983 [20] to be conformal for all finite N. The idea [21] that an $\mathcal{N} = 0$ nonsupersymmetric gauge theory could be conformal, and include the standard model, followed the demonstration [22] of field-string duality. Although the field-string duality was derived only for the $N \to \infty$ limit, the fact that the conformality was already known to survive to finite N in some (supersymmetric) cases led one to expect it to survive to finite N in new examples, especially some without supersymmetry.

With such conformality as a guide to extending the standard model, the gauge couplings cease to run above the conformality scale (here assumed to be a few TeV) and there is no grand unification or gauge hierarchy problem. This is the motivation for conformality, together with the aesthetic appeal of the absence of infinite renormalization. The testability of conformality arises from the prediction of many new particles, both fermions and scalars, at the TeV scale and producible at the next generation of colliders.

Until 1997 there was no reason to believe that conformal fixed points exist in gauge theories without supersymmetry in four space–time dimensions. Then it was pointed out [22] that compactification of a 10-dimensional type IIB superstring on a manifold $(AdS)_5 \times S^5$ is of special interest in this regard; here $(AdS)_5$ is five-dimensional anti-DeSitter space and S^5 is a five-sphere. On the four-dimensional surface of $(AdS)_5$ exists a gauge field theory with interesting properties. Its gauge group is SU(N) and arises from the coalescence of N D3-branes in the manifold. The isotropy SO(6) ∼ SU(4) of the S^5 becomes the R symmetry of $\mathcal{N} = 4$ supersymmetric Yang–Mills theory. The isometry SO(4, 2) of (AdS)$_5$ is related to the conformal symmetry of the gauge theory in four dimensions. As already mentioned, the conformal symmetry of $N = 4$ gauge theory was known for some time [20].

What is especially interesting is the ability to break supersymmetry by replacing the manifold by an orbifold, in particular replacing S^5 by S^5/Γ, where Γ is a freely acting discrete symmetry. The result, easy to derive, is that the breaking of the $\mathcal{N} = 4$ supersymmetries depends on the embedding of Γ in the SU(4) isotropy of S^5: If $\Gamma \subset$ SU(2), there remains $\mathcal{N} = 2$; if $\Gamma \subset$ SU(3), it leaves $\mathcal{N} = 1$; and if $\Gamma \not\subset$ SU(3), the gauge theory has $\mathcal{N} = 0$. All such gauge theories, even without supersymmetry, possess equality of numbers of fermions and bosons, and this underlies their potential finiteness and, a stronger requirement, high-energy conformality.

Now we can attempt to identify the content of chiral fermions and scalars in such theories. Some details of the rules are presented in Refs. [21, 23–26].

The embedding of Γ is most simply illustrated for an abelian group Z_p. The action on the coordinates (X_1, X_2, X_3) of the three-dimensional complex space C_3 in which is the S^5 can be written in terms of the three integers $a_i = (a_1, a_2, a_3)$ such that the action of Z_p is

$$C_3 : (X_1, X_2, X_3) \xrightarrow{Z_p} (\alpha^{a_1} X_1, \alpha^{a_2} X_2, \alpha^{a_3} X_3) \tag{7.47}$$

with

$$\alpha = \exp\left(\frac{2\pi i}{p}\right) \tag{7.48}$$

The scalar multiplet is in the **6** of SU(4) R symmetry and is transformed by the Z_p transformation:

$$\text{diag}(\alpha^{a_1}, \alpha^{a_2}, \alpha^{a_3}, \alpha^{-a_1}, \alpha^{-a_2}, \alpha^{-a_3}) \tag{7.49}$$

together with the gauge transformation

$$\text{diag}(\alpha^0, \alpha^1, \alpha^2, \alpha^3, \alpha^4, \alpha^5) \times \alpha^i \tag{7.50}$$

for the different SU(N)$_i$ of the gauge group SU(N)^p.

What will be relevant are states invariant under a combination of these two transformations. If $a_1 + a_2 + a_3 = 0 \pmod p$, the matrix

$$\begin{pmatrix} a_1 & & \\ & a_2 & \\ & & a_3 \end{pmatrix} \tag{7.51}$$

is in SU(3) and hence $\mathcal{N} \geqslant 1$ is unbroken and this condition must therefore be avoided if we want $\mathcal{N} = 0$.

If we examine the **4** of SU(4), we find that matter which is invariant under the combination of the Z_p and an $SU(N)^p$ gauge transformation can be deduced similarly. It is worth defining the spinor **4** explicitly by $A_q = (A_1, A_2, A_3, A_4)$, with the A_q, like the a_i, defined only mod p. Explicitly, we may define $a_1 = A_1 + A_2$, $a_2 = A_2 + A_3$, $a_3 = A_3 + A_1$, and $A_4 = -(A_1 + A_2 + A_3)$. In other words, $A_1 = \frac{1}{2}(a_1 - a_2 + a_3)$, $A_2 = \frac{1}{2}(a_1 + a_2 - a_3)$, $A_3 = \frac{1}{2}(-a_1 + a_2 + a_3)$, and $A_4 = -\frac{1}{2}(a_1 + a_2 + a_3)$. To leave no unbroken supersymmetry we must obviously require that all A_q are nonvanishing. In terms of the a_i the condition that we shall impose is

$$\sum_{i=1}^{i=3} \pm(a_i) \neq 0 \quad (\text{mod } p) \tag{7.52}$$

The Z_p group identifies p points in C_3. The N converging D-branes approach all p such points giving a gauge group with p factors:

$$SU(N) \times SU(N) \times SU(N) \times \cdots \times SU(N) \tag{7.53}$$

The matter that survives is invariant under a product of a gauge transformation and a Z_p transformation.

For the covering gauge group $SU(pN)$, the transformation is

$$(1, 1, \ldots, 1; \alpha, \alpha, \ldots, \alpha; \alpha^2, \alpha^2, \ldots, \alpha^2; \ldots; \alpha^{p-1}, \alpha^{p-1}, \ldots, \alpha^{p-1}) \tag{7.54}$$

with each entry occurring N times.

Under the Z_p transformation for the scalar fields, the **6** of SU(4), the transformation is

$$\sim X \quad \Rightarrow \quad \left(\alpha^{a_1}, \alpha^{a_2}, \alpha^{a_3}\right) \tag{7.55}$$

The result can conveniently by summarized by a *quiver diagram* [27]. One draws p points and for each a_k one draws a nondirected arrow between all modes i and $i + a_k$. Each arrow denotes a bifundamental representation such that the resultant scalar representation is

$$\sum_{k=1}^{k=3} \sum_{i=1}^{i=p} (N_i, \bar{N}_{i \pm a_k}) \tag{7.56}$$

If $a_k = 0$, the bifundamental is to be reinterpreted as an adjoint representation plus a singlet representation.

For the chiral fermions one must construct the spinor **4** of SU(4). The components are the A_q given above. The resultant fermion representation follows from a different quiver diagram. One draws p points and connects with a *directed* arrow the node i to the node $i + A_q$. The fermion representation is then

$$\sum_{q=1}^{q=4}\sum_{i=1}^{i=p}(N_i, \bar{N}_{i+A_q}) \tag{7.57}$$

Since all $A_q \neq 0$, there are no adjoint representations for fermions. This completes the matter representation of $SU(N)^p$.

The conformality approach is that the gauge particles and the quarks and leptons, together with some yet unseen degrees of freedom, may combine to give a quantum field theory with nontrivial realization of conformal invariance. In such a scenario the fact that there are no large mass corrections follows by the condition of conformal invariance. In other words, 't Hooft's naturalness condition is satisfied: namely, in the absence of masses there is an enhanced symmetry that is conformal invariance. We thus imagine the actual theory to be given by an action

$$S = S_0 + \int d^4x\, \alpha_i\, O_i \tag{7.58}$$

where S_0 is the Lagrangian for the conformal field theory in question and the O_i are certain operators of dimension less than four, breaking conformal invariance softly. The α_i represent the mass parameters. Their mass dimension is $4 - \Delta_i$, where Δ_i is the dimension of the field O_i at the conformal point. Note that the breaking should be soft, in order for the idea of conformal invariance to be relevant for solving the hierarchy problem and the cosmological constant problem. With conformal invariance the vacuum energy can have only one value, zero, and sufficiently soft breaking should preserve this value. This requires that the operators O_i have dimension less than four.

Let M denote the mass scale determined by the parameters α_i. This is the scale at which the conformal invariance is broken. In other words, for energies $E \gg M$ the coupling will not run while they start running for $E < M$. We will assume that M is sufficiently near the TeV scale to solve the hierarchy problem using conformal invariance.

The details of the conformal symmetry breaking are important to study further because (1) the prediction of dimensionless ratios in the standard model, such as mass ratios and mixing angles, are predicted before conformal breaking by purely group theoretical reasoning, since there is no flexibility in the Yukawa and quartic Higgs couplings, but then depend on the specific pattern assumed for conformal symmetry breaking, and (2) the cosmological constant is vanishing before conformal symmetry breaking and may remain so if the symmetry breaking is sufficiently mild.

We would like to discuss how the $SU(3) \times SU(2) \times U(1)$ standard model can be embedded in the conformal theories under discussion. In other words, we consider some embedding

$$SU(3) \times SU(2) \times U(1) \subset \bigotimes_i SU(Nd_i) \tag{7.59}$$

in the set of conformal theories discussed in Section 7.3. Each gauge group of the standard model may lie in a single $SU(Nd_i)$ group or in some diagonal subgroup of a number of $SU(Nd_i)$ gauge groups in the conformal theory. The first fact to note, independent of the embeddings, is that the matter representations we will get in this way are severely restricted. This is because in the conformal theories we have only bifundamental fields (including adjoint fields), and thus any embedding of the standard model in the conformal theories under discussion will result in matter in bifundamentals (including adjoints), and no other representation. For example, we cannot have a matter field transforming according to representation of the form (**8**,**2**) of $SU(3) \times SU(2)$. That we can have only fundamental fields or bifundamental fields is a strong restriction on the matter content of the standard model, which in fact is satisfied, and we take it as a check (or evidence!) for the conformal approach to phenomenology. The rigidity of conformal theory in this regard can be compared to other approaches, where typically we can have various kinds of representations.

Another fact to note is that there are no $U(1)$ factors in the conformal theories [having charged $U(1)$ fields is in conflict with conformality], and in particular the existence of quantization of hypercharge is automatic in our setup, as the $U(1)$ has to be embedded in some product of SU groups. This is the conformal version of the analogous statement in the standard scenarios to unification, such as $SU(5)$ GUT.

This approach is examined in more detail in Chapter 8.

7.7
Summary

The standard model, although exceptionally successful in comparison with all high-energy data up to energies of 100 GeV, leaves several very fundamental questions unanswered. We have illustrated model building beyond the standard model by examples that are motivated by explanation of certain of these puzzling features.

The left–right model leads to the restoration of parity symmetry at high energy. It also leads to the gauging of the difference $(B - L)$ rather than the more obscure weak hypercharge. Tests of the left–right model include neutrino masses and the occurrence of various B and L violating processes.

In chiral color theory, the manner in which the color and electroweak interactions are treated so differently in the standard model is addressed. In this theory the color interaction, like the electromagnetic interaction, arises from spontaneous breaking of a large gauge group; this leads to the prediction of an octet of massive axigluons.

One of the most striking unexplained features of the standard model is surely the replication, three times, of the fermion families. In the 331 model, this arises from the cancellation of chiral anomalies between the families. One prediction of this model is the existence of bileptonic gauge bosons.

Finally, in the conformality approach, which is well motivated by the duality between string theory and gauge field theory, the standard model is assumed to simplify and become conformally invariant at multi-TeV energy. This leads to the prediction of new particles in that energy region, as will be discussed in Chapter 8.

Of course, these are only illustrative examples and the real world may be something not in the list above. Nevertheless, it is a valuable exercise to make attempts at such model building because the next generation of high-energy colliders will bring data that may or may not be surprising, depending on how many ideas for model building have already been explored.

References

1 S.L. Glashow, *Nucl. Phys.* 22, 579 (1961).
2 A. Salam, in *Elementary Particle Theory*, N. Svartholm, ed., Almqvist & Wiksell, Stockholm, 1968.
3 S. Weinberg, *Phys. Rev. Lett.* 19, 1264 (1967).
4 G. 't Hooft, *Nucl. Phys.* B35, 167 (1971).
5 *Proceedings of the 19th International Conferences on High Energy Physics*, Tokyo, 1978.
6 J.C. Pati and A. Salam, *Phys. Rev.* D10, 275 (1974).
7 R.N. Mohapatra and J.C. Pati, *Phys. Rev.* D11, 566 (1975).
8 R.N. Mohapatra and G. Senjanovic, *Phys. Rev.* D12, 1502 (1975).
9 P.H. Frampton and S.L. Glashow, *Phys. Lett.* B190, 157 (1987).
10 P.H. Frampton and S. L. Glashow, *Phys. Rev. Lett.* 58, 2168 (1987).
11 F. Cuypers and P.H. Frampton, *Phys. Rev. Lett.* 60, 1237 (1988).
12 F. Cuypers, A.F. Falk, and P.H. Frampton, *Phys. Lett.* B259, 173 (1991).
13 F. Abe et al. (CDF collaboration), *Phys. Rev. Lett.* 71, 2542 (1993).
14 F. Abe et al. (CDF collaboration), *Phys. Rev.* D55, 6263 (1997).
15 M.A. Doncheski and R.W. Robinett, *Phys. Rev.* D58, 097702 (1998).
16 P.H. Frampton and B.H. Lee, *Phys. Rev. Lett.* 64, 619 (1990).
17 E.D. Carlson and P.H. Frampton, *Phys. Lett.* 64, 619 (1992).
18 A. Jodidio et al., *Phys. Rev.* D34, 1967 (1986).
19 L. Willmann et al., *Phys. Rev. Lett.* 82, 49 (1999).
20 S. Mandelstam, *Nucl. Phys.* B213, 149 (1983).
21 P.H. Frampton, *Phys. Rev.* D60, 041901 (1999).
22 J. Maldacena, *Adv. Theor. Math. Phys.* 2, 231 (1998).
23 P.H. Frampton and W.F. Shively, *Phys. Lett.* B454, 49 (1999).
24 P.H. Frampton and C. Vafa, hep-th/9903226.
25 P.H. Frampton, *Phys. Rev.* D60, 085004 (1999).
26 P.H. Frampton, *Phys. Rev.* D60, 121901 (1999).
27 M. Douglas and G. Moore, hep-m/9603167.

8
Conformality

8.1
Introduction

By now we have seen that the standard model of particle phenomenology is a gauge field theory based on the gauge group $SU_C(3) \times SU_L(2) \times U_Y(1)$ and with three families of quarks and leptons. The electroweak symmetry $SU_L(2) \times U_Y(1)$ is spontaneously broken by a Higgs mechanism to the electromagnetic symmetry $U_{EM}(1)$, leaving one Higgs boson. This model has successfully explained all experimental data (with the exception of neutrino masses which can be accommodated by extension). At higher energy than yet explored, the proliferation of parameters (19 without neutrino mass, 28 with) strongly suggests new physics beyond the standard model.

In this chapter, we discuss such an extension based on four-dimensional conformal invariance at high energy and inspired initially by the duality between gauge theory and superstring theory.

Such conformality model building is a less explored but equally motivated alternative to other directions of model building such as extra dimensions or supersymmetry.

Particle phenomenology is in an especially exciting time, mainly because of the anticipated data in a new energy regime expected from the large hadron collider (LHC), to be commissioned at the CERN Laboratory in 2007. This new data is long overdue. The superconducting supercollider (SSC) would have provided such data long ago were it not for its political demise in 1993.

Except for the remarkable experimental data concerning neutrino masses and mixings which has been obtained since 1998, particle physics has been data starved for the last 30 years. The standard model invented in the 1960s and 1970s has been confirmed and reconfirmed. Consequently, theory has ventured into speculative areas such as string theory, extra dimensions, and supersymmetry. While these ideas are of great interest and theoretically consistent there is no *direct* evidence from experiment for them. Here we describe a more recent, post 1998, direction known as conformality. First, to set the stage, we shall discuss why the conformality

Gauge Field Theories. Paul H. Frampton
Copyright © 2008 WILEY-VCH Verlag GmbH & Co. KGaA, Weinheim
ISBN: 978-3-527-40835-1

approach which is, in our opinion, competitive with the other three approaches, remained unstudied for the past 20 years up to 1998.

A principal motivation underlying model building, beyond the standard model, over the last 30 years has been the *hierarchy problem*, which is a special case of *naturalness*. This idea stems from Wilson [1] in the late 1960s. The definition of naturalness is that a theory should not contain any unexplained very large (or very small in the inverse) dimensionless numbers. The adjustment needed to achieve such naturalness violating numbers is called *fine tuning*. The naturalness situation can be especially acute in gauge field theories because even after fine tuning at tree level, i.e., the classical Lagrangian, the fine tuning may need to be repeated an infinite number of times order-by-order in the loop expansion during the renormalization process. While such a theory can be internally consistent it violates naturalness. Thus naturalness is not only an aesthetic criterion but one which the vast majority of the community feel must be imposed on any acceptable extension of the standard model; ironically, one exception is Wilson himself [2].

When the standard model of Glashow [3] was rendered renormalizable by appending the Higgs mechanism [4, 5] it was soon realized that it fell into trouble with naturalness, specifically through the hierarchy problem. In particular, the scalar propagator has quadratically divergent radiative corrections which imply that a bare Higgs mass m_H^2 will be corrected by an amount Λ^2/m_H^2, where Λ is the cut off scale corresponding to new physics. Unlike logarithmic divergences, which can be absorbed in the usual renormalization process, the quadratic divergences create an unacceptable fine tuning: for example, if the cut off is at the conventional grand unification scale $\Lambda \sim 10^{16}$ GeV and $m_H \sim 100$ GeV, we are confronted with a preposterous degree of fine tuning to one part in 10^{28}.

As already noted, this hierarchy problem was stated most forcefully by Wilson who said, in private discussions, that scalar fields are forbidden in gauge field theories. Between the late 1960s and 1974, it was widely recognized that the scalar fields of the standard model created this serious hierarchy problem but no one knew what to do about it.

The next big progress to the hierarchy problem came in 1974 with the invention [6] of supersymmetry. This led to the minimally supersymmetric standard model (MSSM) which elegantly answered Wilson's objection since quadratic divergences are cancelled between bosons and fermions, with only logarithmic divergences surviving. Further it was proved [7, 8] that the MSSM and straightforward generalizations were the unique way to proceed. Not surprisingly, the MSSM immediately became overwhelmingly popular. It has been estimated [9] that there are 35,000 papers existing on supersymmetry, more than an average of 1000 papers per year since its inception. This approach continued to seem "unique" until 1998. Since the MSSM has over 100 free parameters, many possibilities needed to be investigated and exclusion plots constructed. During this period, two properties beyond naturalness rendered the MSSM even more appealing: an improvement in unification properties and a candidate for cosmological dark matter.

Before jumping to 1998, it is necessary to mention an unconnected development in 1983 which was the study of Yang–Mills theory with extended $\mathcal{N} = 4$

supersymmetry (the MSSM has $\mathcal{N} = 1$ supersymmetry). This remarkable theory, though phenomenologically quite unrealistic as it allows no chiral fermions and all matter fields are in adjoint representations, is finite [10–12] to all orders of perturbation theory and conformally invariant. Between 1983 and 1997, the relationship between the $\mathcal{N} = 4$ gauge theory and either string theory, also believed to be finite, or the standard model remained unclear.

The perspective changed in 1997–1998 initially through the insight of Maldacena [13], who showed a *duality* between $\mathcal{N} = 4$ gauge theory and the superstring in ten space–time dimensions. Further the $\mathcal{N} = 4$ supersymmetry can be broken by orbifolding down to $\mathcal{N} = 0$ models with no supersymmetry at all. It was conjectured [14] by one of the authors in 1998 that such nonsupersymmetric orbifolded models can be finite and conformally invariant, hence the name conformality.

Conformality models have been investigated far less completely than supersymmetric ones but it is already clear that supersymmetry is "not as unique" as previously believed. No-go theorems can have not only explicit assumptions which need to be violated to avoid the theorem but unconscious implicit assumptions which require further progress even to appreciate: in 1975 the implicit assumption was that the gauge group is simple, or if semisimple may be regarded as a product of theories each with a simple gauge group. Naturalness, by cancellation of quadratic divergences, accurate unification, and a dark matter candidate exist in conformality.

It becomes therefore a concern that the design of the LHC has been influenced by the requirement of testing the MSSM. The LHC merits an investment of theoretical work to check if the LHC is adequately designed to test conformality which now seems equally as likely as supersymmetry, although we fully expect the detectors ATLAS and CMS to be sufficiently all purpose to capture any physics beyond the standard model at the TeV scale.

8.2
Quiver Gauge Theories

Quiver gauge theories possess a gauge group which is generically a product of $U(N_i)$ factors with matter fields in bifundamental representations. They have been studied in the physics literature since the 1980s where they were used in composite model building. They have attracted much renewed attention because of their natural appearance in the duality between superstrings and gauge theories.

The best known such duality gives rise to a highly supersymmetric ($\mathcal{N} = 4$) gauge theory with a single $SU(N)$ gauge group with matter in adjoint representations. In this case one can drop with impunity the $U(1)$ of $U(N)$ because the matter fields are uncharged under it. In the quiver theories with less supersymmetry ($\mathcal{N} \leqslant 2$) it is usually necessary to keep such $U(1)$s.

Quiver gauge theories are tailor-made for particle physics model building. While an $SU(N)$ gauge theory is typically anomalous in for arbitrary choice of fermions, choosing the fermions to lie in a quiver insures anomaly cancellation. Furthermore, the fermions in a quiver arrange themselves in bifundamental representations of the product gauge group. This nicely coincides with the fact that all known fundamental fermions are in bifundamental, fundamental, or singlet representations of the gauge group. The study of quiver gauge theories goes back to the earliest days of gauge theories and the standard model. Other notable early examples are the Pati–Salam model and the trinification model. A vast literature exists on this subject, but we will concentrate on post AdS/CFT conjecture quiver gauge theory work.

Starting from $AdS_5 \times S^5$ we only have an $SU(N)$ $\mathcal{N} = 4$ supersymmetric gauge theory. In order to break SUSY and generate a quiver gauge theory there are several options open to us. Orbifolds [15–18], conifolds [19–23], and orientifolds [24–29] have all played a part in building quiver gauge theories. Since our focus is quiver gauge theories in general, but via orbifolding of $AdS_5 \times M^5$ in particular, we will not discuss the other options in detail but should point out that orbifolding from the eleven-dimensional M theory point of view has also an active area of research [30–35]. Furthermore, we are interested in orbifolds where the manifold M^5 is the five sphere S^5. There are other possible choices for M^5 of relevance to model building [36, 37] but we will not explore these here either. In building models from orbifolded $AdS_5 \times S^5$, it is often convenient to break the quiver gauge group to the trinification [38] group $SU(3)^3$ or to the Pati–Salam [39–41] group $SU(4) \times SU(2) \times SU(2)$, but there are again other possibilities, including more complicated intermediate groups like the quartification [42–47] symmetry $SU(3)^4$ that treats quarks and leptons on an equal footing.

It is important to note that although the duality with superstrings is a significant guide to such model building, and it is desirable to have a string dual to give more confidence in consistency, we shall focus on the gauge theory description in the approach to particle phenomenology, as there are perfectly good quiver gauge theories that have yet to be derived from string duality.

The simplest superstring-gauge duality arises from the compactification of a type-IIB superstring on the cleverly chosen manifold

$$AdS_5 \times S^5$$

which yields an $\mathcal{N} = 4$ supersymmetry which is an especially interesting gauge theory that has been studied and possesses remarkable properties of finiteness and conformal invariance for all values of N in its $SU(N)$ gauge group. By "conformality," we shall mean conformal invariance at high energy, also for finite N.

For phenomenological purposes, $\mathcal{N} = 4$ is too much supersymmetry. Fortunately, it is possible to break supersymmetries and hence approach more nearly the real world, with less or no supersymmetry in a conformality theory.

By factoring out a discrete (either Abelian or non-Abelian) group and composing an orbifold

$$S^5/\Gamma$$

one may break $\mathcal{N} = 4$ supersymmetry to $\mathcal{N} = 2, 1$, or 0. Of special interest is the $\mathcal{N} = 0$ case.

We may take an Abelian $\Gamma = Z_p$ (non-Abelian cases will also be considered in this review) which identifies p points in a complex three-dimensional space $\mathcal{C}_3$.

The rules for breaking the $\mathcal{N} = 4$ supersymmetry are:

- If Γ can be embedded in an SU(2) of the original SU(4) R-symmetry, then

$$\Gamma \subset SU(2) \quad \Rightarrow \quad \mathcal{N} = 2$$

- If Γ can be embedded in an SU(3) but not an SU(2) of the original SU(4) R-symmetry, then

$$\Gamma \subset SU(3) \quad \Rightarrow \quad \mathcal{N} = 1$$

- If Γ can be embedded in the SU(4) but not an SU(3) of the original SU(4) R-symmetry, then

$$\Gamma \subset SU(4) \quad \Rightarrow \quad \mathcal{N} = 0$$

In fact to specify the embedding of $\Gamma = Z_p$ we need to identify three integers (a_1, a_2, a_3):

$$\mathcal{C}_3 : (X_1, X_2, X_3) \xrightarrow{Z_p} (\alpha^{a_1} X_1, \alpha^{a_2} X_2, \alpha^{a_3} X_3)$$

with

$$\alpha = \exp\left(\frac{2\pi i}{p}\right)$$

The Z_p discrete group identifies p points in $\mathcal{C}_3$. The N converging D3-branes meet on all p copies, giving a gauge group: $U(N) \times U(N) \times \cdots \times U(N)$, p times. The matter (spin-1/2 and spin-0) which survives is invariant under a product of a gauge transformation and a Z_p transformation.

There is a convenient diagrammatic way to find the result from a "quiver." One draws p points and arrows for a_1, a_2, a_3.

An example for Z_5 and $a_i = (1, 3, 0)$ as shown in Fig. 8.1.

For a general case, the scalar representation contains the bifundamental scalars

$$\sum_{k=1}^{3} \sum_{i=1}^{p} (N_i, \overline{N}_{i \pm a_k})$$

Note that by definition a *bifundamental* representation transforms as a fundamental (N_i) under $U(N)_i$ and simultaneously as an antifundamental ($\overline{N}_{i \pm a_k}$) under $U(N)_{i \pm a_k}$.

8 Conformality

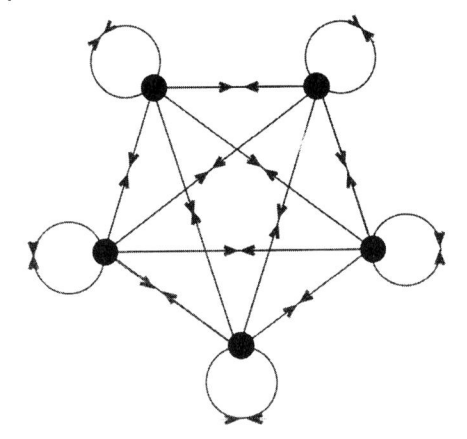

Figure 8.1 Fermion quiver diagram.

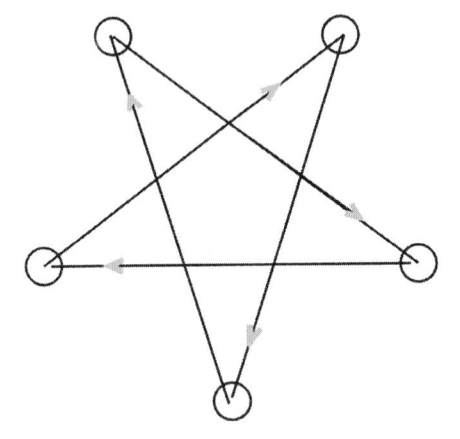

Figure 8.2 Scalar quiver diagram.

For fermions, one must first construct the **4** of R-parity $SU(4)$, isomorphic to the isometry $SO(6)$ of the S^5. From the $a_k = (a_1, a_2, a_3)$ one constructs the 4-spinor $A_\mu = (A_1, A_2, A_3, A_4)$:

$$A_1 = \frac{1}{2}(a_1 + a_2 + a_3)$$

$$A_2 = \frac{1}{2}(a_1 - a_2 - a_3)$$

$$A_3 = \frac{1}{2}(-a_1 + a_2 - a_3)$$

$$A_4 = \frac{1}{2}(-a_1 - a_2 + a_3)$$

These transform as $\exp(\frac{2\pi i}{p} A_\mu)$ and the invariants may again be derived (by a different diagram). An example of a fermion quiver with $p = 5$ is shown above in Fig. 8.2.

Note that these lines are oriented, as is necessary to accommodate chiral fermions. Specifying the four A_μ is equivalent (there is a constraint that the four add to zero, mod p) to fixing the three a_k and group theoretically is more fundamental.

In general, the fermion representation contains the bifundamentals

$$\sum_{\mu=1}^{4}\sum_{i=1}^{p}(N_i, \overline{N}_{i+A_\mu})$$

When one of the A_μs is zero, it signifies a degenerate case of a bifundamental comprised of adjoint and singlet representations of one U(N).

To summarize the orbifold construction, first we select a discrete subgroup Γ of the SO(6) $\sim$ SU(4) isometry of S^5 with which to form the orbifold AdS$_5 \times S^5/\Gamma$. As discussed above, the replacement of S^5 by S^5/Γ reduces the supersymmetry to $\mathcal{N} = 0$, 1, or 2 from the initial $\mathcal{N} = 4$, depending on how Γ is embedded in the isometry of S^5. The cases of interest here are $\mathcal{N} = 0$ and $\mathcal{N} = 1$ SUSY, where Γ embeds irreducibly in the SU(4) isometry or in an SU(3) subgroup of the SU(4) isometry, respectively. It means to achieve $\mathcal{N} = 0$ we embed rep(Γ) $\to$ **4** of SU(4) as **4** = (**r**), where **r** is a nontrivial four-dimensional representation of Γ; for $\mathcal{N} = 1$ we embed rep(Γ) $\to$ **4** of SU(4) as **4** = (**1, r**), where **1** is the trivial irreducible representation (irrep) of Γ and **r** is a nontrivial three-dimensional representation of Γ.

8.3
Conformality Phenomenology

In attempting to go beyond the standard model, one outstanding issue is the hierarchy between GUT scale and weak scale which is 14 orders of magnitude. Why do these two very different scales exist? Also, how is this hierarchy of scales stabilized under quantum corrections? Supersymmetry answers the second question but not the first.

The idea is to approach hierarchy problem by conformality at a TeV scale. We will show how this is possible including explicit examples containing standard model states.

In some sense conformality provides more rigid constraints than supersymmetry. It can predict additional states at TeV scale, while there can be far fewer initial parameters in conformality models than in SUSY models. Conformality also provides a new approach to gauge coupling unification. It confronts naturalness and provides cancellation of quadratic divergences. The requirements of anomaly cancellations can lead to conformality of U(1) couplings.

There is a viable dark matter candidate, and proton decay can be consistent with experiment.

What is the physical intuition and picture underlying conformality? Consider going to an energy scale higher than the weak scale, for example at the TeV scale.

Quark and lepton masses, QCD and weak scales small compared to TeV scale. They may be approximated by zero. The theory is then classically conformally invariant though not at the quantum level because the standard model has nonvanishing renormalization group beta functions and anomalous dimensions. So this suggests that we add degrees of freedom to yield a gauge field theory with conformal invariance. There will be 't Hooft's naturalness since the zero mass limit increases symmetry to conformal symmetry.

We have no full understanding of how four-dimensional conformal symmetry can be broken spontaneously so breaking softly by relevant operators is a first step. The theory is assumed to be given by the action

$$S = S_0 + \int d^4 x \alpha_i O_i \qquad (8.1)$$

where S_0 is the action for the conformal theory and the O_i are operators with dimension below four (i.e., relevant) which break conformal invariance softly.

The mass parameters α_i have mass dimension $4 - \Delta_i$, where Δ_i is the dimension of O_i at the conformal point.

Let M be the scale set by the parameters α_i and hence the scale at which conformal invariance is broken. Then for $E \gg M$ the couplings will not run while they start running for $E < M$. To solve the hierarchy problem we assume M is near the TeV scale.

Consider embedding the standard model gauge group according to

$$\text{SU}(3) \times \text{SU}(2) \times \text{U}(1) \subset \bigotimes_i \text{U}(Nd_i)$$

Each gauge group of the SM can lie entirely in a $\text{SU}(Nd_i)$ or in a diagonal subgroup of a number thereof.

Only bifundamentals (including adjoints) are possible. This implies no $(8, 2)$, $(3, 3)$, etc. A conformality restriction which is new and satisfied in Nature! The fact that the standard model has matter fields all of which can be accommodated as bifundamentals is experimental evidence for conformality.

No U(1) factor can be conformal in perturbation theory and so hypercharge is quantized through its incorporation in a non-Abelian gauge group. This is the "conformality" equivalent to the GUT charge quantization condition in, e.g., SU(5). It can explain the neutrality of the hydrogen atom. While these are postdictions, the predictions of the theory are new particles, perhaps at a low mass scale, filling out bifundamental representations of the gauge group that restore conformal invariance. The next section will begin our study of known quiver gauge theories from orbifolded $\text{AdS}^5 \times S^5$.

Table 8.1 All Abelian quiver theories with $\mathcal{N} = 0$ from Z_2 to Z_7

	p	A_m	a_i	scal bfds	scal adjs	chir frms	SM
1	2	(1111)	(000)	0	6	No	No
2	3	(1122)	(001)	2	4	No	No
3	4	(2222)	(000)	0	6	No	No
4	4	(1133)	(002)	2	4	No	No
5	4	(1223)	(011)	4	2	No	No
6	4	(1111)	(222)	6	0	Yes	No
7	5	(1144)	(002)	2	4	No	No
8	5	(2233)	(001)	2	4	No	No
9	5	(1234)	(012)	4	2	No	No
10	5	(1112)	(222)	6	0	Yes	No
11	5	(2224)	(111)	6	0	Yes	No
12	6	(3333)	(000)	0	6	No	No
13	6	(2244)	(002)	2	4	No	No
14	6	(1155)	(002)	2	4	No	No
15	6	(1245)	(013)	4	2	No	No
16	6	(2334)	(011)	4	2	No	No
17	6	(1113)	(222)	6	0	Yes	No
18	6	(2235)	(112)	6	0	Yes	No
19	6	(1122)	(233)	6	0	Yes	No
20	7	(1166)	(002)	2	4	No	No
21	7	(3344)	(001)	2	4	No	No
22	7	(1256)	(013)	4	2	No	No
23	7	(1346)	(023)	4	2	No	No
24	7	(1355)	(113)	6	0	No	No
25	7	(1114)	(222)	6	0	Yes	No
26	7	(1222)	(333)	6	0	Yes	No
27	7	(2444)	(111)	6	0	Yes	No
28	7	(1123)	(223)	6	0	Yes	Yes
29	7	(1355)	(113)	6	0	Yes	Yes
30	7	(1445)	(113)	6	0	Yes	Yes

8.4
Tabulation of the Simplest Abelian Quivers

We consider the compactification of the type-IIB superstring on the orbifold $AdS_5 \times S^5/\Gamma$, where Γ is an Abelian group $\Gamma = Z_p$ of the order p with elements $\exp(2\pi i A/p)$, $0 \leqslant A \leqslant (p-1)$. Results for $p \leqslant 7$ are in Table 8.1.

The resultant quiver gauge theory has $\mathcal{N}$ residual supersymmetries with $\mathcal{N} = 2, 1, 0$ depending on the details of the embedding of Γ in the SU(4) group which is the isotropy of the S^5. This embedding is specified by the four integers A_m, $1 \leq m \leq 4$ with

$$\sum_m A_m = 0 \bmod p$$

which characterize the transformation of the components of the defining representation of SU(4). We are here interested in the nonsupersymmetric case $\mathcal{N} = 0$ which occurs if and only if all four A_m are nonvanishing.

8.5
Chiral Fermions

The gauge group is $U(N)^p$. The fermions are all in the bifundamental representations

$$\sum_{m=1}^{m=4} \sum_{j=1}^{j=p} (N_j, \overline{N}_{j+A_m}) \tag{8.2}$$

which are manifestly nonsupersymmetric because no fermions are in adjoint representations of the gauge group. Scalars appear in representations

$$\sum_{i=1}^{i=3} \sum_{j=1}^{i=p} (N_j, \overline{N}_{j \pm a_i}) \tag{8.3}$$

in which the six integers $(a_i, -a_i)$ characterize the transformation of the antisymmetric second-rank tensor representation of SU(4). The a_i are given by $a_1 = (A_2 + A_3)$, $a_2 = (A_3 + A_1)$, and $a_3 = (A_1 + A_2)$.

It is possible for one or more of the a_i to vanish in which case the corresponding scalar representation in the summation in Eq. (8.3) is to be interpreted as an adjoint representation of one particular $U(N)_j$. One may therefore have zero, two, four, or all six of the scalar representations, in Eq. (8.3), in such adjoints. One purpose of the present article is to investigate how the renormalization properties and occurrence of quadratic divergences depend on the distribution of scalars into bifundamental and adjoint representations.

Note that there is one model with all scalars in adjoints for each even value of p. For general even p the embedding is $A_m = (\frac{p}{2}, \frac{p}{2}, \frac{p}{2}, \frac{p}{2})$. This series by itself forms the complete list of $\mathcal{N} = 0$ Abelian quivers with all scalars in adjoints.

To be of more phenomenological interest the model should contain chiral fermions. This requires that the embedding be complex: $A_m \neq -A_m \pmod{p}$. It will now be shown that for the presence of chiral fermions all scalars must be in bifundamentals.

The proof of this assertion follows by assuming the contrary that there is at least one adjoint arising from, say, $a_1 = 0$. Therefore $A_3 = -A_2$ (mod p). But then it follows from Eq. (8.2) that $A_1 = -A_4$ (mod p). The fundamental representation of SU(4) is thus real and fermions are nonchiral.[1]

The converse also holds: If all $a_i \neq 0$ then there are chiral fermions. This follows since by assumption $A_1 \neq -A_2$, $A_1 \neq -A_3$, $A_1 \neq -A_4$. Therefore reality of the fundamental representation would require $A_1 \equiv -A_1$ hence, since $A_1 \neq 0$, p is even and $A_1 \equiv \frac{p}{2}$; but then the other A_m cannot combine to give only vector-like fermions.

It follows that

In an $\mathcal{N} = 0$ quiver gauge theory, chiral fermions are possible if and only if all scalars are in bifundamental representations.

We can prove a Mathematical Theorem:

A pseudoreal 4 of SU(4) cannot yield chiral fermions.

In [48] it was proved that if the embedding in SU(4) is such that the **4** is real: $\mathbf{4} = \mathbf{4}^*$, then the resultant fermions are always nonchiral. It was implied there that the converse holds, that if **4** is complex, $\mathbf{4} = \mathbf{4}^*$, then the resulting fermions are necessarily chiral. Actually for $\Gamma \subset$ SU(2) one encounters the intermediate possibility that the **4** is *pseudoreal*. In the present section we shall show that if **4** is pseudoreal then the resultant fermions are necessarily nonchiral. The converse now holds: if the **4** is neither real nor pseudoreal then the resultant fermions are chiral.

For $\Gamma \subset$ SU(2) it is important that the embedding be contained within the chain $\Gamma \subset$ SU(2) $\subset$ SU(4) otherwise the embedding is not a consistent one. One way to see the inconsistency is to check the reality of the $\mathbf{6} = (\mathbf{4} \otimes \mathbf{4})_{\text{antisymmetric}}$. If $\mathbf{6} \neq \mathbf{6}^*$ then the embedding is clearly improper. To avoid this inconsistency it is sufficient to include in the **4** of SU(4) only complete irreducible representations of SU(2).

An explicit example will best illustrate this propriety constraint on embeddings. Let us consider $\Gamma = Q_6$, the dicyclic group of order $g = 12$. This group has six inequivalent irreducible representations: 1, 1', 1'', 1''', 2_1, 2_2. The 1, 1', 2_1 are real. The 1'' and 1''' are a complex conjugate pair. The 2_2 is pseudoreal. To embed $\Gamma = Q_6 \subset$ SU(4) we must choose from the special combinations which are complete irreducible representations of SU(2) namely 1, $\mathbf{2} = 2_2$, $\mathbf{3} = 1' + 2_1$ and $\mathbf{4} = 1'' + 1''' + 2_2$. In this way the embedding either makes the **4** of SU(4) real, e.g., $\mathbf{4} = 1 + 1' + 2_1$ and the theorem of [48] applies, and nonchirality results, or the **4** is pseudoreal, e.g., $\mathbf{4} = 2_2 + 2_2$. In this case one can check that the embedding is consistent because $(\mathbf{4} \otimes \mathbf{4})_{\text{antisymmetric}}$ is real. But it is equally easy to check that the product of this pseudoreal **4** with the complete set of irreducible representations of Q_6 is again real and that the resultant fermions are nonchiral.

---

[1] This is almost obvious but for a complete justification, see [48].

The lesson is:

> To obtain chiral fermions from compactification on $AdS_5 \times S_5/\Gamma$, the embedding of Γ in $SU(4)$ must be such that the 4 of $SU(4)$ is neither real nor pseudoreal.

8.6
Model Building

The next step is to examine how the framework of quiver gauge theories can accommodate, as a sub theory, the standard model. This requires that the standard model gauge group and the three families of quarks and leptons with their correct quantum numbers be accommodated.

In such model building a stringent requirement is that the scalar sector, prescribed by the quiver construction, can by acquiring vacuum expection, values break the symmetry spontaneously to the desired sub theory. This is unlike most other model building where one *chooses* the representations for the scalars to accomplish this goal. Here the representations for the scalars are dictated by the orbifold construction.

One useful guideline in the symmetry breaking is that to break a semisimple $SU(N)^n$ gauge group to its $SU(N)$ diagonal subgroup requires at least $(n-1)$ bifundamental scalars, connected to one another such that each of the n $SU(N)$ factors is linked to all of the others: it is insufficient if the bifundamental scalars fragment into disconnected subsets.

We shall describe Abelian orbifolds [14, 49–52]. As will become clear Abelian orbifolds lead to accommodation of the standard model in unified groups $SU(3)^n$ while non-Abelian orbifolds can lead naturally [53–56] to incorporation of the standard model in gauge groups such as $SU(4) \times SU(2) \times SU(2)$ and generalizations.

We will now classify compactifications of the type-IIB superstring on $AdS_5 \times S^5/\Gamma$, where Γ is an Abelian group of order $n \leq 7$. Appropriate embedding of Γ in the isometry of S^5 yields non-SUSY chiral models that can contain the standard model.

The first three-family $AdS_5 \times S^5/\Gamma$ model of this type had $\mathcal{N} = 1$ SUSY and was based on a $\Gamma = Z_3$ orbifold [57], see also [58]. However, since then some of the most studied examples have been models without supersymmetry based on both Abelian [14, 49–52] and non-Abelian [53–56] orbifolds of $AdS_5 \times S^5$. Recently, non-SUSY three family Z_{12} orbifold models [59–61] have been shown to unify at a low scale ($\sim$4 TeV) and to have the promise of testability. One motivation for studying the non-SUSY case is that the need for supersymmetry is less clear as: (1) the hierarchy problem is absent or ameliorated, (2) the difficulties involved in breaking the remaining $\mathcal{N} = 1$ SUSY can be avoided if the orbifolding already results in completely broken SUSY, and (3) many of the effects of SUSY are still present in the theory, just hidden. For example, the Bose–Fermi state count matches, RG equations preserve vanishing β functions to some number of loops, etc. Here we concentrate on Abelian orbifolds with and without supersymmetry, where the orbifolding group Γ has the order $n = o(\Gamma) \leqslant 12$. We systematically study those cases with chiral matter. We find all chiral models for $n \leqslant 7$. Several of these contain the standard model (SM) with three families.

For $\mathcal{N} = 0$ the fermions are given by $\sum_i 4 \otimes R_i$ and the scalars by $\sum_i 6 \otimes R_i$, where the set $\{R_i\}$ runs over all the irreps of Γ. For Γ Abelian, the irreps are all one-dimensional and as a consequence of the choice of N in the $1/N$ expansion, the gauge group [62] is $SU(N)^n$. Chiral models require the 4 to be complex ($4 \neq 4^*$) while a proper embedding requires $6 = 6^*$, where $6 = (4 \otimes 4)_{\text{antisymmetric}}$. (Mathematical consistency requires $6 = 6^*$, see [48].)

We choose $N = 3$ throughout. This means that most of our models will proceed to the SM through trinification. It is also possible to start with larger N, say $N = 4$ and proceed to the SM or MSSM via Pati–Salam models. The analysis is similar, so the $N = 3$ case is sufficient to gain an understanding of the techniques needed for model building, what choice of N leads to the optimal model is still an open question.

If $SU_L(2)$ and $U_Y(1)$ are embedded in diagonal subgroups $SU^p(3)$ and $SU^q(3)$, respectively, of the initial $SU^n(3)$, the ratio $\frac{\alpha_2}{\alpha_Y}$ is $\frac{p}{q}$, leading to a calculable initial value of θ_W with, $\sin^2 \theta_W = \frac{3}{3+5(\frac{p}{q})}$. The more standard approach is to break the initial $SU^n(3)$ to $SU_C(3) \otimes SU_L(3) \otimes SU_R(3)$, where $SU_L(3)$ and $SU_R(3)$ are embedded in diagonal subgroups $SU^p(3)$ and $SU^q(3)$ of the initial $SU^n(3)$. We then embed all of $SU_L(2)$ in $SU_L(3)$ but $\frac{1}{3}$ of $U_Y(1)$ in $SU_L(3)$ and the other $\frac{2}{3}$ in $SU_R(3)$. This modifies the $\sin^2 \theta_W$ formula to: $\sin^2 \theta_W = \frac{3}{3+5(\frac{\alpha_2}{\alpha_Y})} = \frac{3}{3+5(\frac{3p}{p+2q})}$, which coincides with the previous result when $p = q$. One should use the second (standard) embedding when calculating $\sin^2 \theta_W$ for any of the models obtained below. Note, if $\Gamma = Z_n$ the initial $\mathcal{N} = 0$ orbifold model (before any symmetry breaking) is completely fixed (recall we always are taking $N = 3$) by the choice of n and the embedding $4 = (\alpha^i, \alpha^j, \alpha^k, \alpha^l)$, so we define these models by M^n_{ijkl}. The conjugate models $M^n_{n-i,n-j,n-k,n-l}$ contain the same information, so we need not study them separately.

To get a feel for the constructions, we begin this section by studying the first few $\mathcal{N} = 0$ chiral Z_n models. First, when $\mathcal{N} = 0$, the only allowed $\Gamma = Z_2$ orbifold where $4 = (\alpha, \alpha, \alpha, \alpha)$ and Z_3 orbifold where $4 = (\alpha, \alpha, \alpha^2, \alpha^2)$ have only real representations and therefore will not yield chiral models. Next, for $\Gamma = Z_4$ the choice $4 = (\alpha, \alpha, \alpha, \alpha)$ with $N = 3$ where $\alpha = e^{\frac{\pi i}{2}}$ (in what follows we will write $\alpha = e^{\frac{2\pi i}{n}}$ for the roots of unity that generate Z_n), yields an $SU(3)^4$ chiral model. In the scalar content of this model a VEV for say a $(3, 1, \bar{3}, 1)$ breaks the symmetry to $SU_D(3) \times SU_2(3) \times SU_4(3)$ but renders the model vector-like, and hence uninteresting, so we consider it no further. (We consider only VEVs that cause symmetry breaking of the type $SU(N) \times SU(N) \to SU_D(N)$. Other symmetry breaking patterns are possible, but for the sake of simplicity they will not be studied here. It is clear from this and previous remarks that there are many phenomenological avenues involving quiver gauge theories yet to be explored.) The only other choice of embedding is a nonpartition model with $\Gamma = Z_4$ is $4 = (\alpha, \alpha, \alpha, \alpha^3)$ but it leads to the same scalars with half the chiral fermions so we move on to Z_5.

There is one chiral model for $\Gamma = Z_5$ and it is fixed by choosing $4 = (\alpha, \alpha, \alpha, \alpha^2)$, leading to $6 = (\alpha^2, \alpha^2, \alpha^2, \alpha^3, \alpha^3, \alpha^3)$ with real scalars. It is straightforward to write down the particle content of this M_{1112}^5 model. The best one can do toward the construction of the standard model is to give a VEV to a $(3, 1, \bar{3}, 1, 1)$ to break the $SU^5(3)$ symmetry to $SU_D(3) \times SU_2(3) \times SU_4(3) \times SU_5(3)$. Now a VEV for $(1, 3, \bar{3}, 1)$ completes the breaking to $SU^3(3)$, but the only remaining chiral fermions are $2[(3, \bar{3}, 1) + (1, 3, \bar{3}) + (\bar{3}, 1, 3)]$ which contains only two families.

Moving on to $\Gamma = Z_6$ we find two models where, as with the previous Z_5 model, the 4 is arranged so that $4 = (\alpha^i, \alpha^j, \alpha^k, \alpha^l)$ with $i + j + k + l = n$. These have $4 = (\alpha, \alpha, \alpha, \alpha^3)$ and $4 = (\alpha, \alpha, \alpha^2, \alpha^2)$ and were defined as partition models in [58] when i was equal to zero. Here we generalize and call all models satisfying $i + j + k + l = n$ partition models.

A new class of models appears; these are the double partition models. They have $i + j + k + l = 2n$ and none are equivalent to single partition models (if we require that i, j, k, and l are all positive integers) with $i + j + k + l = n$. The $\mathcal{N} = 1$ nonpartition models have been classified [56], and we find 11 $\mathcal{N} = 0$ examples in Table 4. While they have a self-conjugate 6, this is only a necessary condition that may be insufficient to insure the construction of viable string theory based models [61]. However, the $\mathcal{N} = 0$ nonpartition models may still be interesting phenomenologically and as a testing ground for models with the potential of broken conformal invariance.

Now let us return to $\Gamma = Z_6$ where the partition models of interest are: (1) $4 = (\alpha, \alpha, \alpha^2, \alpha^2)$ where one easily sees that VEVs for $(3, 1, \bar{3}, 1, 1, 1)$ and then $(1, 3, \bar{3}, 1, 1)$ lead to at most two families, while other SSB routes lead to equal or less chirality; and (2) $4 = (\alpha, \alpha, \alpha, \alpha^3)$ where VEVs for $(3, 1, \bar{3}, 1, 1, 1)$ followed by a VEV for $(1, 3, \bar{3}, 1, 1)$ leads to an $SU(3)^4$ model containing fermions $2[(3, \bar{3}, 1, 1) + (1, 3, \bar{3}, 1) + (1, 1, 3, \bar{3}) + (\bar{3}, 1, 1, 3)]$. However, there are insufficient scalars to complete the symmetry breaking to the standard model. In fact, one cannot even achieve the trinification spectrum.

We move on to Z_7, where there are three partition models: (1) for $4 = (\alpha, \alpha^2, \alpha^2, \alpha^2)$, we find no SSB pathway to the SM. There are paths to an SM with less than three families, e.g., VEVs for $(3, 1, 1, \bar{3}, 1, 1, 1)$, $(1, 3, 1, \bar{3}, 1, 1)$, $(3, \bar{3}, 1, 1, 1)$, and $(1, 3, \bar{3}, 1)$ lead to one family at the $SU^3(3)$ level; (2) for $4 = (\alpha, \alpha, \alpha, \alpha^4)$, again we find only paths to family-deficient standard models. An example is where we have VEVs for $(3, 1, \bar{3}, 1, 1, 1, 1)$, $(1, 3, \bar{3}, 1, 1, 1)$, $(3, 1, \bar{3}, 1, 1)$, and $(1, 3, \bar{3}, 1)$, which lead to a two-family $SU^3(3)$ model; (3) finally, $4 = (\alpha, \alpha, \alpha^2, \alpha^3)$ is the model discovered in [51], where VEVs to $(1, 3, 1, \bar{3}, 1, 1, 1)$, $(1, 1, 3, \bar{3}, 1, 1)$, $(1, 1, 3, \bar{3}, 1)$ and $(1, 1, 3, \bar{3})$ lead to a three-family model with the correct Weinberg angle at the Z-pole, $\sin^2 \theta_W = 3/13$.

8.7
Summary

It has been established that conformality can provide (i) naturalness without one-loop quadratic divergence for the scalar mass [66] and anomaly cancellation [67]; (ii) precise unification of the coupling constants [59, 60], and (iii) a viable dark matter candidate [65]. It remains for experiment to check that quiver gauge theories with gauge group $U(3)^3$ or $U(3)^n$ with $n \geqslant 4$ are actually employed by Nature.

For completeness, we should note that possible problems with $\mathcal{N} = 0$ orbifolds have been pointed out both in one-loop calculations in field theory [63] and from studies of tachyonic instability in the ancestral string theory [64].

One technical point worth to be mention is that while the U(1) anomalies are cancelled in string theory, in the gauge theory there is a different description [67] of such cancellation which has the advantage of suggesting how U(1) gauge couplings may be conformally invariant at high energies. This is important because in string theory, except for special linear combinations, all such U(1) factors acquire mass by the Stückelberg mechanism while in the gauge field theory the cancellation of quadratic divergences and solution of the hierarchy problem for $\mathcal{N} = 0$ require they be instead at the teravolt scale.

We have described how phenomenology of conformality has striking resonances with the standard model, as we have described optimistically as experimental evidence in its favor. It has been shown elsewhere [59] how 4 TeV unification predicts three families and new particles around 4 TeV accessible to experiment (LHC).

It is encouraging that the scalar propagator in these theories has no quadratic divergence if and only if there are chiral fermions. Anomaly cancellation in the effective Lagrangian has been tied to the conformality of U(1) gauge couplings.

A dark matter candidate (LCP = lightest conformality particle) [65] may be produced at the large hadron collider (LHC), then directly detected from the cosmos. Study of proton decay [68] leads to the conclusion that quark and lepton masses arise not from the Yukawa couplings of the standard model but from operators induced in breaking of the four-dimensional conformal invariance. This implies that the Higgs couplings differ from those usually assumed in the unadorned standard model. This is yet another prediction from conformality to be tested when the Higgs scalar couplings and decay products are examined at the LHC in the near future.

References

1 K.G. Wilson, *Phys. Rev.* D3, 1818 (1971).
2 K.G. Wilson, *Nucl. Phys. Proc. Suppl.* 140, 3 (2005). hep-lat/0412043.
3 S.L. Glashow, *Nucl. Phys.* 22, 579 (1961).
4 S. Weinberg, *Phys. Rev. Lett.* 19, 1264 (1967).
5 A. Salam, in Svartholm: Elementary Particle Theory, *Proceedings of the Nobel Symposium held 1968 at Lerum*, Sweden, Stockholm, 1968, pp. 367–377.
6 J. Wess and B. Zumino, *Nucl. Phys.* B70, 39 (1974).

7 R. Haag, J.T. Lopuszansi and M. Sohnius, Nucl. Phys. B88, 257 (1975).
8 S. Coleman and J.E. Mandula, Phys. Rev. 159, 1251 (1967).
9 P. Woit, *Not Even Wrong*, Basic Books, New York, 2006.
10 S. Mandelstam, Nucl. Phys. B213, 149 (1983).
11 P. Howe and K. Stelle, Phys. Lett. B137, 135 (1984).
12 L. Brink, Talk at Johns Hopkins Workshop on Current Problems in High Energy Particle Theory, Bad Honnef, Germany, 1983.
13 J.M. Maldacena, Adv. Theor. Math. Phys. 2, 231 (1998). hep-th/9711200.
14 P.H. Frampton, Phys. Rev. D60, 041901 (1999). hep-th/9812117.
15 Z. Kakushadze, Phys. Lett. B491, 317 (2000). hep-th/0008041.
16 L.J. Dixon, J.A. Harvey, C. Vafa and E. Witten, Nucl. Phys. B274, 285 (1986).
17 L.J. Dixon, J.A. Harvey, C. Vafa and E. Witten, Nucl. Phys. B261, 678 (1985).
18 Z. Kakushadze and S.H.H. Tye, Phys. Lett. B392, 335 (1997). hep-th/9609027.
19 A.M. Uranga, JHEP 9901, 022 (1999). hep-th/9811004.
20 K. Oh and R. Tatar, JHEP 9910, 031 (1999). hep-th/9906012.
21 I.R. Klebanov and M.J. Strassler, JHEP 0008, 052 (2000). hep-th/0007191.
22 A. Hebecker and M. Ratz, Nucl. Phys. B670, 3 (2003). hep-ph/0306049.
23 S. Benvenuti and A. Hanany, JHEP 0508, 024 (2005). hep-th/0502043.
24 Z. Kakushadze, Nucl. Phys. B544, 265 (1999). hep-th/9808048.
25 Z. Kakushadze, Phys. Rev. D59, 045007 (1999). hep-th/9806091.
26 A. Fayyazuddin and M. Spalinski, Nucl. Phys. B535, 219 (1998). hep-th/9805096.
27 Z. Kakushadze, Phys. Rev. D58, 106003 (1998). hep-th/9804184.
28 Z. Kakushadze, Nucl. Phys. B529, 157 (1998). hep-th/9803214.
29 Z. Kakushadze, JHEP 0110, 031 (2001). hep-th/0109054.
30 Z. Lalak, A. Lukas and B.A. Ovrut, Phys. Lett. B425, 59 (1998). hep-th/9709214.
31 M. Faux, D. Lust and B.A. Ovrut, Nucl. Phys. B554, 437 (1999). hep-th/9903028.
32 M. Faux, D. Lust and B.A. Ovrut, Nucl. Phys. B589, 269 (2000). hep-th/0005251.
33 M. Faux, D. Lust and B.A. Ovrut, Int. J. Mod. Phys. A18, 3273 (2003). hep-th/0010087.
34 M. Faux, D. Lust and B.A. Ovrut, Int. J. Mod. Phys. A18, 2995 (2003). hep-th/0011031.
35 C.F. Doran, M. Faux and B.A. Ovrut, Adv. Theor. Math. Phys. 6, 329 (2003). hep-th/0108078.
36 G. Aldazabal, L.E. Ibanez, F. Quevedo, and A.M. Uranga, JHEP 0008, 002 (2000). hep-th/0005067.
37 Y.H. He, hep-th/0408142.
38 S.L. Glashow, in *Proceedings of the Fifth Workshop on Grand Unification*, K. Kang, H. Fried, and P.H. Frampton, eds., World Scientific, Singapore, 1984, pp. 88–94.
39 J.C. Pati and A. Salam, Phys. Rev. D10, 275 (1974).
40 T. Blazek, S.F. King and J.K. Parry, JHEP 0305, 016 (2003). hep-ph/0303192.
41 J.B. Dent and T.W. Kephart, arXiv:0705.1995 [hep-ph].
42 K.S. Babu, E. Ma and S. Willenbrock, Phys. Rev. D69, 051301 (2004). hep-ph/0307380.
43 S.L. Chen and E. Ma, Mod. Phys. Lett. A19, 1267 (2004). hep-ph/0403105.
44 A. Demaria, C.I. Low, and R.R. Volkas, Phys. Rev. D72, 075007 (2005) [Erratum ibid. D73, 079902 (2006)]. hep-ph/0508160.
45 A. Demaria, C.I. Low, and R.R. Volkas, Phys. Rev. D74, 033005 (2006). hep-ph/0603152.
46 A. Demaria and K.L. McDonald, Phys. Rev. D75, 056006 (2007). hep-ph/0610346.
47 K.S. Babu, T.W. Kephart, and H. Paes, arXiv:0709.0765 [hep-ph].
48 P.H. Frampton and T.W. Kephart, Int. J. Mod. Phys. A19, 593 (2004). hep-th/0306207.
49 P.H. Frampton and W.F. Shively, Phys. Lett. B454, 49 (1999). hep-th/9902168.
50 P.H. Frampton and C. Vafa, hep-th/9903226.
51 P.H. Frampton, Phys. Rev. D60, 085004 (1999). hep-th/9905042.
52 P.H. Frampton, Phys. Rev. D60, 121901 (1999). hep-th/9907051.
53 P.H. Frampton and T.W. Kephart, Phys. Lett. B485, 403 (2000). hep-th/9912028.
54 P.H. Frampton, J. Math. Phys. 42, 2915 (2001). hep-th/0011165.

55. P.H. Frampton and T.W. Kephart, *Phys. Rev.* D64, 086007 (2001). hep-th/0011186.
56. P.H. Frampton, R.N. Mohapatra and S. Suh, *Phys. Lett.* B520, 331 (2001). hep-ph/0104211.
57. S. Kachru and E. Silverstein, *Phys. Rev. Lett.* 80, 4855 (1998). hep-th/9802183.
58. T.W. Kephart and H. Paes, *Phys. Lett.* B522, 315 (2001). hep-ph/0109111.
59. P.H. Frampton, *Mod. Phys. Lett.* A18, 1377 (2003). hep-ph/0208044.
60. P.H. Frampton, R.M. Rohm and T. Takahashi, *Phys. Lett.* B570, 67 (2003). hep-ph/0302074.
61. P.H. Frampton and T.W. Kephart, *Phys. Lett.* B585, 24 (2004). hep-th/0306053.
62. A. Lawrence, N. Nekrasov and C. Vafa, *Nucl. Phys.* B533, 199 (1998). hep-th/9803015.
63. A. Adams and E. Silverstein, *Phys. Rev.* D64, 086001 (2001). hep-th/0103220.
64. A. Adams, J. Polchinski and E. Silverstein, *JHEP* 0110, 029 (2001). hep-th/0108075.
65. P.H. Frampton, *Mod. Phys. Lett.* A22, 921 (2007). astro-ph/0607391.
66. X. Calmet, P.H. Frampton and R.M. Rohm, *Phys. Rev.* D72, 055033 (2005). hep-th/0412176.
67. E. Di Napoli and P.H. Frampton, *Phys. Lett.* B638, 374 (2006). hep-th/0412176.
68. P.H. Frampton, *Mod. Phys. Lett.* A22, 347 (2007). hep-ph/0610116.

Index

a

Abelian orbifold, 321, 324
Abelian quivers, 321
Action, gauge invariant
    and background field, 241
Adler–Bardeen theorem, 126
Annihilation cross-section
    electron–positron, 252
Anomalous dimension, 231
    gamma γ_F (diagram), 235
    for nonsinglet moments, 235
Anomalous dimension functions
    (beta and gamma) and scaling
        violations, 229
Anomalous moment
    theoretical and experimental values, 121
Anomaly
    Adler–Bardeen theorem, 126
    triangle, 126
    triangle, square and pentagon diagrams, 126
Anomaly free condition
    for quantum flavor dynamics, 136
Anticommutation relations in closed loop
    Feynman rules for Yang–Mills theory, 72
Antineutrino
    creation in Dirac field, 174
Arnowitt–Fickler gauge
    and Faddeev–Popov determinant, 72
Aspon model, 193
Asymptotic freedom and infrared fixed
    point, 200
Asymptotic freedom and strong interactions, 200
Asymptotic freedom and ultraviolet fixed
    point, 200
Auxiliary operators
    finiteness, 143
Axial gauge
    and Faddeev–Popov determinant, 71
Axigluon, 302
Axion, invisible, 274
Axion, mass of, 274

b

Background field method, 238
    and explicit gauge invariance, 238
    and grand unification, 238
    and gravity, 238
    and supergravity, 238
Background gauge, 240
Bardeen procedure for dimensional
    regularization, 154
Baryon conservation, 167
Baryons
    and topological entities, 279
    and weakly coupled meson theory, 280
Baryons, decuplet, 171
Baryons, octet, 171
Becchi–Rouet–Stora–Tyutin identities, 137
Becchi–Rouet–Stora–Tyutin transformation, 137
    renormalized, 140
Behaviour of $f(r)$ and $1/N$ expansion
    (diagram), 281
Beta decay, 173
Beta function
    from background field method, 245
    pure Yang–Mills theory and asymptotic
        freedom, 215
Bethe–Salpeter equation, 44
    (diagram), 45
Big bang cosmology and neutrino mass, 166
Bilepton, 305
Bogoliubov–Parasiuk–Hepp–Zimmerman
    renormalization, 142

Boost parameter and Lorentz
    transformation, 175
Boost transformation, 5
Borel analysis
    in quantum field theory, 258
Born approximation
    and $1/N$ expansion, 278
    calculation, 46
Born diagrams, 161
    electron exchange and with neutral
        current boson, 160
Born term
    and renormalization, 120
Bose symmetrization, 80
Bose symmetry, 121
Bose symmetry and triangle anomaly, 128
Bosons
    charged vector, 92
    Nambu–Goldstone pseudoscalar, 267
    intermediate vector, masses of, 92
    intermediate vector, propagator for, 178
    intermediate vector, compared to
        photon, 178
    massless gauge vector and Nambu–
        Goldstone conjecture, 17
    Nambu–Goldstone, 267
    neutral intermediate vector, 91
    pseudo-Nambu–Goldstone massless, in
        tree approximation, 26
    superheavy gauge, 219
Bottom quark, 187
Bottomonium, 187
Boundary conditions for propagation
    forward in time, 53
Bubble formation analogy to lifetime of
    metastable vacuum, 96

c

Cabibbo charged current
    non-invariant under parity, 176
Callan–Gross relation
    for spin-1/2 quarks, 224
Callan–Symanzik beta function, 201
Charge renormalization
    order alpha contributions, 118
Charm, 181
    experimental verification, 187
    and renormalizable weak interactions,
        181
Charmed quark mass
    value, 186
Charmonium system, 187

Chiral color, 302
Chiral fermions, 125, 322
Chiral matter superfield, 215
Chiral symmetry
    breaking and lattice gauge, 279
    and massless quarks, 259
    and temperature, 274
Classical action S and time evolution of
    quantum mechanical state, 38
Color confinement
    and low energy coupling, 220
Color force, 281
Color triangle anomaly (diagram), 267
Color-anomalous symmetry, 267
Colored quarks and pion function, 134
Commutation relations and determinant for
    non-Abelian Feynman rules, 72
Complex adjoint representation of scalar
    fields, 72
Compton scattering, virtual, 230
Conformality, 315
Conformal fixed points, 307
Conformality constraints, 307
Conservation of charge in quantum
    electrodynamics, 173
Conservation of flavor in quantum
    electrodynamics, 173
Conservation of parity in quantum
    electrodynamics, 173
Cooper pairs Bardeen–Cooper–Schrieffer
    theory, 30
Cosmological constant, 310
Coulomb gauge and Faddeev–Popov
    determinant, 70
Coulomb potential used to calculate
    Rutherford cross-section, 46
Coupling constant, running and
    renormalization schemes, 250
Covariant gauge, 71
CP invariance and electroweak forces, 191
    and instantons, 272
CP violation, quark flavor mixing, 191
Cross-section and partial-wave unitarity, 177
Current, gauge dependent, 268

d

Dalitz plot (diagram), 263
Dalitz plot, triangular and three-jet event,
    263
Deep-inelastic electroproduction and scaling
    violations, 221

Deep-inelastic scattering electron–nucleon
and scaling behavior, 182
lepton–hadron, and scaling violation, 221
Definition for generating functional, Faddeev and Popov ansatz, 59
Degrees of divergence and symmetric Yang–Mills theory, 76
Degrees of freedom and relativistic field theory, 48
Dimensional regularization, 99
examples, 106
and mu scale, 252
for quantum electrodynamics vertex correction example, 115
and renormalization group, 201
ultraviolet divergence, 99
for vacuum polarization example, 107
Dimensional renormalization for electron self-mass example, 112
Dimensional transmutation, 84
Dirac 4-component fermions, 213
Dirac equation, 114
in vertex correction example, 115
Dirac field and $1/N$ expansion, 275
4-component, 174
Dirac matrices, 174
Dirac spinor, 176
Dirac trace, 107, 110, 273
Direct CP violation, 194
Divergences on addition of fermions in regularization scheme, 147
Double $W^{\pm}$-exchange diagrams, 186
Double-line formalism (diagram), 276
Doublets left-handed quarks and leptons, 182
Dual resonance model, 278
Dyson's argument, 257

e

Effective action computation and background field method, 238
Electromagnetic interactions described by quantum electrodynamics, 172
Electron self-mass, 112
Electron–positron annihilation (diagram), 252
and scaling violation, 221
Electroweak mixing angle and grand unification, 219
Electroweak theory and renormalizability, 179

Elementarily of Higgs boson, 194
Energy density
surface for four-dimensional hypersphere, 96
volume for four-dimensional hypersphere, 96
Euler B function, 103
Euler–Lagrange equations of motion, 60
Euler–Maschoroni constant and renormalization schemes, 251
Evolution operator quantum mechanical, 40
Exact symmetry, 18
Exotic quarks, 307
Expansion, $1/N$, 274
Experimental values for R (graph), 256
External derivative and finite vertices scalar-vector coupling, 147

f

Faddeev and Popov, 69
determinant, 70
ghost and lattice, 287
ghost and non-Abelian Feynman rules, 72
Fermi interaction
invariance under CP, 176
and weak interaction, 173
Fermi's constant, 91
Fermion doubling problem in lattice gauge theory, 283
Fermion loop
(diagram), 212
triangle, 127
Fermion mass,
from spontaneous symmetry breaking, 182
Fermion number conservation and mass, 174
Fermions
Becchi–Rouet–Stora transformation, and renormalization, 150
free and matter field, 17
and regularization, 147
Ferromagnet, infinite
example of symmetry breaking, 19
Feynman diagrams used to compute anomalous dimension of operator, 232
Feynman diagrams to compute one-loop beta-function in background gauge, 244
Feynman gauge, 74

and 't Hooft gauge, 158
and scaling violations, 219
Feynman graphs
  vacuum persistence, 276
Feynman parameter formula, 100, 110, 114, 116
  general case, 101
  and scalar example of regularization, 122
Feynman propagator, 55
Feynman rules, 121
  a nonrelativistic, single particle case, 38
  from canonical formalism, 56
  conflict with perturbative unitarity, 37
  for non-Abelian theories, 72
  noncovariant non-Abelian gauge field theories, 59
  for nonrelativistic particles, 45
  and one-loop corrections, 80, 85
  from path integrals, 55
Feynman rules (diagram)
  in background field gauge, 242
  for insertion of Feynman operator, 232
  for Yang–Mills theory, Landau gauge, 75
  for Yang–Mills theory, 75
Field renormalization constant for triple gluon coupling diagram, 212
Flavor
  charm and neutral current, 183
  of leptons, 165
  of quarks, 166
Flavor group, 17
Fock spaces, 20
Force and distance for color, 288
Four-fermion interaction, 173, 178
Four-momentum density, 3
Free-energy and loop corrections, 78
Free wave function
  time development of, 43

g

Gauge couplings and Yukawa couplings, Jones computation, 215
Gauge dependence of Feynman rules for non-Abelian theories, 71
Gauge dependent current, 268
Gauge field renormalization constant (diagrams), 212
Gauge fields, neutral and tree approximation, 92
Gauge freedom, 32

Gauge function related to ghost field, 138
Gauge group
  for Glashow–Salam–Weinberg model, 88
  global, infinitesimal generators of, 6
  low-energy phenomenological, 216
  as a product of subgroups, 11
  SU(2) and Higgs model, 32
Gauge groups, discrete, 287
Gauge hierarchy, 307
Gauge invariance
  of action regularized by lattice, 281
  and dimensional regularization, 99
  and gauge field renormalization constant, 207
  local, 7
Gauge theory
  Abelian, and addition of mass term, 154
  non-Abelian, and gauge-invariant current, 155
  SU(2) × U(1), 179
  unique renormalizable models, 162
Gauge transformation, global, infinitesimal form, 5
Gauge transformations as transport operators, 285
Gauge, background, 240
Gauge-fixing
  for 't Hooft gauge, 159
  condition, 68
  term, Lagrangian, 138
  terms, and non-Abelian Feynman rules, 72
Gell-Mann and Ne'eman and quark flavor symmetry, 166
Gell-Mann and Zweig quarks as physical entities, 167
Gell-Mann matrices, 167
Generating functional
  covariant form for Feynman rules, 64
  noncovariant form for Feynman rules, 63
Generating functions and local gauge invariance, 67
Georgi, Quinn and Weinberg unified strong and electroweak couplings, 200
Ghost equation of motion, 148
Ghost fields and anticommuting scalar, 137
Ghost loops, 72
Ghost propagator, 75
Ghost-vector vertex, 75

Ghost–antighost Green's function, 142
Ghost–gluon coupling renormalization (diagram), 206
Ghost–gluon vertex and QCD asymptotic freedom, 206
Ghosts and general relativity, 75
Gilbert proof for Nambu–Goldstone phenomena, 26
GIM mechanism, 304
Glashow and standard electroweak theory, 179
Glashow, Iliopoulos and Maiani contribution to Weinberg–Salam theory, 179
Glashow, Iliopoulos and Maiani mechanism generalized to any number of flavors, 184
Glashow–Salam–Weinberg model
  and 't Hooft gauge, 159
  and chiral fermions, 125
  example of loop corrections, 88
Gluon
  3 gluon and 4 gluon vertices and finiteness, 146, 147
  and asymptotic freedom calculation, 204
  existence of, and three jet events, 259
  polarization vector, 261
  and proton momentum in nucleus, 222
Gluon fields and $1/N$ expansion, 276
Gluon propagator
  finiteness of, 146
  and renormalizability, 146
Grand unification, 216
Graphs
  one-particle irreducible, 27
Green's functions
  Abelian Coulomb, 66
  connected, 52
  connected, and $1/N$ expansion, 277
  and Feynman rules from path integral, 55
  finiteness, 144
  four finite (diagram), 151
  global invariance and Becchi–Rouet–Stora, 138
  and Jona–Lasinio proof, 27
  K, for the Schrödinger operator, 40
  large external momenta and renormalization group equations, 200
  in Minkowski space, 51
  proper and renormalization group, 201
  Ward identities and renormalization, 125
Gross–Llewellyn Smith sum rule, 225
Ground state
  loop corrections, 77
  for $O(N)$ model, 87
  stability and quantum field theory, 79
Gyromagnetic ratio, 120

h

Hadron–hadron scattering and scaling violation, 221
Hadronic contribution to anomalous moment, 120
Han–Nambu integer charges, 225
Handbag diagram, 223
Heavy quarks, 187
Heisenberg equations of motion, 57
Helmholtz free energy analog in quantum field theory, 78
Hidden symmetry, 18
Hierarchy, 194
Higgs boson, 190
Higgs boson mass, 190
Higgs mass
  and instanton bubble, 96
  in tree approximation, 90
Higgs mechanism, 30
  and scalar electrodynamics, 80
Higgs model invariance, 31
Higgs scalar doublet $SU(2) \times U(1)$ gauge theory, 180
Higgs scalar mass and Weinberg computation, 94
Higgs scalars and Glashow–Salam–Weinberg model, 90
Hyperon decay, 174
Hypersphere, 269
Hypersphere, four-dimensional and vacuum stability, 96
Hyperspherically symmetric ansatz, 269

i

Impulse approximation and naive quark–parton model, 223
Independent renormalization constants, 118
Index surface of leading vacuum persistence graphs, 276
Infrared divergence, 77
  and three-jet singular behavior, 259
Infrared fixed point and scaling violations, 220

Instanton bubble and metastable vacua, 96
Instanton configurations
    number of parameters, 271
    and topological charge, 269
Instantons, 265
    and CP invariance, 271
    and mass of Nambu–Goldstone bosons, 268
    nonperturbative effects, 167
Isosinglets right-handed quarks and leptons, 179

j

Jet data compared to theoretical QCD prediction (diagram), 265
Jets in electron–positron annihilation, 259
Jettiness of events measurement discussed, 265
Jona–Lasinio proof for Nambu–Goldstone phenomenon, 27
Jovian magnetosphere, 173

k

K calculated in perturbation theory, 41
Kaon decay constant and charmed quark mass, 186
Kibble counting, 34
Kinetic term for fermions $SU(2) \times U(1)$ gauge theory, 180
Klein–Gordon operators, 55

l

Lagrangian
    effective, 137
    effective chiral meson, 279
    for linear sigma model, 28
    for QCD with n_f flavors, 266
    renormalized, 99
    for simple field theory, 20
Lagrangian density
    and gauge transformation, 6
    invariance and local gauge transformations, 8
    and Noether's theorem, 1
Lamb shift and quantum electrodynamics renormalization, 112
Lamb shifts, 112
Lambda scale and glueball mass, 281
Lambda scale and hadron mass, 281
Lambda scale and string tension for quarks, 281
Lambda scale, lattice and deep-inelastic scattering, 281
Landau gauge, 71
    and 't Hooft gauge, 158
    and Faddeev–Popov determinant, 71
    propagator, 74
Landau–Ginzburg effective theory of conductivity, 279
Lattice gauge theories, 281
    and fermion doubling problem, 284
    and infrared cut-off, 282
    strong-coupling expansion, 287
    and ultraviolet cut-off, 282
Lattice, hypercubic space–time, 283
Left–Right Model, 299
Legendre transform of connected Green's functions, 27
Lepton and quark masses, 165
Lepton–hadron scattering, 222
Lepton–quark analogy, 181
Leptons
    charged current coupling and tree approximation, 90
    flavors and masses of, 165
    and quarks, anomaly cancellation, 137
Light-like gauge and Faddeev–Popov determinant, 72
Linear sigma model and pion as Nambu–Goldstone boson, 28
Links for strong-coupling and scaling regions, 290
Local gauge invariance
    and photon mass, 8
    violation of, 17
Logarithmic Q^2 dependence of structure function moments (graph), 236
Loop corrections
    effects of, 77
    gamma-phi plot (diagram), 77
    J-Phi plot, 78
Loop diagram for $K_1 K_2$ mass difference, 186
Loop expansion and gauge invariance, 100
Lorentz gauge, see Landau gauge, 71
Lorentz generator densities, 5
Lorentz group, 176
Lorentz invariance
    and dimensional regularization, 100
    and finite vertices, scalar-vector coupling, 151

Gilbert proof of Nambu–Goldstone
  phenomenon, 26
and Lagrangian density, 2
and QCD asymptotic freedom, 206
and triangle anomaly, 132
under parity, 176
Lorentz transformation
  infinitesimal, 4

m

Majorana mass term, 175
Mass gap of pure quantum
  chromodynamics, 289
Mass singularities and three-jet behavior,
  259
Massive vectors
  non-Abelian, 158
  non-Abelian and Higgs scalars, 160
Matter fields in representation of gauge
  group, examples, 16
Meson decay, heavy bottomonium, 278
Meson decay, heavy charmonium, 278
Meson masses and quark mass ratios, 170
Meson masses and virtual photons, 169
Mesons
  exotic, 274
  and explicit charm, 187
  pseudoscalar Nambu–Goldstone
    bosons, 168
  tau, 187
  tensor, 171
  vector, 171
Metropolis procedure and lattice iterative
  link upgrade, 291
Minkowski space, 51
Momentum in nucleus carried by quarks
  and antiquarks, 222
Momentum subtraction scheme example for
  renormalization, 256
Monte Carlo simulation and strong-coupling
  expansion, 290
Mu decay, 173
Multiplicative renormalization constant, 119
Muon, 120

n

Nambu–Goldstone bosons
  massless pseudoscalar, 168
  number of, 25
  pseudo, 26
  and spontaneous breaking of
    continuous symmetry, 25
  would-be and Higgs model, 32
  would-be, number of, 34
Nambu–Goldstone conjecture, 17
  and gauge theories, 28
  general proofs, 26
Nambu–Goldstone modes
  occurrence in nonrelativistic cases, 30
Nambu–Goldstone phase, 279
Nambu–Goldstone symmetry, 267
Neutral currents, 173
Neutrino
  annihilation in Dirac field, 174
  mass, bounds on, 166
  two-component theory, 174
Neutrinoless double beta decay, 301
Neutron electric dipole moment, 194
Noether current, Becchi–Rouet–Stora
  construction, 141
Noether's theorem
  and conserved currents, local gauge
    invariance, 12
  statement of, 2
  and symmetry breaking, 19
Nonperturbative effects, dominance in
  QCD, 67
Nonperturbative effects of zero modes, 67

o

Okubo–Zweig–Iizuki rule, 187
  and strong interactions, 275
One-loop corrections
  scalar electrodynamics example, 80
  scalar model $O(N)$, 84
One-loop graphs
  for Glashow–Salam–Weinberg model
    (diagram), 93
  for $O(N)$ model (diagram) 86
  for scalar electrodynamics (diagram), 81
Operator product expansion, Wilson and
  renormalization group equations, 200
Operators
  auxiliary, and renormalization, 143
  divergent, 150
Order alpha contributions
  charge renormalization (diagram), 115

p

$P-V$ isotherm, 79
Parameters of the standard model, 298
Parity conservation and triangle anomaly,
  132

Parton distribution function and scaling violations, 226
Parton model and two-jet structures, 265
Parton splitting functions, 238
Path integrals, 37
  quantization of gauge field theories, 37
Pati–Salam group, 301
Pauli matrices, 175
Pauli–Villars method, 100
  and electron self-mass example, 112
  fictitious heavy electrons, 108
  and renormalization group, 201
  and vacuum polarization angle, 107
Peccei–Quinn model, 273
Perkins plot, anomalous dimensions, 237
Perturbation expansion of quantum chromodynamics and renormalization schemes, 251
Perturbation theory rules and non-Abelian Feynman rules, 72
Perturbative renormalizability and spontaneous breaking, 76
Phase transition between strong and weak coupling, 292
Photon
  limit of mass of, 173
  massless vector particle and local gauge invariance, 17
Photon propagator, 107
Pion
  as approximate Nambu–Goldstone boson, 30
  pseudoscalar, 267
Pion decay, constant for, 168
Pion decay rate
  theoretical and experimental, 134
  and triangle anomaly, 134
Plaquette of hypercubic lattice, 288
Poincare group generators and Noether's theorem, 5
Pomeron exchange, 225
Pontryagin index, nu, 269
Potential function (diagram), 20, 21
Precision data at the Z pole, 189
Primitively divergent diagrams for Yang–Mills theory, 144
Proof of renormalizability for electroweak dynamics, 141
Propagator
  and Feynman rules for Yang–Mills theory, 74
  for general alpha, 74
  ghost, 75
  and matter fields, 106
Pseudoreality, 323
Pseudotensors and triangle anomaly, 133
Puzzles of the standard model, 297

q

Quantum chromodynamic asymptotic freedom, 204
Quantum chromodynamics corrections to parton model (diagram), 227
  and grand unified theories, 200
  historic context, 250
  and matter field in gauge group, non-Abelian example, 8
  renormalizability, 150
Quantum electrodynamics
  and Abelian U(1) gauge theory, 172
  and global gauge invariance, 7
  invariance of, 7
  and local gauge invariance, 7
  and matter field in gauge group, Abelian example, 16
Quantum electrodynamics renormalization discussion, 111
Quantum field theory
  analogy with statistical thermodynamics, 79
Quantum flavor dynamics anomaly free condition for, 137
Quantum mechanical tunneling and instantons, 268
Quark
  charge of, 166
  charmed, 167
  colored, and pion function, 137
  colors of, 167
  discovery of b quark, 187
  existence of, 167
  existence of t quark, 187
  flavor of, 166
  and lepton anomaly cancellation, 137
  mass from nonperturbative effects, 172
  mass ratios and meson masses, 169, 170
  mass ratios, values for, 170
  massless and chiral symmetry, 266
  and matter field, 17
  and renormalized current masses, 172
  scalar and Callan–Gross relation, 224
Quark confinement, 167
Quark constituent masses, 167

Quark current masses, 167
Quark distribution functions, 224
Quark flavor mixing, 191
  Cabibbo angle and two family model, 173
Quark sea
  and Pomeron exchange, 225
Quark–antiquark–gluon model and jet data, 266
Quark–gluon vertex corrections (diagram), 201
Quark-line rule, 187
Quarkonium systems decay of heavy, 221
Quiver diagram, 309
Quiver gauge theories, 315

r

Radiative corrections
  electron–positron annihilation, 254
Regge pole interpretation of x dependences (diagram), 226
Regularization formula, 107
Renormalizability
  and local gauge invariance, 8
  and symmetric Yang–Mills theory, 76
Renormalizable theory
  for strong interactions, 162
  for unified weak and electromagnetic interactions, 162
Renormalization
  of sigma model, 142
  of single Z^0 exchange (diagram), 185
Renormalization and background field method, 240
Renormalization constant
  for ghost field (diagram), 205
  independent in quantum electrodynamics, 118
  multiplicative and electron self-mass, 112
  universal, 170
  and Ward–Takahashi identity, 117
Renormalization constants definitions, 150
Renormalization group
  equations, 199, 202
  ultraviolet fixed point, 211
Renormalization scheme, 250
  Bogoliubov–Parasiuk–Hepp–Zimmerman, 142
  for electron–positron annihilation, example, 252
  optimal, 257
Renormalized charge, 111
Rotation parameter and Lorentz transformation, 175
Rutherford cross-section, 46
Rutherford cross-sectional formula, 38
Rutherford formula, 48

s

Sakata model, 182
Scalar fields and renormalizability, 152
Scalar loop diagrams, 214
Scalar mass and scalar electrodynamics examples, 83
Scalar model $O(N)$ and effects of loop corrections, 84
Scalar-vector coupling and divergence, 154
Scale
  dependence of value of renormalization scheme, 256
  lambda, 281
  lambda, and quantum electrodynamics, 219
  lambda, and renormalization, 252
  mu, 252
Scaling
  approximate, in deep-inelastic scattering, 200
  behavior and existence of quarks, 182
  Bjorken, 222
  precocious, 226
  in semi-hadronic processes, 292
  and transformation of Green's functions, 201
  violation, quantum chromodynamic confirmation of, 235
  violations, 219
  violations, calculation of, 226
Schroedinger equation, one-dimensional, 38
Second-order Feynman diagrams, 56
Singularity and jets in electron–positron annihilation, 265
Singularity of operator Q^{ab}, 61
  resolved, 65
Soft breaking of conformal symmetry, 310
Solitons
  and weakly-coupled meson theory, 278
Some possible behaviors of Beta(g) (diagram), 220
Space–time lattice, hypercubic, 282
Sphericity and jettiness, 265

Spin 1/2 fermions, 147
Spinors, 120
Spontaneous breaking
  of chiral symmetry and quark mass, 167
  and Feynman rules, 76
  Nambu–Goldstone boson associated with, 22
  of $O(N)$ model, 85
Squared matrix element for lepton–nucleon scattering diagram, 222
Statistical thermodynamics
  analogy with quantum field theory, 79
Strangeness, 171
Strangeness-changing decay rates, 174
String model
  approach to QCD in limit, 278
String tension and strong coupling, 288
Strong and weak coupling phase transitions (diagrams), 293
Strong-coupling expansion, 287
Strong CP problem, 193
Superconductivity
  Landau–Ginzburg effective theory, 279
Superfield and Yang–Mills supersymmetric theory, 215
Superpotential, vanishing
  Yukawa coupling, 215
Supersymmetric theory Yang–Mills, 215
Supersymmetry, 299, 308
Suppressed couplings (diagram), 275
Sutherland paradox, 126
Sutherland–Veltman theorem, 131
Symmetries and conservation laws, 1
Symmetry breaking
  explicit, 18
  explicit, and linear sigma model, 28
  infinite ferromagnet example, 19
  spontaneous, 18
  spontaneous, and linear sigma model, 30
  spontaneous, and Glashow–Salam–Weinberg model, 88
Symmetry, $O(n)$
  and Nambu–Goldstone conjecture, 23
  and number of Nambu–Goldstone bosons, 23

t

't Hooft and Yang–Mills theory, 141
't Hooft gauge and Abelian Higgs model, 156
't Hooft gauge and non-Abelian Higgs model, 160
't Hooft gauges, 154
't Hooft limit, 274
Tachyon and convexity, quantum field theory, 78
Taylor–Slavnov identity, 140, 204
Theta-vacua and vacuum eigenstates, 271
Three-jet
  diagrams, 259
  event and triangular Dalitz plot, 263
  events and gluon, 259
  singular behavior, 259
Three neutrinos, 188
Thrust and jets in electron–positron annihilation, 265
Tiling of Wilson loop, 288
  (diagram), 288
Top quark, 187
Top quark mass, 187
Topological charge and instanton configurations, 269
Topological entities and baryons, 278
Transformation of Green's functions and scaling, 203
Transport operator and lattice gauge, 285
Tree approximation of Glashow–Weinberg–Salam model, 89
Tree unitarity
  and preservation by Higgs models, 160
  uniqueness of gauges and non-Abelian Higgs models, 160
Triangle anomaly, 125
  (graphs), 127
  different momentum labelings (diagram), 127
  and divergent integral, 128
  and Feynman graph, 127
  and lattice gauge, 297
  and Sutherland paradox, 126
Twist definition, 228
Two-loop corrections (diagram) and renormalization schemes, 255

u

Uehling term, 112
Ultra-violet divergences and renormalization, 76
Ultraviolet convergent behavior, 100
Ultraviolet fixed point
  and renormalization group, 211

and scaling violations, 219
Unification mass, 217
Unified strong and weak couplings and the renormalization group, 200
Uniqueness and non-Abelian Higgs models, 160
Unitarity and Glashow–Salam–Weinberg model, 160
Unitary gauge, 33
Unitary gauge and 't Hooft gauge, 155
Unitary gauge transformation operator, 68
Unitary multiplets, 168
Unitarity triangle, 192
Utiyama procedure, 11

v

Vacuum persistence amplitude and statistical thermodynamic partition function, 282
Vacuum persistence Feynman graphs, 276
Vacuum polarization
  (diagram), 254
  in quantum electrodynamics, 107
Vacua, lifetime of metastable in quantum field theory, 96
Vector mass and Higgs mechanism, 84
Vector propagator and 't Hooft model, 159
Vertex correction, quantum electrodynamics regularization example, 115
Vertices in Feynman rules and 't Hooft gauge, 158
Virtual photons and meson masses, 177

w

Ward identity
  anomaly, 131
  axial-vector, 128
  and dimensional regularization, 100
  and quantum electrodynamics vertex correction, 117
  violation of, in triangle diagrams, 128

Ward–Takahashi identity, 117
  and renormalization group, 213
Weak couplings and tree approximation, 92
Weak interactions and conservation violations, 173
Weak interactions of quarks and leptons, 172
Weinberg–Salam conjecture, 179
Weinberg–Salam model
  for weak interactions, 11
Weyl fermions, 214
Weyl spinors two component, 175
Weyl–Wigner mode, and temperature, 279
Wick's algebraic theorem, 58
Wick's theorem, 55
Wilson coefficients and Wilson operators, 226
Wilson loop
  (diagram), 287
  and lattice gauge, 285
Winding number, 270
World-sheet and strong coupling expansion, 288

x

X–t plot
  typical path (diagram), 39

y

Yang–Mills Lagrangian, 11
Yang–Mills non-Abelian gauge theory
Yang–Mills theory
  in Coulomb gauge, 59
  field theory, 8, 37
  and matter fields, 16
Yukawa piece in classical Lagrangian, 181
Yukawa terms and color anomalous global axial symmetry, 273

z

Zero mode term and nonperturbative $1/g$ contribution Green's function, 67

About the Second Edition: The second edition of the successful textbook *Gauge Field Theories* by Paul Frampton has been updated from the original 1986 edition. The introductory material on gauge invariance and renormalization has been reorganized in a more logical manner. The fourth chapter on electroweak interactions has been rewritten to include the present status of precision electroweak data, and the discovery of the top quark. After the treatment of the renormalization group and of quantum chromodynamics, the final, seventh, chapter is a newly written one on model building. This book has been adopted for postgraduate courses by universities and institutions of higher learning around the world. The updated second edition has been long awaited and will be of interest to all students who aspire to undertake research in theoretical physics.

About the Author: Paul Frampton is the Louis D. Rubin, Jr. Professor of Physics at the University of North Carolina at Chapel Hill. His research interests in theoretical physics lie in particle phenomenology, string theory, and cosmology. He was born in Kidderminster, England and was educated in the University of Oxford which awarded him a BA degree with Double First Class honors in 1965, followed by a D. Phil in 1968 and an advanced D.Sc. degree in 1984. Frampton has published 250 scientific articles and two books: *Dual Resonance Models and Superstrings* (Reprinted) and *Gauge Field Theories* (First Edition). He is a Fellow of the American Physical Society, a Fellow of the British Institute of Physics, and a Fellow of the American Association for the Advancement of Science.

Professor Frampton has written important papers in both cosmology (the first calculation of vacuum decay) and string theory (first calculation of hexagon anomaly) and is also widely known for contributions (chiral color, 331-model, etc.) to particle phenomenology. He has supervised 30 PhD students and postdoctoral researchers.